L'Universo Convoluto

Libro Uno

di
Dolores Cannon

Traduzione a cura di : Gabriele Orlandi

© 2001 by Dolores Cannon
Prima traduzione italiana - 2020

Tutti i diritti riservati. Nessuna parte di questo libero, per intero o porzione, è riproducibile, trasmettibile o utilizzabile in alcuna forma o con qualsiasi mezzo: elettronico, fotografico o meccanico, incluse le fotocopie, le registrazioni o metodi di stoccaggio informatico e sistema di raccolta dati senza previo permesso scritto da Ozark Mountain Publishing, Inc.. Eccezioni fatta per brevi citazioni inserite in articoli e riviste letterari.

Per permessi, serializazioni, condensazioni, adatamenti, o per il nostro catalogo delle publicazioni, scrivete a Ozark Mountain Publishing, Inc., P.O. box 754, Huntsville, AR 72740, All'attenzione di: Permissions Department.

Libreria del Congresso Catalogato in Publicazioni. Dati
Cannon, Dolores, 1931-2014
  L'Universo Convoluto, Libro Uno, di Dolores Cannon
  Il seguito a *The Custodians* offre informazioni metafisiche ottenute attraverso numerosi soggetti per mezzo dell'ipnosi regressiva a vite passate.

1. Hypnosis   2. Reincarnation   3. Past-life therapy   4. Metaphysics 5. Atlantis
I. Cannon, Dolores, 1931- 2014   II. Reincarnation   III. Metaphysics   IV. Title

Libreria del Congresso Catalogo Carta Numero: 2020950501

ISBN: 978-1-950608-15-7

Traduzione a cura di : Gabriele Orlandi
Designer della Copertina: Victoria Cooper Art
Font: Times New Roman
Design del Libro: Nancy Vernon

Publicato da:

PO Box 754
Huntsville, AR 72740
WWW.OZARKMT.COM
Printed in the United States of America

SEZIONE UNO

Alla ricerca del Pupillo Prodigio.

INDICE DEI CONTENUTI

Introduzione   i

SEZIONE UNO – ALLA RICERCA DEL PUPILLO PRODIGIO
1 ... Linda e Bartolomeo entrano nella mia vita   3
2 ... Le Lezioni Hanno Inizio   29
3 ... I Dispositivi Energetici   52

SEZIONE DUE - CONTINUAZIONE Da "I CUSTODI"
4 ... La Trascrizione Omessa di Janice   73
5 ... Il Pianeta Magazzino della Conoscenza   119

SEZIONE TRE - I MISTERI DELLA TERRA
6 ... Atlantide   145
7 ... I Misteri delle Pirami   219
8 ... Misteri Inspiegati   243

SEZIONE QUATTRO - VIBRAZIONI, FREQUENZE, E LIVELLI
9 ... Il Risveglio   295
10 .. Il Luogo Che Chiamano "Casa"   315

SEZIONE CINQUE - METAFISICA O FISICA QUANTISTICA?
11 .. Universi Paralleli   359
12 .. L'Energia e gli Assistenti   396
13 .. L'Uso e la Manipolazione della Forza Energetica   434
14 .. La Transformazione del Corpo Umano   462
15 .. La Persona Meccanica   506
16 .. La Sorgente Divina?   526
Sull Autore   539

99.9999% di ciò che influenza la nostra realtà sarà impercettibile ai nostri sensi. L'uomo deve pensare da solo, piuttosto che seguire cecamente ciò che gli è stato insegnato.

Buckminster Fuller

I limiti del possibile si possono definire solo superandoli entrando nell'impossibile.

Arthur C. Clarke

INTRODUZIONE

Suggerisco caldamente che legga *The Custo5dians* [I Custodi] prima di affrontare le informazioni in questo libro. Questa è una continuazione dei contenuti di quel libero. *The Custodians* è un raccolta della mia ricerca su casi di abduzioni UFO che risalgono fino al 1986 e copre i miei progressi da quelli più semplici a quelli più complessi. Ho scoperto che le abduzioni e gli avvistamenti erano solo la punta dell'iceberg. Mentre il mio lavoro progrediva, mi venivano date informazioni sempre più complesse. Verso la fine della raccolta dati mi resi conto che il libro era troppo voluminoso e conteneva informazioni che si allontanavano dagli UFO e finivano in complessi concetti di metafisica.

A quel punto decisi di rimuove alcune delle informazioni da quel libro per raccoglierle in un altro libro che avrebbe raccolto teorie molto più complicate. Questo libro ne è il risultato.

Presumo (forse incorrettamente) che al momento in cui il lettore ha raggiunto questa fase nel mio lavoro, dovrebbe essere ben consapevole del mio passato d'investigatrice del paranormale attraverso l'uso dell'ipnosi. Le mie radici nell'ipnosi risalgono agli anni '60 quando ho iniziato a lavorare con l'ipnosi utilizzando vecchie metodologie. Dopo avere allevato una famiglia sono tornata all'ipnosi nel 1979. A quel punto volevo focalizzarmi sulle regressioni alle vite passate, cosi ho studiato le nuove metodologie d'induzione che erano più veloci e facevano uso delle immagini e della visualizzazione. Con gli anni di terapia ed investigazione ho sviluppato una mia tecnica che utilizza esclusivamente lo stato sonnambulistico di trance. Questo è il metodo che mi permette di raggiungere una vasta quantità d'informazioni connettendo direttamente con la mente subconscia.

Mentre il mio lavoro progrediva altre entità spesso sfruttavano lo stato di profonda trance per comunicare con i miei soggetti. Dopo più di 20 anni questo accora succede e le informazioni continuano a fluire. Ne parlerò in libri futuri. Mi è stato detto di aver passato i test e che mi era permes-so ricevere risposte a qualsiasi domanda che desideravo fare. Questo perché ero rimasta onesta riguardo al materiale e non l'avevo cambiato o censurato. Considero me stessa come un reporter, un giornalista, un investigatore psichico e ricercatore di conoscenza "perduta". Cosi la ricerca non ha mai fine.

Il lettore noterà nel mio lavoro che le altre entità utilizzano il vocabolario nella mente del soggetto e lo usano per offrire delle analogie nel tentativo di spiegare l'inesplicabile in modo comprensibile per gli umani. Quindi spesso usano parole che non sono corrette in Inglese. Creeranno neologismi, utilizzando nomi e verbi che riescono a trovare nella mente del soggetto. In qualsiasi modo lo faccia, funziona e riusciamo a comprendere ciò che stanno cercando di condividere.

Dolores Cannon

CAPITOLO UNO

LINDA E BARTOLOMEO ENTRANO NELLA MIA VITA

Inizialmente volevo includere la storia di Linda in *The Custodians*, [I Custodi] ma quel libero crebbe troppo voluminoso e dovetti rimuovere questa sezione. Il destino dietro all'incontro e poi il lavoro con Linda ebbe molte strane ed insolite sfumature. Il nostro primo incontro fu durante il mio primo seminario a Little Rock, Arkansas, nell'estate del 1989. Il primo volume di *Conversations With Nostradamus* [Conversazioni con Nostradamus] era stato pubblicato ed io stavo iniziando a promuoverlo attraverso i seminari e firmandolo agli amici in giardino, per modo di dire. Dopo la mia presentazione Linda era una delle persone che acquistò il libero e si mise in fila per ricevere il mio autografo. Mentre firmavo la sua copia, mi allungò il suo biglietto da visita e disse che se avessi voluto qualcuno su cui lavorare, lei era disponibile. Sembrava emotiva e non disse nient'altro in quel momento. Anche altra gente mi diede il biglietto da visita o scrisse il proprio nome e telefono su un pezzetto di carta. Alcuni dei loro commenti mi fecero pensare che avessero avuto un episodio con gli UFO. Scrissi qualche nota su questi bigliettini giurando che li avrei richiamati per primi, perché in quel periodo stavo conducendo delle ricerche in Arkansas sugli UFO con Lou Farish. Presto mi resi conto che sarebbe stato impossibile incontrare tutti gli altri.

In passato cercavo sempre di lavorare con chiunque avesse voluto una regressione ad una vita passata, perché non sapevo che importanza avrebbe potuto avere per loro. Dopo la pubblicazione del mio primo libro, ebbe inizio il bombardamento e divenne ovvio che le cose non sarebbero più state cosi semplici. La mia vita non sarebbe più tornata a quel lento, normale tran-tran quotidiano. Non c'era assoluta-mente alcuna possibilità d'incontrare e parlare con tutte queste persone, ne tanto meno regredirle. Presumevo che la maggior parte di loro fosse solo dei curiosi alla ricerca di esperienze piuttosto che risposte ai problemi della loro vita. Mettendo i biglietti e le note nella mia borsa, avevo piena intenzione di fare un vero tentativo di contattarli se fosse stato possibile. Il biglietto da visita di Linda era tra i tanti altri. Molto velocemente divennero troppi gli impegni per gli eventi e non riuscii a contattare Linda, ne' gli altri. All'epoca non era un individuo, ma solo un volto sfocato tra i tanti.

Qualche mese dopo tornai a Little Rock per un'altra presentazione e completai la mia prima seduta con Janice. Feci molti sforzi per vederla perché lei sospettava di aver avuto un'esperienza UFO e io scoprii presto che il suo caso richiedeva ulteriore ricerca. Mi preparai per lavorare con lei tutte le volte che facevo il lungo viaggio verso Little Rock. (La storia delle cose incredibili che abbiamo scoperto è riportata in *The Custodians,* e nella seconda sezione di questo libro.)

Per coincidenza, scoprii che Linda era amica di Janice. Lei mi disse che Linda era dispiaciuta che non l'aveva mai richiamata. Spiegai la situazione a Janice: cioè che ero sommersa dalle richieste che adesso stavano arrivando via lettera e telefono. Ero diventata molto selettiva nello scegliere le persone con cui avrei lavorato. Visto che Janice disse che Linda voleva davvero incontrarmi, con riluttanza presi un appuntamento per il mio successivo viaggio a Little Rock nell'inverno del 1989. Ero riluttante perché sapevo che sarei stata molto impegnata. Avevo già preso diversi appuntamenti per delle sedute, oltre all'impegno della presentazione e sapevo già che ci sarebbero state molte persone disposte a restare in piedi tutta la notte per parlare. Anche se preoccupata d'essermi sovraccaricata di troppi curiosi, per rispetto verso Janice accettai di vedere Linda. Non mi aspettavo certamente che sarebbe uscito qualcosa dalla seduta, sicuramente non una connessione di lunga data.

Ogni volta che andavo a Little Rock stavo dalla mia amica Patsy, che mi permetteva di prendere appuntamenti per le regressioni e farle lì da lei. Patsy era al lavoro e questo mi dava molta privacy. Quando Linda arrivò restammo in salotto a parlare. Era una bella donna, sulla quarantina, ben vestita, i cappelli con un'attraente acconciatura. Non mi dava l'impressione d'essere il tipo (come se ci fosse una tale tipologia di persone) che volesse esplorare le regressioni a vite passate. Era un'imprenditrice che gestiva il suo negozio di animali. La maggior parte dei suoi figli era cresciuta e se ne era andata da casa per farsi una vita. Tranquilla, con una voce affabile, aveva una vita impegnata e non sembrava il tipo a cui piacesse fantasticare o sognare ad occhi aperti. Quando sentì parlare del mio primo seminario ebbe l'impulso insormontabile di partecipare, anche se non aveva poi troppo interesse in Nostradamus. Disse che era entusiasta la sera del seminario, ed era piena di aspettative, anche se non riusciva a capire perche'. Mentre sedeva tra i partecipanti disse al marito che aveva un incontrollabile impulso di parlare con me. Anche se l'impulso era quasi insormontabile fece fatica ad avvicinarsi a me. Dopo il seminario si mise in fila per ricevere il mio autografo, pensando se dirmi qualcosa o no. Aveva paura di ciò che avrebbe potuto sembrare. Suo marito la incoraggiò; dicendo che se sentiva un tale impulso avrebbe dovuto soddisfarlo. Ma al momento giusto riuscì solo a darmi il suo biglietto da visita e dire che le piacerebbe lavorare con me. Ovviamente, era inconsapevole in quel momento di quante volte avessi già sentito la stessa offerta quella sera. La nostra conversazione fu molto breve e quando lasciò l'auditorium misi il suo biglietto nella borsa con tutti gli altri. Dimenticai di quell'incontro finché il fato non ci riunì nel salotto di Patsy.

Quando chiesi a Linda perché volesse una regressione ipnotica, non fu in grado di dirmelo. Non stava cercando la risposta ad alcun problema, ne era curiosa a riguardo delle vite passate. Era un impulso che continuava ad assillarla e sentiva che c'era qualcosa che doveva darmi, ma non aveva la minima idea di cosa fosse. Visto che il mio lavoro aveva a che fare con Nostradamus, pensò vagamente che avesse a che fare con lui. Stavo già lavorando con diverse persone per completare quel progetto, che risultò negli altri due volumi di *Conversations With Nostradamus*. Sicuramente non avevo bisogno di un altro curioso, specialmente uno che viveva a quattro ore da me. Non aveva alcuna conoscenza degli altri progetti su cui stavo lavorando, quindi era completamente incerta della ragione per cui si trovava lì.

Sospirai, pensando che la regressione si sarebbe rilevata una vita passata semplice e noiosa senza alcuna importanza se non per lei. Ne avevo condotte tante di questo genere nei giorni precedenti e non avevo alcuna voglia di farne un'altra. Mi stavo rimettendo da un forte mal di gola e per tutto il viaggio mi sentivo senza energia. Anche se stanca, sapevo di dover completare la seduta per il suo bene. Dopo aver iniziato, non mi stavo aspettando assolutamente niente e presto rimasi piacevolmente sorpresa e colpita di soppiatto. Fu un altro esempio di come finire per fare qualcosa senza aspettative per scoprire che forze al di fuori del mio controllo stavano preparando gli eventi.

Utilizzai la mia tecnica normale d'induzione ipnotica per metter

Linda in una vita passata. Quando entrò sulla scena la sua voce era cosi rilassata e quieta che mi fu difficile sentirla. Per esperienza sapevo che la sua voce sarebbe diventata più forte iniziando a parlare. Vide delle foglie sul terreno e sapeva d'essere in una foresta, però era sorpresa di notare che il suo corpo era quello di un uomo. Indossava degli stivali che arrivavano alle ginocchia e una lunga camicia. La descrizione era quella di un giovane ventenne dai lunghi capelli marroni, con barba e bassi. I suoi occhi erano azzurri e profondi. Era impegnato a tagliare la legna, nella foresta dove viveva. Questo sembra strano per Linda. "Ho la sensazione di non aver bisogno di fare tutto questo. Altra gente lo fara' per me. Ma a me piace farlo, perche sono solo e mi piace la sensazione e l'adrenalina del lavoro."

Suggerii di vedere il luogo dove viveva. "E' un castello, con un ponte levatoio e bandiere fluttuanti sulla cima delle mura. Mio padre è il re."

D: Allora non hai per niente bisogno di tagliare la legna, vero?
L: No, ma è divertente. Mi fa sentire bene. (Tranquillamente) La gente pensa che sia matto.
D: Perché lo pensano?
L: Perché mi piace lavorare. Non mi piace la vita di corte. E' cosi superficiale. Quando lavori con le mani hai una sensazione di ottenere qualcosa, che nient'altro può darti.

Il suo nome era Bartolomeo e viveva nel castello con la sua famiglia, e molta, molta altra gente inclusi i servi. "E' una comunità bella grande. Vivono tutti nelle mura."

D: Per lo meno non ti senti solo, no ?
L: Oh, si. Di me a loro non interessa. Non sanno che mi interessa imparare. Non gli interessa la conoscenza. Sono felice a modo mio.

Nel suo paese non c'era molta pace. C'erano molti pericoli e dovevano restare vicini alle mura del castello.

L: I contadini vogliono scatenare una rivolta. Non vengono trattati bene e quindi non posso uscire senza una scorta.
D: Tuo padre cosa ne pensa di come si sta comportando la gente?
L: E' colpa sua. Non e' per niente gentile. Non cerca di aiutarli. Si limita ad usarli a suo beneficio.
D: Hai detto che ti interessava la conoscenza. Hai un certo tipo di

conoscenza che preferisci studiare?
L: Si. Mi piace studiare le stelle. L'universo e per questo la gente pensa che sia matto.

Ovviamente, presunsi che stesse parlando di astronomia ed astrologia.

D: La gente come percepisce le stelle nel tuo tempo?
L: Come piccoli pezzettini scintillanti della luna.
D: Non ci sono altre persone nel tuo tempo a cui piace studiare le stelle?
L: Solo uno. Lui e' amico mio.
D: Lui ti ha aiutato a studiare queste cose?
L: Si. Lui conosce. Lui non è di qui. Ma è molto vecchio e presto mi lascerà'.
D: Ma forse sarà in grado di trasmetterti la sua conoscenza.
L: Si, questo è ciò che sta facendo in questo momento. E' una grossa responsabilità che mi devo assumere prima che se ne vada. Allora sarà *mia*. Dovrò imparare e condividere, per evitare che non muoia e vada perduta. Non deve andare perduta.
D: Di che tipo di conoscenza delle stelle si tratta?
L: E' la conoscenza dell'universo. Tutta la creazione di Dio, non solo di questa Terra. Ma di molti, molti, moltissimi universi e stelle che sono cosi lontani che noi umani non possiamo nemmeno concepire dove siano. Quest'uomo con cui sto studiando è stato in molti luoghi ed è venuto qui per donarmi questa conoscenza nella speranza che la mia mente la condividerà con la gente del futuro, cosi che non avranno paura.
D: Hai detto che quell'anziano proveniva da altrove?
L: Si, lui proviene dalle Pleiadi.
D: Davvero?

Adesso aveva tutta la mia attenzione. Questa non era una semplice regressione.

D: Dove si trova questo luogo?

Sapevo che era una costellazione stellare, ma volevo vedere cosa avrebbe detto.

L: E'... nella Via Lattea. Lontanissimo da qui.
D: Non ti sembra impossibile?

L: No. E' venuto qui in un raggio di luce... (perplessa) questo mi è davvero difficile comprenderlo.
D: *Lo penso anch'io. Quando hai incontrato quest'uomo trovavi che queste idee fossero difficili da credere?*
L: No. Sapevo che lo erano. Ci sono molte cose nel creato che noi umani non comprendiamo. Possiamo sono sentire che siano cosi, nei nostri cuori.
D: *Puoi descrivermi quest'uomo?*
L: E' molto vecchio e gobbo. Ha i capelli bianchi e indossa una veste. Un vecchio molto, molto semplice.
D: *Dove vive?*
L: Non lo so, semplicemente viene da me. Ovunque io mi trovi, lui viene da me.
D: *Come ci riesce?*
L: Non lo so. Inizialmente pensavo che fosse magico, ma non penso che sia cosi. Penso che abbia poteri che non riesco a concepire in questo momento, perché il mio intelletto non è abbastanza avanzato per riuscire a comprendere.
D: *La gente del tuo tempo come vede la magia?*
L: Qui è uno stile di vita. Ci sono maghi ma sono falsi. Mio padre da molta fiducia a questa gente. Non sono ciò che dicono d'essere.
D: *Si direbbe che potrebbe essere interessato al tuo amico.*
L: No, perché non posso parlare di quest'uomo. La sua esistenza ne sarebbe minacciata.
D: *Hai studiato con quest'uomo per molto tempo?*
L: Sono cinque anni che studio. Ne avevo... venti.
D: *Cosa ha pensato la prima volta che è venuto da te?*
L: Ah! Ho pensate: "Perché io? Ho bisogno di pace. Non ho bisogno di questo." (Ricordando) Ero seduto sotto un albero nella foresta, contemplavo la mia vita. E quando aprii gli occhi, era in piedi di fronte a me. Gli chiesi chi fosse. E mi disse: "Sono venuto da molto lontano per insegnarti cose che non riesci a comprendere." Cosi gli ho detto: "Cosa ti fa pensare che voglia imparare queste cose?" E lui mi disse: "Perché è il tuo destino. E per questo le imparerai."
D: *Come se tu non avessi alcuna scelta.*
L: Questo è ciò che gli dissi. "Farò quel cavolo che mi piace." E lui mi disse: "Si, e ti piacerà imparare."
D: *Sembra un uomo interessante.* (Ridacchiò) *Ci volle molto per convincerti?*
L: No. Nel mio cuore sapevo che era cosi.
D: *Anche se era strano. Adesso sono circa cinque anni che viene*

ovunque ti trovi?
L: Si. Quasi tutti i giorni. Non mi permette di riposare spesso, perché c'è moltissimo che devo conoscere. Mi ha detto che quando se ne andrà dovrò trovare un prodigio che è molto più giovane di me. E in questo modo la conoscenza sopravvivrà'. Non posso scrivere questo materiale.
D: Perché no?
L: A causa del pericolo che venga distrutta. Deve essere una conoscenza viva, trasmessa di generazione in generazione. Solo individu scelti possono avere accesso a questa conoscenza. Mi sento molto grato e fortunato per essere uno dei prescelti nel mio tempo.
D: E' una grossa responsabilità.
L: E' un grande onore, tuttavia sento il peso di questo onore che preme pesantemente sulla mia anima.
D: Quindi devi ricordare ciò che dice e non scriverlo?
L: No, non la posso scrivere. Verrà impressa nel mio intelletto e quando incontrerò il mio prodigio ricorderò tutto, come per magia. Si manifesterà nel giusto ordine, cosicché questo prodigio comprenda esattamente la conoscenza che deve avere. E poi lui la terrà proprio come ho fatto io. Non possiamo scriverla.
D: Non pensi che ci sia il rischio di dimenticarla?
L: No. L'intelletto è molto veloce. La gente non comprende l'intelletto.
D: Non c'è forse il pericolo, mentre viene passata da una generazione all'altra, che ci possano essere delle distorsioni?
L: No, perché c'è qualcosa nell'intelletto che la mantiene intatta.
D: Sto pensando a come sono le persone: cambiano le informazioni in lunghi periodi di tempo.
L: Ma queste sono raccolte in un luogo molto speciale e possono essere accessibili solo al momento giusto. Non ne posso discutere con nessuno. Vengono discusse solo al momento giusto e poi quella porzione dell'intelletto viene raggiunta per accedere alle informazioni.
D: Ma è un problema se noi parliamo di queste cose? (Si) Però io non sono un pericolo per te?
L: Questo è vero.
D: Lui è venuto specificamente per vedere te o vive sulla Terra?
L: E' venuto solo per me. Non penso che gli altri possano vederlo. Gli altri mi sento parlare con lui ed è per questo che credono io sia pazzo. Non lo vedono.
D: Capisco, questo può creare confusione, no?

L: Si, ma va tutto bene. So di non essere matto. Siamo molto isolati dove vivo. Non ci sono molte persone in questa zona. Viviamo molto lontano dalla maggior parte degli altri regni.

D: *Ti ha insegnato qualche credenza religiosa?*

L: Crediamo.... solo alla magia. Fuoco. Dio del fuoco è molto potente.

D: *Questo fa parte di ciò che insegnano i maghi?* (Si) *E' per questo che tuo padre ci crede?*

L: Si. Viene spesso manipolato.

D: *Quindi queste informazioni non sono per lui, giusto?*

L: No. Non può comprendere queste cose. Non può accettarle. Devo viaggiare molto lontano.

D: *Questo te l'ha detto lui?*

L: Si. Quando la mia educazione e' finita dovro' viaggiare molto, molto lontano per trovare un pupillo prodigio e trasmettergli questa conoscenza. Non tornerò mai alla mia foresta. Ecco perché me la devo godere adesso.

D: *Non sarai in grado di trovare qualcuno adatto dove vivi?* (No) *Come ti senti all'idea di dovertene andare?*

L: Molto triste.

D: *Sei l'erede al trono?*

L: No, sono il più giovane. Se fossi stato l'erede non mi avrebbero scelto per questo ruolo.

D: *Avresti altre responsabilità.*

L: Si. E visto che non ne' alcuna, posso andare.

D: *Sono molto interessata alle informazioni che stai ricevendo. Ma lasciamo quella scena e voglio che tu salti avanti nel tempo ad un giorno importante. Un giorno in cui succede qualcosa che tu consideri importante.*

Quest'introduzione era abbastanza strana e aveva stuzzicato il mio interesse, ma non ero preparata per ciò che venne dopo.

D: *(Lunga pausa) Cosa succede? Cosa vedi?*

L: (Empaticamente) Sono nell'universo. Sono in viaggio. Sono in missione esplorativa.

D: *Questo come riesci a farlo?*

L: Mi è stato chiesto di andare in missione, per condividere le mie opinioni con altri in una terra lontana. Sto viaggiando molto veloce-mente, ma non mi sembra cosi. Sembra che non ci sia movimento.

D: *Come stai viaggiando?*

L: Sono in una... capsula.
D: Cosa vorresti dire?
L: E' una cosa rotonda.
D: E' molto grande?
L: No. E' solo una stanza ovale molto piccola. No, un piccola sezione ovale di luce. Non c'è nessuno in questo luogo eccetto me. Io non... Non sto guidando io. Guida da sola.
D: Sei seduto all'interno?
L: Sono in piedi, ma potrei sedermi se lo volessi.
D: Quindi è abbastanza grande da permetterti di restare in piedi?
L: Si. C'è una finestra. Un'apertura, ma non posso metterci dentro il mio braccio.
D: Perché no?
L: Perché c'è una copertura di qualche sorta che non permette di uscire. Ma ti permette di vedere cosa c'è attorno e dall'altra parte.

Questo mi è successo ripetutamente quando il soggetto regrediva in qualche periodo del Medioevo. Non sapevano cosa fosse il vetro. Deve essere stato poco conosciuto durante quel periodo di tempo, perché questo è uno schema che si ripete. Quando simili affermazioni si ripetono hanno una validità, perché il soggetto non è a conoscenza di ciò che altri soggetti abbiano detto. Queste sono alcune delle piccole cose che ho imparato ad osservare.

D: Cosa vedi attraverso l'apertura?
L: Vedo che è molto buio all'esterno. Davvero molto scuro, molto nero, molto pacifico. Occasionalmente, vedo oggetti che mi fluttuano accanto. Ci sono pochi colori qui, non come sulla Terra. Tutto molto grigio e nero. Proprio pochissimi colori.
D: Che tipo di cose vedi fluttuare intorno a te?
L: Oh, vedo formazioni di... rocce nere di qualche tipo.
D: Come sei arrivato in questa piccola stanza?
L: Stavo dormendo e poi sono stato svegliato e mi chiesero se volevo venire. E dissi: "Certamente". E poi sono tornato a dormire. E poi sono diventato consapevoli di essere in questa stanzetta. Non so come sono arrivato qui. L'unica cosa che so e' che ho acconsentito di venire ed poi ero qui.
D: E' stato il tuo amico a chiedertelo?
L: No. Lui disse che conosceva il mio amico, ma che proveniva da un altro luogo nell'universo. Non dalle Pleiadi. Dall'altra parte delle Pleiadi. Lui proveniva da un pianeta chiamato (Foneticamente:

Mai-con) Micon. Micon? Non ho mai sentito parlare di questo luogo.
D: Puoi descrivermi quelle persona?
L: Era piccolo, molto piccolo. Non aveva capelli. Aveva una testa molto grande e rotonda.
D: Sei riuscito a vedere il suo volto?
L: Non ricordo se avesse un volto. Ricordo solo che la sua testa era molto grande e molto rotonda. E il suo corpo era molto piccolo. In quel momento mi chiedevo come facesse a mantenere l'equilibrio, a causa della dimensione della sua testa.
D: Ovviamente, era notte, ed era difficile vederlo bene. Giusto?
L: No. Perché era... argento. *Luminoso!* Color argento, e era luminoso.
D: (Sorpresa) Vuoi dire che era brillante?
L: Si. E' per questo che non potevo vedere il suo volto, perché era troppo luminoso. Ed ero assonnato e non riuscivo a vedere. (Linda guardò in giù.) Sto indossando una grossa cintura. (Fece un gesto con le mani) Una *grande* cintura alla mia cinta. E' molto spessa e molto calda, ed è d'argento. C'erano dei compartimenti sul mio davanti, come delle tasche. Mi sto chiedendo perché indosso questa cintura e a che scopo serva. Non è cuoio. E' molto soffice, non è dura. Non ho mai visto nulla di simile. (Gesticolando, sembrava che la stesse esaminando.) Questa cintura non ha un inizio, non c'è la fibbia e non ricordo d'averla mai indossata. Questo un po' mi preoccupa.
D: C'è nulla nelle tasche?
L: Ho la sensazione che ci sia dentro qualcosa, ma non ci sono aperture, quindi non riesco a vederci dentro. (La cintura sembrava disturbarlo.) Presumo che presto mi diranno perché ho questa cintura addosso.

La sua voce fino a questo punto sembrava più vecchia e aveva una pronuncia distinta, dissimile a quella di Linda.

D: Non ti darà fastidio. E' solo una curiosità.
L: Si, giusto. E' molto strana, questa sensazione. Ho la sensazione che il mio stomaco si stia allargando sotto la cintura.
D: Ma non è una sensazione spiacevole.
L: No. E' molto leggero, molto leggero.
D: Indossi i tuoi vestiti quotidiani sotto alla cintura?
L: No, no, no. Me li hanno fatti lasciare nella stanza. Indosso.... (Sembrava che li stesse esaminando.) Anche questi sono brillanti.

Non so cosa sia questa roba. Il materiale è molto leggero e copre il mio intero corpo. Indosso queste scarpe. Non sono stivali, sono scarpe. E sono un pezzo unico, è tutto unito. Ne sono ricoperto. Però non ho un cappello.

D: C'è qualcosa sui muri o la stanza è spoglia?
L: Fammi vedere. (Lunga pausa) C'è un'enorme finestra.
D: Questa è diversa dalla piccola apertura?
L: No, quella è l'apertura. E' molto lunga. (Pausa) Mi sto chiedendo dove sia la porta, non la riesco a vedere.
D: Diventa sempre più interessante, vero?
L: Si, è vero. Mi chiedo dove sto andando.

Non appena si fece questa domanda, iniziarono ad arrivare le risposte. Sembrava che provenissero da altrove, perché era come se lui stesse ripetendo ciò che sentiva. Per lui erano nuove informazioni.

L: Mi dicono che no ci vorrà molto. Visiterò un nuovo luogo dove la gente è andata per cominciare una nuova vita. E la ragione per cui sto andando là è per... (Era sorpresa) incontrare il mio pupillo prodigio! (con molta soddisfazione) *Troverò* il mio prodigio. L'ho cercato così a lungo.
D: Non l'hai trovato sulla Terra?
L: Nooo! Ho cercato ovunque, e adesso sono molto vecchio. Avevo molta paura di non riuscire ad incontrarlo in tempo. (Con piacere e soddisfazione.) *Sto* andando la. Sto andando in questo nuovo luogo per incontrare il mio pupillo prodigio.

Improvvisamente ebbi un'idea. Questa era un'opportunità d'oro che non volevo perdere.

D: Avresti voglia di condividere la conoscenza che ti hanno insegnato, non solo con il tuo prodigio, ma anche con me?
L: Prima dovrò chiedere. Non posso farlo senza chiedere.

Controllai il registratore e notai che il nostro tempo stava per finire.

D: Molto bene. Se torno in un altro momento per parlare con te, saresti in grado di chiedere e ricevere il permesso?
L: Si, chiederò.
D: Forse in questo modo riuscirai a condividerla con due prodigi, perché anch'io sono molto curiosa.

L: (Con gioia) Oh, non sarebbe fantastico? (Quasi estatica) Oh, sarebbe un doppio successo. Non sarebbe meraviglioso?
D: Mi piacerebbe molte se chiedessi il permesso e poi io tornerò in un altro momento per discutere.
L: Sarebbe fantastico. Ero molto preoccupato che questa conoscenza sarebbe andata perduta. Mi sentivo cosi felice all'idea d'incontrare il mio prodigio. Ma mi ha disturbato moltissimo che questa conoscenza non sarebbe rimasta sulla Terra. Sarebbe stato un peccato, anche se la gente qui è molto primitiva e non riesci a nutrire queste cose; questa conoscenza dovrebbe restare.
D: Sono accordo. Ti chiedo di continuare il tuo viaggio. (Si) Non interferirò con il viaggio di Bartolomeo. Ma voglio che l'altra parte di te alla quale sto parlando, lasci questa scena e ritorni al tempo attuale.

A quel punto condizionai Linda con una parola chiave e la riportai a piena coscienza. Adesso ero delusa d'aver messo nel registratore una cassetta di soli 60 minuti, all'inizio della seduta. Ma non c'era modo di sapere che questo tipo d'informazioni si sarebbero presentate. Mi stavo aspettando una noiosa, superficiale vita passata ed infatti era cominciata cosi. Di solito sono in grado di passare attraverso una vita passata con una seduta di 60 minuti, perché nulla di spettacolare ha luogo nelle vite normali . Quando Bartolomeo iniziò a parlare dello strano visitatore e delle informazioni che stava ricevendo, sapevo di non poter completare la seduta in una sessione sola, cosi non ci provai nemmeno. Sapevo che questo sarebbe stato un nuovo progetto che avrebbe richiesto diverse settimane per essere completato, se mi fosse permesso d'accedere alle informazioni nascoste. Apparentemente mi stavo imbarcando in una nuova avventura, anche se la nostra conversazione prima della seduta non aveva offerto alcuna indicazione della presenza di questi dettagli nel subconscio di Linda.

Quando si risveglio sembrava confusa e piuttosto stordita. Disse: "Ho un messaggio da darti. Questo lo ricordo e sento una grande responsabilità. E' molto importante. Non so quale sia il messaggio. So solo che c'è moltissima conoscenza che non abbiamo. Ce l'hanno portata via, a causa della nostra natura primitiva e le nostre paure. Adesso è arrivato il momento di recuperarla. E per qualche ragione sei stata scelta e anch'io sono stata scelta per riportarla su questo pianeta. E' una grandissima responsabilità. Lo sento. Pesa moltissimo sulla mia anima. Questa è l'unica cosa che ricorda della seduta."

Ero sicura che fosse nello stato sonnambulistico, perché era andata

cosi in profondità nella trance da non ricordare nient'altro che aveva detto durante la seduta.
Adesso ero davvero interessata a perseguire questa storia. Per me era come aprire una scatola di Pandora. Adoro i misteri. E quando qualcuno mi dice che mi parlerà di cose che sono andate perdute e che devo conoscere, diventa troppo intrigante per poterlo ignorare.
L'unico problema era la distanza che dovevo percorrere per poter lavorare con lei. Cosi decisi di venire a Little Rock almeno una volta al mese per provare a lavorare con entrambe Linda e Janice.

* * *

Adesso avevo due progetti in via di sviluppo tra Janice e Linda. Per riuscire a lavorare con entrambe ebbi la sensazione di dove face un viaggio Little Rock in più nel Gennaio 1990, e passare tutto il tempo a fare delle sedute. Avevo deciso di passare tutto il tempo lavorando sul materiale che ricevevo dalle due donne. Sarebbe dovuto essere un lavoro semplice visto che non dovevo preoccuparmi di alcun seminario. I miei amici dissero che non avrebbero detto a nessuno che sarei venuta in questo modo avrei potuto evitare i visitatori indesiderati. Ovviamente, non andò come avevo previsto. Uno dei loro conoscenti venne a sapere che ero in paese e voleva una regressione. La gestii il venerdi sera del mio arrivo, anche se ero stanca dal lungo viaggio. In questo modo avrei potuto dedicare il resto del fine settimana a Janice e Linda.
Inizialmente stavo pensando di alternare le sedute, ma poi decisi che sarebbe stato più facile seguire le loro storie individuali se mi fossi concentrata su una storia alla volta. Inoltre, se avessimo fatto in modo alternato, una delle due avrebbe dovuto aspettare mentre conducevo una seduta con l'altra. Alla fine decidemmo di dedicare un giorno intero ad ognuna delle due. Avrei cercato di completare tre sedute con Linda il Sabato e tre con Janice la domenica. Era la prima volta che cercavo di fare qualcosa del genere e non sapevo come avrebbero risposto. Mi aspettavo che sarebbero state stanche, ma non tanto quanto lo sarei stata io, perché avrebbero avuto la sensazione d'aver sonnecchiato per tutto il giorno. Era un esperimento e non sapevamo come sarebbe andato. Ma se ci fossi riuscita avrei raccolto l'equivalente di un mese di lavoro in un solo giorno.

* * *

La mia prima seduta fu con Linda il sabato mattina. Quando arrivò per questa serie di sedute vidi che il suo avanbraccio destro era ingessato. Era caduta sul ghiaccio prima di Natale e se l'era rotto. Ero un po' preoccupata perché avrebbe potuto distrarla durante il nostro lavoro visto che era fastidioso ed insolito. Stavo pensando che non sarebbe riuscita a riposare bene e questo avrebbe potuto interrompere la trance più profonda. Ma posizionò un cuscino sullo stomaco e lascio il braccio lì.

Prima di cercare le informazioni che Bartolomeo doveva impartirmi, volevo scoprire altre informazioni sul suo retaggio. Se avessi dovuto scrivere un libro questo sarebbe stato necessario per introdurre i contenuti. Avrei dovuto scoprire cos'era successo nella sua vita tra il nostro primo incontro e il suo viaggio sulla navicella, alla ricerca del suo prodigio. Questo era il primo stadio di ricerca. Utilizzai la parola chiave di Linda che funzionò immediatamente. Il gesso sul braccio sembrava non aver avuto alcun influenza negativa. Fu in grado d'ignorarlo entrando in una profonda trance sonnambulistico. Allora la riportai al tempo di Bartolomeo e le chiesa cosa stesse facendo.

L: (Anche questa volta iniziò lentamente e sottovoce.) Sono sul terreno, all'interno delle mura della città. E' come un mercato. C'è molto caos. Stanno succedendo molte cose oggi. Gente che vende le proprie mercanzie. Gente che costruisce oggetti, c'è il fabbro. Bambini che giocano. Cani, animali. E' una giornata piena. Sono qui perché è la celebrazione del raccolto dell'equinozio autunnale. Ecco perche ci sono cosi tante attivita'. E' il periodo dopo il raccolto e la gente celebra la buona fortuna. E per ringraziare l'idei per i favori concessi durante la stagione della crescita. Questa celebrazione durera' tre giorni e tre notti, culminera' in un'enorme festa durante l'ultima notte.

D: *Che tipo di divinità adorate?*

L: Ce ne sono molte. Ci sono gl'idei degli elementi. Gli dei della Terra. Il dio del Sole e della Luna, del vento e della pioggia.

D: *Nel vostro paese c'è una cosa chiamata la "Chiesa"? (Pausa, come se non avesse capito.) Come la Chiesa Cattolica?*

L: Sono venuti qui molte volte cercando di convertire le campagne, non vennero accettati. Quelli che vennero sono stati lapidati. Adesso ci lasciano stare.

D: *La gente non apprezzava i loro tentativi di cambiare le credenze?*

L: No, perché ci chiamavano pagani e ci trattavano male, come se fossi

inferiori.
D: *La vostra gente adora ancora le vecchie religioni, giusto?*
L: Esattamente.
D: *Hai già incontrato il tuo insegnante? (Pausa) Sai di cosa sto parlando?*
L: Ho parlato con qualcuno recentemente, ma lui non mi ha detto d'essere il mio insegnante.

Apparentemente eravamo entrate nella sua vita in un momento precedente a quando gli avevamo parlato durante la prima seduta.

L: Lui è un uomo molto vecchio. Non è di qui. Era venuto ad incontrarmi molto tempo fa quando ero nella foresta. Lui stava parlando ed io ero seduto in contemplazione sotto ad un albero. Si è avvicinato a me, aveva uno zaino, una borsa sulla schiena, cosi presunsi che stesse viaggiando. Abbiamo parlato, questo è quanto.
D: *Ti ha detto da dove veniva?*
L: No. Disse di provenire da un luogo molto lontano, che non conoscevo. Mi chiese a cosa stessi pensando con tanto fervore. Gli dissi che stavo solo contemplando la mia vita. Abbiamo iniziato a parlare del più e del meno; e di come la gente non capisca.
D: *La pensi cosi? Che la gente no ti comprende?*
L: Si. E' come se avessero un concetto completamente diverso di ciò che sta succedendo nella loro vita. Non vivono la loro vita nello stesso modo in cui desidererei vivere la mia.
D: *Questo vecchio la pensava come te?*
L: Eh, si. Disse che è il periodo. E che la gente non capisce.
D: *E' stato un bene che sei riuscito a trovare qualcuno con cui parlare.*
L: Si. Ero molto dispiaciuto di doverlo lasciare andare. Ma disse che sarebbe ritornato in quella direzione molto presto. E che forse avremmo potuto parlare.
D: *Sarebbe meraviglioso. Ti ha detto il suo nome?*
L: Si. Il suo nome era molto strano. Il suo nome era... Christopher. Non ho mai sentito quel nome prima. L'ho trovato molto stano per qualche ragione.
D: *Vuoi dire che è un nome strano per il tuo paese?*
L: Non l'ho mai sentito prima. Era un uomo anziano e mi era sembrato quasi che quel nome avrebbe dovuto essere di un giovane. Quando lo dico, mi da una sensazione di pace.
D: *Ma adesso ti stai divertendo al festival, giusto?*
L: Oh, si. Molto cibo fresco e ogni tipo di vestito fatto dalla gente del

villaggio. Tanti canti e balli.

D: *E' una bella giornata. Lasciamo quella scena. Scivola via da quella scena, voglio che tu vada avanti nel tempo a quando sei più vecchio. Adesso cosa stai facendo? Cosa vedi?*

L: Sono in una citta molto lontana da casa mia. Ci sono strade fatte di pietra. Ha molto sporco... molte persone che sono dei mendicanti. E' molto triste, non mi piace.

D: *La città ha un nome?*

L: Sono dovuto andare in barca verso questo luogo. E' nel paesi dell'Inghilterra e il nome della città è Liverpool. E' davvero orribile qui.

D: *Cosa ci fai lì?*

L: Ho viaggiato molto a lungo per vedere come vive la gente su questo pianeta. Per vedere come sono diversi. A volte resto a lungo e a volte me ne vado velocemente. Probabilmente lascerò questo luogo domani. E' davvero molto triste. Mi disturba vedere a che livello sono cadute le persone. Si comportano male tra di loro.

D: *Ma avevi detto d'aver visitato anche altre città ed altri luoghi?*

L: Oh, si, molti. Per gli ultimi dieci anni circa, ho viaggiato da un luogo all'altro.

D: *Quali sono alcuni dei paesi che hai visitato?*

L: Ho visitato l'Gaul, e ho visitato Roma. Ho visitato molti luoghi. Ho visitato l'Est, la maggior parte delle persone non c'è mai stata.

D: *Cosa c'è ad Est?*

L: Oh, è un paese molto vasto. E la loro filosofia di vita è molto diversa dalla nostra. Il colore della loro pelle è diverso e fanno una cosa chiamata "meditazione". Attraverso la quale entrano in contatto con la loro (fece fatica)... conoscenza interiore. Sono molto saggi.

D: *Quando vai in tutti questi paesi, come viaggi?*

L: Cammino.

D: *Deve essere un viaggio lungo, no?*

L: Eh, si. A volte se ci sono delle acque, devo prendere una barca, ma in generale cammino.

D: *Come fai a sapere dove andare?*

L: Oh, vado ovunque mi senta d'andare. In quella direzione e vado.

D: *Ti devi preoccupare dei soldi o del cibo?*

L: Qualche volta. Generalmente incontro qualcuno per strada e sono molto gentili con me. Mi aiutano per un po', e finora non ho avuto di che preoccuparmi. Sono sempre stato protetto.

D: *Conosci il nome del paese da cui provieni? Dove vivevi quando eri più giovane?*

L: A volte la gente lo chiama in diversi modi. Certa gente lo chiama... (difficile) Siton (fonetico). (Lunga pausa) Non riesco a ricordare. Non ha un nome di per se. E' un regno tutto suo e la gente da là non viaggia.

D: *Allora è molto insolito che tu te ne sia andato?*

L: Si. Nessuno se ne va mai da là.

D: *Sei stato molto coraggioso a volertene andare.*

L: Davvero non volevo andarmene, ma mi è stato detto che dovevo farlo. Mi era stato detto di andare a vedere gli altri paesi. E di non preoccuparmi, che sarei stato protetto in tutti i miei viaggi. Ed è stato cosi e non sono solo.

D: *Dev'essere stato spaventoso andare in paesi sconosciuti senza conoscere nessuno.*

L: Lo era all'inizio. Ero impietrito.

D: *Chi ti ha detto di farlo?*

L: Il mio amico che veniva a trovarmi periodicamente. Disse che era importante comprendere com'era la vita qui. Che il mio regno era cosi isolato che non avrei mai compreso in un milione d'anni com'erano le altre persone, se non l'avessi scoperto da solo.

D: *Cos'hai imparato sulla gente?*

L: Ho imparato moltissimo sulle culture della gente. E le loro differenze, a causa della loro locazione e il modo in cui vivono la loro vita. Come tutto questo abbia un effetto su come vedono la vita. Come alcuni sono molti buoni e altri veramente terribili. Alcuni sono molto ignoranti e non riescono a vedere oltre alla punta del loro naso.

D: *Tutti parlano lingue diverse, vero?*

L: Si è così.

D: *Fai fatica a comunicare con loro?*

L: No. Il mio amico mi ha insegnato molte cose. Una di queste cose è di focalizzarsi sul mezza della propria fronte, e la comunicazione può avvenire senza parlare. Da mente a mente. Non è come una conversazione, ma uno scambio d'informazioni.

D: *Anche l'altra gente che incontri si deve concentrare?*

L: No. All'inizio sono sorpresi. Iniziano a parlarmi, e quando io fisso il mio sguardo su di loro è come se una certa calma scenda su di loro e riusciamo a comunicare. E dopo la fine della nostra comunicazione, loro continuano proprio dove avevano iniziato. E' molto strano.

D: *Dopo se ne ricordano?*

L: No. E' come se avesse luogo un lapse temporale. E non ne sono nemmeno o consapevoli.

D: *C'è una ragione per questo?*
L: Si. Perché avrebbero molta paura se sapessero e probabilmente mi metterebbero a morte a causa della loro paura. Penserebbero che fossi il demonio.
D: *Questo tipo di comunicazione ti rende tutto più facile, vero?*
L: Oh, si, moltissimo. Non riuscirei a parlare con loro altrimenti. E' molto bello riuscire a farlo. Parlo con i paesani. Parlo con i nobili. Parlo con i re. Parlo con i contadini. Parlo con i mercanti. E' stato un processo molto educativo.
D: *Hai incontrato persone importanti come i re?*
L: Si, nei miei viaggi ho incontrato dei re, altre volte dei nobili. Ho incontrato preti, alti prelati. Le loro filosofie sono sempre interessanti per me. Ma sono sempre cosi "giusti". A volte lo trovo ridicolo, ma non glielo dico.
D: *Pensano che la loro filosofia sia l'unica?*
L: Si, si, questo è ciò che trovo interessante.
D: *Una volta, quando stavo parlando con te mi hai detto che stavi cercando qualcuno. E' vero?*
L: Si, sto cercando un giovane a cui possa insegnare ciò che mi è stato insegnato, prima che arrivi il mio momento d'andare, cosi che lui possa continuare il mio lavoro. Ma finora non l'ho trovato.
D: *Come lo riconoscerai quando lo troverai?*
L: Lo saprò immediatamente. Riceverò un segno e lo saprò.
D: *Sai quale sarà il segno?*
L: No, ma mi è stato detto che quando inizieremo a comunicare, mi verrà detto.
D: *Questa è forse una delle ragioni per cui stai viaggiando? Non pensi che troverai il giovane nel tuo regno?*
L: Si. Ma mentre sto viaggiando, sto imparando molte cose. E posso raccontare a questo giovane ciò che ho visto.
D: *Presumo che tu abbia visto moltissime cose meravigliose.*
L: Si. Ho anche visto molte cose terribili. Ma questa è la vita. Bisogna prendere entrambe, sia il bene che il male.
D: *Non si può giudicare nulla.*
L: No. Questo non serve a niente. Non posso fare nulla per migliorare lo status quo in questo momento. E' una raccolta d'informazioni che sta avendo luogo in questo momento.
D: *Si, sarebbe inutile cercare di aiutare la gente. Sono troppi.*
L: Non ascolterebbero. Non sono pronti a fare alcun cambiamento nelle loro prospettive adesso.
D: *Presumo che tu sia come un osservatore?* (Si) *Cosa ne pensava la*

tua famiglia quando hai deciso di andartene?
L: Erano tristi. Tuttavia hanno sempre pensato che fossi matto. Quindi per loro era solo un'altra follia.
D: Non sei mai stato come loro.
L: Esattamente. Cosi mi hanno lasciato andare. A volte mi mancano.
D: Immagino che a volte ti senta solo.
L: Si. Anche se non sanno le cose che conosco io, una famiglia è una cosa molto confortevole d'avere.
D: Si, questo posso comprenderlo. Ma adesso ti trovi in un luogo chiamato Liverpool?
L: Si. Me ne andrò domani. Probabilmente andrò verso la Spagna
D: Dovrai prendere la barca ancora una volta? (Si, si.) *Hai mai pensato di viaggiare dall'altra parte dell'oceano?*
L: Ci sono discussioni al proposito. Tuttavia, non penso che adesso ci sia qualche rotta conosciuta. E' un oceano enorme là fuori e adesso non sono pronto ad affrontare questo progetto.
D: Vuoi dire che la gente non è ancora andata in quella direzione?
L: Ci sono molte discussioni a proposito. C'è un uomo chiamato Columbo, lui dice che la Terra è ovale. E la gente lo deride.
D: Hai incontrato l'uomo chiamato "Columbo"?
L: No, non l'ho incontrato. Ne ho solo sentito parlare dalla gente di paese. Ne parlavano denigrandolo. E mi sono detto, che vergogna. Cosi sono rimasto li ed ho ascoltato per un po'. E per un po' ho pensato forse dovrei aiutarlo un po', ma mi dissero di non farlo. Lui ha ragione. Non sa quanto ha ragione.
D: Come fai a saperlo?
L: Il mio amico mi a parlato di queste cose. Potrei aiutare quest'uomo, Columbo, nel suo viaggio. Ma mi è stato detto di restare zitto.
D: Il tuo amico cosa ti ha detto che c'è là fuori?
L: Mi ha fatto vedere delle foto. Non erano disegni. Erano ciò che lui chiamava "fotografie". Non comprendo cosa siano. Sono immagini, ma non sono simili a nulla che io abbia mai visto. Non sono disegnate o dipinte. Sono molto belle. Lui mi mostra cose incredibili a proposito di questa Terra, che io non avrei mai potuto nemmeno immaginare.
D: Puoi condividerlo con me?
L: Era come se fossi lontanissimo nel cielo notturno, guardavo in giu', giu', *molto* in lontananza. Era stupendo. Si poteva vedere la forma della Terra e luoghi nell'oceano che non avrei assolutamente mai potuto conoscere. Sai, la gente oggi giorno pensa solo all'esistenza del luogo dove sono. Non hanno alcuna considerazione al fatto che

ci possano essere altri luoghi. E ci sono moltissimi luoghi che nessuno conosce, o che nemmeno possano immaginare. Luoghi molto più vasti di quelli in cui viviamo ora. Masse di territorio molto più vaste, con foreste e colline e montagne. Luoghi incredibili. Alcuni dove ci sono persone, altri dove non ce ne sono, solo territori che attendono. (Questo lo disse con un tono malinconico, quasi di sognatore distratto.)

D: *Come sono le persone in questi luoghi?*
L: Non li ho visitati tutti. Ho visitato solo un piccolo segmento nella mia area, perché camminare fino in questi luoghi è quasi impossibile. Tuttavia mi dicono, che forse in futuro potrei essere in grado di visitare anche questi luoghi lontani.

D: *Mi hai detto che ti ha fatto vedere delle immagini.*
L: Si, ma non erano di persone, solo della Terra e dei territori da una grande distanza. Però vorrei davvero incontrare quella gente. Mi chiedo se sono come noi.

D: *Pensi che quest'uomo, Columbo, stia andando là?*
L: Lui pensa di andare verso Est. Non penso che conosca gli altri luoghi. Non sa che esistono.

D: *E il tuo amico non vuole che tu gliene parli.*
L: No. Disse che sarebbe terribile. Disse che in ogni caso non mi crederebbe.

D: *E' vero. Deve scoprirlo da solo, proprio come hai fatto tu. Nel tuo tempo, la gente cosa crede che ci sia la fuori?*
L: Credono che se te ne vai su una nave, ci saranno molte cose maligne la fuori che ti assaliranno. E sarai perso per sempre.

D: *La gente del tuo tempo crede che ci siano altre persone là?*
L: No, non credono che ci sia nulla oltre a ciò che vedono.

D: *Quando ti ha mostrato le immagini della Terra, che forma aveva?*
L: Era tipo rotonda e c'era molta acqua. (Entusiasta) E sai cosa? Penso che la Terra giri e giri e giri su se stessa.

D: *Ti sembrava che lo facesse?*
L: Si, ma molto lentamente. C'è acqua e terra, grandi zone di territorio Ovunque molta acqua.

D: *La gente del tuo tempo crede che la Terra sia cosi?*
L: Non sanno che ho visto queste cose. Pensaono solo che la Terra sia il luogo dove si trovano. E oltre a questo non c'e' altro. La maggior parte della gente e' piena di paure, e restano in cio' che conoscono. Non si avventurano molto oltre da dove vivono.

D: *Quindi sei stato molto coraggioso a fare queste cose.*
L: Ho avuto troppa fiducia con le cose che mi sono state dette. E' stata

molto dura all'inizio. Ma dopo qualche anno, non era più difficile.
D: *Probabilmente anche tu avevi paura, perché non sapevi cosa c'era là fuori.*
L: Ero molto impaurito. Quando ho realizzato che non sarei stato danneggiato e che sarebbe andata bene, allora è diventato più facile.
D: *Vedi ancora il tuo amico?*
L: Si, occasionalmente lui verrà a parlare con me. A volte mi mostra cose molto belle. Mi dice cose che ho bisogno di conoscere. Mi mostra cose sulla Terra e mi dice come saranno le cose molti anni or sono. E come la gente progredirà nel loro modo di pensare e nel loro stile di vita e quanto cambierà la civilizzazione. E' molto interessante. A volte è molto difille pensare che queste cose accadranno veramente.
D: *Quale sono alcune delle cose incredibili che ti ha detto che accadranno?*
L: (Entusiasta) Una volta mi ha detto – e faccio molta fatica a crederci – che ci saranno carrozze che volano nel cielo. Non credi che sia incredibile?
D: *Oh, si sembra davvero strano, non è vero?*
L: E la gente viaggerà' ovunque su questa Terra. E che conosceranno tutti questi luoghi che adesso non conosciamo.
D: *Sembra davvero miracoloso, pensare che qualcuno possa volare.*
L: E' molto entusiasmante. Io non posso... (Sigh) la mia mente non riesce ad abbracciare queste cose. Gli ho chiesto se i cavalli avessero le ali. Disse che non c'erano cavalli. Riesci ad immaginarlo?
D: *No, non riesco ad immaginare come potrebbe succedere.*
L: Nemmeno io. Ci saranno molte cose meravigliose. Disse che ci saranno macchinari che faranno il lavoro di dieci persone. E che l'unica cosa che dovranno fare è premere un bottone e verranno create diverse cose.
D: *Questo potrebbe evitare molto lavoro, non e' vero?*
L: Si, certo. Disse che la gente riuscira' a comunicare insieme meglio di quanto facciano adesso. Avranno cose attraverso le quali potranno parlare da un luogo ad un altro e che si potra' ascoltare da molte miglia di distanza. Disse che questo aprira' le comunicazioni all'intero mondo, cosi che si possa parlare tra di noi. E non essere piu ignoranti.
D: *Queste sono tutte cose positive, vero?*
L: Si. Sarebbe cosi positivo se alcune di queste paure si potessero eliminare. E la gente fosse gentile tra di loro.
D: *Pensi che succederebbe se avessero cose di questo genere per poter*

parlare tra di loro?
L: Si. Allora non avrebbero tutta questa paura. Vedi, adesso, la gente è molto isolata. Vivono nelle loro famiglie, nelle loro piccole città. E hanno molta paura di qualsiasi cosa oltre a quelle limitazioni. E a causa di questa paura non comunicano molto bene. Potrebbero imparare moltissimo gli uni dagli altri, se solo se lo permettessero. L'ignoranza verrebbe eliminata da questi metodi.

D: Quindi pensi che la risposta sia nell'imparare a comunicare?
L: Assolutamente. Mancanza di comunicazione è una cosa tremenda, perché permette alla paura di infiltrare il proprio essere e non vedere la realtà di ciò che è davanti a loro. Avviluppa ogni cosa in oscurità.

D: Quindi ti ha parlato di cose in cui o attraverso le quali si può parlare?
L: Si. E attraverso le quali possono sentire. Erano piccole macchine. Non so a cosa sembrano. Mi ha detto solo che era piccole macchine.

D: E questo è un bene perché cosi possono parlare tra di loro.
L: Si. Allora, vedi, potrebbero condividere le loro idea a proposito di qualcosa e anche le altre persone potrebbero farlo. E forse l'idea migliore potrebbe esser utilizzata.

D: Questo mi sembra ottimo. Ti ha detto altre cose difficile da credere?
L: Si, moltissime cose. Ha detto che ci sono altre terre nell'universo. E questa gente è progredita molto più velocemente di noi. E hanno molta più conoscenza di quanta non abbiamo noi. Ma mentre il nostro mondo cresce e abbiamo queste macchine per aiutarci a diventare più educati, questa gente da altri luoghi potrebbe venire a visitarci e condividere anche le loro idee.

D: Tutto questo sembra bellissimo.
L: Penso che sarebbe meraviglioso.

D: E' difficile pensare a persone che vivono su altre terre, no?
L: Si, lo è. E' molto difficile, anche se questo l'ho sempre saputo. E per qualche ragione è stato più facile per me comprenderlo, che pensare all'esistenza di altri luoghi su questa Terra di cui non ero a conoscenza. No so perché ho fatto tanta fatica con questo.

D: E' stato più facile per te comprendere che c'erano altre persone la fuori su altri mondi?
L: Si, ho potuto comprendere tutto questo piu facilmente rispetto all'esistenza di territori sulla Terra e che la Terra non era solo qui.

D: Ma non è difficile per altre persone del tuo tempo pensare ad altri mondi?
L: Oh, si, credono che sia male e negativo, e hanno molta paura di pensare a queste cose. E' la loro paura che li trattiene. Tutto ciò'

che non comprendono lo chiamano maligno e negativo e cercano di eliminarlo uccidendolo o bruciandolo. Sono solo molto impauriti.
D: *Quando sei andato a Roma, non è quello il luogo dove si trova il centro della Chiesa Cattolica?*
L: Si, hanno moltissimi luoghi meravigliosi là. Hanno molti preti che insegnano quella religione nelle campagne. Anche loro sono immersi nella paura.
D: *Davvero?*
L: Oh, si. Penso di si. Cercano di tenere il popolo sotto controllo attraverso la loro filosofia religiosa. Ma è solo una copertura per la paura.
D: *Per quale motivo una religione dovrebbe essere piena di paura?*
L: Non so. Il loro Dio probabilmente no è buono. Se fosse buono, perché avrebbero tutta questa paura?
D: *Vuoi dire, che i preti stessi hanno paura?*
L: Si, hanno questo sistema. E' come un regno. E' lo stesso vecchio paradigma, solo un nome diverso, per tenere il popolo in riga. Un sistema dei privilegiati contro i la piccola gente. Credono che ci sia solo il loro Dio e che tutti gli latri sono maligni. Che c'è solo un modo per essere buoni ed è quello che insegnano loro. E se non segui le loro istruzioni, sarai dannato per l'eternità. Questo è incorretto. Ci sono molte, moltissime strade. Questa è una parola che ho imparati, lo sai? La parola "strade". Non è forse una parola strana?
D: *E' una parola strana. Cosa pensi che significhi?*
L: Strada significa sentiero o cammino. La trovo una parola molto interessante. Strada.
D: *Si. Ma pensi che sia sbagliato che pensino che la loro religione sia l'unica via?*
L: Assolutamente. Gli dicono che sono molto, molto sacri o molto, molto saggi e che le cose sono cosi. Non permettono ad una persona individuale di esaminare la propria verità interiore. Gli insegnano che sono molto limitati e che devono seguire direzioni esplicite e farlo in un modo solo. E questo è terribile. Non permette a nessuno di pensare con la propria testa. (Sospiro) Ma questi sono i tempi. Sai, è cosi ovunque. Non è solo a Roma. Non è solo con la religione. E' con la politica del giorno, non ti è permesso pensare con la tua testa. Ti viene detto cosa pensare e cosa fare. Ero meravigliato che ci fosse una tale linea di continuità, uno schema in tutto il mondo. Possono anche avere diverse abitudini e fare le cose diversamente, ma fondamentalmente è tutto lo stesso. La paura è la stessa ovunque. Potrebbe essere su qualcosa di diverso, ma in

pratica e' la stessa veste che tutti indossano. E permettono che dia coloro a tutte le loro interpretazioni della vita, e gli permettono di limitarli. Hanno paura di essere puniti.

D: Preferiscono rimanere in ciò che gli è noto. Lì sono al sicuro.
L: Esattamente. E poi non ci sono pericoli d'essere lapidato o impiccato o infilato in una scatola.
D: Cosa vorresti dire, messo in una scatola?
L: Hanno queste cose. Sono orribili. Sono scatole di legno e ci mettono dentro la gente per giorni, senza cibo o acqua. A volte li ci muoiono. E' davvero terribile.
D: Queste cose le fanno alle persone che non hanno le loro stesse credenze?
L: Si, o se fanno domande. Oh, ci sono persone terribili là fuori che si merito d'essere messe in queste scatole. Rubano o uccidono e fanno quel tipo di cose. Ma esserci dentro solo perché credi qualcosa di diverso è un'enorme ingiustizia, secondo me. Chi potrebbe esserne danneggiato, se nella tua mente pensi a qualcosa di diverso? Sai, potrebbe essere meglio?
D: Cos'hai scoperto sulla salute delle persone, mentre viaggiavi?
L: In alcuni luoghi è ottima e vivono a lungo, specialmente se vivono all'aperto nelle campagne. Se vivono nelle città è davvero terribile. Come dicevo: le città' tendono ad essere molto sporche e ci sono molte malattie. La gente non vive a lungo. C'è molta morte nelle città.
D: Ci sono persone che potresti chiamare "dottori" che si prendono cura di queste persone?
L: Si, ma non fanno niente di buono. Questa gente muore lo stesso. Non penso che aiutino per niente. Loro ritengono di farlo, ma non è cosi.
D: Bene, sei stato fortunato nei tuoi viaggi. Ti sei mai ammalato?
L: Qualche volta. Nulla di grave. La maggior parte delle persone che vivono in città muore prima di arrivare a quarant'anni. Vengono considerati vecchi nelle città. Io ne ho cinquanta e per la gente e' incredibile che io sia cosi sano. Adesso i miei capelli stanno diventando bianchi, ma sono in buona salute.
D: Allora ti considerano vecchio.
L: *Molto vecchio, molto vecchio.*
D: Ma sei ancora in grado di camminare e viaggiare.
L: Si, si, sono in buone condizioni fisiche. Non ho un cavallo. Non voglio la responsabilità di dovermi prendere cura di qualcun altro oltre a me stesso. Anche se qualcuno si è preso cura di me.
D: Stavo pensando che se avessi un cavallo potresti viaggiare più velocemente.

L: In questo modo non ho bisogno di preoccuparmi di nutrirlo o accudirlo. Posso andare alla mia velocità, restare finche voglio e poi andarmene. A volte ricevo un passaggio, ma non spesso.
D: Però viaggi sulle navi.
L: Questa è una necessità perché non sarei in grado di nuotare cosi a lungo. E' solo una cosa necessaria per poter andare altrove.
D: Le navi su cui viaggi sono molto grandi?
L: A volte. Ho viaggiato su una grande nave con molte vele. Altre volte sono andato su navi più piccole. Dipende da chi riesco a farmi dare un passaggio.
D: In questo modo non ha bisogno di preoccuparti dei soldi, giusto?
L: No, non è meraviglioso? Non avrei mai pensato di poter viaggiare cosi a lungo senza danaro. E' incredibile.
D: Ti porti dietro dei vestiti o qualcos'altro?
L: No. Quando i miei vestiti diventano logori, qualcuno mi si avvicina e me ne da offre di nuovi. E qualcuno mi nutre. Ho un lungo bastone che porto con me. E' come una staffa. Mi aiuta a salire e scendere dalle colline. E' diventato un vecchio amico.
D: Pensi che incontrerai mai questo giovane a cui dovresti passare la tua conoscenza?
L: Adesso mi sto preoccupando, a causa della mia età. In passato non ero preoccupato. Avevo la sensazione che me lo avrebbero fatto vedere al momento giusto. Ma più invecchio, più mi preoccupo di non riuscire ad incontrarlo in tempo. Vedi, ho molto da dirgli e una settimana o un mese non saranno abbastanza. Devo essere in grado di insegnare finché ho la mia salute. Questo è un'enorme preoccupazione che ho in questo momento. Anche se mi è stato detto di non preoccuparmi, che se ne stanno preoccupando. Non mi sento come un vecchio. Solo quando me lo dicono.
D: Quindi il tuo corpo non si sente vecchio.
L: Non a me che sono dentro. Ma per coloro che sono fuori sono molto vecchio.
D: Quindi adesso stai andando in Spagna?
L: Si, non ci sono mai stato. E so che è bellissima. Cosi ho pensato di andare a vederla. Sono stato ad Est della Spagna e a Nord e ad Ovest. Ma mai a Sud. Forse adesso andrò là. Di solo ricevo delle direzione verso che parte andare, alla mattina quando mi sveglio per partire. Mi hanno detto di andare ad Est o NordEst in qualsiasi strada che io segua. Mi viene detto di seguire questa strada e lo faccio.
D: Non fai nessuna domanda. (No) *Bene. Lasciamo questa scena.*

Voglio che tu vada avanti fino al momento in cui ti trovi in Spagna. Dimmi cosa ne pensi. Hai preso la nave?
L: Si, questa volta sono salito un grade vascello. Ho incontrato il capitano alla locanda e lui era molto impressionato da me e mi ha lasciato salire sul suo vascello. Sono stato nella sua cabina. Era bellissima. Era un vascello enorme con molti masti.
D: Cosa ne pensi della Spagna?
L: Per ora non ci sono molte persone qui. Fa molto caldo. Che cambiamento. Riscalda le mie ossa. Faceva molto freddo in Liverpool, molto umido. E il sole sulla pelle mi da una bella sensazione. L'aria è molto fresca e brezza è perfetta. Tutte le storie che ho sentito sono vere.
D: Resterai li a lungo?
L: Penso che potrei. Vorrei visitare questa gente per un po', per conoscere la loro filosofia di vita. Sembrano molto amichevoli. Non sembrano cosi impauriti. Questa gente è aperta. Non sono cosi radicati nelle tradizioni. Inoltre sembrano essere più indipendenti nel modo di pensare di ciò che ho visto finora.
D: Forse troverai qui il tuo prodigio.
L: Non penso. Penso che il mio pupillo prodigio è molto lontano da qui. Non so perché la penso cosi adesso. Non penso che lo troverò. Penso che lui troverà me. Penso che adesso resterò qui in Spagna per un po'. Forse lo manderanno da me. E' cosi bello ed è un tale cambiamento. Penso che riposerò qui per un bel po'.
D: Ma pensi che un giorno riuscirai a trovarlo davvero?
L: Me l'hanno detto e non ho alcuna ragione di credere altrimenti.
D: Hai dedicato la vita a questo. Finché ci credi, ci deve essere della verità.
L: Si. E' una lezione enorme che ho imparato molto tempo fa. Una lezione di fiducia.
D: Quindi se devi trovarlo, allora lo troverai. (Si) Molto bene. Questo sembra un luogo molto bello e ti puoi riposare per un po'.

A quel punto riportai Linda a piena coscienza e lasciai Bartolomeo nel suo mondo, sapendo che l'avremmo presto rincontrato per continuare la storia.

CAPITOLO DUE

LE LEZIONI HANNO INIZIO

Dopo la prima seduta ci siamo fermate per qualche ora per pranzare, riposare e chiacchierare. Tornammo al lavoro verso le 14.00. Usando la parola chiave di Linda, la riportai direttamente a quella vita passata. Avevo finito l'introduzione su Bartolomeo e adesso volevo procedere cercando d'ottenere le altre informazioni. La mai curiosità era certamente stata stuzzicata e volevo scoprire la conoscenza che Bartolomeo doveva tramandare al suo pupillo prodigio. Avevo l'intenzione di riportarlo all'astronave e riprendere la storia da quel punto.

D: *Vorrei che ancora una volta tu trovassi Bartolomeo quand'era in quella strana stanza e stava andando da qualche parte. Conterò fino a tre e ti troverai là. 1, 2, 3, siamo tornati in quella scena. Avevi appena lasciato la tua camera da letto e ti eri trovato in questo strano luogo con oggetti passanti all'esterno. Cosa stai facendo e cosa stai vedendo? Parlamene.*

L: Sono l'unico qui. (Quasi in soggezione). Sono seduto su una sedia e sto guardando l'universo li fuori, osservo le stelle e i pianeti che passano. Sono stato svegliato per chiedermi se volevo fare un viaggio. E quando ho accettato mi è stato detto di indossare questi vestiti. Poi un raggio di luce mi ha circondato e subito dopo ero seduti su questa sedia da solo.

D: *Non avevi detto d'essere più vecchio adesso?*

L: Si. Sono molto vecchio. Adesso ho quasi sessant'anni. Sono molto, molto vecchio.

D: *Stavi ancora cercando il tuo prodigio?*

L: Si. Mi sentivo d'aver fallito la mia missione in questa vita. Ho provato ad aver fiducia, sapendo che mi sarebbero stati dati i pezzi per il puzzle l momento giusto. Ma diventando cosi vecchio, ho iniziato a dubitare e ho iniziato ad aver paura.

D: Hai mai incontrato nessuno in tutti i tuoi viaggi sulla Terra a cui pensavi di poter affidare la tua conoscenza?

L: No, nemmeno uno. Pensavo che forse la cultura dell'Est fosse più comprensiva, aperta e ricettiva. Ma anche loro sono ricoperti dalle loro tradizioni e sistemi di credenze. Sono rimasto molto dispiaciuto. Ho iniziato a perdere fiducia in quel momento. Solo ho saputo che questo sarebbe stato il mio ultimo viaggio. E mi sarebbe stato dato il pezzo finale – la fine della mia ricerca.

D: Qual'è stato l'ultimo pezzo?

L: Il pezzo finale sarà di condividere questa conoscenza con qualcuno che è simile a me, che è aperto ad idee che non possono comprendere. Qualcuno che è in grado di esaminare queste cose senza paura, senza pregiudizio, senza interessi personali. Solo accettando i fatti ed esaminandoli attentamente. Solo condividendo il proprio sapere e nient'altro.

D: Ti stanno portando dal tuo pupillo prodigio?

L: Mi stanno portando in un posto nuovo. Lo chiamano la "colonia". E' un nuovo luogo sperimentale dove stanno sperando che la pura verità sarà pervasiva e che non verrà mai distorta in alcun modo. Questa gente ha il cuore e la mente pura. Io sarò il loro insegnante. Condividerò con loro la conoscenza che accumulato in tutti questi anni. Saranno loro i portatori di questa conoscenza. Grazie alla loro purezza non ne abuseranno, ne' accumuleranno o manipoleranno in alcun modo o forma. Saranno i portatori della conoscenza della verità universale.

D: Il tuo prodigio sarà in questo luogo?

L: Si. Lui a sua volta al momento giusto può essere mandato per illuminare il pianeta Terra quando sarà il momento giusto. Fino ad allora resterà in questo luogo con gli altri e aspetterà. Anche gli altri hanno dei luoghi dove portare questo messaggio al momento giusto.

D: Perché non hai potuto passarla a qualcuno sulla Terra? Questo è quello che pensavi di fare.

L: Perché non c'era nessuno dal cuore puro che avrebbe potuto mantenerlo senza distorsioni o abusi. In questo momento l'evoluzione del pianeta non è in uno spazio di tempo in cui l'umanità sia pronta. Hanno cosi tante, tantissime lezioni da dover imparare prima di poter usare alcune di queste per il beneficio dell'umanità.

Verrebbe distorto, abusato e alla fine potrebbe distruggere l'intera Terra.

D: Cosi alla fine verrà riportato sulla Terra.

L: Esattamente. Questo prodigio vivrà qui su questa "colonia". Questo luogo non conosce spazio ne tempo. Non invecchieranno, ne cambieranno in alcun modo. E' un luogo di sostenimento. Me ne andrò di qui quando il mio lavoro sarà finito, e andrò al mio luogo di riposo. Non resterò qui, ne' ritornerò sulla Terra per molto tempo.

D: Se ti consideri vecchio, fa differenza dove stai andando?

L: No. Ma non posso restare in questa colonia. Lo schema della mia anima è diverso da quelli delle anime in questo luogo. Non è compatibile con una lunga degenza a tempo indeterminato. Non sarei a mio agio qui. Desidero andare al mio luogo di riposo quando il mio lavoro è finito. Devo riposare per un po' di tempo. Devo stare con il Tutto.

D: Stai dicendo che tornerai sulla Terra in questo corpo dopo aver condiviso i tuoi messaggi e la tua conoscenza con quest'altra gente?

L: No, non tornerò sulla Terra per molte, moltissime generazioni. Tornerò al Tutto per riposare. Tornerò più tardi con diverse responsabilità.

Dalle sue risposte sembrava che sarebbe tornato al piano dello spirito per riposare a lungo nel luogo di riposo prima di reincarnarsi in un corpo diverso. Questo luogo è descritto nel mio libro Between Death and Life. L'unico problema che avevo nel comprendere tutto questo era che non aveva detto nulla della sua morte. Apparentemente era ancora nel suo corpo fisico. E tutti sanno che non ci si può portare dietro il corpo quando si muore.

D: Sto cercando di capire hai ancora il tuo corpo fisico ed è dentro a questa stanza, seduto su una sedia.

L: Si, è il mio corpo. Non ho mai chiesto cosa gli sarebbe successo. Presumo che dovrei chiedere, solo che non mi sembrava importante.

D: Benissimo. Spostiamoci avanti finche questo veicolo o qualsiasi cosa sia questa macchina in cui ti trovi, raggiunge la destinazione. Hai detto che stai viaggiando verso la colonia. Spostiamoci fino al punto in cui non hai raggiunto la tua destinazione. Dimmi cosa succede quando sei arrivato.

L: E' un luogo molto luminoso e sono seduto sulla mia sedia mentre fluttuo sopra a questo luogo. Improvvisamente una luce luminosa avvolge il mio corpo. Inizia dalla sommità di questa stanza. E' di forma cilindrica e io sono nel mezzo. In un istante sono questi altri spiriti. Non sono più nella stanza. Vengo trasportato da questa luce alla presenza di questi esseri. Sono tutti molto, molto felici di vedermi. Sembrano esseri di luce. Tutti diversi eppure simili. Sono esseri molto luminosi.
D: *Non hanno caratteristiche fisiche?*
L: Le hanno, ma sono molto luminosi. Quando cerco di guardarli in volto vengo abbagliato. E' come osservare il sole. Posso vedere che sorridono. Devono avere una bocca, ho la sensazione che mi stiano sorridendo. Ma sono coperti da una luce così luminosa che non posso distinguere le loro forme fisiche.
D: *Sei ancora nel tuo corpo fisico? (Pausa. Forse non era sicuro.) Come ci si sente?*
L: Mi sento molto leggero, molto leggero come se stessi fluttuando. Come se non ci fosse peso o alcune altra forza. Sono completamente libero. Non penso di avere un corpo. Penso di essere semplicemente me stesso.
D: *Pensi che questi esseri siano fisici?*
L: (Pausa) Forse. Però penso che siano solo pura energia. Li vedo, ma non penso che siano corpi fisici.

Questo lo disse con un senso di curiosità, di meraviglia, come se cercasse di comprendere qualcosa di strano e diverso che non si aspettava.

L: Penso di essere giunto su un altro piano di esistenza. E' iniziato come un viaggio fisico, però penso d'aver attraversato il piano fisico ed essere entrato in qualcosa che non conosco. Tuttavia ho la sensazione che se volessi potrei andarmene da qui, in qualsiasi momento e ritornerei in quella stanza.
D: *Pensi di poter trovare il tuo corpo fisico in quella stanza? (Sì) Avevi detto che avresti condiviso la tua conoscenza con questi esseri. Giusto? (Sì) Una volta ti ho chiesto se era possibili condividere quella conoscenza anche con me. E avevi detto di dover chiedere il permesso. Cosa ne pensi?*

Ebbi un momento di trepidazione, sperando che mi sarebbe permesso di ricevere questa conoscenza. La mia curiosità era accesa da questa aspettativa, ma dipendeva tutto da delle forze al di fuori di me – forze che non conoscevo.

L: Ho chiesto al mio amico, e lui ha detto che forse potresti ascoltare durante le mie lezioni.

Percepii una scarica di adrenalina.

D: Sarebbe meraviglioso, se me lo permettessi.
L: Disse che ci saranno momenti in cui non ti verrà permesso di sentire certe cose, ma avrai accesso alla maggior parte dei contenuti.
D: Perché non dovrei avere il permesso di sentire certe cose?
L: Perché ci sono solo poche altre cose da ordinare prima che un certo piano sia messo in moto sulla Terra. E queste poche cose devono restare incognite finché il piano non è stato messo in moto. Quando sarà messo in moto riceverai le informazioni restanti.
D: Allora se parteciperò alle lezioni potrò condividere la conoscenza?
L: Esattamente. Tu riceverai questa opportunità perché anche tu sei uno dei pochi che non coloreranno o distorceranno. Sei pura di cuore e non utilizzerai tutto questo per te stessa.

La respirazione di Linda stava aumentando. Mostrava segni di disagio.

D: Capisco, questi sono requisiti importanti.
L: Si. Non tutti posso farcela. Solo pochi, molto pochi.

Durante le ultime frasi notai che la sua respirazione era irregolare, più veloce e pesante. Questo le rendeva difficile parlare chiaramente.

L: L'aria qui richiederà degli adattamenti. E' molto pesante sul mio petto. (Stava ancora respirando pesantemente) Ci vorrà qualche giorno prima di riuscire ad adattarmi.

Le diedi suggestioni induttive per dissipare qualsiasi forma di disagio fisico. La mia preoccupazione primaria è sempre il benessere del soggetto.

D: Il corpo fisico con cui sto parlando sarà in grado di adattarsi senza alcun problema, anche se l'entità che mi sta parlando potrebbe avere dei problemi. Capisci?

L: (Il suo respiro stava tornando alla normalità.) Capisco.
D: *Benissimo. Le tue lezioni stanno per iniziare?*
L: Presto. Adesso è un periodo di benvenuto. Un tempo di felicità e di comunione.
D: *Ti stavano aspettando?*
L: Si, mi stavano aspettando e sono molto, molto felici. Mi stanno festeggiando. Mi stanno abbracciando. Sono molto felici per me.
D: *Sembra un luogo fantastico, un bel ambiente.*
L: Oh, è molto bello. E' molto caloroso.
D: *Possiamo spostarci avanti al momento in cui hanno inizio le tue lezioni ed io sarò in grado di ascoltare? Hai un piano o un ordine in cui condurrai le lezioni?*
L: Non ci avevo pensato. Una volta avevo un piano, ma è passato cosi tanto tempo che l'ho dimenticato. Adesso ho deciso di iniziare con delle domande dai miei amici. E poi baserò la lezione sulle loro domande. Ho la sensazione che in questo momento sia l'approccio migliore.
D: *Sono d'accordo. Però non sarò in grado di sentire le loro domande, quindi potresti ripeterle? (Si) Sei al momento in cui stai per iniziare? (Si) Benissimo. Allora procedi a tuo piacimento.*
L: Sto indicando... Artness (Fonetico, forse: Ardness) mi ha chiesto, (Lentamente come se stesse ascoltando e ripetendo.) "Cos'è successo sul piano della Terra per portare la gente ad essere cosi ristretta nei loro sistemi di credenza?" Molti, molti eoni fa, la gente che venne sulla Terra, giunse con una vasta conoscenza dell'universo. C'erano altri che stavano già vivendo sulla Terra, i quali non avevano tanta conoscenza come coloro che erano appena arrivati. Questo spinse i nuovi arrivati ad esaminare i problemi di potere. Era qualcosa che non avevano mai sperimentato fino a quel momento, ma apprez-zavano la sensazione. Gli dava un'esilarazione che non conoscevano. Cosi decisero di tenere quella conoscenza per loro stessi e non condividerla, come avrebbero dovuto fare. Schiavizzarono coloro che non avevano quella conoscenza. Dissero loro cose che non erano reali, per impaurirli e portarli a servirli. Venivano visti come dei. Divennero gl'idei. Il popolo, la gente ordinaria che era qui da prima, penso che fossero divinità, perché erano in grado di fare cose insolite. Questo non sarebbe dovuto succedere. E dopo essersi immersi in tutto questo potere ed avarizia, non vollero più andarsene. Vollero restare e cosi fu. Mentre lasciavano quella vita, nacquero dei miti che vennero tramandati, di questi dei e i loro grandi poteri. E la

paura iniziò ad attecchire. La paura che se non avessero fatto ciò che dicevano gl'idei verrebbero distrutti. Era un periodo molto buio per il pianeta Terra.

D: *Queste esseri cosa gli dissero per farli impaurire e portarli ad accettare la schiavitù?*

L: Gli dissero che potevano governare il vento e la luce, il Sole, la Luna e la pioggia. Loro governavano gli elementi e se la gente non avrebbe seguito le loro leggi, sarebbero stati distrutti. La gente non avrebbe avuto l'acqua o il Sole. Sapevano che avrebbero avuto bisogno del Sole e dell'acqua, del vento e dalla pioggia. Dovevano avere queste cose per poter esistere. E gl'idei avevano controllo di tutte queste cose, cosi dovevano obbedire o li avrebbero distrutti istantaneamente. Non sapevano che il loro essere, il loro spirito, vive per sempre. Potevano vedere solo in qui ed ora. Lo scopo originario di questi esseri di luce che erano venuti qui sulla Terra per condividere queste informazioni, per poter rimuovere la paura ed aiutare la gente a comprendere.

D: *Questi esseri fecero delle meraviglie per far credere alla gente che erano degli dei?*

L: Si, è cosi. Erano solo dei trucchetti. Lo fecero con luci e magie, ma la gente pensava che fossero degl'idei. Vorrei dire che questo è un esempio perfetto della natura umana, della costante battaglia interiore tra la paura e il servizio-di-se'. Il servire se stessi. Potere.

D: *Ma gli esseri che erano venuti erano la causa del problema.*

L: Si. Non fecero ciò che gli venne detto di fare. Caddero perché vennero per servire loro stessi invece che l'umanità.

D: *Hai detto che questo era un esempio dell'umanità, tuttavia il problema non era stato causato dagli umani.*

L: Erano stati inviati per elevare il livello degli esseri sulla Terra ad un'esistenza superiore. Erano stati inviati per insegnare a coloro che erano qui, non per renderli schiavi. Fallirono la loro missione. Dovevano permetter agli umani di comprendere ed aiutarli a vivere ad un livello superiore. Sono rimasti incastrati.

D: *Cosa intendi con, sono rimasti incastrati?*

L: Sono rimasti coinvolti nel potere e persero la luce che doveva essere trasmessa all'elemento umano sulla Terra. La Terra era un luogo dove sperimentare nuove cose. E coloro che vennero qui nella speranza di elevare coloro che erano già qui al loro livello, rimasero coinvolti e descesero ad un livello inferiore, invece che vice-versa.

D: *In altre parole, quelle venne integrato nella specie umana? (Si)*

Questo è quanto vuoi dire a riguardo di quella domanda? (Si) Vuoi raccogliere un'altra domanda dal gruppo?

L: Stiamo scendendo in un campo piuttosto storico qui, cosicché tutti possano comprendere come si siano evolute le cose negli eoni. Penso che questa sia la maniera migliore di spiegarlo. Mostrare cosa fosse successo in passato e procedere da li. La domanda era: "Perché non inviarono altri ad aiutare coloro che erano rimasti coinvolti? Perché non inviarono altri a riportare a casa coloro che stavano abusando della loro fiducia?" La ragione è che: in quel periodo eravamo preoccupati che se avessimo mandato degli altri, anche quelli sarebbero caduti nello schema. Cosi presero la decisione di lasciar passare questa generazione e poi inviare un nuovo influsso nella speranza di risistemare il progetto. E questo è ciò che accadde. La prima gente che venne sulla Terra proveniva dal pianeta Tyrantus (fonetico: Ti rant tus). E' molto simile in certi aspetti al campo magnetico della Terra. Cosi non fu difficile per questa gente essere accettati nel principale flusso di vita. Non vennero percepiti come stranieri. Assomigliavano moltissimo ai Terrestri. Sfortunatamente fallirono.

D: Questi solo quelli che volevano il potere?

L: Si. Sono venuti per primi. Alcuni procrearono con gli umani tra di loro. La seconda ondata che venne mandata proveniva da (Fece fatica con il nome) Iranius (Fonetico: Iran i us). Questa gente era differente. Non sembravano umani e quindi giunsero in borghese. Vennero come animali.

D: Animali?

L: Si. E il loro lavoro fu di lavorare velocemente con individui scelti per risollevare il progetto. C'erano alcuni individui scelti che ricevevano istruzioni da questi animali, cosi come li vedevano. Era ad un altro livello, le istruzioni da questi esseri gli venivano impartite nei sogni. Venivano educati sui concetti dell'amore, dell'immortalità e della cooperazione tra le specie. Tutto avvenne molto sottilmente e silenziosamente. Sfortunatamente anche questo progetto fallì, perché solo in pochi potevano esser indottrinati in questi nuovi sistemi di pensiero e venivano disprezzati dalla popolazione. Loro, a causa della paura della popolazione, avevano paura di accettare ciò che stavano ricevendo. E ovviamente, quelli al potere non lo accettavano, perché avrebbero perso il loro potere. Cosi a questo punto l'umanità era caduta al livello più basso ed era una situazione molto disperata.

D: Questi esseri vennero come animali per non essere notati?

L: Si, perché non erano di forma umana.

D: *A cosa assomigliavano?*

L: Erano molto piccoli e avevano grandi teste rotonde e corpicini minuti, incantevoli. Avevano braccia e gambe, ma erano molto flessibili. Non erano come braccia e gambe umane. Pensarono che sarebbero stati troppo visibili, la gente avrebbe avuto troppa paura e li avrebbe messi a morte.

D: *Quindi avevano la capacità di apparire come animali?*

L: Esatto. Avevano la capacità di apparire come animali. Si nascosero ed entrarono in quelle esistenze.

D: *Hai detto che in questo modo riuscirono ad influenzare la gente attraverso i loro sogni in modo sottile.*

L: Attraverso i loro sogni. Esatto. Si sperava che se potessero influenzare abbastanza persone il progetto si sarebbe risistemato velocemente. Ma evidentemente erano troppo sottili, cosi anche questo fallì.

Mentre stavo ricercando le leggende degli Indiani d'America per il libro Legend of Starcrash (Leggenda di uno Scontro Stellare) ho trovato molte storie di animali che apparivano agli umani per impartire conoscenza. Questo fa parte della cultura degli Indiani d'America. Altre culture in tutto il mondo hanno leggende simili. E' interessante notare che negli avvistamenti moderni di UFO/Alieni; gli extraterrestri spesso appaiono come animali in generale o come memorie superficiali cosicché gli umani non saranno impauriti.

D: *Stai ricevendo altre domande a proposito?*

L: La domanda era: "Perché non hanno mandato altri Iraniusani sul pianeta Terra? Visto che sono una razza estremamente forte a livello intellettuale, potrebbero facilmente superare coloro che erano sulla Terra a quel tempo." E la risposta a tutto questo, amico mio, è: la forza non funziona assolutamente mai. Non è una soluzione accettabile. Coloro che sono sulla Terra devono arrivare alla comprensione attraverso le loro scelte. La forza è stata utilizzata troppe volte come una soluzione a troppi problemi. Questo non funziona mai.

D: *Ottima risposta. Qual'è la prossima domanda?*

L: "Per quanto dura questo periodo intermedio di degradazione prima che venissero mandati degli altri." Dura per diecimila anni. Presero la decisione di permettere alla Terra di crescere un po' da sola, e forse trovare una sua soluzione. Le cose non cambiarono per molto tempo. La gente crebbe, ma crebbe nell'oscurità. C'era pochissima luce nei loro cuori.

D: *Cosa stava facendo la gente di cosi oscuro?*

L: Erano molto primitivi e non c'era molto amore. C'erano molti omicidi, molto odio, molte faide di potere che continuarono per molti secoli ed molti eoni. L'oscurità si propagò per moltissimo tempo.

D: *Hai un'altra domanda?*

L: Si. La domanda è: "Cosa mi dici dei cambiamenti sulla Terra durante questo periodo." Ci furono molti cambiamenti sulla superficie. Furono in molto ad essere presi dal pianeta nella speranza reclutare energie più leggere.

D: *Che tipo di cambiamenti Terrestri ebbero luogo durante quel periodo?*

L: Ci furono alluvioni. Acqua, acqua ovunque. Continenti uniti, si separarono. Ci furono periodi di calore intenso. Calore cosi elevato che coloro che erano qui perirono. Alcuni si spostarono in altre zone per fuggire. Coloro che riuscirono a fuggire diedero inizio a nuove colonie, pregando di ricevere conoscenza e direzione.

D: *Cosa causò la frattura dei continenti? E perché c'era tutta quell'acqua?*

L: Notto la superficie della Terra ci sono cose chiamate "griglie" che tengono unita la Terra. Quando tutto questo stava succedendo, queste cose all'interno della superficie della Terra cambiarono posizione e forzarono la separazione dei continenti. L'acqua venne dal calore che sciolse le acque congelate. Quando questi continenti si separarono in molti furono perduti. Umani, piante, animali, perduti. Poi dopo questo periodo d'intenso calore, arrivò il periodo di raffreddamento. Nel raffreddarsi molta nuova vegetazione iniziò ad emergere. Nuova vita iniziò ad evolvere e c'era molta speranza di riportare la Terra nella luce. Pensarono che adesso avessero imparato che l'amore e l'accettazione dei propri vicini sarebbero sbocciate. E fu cosi per un po', ma non a lungo. La gente si stufa di una esistenza pacifica e inizia a cercare qualcosa di diverso ed entusiasmante. E alla fine questo è ciò che accadde.

D: *Stai dicendo che è nella natura umana di non essere soddisfatti quando le cosa stavano andando bene?*

L: Si. E questo era ciò che si sperava di cambiare. Ma non fu cosi.

D: *Cosa fecero quando vollero qualcosa d'entusiasmante?*

L: All'inizio facevano dei giochi e poi i giochi divennero un test di forza e volontà. Poi una cosa tira l'altra e in breve erano tornati alla cosa del potere. Il "Io sono importante, Io sono più forte. Sono meglio." Questa è difficile da comprendere ed imparare per la gente. Continuano a cadere nella stessa trappola che gli viene tesa.

D: *Pensi che sia a causa del sangue di coloro che sono venuti qui che è integrato nella gente? E' da lì che nasce il problema o è solo la natura umana?*

L: E' la natura umana che viene esagerata sul piano dell'esistenza attraverso la mescolanza delle cultura. La gente di altri terre, altri luoghi. Sono venuti nel tentativo di migliorare il mondo, ma vennero assorbiti. Quindi ciò che scelsero di distruggere e migliorare, grazie a loro venne solo esponenzializzato sul piano d'esistenza Terreno.

D: *Quindi i loro geni aiutarono a rafforzare questa caratteristica? Possiamo dirlo cosi?*

L: Si. Erano stati mandati a fare qualcosa di diverso per il pianeta. Ecco perché passò cosi tanto tempo prima che qualcuno fosse mandato qui, a causa della paura di esagerare le cose oltre.

D: *Benissimo. Penso che questo sia tutto il tempo rimastoci per le domande. Però posso ritornare fra un po' e farne delle altre.*

L: Non ci sono problemi. Io sarò qui.

D: *E possiamo continuare la storia da questo punto.*

L: Abbiamo solo toccato la superficie dell'inizio.

D: *Dovevamo iniziare da qualche parte. Ho molte, moltissime domande.*

A quel punto riportai Linda a piena coscienza. Volle condividere un'immagine che rimase impressa nella sua mente. Girai la cassetta per registrare la sua descrizione.

D: *Hai detto che potevi vedere l'interno del mondo?*

L: Era come se fosse vuoto, e c'erano cose che lo tenevano unito. Non so cosa fossero. Si muovevano all'interno. Era come se molte cose andassero sopra. (Gesticolava.) Andavano cosi, su e giù. All'interno delle Terra sembra come una palla sfera. E queste cose ai lati della sfera andavano su e giù. Non so cosa fossero. Erano cose che la tenevano insieme. – La gente che venne la seconda volta aveva grandi teste rotonde ed erano color argento. Avevano corpi, ma avevano queste estensioni che uscivano dalle loro braccia e dal loro torso e dalle loro gambe.

D: *Estensioni?*

L: Hai mai visto quelle statue e disegni di alcune delle divinità delle culture orientali? Avevano volti e corpi umani, e braccia che escono in tutte le direzione?

D: *Ne ho viste alcune che hanno tutte queste braccia.*

L: Si, giusto. Solo che queste persone erano molto piccole e avevano teste enormi. Non ricordo i volti, non avevano capelli. Aveva tutte queste braccia e gambe che spuntavano in diversi punti.

D: *Quindi queste erano vere appendici, vere braccia e gambe.*

L: Esatto. Erano piccoli. Il loro intero essere era luminoso. Non so se indossassero delle tute o se erano i loro stessi corpi. Erano completamente di color argento, lo stesso colore ovunque.

D: *Sapevano di non potersi presentare cosi alla gente, perché erano cosi diversi. Sarebbe stato troppo spaventoso. (Esatto) Vorresti dire che potevano entrare in un animale o che potevano apparire come un animale?*

L: Io compresi che in qualche modo scesero e in qualche modo entrarono nell'animale. Nel loro intelletto o in qualsiasi altro modo ci riuscirono, non saprei. Lo fecero per essere in prossimità degli esseri umani

D: *Stavo pensando che se un animale iniziasse a parlare con un essere umano, indipendentemente dal periodo di tempo, ne sarebbero rimasti sbalorditi. Ma non fu cosi.*

L: No. Lo fecero in qualche modo con la mente o attraverso i loro sogni. Ma la ragione per cui entrarono in questi animali fu per stare in contatto fisico con gli umani. Presumo che questa gente deve aver avuto degli animali domestici, perché vedevo questa gente dormire e questi animali che dormivano vicino a loro.

D: *Sei riuscita a vedere com'erano quelli del primo gruppo? Quelli che divennero schiavi?*

L: Li ho vista in forma umana. Erano scuri. Non so se fosse il contesto relativo al loro essere del lato oscuro o di intelligenza inferiore o crescita inferiore o qualcosa del genere, ma li vedevo nell'oscurità Questi primi esseri che scesero sembravano molto umani, ma avevano la pelle chiara. Lo sai, nel nostro contesto religioso ci viene insegnato che Adamo ed Eva vennero e propagarono tutto il resto della gente sulla Terra. Ciò che intuisco da questo è diverso. C'erano molte di queste persone sulla Terra. Tuttavia quando visualizzo queste persone scure, le vedo strisciare a terra. E anche qui non so se fosse un tipo di sinonimo per esseri di luce ed esseri d'oscurità. Ma era molto ovvio che quelli luminosi erano in piedi ed eretti e più in giù c'era una massa di gente scura che strisciava.

D: *Ovviamente devono essere stati completamente affascinati o impauriti da questa gente. Mi chiedo fossero solo primitivi e per questo facilmente schiavizzati.*

L: Presumo, da ciò che è stato detto, che avessero pochissima conoscenza. E quest'altra gente era venuta qui per illuminarli e portarli ad un livello superiore d'esistenza. Da questo direi che fossero molto primitivi.

D: *C'era molta paura e meraviglia, e se ne approfittarono. Che questi esseri fossero umani, umanoidi o altro, non erano abbastanza evoluti da non finire in un gioco di potere, quando la gente si inginocchiava al loro cospetto. Questo sta a dimostrare che perfino qualcuno cosi avanzato può essere corrotto.*

L: Non erano esseri perfetti, ma erano eruditi e presumo sia per questo che vennero, per portare la loro conoscenza. Sembravano umani e molto regali. Molto alti e pieni di confidenza. Ricordo di aver detto che li adorarono come divinità.

D: *Si può vedere il perché.*

L: E quegli esseri di luce sul pianeta a cui lui sta parlando. Quelli erano molto luminosi, luce bianca. Erano come dei blob. Delle sfere di luce. Eccetto il fatto che era luce molto intensa e luminosa. Erano molto pacifici, molto felici ed amorevoli. Gli basta condividere l'amore.

Linda espresse la sua impazienza perché non stavamo ricevendo abbastanza informazione più velocemente. Pensava che sarebbero bastate poche sedute. Le ricordai che c'erano troppe informazioni per poterle scaricate tutte in un'ora e mezza. Inoltre ci stavamo mettendo più tempo perché parlava lentamente. Io ero abituata a lavorare a lungo (diversi mesi in alcuni casi) per accumulare informazioni e metterle in ordine, ma ovviamente, Linda non lo era. Era una mia responsabilita' di avere pazienza in questi progetti e cercare di organizzare la sequenza di eventi.

Ci fermammo per cena, per riposare e chiacchierare con Patsy. Iniziammo la nostra ultima seduta ben dopo che scese il buio. Sapevamo che la seduta sarebbe finita tardi ma a me non importava, perché non ero sicura di quando sarei riuscita a ritornare a Little Rock. Stavamo cercando di fare quanto più possibile in una giornata. Sapevo che avremmo potuto dormire fino a tardi il giorno seguente.

La parola chiave riportò Linda nello stato di trance e tornammo sulla stessa scena che avevamo lasciato qualche ora prima. Bartolomeo continuò come se non ci fosse stata alcuna interruzione.

L: Sono in piedi su una piattaforma davanti agli studenti. Adesso sto ricevendo le loro domande.

D: *Prima di ricevere altre domande, vorrei chiarire qualcosa che avevi detto precedentemente. Le prime persone che erano qui sulla Terra prima che arrivassero gli altri. Sai da dove provenivano?*

L: Erano qui. Erano esseri della Terra.

D: *Ti hanno parlato dell'apparenza di questi esseri?*

L: Presumo che fossero umani. Non ho mai chiesto.

D: *Benissimo. Allora abbiamo parlato fino al punto in cui stavi descrivendo le catastrofi in cui i continenti delle Terra si divisero e la gente che si spostava in zone sicure. Eravamo a quel punto quando ho dovuto andarmene. Adesso vorresti raccogliere altre domande dai tuoi studenti?*

L: Si. I miei studenti vogliono sapere perché questa gente era insoddisfatta della propria situazione? Perché interruppero la pace che conoscevano da molti anni? La risposta a questa domande per me è molto confusa. Mi è stato detto che volevano sperimentare uno stato emotivo di natura superiore. Erano stufi della calma. Volevano qualcosa d'eccitante nella loro vita. E quando i giochi divennero guerra, trovarono quella soddisfazione. I loro cuori divennero ancor più oscuri, c'erano moltissime morti, molto trauma. Era qualcosa che desideravano sperimentare.

D: *Erano stufi della pace. Annoiati, per cosi dire?*

L: Non tanto annoiati, non avevano molte espressioni emotive. Si sentivano che i comportamenti estremi promuovevano le loro necessità emotive. Furono in grado fare esperienze che volevano esplorare. Non comprendendo che quando davano sfogo a queste emozioni, perdevano la loro luce interiore. Non la perdevano, tuttavia diventava molto, molto fioca. E tutto solo per il desiderio di sperimentare l'euforia di stai emotivi e trauma.

D: *Non avevi detto che gli esseri dello spazio decisero di lasciarli soli e permettergli di provare a gestire le cose da soli?*

L: So. A questo punto non c'erano molti di queste persone e non erano un pericolo per nessuno. Quindi si decise di lasciarli a se stessi. Sarebbero cresciuti in questa esperienza o si sarebbero demoliti. E a quel punto si sarebbe potuto passare il pianeta a coloro che volevano vivere una buona vita.

D: *Gli esseri dello spazio osservarono la gente durante tutta loro storia?*

L: Si. Si limitavano a scuotere la testa, meravigliati dalle arti nere, chiedendosi il perché?

D: *Da dove stavano osservando? Tutti questi eventi devono aver richiesto un lunghissimo periodo di tempo.*

L: Il loro tempo è molto diverso dal nostro conetto di tempo. Potevano osservare attraverso delle proiezioni mentali o qualche volte visitavano il pianeta in modo fisico. Questo non lo facevano molto spesso perché non era sicuro farlo. La gente qui, in quel periodo era davvero negativa, uccidevano gli altri senza pensarci due volte. C'era molti omicidi.

D: *Perché questi esseri dello spazio erano cosi preoccupati? Non potevano andarsene e dimenticarsi della Terra?*

L: No, perché c'era un gran piano per questa Terra. E' il pianeta più bello di questo universo. Era stata progettata in bellezza, come un grande esperimento. Sfortunatamente non si sviluppò mai nel modo in cui era stata progettata. Doveva essere un esperimento di emozioni e piaceri fisici. Cose che molti altri luoghi non hanno. Era progettata per essere un esperimento per coloro che venivano qui, e poi se ne andavano. La gente sarebbe venuta qui in vacanza per sperimentare la Terra e i piaceri che poteva dare. Piaceri fisici che questi esseri, normalmente, non sperimentavano.

D: *Vorresti dire, che venivano qui in vacanza prima che le cose peggiorassero?*

L: Questo prima che la gente abitasse la Terra. Poi alcuni di loro rimasero cosi coinvolti in questi piaceri fisici, rimasero cosi infangati che non volevano più andarsene. Restarono per continuare a sperimentare. Più restavano, meno erano in grado di andarsene. Persero la capacità di andarsene. Quindi erano qui quando il primo gruppo di essere arrivarono. Quelli che avevano il compito di aiutare coloro che erano infangati nella fisicità di questo pianeta, per aiutarli a riacquisire i loro spiriti di luce. Anche loro ne rimasero impantanati.

D: *Avevano il compito di aiutarli a recuperare ciò che avevano dimenticato, ma non ci riuscirono.*

L: No, perché anche loro rimasero incastrati. Quindi anche loro restarono e divennero coinvolti con coloro che erano arrivati per primi.

D: *Avevi detto che alle origini faceva parte del gran piano. Puoi dirmi qualcosa a questo proposito?*

L: Alle origini il piano era un ottimo piano. Il piano avrebbe permesso alle anime di venire sulla Terra per osservarne la bellezza, per godere delle cose Terrene, come premio cose che avevano fatto su altri mondi. Dove essere una breve vacanza, un'esperienza

piacevole per poi andarsene e proseguire le proprie esperienza.
D: *Questo era il gran piano?*
L: Si. Era come un premio per un lavoro fatto bene.
D: *Sembra che tutto sia andato male, no?*
L: Si. Che tristezza.

Non era la prima volta che sentivo questi dettagli. In altre regressioni con altri soggetti, la Terra veniva descritta come un luogo di vacanza, un ritiro per le vacanze, dove esseri provenienti da diversi mondi e dimensione veniva originariamente, prima che la Terra fosse contaminata dagli umani. Questo veniva descritto spiegando come le anime divenissero intrappolate nella fisicità della Terra.

D: *Qualcun altro ha altre domande?*
L: Quando giunse l'alluvione e i continenti si separarono. Lui vuole sapere se fu un cambiamento improvviso o se fu una cosa che avvenne gradualmente. In alcuni casi fu molto improvviso. Ma il riscaldamento del pianeta fu una cosa graduale. L'inizio dell'alluvione fu una cosa molto improvvisa. Portò molta distruzione e arrivò molto velocemente. Non ci fu un singolo luogo sul pianeta che non ne fu toccato. La maggior parte degli abitanti vennero colpiti e finirono dispersi. Solo pochissimi sopravvissero. C'era la speranza che questo gli avrebbe fatto vedere gli errori che avevano fatto precedentemente e ora potevano essere grati per la pace che avevano raggiunto. Ma presto se ne stancarono.

Pensai alle leggende dell'alluvione che sono prevalenti in ogni cultura del mondo. Però questo poteva essere un periodo molto antico e primitivo nella storia della Terra. Apparentemente la Terra si è invertita parecchie volte e alluvioni devastanti non sono una novità nella nostra storia. L'alluvione Biblica e le altre avrebbero potuto essere di data successiva. E' come se non ci fosse davvero nulla di nuovo nella storia fisica del mondo, solo una ripetizione di eventi. Alcuni di questi eventi sono stati registrati negli antichi documenti e altri probabilmente ebbero luogo molto prima della nostra concezione di documentazione.

D: *C'è qualche altra domanda? Stiamo seguendo la storia molto bene.*
L: "Perché la gente rimasta non lasciò il pianeta se era illuminati abbastanza da essere salvati?" La risposta e' che non erano esseri illuminati. Erano ancora esseri della Terra e non avevano alcun desiderio di andarsene. Non conoscevano alcuna esistenza oltre alla

loro vita quotidiana. Cosi non erano consapevoli del fatto che ci fosse una scelta. Quindi non sapevano di potersene andare. Quindi non sapevano di potersene andare. E probabilmente è un bene che non lo fecero. Domanda: "Ritieni che se se ne fossero andati avrebbero contaminato gli altri luoghi dove sarebbero finiti?" E' una possibilità, perché le loro intenzioni non erano pure come altri. Se avessero visitato altri luoghi che fossero ricettivi al loro modo di pensare, li avrebbero influenzati. Tuttavia, erano pochissimi, dubito che questo sarebbe stata una possibilità. Domanda: "Quando presero la decisione di spedire altri esseri di luce?" Fu molti anni dopo, quando la Terra venne nuovamente visitata da un'astronave. C'era molta gente su quest'astronave, vennero, non per restare, ma per educare molti che erano qui. Non gli era permesso mescolarsi con la gente della Terra. Avevano solo il permesso d'insegnargli abbastanza da stimolare i loro processi di pensiero per evolverli un po' più verso la luce. Domanda: ....

D: *Un attimo, puoi descrivere gli individui che vennero quella volta? Hai detto che erano in tanti.*

L: Ce n'erano moltissimi. Erano in qualche modo simili agli umani. Abbastanza da essere accettati. Erano molto, molto alti e avevano piedi strani.

D: *Piedi strani? Cosa vorresti dire?*

L: Non avevano mani e piedi come i nostri. Li tenevano coperti per passare inosservati. Indossavano sempre scarpe e guanti, per non spaventare nessuno. I loro occhi erano molto grandi e neri. E nei loro volti c'erano solo dei buchi invece che il naso. Avevano una bocca anche se non la utilizzavano come la usiamo noi. Non parlavano una lingua, né mangiavano cibo della Terra, né bevevano liquidi.

D: *Allora cosa usavano per sostenersi?*

L: Hanno un sistema completamente estraneo alla concezione umana. E' un sistema energetico di luce, promosso, vitalizzato, rivitalizzato attraverso una serie di luci.

D: *Stai dicendo che la luce li teneva in vita?*

L: Si. Senza morirebbero. Si sono portati dietro le loro luci con l'astronave e dovevano riposarsi in una camera di tanto in tanto per rivitalizzarsi. Dovevano spendere una quantità limitata di tempo in questi piccoli spazi, ma era cruciale riuscire a farlo per la loro salute.

Un concetto simile venne riportato in Legacy From the Stars

[Eredità dalle Stelle] in cui esseri si sdraiavano in un sarcofago per fare un bagno di luce. E questa era la loro una forma di sostentamento; dicevano che la luce aveva origine dalla Sorgente.

D: Tutti questi esseri vennero in un luogo sulla Terra?
L: No. C'erano   satelliti? (come se fosse una parola insolita) astronavi satellite che lasciarono l'astronave madre per dirigersi in diverse aree dove c'era della gente. Restarono in contatto con l'astronave madre comparando periodicamente, i dati raccolti sui loro progressi.

Tutto questo lo disse come se ripetendo informazioni memorizzate o sentite da qualche parte. Come se fosse strano and insolito. Una mera recitazione dei fatti.

L: Alcuni ebbero più successo di altri. Alcuni fallirono completamente. Tuttavia la maggior parte ebbe successo. Insegnarono moltissime cose ai Terrestri. Cose che avrebbero migliorato la loro esistenza fisica. Filosofie che avrebbero migliorato la loro percezione spirituale e filosofica, tutto nella speranza di piantare quella scintilla di luce che avrebbe potuto crescere.
D: Che tipo di cose gli insegnarono per aiutarli nella loro vita fisica?
L: Gli diedero la conoscenza dell'agricoltura: periodi per la semina, periodi per il raccolto, come piantare, ciò che non sapevano. Prima di questo ero dei cacciatori ed erano dediti all'uccisione. La missione era di distogliere la lor attenzione dall'uccidere, verso una modalità più positiva, come la crescita e il raccolto, cioè un'altra sorgente di nutrimento ed energia. Inoltre questo li avrebbe resi sedentari o in un luogo solo, piuttosto che vivere una vita nomadica. Avrebbero avuto più tempo per pensare e sviluppare le proprie capacità di ragionamento se fossero stati stazionari. Inoltre gli insegnarono come utilizzare gli animali oltre ad ucciderli. Gli insegnarono ad essere più gentili tra di loro e vivere una vita più armoniosa. Sfortunatamente la gente ancora una volta iniziò a percepire i propri insegnanti come delle divinità. Ma questa volta gli insegnanti rimasero imperturbati; non erano toccati dall'esistenza Terrena. Il loro obbiettivo era di venire ad insegnare. E alla fine della loro missione, se ne andarono tutti assieme. Questo esperimento venne considerato un grande successo. La gente della Terra ricevette un'esistenza migliore e una ragione per espandere ciò he avevano. Gli venne insegnata e gli venne data una esistenza

piu stabile di quanto non avessero conosciuto da molto tempo. Un'opportunità di utilizzare le loro menti in un modo a cui non avevano pensato prima.

D: Tutte queste furono cose eccellenti.

L: Si. Fu proprio un ottimo progetto e in molti furono soddisfatti e felici per qualche tempo, per questo risultato.

D: Ma avevi detto che alcuni degli insegnanti andarono in luoghi in cui fu un totale fallimento.

L: Si, perché quella gente era cosi immersa nei proprio piaceri terreni. Non potevano ne' avrebbero accettato alcun aiuto, quindi vennero lasciati a se stessi, nel tentativo di evolversi o finire in perdizione. A morire, come accadde a molti. Perché non ascoltavano, erano persi.

D: Ci fu qualche razza che scomparve a casa di questo? Razze che non esistono più sulla Terra?

L: Durante questo periodo gli esseri della Terra erano tutti simili. Sarebbe passato del tempo prima che ci fossero differenze di coloro ed apparenza. In questo periodo erano tutti simili e non erano nemmeno in molti.

D: Vuoi procedere con le altre domande?

L: Domanda: "Quando arrivano i cambiamenti che portarono alle differenze di colori e linguaggi, dialetti che si parlano sulla Terra?" Questo accadde qualche tempo dopo nell'evoluzione della Terra. Ha a che fare con altre inseminazioni che ebbero luogo in diverse zone. Iniziarono arrivare da tutto l'universo. Alcuni restarono e si sposarono con gli esseri della Terra. Questo fu un lungo processo molto lungo che alla fine si sviluppo in ciò che conosciamo oggi. Nella mia vita ci volle molto tempo prima che realizzassi che c'erano altri colori di pelle a parte quello che conoscevo. Nei miei viaggi vidi solo altri due colori, ma mi è stato detto ce ne sono più di quanti ne abbia visti. Ho visto l'orientale, la razza gialla e la razza marrone. Mi dicono che c'è una razza dalla pelle rossa e non riesco ad immaginare come sarebbe su una persona. Mi dicono che c'è anche una pelle nera, che posso immaginare. Mi dicono che c'è anche un altro colore che non ho visto. E' come la mia pelle ma diversa. E' più chiara. Anche questo non l'ho visto.

D: Ti hanno parlato di qualche colore che c'era sulla Terra che non esiste più? (No) Però questi colori della pelle ebbero luogo a causa di altri esseri provenienti da altri mondi?

L: Si. Fu una lenta evoluzione.

D: Ho sempre pensato che la maggior parte di questi cambiamenti fossero causati da clima caldo e freddo. Questo non è l'unico fatto?

L: No. Questo potrebbe essere successo dopo, ma prima di questo fu il risultato della mescolanza delle persone. Una volta eravamo tutti simili. Non c'erano differenze. Poi abbiamo iniziato a sposare esseri di altri mondi ed è allora che i cambiamenti iniziarono ad evolversi.

D: Com'eravamo quando eravamo tutti uguali?

L: Quando eravamo tutti uguali, avevamo la pelle marrone. Quello era il colore. Era un marrone molto caldo.

D: Eravamo pelosi?

L: No. Niente peli.

D: Questo fu il risultato delle mescolanze?

L: Si. Ci siamo mescolati con la gente di altri pianeti e anche con alcuni animali. Volevamo avere la forza degli animali e pensavamo di poterla acquisire mescolandoci con loro. Fu una terribile idea, perché emersero molti esseri molto strani da questi accoppiamenti. Ebbe un effetto sulla nostra capacità di parlare e la nostra capacità di pensare. Cosi vennero interrotti, perché era davvero terribile.

D: Causò una regressione piuttosto che un progresso dell'umanità.

L: Si. Divennero più animalistici che umani. Ed eravamo già caduti abbastanza in basso. Cosi vennero proibiti gli accoppiamenti con gli animali.

D: C'era qualche specifico animale con cui si accoppiavano più di altri?

L: Si. Quelli più forti e più grandi erano quelli che di solito venivano scelti, per la loro forza fisica e la grandezza della loro statura.

D: Avevi detto che ne risultarono esseri davvero strani.

L: Si, e' cosi.

D: Quei tratti genetici vennero tramandati? Morirono tutti, no?

L: No. Alcuni morirono, ma altre forze rimasero.

D: Ma non erano tratti positivi.

L: No. Eccetto per il fatto che diede agli umani una statura più grande di quella che avevano in precedenza. Erano piccoli in statura e questo porto un cambiamento in statura. Ed aumentò la forza fisica che non avevano prima.

D: Però ebbe un impatto cosi negativo da renderla una pratica proibita.

L: Si, non fu nulla di buono, perché questa progenie non aveva alcun rispetto per la propria vita o famiglia. Cercavano solo solitudine ed esistenza fisica, mera sopravvivenza.

D: *Non era ciò che gli esseri dello spazio volevano.*
L: No. Lo scopo che avevano in mente era di insegnare ai Terrestri di andare d'accordo tra di loro in un'esistenza aperto ed amorevole. Ma queste creature erano solitarie. Non interagivano con altri esseri amenoché non fosse necessario per la loro sopravvivenza. La seconda generazione di questi esseri fu un po' meglio. Per lo meno parteciparono in una comunità.
D: *Questi esseri dello spazio che vennero da molti luoghi e si accoppiarono e alla fine crearono le diverse razze. Vennero con motivazioni positive?*
L: Alcuni si. Portarono tecnologie e filosofie dai buoni intenti. Altri vennero per esplorare, solo per esplorare. Non vennero per insegnare o aiutare, solo per vedere. Questa gente sfortunatamente poteva rimanere coinvolta per errore nella realtà della Terra, rendendo difficile per loro volersene andare.
D: *Quindi c'erano diverse ragioni per voler venire. C'erano delle ragioni per cui venivano tutti nello stesso momento?*
L: Perché i primi esperimenti con l'agricoltura ebbero successo e quegli esseri se ne andarono in massa. Si pensava che in questo modo la Terra sarebbe progredita più rapidamente, se avesse ricevuto più esperienze. Il processo di accoppiamento era stato interrotto e c'era la sensazione che adesso era il momento di entrare ed assistere in una forma d'esistenza superiore. Alcuni genuinamente vennero per fare questo lavoro. Altri vennero per curiosità. Altri vennero per interessi egotistici. Vennero per conquistare. Erano guerrieri nella loro esistenza. Il loro era un pianeta molto piccolo e la maggior parte dell'altra gente non entrava in contatto con questi esseri perché erano troppo al servizio di se'. E cosi rimasero isolati dagli altri. Videro questo come un'opportunità di avanzare nell'universo. Vedi, a nessuno fu permesso di venire sulla Terra per molto tempo. Poi venne dato il permesso di venire sulla Terra in questo momento. I primi a venire furono quelli dal pianeta Syrus (fonetico: Si rus). Loro ebbero successo e se ne andarono. Visto che loro ebbero successo ci fu la sensazione che forse anche altri potrebbero aiutare. Ma non fu questo il caso. Alcuni aiutarono, altri no.
D: *Questi che erano dei guerrieri, perché non gli vietarono di venire?*
L: Penso che vennero senza chiedere. Fu una cosa inaspettata.
D: *Stavo pensando che poteva esserci qualche gruppo o qualcuno responsabile di questo e di mantenere gli individui indesiderati all'esterno da qui. Sai nulla di un gruppo di questo genere?*

L: Sì. Esistono da moltissimo tempo. Tuttavia, ebbero la sensazione che la Terra avesse così tanti problemi che non avrebbe fatto alcuna differenza. Erano qui, non chiesero il permesso. Vennero e basta. E dopo essere arrivati sarebbe stato come se si fossero integrati. Non poteva andare peggio di come stava andando.

D: *Capisco. Pensavo che magari qualcuno gli avrebbe ordinato di andarsene.*

L: Avevano qualche qualita' positiva, oltre a quelle negative. Erano altamente evoluti intellettualmente. Avevano le motivazioni sbagliate a causa del loro intelletto. Erano leader dinamici nelle abilità di sviluppo.

D: *Hai qualche altra domanda da parte del gruppo?*

L: "Vorrei sapere perché a queste persone sulla Terra non si riusciva ad insegnare un'esistenza migliore attraverso gli aspetti dell'amore e il perfezionamento dello spirito?" La risposta è che queste cose era possibile insegnargliele, so solo lo avessero voluto. Ma in questo periodo non desideravano essere niente più di ciò che erano. E' una legge universale. Non si può intervenire con gli altri senza il permesso. E questa gente era soddisfatta di come erano le cose, non volevano alcun cambiamento a quel punto. E' molto difficile per me comprendere perché una persona non voglia una vita migliore anche qualora gli venisse offerta. Ma così sono le cose.

D: *Non lo considerarono un intervento quando gli portarono agricoltura e tecnologia?*

L: Accettarono queste cose come doni. Queste cose le volevano. Non volevano una nuova filosofia. All'epoca erano solo interessati all'aspetto fisico delle loro esistenza.

D: *Le cose materiali per aiutarli nelle loro vite?*

L: Esatto. Non erano interessati in nulla oltre a ciò che potevano sentire, vedere ed essere. Si poteva solo sperare che piantare piccole scintille avrebbe permesso una crescita, anche se lenta, per lo meno era un inizio. Ci sarebbero voluti molti eoni perché si potesse risvegliare.

Avevo ricevuto queste stesse informazioni da altri. Sono riportate principalmente in Keepers of the Garden [Guardiani del Giardino]. All'inizio del mio lavoro pensavo che il concetto dell'inseminazione del pianeta Terra fosse piuttosto radicale. Ma mi venne presentato attraverso diversi soggetti e io ritengo che la ripetizione dell'evidenza aumenti la validità, soprattutto perché gli individui coinvolti non hanno la minima possibilità di sapere ciò che ho già sentito da altri individui.

Adesso era ritornato il momento di chiudere la seduta. "Posso ritornare, farti altre domande e ascoltare le tue lezioni? Hai moltissimo da insegnarmi, proprio come gli altri."

L: Si, certamente. A volte queste cose che conosco le trovo confuse. Spero solo di potertele spiegare, cosicché tu possa conoscere la verità. Ci sono state molte distorsioni negli anni e quindi c'è molta disinformazione su questi argomenti. Sarà un piacere chiarire le cose e mostrarti la progressione, nella speranza che la luce brillerà luminosa e che tutti vedranno. In questo modo il nostro pianeta può evolvere ed fare parte di ciò che era destinato ad essere dall'inizio. Anche noi diventeremo esseri di luce, se solo ci permettessimo di eliminare tutto ciò che non fa parte di questa luce. Tutto ciò che non fa parte della perfetta essenza da cui noi tutti, ad un certo punto, ci siamo evoluti. Ritornare a quel punto nel nostro destino sarebbe fantastico.

A quel punto riportai Linda in piena conoscenza, e Bartolomeo si ritirò ancora una volta. Era molto tardi quando finimmo questa seduta, erano quasi le diedi di sera e Linda era ovviamente stanca. Verso la fine della seduta c'erano pausa più lunghe del dovuto mentre stava parlando, quasi come se si stesse addormentando. Per un paio di volte dovetti spronarla ripetendo ciò che aveva appena detto, per farla procedere. Ma una volta trascritto, tutto aveva senso ed era coeso. Eravamo entrambe stanche, anche se siamo rimaste seduta a parlare con le mie amiche fino alle undici. Sapevo che il giorno dopo avrei avuto lo stesso programma con Janice. Per lo meno riuscimmo ad accumulare molto lavoro in un giorno solo.

Avevo intenzione di ritornare a Little Rock per lo meno una volta al mese per poter continuare a lavorare su queste storie. Ma non ci riuscii. I messi successivi, rimasi completamente impegnata con le modifiche finali e altre cose necessarie per il seguito a Nostradamus (Volume II). Inoltre avevo diversi spettacoli radiofonici. Non avevo il tempo di andare da nessuna parte o di fare altro. La nostra opportunità successiva di poter lavorare arrivò solo diversi mesi dopo.

CAPITOLO TRE

I DISPOSITIVI ENERGETICI

Non vidi più Linda finche lei e suo marito non vennero nella mia zona per la Conferenza Ozark UFO ad Eureka Springs, Arkansas, nell' Aprile del 1990. Volevamo completare almeno una seduta mentre era la'. Io ero davvero occupata e l'unico momento libero durante il quale potevamo incontrarci era tra fine della conferenza e il banchetto. La seduta ebbe luogo nella sua stanza di motel e sapevamo che non c'era tempo per un'intera sessione. Misi una cassetta da 60min. nel registratore pensando che avremmo cercato di fare del nostro meglio. Qualcosa era meglio che nulla. Durante tutta la seduta continuai a guardare l'orologio, sapendo che dovevamo finire in tempo per vestirci ed andare al banchetto. Avrei voluto continuare la storia, ma penso di aver raccolto la maggior parte di ciò che voleva dire senza avere la sensazione che la stavo pressando.

Suo marito John, rimase un osservatore passivo durante tutta la seduta, sembrava piuttosto interessato e ben intenzionato. Dopo confessò di sapere che queste informazioni non provenivano da lei, perché lei non era cosi intelligente. Era una battuta, un'affermazione sciovinistica, ma dimostrava il punto. Era sicuro che poteva essersi inventata tutto. La sua opinione è che non avesse l'immaginazione necessaria.

Utilizzai la parola chiave e la riportai alla stessa scena quando Bartolomeo stava insegnando alle sfere di luce scintillante.

L: Sono su una piattaforma e sto insegnando a tutti questi esseri di luce che hanno aspettato il arrivo per impartirgli la mia conoscenza.

Lei continuò come se fosse il momento successivo, piuttosto che diversi mesi dopo. Era come se il tempo si fosse fermato in attesa del nostro ritorno.

L: Gli sto raccontando la storia della Terra. Come si e' evoluta negli eoni, e quanta gente e' venuto da vari pianeti e universi per aiutare i Terrestri a progredire.

D: *Gli stai parlando di qualche periodo specifico della storia?*

L: Ho appena finito di parlargli di un periodo in cui molti insegnanti vennero per dispensare la loro conoscenza a quelli della Terra. Restarono solo per un breve periodo per insegnargli l'agricoltura e le tecniche di costruzione.

D: *Queste sono le cose principali che gli insegnarono?*

L: Si. Gli insegnarono come piantare il grano, come irrigare, come raccogliere, come conservare il cibo per poterlo utilizzare dopo. Gli insegnarono qualche tecnica di costruzione che non conoscevano, per poter costruire luoghi dove vivere e dove incontrarsi.

D: *Che tipo di costruzioni avevano prima di questo?*

L: Erano fatte di legno e pelli animali. Gli insegnarono come utilizzare le risorse della Terra per creare dei mattoni e come usare le pietre. Come tenerli uniti, per poter avere un luogo permanente che non fosse assoggettato agli elementi o distrutto facilmente.

D: *Gli hanno insegnato altro?*

L: Solo a pochi venne insegnato come utilizzare gli elementi a loro beneficio. Come utilizzare il Sole e la Luna e le stelle per beneficiare la gente di questo pianeta. Come utilizzare l'energia del Sole.

D: *In modo gli insegnarono ad utilizzare l'energia del Sole?*

L: Glielo insegnarono attraverso dispositivi specifici. Come catturare l'energia durante il giorno, attraverso questi strumenti, per poterla utilizzare successivamente come una sorgente d'energia. Questa energia poteva fare molte cose. Poteva muovere oggetti. Poteva illuminare altre cose. Poteva preservare cose come il cibo. Aveva molti, moltissimi utilizzi che i terresti non conoscevano, perché non avevano i giusti strumenti per raccogliere questa energia e metterla a buon uso. Solo a certe persone venne permesso d'avere questa conoscenza ed avevano giurato massima segretezza. Questa gente veniva vista come preti o dei, ed erano gli unici a cui era permesso conoscere queste cose. Tuttavia, gli era permesso scegliere degli studenti per proseguire il lavoro stavano facendo.

D: *Puoi descrivermi questo strumento che poteva fare tutte queste cose meravigliose?*

L: Era fatto di una sostanza da un altro luogo, non di questa Terra. Sembrava un pezzo di bronzo, tuttavia non lo era. Era lungo ed aveva una forma triangolare. Veniva messo sulla superficie della Terra, e doveva essere manipolato ad un certo grado tra la Terra e il Sole, durante uno specifica ora e posizione in cui il sole si trovava si trovava nel cielo. Era ad una specifica ora del giorno ed era cruciale che questo strumento fosse ad un raggio ed angolo ben preciso tra il Sole e l'orizzonte Terrestre.

D: *Tutto qui, era solo un pezzo di metallo?*

L: Sembrava metallo ed aveva la forma di un triangolo. Probabilmente era lungo un metro e mezzo ed alto 75cm, aveva la forma di una V nel mezzo.

D: *Avevi detto che gli avevano anche insegnato come usare il potere della luna e delle stelle. Com'era possibile?*

L: Anche la Luna ha molta energia. Gli esseri umani non l'hanno mai compreso questo. E' una forma d'energia molto passiva, completamente diversa da quella del Sole che è molto attiva e potente. Tuttavia, l'energia passiva della Luna è forte in egual misura a quella del Sole.

D: *La consideriamo fredda.*

L: Si. E' una tipologia completamente diversa. Ecco perché gli esseri umani la vedono come fredda, ma non lo è.

D: *Che tipo di dispositivi usavano per catturare l'energia della Luna?*

L: Era brillante e luminoso come un pezzo di vetro.

D: *Era trasparente come il vetro?*

L: No. Era argentato e brillante ed era posato su un piedestallo a forma d'arco. Era concavo nel centro e girava in diverse direzioni. Era molto più largo dello strumento utilizzato per il Sole, questo per la natura dell'energia. Era 15m in diametro e 5m in altezza. Era davvero molto, molto grande.

D: *Ecco perché probabilmente necessitava un piedistallo per girare.*

L: Si. Ci volevano molte persone per muoverlo.

D: *Come veniva usata l'energia della Luna?*

L: L'energia della Luna si poteva utilizzare per alterare gli effetti del tempo sulla forma umana. Si poteva usare per curare il corpo umano. Si poteva usa re per molte cose.

D: *Come alterava gli effetti del tempo sul corpo umano?*

L: Mentre una persona invecchia, c'è una diminuzione nella comunicazione cellulare in tutto il sistema. A causa di questa diminuzione, gli organi del corpo iniziano ad invecchiare e a non funzionare effettivamente, portando alla fame alcune delle funzioni vitali del corpo. Questo strumento ringiovaniva la struttura cellulare, permettendogli di funzionare normalmente, come ad un'età più giovane. Solo ai prescelti era permessa questa conoscenza, al fine di rimanere sulla Terra per periodi più lunghi di tempo per guidare i Terresti

D: *L'energia doveva essere accumulata, giusto, non solo direzionata?*

L: Si. Veniva accumulata in luoghi segreti. Alla gente veniva detto che questi erano templi degli idei e li impaurivano per evitare che andassero ad esplorarne i contenuti. Non glie era permesso entrare in questi luoghi.

D: *Quindi sia l'energia del Sole e della Luna venivano raccolte in questo tipo di luoghi?*

L: Si. In camere separate, perché l'energia del Sole danneggiava quella della Luna.

D: *Inoltre avevi detto che utilizzavano l'energia dalle stelle. Come lo facevano?*

L: Catturavano particelle di luce da specifiche configurazioni stellari.

D: *Le stelle sono cosi lontane. Come ci riuscivano? Le stelle non avrebbero molto potere.*

L: No, non era principalmente l'energia, quanto la posizione delle stelle nel cielo. Venivano mappate e ne registravano la posizione, per imparare di più a proposito delle profezie. Sapere di più della natura spirituale delle cose.

D: *Quindi non era tanto l'energia delle stelle, quanto lo studio delle stelle?*

L: Uno studio delle stelle per le proiezioni (fece fatica a trovare le parole) di altri tempi e... non capisco. Altre... proiezioni di profezie. Profezia. Sono confusa.

D: *E' qualcuno di cui non sei a conoscenza? Questo è ciò che vuoi dire? Non lo capisci?*

L: Si. La posizione delle stelle nel cielo gli dava informazioni sulla profezia, cose che sarebbero successe.

Era ovvio che stava cercando di descrivere l'astrologia, ma apparentemente l'entità, Bartolomeo, non conosceva questa parola o non comprendeva il concetto. Un altro esempio che del fatto che stavamo usando la sua mente non quella di Linda.

D: *Si direbbe che fosse un luogo e periodo meraviglioso, se gli avevano dato tutte queste cose fantastiche per migliorare le loro vite. Cosa accadde?*

L: Fu meraviglioso per un po' di tempo. Questi sacerdoti utilizzarono la loro conoscenza saggiamente. Aiutarono la loro gente a progredire. Erano gentili. Guarivano i loro corpi danneggiati. Li proteggevano. Gli insegnavano molte cose. E poi, come era già successo molte volte, la negatività si manifesta e cresce come una graminacea nel campo. Alla fine soffocò il grano e queste cose vennero perdute.

D: *Solo una cosa graduale o qualcosa d'improvviso causò la negatività?*

L: Fu un deterioramento graduale.

D: *E questo causò la perdita della conoscenza?*

L: Si. Queste cose meravigliose che erano state date ai terrestri come un dono vennero distrutte perché ci fu una rivolta tra la gente comune, che voleva avere l'energia del Sole. Scoprirono che era raccolta in uno specifico tempio di ciò che pensavano fossero gli idei. La volevano per le masse. Pensavano che questo li avrebbe resi potenti. Raccolsero un'armata per sopraffare il tempio e tutti i sacerdoti vennero massacrati. Quando entrarono nel tempio, ovviamente, non furono in grado di utilizzare l'energia nel modo giusto, perché non avevano la conoscenza. Quindi venne distrutto. Ci fu un enorme devastazione, esplosioni, fuoco e distruzione di massa. E tutto fu perduto.

D: *Questo avrebbe distrutto anche l'altra energia della Luna, giusto?*

L: Si. Non c'erano rischi d'esplosione con l'energia della Luna. Tuttavia, visto che si trovava nella stessa struttura, venne distrutta.

D: *Anche i dispositivi originali vennero distrutti?*

L: Si, perché venivano tenuti in questo luogo.

D: *La gente che originariamente gli aveva donato questa conoscenza non poteva ritornare e ridargliela?*

L: No, perché se n'erano andati dalla Terra da molto tempo, diverse centinaia di anni. Erano tornati a casa. Non erano consapevoli di ciò che era successo.

D: *Quel gruppo di esseri sembrava essere positivo. Cercavano di dare agli umani della conoscenza che avrebbero potuto utilizzare.*

L: Si. Erano molto dispiaciuti quando l'hanno scoperto, ma fu molto tempo dopo che era successo. Si prese la decisione di non rimpiazzarla in quel momento.

D: *Ma ci devono essere stati dei sopravvissuti di quel gruppo di gente sulla Terra.*

L: Si, c'erano coloro che vivevano in zone periferiche e non erano coinvolti nell'attacco al tempio. Erano lontani dall'epicentro della tragedia. Erano i più vecchi o i più giovani. Loro pensarono che fu la rabbia degl'idei a causare la distruzione del tempio. Quindi non erano veramente consapevoli di ciò che era accaduto.

D: *Presumo che la loro vita fosse molto diversa dopo l'incidente.*

L: Si, lo fu, perché si dovettero affidare alla limitata conoscenza che avevano. Potevano piantare solo nei periodi che ricordavano. Non avevano direzione dai sacerdoti. Tuttavia, si sono arrangiati. Andò piuttosto bene per le poche risorse che avevano.

D: *Probabilmente non furono mai in grado di tornare all'altro stadio in cui avevano tutto il potere e l'energia ad aiutarli.*

L: No, non ci riuscirono. Fu un enorme passo indietro. Molte cose andarono perdute. Molta tecnologia e molti segreti.

D: *I sopravvissuti tornarono primitivi?*

L: Si. Tuttavia, continuarono a costruire case, ad arare la terra e continuarono a commerciare con altra gente come facevano prima.

D: *Allora si ricordano ancora come costruire con rocce e pietre.*

L: Si. Però non avevano gli strumenti che avevano prima per spostare le pietre. Dovevano fare tutto a mano, non c'era energia per muoverli.

D: *Utilizzavano l'energia del Sole per muovere le pietre? (Si) Lo facevano con la levitazione? Sai cosa intendo vero?*

L: Si, presumo che tu lo possa chiamare cosi. Quella energia entrava nelle pietre o qualsiasi altra cosa che bisognava spostare e li attirava come un magnete verso qualsiasi posizione che avevano calcolato. E quando raggiungeva quella posizione veniva rilasciato e rimaneva li.

D: *Quindi dopo la distruzione di questi sorgenti d'energia bisognava farlo a mano.*

L: Esatto. Perché non sapevano come farlo.

D: *Trattennero la conoscenza solo parzialmente, ma non era abbastanza. Ci sono molte lezioni da imparare da tutte queste cose.*

L: Si, ci sono moltissime cose da conoscere. Certe cose sono davvero molto, molto tristi.

Portai Linda fuori. Questa seduta non poteva durante come al solito, perché dovevamo prepararci ad andare al banchetto e stavano davvero spingendo con il tempo.

Quando Linda si risveglio, fece un disegno di come aveva percepito i dispositivi. Nel caso di quello per il Sole, prese un pezzo di carta, lo piegò a metà per dimostrare l'angolo del triangolo.

A causa degli ultimi ritocchi e delle ultime letture al seguito di Nostradamus, non riuscii a lavorare con Linda finche non tornai a Little

Rock nel Giugno del 1990, per una Conferenza degli Scrittori.

* * *

Guidai fino a Little Rock nel Giugno del 1990, per partecipare alla Conferenza degli Scrittori. Inoltre avevo intenzione di lavorare con entrambe Linda e Janice, anche se avevo un'agenda pienissima. Riuscii a concludere solo una seduta con Linda.
Utilizzando la parola chiave, la riportai al tempo degli esseri luminosi e Bartolomeo per continuare la storia.

L: Sono circondato da questi esseri luminosi. Mi stanno bombardando di domande. C'è cosi tanto da sapere e siamo molto entusiasti all'essere in grado di assimilare tutta questa conoscenza per poterla preservare, per poterla condividere con gli altri al momento giusto. Ci sentiamo molto benedetti per essere stati scelti per fare questo lavoro. Stanno chiacchierando molto. Devo calmarli per poter continuare il lavoro. (Pausa) Ci sono riuscito e adesso siamo pronti per continuare questa missione.

D: *Puoi ripetere per me le domande che ti fanno?*

L: Ce n'erano molte e per un momento stavano parlando tutti assieme. Continueremo da dove quest'entusiasmo iniziò a creare una tale disturbo. Aveva a che fare con le sorgenti d'energia che erano state ricevute dal Sole e dalla Luna. (Erano passati due mesi, però stavano continuando dalla stessa situazione.) Questo è ciò che ha generato tutto questo entusiasmo. Visto che ci sono molti Soli e Lune nell'universo e contengono tutti questo potere ed energia. E' lo stesso su molti pianeti e questa energia la si può raccogliere come accadde sulla Terra, per l'umanità e tutti i viaggi interplanetari.

D: *Vorresti dire che la si può utilizzare come una sorgente d'energia?*

L: Si. La si può usare per molte cose. Non solo come un propulsore e una sorgente di potere ed energia, ma ha anche molti altri usi. Anche per la crescita spirituale degli esseri che abitano uno specifico pianeta o area. Ha il potenziale per la guarigione e con questa guarigione c'è crescita spirituale e conoscenza. Questo è ciò che causò il disturbo, perché erano cosi entusiasti.

D: *Non ne avevano mai sentito parlare prima?*

L: Alcuni, ma la maggior parte no. Avevano pensato a queste cose, ma non ne erano sicuri. Per alcuni era una conferma.

D: *Ovviamente, il problema è come raccogliere l'energia per poi utilizzarla in diversi modi.*

L: Esattamente, ma non è un processo molto difficile. E' una cosa molto semplice. Tuttavia, non molti lo conoscono, perché è cosi semplice. E' un processo d'ingrandimento, di assorbimento dell'energia attraverso l'ingrandimento dalla Sorgente. L'energia viene raccolta ed ingrandita dieci volte e poi assorbita in uno strumento collettivo che viene distribuito al momento giusto. Il processo d'ingrandimento è il passo più importante del processo. Amenoché non sia compreso e fatto nel modo giusto il processo non funzionerà. La raccolta e la distribuzione non si possono fare amenoché l'ingrandimento non sia avvenuto nel modo giusto. E' qui che in molti hanno fallito. Hanno provato con grandi sforzi, ma hanno sbagliato l'aspetto più semplice del processo.

D: *Qual'è l'aspetto più semplice?*

L: L'aspetto più semplice non è la dimensione, ma la qualità dei materiali utilizzati nell'espansione dell'energia. Questo materiale non si può trovare in molti luoghi nell'universo. E' disponibile solo su certi pianeti. La Terra è uno di questi luoghi dove questa sostanza è facilmente accessibile. Ecco perché il patto universale con la gente della Terra era cosi importante per tutti coloro coinvolti, anche se i terrestri sono cosi primitivi. Ci hanno provato cosi tante volte ad aiutarli ad evolvere verso una comprensione superiore, ma hanno fallito molte volte.

D: *Che tipo di patto avevano fatto?*

L: Esisteva un patto con i Terrestri fatto in diverse occasione di permettere a voli intergalattici di venire e commerciare questo materiale. Di tanto in tanto c'erano disturbi a questo commercio, a causa delle natura guerrafondaia dei Terresti. Certe cose vennero distrutte, la gente se ne andò e dovettero rinegoziare altri patti. La maggior parte delle volte questi patti veniva presi con i leader di specifiche aree della Terra. Qualche volta si poteva negoziare con cittadini privati che erano in carica di specifiche zone.

D: *Sto pensando ad un patto come una negoziazione che richiede uno scambio. (Si) I Terrestri cosa ricevevano in cambio?*

L: I Terrestri ricevevano tecnologia fino ad allora sconosciuta o aiuto con tecnologie che stavano sviluppando a livelli molto primitivi. In questo patti gli venivano dato più informazioni per aiutarli a sviluppare quello su cui stavano lavorando in quello specifico momento. Tutto questo velocizzò molto l'intero processo. E altra conoscenza poteva essere messa in pratica.

D: *Qual'era questo materiale che volevano cosi disperatamente?*

L: Questo materiale è un minerale che si trova appena sotto la superficie della Terra. E' una sostanza fine, in polvere che si può prendere e dopo averla messa sotto pressione forma dei fogli sottili. Questi fogli vengono utilizzati nel processo di espansione dell'energia e devono essere costantemente utilizzati nel filtraggio dell'energia, appena dopo l'uso. Cosi devono rimpiazzarlo costantemente. C'è una grande quantità di questa sostanza in molti luoghi intorno alla Terra. Ed è molto facile raccoglierlo con gli attrezzi giusti.

D: *Quindi è molto comune. Di che colore è la sostanza in polvere?*

L: E' grigia, diverse tinte di grigio. A volte viene scambiato per terreno, ma è di consistenza molto sottile, quasi come una polvere.

D: *Nella costruzione di questi fogli, ha detto che viene messo sotto pressione. Deve essere riscaldato o c'è qualche altro passaggio nel processo di conversione della polvere in fogli?*

L: No, c'è solo una tremenda pressione. Mentre è nella camera di pressione, a causa del grado di pressione, diventa molto caldo. Non c'è bisogno di aggiungere calore. Diventa caldo solo a causa della pressione a cui viene sottoposto.

D: *E poi viene modellato in fogli?*

L: Si. Fogli molto sottili e molto pieghevoli.

D: *E poi vengono utilizzati nel processo di espansione dell'energia. (Si) E poi hai detto che veniva assorbita in una camera collettiva? (Si) Avevi detto che uno degli usi è la propulsione. Se lo utilizzassero su qualche tipo di astronave, dovrebbe essere a bordo della nave?*

L: Si. C'è una porzione collettiva sull'astronave, all'interno nello stomaco della nave. Molta energia viene raccolta qui per lunghi viaggi. Non c'è bisogno di uno spazio molto largo per questo contenitore, perché l'energia è molto potente e può trattenerla per lunghi periodi di tempo.

D: *Allora può proseguire per lunghe distanze e lunghi periodi di tempo senza dover essere riempita?*

L: Si. Molti, molti anni.

D: *Allora l'astronave deve prima o poi tornare alla sorgente dell'energia per essere ricaricata?*

L: Si. Tuttavia, adesso stanno lavorando su un dispositivo portatile che può raccogliere questa energia da diverse lune e soli, avendo questi fogli a bordo. Però, non hanno avuto molto success, perché i fogli sono molto.... (Lunga pausa) Penso che la parola giusta sia "fragili". E devono essere tenuti in un certo modo e la temperatura deve essere controllata. Se varia molto in un modo o nell'altro, si perde l'abilità di questi fogli d'espandere l'energia senza filtrarla. Questi fogli non vengono prodotti molto tempo prima dell'uso, perché perdono le loro proprietà. La sostanza di cui questi fogli sono fatti si può immagazzinare per lunghi periodi senza perderne le qualità. Ma i fogli una volta prodotti, devono essere utilizzati in breve tempo.

D: *Quando sono in condizioni naturali, come sulla Terra, questi fogli sono più stabili?*

L: No. E' lo stesso problema. La polvere si può immagazzinare per lunghi periodi di tempo. Una volta pressurizzata in fogli deve essere utilizzata in breve tempo.

D: *E' pericoloso per gli umani o altri esseri utilizzare questa sostanza? (No) Quindi è un elemento o componente perfettamente sicuro?*

L: Si. E' ciò che chiamate "inerte". Non ha alcuna proprietà particolare finché non vengono attivate dal processo di pressurizzazione.

D: *Quindi questo è ciò che gli esseri volevano quando instauravano questi patti con la Terra.*

L: Si. Altrimenti la Terra sarebbe rimasta senza supporto, perché coloro che la popolano sono molto imprevedibili e hanno spesso sfidato la pazienza di molti da altri luoghi.

D: *E' un gruppo che ha imparato ad usare questo elemento come una sorgente d'energia?*

L: No, sono in molto che lo conoscono e vengono in visita di tanto in tanto. Tuttavia, sono controllati da un consiglio. Ci sono dei rappresentanti da ogni luogo che presiedono questo consiglio. E prendono loro le decisioni: chi può visitare e cosa possono dare e prendere dalla Terra. E' tutto deciso in anticipo, prima di qualsiasi contatto. Nessuno può venire senza il permesso del consiglio.

D: *Ho già sentito parlare di questo consiglio e sono sempre stata curiosa di sapere dove si trova. Tu lo sai?*

L: Il consiglio è locato in una posizione inaccessibile a chiunque non sia un membro del consiglio. E deve essere un individuo che ha guadagnato tutto il rispetto dei suoi colleghi. Nessuno sa con precisione dove si trovi.

D: *Pero è un luogo fisico?*

L: No, non è un luogo fisico. E' su un altro piano ed è accessibile solo da coloro che sono abbastanza evoluti da arrivarci

D: *Quindi loro danno il permesso di venire e prendere questo materiale. E scambiare conoscenza con i Terrestri.*

L: Esattamente.

D: *A ragione a pensare che altri gruppi siano venuti anche per altre ragioni, a parte quella di ottenere questo materiale?*
L: Si. Alcuni gruppi vengo per imparare perché facciamo le cose che facciamo. Vengono per osservare come ci comportiamo. Alcuni vengono nel tentativo d'insegnarci ad essere una popolazione più pacifica. Ci sono molte ragioni per cui vengono qui, non solo con scopi commerciali. C'è chi viene esclusivamente per curiosità, ma non molto spesso, perché il permesso d'entrare nell'atmosfera non viene dato solo per curiosità.
D: *Quindi devono avere uno scopo.*
L: Esattamente.
D: *C'è mai nessun gruppo che viene con obbiettivi negativi?*
L: Non spesso, perché il consiglio è molto saggio e non lo permettono. I Terrestri hanno abbastanza negatività per molte vite. Tuttavia, a volte la gente che viene in visita rimane coinvolta nella negatività che si trova qui e reagiscono in modo da farli sembrare negativi. Quando vengono rimossi dall'atmosfera non lo sono.
D: *Quindi questo è un modo di raccogliere energia e creare propulsione per l'astronave. Non ci sono altri modi?*
L: Ci sono molti modi di creare propellenti energetici per le astronavi. Questo è solo un modo. Tuttavia, questo modo, anche se più critico nella modalità di raccolta, è meno dannoso per l'ambiente della maggior parte dei pianeti. E' un metodo cosi potente e si più accumulare molto facilmente in piccoli spazzi. Questo lo rede molto richiesto.
D: *Allora ci sono altri metodi che sono pericolosi o dannosi per l'ambiente?*
L: Assolutamente, come già sai da ciò che sta succedendo nel periodi di tempo delle Terra in cui vivi. Ci stanno lavorando nel tuo tempo e quando la gente diverrà più consapevole di ciò che si può fare, molte cose che usi adesso per l'energia non saranno più utilizzabili sulla Terra. Ma ci vorrà un risveglio. Ci sono molte persone che non vogliono questo cambiamento.
D: *Questi esseri hanno mai utilizzato questo tipo di potere pericoloso?*
L: No, non il potere di cui tu stai parlando. Il potere nucleare venne investigato, ma mai utilizzato. Venne eliminato perché considerato troppo inquinante per le galassie. Non era una buona sorgente perché troppo volatile.
D: *Quindi trovarono dei metodi più sicuri. Stavo pensando che se quel elemento fosse cosi raro e difficile da trovare su altri pianeti, potrebbero aver sviluppato altri metodi più convenienti per loro.*

L: Questo è vero. Hanno trovato altri pianeti dove questo materiale è facilmente accessibile. Tuttavia, la Terra è una fonte più vicina rispetto ad altri pianeti. Ecco perché vengono qui, altrimenti avrebbero lasciato stare. Era molto più conveniente.

D: *I Terresti potrebbero svilupparla loro stessi se comprendessero il processo?*

L: Si. Questo processo è stato dato a qualcuno, ma non è stato ricevuto molto bene, perché sono in molti a beneficiare economicamente dagli altri metodi. E per gli umani gli altri metodi sembrano essere una sorgente migliore. Pensano che sia qualcosa che è qui da più tempo. Ma non è cosi in realtà. Queste altre sorgenti energetiche, qui, sono state utilizzate in passato molte volte e tuttavia andarono perdute altrettante volte.

D: *Pensavo che forse era cosi semplice che non credevano avrebbe funzionato.*

L: In parte è cosi, ma bisogna andare più in profondità di questo. Ha a che fare con il potere e l'avarizia. C'è una domanda dai miei studenti. Vogliono sapere come il materiale venne scoperto dai visitatori. Gli sto ripetendo che delle astronavi vennero in visita sulla Terra. Fu per caso che scoprirono questo materiale che utilizzavano per l'energia. Fu proprio una rivelazione ed erano molto entusiasti d'averlo trovato, perché avevano viaggiato a lungo in altre galassie per trovare questo minerale. La loro spedizione quella volta, aveva l'obbiettivo di condividere conoscenza medica con i dottori che stavano praticando la medicina in modo molto arcaico e finivano spesso per uccidere la gente. Vennero per insegnargli la conoscenza basilare della struttura fisica-biologica dell'essere umano. Era una missione necessaria per riuscire a far progredire la vita su questo pianeta. Mentre erano qui, ci fu una grande pestilenza e morivano in molti ogni giorno. Stavano cercando di decidere cosa farne dei cadaveri. Fu durante questo periodo di tempo che scoprirono il minerale, mentre stavano scavando delle fosse funerarie.

D: *La gente dello spazio o della Terra?*

L: I terresti. La gente dello spazio stava osservando ciò che stava succedendo in quel momento. Non interferiscono mai con la vita quotidiana degli esseri umani. Si limitano ad osservare e offrire diverse vie per permettere agli umani di imparare le loro tecniche.

D: *Ma se non stavano interferendo, come facevano a dare agli umani, i dottori, le informazioni necessarie?*

L: Attraverso la telepatia mentale. I dottori pensarono che fosse qualcosa che scoprirono da soli. Avevano bisogno di comprendere come si trasmettono le malattie da una persona all'altra e come vivono del sangue. Il sangue è fondamentale per la forza vita di un corpo umano.

D: E gli umani, i dottori, non sapevano come si trasmettesse la malattia?

L: No, non erano consapevoli della necessità, del valore, del flusso sanguigno nel corpo umano. E' fondamentale per la forza vita dell'essere umano che il sangue sia nel corpo. Inoltre non avevano pratiche sanitarie d'igiene.

D: Durante quel periodo di tempo non ne sapevano nulla dei germi, vero?

L: No. Questo è ciò che stavano cercando di trasmettergli, riguardo ai batteri e alle perdite di sangue dal corpo.

D: Perdite di sangue?

L: Non interrompevano il sangue che usciva dal corpo [emorragie]. Non sapevano che fosse necessario. Cosi se qualcuno aveva una ferita e sanguinava profusamente, non facevano nulla per fermarlo. Non sapevano che era necessario per la vita, mantenere una certa quantità di sangue nel corpo. Questo era uno degli errori che stavano facendo. E la mancanza d'igiene, causava le infezioni batteriologiche. Permetteva ai batteri di entrare nel corpo e nel flusso sanguigno. All'epoca non sapevano nulla di disinfezione e dalla pulizia personale. Non avevano alcuna conoscenza chimica. Il primo passo fu d'insegnargli ad utilizzare l'acqua per la pulizia personale. E per mantenere pulito l'ambiente.

D: Furono in grado di trasmettere questa conoscenza attraverso un dottor or...?

L: Grazie a molti. I semi di questa conoscenza vennero piantati attraverso diverse menti, da una mente all'altra. La maggior parte dei dottori pensò che fosse una loro idea. Non gli venne data in modo da fargli realizzare che stessero ricevendo questa conoscenza da altri. Fu solo qualcosa che gli accadde.

D: Stavo pensando che se l'avessero dato solo ad un individuo, lo avrebbero stigmatizzato o considerato insolito.

L: No. Lo diedero a molti. E quando confrontarono i loro appunti, erano tutti d'accordo che fosse una buona idea.

D: Ma questi esseri non pensarono che questa fosse interferenza?

L: No. Glielo diedero come dono e ogni individuo aveva la libertà di prenderlo o meno. Non viene considerata interferenza perché avevano la possibilità di declinare. Dovevano fare qualcosa, perche

stavano morendo in molti.
D: *Questa pestilenza ebbe luogo simultaneamente alla loro decisione di condividere le informazioni?*
L: Stava succedendo al loro arrivo. Vennero per questo, stavano morendo in molti. E c'era la paura che l'equilibrio della vita sarebbe stato influenzato, alla fine la razza umana sarebbe morta su questo pianeta. Questo non è ciò che si desiderava. Questo gruppo venne inviato per questa missione. E visto che ebbero successo con la loro missione, fu un dono riuscire a trovare una migliore fonte d'energia di quella che conoscevano precedentemente.
D: *Quindi questo materiale non è qualcosa che stessero già utilizzando a quel punto?*
L: Lo utilizzavano nella sperimentazione. Tuttavia, gli era inaccessibile dove si trovavano e si richiedeva un lungo viaggio per recuperarlo. Quindi scartarono l'idea a causa della minima disponibilità.
D: *Che tipo d'energia hanno utilizzato fino ad allora?*
L: Utilizzavano la luce e andava tutto bene. Tuttavia, ci sono momenti in cui non è disponibile o finisce.
D: *Da dove proveniva la luce?*
L: Viene raccolta su fogli. (Lentamente come se non comprendesse cosa stesse vedendo.) Su pannelli. Fogli. Tuttavia, alcuni luoghi dove viaggiavano non avevano abbastanza luce da rivitalizzare i loro pannelli. Di conseguenze restavano senza energia e dovevano essere raccolti da altri veicoli.
D: *Originariamente da dove proveniva la sorgente di luce?*
L: Dai Soli sparsi in varie galassie.
D: *Ma devono essere stati molto lontani se stavano viaggiando nello spazio.*
L: Si. Questo era lo svantaggio. (Lentamente, come se stesse osservando qualcosa.) Alcuni di questi pannelli avevano lenti d'ingrandi-mento che erano in grado di trasmettere la luce di questi Soli per lunghissime distanze. Ma ci volevano enormi macchinari per farlo e non era possibile installarsi sulle astronavi. Cosi utilizzavano i loro pannelli solo per l'energia e non potevano viaggiare per lunghe distanze senza restare senza carburante.
D: *Cosa mi dici del potere dei cristalli? Li hanno usati nella sperimentazione?*
L: No. Finora non hanno pensato di esplorare questa possibilità'. Stavano cercano un altro sistema, perché quando stavano viaggiando su lunghe distanze era male uscire dal campo di una sorgente luminosa.

D: Quindi questo nuovo materiale aveva grandi proprietà di potenziamento, giusto?
L: No, il materiale in se per se non ha queste proprietà. Tuttavia, avevano la capacità di trasformarlo con le capacità di potenziamento che già avevano. Era un processo molto semplice per trasformare questi granuli attraverso i loro sistemi, inoltre li poteva accumulare in piccoli contenitori, per poter raggiungere viaggi a grande distanza con la minor quantità di contenitori.
D: La fonte d'energia era sempre la luce?
L: Si, la luce è necessaria e viene utilizzata. Tuttavia, questi granelli venivano usati per accumularla. Questa era la proprietà mancante del loro intero sistema energetico. Gli permise di raccogliere la loro energia in contenitori piccolissimi, mentre prima dovevano utilizzare pannelli enormi per poter muovere i loro veicoli. Questo rivoluzionò il loro intero sistema energetico e trovarono diversi modi di utilizzarlo. Non solo per i veicoli, ma per molte altre operazioni. All'inizio si limitarono a prenderlo. Ma successivamente col tempo dovettero negoziare. Ciò che stavano facendo venne scoperto e dovettero iniziare a barattare per prenderlo. Ma per un lunghissimo periodo di tempo dalla scoperta non fu così. Inizialmente quando li scoprirono si spostarono in un'altra zona inabitata. Ma con la crescita della popolazione sulla Terra rimasero pochissime aree in cui poterono ottenere questo materiale che non fossero popolate. Cosi hanno negoziato con diversi governi in tutta la Terra, non solo in quello specifico luogo. C'era paura che li avrebbero bloccati, cosi stabilirono degli accordi con molti luoghi diversi.
D: Possiamo tornare alla storia di cui stavi parlando? Hai detto che stabilirono dei patti con la gente per aiutarli ad ottenere il materiale che scambiavano per diverse tecnologie e conoscenza che potevano utilizzare nelle loro vite dell'epoca.
L: Esattamente.
D: Allora cosa accadde per annullare l'accordo?
L: L'accordo veniva annullato in diverse occasione quando la natura fisica dell'essere umano permetteva la potere e all'avarizia di prevalere. Voler utilizzare questa tecnologia per la guerra e la distruzione piuttosto che per aiutare l'umanità. Quando queste cose succedevano, gli umani cercavano di conquistare gli esseri che venivano in visita. Quando questo succedeva, i visitatori da altri luoghi se ne andavano finché una nuova generazione poteva evolversi e si poteva stabilire un nuovo accordo.

D: *Cosi i terrestri prendevano le tecnologie che gli venivano date per qualsiasi scopo o beneficio e poi le trasformavano in armi belliche. E' questo ciò che stai dicendo?*
L: Si. Questo è successo molte volte, molte volte.
D: *Mi sembra strano che la rigirassero contro i loro benefattori.*
L: Pensavano che se avevano quel potere, potevano controllare i benefattori e fargli fare ciò che volevano. Pensavano di avere l'unica fonte disponibile di questi esseri, ma si sbagliavano, perché c'erano molti altri luoghi sulla Terra.
D: *Cosi allora gli esseri si ritiravano?*
L: Si. Se ne andavano. E molte volte, a seconda delle trasgressioni che avvenivano, rimuovevano anche la loro tecnologia o la distruggevano perché non venisse utilizzata in modo negativo. A quel punto la gente regrediva. Questo è successo moltissime volte nella vita di questa Terra. Sembra che l'umanità si evolva ad uno stadio elevato e poi permetta al potere e all'avarizia di corromperla completamente, anche ciò che aveva imparato. Allora vengono distrutti e fanno molti, moltissimi passi indietro.

Quando Bartolomeo entrò nel mondo degli esseri dalle piccole luci brillanti, trascese il nostro concetto di tempo, o piuttosto, in quel luogo il tempo non esisteva. All'inizio offriva informazioni dalla mente di Barto-lomeo, informazioni che aveva ricevuto dal suo strano amico. Più parlava, più iniziava ad avere accesso ad informazioni dal futuro, che non pote-vano essere accessibili a Bartolomeo. Aveva certamente, trasceso il tempo e si trovava in un luogo dove il passato, il presente e il futuro erano tutt'uno. Questo è l'unico modo in cui riesco a spiegare la sua capacità di accedere ad informazioni pertinenti al nostro periodo di tempo attuale. La sua mente (connessa a quella di Linda) era stata ampliata nella sua capacità di accedere ed assimilare fatti complicati e salienti.

Ma qual'era lo scopo di educare questi piccoli esseri? Che ruolo avrebbero avuto nel nostro tempo?

L: Gli umani non sono stati in grado di imparare dalle loro trasgressioni passate, non sono stati in grado di evolvere oltre un certo punto. Questo è stato un serio problema per molte vite. Gli esseri stanno sperando in qualcosa che aiuti questi terrestri nella loro evoluzione oltre a questo spazio. Quando si saranno evoluti oltre a questo punto, permetteranno a loro stessi di evolvere ulteriormente col tempo. Questo ostacolo principale continua a causargli regressioni incredibili verso errori passati. Ecco perché ci stiamo incontrando ora, per scoprire un modo di superare l'ostacolo, per permettere all'umanità di fare il salto avanti nella loro evoluzione. Stiamo aiutando a farlo. Tutti questi esseri che sono qui oggi vogliono aiutare a colmare questa voragine una volta per tutte. Cosicché l'umanità possa evolversi verso ciò che è sempre stato li per loro. Attraverso la loro ignoranza non erano in grado di farlo da soli.

D: *Come sono in grado di aiutarci?*

L: Presto, molti, moltissimi verranno mandati a lavorare in cose quotidiane. Per illuminare in modo sottile, per mandare un messaggio d'amore, per chiudere questa voragine una volta per tutte. In molti sceglieranno di non restare sulla Terra. Ma coloro che lo faranno, lavoreranno sodo e gli saranno garantite molte cose meravigliose per il loro lavoro.

D: *Vorresti dire che questi piccoli esseri d'energia verrebbero sulla Terra per aiutare? (Si) Come lo faranno? Resteranno nella loro forma d'energia luminosa?*

L: Alcuni resteranno come sono. Altri avranno la capacità di entrare in molti corpi umani. Un essere di luce avrà la capacità di entrare in dieci corpi umani alla volta. Ed illuminare il corpo umano stesso, per permettere una progressione di pensiero e crescita spirituale che fino a questo punto sono stati impossibili.

D: *Entreranno in corpi che sono vivi sulla Terra e che sono occupati da altri spiriti?*

L: Si. Non interromperanno alcuna legge naturale, ne' si impadroniranno del corpo. Saranno solo una scintilla di luce che illuminerà il corpo fisico stesso e gli permetterà di crescere.

D: *Pensavo che dicessi che sarebbero entrati come anime e avrebbero vissuto una vita dall'infanzia in poi.*

L: No, no. Questo non è possibile. Questi esseri di luce sono cosi luminosi e cosi evoluti che non hanno bisogno di assumere un'esistenza fisica. Questo non è ciò per cui sono stati progettati. Sono oltre le tue concezioni. Non sono delle anime, come tu pensi che siano. Sono esseri di luce evoluti da un Dio di tutta la creazione. La Sorgente.

D: *Ma anche le nostre anime si sono evolute da quello.*

L: Si, questo è vero. Tuttavia, ci sono molte, moltissime sorgenti diverse dall'Uno e sono state progettate tutte diversamente per scopi diversi. Tuttavia fanno tutti parte dello stesso.

D: *Ma se entrano nel corpo umano per un po' di tempo – hai detto che non lo possiedono o controllano, ma lo aiutano – secondo le regole* dell'universo questo è permesso farlo? Sto pensando all'anima come il guardiano del corpo. Qualcos'altro ha il permesso di entrarci?

L: Si. Potrebbe entrare se c'è stato un accordo precedente. Questi esseri di luce sono cosi puri che non imporrebbero mai a nessuno la loro volontà. Ci saranno molte anime che attenderanno ansiosa-mente il loro aiuto.

D: *Questo permesso tra i due viene dato coscientemente?*

L: No. Viene dato ad un altro livello.

D: *Quindi l'individuo cosciente non sa cosa sta succedendo?*

L: Esattamente. Sanno che qualcosa sta cambiando, a livello cosciente. Tuttavia, non sanno precisamente cosa. Mentre lo accettano nello stato cosciente e permettono l'evoluzione, troveranno la risposta e poi sapranno ciò che ti sto dicendo. All'inizio avranno solo una sensazione di un cambiamento del modo di pensare e si meraviglie-ranno. Ma sarà una forte sensazione di dover cambiare, anche se non comprendono come o perché.

D: *Ma questo non accadrà con ogni individuo.*

L: No. Solo alcuni e questi porteranno gli altri con loro verso il loro modo di pensare. Altri invece sceglieranno altrimenti. C'è chi non è disposto a cambiare. Combatteranno con veemenza e causeranno molto dolore e sofferenza. Ma questi negativi verranno alla fine oscurati dalla maggioranza che vuole fare la transizione. E verranno forzati ad andarsene, perché saranno molto infelici nell'ambiente che verrà creato.

D: *Questa è gente che probabilmente non accetterebbe mai che questi esseri entrino in loro.*

L: No. Voglio che sia molto chiaro: questi esseri di luce non interferi-ranno in alcun modo con il corpo umano, l'anima o lo scopo in cui questi individui dovrebbero vivere la loro vita. Sono qui solo per permettere che abbia luogo una specifica crescita. Non sono li per cambiare nulla che è stato deciso o stabilito finora.

D: *Quella sarebbe un'invasione del libero arbitrio dell'individuo.*

L: Esattamente. Sono solo una scintilla per permettere all'essere umano di superare l'abisso e chiuderlo una volta per tutte, per fermare questo continuo slittamento a stadi primitivi.

D: *Questa è la ragione per cui vengono nella forma di spirito, per cosi dire? Perché gli esseri fisici non sono stati in grado di riuscirci da soli?*

L: Esattamente.

D: *Altri esseri hanno provato in molti altri modi e come hai detto tu, a* volte sono rimasti imbrigliati nella fisicità del pianeta. E hanno fallito anche in molti altri modi.

L: Si. Ecco perché questi esseri di luce sono stati creati.

D: *Per completare questo compito in modo diverso.*

L: Si. Questi esseri sono qui per nessun'altra ragione.

D: *E' per questa ragione che Bartolomeo deve insegnargli la storia della nostra Terra?*

L: Si, devono sapere quante volte è già successo. Devono comprendere a fondo la natura umana, cosi non trasgrediranno in alcun modo. L'elemento umano deve riuscirci per se stesso.

D: *Quando entrano, per cosi dire, l'essere umano deve essere più aperto in quel momento? (Si) Questo viene fatto in un modo specifico? Penso ad un umano con sistemi di difesa subconsci naturali.*

L: Si. Questa sarà una transizione che avverrà molto semplicemente. Tutto ciò di cui ci sia bisogno è il desiderio di crescere. Non un entrare, non un prendere il controllo, ma un mescolarsi, un immergersi, un aggiungersi, un combinarsi. Un elemento che viene aggiunto ad un altro lo migliora, ma non lo diminuisce.

D: *Questo ha significato se non funzionasse in nessun'altro modo. Ci sono forse altri spiriti o esseri che stanno pianificando di venire sulla Terra per aiutare in tutto questo?*

L: In questo momento c'è un "aspettiamo e vediamo". Il consiglio ha la speranza che dopo l'evoluzione degli esseri sulla Terra, ci sarà un aumento dell'andirivieni di molti da altri luoghi. E una rete di commercio stabilità su regolamenti aperti, piuttosto che regolamenti nascosti. La Terra può essere un luogo più aperto da visitare.

Quando ricevetti queste informazioni all'inizio del mio lavoro pensai che erano complicate, ma con gli anni sono state corroborate da molte altre sedute avvenuti in tutto il mondo.

SEZIONE DUE

Continuazione da "The Custodians" (I Custodi).

CAPITOLO QUATTRO

LA TRASCRIZIONE OMESSA DI JANICE

Mentre stavo scrivendo il mio libro The Custodians ero focalizzata nella mia ricerca sugli UFO e casi di presunte abduzioni. Il libro spiega come iniziai (proprio come la maggior parte degli altri investigatori) con semplici casi di avvistamenti, atterraggi e abduzioni. Traccia il mio lavoro nella progressione da semplice a complesso. L'ultima sezione del libro ebbe a che fare con il mio lavoro vero la fine degli anni '80 ed inizi '90, con una giovane donna che viveva a Little Rock, Arkansas. Lei mi presentò una gran quantità d'informazioni importanti che mi permisero di scoprire che gli extra-terrestri non provenivano solo da altri pianeti e galassie, ma anche da altre dimensioni. Alcuni dei concetti che mi diedero aprirono la mia mente, perché non erano stati presentati da altri.

Uno strano fenomeno ebbe luogo quando lavorai con Janice. Durante la seduta e lei si trovava nello stato di trance più profondo (il livello sonnambulistico) la sua personalità spariva e altre entità parlavano attraverso di lei. Spesso queste erano esseri a bordo dell'astronave dove veniva portata. Questo curioso fenomeno accadeva anche con altri soggetti che lavoravano con me, come se avessi stabilito una qualche forma di comunicazione diretta con questi esseri. Voluminosa era la quantità d'informazioni raccolte con Janice, arrivarono a coprire la maggior parte di The Custodians. Questi esseri rispondevano a tutte le mie domande e offrirono dettagli su una grande quantità di argomenti.

La mia preoccupazione era che The Custodians stesse crescendo a dismisura e sapevo che alcune informazioni avrebbero dovuto essere eliminate. Scoprii che in porzioni delle sedute Janice si stava allontanando dal tema di UFO e astronavi, per avvicinarsi a nuovi complicati concetti più metafisici. Non stavamo piu comunicando solo con gli esseri che gestivano le astronavi e conducevano i molti esperimenti del progetto Terra. Sembrava che avessimo contattato esseri più avanzati, a noi sconosciuti, ma noti alla gente dello spazio. Allora decisi di eliminare quelle porzioni dal libro, per mantenerlo congruo al suo concetto originario e l'attenzione sarebbe rimasta sul mio lavoro con gli extra-terrestri.

Avevo accumulato informazioni per molti anni, durante le mie normali regressioni che sforavano in un'area del paranormale che mi era sconosciuto. Per rimanere coerente con l'argomento del libro che stavo scrivendo in quel momento, non inclusi questi concetti. Inoltre sapevo che non avrei mai potuto distruggere quelle informazioni solo perché non le comprendevo. Le misi da parte, sapendo che ad un certo punto, in futuro avrebbero avuto valore, qualora la mia comprensione fosse migliorata. Non sapevo se e quando il pubblico sarebbe stato in grado di comprenderle; cosi decisi di scrivere un libro strettamente dedicato a queste informazioni, sperando che ci sarebbe stato qualcuno interessato ad espandere la propria mente. Sicuramente la mi mente venne espansa e i miei schemi di pensiero vennero riordinati. Ogni volta che pensavo con compiacimento di avere tutte le informazioni e che avevo formulato un modo di comprendere come funziona l'universo, astutamente "loro" mi offrivano informazioni che espandevano quei concetti, spingendo la mia mente in una diversa direzione. "Loro" l'hanno fatto sempre gentilmente, imboccandomi un po' per volta, per non impaurirmi e permettermi di digerire il successivo sugoso boccone. Avrei potuto rifiutare, dicendo che non volevo cambiare le miei credenze e che ero a mio agio con le mie teorie. O che non c'era bisogno di cambiare il mio modo di pensare, ma sono troppo curiosa. Voglio sapere cosa c'è dietro l'angolo, in questo viaggio entusiasmante. Anche se io non comprendevo, forse la fuori c'era qualcuno che ci sarebbe riuscito. Cosi le mie esplorazioni sono dedicate a coloro a cui piace sentirsi strizzare la mente come un pretzel. I miei liberi sono progettati per far pensare la gente.

* * *

Le sedute con Janice ebbero luogo alla fine degli anni '80, inizi '90 mentre ero pesantemente coinvolta nella stesura del materiale su Nostradamus. In 1986 mi venne chiesto di diventare un'investigatrice degli UFO in Arkansas e quella fu il mio primo contatto con questo affascinante argomento. Tutto questo l'ho narrato in The Custodians. Viaggiavo da casa mia tra le montagne dell'Arkansas Nord Occidentale fino a Little Rock per lavorare con due donne che avevano dimostrato d'essere soggetti eccellenti, e che stavano offrendo informazioni incredibili. Visto che era un viaggio di quattro ore, cercavo di organizzare quante più sedute possibile mentre era là.

Venivo ospitata a casa della mia amica Patsy, dove avevo la solitudine della camera da letto per le sedute. Janice veniva lì ed io cercavo di completare quante più sedute possibili con lei in un giorno. Durante uno di questi viaggi, divenne chiaro che tre sedute in un giorno erano troppe per entrambe, visto che le sedute duravano fino a tarda notte. Dopo di che cercammo di vedere quante ne potevamo condurre senza stancarci troppo.

Durante uno specifico viaggio nel 1990, avevamo l'intenzione di esplorare un altro evento di "tempo mancante", che Janice aveva sperimentato il mese precedente. Era stata invitata ad una cena del Sabato pomeriggio, con molti amici, in una villa fuori Little Rock. Lei chiamò la sua amica prima di lasciare casa, per assicurarsi che non avesse bisogno di qualcosa all'ultimo momento e poi si buttò in autostrada. Al suo arrivo, la sua amica era piuttosto scocciata. La festa era finita e gli altri ospiti se ne stavano andando. La sua amica le disse: "Perlomeno avresti potuto chiamare ed avvisarmi che saresti arrivata tardi!" Janice non sapeva di cosa stesse parlando, finché non scoprì che erano passate quattro ore, dal momento in cui era uscita di casa.

Tutto questo era molto simile all'evento del pranzo di lavoro riportato in The Custodians, in cui diverse ore erano passate senza che se ne accorgesse. Questo stava certamente creando dei problemi con la sua vita sociale. Janice era arrivata al punto di evitare qualsiasi impegno sociale per evitare d'essere messa nell'imbarazzante situazione di dover spiegare queste stranezze ai suoi amici. Inoltre tutto era più difficile perché lei stessa non aveva alcuna spiegazione. Finché non iniziammo a lavorare insieme nel 1989 e scoprimmo che veniva raccolta (macchina e tutto) dall'autostrada. Dopo veniva depositata sull'autostrada, confusa, ma inconsapevole che una grande quantità di tempo mancava dalla sua vita.

Col nostro lavoro scoprimmo che Janice stava lavorando con gli extra-terrestri da tutta la vita, senza esserne consapevole. Le sue esperienze erano progredite da esperimenti prima di riproduzione, fino alla partecipazioni in lezioni complicate a bordo della enorme e meravigliosa astronave "madre", dove era in grado di studiare qualsiasi argomento nell'universo. Ovviamente, tutti questi insegnamenti non erano mai disponibili a livello cosciente. Erano raccolti nel suo subconscio finché non sarebbe arrivato il momento giusto per condividerli. Una parte di lei sapeva che c'erano cose importanti che le stavano succedendo ad un altro livello, ma questo non stava aiutando la confusione che sperimentava nella sua vita cosciente.

Iniziai la seduta utilizzando la sua parola chiave che la mette immediatamente in uno stadio profondo di trance. Allora la regredii al giorno in cui sperimentò l'"assenza di tempo".

Rivisse tutti i dettagli della partenza da casa, ma aveva qualche preoccupazione, perché sentiva che sarebbe successo qualcosa. "Posso sentire la presenza dei miei amici. Sono qui da giorni. Ebbi una premonizione di... sapevo che avrei fatto del lavoro e non volevo trovarmi a quella cena, perché ci sarebbero state altre persone. Non voglio rimanere esposta. E' una cosa privata, non deve essere sensazionalizzata da della gente che non capisce. Cosi non voglio andare, perché so che avrò un'esperienza. Sta arrivando e tuttavia non so quando. Cosi pensai che avrei dovuto restare a casa e lasciare che avesse luogo mentre ero da sola."

Queste sensazioni devono essersi manifestare a livello subconscio, perché a livello conscio Janice di solito di sentiva sensazioni di disagio solo prima di un evento, senza sapere da dove provenissero o cosa significassero. La connessione era già poco chiara, principalmente perché aveva luogo ad un altro livello inaccessibile alla sua mente cosciente. Solo dopo venivano associate con gli episodi d'assenza di tempo.

Lasciò casa, ma l'agitazione continuava. "Stavo iniziando a percepire le strane sensazioni. Ho imparato che non è un problema se succede quando sto guidando. Non mi devo preoccupare d'incidenti o altro. All'inizio, a volte, mi preoccupavo di non essere in grado di guidare. Sembra spaventoso non essere in grado di sapere." Non aveva guidato a lungo sull'autostrada quando sussurrò: "Ohhh! Eccoli qui!" La sua espressione faciale indicava che stava succedendo qualcosa.

J: (Meravigliata) Enorme! Astronave Enorme! E' davanti a me, ma sopra di me. Sto guardando e penso: "Che uscita?" Ero appena entrata in autostrada da un minuto o due, ed eccoli qui.
D: *Vedi altre auto intorno a te?*
J: So che ci sono altre auto, ma è come se fossi l'unica. E' come se fossi in un corridoio, se cosi lo possiamo definire. E' come se fossi in uno "spazio" tutto mio, separato dallo spazio delle altre auto.

Questo fenomeno di separazione dal mondo esterno quando questi eventi hanno luogo, viene spiegato in The Custodians, dove nessun altro sembra vedere nulla di ciò che sta accadendo. Ho imparato che si tratta di un'esperienza individuale ed è invisibile a tutti coloro che non sono coinvolti.

J: Ho visto grandi astronavi, ma questa è proprio astronomica. Whew! (Era completamente meravigliata) E' di colore grigio, come il cielo in una giornata nuvolosa. Ci sono diverse linee di finestrelle, perché è alta diversi piani. E' semplicemente gigantesca!

D: Poi cosa succede?

J: Vengo blippata. (Non capii) Swhooosh! Basta schioccare le dite e è solo un blip. Puff! E' una cosa da un istante. E' quasi veloce come il pensiero. Un secondo sono sull'autostrada, e il secondo dopo non c'ero più. Sono lassù.

D: Anche la tua auto è lassù?

J: Oh, si.

D: Dimmi cosa vedi.

J: E' come se ci fosse una città lassù. E' enorme. Lascio l'auto lì e vado con loro. So che mi stanno aspettando e mi portano dove devo andare. Questa astronave è cosi grande che ti perderesti. Non si riesce nemmeno a trovare la propri strada da quanto è grande.

La sua scorta le indicò di entrare in uno strano apparecchio. "Vieni rigirato. Da solo sembra un sedile. Non ci sono fili. Stavo cercando i fili."

In quel momento fece un'inspirazione profonda e sembrò a disagio. Riuscii a vedere che stava sperimentando una sensazione fisica sconosciuta. Sembrava che le togliesse il respiro. "Come fa a funzionare cosi? Si muove molto velocemente."

Disse che stava avendo la nausea, cosi le diedi istruzioni induttive per alleviare le sensazioni fisiche. Per qualche secondo descrisse la sensazione di muoversi molto velocemente e dover trattenere il fiato. Tutto questo era intramezzato da esclamazioni vocali. Non fu in grado di descrivere l'apparenza dell'area in cui si trovava perché divenne tutto un unico colore offuscato e le sensazioni presero il sopralluogo.

J: Oh, buon dio! Ooohh! E' stato velocissimo. Davvero, davvero, velocissimo. Il mio corpo mi sembra strano. (Con una risata quasi isterica.) Oh, ho il solletico ovunque.

Continuava a darle suggerimenti induttivi di benessere, mentre faceva lunghi respiri profondi. Stavo cercando di spostarla avanti, per farla arrivare da qualche parte e permettere a queste sensazioni di diminuire. Dopo qualche secondo il suo respiro stava tornando normale e ciò che disse mi sorprese.

J: (Sussurrando) Ha la voce cosi alta. Sei proprio rumorosa!

Questo mi confuse. Non avevo aumentato il volume della mia voce. Alterare il volume della voce potrebbe interrompere la trance, quindi sono sicura di non averlo fatto.

J: E' come un megafono.

Stava ansimando e mugugnando, ovviamente si stava riprendendo da quel giro frenetico. Le diedi istruzioni induttive perché potesse percepire la mia voce in modo normale.

J: Grazie. Era come un megafono per un minuto.
D: *Cosa vedi mentre sta rallentando?*
J: Non si è ancora rallentato nella mia mente. Fisicamente lo sono, ma è ancora veloce. E' ancora veloce.
D: *Le cose stanno tornando normali, non vogliamo che tu abbia alcun disagio.*
J: Non è disagio, non mi fraintendere. Potrebbe essere necessario sentirlo. Sto partecipando perché voglio. Non è disagio, è una esperienza. Qui, non lo puoi fare. Oddio, è stato veloce! Vedi, devi andare veloce per superare la velocità della luce.
D: *Ma non danneggerà questo corpo fisico vero?*
J: Beh, il corpo fisico è stato adattato. I suoi livelli di tolleranza sono stati... C'è un'altra parola, oltre ad adattamento, ma non so quale sia.

Stava respirando pesantemente ancora una volta. Poi iniziò ad avere caldo ed iniziò a muoversi per spostare la coperta, cosi la aiutai. Questo a volte succede ed indica una fluttuazione d'energia. A volte il soggetto si può avere sbalzi di temperatura, da calda a freddo. Lei passò attraverso diversi secondi di disagio come se stesse ancora percependo l'accelerazione. Stavo ancora cercando di portarla alla fine del suo viaggio, per poter continuare con la nostra storia. Dopo qualche secondo di suggerimenti induttivi, fece un respiro profondo, si rilassò ed iniziò a gesticolare graziosamente.

D: *Perché stai facendo questi movimenti?*
J: (Sottovoce) E' un saluto.
D: *Chi stai salutando?*
J: Un essere.

Continuo' con i movimenti delle mani, quasi reverentemente, ed indicò che l'essere di fronte a lei stava facendo gli stessi movimenti. Quasi inconsapevole delle mia presenza, si stava concentrando sui suoi movimenti. Dovevo riportarla alle parole. Le chiesi di descrivere quell'essere.

J: L'essere è un'area luminosa, ma è un corpo. Come se non fosse ancora fisico. La luce è molto luminosa. E' l'assenza di colore. Diresti che è la luce più luminosa che tu abbia mai visto.
D: *Sta conversando con te?*
J: Si. E' quasi come un'introduzione. Spiegazioni ed istruzioni.
D: *Puoi ripetere cosa sta dicendo?*
J: Beh, non li sento. (Sospiro di frustrazione.) Non è a parole. E' come se avessi visto un polverone o come se fosse entrato dentro di te. Voglio dire, è più che il tuo cervello. Molto di più.

Ho ricevuto lettere da molti lettori che hanno strane esperienze durante le quali ricevono informazioni attraverso simboli che sembrano andare direttamente nei loro cervelli. A volte questo succede dopo o durante un avvistamento UFO. Altre volte è successo mentre erano seduti sul divano o sdraiati sul letto e dei simboli geometrici sembravano entrare nel cervello attraverso un raggio di luce proveniente da una finestra. Ho ricevuto troppi di questi rapporti per poterli scartare come fossero delle fantasie. Ne ho già parlato in The Custodians come quando gli alieni dissero che le informazioni venivano impartite molto velocemente a livello cellulare. Dissero che le informazioni sarebbero avanzate nella mente cosciente in futuro quando sarebbero divenute necessarie e l'individuo non avrebbe nemmeno saputo da dove provenissero.

D: *Sai a cosa siano pertinenti queste informazioni?*
J: (Sospiro) Sono troppo veloci per saperlo.

D: *Forse questo è l'unico modo di trasmettere una grande quantità d'informazioni. Farle entrare direttamente nel tuo corpo e nella mente.*

J: Sono ovunque. Mi sento come una spugna.

D: *Ti senti a tuo agio in quella presenza?*

J: Mi sento molto umile. Gli chiesi di vederlo e si tramutò in una persona. La luce può essere una persona se vuole. La luce può essere una persona se vuole. Può essere qualsiasi cosa. Wow! Oh! E' in piedi di fronte a me come una persona. (Era meravigliata) Sembra un essere umano, ma è diverso. Lui può essere come una luce delicata. Percepisci che la pelle è soffice. Come un essere di luce... come una lampadina glassata.

D: *Vorresti dire che il suo volto e corpo sembrano fatti di luce? (Si) Risplendono da dentro?*

J: Si. Gli ho chiesto: "Sei solo una luce? Questo è tutto ciò che sei? Solo una luce? E sotto i miei occhi si è trasformato. Sono rimasta davvero sorpresa nel vederlo. Vedere che una luce può diventare una persona.

D: *Puoi chiedergli chi o cosa sia?*

J: Sono cosi sorpresa che non chiedo. E' come se sapessi di restare in silenzio. (Sembrava che stesse ascoltando) Ci sono delle cose che ti stanno succedendo. Ti stanno succedendo delle cose e se dici qualcosa sarebbe solo un chiacchierio. Come se non parli. Stai parlando, ma non in alcun modo che io riesca a riconoscere. Mi limito a permettere che succeda, perché ha a che fare con qualcos'altro.

D: *Bene, andiamo avanti. Puoi velocizzare questa sequenza. Questo è tutto ciò ch'è successo? Sei rimasta in sua presenza e hai assorbito informazioni?*

J: No. Ci siamo spostati in un altro luogo.

D: *Sei uscita da quella sedia?*

J: Allora non ero nella sedia. Non so dov'era. Siamo andati sul pianeta o ovunque ci troviamo ora. Non siamo più su un'astronave.

Apparentemente la sedia la trasportò fuori dall'astronave in un altro luogo. (Un'altra dimensione?)

J: (Lungo sospiro) Tutto è molto luminoso. E' cosi luminoso che fa quasi male agli occhi. E' molto tranquillo. Siamo andati a fare ciò che tu chiameresti un tour della tua città. Il metodo di trasporto era interessante, perché non stavamo camminando. Stavamo solo muovendoci. Non c'erano cavi. Stavo guardando per vedere se c'erano dei cavi. (Ridacchiando) Tutto era molto fluido, nessuno scossone. Semplicemente movimento attraverso l'aria.

D: Dimmi cosa vedi mentre fate questo tour.
J: Non lo so. (A volte era frustata nel tentativo di spiegare ciò che stava vedendo. Non aveva alcun concetto al proposito) E' luce e ci si sposta attraverso la luce. Poi cambia, perché ci sono aree della luce e ci si entra dentro e diventa non solido – ma cambia da un'area in un'altra ed è diverso.

D: In cosa si trasforma?
J: (Fece fatica) Sai, come guidare in una suddivisione e poi cambi e sei in un'altra, solo che è differente.

D: Vorresti dire come edifici e oggetti?
J: Non sono edifici, ma vivono li dentro.

D: Ti sta facendo vedere dove vivono, in questa luce?
J: La luce e la somma totale del... Oddio! Questo non lo posso spiegare.

D: Puoi descrivermi uno di loro?
J: Non è possibile, perché non conosco nulla a cui assomiglino. Non sono nulla di ciò che ho mai visto prima.

D: Bene, penso ad una casa o ad un edificio, come ad un contenitore con mura o qualcosa. (I movimenti del suo volto indicavano disaccordo). Non è cosi?
J: No. Sai che quella è la casa come la luce si era trasformata in una persona. E poi conosci la luce.... Non riesco a descriverlo.

D: Puoi chiedergli di aiutare a darti la risposta? Sono sicura che abbia la risposta e forse tu hai il vocabolario con cui lui può esprimersi. (Lunga pausa).

E' successo cosi in tutte le altre circostanze. Quando avevo bisogno di una spiegazione che il soggetto non riusciva ad offrire, un'altra entità si faceva avanti se ne richiedevo l'aiuto.

J: Non è il momento di comprendere.
D: Ti dirà perché ti sta mostrando queste cose?
J: Questo è il primo passo.
D: Il primo passo di cosa?
J: Non so.
D: Può dirtelo?
J: Non è il momento.
D: Questo luogo non è sulla Terra, vero? (No) Un altro pianeta?
J: Non li chiamano pianeti.

D: *Come li chiamano?*
J: Adesso non posso dirlo.
D: *E' un luogo fisico?*
J: Cosa vorresti dire?
D: *Sto pensando ad un luogo come la nostra Terra: fisico, solido. Lo si può toccare. (Lungo sospiro) O è diverso?*

La voce cambiò. Divenne più spontanea, mentre Janice era confusa e tartagliata. Questa sembrava autoritaria. Forse adesso sarei riuscita a riceve delle risposte. Era questo il tipo d'entità che offriva informazioni in passato? Il suo subconscio? O forse la mente di un altro essere?

J: E' una diversa realtà ed è una diversa dimensione. E non è considerata... (Confusa) solida.
D: *Quindi è diverso, ma ciò nonostante è reale. (Si) Ma la gente, gli esseri che vivono là hanno bisogno di un corpo? (No) Quello era un corpo che era stato mostrato a Janice?*
J: Si. Era un corpo che le era stato mostrato, visto che i nostri corpi si possono mostrare. Non è una forma che manteniamo sempre.
D: *Non è un corpo solido come il suo, un corpo fisico? (No) Questo perché non hai bisogno di un corpo?*
J: Esattamente.
D: *Sto cercando di comprendere. Questo luogo dove ti trovi, è come uno stadio superiore di evoluzione?*
J: E' uno stato di evoluzione molto superiore.
D: *Mi hanno parlato di alcune delle dimensioni. Lo stato di spirito dove la gente va quando lasciano il corpo fisico sulla Terra. E' questo ciò di cui stiamo parlando o è diverso?*
J: E' come quello.
D: *Ma più evoluto di quanto mi abbiano rivelato finora?*
J: Non comprendono bene la tua domanda.
D: *Nel mio lavoro, la gente ha condiviso che nel lasciare la nostra dimensione fisica, alla morte, per cosi dire, il loro spirito o la loro essenza si sposta a diversi livelli. E qualche volta quei livelli sono molto simili alla Terra, solo in uno spettro diverso. Poi quando si spostano più in alto a volte questi oggetti, qualsiasi possa essere il loro nome, cambiano. (Stava scuotendo la testa) Non è cosi?*
J: Alcune delle funzioni possono avere lo stesso nome, nel senso che le proprietà coinvolte sono quelle che si prestano ai livelli di cui sei stata messa a conoscenza. Tuttavia, a quello livello infinito d'esistenza, non c'è bisogno di una casa. Non c'è bisogno di un

corpo. Perché l'esistenza è ad un diverso... (sottovoce) il termine giusto è....
D: *So che è difficile trovare le parole. Vediamo. Vibrazioni? Frequenze?*
J: (Con certezza) Vibrazione! ... Questo non è corretto, ma è un termine al quale riesci a fare riferimento, quindi diremo vibrazione. Perché ciò che comprendi è incomprensibile se comparato a ciò che sto cercando di dirti in questo momento. Ed è semplicemente evolutivo fino al punto in cui uno debba essere in grado di comprendere ciò che sto dicendo. E devo essere in grado di comunicarlo nel tuo linguaggio. Ma questo non lo possiamo fare con l'uso delle parole.
D: *La lingua è insufficiente. Me l'hanno già detto in passato.*
J: Lo potrei fare in un altro modo, ma per te non avrà luogo a questo punto.

Mi avevano detto in passato che avrebbero potuto comunicare direttamente attraverso di me (come una forma di canalizzazione), ma ho sempre preferito questo metodo per poter rimanere un reporter obbiettivo. O forse stava facendo riferimento al metodo di inserire simboli direttamente nella mia mente. Nel qual caso sarei limitata nella mia capacità di estrarli e condividerne il significato con gli altri. Potrei comprendere ma sarei incapace di condividerne la conoscenza.

J: Le Lingue sono molto limitanti. Ma il tipo di comunicazione utilizzata dalla nostra gente è molto differente dalla lingua.
D: *Disse che stava ricevendo molte informazioni, che fluivano in lei come se fosse una spugna. E' questo il modo in cui comunicate?*
J: Quello è un metodo. Quello è un metodo molto intenso e molto preciso di assimilare informazioni.
D: *Che altri metodi utilizzate?*
J: Credo che ti abbia parlato dei... simboli. Ma quella non è la parola giusta.

Stava facendo riferimento ai simboli che aveva ricevuto durante una meditazione rilassata.

D: *Ma è una parole che comprendiamo, nel nostro modo limitato. Saremo in grado di interpretare quei simboli?*
J: Penso che verrà deciso da qualcun altro, non da me.
D: *Puoi dirmi perché le stai dando queste informazioni?*
J: In questo momento non mi è permesso. Ti devo conoscere meglio.

D: *Questo va assolutamente bene per me.*
J: E lei deve essere in grado di sentirlo.
D: *Si, perché spesso quando senti certe cose e non sei pronto, può essere piuttosto spiazzante.*
J: Esattamente.

La sua voce continuava a sembrare più profonda e mascolina del timbro normale Janice.

D: *Le state dando queste informazioni più o meno a livello subconscio?*
J: Nulla a che fare con il subconscio eppure tutto a che fare con il subconscio. In questo quando ti parlo d'individualita', allora stiamo parlando in termini di subconscio, conscio, del fisico, del non-fisico l'intero essere di un individuo.
D: *Quindi è molto più complicato, molto più vasto, molto più di quanto non si riesca a comprendere.*
J: Forse.
D: *Bene, quindi queste sono informazioni che lei avrà bisogno di conoscere successivamente?*
J: Assolutamente si.
D: *L'aiuteranno nella sua vita Terrena?*
J: Assolutamente si.
D: *Aiuteranno anche altri?*
J: Assolutamente si.
D: *Saremo in grado di condividere queste informazioni in futuro?*
J: Si evolveranno e verranno rese pubbliche. Ma tutto avverrà secondo la tempistica. Molte diverranno pubbliche in modo naturale. Altre ti sarà permesso accederle. Quindi la risposta alla tua domanda potrebbe forse essere "si", ma non in questo momento.
D: *Benissimo. Ho molta pazienza. Ho intenzione di mettere le informazioni in forma scritta, cosi che altre persone possano condividerle e riceverne beneficio.*
J: Questo dipenderà da molti altri fattori. Io non possono rispondere alla tua domanda "si", perché questo sarà stabilito dai risultati di varie interazioni planetarie ed inter-dimensionali.
D: *Stavo pensando se avrebbe aiutato la gente della Terra, forse ci sarebbe permesso esplorare.*

La voce non solo sembrava mascolina, ma anche saggia e anziana. L'enunciazione delle parole era molto precisa ed esatta. Occasionalmente, faceva una pausa e farfugliava mentre cercava le parole giuste. Quelli erano gli unici momenti in cui c'era qualche interruzione. Avevo la sensazione d'essere in presenza di un'entità di grande saggezza.

J: Ci sono e sempre saranno, persone della Terra a cui queste informazioni non saranno d'aiuto o saranno dannose. Con dannose intendo che non saranno mai pronti a conoscer o assimilare alcuna di queste informazioni. Ecco perché non possono essere condivise, eccetto che con certi, rarissimi individui che sono in grado di assimilarle ed integrarle nel loro essere. E costoro... non ne troviamo molti sul vostro pianeta. Quindi è imperativo che tu comprenda la necessità di proteggere qualsiasi informazione che riceva, se mai raggiungerai questo livello d'infinità in futuro.

D: *Pensi che arrivero' a quel punto in futuro?*

J: Verra' stabilito mentre procediamo. Non ho la liberta' di discutere con te molte cose in questo momento della nostra interazione. Tuttavia, e' – faccio fatica a comunicare. E' un mio problema. Si potrebbe farlo in un altro modo, ma tu devi restare come sei. Quindi, quindi per comunicare con te io sono... spero che tu riesca a comprendere che io mi sbaglio e farfuglio, è molto difficile rallentare a livello della vibrazione che forma le parole del linguaggio. E quindi, per me è difficile interagire con te. Quindi arriveremo al punto di sviluppare un qualche livello d'agio, forse se mai io e te ci rincontreremo.

D: *Quindi pensi che sia più saggio che utilizzare solo questo metodo di comunicazione attraverso un'altra persona.*

J: Attualmente. Potrei comunicare con te in un altro modo. Lo potrei fare. Ma non lo farò, perché non avrebbe alcun valore per te, se non riuscissi a sentire le parole.

D: *Quindi questo è il modo in cui devo comunicare con te?*

J: Non è il modo in cui devi, ma è l'unico metodo che può soddisfare il tuo scopo ed essere produttivo per te.

D: *Penso che questo sia giusto. Sarebbe meglio ricevere le parole attraverso un'altra persona, un altro veicolo, con il lavoro che faccio. Mi sento più a mio agio con questo metodo. Comprendo ciò che vuoi dire, certe persone non riusciranno mai a comprenderlo e ne rimarrebbero colpiti. Molti anni fa mi hanno detto che alcune informazioni sono come medicine e altre sono come veleno. Possono essere mal interpretate e prese nel modo sbagliato.*

J: Assolutamente si.

D: *Mi avevano detto che il mondo non è pronto per alcune di queste*

informazioni. Inoltre mi dissero che non tutte le mie domande avrebbero ricevuto una risposta. Ritengo, tu possa notare che sono in grado di comprendere e non ho intenzione d'insistere.
J: Si. Mi dispiace di non porti offrire altro, in questo momento.
D: *La cosa importante è che Janice stia assorbendo qualsiasi cosa che abbia bisogno di conoscere. Sarà in grado di utilizzare quella conoscenza in un altro momento e non ha bisogno di conoscerla a livello cosciente.*
J: Questo lei lo sa. E' il raro individuo sul vostro pianeta in grado di proteggere abbastanza da raggiungere a questo punto dell'infinito. Ci vuole una persona molto protetta per raggiungere questo livello e ritornare indietro. E protetta è la parola giusta. Sarebbe importante per il livello d'intelligenza di quest'individuo, essere da noi comprensibile, perché questo tipo d'individuo è in grado di comunicare a diversi livelli. Questa è solo una ragione per cui questo tipo d'interazione sta avendo luogo in questo momento. Inoltre c'è un altro fattore relativo al fatto che questa persona è molto fidata, riguardo alla sua capacità di proteggere il lavoro. Non avrebbe alcun beneficio per il mondo parlare di questo livello d'infinito, perché tanto per iniziare non ci crederebbero mai. In secondo luogo, non sarebbero mai in grado di comprendere. E in terzo luogo, imprigionerebbero Janice in un istituto.
D: *No vorrei mai che questo succeda.*
J: E non accadrà mai.
D: *Ma nella mia limitata comprensione siete a ciò che consideriamo il livello di Dio? Il livello del Creatore?*
J: E' il punto dell'infinito, si.
D: *Ho portato molte persone a diversi livelli e parlano di alcuni che sono anche superiori. Anche se probabilmente non esiste alcuna direzione.*
J: E' direzione solo nel senso del movimento dell'essere. Perché in verità " più alto" è solo un punto di riferimento da dove loro provengono.
D: *Si, nel nostro lineare modo di pensare.*
J: Esattamente.
D: *Quindi è il livello che noi tutti speriamo di raggiungere un giorno?*
J: Ci sono livelli al di sopra di questo.
D: *Ce ne sono? Allora questo non il più elevato.*
J: Questo non lo possiamo discutere in questo momento. Ad eccezione di dirti che per interagire da questo livello ci vuole purezza di corpo, mente e spirito. Purezza. Questo tipo di interazioni non sono

prevalenti sul vostro pianeta. Anche se accadono, nessuno ne è a conoscenza. Perché la maggior parte degli individui non è in grado di trattenere il conoscere.

D: *Disse che non ascolta le cassette registrate di queste sedute che produco. E' forse meglio se lei non sa cosa sta succedendo?*

J: Sa ciò che sta succedendo. E questo è ciò che io ti ho detto, questo perché è in grado di trattenere ciò che conosce. Perché essere in grado di trattenere, è la chiave per ottenere tutti gli altri stati d'essere. E' veramente importante che venga portata attraverso gli stadi di sviluppo. – Devi comprendere una cosa. Quest'individuo ha lavorato molto, molto duramente con molti esseri. Il suo lavoro con l'energia degli UFO è solo una sfaccettatura di ciò che fa. Lei non fa parte del vostro mondo di gente normale anche se fa certamente parte del vostro mondo di gente. A livello funzionale, le sue proprietà sono completamente oltre la capacità di misurare della vostra scienza. Ciò che devi comprendere è che questa persona funziona a livello fisico ed è un essere umano completamente fisico. Ma allo stesso tempo opera interdipendentemente in molte altre dimensioni e livelli.

D: *Hai detto che c'erano altri livelli sopra a questo, ma tuttavia chiami questo un livello d'infinità.*

J: E' un livello d'infinità.

D: *Per me infinità significa per sempre, come se non ci fosse altro oltre.*

J: C'è il punto d'infinito e poi c'è il punto che va oltre l'infinito.

D: *Deve venire in questo luogo molto spesso?*

J: Non è una questione di dove venire. Questa è un'interazione necessaria per... (Esitando, cercava le parole.)

D: *Il suo lavoro o cosa?*

J: Hmmm. Molte ragioni. Una è per l'agio dell'individuo.

D: *Quindi le si trova a suo agio quando viene qui? (Si) Anche se viene bombardata d'informazioni e dalla sensazione di velocità? (Si) Si sente ancora a suo agio.*

J: Vedi, per raggiungere il punto dell'infinito devi andare oltre la velocità della luce. Oltre la luce. Oltre la luce, significa più veloce della luce. Allora entri in un altro stato d'essere.

D: *Bene, penso che stiamo parlando da molto tempo. Sono molto protettiva della durata delle sedute. Così voglio ringraziarti per permettermi di parlare con te.*

J: Non avresti parlato con me, amenoché non ci fosse stata l'approvazione di altri diversi da me. Ti ringrazio per aver

permesso degli errori di comunicazione, perché è molto difficile. E desidero ringraziarti per la tua pazienza con le mie interruzioni.
D: *Non c'è di che. Sono grata che tu abbia parlato con me. Forse in un altro momento in futuro potremo parlare nuovamente, se vuoi.*
J: Forse le cose saranno evolute al punto da poter avere una discussione più profonda. Ma non ci è garantito in questo momento.
D: *Non importa, sono paziente. Aspetterò finché non arriverà il momento giusto. Fino ad allora prenderò tutto ciò che posso.*

Riorientai Janice e la portai a piena coscienza. Come al solito le ci volle molto tempo prima d'essere in grado d'alzarsi. E' sempre stata in grado di parlarmi, ma sembrava cosi rilassata che sarebbe impossibile per lei alzarsi e camminare per diversi minuti. Anche a quel punto barcollava finché non era pienamente consapevole. Questo sembrava essere il suo schema ordinario e non c'era nulla di cui preoccuparsi. Mentre cercava di ricomporsi, discutevamo alcune delle sedute. Aveva sempre una totale amnesia della seduta.

* * *

Dopo aver mangiato ed esserci rilassate con Patsy, tornammo alla camera da letto per un'altra seduta. Avevamo deciso che due sarebbero state abbastanza per questa visita. Abbiamo provato con tre sedute in passato, ma di solito erano più tediose e stancanti, più per me che per il soggetto.

Prima d'iniziare, discutemmo l'obbiettivo della seduta. Janice si stava ancora chiedendo quale fosse il significato dei simboli che avevano affollato la sua mente la settimana precedente. Le spiegai che quell'essere aveva detto che non era ancora il momento per lei, di saperlo e che non potevamo ancora ricevere quelle informazioni. Anche se era dispiaciuta, sapevo da eventi passati, che queste cose non possono essere forzate. Avrebbero permesso l'accesso alle informazioni al momento giusto. Non avrebbe portato alcun giovamento cercare di scavalcarli. Ho sempre dovuto fidarmi di loro, altrimenti tutte le fonti d'informazione si spegnevano e la mia ricerca si fermava.

Alla fine decidemmo d'esplorare uno strano incidente che ebbe luogo la sera precedente. Stava camminando in un parcheggio buio per andare a prendere la sua auto. Appena accese il motore, improvvisamente vide del fumo o della nebbia che circondava l'auto. Pensando che ci fosse qualche problema con il motore, usci e si spostò per vedere da dove venisse il fumo. A quel punto il fumo si fermò in uno spazio davanti all'auto. Al centro fu in grado di riconoscere un gatto. L'ultima cosa che si ricordò, fu di camminare verso l'animale nella nebbia. Quando riconobbe d'essere tornata in macchina ed era pronta a guidare verso casa, erano passate diverse ore. Cosi decidemmo di focalizzarci su questo evento per questa seduta.

Dopo aver utilizzato la parola chiave, lei cadde immediatamente in una profonda trance e io la riportai alla notte precedente dopo aver lasciato una riunione, mentre si stava camminando in un parcheggio per raggiungere la sua auto. Iniziò a rivivere la scena.

J: Sto cercando di vedere se e' fumo quello che sta uscendo dal cofano. Non e' esattamente fumo colorato, ma riuscii a vederlo mentre saliva. Era davanti al parabrezza e sul cofano dell'auto e ovunque davanti all'auto. Non e' fitto come il fumo, sembra vapore. Quasi come una nebbiolina. Inizialmente pensavo che l'auto si fosse surriscaldata, ma avevo la sensazione che fosse qualcosa d'altro. Sono rimasta li, aspettando. Ho pensato, bene, vediamo cosa succede. A quel punto ho visto che c'era un gatto. Ho detto: "Lo sapevo. Lo sapevo. Lo sapevo." Poi mi sono avvicinata al gatto, ma il gatto non era un gatto. Il fumo e il gatto erano li' solo per farmi uscire dall'auto. Allora sono andata verso il gatto. Sapevo che il gatto si sarebbe mosso e quando si sarebbe mosso il gatto sarei andata via. Funziona cosi. C'è questo tipo di cose che succedono e sai che non è ciò che sembra.

D: Cos'è successo quando ti sei avvicinata al gatto?

J: Sono rimasta bloccata. E' come se rimanessi bloccata in una frequenza. Guardi gli occhi del gatto e rimani bloccato. E' come spostarsi dall'essere nel presente all'essere in una frequenza. E' come cambiare canali della TV, eccetto che lo fai diversamente. E poi è come se fossi su un raggio, o sei in un corridoi. Ma sai che ti stai muovendo. Non so se mi sto muovendo fisicamente o solo mentalmente.

D: Quando rimani bloccata in tutto quello, ha visto nient'altro oltre al gatto?

J: Si. Si e' trasformato in un gruppo d'esseri proprio sotto i miei occhi. Sapevo che stavo andando nella sua direzione, ma a volte mi muovo in quella direzione e poi mi trovo sull'astronave. Erano li' in piedi e tuttavia non potevano essere li' in piedi. In ogni caso ho continuato ad andare verso di loro, come se ne fossi attratta, come se fossi in automatico. Poi ho sentito un rumore e sapevo cosa stava succedendo. Iniziai a sentire me stessa andare in un'altra direzione.

Ci si sente molto fluidi e vai via cosi. Loro stavano aspettando che arrivassi.

D: Chi stava aspettando?

J: C'era un intero gruppo di esseri là. Non ero sicura che li avevo davvero riconosciuti. Il tizio vestito di verde, lui lo conosco. Stavo cercando di guardarli tutti, ma mi stavo muovendo troppo velocemente, per questo non ho potuto vederli tutti.

D: Hai detto che era qualcuno che riconoscevi?

J: Ho riconosciuto i vestiti da un'altra volta. Quando mi trovavo in una grande riunione ed ero in un auditorium. Questo stesso tizio era in piedi su un palco e stava dando lezione. Io era seduta là, ad eccezione del fatto che erano nello stato di vapore. Se guardavo qualcosa, ne vedevo la parte fisica, ma poi tornava al vapore. E' un modo diverso di vedere. Eravamo tutti là in questo luogo enorme e lui era laggiù, davanti ad un gruppo enorme di noi. Fece la sua parte e poi se ne andò e arrivò qualcun altro.

D: Pensavi che fosse sicuro andare con loro, perché lo conoscevi?

J: Perché l'ho visto e sapevo che andava bene.

D: Dove sei andata?

J: Non so dove sono finita. Sono sdraiata in aria. Sono solo sdraiata. Non su un tavolo. Non capisco, ma so di non essere sulla Terra.

D: Riesci a vedere qualcosa intorno a te?

J: No, adesso non posso. A presente il cielo di notte? Sai che c'è, ma puoi vedere le stelle. Non penso che ci fossero stelle ieri notte.

D: Se non riesci a vedere, riesci a percepire qualcosa intorno a te?

J: So che sono lì. So che sono i preliminari a dove sono andata. Sono passata attraverso di loro per arrivare dove sono. Erano in piedi tra me e la mia destinazione. Sono al sicuro e sto bene. Mi dicono che so di essere al sicuro. E come se avessi dovuto sdraiarmi dove essere arrivata.

D: C'è nessuno con te?

J: Ho la sensazione di si, ma non li vedo. C'è una grande luce porpora sul mio volto. E' pulsante. Si muove. E' come il battito cardiaco, solo che non è un battito cardiaco. E' enorme. A volte tutto ciò che c'è fuori è verde. E' come una cosa luminosa, quasi di color indaco iridescente, al centro. L'ho visto spesso e non so cosa sia. Poi nella luce vennero diverse forme, ma non le ho mai viste in quella luce, prima di allora. Ho visto quella luce cento milioni di volte, ma queste forme mai. Questo non era mai successo. Forme. Schemi. Forme. Schemi. (Ripete queste parole molte volta, aumentando di velocità, indicando che stava succedendo più rapidamente.) Come se stessi guardando ciò che succede all'interno... si stanno integrando in me. Forme, schemi, forme, schemi. Schemi, forme. Forme con lo schema di fiocchi di neve. Forme dagli schemi esagonali.

D: *Ma ha una bella sensazione?*

J: Oh, mi sento come se stessi studiando per un esame. Sai come ci si sente quando stai studiando duramente. Solo che non ho proprio da studiarlo. Lo sto solo assorbendo. Ma mi sta succedendo. (Stupefatta) Oh, Mioddio, guarda questa!

D: *Mentre lo stai facendo, c'è mica qualcuno che possa rispondere alle nostre domande? Per poter scoprire lo scopo di tutto questo?*

J: E' come se il gruppo fosse tra di noi.

D: *Vuoi chiedere a qualcuno se possono farsi avanti e rispondere alle nostre domande? Mentre stai visualizzando le forme loro ci possono parlare.*

J: La luce si è spenta. Le forme non ci sono più. Sento qualcuno parlare. Però non so cosa stiano dicendo, perché non comprendo la loro lingua.

D: *Può chiedere a qualcuno di aiutarci con le informazioni?*

J: (Pausa) Non stanno ascoltando.

D: *Forse puoi farlo mentalmente.*

J: Ci sto provando. (Sotto voce) Non so cosa sta succedendo. (Stava blaterando e sembrava che stesse comunicando silenziosamente con qualcuno.) Sembra che siano tutti occupati e che stiano parlando. (Pausa, blaterava ancora.) Adesso sono tutti intorno a me.

D: *Cosa stanno facendo?*

J: Scambiando informazioni.

D: *Con te o tra di loro?*

J: Entrambe.

D: *Bene. Puoi chiedere mentalmente ad uno di loro, se possono rispondere alle nostre domande mentre tutto il resto continua a succederti?*

J: E' difficile chiedere mentre tutto questo sta succedendo. Stanno accadendo troppe cose adesso. E' proprio una grossa... C'è molto... (Confusa e un po' sopraffatta.) Troppo sta entrando in me, e' difficile perfino chiedere. (Gesticolò indicando diversi individui intorno a lei.) Questo tizio fa uno scambio, poi quest'altro fa uno scambio, e questo tizio fa uno scambio e questo tizio fa uno scambio. (Continuava a ripetere).

D: *Stanno facendo tutto questo mentalmente insieme a te?*

J: Non penso che sia mentale. Non so come lo fanno o cosa sia. Non mi

sembra mentale.
D: *Bene, possiamo andare oltre, in questo modo non ci saranno tutte queste nella tua mente? Spostiamoci al momento in cui è finito tutto.*
J: Mi fa male la testa!

Sospettavo che il disagio fosse causato dalla eccessivo carico d'informazioni nel suo cervello. Diedi suggerimenti induttivi che appena avrei toccato la sua testa tutto il disagio sarebbe sparito. (Fece dei sospiri di sollievo. Sapevo che si sentiva meglio). Spostiamo al momento in cui non c'è tutto questo carico d'informazioni e puoi discutere le cose con me. (Con un lungo sospiro di solslievo.) Adesso puoi chiedere mentalmente a qualcuno di venire e rispondere alle domande?

J: Okay. Adesso stanno discutendo chi parlerà con te. Sto cercando di vedere, non riesco a vedere. (Un improvviso rantolo.) Oh, una piramide scese su di me. Con la punta in giù. Ci sono delle linee sopra. Semplicemente è scesa su di me.
D: *Cos'è, una luce o cosa altro?*
J: Non so di cosa sia fatta. Adesso si sta muovendo. E' piuttosto come uno dei videogames che si vedono. Sta scendendo sulla mia testa. Lo vedo venire nel mio corpo. Ha diversi livelli. E' divisa e ci sono degli anelli tutt'intorno come un albero avrebbe degli anelli, solo che è una piramide. Solo che il vertice scende e raggiunge un certo punto e poi si ferma. Poi avanza ancora e si ferma. Si muove ancora e si ferma, si muove e si ferma. E' come se il mio intero corpo ci fosse dentro. Si distribuisce in tutto il corpo. Le mie braccia hanno una strana sensazione. E' come se il mio corpo se ne stesse andando. (Per un momento mi preoccupai). Va bene. Va tutto bene. Non sto male. Solo il mio corpo se ne sta andando. Si sta solo dissolvendo. Ohh, si sta solo dissolvendo.
D: *Puoi sempre sentire la mia voce, ovunque tu sia. C'è qualcuno in quel gruppo che possa rispondere alle nostre domande e spiegarci tutto questo?*
J: Per piacere. (Respiri profondi) In questo momento non è possibile rispondere alle tue domande. Risponderanno alle tue domande, ma non adesso. Non può succedere in questo momento.
D: *Okay. Ma è una bella sensazione?*
J: Si, è una bella sensazione. E' solo che il mio corpo si è dissolto. E' completamente...

Volevano che aspettassi cosi passai del tempo dandole altri suggerimenti indittivi di benessere.

J: (Lunga pausa) Riusciamo a capire che desideri una comunicazione d'informazioni. Tuttavia, stiamo facendo del lavoro e prendiamo questa opportunità e forse libertà con la tua seduta. Stiamo continuando il lavoro dell'altra sera. Tu desideri ricevere le informazioni riguardo a quella sera, mentre ciò che sta succedendo adesso è uno sviluppo d'informazioni completamente nuovo per questa persona. Per saperne di più del livello di coinvolgimento del lavoro che verrà portata a fare.

La voce era certamente cambiata. Era sempre facile capire quando uno degli esseri parlava, perché il cambio di voce era immediato.

J: Adesso te lo spiegherò. Cosa vorresti sapere?
D: *Era curiosa del significato e scopo delle immagini e forme che stava vedendo.*
J: Questa è un'intera lingua di – non posso discutere con te da dove. Tuttavia, posso dirti dell'esistenza di un metodo di comunicazione che è importante sia a disposizione degli esseri umani. Eppure, è impossibile, in questo momento comunicartelo in un linguaggio a te comprensibile. Ci sarà un modo per riuscirci quando Janice acquisirà più esperienza nell'utilizzarla. Attualmente lei sta, potresti dire, ricevendo tutoraggio e nuovi metodi di comunicazione, a causa di qualche lavoro che farà in futuro. Forse il modo migliore per spiegartelo sarebbe di dire: vai a scuola e studi Francese, per poter andare in Francia e parlare Francese. Lei sta imparando per sviluppi futuri e sta imparando per proteggersi.
D: *Questi simboli saranno un modo di proteggere se stessa?*
J: I simboli sono un modo di proteggere se stessa dall'essere in grado di comunicare cose che non dovrebbero essere condivise a livello umano in questo periodo di tempo. Tuttavia, è importante che siano impiantate cosi in futuro quando saranno richiamati a livello frontale della sua coscienza, allora l'impianto sarà lì per essere attivato. In quel momento quando avrà bisogno di conoscere e di spiegare e di insegnare.
D: *In futuro sarà in grado di disegnare questi simboli per me e di spiegarmeli?*
J: Forse. Questa è una richiesta alla quale io non posso dare permesso.

Questo proverrà da un livello di sviluppo che non è presente in questo momento. Avresti potuto chiederlo durante la tua seduta precedente e avresti ricevuto la tua risposta.
D: *L'ho fatto e mi hanno detto che non potevo saperlo in quel momento.*
J: Allora non posso che darti la stessa risposta.
D: *Inoltre voleva sapere lo scopo del gruppo di vari esseri che si stanno raccogliendo qui.*

La sua voce cambio ancora una volta. Questa sembrava più autoritaria e professionale. "Io ti risponderò. Lo scopo del gruppo d'individui è che ogni membro del gruppo ha uno specifico livello di specializzazione. Quindi! Ciò che abbiamo è un gruppo di – forse li chiameresti – La 'creme de la creme' in vari aspetti dello sviluppo. Proprio come voi avete i vostri professori che insegnano in programmi magistrali all'università. Loro non sono gli stessi professori che insegnano alle matricole durante le vostre lezioni del primo anno."

D: *Disse che non riusciva a vederli tutti, ma che apparivano diversi.*
J: Molto diversi.
D: *Alcuni di loro riuscì a riconoscerli. Bene, in questo gruppo di persone, saresti tu quello che potrebbe rispondere a delle domande?*
J: Se io non sono quello che risponde alle domande che vuoi fare, allora la persona giusta si farà avanti. Perché siamo tutti d'accordo nel voler interagire con te. Se c'e' qualcuno nel gruppo che non ritiene appropriato interagire in questo momento, non sarebbe successo. Se questo dovesse succedere, chiediamo che tu riesca a comprendere che anche se tutti nel gruppo sono in grado di rispondere, non lo faremo. Se le autorità preferiscono non darti una risposta, nessun'altro risponderà al posto dell'autorità.

Questo era successo anche quando stavo lavorando con Phil in The Keepers of the Garden [I Protettori del Giardino]. Quella volta un gruppo di dodici entità stava comunicando con me per darmi la storia della semina del pianeta Terra. Anche quelle volta dissero di poter condividere solo le informazioni che tutti accettavano di condividere.

D: *Prendo sempre ciò che posso. Se non volete rispondere, basta che me lo facciate sapere. C'è un mistero sulla Terra in questo momento e molte persone vogliono saperne di più. Questo riguarda i cerchi nel grano nel campi dell'Inghilterra. Li chiamano i Cerci di Mais, anche se in realtà si tratta di grano e altre sementi. Si sono manifestati durante gli ultimi anni. Potete condividere delle informazioni a proposito? Da dove provengono, come e perché?*

J: Posso dirti che ci sono diverse ragioni per i cerchi. E ci sono diverse ragioni, inoltre in diversi momenti ci sono diverse ragioni. Ora, dimmi, comprendi le spirali? (Si) E comprendi le finestre? (Si) Durate momenti ben precisi queste sono utilizzate da certe energie per interagire con le correnti della Terra, le vibrazioni della tua Terra. Sto cercando di risponderti senza essere troppo tecnico. Non posso darti tutte le informazioni a riguardo. Ma posso dirti che alcuni vengono creati dall'atterraggio di certe astronavi. Vengono prodotti a causa del metodo di propulsione o trasporto che utilizzano queste astronavi. Ha a che fare con forza gravitazionale del vostro pianeta. Ci sono altre ragioni a parte l'anti-gravita'.

D: Non tutti sono creati da delle astronavi, vero? (No) Altri sembrano manifestarsi in schemi. Ci sono cerci dentro ad altri cerchi e diverse geometrie.

J: Questo e' giusto. Stai parlando della relazione tra di loro. (Lunga pausa) Mi dispiace. Ho le tue risposte, ma te le darò durante il vostro prossimo incontro. Non posso farlo ora, perché c'è un problema di tempo. Significa che è importante che non siano compresi in questo momento. Posso dirti solo che alcune persone stanno lavorando su un progetto e questi cerchi ne fanno parte. Basta che tu mi creda, quando ti dico che non creano alcun danno a nessuno. Sono correlati con altri aspetti del flusso d'energia. E' molto importante per loro che ci siano. Proprio come Janice sta imparando i simboli del linguaggio, stiamo facendo qualsiasi sforzo in relazione alla stabilizzazione del fragile mantello del pianeta Terra. Se c'e bisogno di dover invertire il ciclo i cicli sono molto potenti, sai. E vengono anche utilizzati come punto focale di trasmissione. Cosi, questo è ciò che ti posso dire.

D: Questi schemi hanno un significato?

J: Hanno significato.

D: C'è una connessione col fatto che molti di questi cerchi sono stati trovati vicino ai vecchi monumenti come Stonehenge?

J: Certamente. Quando pensi a Stonehenge, quando pensi ai vostri vecchi monumenti o i vostri cosiddetti "luoghi sacri" sul vostro pianeta, allora devi sapere che diventare sacro non è una cosa istantanea. Il Tempo è portatore dell'energia. Noi abbiamo lavorato con questi luoghi per secoli.

D: *Ma ciò che succede con i cerchi sembra essere un nuovo fenomeno.*
J: E' solo diventato visibile. Non potevate vederli prima, ma ci sono sempre stati. Adesso potete vederli, grazie ad un cambiamento dimensionale.
D: *Quindi erano sul terreno?*
J: Erano sotto la superficie del terreno. Sono solo affiorati in superficie. La Terra sta cambiando moltissimo che... (Lungo sospiro) I cambiamenti sul vostro pianeta sono una delle ragioni che hanno causato il loro affioramento.
D: *Allora in passato l'energia che stavano creando o la funzione a cui servivano era compiuto sotto la superficie. (Si) E adesso viene applicata alla superficie?*
J: Si, perché le cose sono cambiate.
D: *Molte persone stanno pensando che forse sono una forma di comunicazione.*
J: Lo sono. Ti ho spiegato precedentemente che erano utilizzati come un punto focale per la vibrazione... forse non te l'avevo detto. Vedi, questo è ciò che succede quando si comunica in modo diverso. Si ha la tendenza a credere che tutti sappiano ciò che stai pensando. Ciò che sto cercando di dirti è che, sono il punto focale per l'entrata dell'energia. Adesso, l'energia entra in modo schematico, in una spirale, entra ed è sollevata.... (Confusa per come dirlo.)
D: *Dallo stesso luogo? (Si) Piuttosto come un effetto di rimbalzo? (Si) Bene. Le avevano detto d'esser parte di un progetto dove si utilizzava l'energia.*

In The Custodians [I Custodi] mi spiegarono che Janice faceva parte di un progetto in cui la sua energia veniva utilizzata per bilanciare le energie della Terra. Ci sono molte persone coinvolte in questo progetto, anche se è totalmente ignoto alle loro menti coscienti. Mi dissero che anch'io ne facevo parte, e che i miei viaggi mi avrebbero portata in diverse parti del mondo, perché la mia energia era necessaria là. Questo progetto non causa alcuna diminuzione d'energia ai partecipanti coinvolti.

J: E' una diversa fase dello stesso progetto.
D: *Ma questo sembra come se l'energia stesse rimbalzando. Potrei avere ragione?*
J: Ci sono diverse.... Posso rispondere io a questo? (La sua domanda fu delicata e ovviamente non era diretta a me.) Si. Ho risposto io? (Anche questo delicatamente, ma non capii che non stava parlando

con me.)

Ci fu una lunga pausa, poi un'altra voce, più delicata, quasi dolce. Ovviamente femminile.

J: Magari posso risponderti io. Adesso non e' il momento per te, di comprendere ogni dettaglio di questo progetto. E' importante che tu sia a conoscenza di alcuni dettagli, che ti verranno dati da alcuni membri del gruppo. Una delle cose da hai bisogno di sapere è che ci sono dei cerchi in Peru. Ci sono dei cerchi in altri luoghi sul tuo pianeta che la gente non comprende. Stiamo facendo uno sforzo per permettere all'umanità di iniziare a conoscere altri modi di comunicare. Tuttavia, ce ne sono alcuni che possono essere comunicati attraverso questi cerchi. I cerchi d'energia inoltre attraversano la Terra, quindi fanno parte dello stesso progetto. E' solo una diversa fase. Adesso, un'altra cosa da sapere è che la Terra sta girando dello spazio, giusto? (Si) E come sta girando? In che direzione?

D: *Dovrei pensarci. Sta andando in senso anti-orario? (Fece dei gesti con le mani.) Ok, in senso orario. Questo non me lo ricordo.*

J: Bene, a dire il vero non avrebbe importanza se rotasse a caso. Lo scopo dei cerchi è semplicemente di creare un effetto opposto. E anche questo è una cosa da bilanciare. Questo è uno degli scopi, e solo uno. Ma vengono utilizzati e l'energia vi circola dentro. Se tu riuscissi a vedere in un'altra dimensione, riusciresti a vedere la spirale. Riusciresti a vedere l'effetto del vortice, che è in movimento. Non puoi vederlo, ma si muove. E' in costante movimento. Proprio come la parte alta si muove. In senso orario.

In che direzione vanno i Cerchi nel Grano? Quelli che ho visto e in cui sono entrata, andavano in entrambe le direzioni.

D: *Sto pensando ad una superficie. La superficie ruota e si sta muovendo. E questi sarebbero i punti dove tocca nel profondo della Terra?*

J: Magari, potresti pensare ad un vortice.

D: *Molto bene. Lo vedo nello spazio e poi scende sulla Terra e tocca nel profondo.*

J: Esattamente. A dire il vero, il raggio viene trasmesso al centro del cerchio e ruota verso l'esterno. Ti ricordi del punto focale di cui stavamo parlando? Il raggio viene trasmesso al centro del cerchio ed inizia a girare.

Questo era qualcosa che avevo notato diverse volte, quando ero nei Cerchi di Grano in Inghilterra. Nella mia mente sembrava che ci fosse un punto focale centrale e il cerchio si estendesse da lì. Quasi come l'immagine di qualcuno che aveva in mano un pompa dell'acqua ad alta pressione e l'avesse puntata in alto, per poi rotare da quel punto focale. Sapevo che non era stato fatto con una pompa d'acqua ad alta pressione, ma probabilmente con dell'energia focalizzata, solo che quella era un'analogia che potevo comprendere.

D: *Quindi questo fa parte del progetto che serve per aiutare a stabilizzare i movimenti della Terra. A livello tettonico?*
J: Si, lo è.
D: *Sembra che sia diretto solo in alcuni luoghi o sono solo più visibili là.*
J: Sono affiorati là. E' un tentativo d'incuriosire l'umanità. Inoltre, è un tentativo di permettere a quegli esseri che sono in grado di comprendere, di iniziare a comprendere e conoscere.
D: *In certi casi ci sono dei cerchi in cui tutte le spighe di grano vanno in una direzione. Poi un cerchio attorno all'esterno in cui le spighe vanno nella direzione opposta.*
J: Questo è ciò che cercavo di dire.
D: *Perché' vanno nella direzione opposta nei cerchi esterni?*
J: Perché è necessario bilanciare l'intensità interna.
D: *Questo deve succedere molto velocemente. Giusto?*
J: molto velocemente. Non puoi vederlo.
D: *Dicono che appaiono durante la notte. Da dove provengono i raggi?*
J: Non posso... (Respirazione veloce, la voce era distorta ed interrotta. Sembrava strana nella cassetta, quasi ingarbugliata a questo punto. Un flusso d'energia?) ...dirtelo.
D: *Non puoi dirmelo?*
J: (L'entità sembrava frustata.) "No."
D: *Bene. Mi stavo chiedendo se veniva dallo spazio, da un'astronave, o....?*

Janice reagì come se fosse a disagio. Pensavo che si stesse riscaldando ancora una volta, come durante sedute precedenti. Stavo cercando di metterla a suo agio, spostando la coperta e dandole suggerimenti induttivi di freschezza. Dopo qualche secondo la sua respirazione iniziò a calmarsi. Si stava rilassando ancora una volta, cosi continuai a farle domande. Ma l'entità m'interruppe.

J: (Sottovoce) Per piacere....
D: Dimmi, cosa c'è?
J: Dalle la possibilità di adattarsi.
D: Okay. Perché si è appena surriscaldata. (Si) Questo a causa dell'energia?
J: Si, per questo. Il corpo è entrato in contatto con la piena forza di questa fase del progetto. Devi comprendere che quando comunichiamo con te, il corpo è un veicolo per la comunicazione. Tuttavia, a causa del livello di coinvolgimento di questo corpo in questo progetto, è a volte impossibile prevenire che lo sperimenti a piena forza. L'entità sperimenterà il lavoro che viene fatto, a livello mentale. Mentale. Forse anche tu potresti comprendere, "mentalmente", ma in realtà non è un processo mentale, visto che il fisico ne può rimanere influenzato. Succede molto velocemente. Le parole che hai usato per farlo succedere, hai detto: "Questo deve succedere molto velocemente." Quindi la parola "velocemente" è stata un'attivazione. Comunicare a questo livello diventa molto delicato.

A dire il vero, dopo aver ascoltato la registrazione, avevo detto: "molto velocemente," invece che velocemente, ma apparentemente venne interpretato nello stesso modo attraverso il loro uso del vocabolario di Janice.

D: Mi spiace. Non avevo alcun modo di saperlo.
J: Era impossibile che tu lo sapessi e noi desideriamo interagire con te. Desideriamo offrirti la nostra guida nel tuo lavoro. Desideriamo che tu continui a lavorare con questa entità. E' importante che tu comprenda che ci sono momenti in cui c'è bisogno di un bilanciamento dalla nostra parte e dalla tua parte, per permetter all'entità di continuare a restare connessa durante la seduta. Devi comprendere che il livello d'energia operativa è molto... (Confusa, cercava la parola giusta) ... delicato.
D: So che ha reagito. Sembrava un'esplosione di calore.
J: Questo perché quando questo individuo è vicino al centro di uno di questi cerchi, la specifica forza di rotazione può causare nel fisico, una vasta quantità di calore che viene generato in un istante. Stiamo cercando di condividere con te e veniamo qui per parlare

con te, perché è importante che queste cose siano discusse. Tuttavia, dobbiamo insegnarti qualche metodo che a volte può aiutare il soggetto a continuare.

D: *Si, perché non avevo alcun modo di sapere che le mie parole avrebbero attivato qualcosa. E sicuramente non volevo che le succedesse nulla.*

J: Il corpo dell'individuo non ne soffrirà. Forse crederai a causa della osservazione diretta dei tuoi occhi che la fisicità del corpo ne abbia sofferto. Questo individuo è stato... (Ancora insicura del linguaggio).

D: *Qual è la parola? Condizionato?*

J: Ci è vicino, ma è più che condizionato. (Esitando) Forse. Si. C'è un modo di spiegartelo. Negli anni, a causa del suo coinvolgimento a lungo termine, in questo progetto che va avanti da tutto la sua vita qui, si è sviluppata a tal punto d'essere in grado di sostenere livelli d'energia fisica che sono incomprensibili per un comune individuo. Ed inoltre sono impossibili per il corpo fisico da sperimentare senza un effetto di disintegrazione.

D: *Finché riesce a farcela, perché sicuramente non voglio farle nulla che la possa danneggiare. Pensi sia saggio smettere di parlare dei cerchi nel grano?*

J: C'è altro, non solo il parlare dei cerchi. I cerchi sono una parte integrale, perché ciò che devi ancora sperimentare sono le piramidi. Ci sono le piramidi fisiche in Egitto. Tuttavia, ci sono piramidi che sono proprio come i vostri cerchi, che dovete ancora vedere in superficie e anche queste sono operative. Questa è solo un'altra metodologia del lavoro energetico. Il lavoro energetico è vitale per il mantenimento del vostro pianeta. Ciò che devi sapere è che ci sono astronavi che vengono e al momento dell'atterraggio, possono causare un'impronta fisica simile ai cerchi. Quindi ci sono i cerchi e ci sono altri cerchi.

D: *Ma i luoghi di quegli atterraggi non hanno lo stesso effetto energetico. Sono solo causati dalla propulsione del velivolo.*

J: Tuttavia non appena sono formati, vengono utilizzati.

D: *Ciò che stavo chiedendo è se i raggi provenivano dallo spazio o da un'astronave? Da dove vengono direzionati?*

J: Non mi è permesso dirtelo. Ne discuteremo in un altro momento. Ci sono esseri che non ti hanno dato alcuna conoscenza, che sono presenti se desideri fare le tue domande.

D: *Bene. Ma non so mai se sto toccando argomenti che non mi è permesso conoscere.*

J: Lo farai.

Stavo per procedere con le domande, quando venni improvvisamente interrotta. Era successo qualcosa che il gruppo riteneva un'emergenza. Aveva la precedenza su ciò che stavo facendo.

J: (Una voce severa.) Dalle i suggerimenti!
D: *Cosa?*
J: (Sembrava impaziente.) Dalle i suggerimenti!
D: *Cosa vuoi dire?*
J: Lei sta soffrendo. Dalle i suggerimenti!

Janice si stava tenendo la testa, cosi ho iniziato a darle i miei soliti suggerimenti induttivi per alleviare quei dolori, toccando il centro della sua fronte. Ma l'entità interruppe il processo e mi comandò di premere con un dito. Cercai di fare ciò che stava dicendo, ma mi interruppe ancora. "Sei sul punto sbagliato!"

D: *Mostrami dove.*
J: (Lei indicò il punto esatto.) Dolcemente! Ti guido io. (Prese il mio dito e lo guido al sul punto giusto nel mezzo dalla sua fronte.) Ti guido io. Continua a parlare e dalle i suggerimenti.

Mentre continuavo a dare suggerimenti l'entità ancora non era soddisfatta.

J: Dammi la tua mano! Non operare la tua mano! Questo è importante! (Severamente.) Non utilizzare la tua mano! Permittimi di avere la tua mano. Questo è importante per l'individuo. Rilassa la sua mano! Dammi il tuo dito. (Sottovoce) Dammi il tuo dito.
D: *E' tuo.*

Ci fu una lunga pausa mentre dirigeva il mio dito sul punto esatto della sua fronte. Rilassai la mia mano e diedi i suggerimenti induttivi per eliminare qualsiasi disagio, mentre lei gestiva la mia mano.

J: Ti permetterò di sapere quando ho finito. Mi dispiace d'essere cosi impetuoso con te, ma c'è stata un'emergenza.
D: *Puoi dirmi cosa l'ha causata?*
J: (Pausa) Non parlare! (Lunga pausa.)

D: *Stai usando l'energia del mio corpo? (No).*

Ci fu una lunga pausa, poi Janice iniziò a sembrare più rilassata e a respirare più lentamente.

J: (Meccanicamente.) Grazie. Mi dispiace essere stato cosi despotico, ma a causa dell'emergenza era necessario per noi riuscire ad avere quel tocco fisico per l'individuo. E da dove stiamo operando era impossibile.
D: *Sono contenta d'essere stata utile, perché anch'io sono molto preoccupata per il suo benessere. Puoi dirmi cos'ha causato l'emergenza?*
J: In un momento. Dobbiamo stabilizzare.
D: *Quindi non è la mia energia, è solo il tocco fisico.*
J: Si. Non aveva nulla a che fare con te o la tua energia. E se stai sentendo qualcosa, lo rimuoveremo.
D: *No, non sento nulla.*
J: Bene, era quello che pensavo.
D: *Sto solo cercando di rilassarmi per permettervi d'utilizzare la mia mano.*
J: E' molto difficile e lo apprezzo. E' molto importante.

Ci fu un'altra lunga pausa mentre spostava il mio dito verso altri punti della sua testa. Fece diversi lunghi sospiri.

D: *Puoi dirmi perché stai premendo su queste diverse zone?*
J: Questi sono punti meridiani. Sono proprio come la vostra acupressione. Ciò che succede è che l'individuo è in grado di connettersi a me attraverso il tuo tocco, anche se il tuo corpo non ne è coinvolto.
D: *Voglio mettere tutto questo nel libro. Stavi toccando la fronte e diversi altri punti: gli occhi, la zona appena davanti alle orecchie....*
J: (Interrompendo) Dammi la tua mano! Mantieni il tuo braccio stabile.
D: *E' come sono seduta. Okay. Stavi toccando davanti alle orecchie e sotto al mento e alla sommità del cranio. Poi appena sopra l'attaccatura del naso nel mezzo della fronte.*

Queste azioni vennero ripetute multiple volte. Poi si rilassò e abbasso la mia mano. Apparentemente l'emergenza era finita.

J: Grazie.

D: *Adesso va meglio?*
J: (Con la sua voce normale.) Si, va meglio.
D: *Sono contenta d'essere riuscita ad aiutare. Non sapevo cosa stavo facendo. Ero seduta in una posizione scomoda ed era difficile riuscire a rilassarmi.*
J: (La voce severa era tornata) Grazie per l'uso della tua mano.
D: *Qual'era l'emergenza? Puoi dirmelo?*
J: Era un effetto residuo dei cerchi. Ciò che devi comprendere è che in questo momento sei inter-dimensionale. L'individuo è inter-dimensionale. Quando ti sposti molto velocemente a livello dimensionale allora se il giusto allineamento non viene influenzato, cioè se non si raggiunge un certo punto prima del cambiamento dimensionale, ci può essere dolore o un cortocircuito nella parte fisica dell'individuo. E noi (fece fatica a trovare le parole)... per cosi dire, ci siamo preceduti.
D: *Siete andati un po' oltre?*
J: E' una questione di tempismo. Tempo cosmico, tempo terreno, tempo biologico. Quando si è incongruenti con questi tempi, possono succedere queste cose al fisico dell'individuo. Adesso, ciò che devi comprendere è che quando discuti i cerchi, l'individuo li sta vivendo.
D: *Questo non lo sapevo.*
J: Lo sapevamo noi. Pensavamo che fosse qualcosa che tu dovessi sapere.
D: *Ma per assicurarmi della sicurezza e assenza di dolore, ho bisogno di conoscere queste cose.*
J: E' stato gestito in modo da permetterti d'essere istruita in futuro. Non succederà di nuovo in futuro, amenoché necessario, per guidarti. Questo specifico tipo di trasferimento d'informazioni è molto insolito per questo gruppo di esseri. Ciò che devi sapere è che... (Lunghi respironi, sembrava a disagio ancora una volta.)
D: *Sta sperimentando calore ancora una volta?*
J: Stiamo cercando di vedere se questo sia possibile, cosi possiamo velocizzare il processo di comunicazione con te. Ci sarà bisogno di alcuni adattamenti, come stiamo notando in questo momento.
D: *Okay. Ma se questo le causa disagio, non credo che ne valga la pena.*
J: Se ne valga la pena non è una tua scelta. A dire il vero, o scegli di fare il lavoro o no. Non è mia intenzione essere dispotico. Voglio solo dirti che queste sono informazioni molto importanti. Si tratta di trovare il giusto medium per riceverle. E mentre il gruppo lavora

con te, si stabilirà un equilibrio che adesso non è ancora presente. Quindi abbiamo da fare qualche adattamento minore all'equilibrio tra l'individuo e il gruppo, e il gruppo e te, e te e l'individuo, e l'individuo e il gruppo. Quando ci spostiamo velocemente in un argomento molto serio come quello dei cerchi, allora certe cose possono succedere molto velocemente. E poi c'è quella parola. Ma ce ne siamo occupati noi con l'individuo. Vedi, non eravamo consapevoli che "velocemente" avrebbe creato la stessa reazione. Cosi, allo stesso tempo stiamo imparando come reagisce questo individuo.

D: *Questo è ciò che intendo. Quando sto parlando, non ho alcun modo di sapere come ne verrà influenzata.*

J: Comprendiamo a pieno il tuo dilemma e ti sosteniamo. E apprezziamo che tu sia in grado di comprendere che se siamo dispotici, non è perché siamo arrabbiati con te. E' solo una questione d'urgenza. (Lunga Pausa)

D: *Stai ascoltando qualcuno?*

J: (La sua voce sembrò normale.) Si. E' qualcuno che vuole parlare con te, ma non possono parlare in Inglese ed io non posso parlare la loro lingua. Stiamo cercando di capire come farlo.

D: *Possono chiedere a qualcun altro di comunicare?*

J: Stanno cercando. Stanno parlando, c'è una piccola discussione. Sono nell'angolo, è come se stessero cercando di decidere.

D: *Di loro che il nostro tempo sta per finire. Voglio davvero ricevere il loro messaggio, perché mi stavano dando delle istruzioni. (Confusa) Forse possono dirlo a qualcun altro che può passarmi il messaggio.*

J: Questo è ciò che stanno facendo. (Sottovoce, come se stesse parlando con qualcun altro.) Okay. (Big sigh.)

D: *Adesso sono pronti?*

J: (Un'altra voce, molto forte.) Forse.

D: *Non ho alcun modo di sapere se sto infrangendo delle regole, amenoché non me lo dicano.*

J: (Iniziò a parlare, posi si schiarì la voce, come se l'essere dovesse adattare le sue corde vocali. La voce successiva era sicuramente femminile e dolce.) Non c'è stata alcuna violazione delle regole. Ma ti suggeriamo d'essere estremamente cauta durante le tue discussioni casuali di questi fenomeni. Devi fare molta attenzione a chi condividi informazioni casuali. Ci sono aree sensibili. E' importante, ripeto: informazioni casuali e condividere non ti è permesso. Hai fatto un buon lavoro e ti siamo grati. Uno dei problemi potrebbe essere la natura delle informazioni e il momento. Non è una questione di far sapere tutto a tutti. Sei molto brava nel comprendere chi dovrebbe sapere certe cose. Questo è un livello della sua specializzazione che ci permette di lavorare bene con te. Non è una questione di fiducia o sfiducia, quanto piuttosto di tempismo. Il momento di sapere, il momento di non sapere. Cosi, quando ricevi informazioni in futuro, a volte riceverai l'istruzione di non divulgarle, finché non ti diamo altre istruzioni. Forse puoi trovare un modo se fosse necessario e cruciale fare qualcosa su cui altri stanno lavorando, per consigliarli. Ma non divulgare le tue fonti. Noi orchestreremo la loro conoscenza, cosicché qualsiasi cosa che viene condivisa con altri sarà del tipo che approviamo.

D: *Allora seguirò le vostre istruzioni.*

In passato avevo imparato di doverli ascoltare o loro avrebbero trovati qualche modo di evitare la pubblicazione delle informazioni. In The Custodians ho descritto come quattro cassette sparirono per otto anni perché non era il momento d'essere pubblicate. Sono passati dieci anni da quando ebbe luogo questa seduta, quindi credo che adesso sia il momento portare alla luce queste informazioni. Inoltre avevano ragione a proposito di un'altra cosa. Diverse volte negli anni di questo lavoro mi sono state date informazioni delicate e poi mi è stato detto di non pubblicarle, sia per proteggermi, sia perché non era ancora il momento giusto. Quindi ho imparato a seguire le loro istruzioni.

D: *Ritengo che stia finendo il tempo e che il soggetto ne abbia passate abbastanza per oggi. Ma voglio ringraziare tutti i membri del gruppo che hanno parlato con me oggi.*
J: Ci sono altri che parleranno con te la prossima volta.
D: *Farò del mio meglio per eseguire ciò che volete. Se faccio degli errori è perché non comprendo.*
J: Oh, siamo ben consci delle tue capacità, ti apprezziamo e ringraziamo. Solo che a volte è necessario essere in modalità d'emergenza. E in quello stato, possiamo sembrarti un po' abrasivi, anche se non è nostro intento.
D: *Vi prego cercate di capire che sto davvero cercando di fare del mio meglio. Non tradirò la vostra fiducia, perché non voglio che la connessione finisca a causa di qualche errore dalla mia parte.*

Iniziai a darle dei suggerimenti induttivi per riorientarla e riportarla a questo mondo, ma stava facendo movimenti con le mani invece di seguire le mie istruzioni.

D: *Questo cosa significa?*
J: *(Sottovoce) Ti stiamo dicendo "a presto".*
D: *Non penso di poter duplicare questi movimenti delle mani, ma lo apprezzo.*

Poi riportai Janice a piena coscienza. Non aveva alcun ricordo di ciò che era successo e non sembrava stare peggio fisicamente o mentalmente a causa del calvario che ci aveva fatto passare. Avevo imparato moltissimo dalle entità in questa seduta. Quando si lavora in un campo cosi insolito, io mi preoccupo sempre che il soggetto non sia in pericolo, principalmente perché ci trovavamo in "acque nuove" e non sapevo cosa aspettarmi. Inoltre faccio molta attenzione ai segni fisici che il soggetto presenta, come preavviso di qualche problema che possa svilupparsi inaspettatamente. Le entità mi dissero di non preoccuparmene eccessivamente, me l'avrebbero sempre detto se fosse sorto qualche problema. Avevo imparato una lezione importante, Ma avevo anche imparato che non avrei mai dovuto fidarmi solo delle mie capacità. Ero certa d'essere guidata nel mio lavoro da forze provenienti da altrove, una dimensione superiore.

* * *

Se pensavo che ciò che era successo in quest'ultima seduta creava confusione, certamente non ero preparata per le informazioni che ricevetti nella seguente seduta.

Passò più di un anno dall'ultima seduta. In alcune occasioni quando mi trovavo a Little Rock, Janice non era in grado di lavorare con me. Sapeva d'essere stata da qualche parte la notte precedente e questo l'aveva influenzata al punto da non riuscire ad uscire di casa e certamente a non guidare l'auto. In passato disse che a volte entrava in auto senza nemmeno sapere dove mettere le chiavi o come accenderla. Le cose più semplici diventavano improvvisamente molto complicate come se la sua mente fosse completamente vuota e confusa.

Durante questo viaggio nel Settembre 1991, mi trovavo a Little Rock per intervistare qualche caso di UFO per Lou Farish, cosi stavo cercando di fare tutto durante lo stesso fine settimana. Prima di lavorare, andai a cena con Patsy, Janice e qualche altro amico. Parlammo principalmente delle nostre vite private e non feci alcun accenno agli UFO o come stesse progredendo il mio lavoro. Il soggetto principale della conversazione di quella cena era centrato attorno un vecchio partner di Janice che si era fatto rivedere e adesso le cose stavano diventando serie. Sembrava estremamente felice, nonostante le continue attività ufologiche che rimanevano sullo fonde nelle sua vita privata. Dopo cena andammo a casa di Patsy e completammo la seguente seduta. Ci furono molte esperienze paranormali nella vita di Janice dall'ultima volta che ci incontrammo, ma avevamo deciso di non prenderne una sola per analizzarla. Pensammo che sarebbe stato meglio vedere dove sarebbe finita la seduta. Tutte le mie sedute con Janice erano sempre piene di sorprese inaspettate, cambiamenti e colpi di scena.

Dopo essersi sdraiata sul letto, utilizzai la sua parola chiave ed iniziai il processo induttivo, ma mi interruppe e disse che dovevamo aspettare fino ad un certo momento prima d'iniziare.

J: Alle 11:16 possiamo continuare. Precisamente.
D: Okay. Secondo il mio orologio manca solo un altro minuto. Spero solo che il mio orologio sia corretto.
J: Sono le 11:16. Lo sapremo. Perché le informazioni non riusciranno a finire, se non è cosi.

Questa era la prima volta che un'entità si presentava, prima ancora di iniziare la seduta. Normalmente dovevamo cercarli. Continuai con i miei suggerimenti induttivi mentre osservavo l'orologio.

J: Devi darle la parola chiave ancora una volta.

Spesi il registratore mentre le ripetevo la parola chiave, per evitare che finisse sulla cassetta. Lo riaccesi quando ebbe l'impressione che fosse in trance.

D: Sai dove vuoi andare o preferisci che ti diriga?
J: Andremo ad una giuntura temporale. Sai, il tempo ha delle giunture.
D: Si, questo me l'hai detto. Perché vuoi andare a questa giuntura di tempo?
J: Perché quello sarà l'inizio di un'esperienza. Avrà a che fare con molte cose, perché è una giuntura dalle molte sfaccettature.
D: Bene, siamo al momento di cui parlavi prima. Sono le 11:16.
J: Io sono ad un momento, tu sei ad un minuto.
D: Cosa vorresti dire?

J: Stiamo parlando di coordinare molte tipologie diverse di tempo. Vedi, quando parli del tempo dell'umanità, stai parlando di minuti e ore. Ma quando stai parlando di tempo in altri regni, allora non si misura in minuti e ore. Ma per riuscire a raccogliere informazioni attraverso il tempo dimensionale, devi trovarti ad un preciso momento nel tempo dell'umanità. Altrimenti le informazioni che sorgono non saranno totali e non saranno coordinate elementalmente.

D: *Ma questo è spesso difficile da conoscere. Quando abbiamo delle sedute, le facciamo solo quando possiamo.*

J: Si, ma se trovi un soggetto che sta lavorando col tempo interdimensionale, quello sicuramente sapra' che e' importante. E che ogni cosa deve essere fatta non un minuto o secondo prima o dopo. Perche si rischia di perderle.

D: *Come una porta o un portale? (Si) Vuoi dirigerla dove dovrebbe andare?*

J: La troveremo mentre viaggiamo.

D: *Come state viaggiando?*

J: Sto viaggiando come un raggio. Come una particella. Sono una particella. Solo una particella di luce. Piccola, piccolissima.

D: *Dove stai viaggiando?*

J: (Un lungo sospiro.) Tra le stelle.

D: *Cosa vedi là fuori?*

J: Oh, è meraviglioso! E' totale, sospesa, pace e quiete. Un tocco vellutato.

D: *Riesci a vedere dove sei diretta?*

J: No, ma so dove sto andando. Non ho bisogno di vederlo. So che lo sentirò quando ci sono.

D: *Mi stavo chiedendo se avesse una qualche forma.*

J: No, perché non sto guardando nel fisico. Sto guardando in un campo di "vedere". Si vede uno schema e sai che è un luogo. Se ti dirigi verso quello schema, sei in quel luogo. E quel luogo diventa tè e tu diventi quel luogo. Cosi tanto che non hai bisogno di vederlo, perché tu sei quello. Quindi se desideri vedere in fisico, chiedi e puoi vedere nel fisico. Altrimenti lo sperimenti in modo completamente diverso. C'è un colore, un colore rosa quarzo, allora sai che ti stai avvicinando. Avvicinando, avvicinando e avvicinando. Si sta muovendo molto velocemente. Stai andando molto, molto velocemente. Molte velocemente. Tuttavia ti senti mentalmente ad una diversa velocità di quella della fisicalista' in cui la particella sta viaggiando, perché la particella sta viaggiando così velocemente che non la puoi vedere.

D: *Vuoi dire che diventa invisibile?*

J: Sì. E' proprio lì, in un batter d'occhio! (Sembrava distratta da qualcosa che stava vedendo.) (Gentilmente) Okay.

D: *Cosa?*

J: Era un incrocio. (Distratta) Era un... okay. Una giuntura.

D: *Come un incrocio stradale?*

J: Sì. Proprio come su una mappa quando raggiungi quel punto.

D: *Cosa succede quando raggiungi quel punto?*

J: Ti fermi. Ti fermi.

D: *Perché ti fermi?*

J: Per diverse ragioni. Dipende da dove tu voglia vivere.

D: *Cosa vorresti dire?*

J: In quel punto puoi raccogliere informazioni o puoi dare in un'altra dimensione ed essere in una vita completamente diversa.

D: *Vuoi raccogliere informazioni?*

J: Abbiamo appena iniziato, ma voglio raccogliere informazioni in questo punto, perché è un'entrata verso dove stiamo andando, per trovare le nostre informazioni. Vedi, ciò che sta succedendo è che ci siamo fermati perché il tempo umano sia in accordo a questo tempo. Mi rendo conto che probabilmente tutto questo non abbia molto senso, ma non può accadere in altro modo. Vedi, se il vostro tempo è disallineato da questo tempo, allora la connessione non può avere luogo. Quindi bisogna fare quella fermata, quello stop e poi verrai proiettato in avanti non appena coincidono. Se prendi due cerci, li metti uno vicino all'altro, li spingi finché non coincidono e si incastrano; non puoi passare.

D: *Ma se passa attraverso, andrai a finire in un luogo dove si trovano le informazioni?*

J: Posso andare dagli antichi. Posso andare dove vuoi. O posso andare dove dobbiamo andare. E posso andare alla Creazione. O posso andare alla Sorgente Divina.

Fece qualche respiro profondo e mostrò una reazione fisica. Stava succedendo qualcosa.

J: E' un'infusione d'informazioni. Ed è anche un insegnate che desidera parlare con te e Janice. Per dirvi che siete oltre al tempo e lo spazio. (La voce cambiò) Prima di tutto devi comprendere dei principi basilari e i fondamenti riguardarti l'energia della Sorgente.

D: *Sono sempre disposta ad imparare.*

J: La particella cha avevi scoperto era in verità una particella della sorgente. Tutto ha inizio con una particella di luce. Tutto ciò che esiste, inizia come il poro più piccolo della tua pelle. Se tu riuscissi ad immaginare una molecola, vedresti un puntino di luce. Lo sapresti nella suprema sorgente, che è tutto ciò che sei. Quindi ciò che ti sto dicendo è che in quella Sorgente di "Tutto ciò che E'" le interconnessioni tra particelle formano una sorgente d'energia. Se vedi uno schema dentro ad una particella e metti quella particella sopra ad un'altra particella, saranno perfettamente uguali in tutti i loro dettagli. Adesso, da quella sorgente d'energia, mentre l'energia diventa materia, viaggia in un raggio – o fuori da un raggio – a seconda dei tuoi concetti o come desideri correlarti ad essa. E mentre implode, esplode all'esterno, si divide come si divide una cellula, per formare altri individui. Si può dividere molte volte. Si può dividere una volta. Si può dividere milioni di volte. Mentre si divide diventa maschile, femminile o maschile-maschile, femminile-femminile, maschile-femminile. Mentre continua a dividersi e a viaggiare attraversi cambiamenti dimensionali, diventa in ogni dimensione ciò che alla fine è alla sorgente. Ed inizia a crescere. Mentre attraversa universi e galassie, ogni luogo in cui va, è quello. Quando abbassi la particella alla realtà pratica in termini terrestri, si hanno esseri umani che sono: come compagni. Si hanno esseri umani che sono: come particelle suddivise. Cioè: si hanno similitudini tra esseri umani. Si hanno estranei che istantaneamente diventano amici per la pelle, perché si erano suddivisi a livello della Sorgente. Raramente le persone si fondono. Solo se c'è uno scopo superiore ha luogo questa unione. Perché l'umanità ha la capacità di alterare la realtà in tal modo da rendere rara la manifestazione della più altra realtà possibile, a questo livello del piano Terra. Quindi ciò che avete dipende dagli obbiettivi Planetari. Uno scopo comune per il bene superiore dell'umanità deve essere realizzato e dipende dalle scelte. Il più alto finale possibile. Siete bloccati in uno schema energetico e alla fine ritornerete alla sorgente in quello stesso schema energetico da cui siete arrivati. Sto parlando di ciò che è oltre il tempo, oltre lo spazio ed oltre la creazione. La creazione è il circolo di cui ho parlato, attraverso il quale l'umanità può venire. E l'umanità può tornare, conoscendo come, alla proprio sorgente. Tuttavia, prima che questo succeda avete del lavoro da fare su quel pianeta, perché è il momento. Mentre ti parlavo a riguardo del tempo, mentre ti parlavo a riguardo del tempo dell'umanità e a riguardo del tempo interdimensionale. Sto cercando di spiegarti il tempo. Devi capire il tempo. Quello è il tuo lavoro. Perché è ciò con cui hai a che fare nei tuoi libri. Hai a che fare con il tempo interdimensionale.

D: Anche con concetti molto complicati.

J: E' il tuo lavoro semplificare questi concetti complicati, perché l'uomo sulla strada possa leggerli e dire: "Oh!". Perché la gente possa iniziare a vivere vite allo stesso tempo. Comprendendo che ogni cosa che fanno qui nel fisico su questo pianeta, influenza ogni altra vita. La loro linea va fino in fondo. Quel sentiero d'energia da dove ci troviamo adesso. Ciò che diciamo adesso, ciò che stai dicendo da dove ti trovi a dove mi trovo io, resterà sempre. La differenza si manifesta mentre ti muovi da una dimensione all'altra.

D: Continuo a pensare che vengo guidata verso la conoscenza perduta, informazioni perdute.

J: E' perduta.

D: Ho la sensazione di doverla riportare alla luce.

J: Questo è esattamente il mio punto. E' ciò che ti sto dicendo. Quando sei stata guidata alle profezie di Nostradamus, era solo l'inizio, la punta dell'iceberg. Hai toccato solo la superficie. Quando hai parlato con lui, per lui era reale, perché la sua realtà è dove si trova. E la sua realtà esiste, proprio come la tua. Non cesserà mai d'esistere. E' solo un cambiamento. E' un piccolo cambiamento. – Ti ricordi inizialmente abbiamo iniziato a parlare alle 11:16. Abbiamo parlato alle 11:16 perché 11:16 è connesso a... (Pausa) Penso che sia meglio se te lo dico su carta.

Questo era già accaduto in altre sedute, tuttavia questa volta non ero preparata. Mentre parlavo con lei, aprii la mia valigetta in cerca di un quaderno e dei pennarelli che ho imparato a portarmi dietro proprio per queste occasioni. Portai questi materiali presso il letto. Lei sollevò la schiena, si sedette, io le diedi i pennarelli e le misi la lavagnetta nell'altra mano. Aprì gli occhi con difficoltà e fisso la carta.

Ho osservato questo fenomeno diverse volte in primi giorni del mio lavoro. E' sempre affascinante osservarlo, perché il soggetto ha gli occhi tersi che gli danno l'apparenza di non essere sveglio. Sono sempre inconsapevoli di ciò che li circonda e tutta la loro attenzione è sulla carta e ciò che stanno disegnando o scrivendo.

J: (Lei iniziò a disegnare.) Questa sei tu dove ci troviamo, dove tu ti trovi, dove io sono con te. Questo è fluido. Questo è in costante movimento, non si ferma mai.

D: Cos'è questo?
J: Livelli. (Pausa mentre disegnava.) Ora ti spiegherò il tempo dimensionale. (Lunga pausa mentre disegnava delle linee.) Ce ne sono di più, molte.
D: Queste linee cosa rappresentano?
J: Il Tempo. Periodi.
D: Periodi di Tempo? (Si) Vuoi dire diversi anni?
J: Si, solo che è più complicato che in anni, perché può essere dentro ad universi e galassie. A seconda di quanto in fuori ti allontani. Puoi andare fuori in entrambi questi periodi di tempo verso un punto d'infinito. (Disegnava mentre parlava) Infinito, infinito, infinito. Tu, io, tutti sul pianeta nel fisico...
D: Su quel puntino. Okay.
J: Poi... la Sorgente Suprema.
D: Lì dentro al fluido. Okay.
J: E' tutto fluido. (Stava scrivendo delle date.) Oh, bene, veramente non importa quali anni io scriva. Inizi a muoverti, in qualsiasi tempo l'energia si muove in questo modo.
D: Avanti?
J: E in questo modo.
D: Avanti e anche indietro.
J: E cosi è il tempo. E anche il tempo è cosi.
D: Indietro ed avanti contemporaneamente?
J: Lo stesso tempo. Dopo aver raggiunto il controllo della dematerializzazione, allora puoi diventare quella particella da cui avevi iniziato, mentre sei ancora nel fisico. Potresti andare qui, perché eri qui. Quando venivi da qui a qui, ti muovi attraverso tutto ciò che esiste. E ti muovi sempre attraverso tutto ciò che esiste. E' complicato. Tuttavia, ciò che hai bisogno di sapere è che, mentre ti muovi, nella forma di una particella, arrivi qui...
D: Quell'anno o periodo di tempo.
J: E ti puoi spostare verso qualsiasi vita all'interno di quel periodo, perché c'è più di una vita in ogni periodo. Quindi, ciò che ti sto dicendo è che, è interamente possibile andare dove si trova Nostradamous, nella forma di una particella. Perché lui esiste in tempo passato. Perché qui – questa Creazione – il tempo si ferma! I periodi di tempo fatti dall'uomo si fermano.
D: Alla creazione?
J: Alla creazione. La vostra storia umana dice che Dio creò i cieli e la Terra.
D: Si potrebbe dire che il tempo ebbe inizio allora, invece di fermarsi.

J: Ebbe inizio per l'umanità, ma si ferma per queste dimensioni qui. Perche hai le stesse dimensioni in entrambe le cornici. Ci sono le stesse dimensioni. Il tempo dell'umanità ha inizio qui. Tutto il tempo. Tutto il tempo-tempo. Ma il nostro tipo di tempo – il tempo spirituale – è totalmente diverso, eppure congruente. Le meccaniche sono completamente differenti. Tu dici: "Sono le Una." E noi diciamo: nulla! Perché non abbiamo bisogno di tempo. Perché siamo ogni cosa. Siamo sempre stati. Nostradamus è qui ed è ogni cosa che sia mai stato e continua la sua infinità. Anche se la morte gli ha causato l'impossibilità di trovarsi qui, in realtà non ha mai smesso d'essere qui. Quindi attualmente, in realtà ciò che stai facendo è arrivare al punto della sua morte. Stai trascendendo la sua morte. Ti stai connettendo con lui mentre vive la sua infinità. Queste sono le informazioni e il concetto che tu stai davvero riportando da lui, riportando alla creazione, riportando quaggiù.

D: *Quando riporto le persone a delle vite passate, è forse questa particella che sta andando a quelle vite per riviverle? (Si) Perché è come se quella personalità nelle altre vite non muoia mai.*

J: Non muore mai.

D: *Posso contattare quelle altre personalità in ogni momento.*

J: Esatto. Ciò che stai facendo è: stai connettendo la vibrazione di questa particella che esiste qui con questa particella che esiste qui. Proprio come quando dici: "Oh, mi ricordo cos'è successo il Natale del 1964. Oh! Eravamo seduti attorno all'albero. Oh! Io ricevetti una bambola." Quello esiste in questa vita. Ma tu stai parlando di questa frequenza vibrazionale. Solo che si sei accordato alla Terra 1 9 4 5 di questa vita. Questa vita è iniziata nel 1 9 4 5. Questo è un periodo di tempo in questa dimensione. Ma alla morte la particella viaggia fino a qui.

D: *Ritorna alla sorgente, da dove era provenuta.*

J: Tuttavia, è più complicato, perché a seconda di ciò che è successo qui, potrebbe forse tornare qui (indicando le date).

D: *Se volesse ritornare indietro al 1800, lo potrebbe fare.*

J: E tornare da là. Quindi adesso ci stiamo infilando nella fisica. C'è qualcos'altro. Ma ciò che hai bisogno di sapere, riguardo ai vari Einstein e ai Nostradamus... C'è una zona. (Stava disegnando).

D: *Cos'è questo?*

J: E' tutta la conoscenza. Antica, onniscienza. Ciò che è successo agli individui come Nostradamus e Einstein è che hanno iniziato qui.

D: *In quell'area di onniscienza?*

J: Si. Ma si non portati dietro, un'area di specializzazione, qui sul pianeta. Ora non sono necessariamente tornati qui (l'area della onniscienza), ma questo è irrilevante, dopo aver superato il punto della Creazione, dove ti trovi.

D: *Ma hanno trattenuto più conoscenza nel loro subconscio? Giusto?*

J: Esattamente. E quello era lo scopo per cui sono venuti qui. Per portare quella conoscenza.

D: *Nel nostro tempo. Okay. E' giusto chiamare quella piccola scintilla "la tua anima"?*

J: Potresti chiamarla un'anima, ma in realtà, dovresti chiamarla la tua "energia sorgente." L'anima è il nome che l'umanità da a quella energia originaria, perché ogni cosa è energia. Tutto, tutto, assolutamente tutto è energia. Adesso, questo... (Continuò a disegnare.)

D: *La parte fluida.*

J: La sorgente Divina o la parte fluida. La scintilla è qualsiasi cosa che è questa parte fluida.

D: *Sarebbe come il nostro concetto di Dio?*

J: Potrebbe esserlo. Si, se vuoi che lo sia, potrebbe essere Dio. Potrebbe essere l'assoluto. Potresti chiamarlo con qualsiasi nome. I realtà non ha un nome. Non diamo noi. Davvero, oltre a questo punto siamo tutti fluido. Infatti, si esce in questo modo. Inoltre ti puoi mergere, qui e qui e qui. Inoltre puoi conoscere ogni cosa e uscire. (Disegnando) Vedi, sto dicendo che queste sovrapposizioni... (Disegnando).

D: *Tutti questi piccoli puntini. Sono tutti sovrapposti?*

J: E poi quando ogni molecola è sovrapposta, si ridivide nel suo trio. (Disegnando) E sono tutto ciò che l'altra energia era. Tutto.

D: *Ma la cosa principale è che siamo focalizzati su questa parte della nostra vita in questo momento. E' questa l'idea?*

J: Qui, quando entriamo nelle vite gli uni degli altri, ci portiamo dietro parte di ciò che erano e parte di ciò che sono. Facciamo ogni cosa qui nel fisico, che possiamo fare qui.

D: *Nello spirito?*

J: Non è differente.

D: *Ma non siamo consapevoli degli altri perché siamo focalizzati su questa vita e su ciò che stiamo facendo adesso.*

J: A causa della nostra frequenza vibrazionale siamo qui. Tutto ciò che succede quando ti muovi è che l'energia si velocizza. Va più veloce quando si muove in questa direzione (avanti). Rallenta quando va in questa direzione (indietro).

Sembrava che avesse finito di disegnare, cosi l'aiutai a sdraiarsi e a chiudere gli occhi. Diedi un occhio al foglio mentre si muoveva per mettersi comoda. Pensai che sarebbe stato inutile tenerla, per metterla in un libro, in futuro. Non appena aveva finito, era solo uno scarabocchio inutile di linee e puntini. Non aveva più senso del disegno di un bambino. Sapevo che la descrizione importante era stata raccolta dal registratore.

J: Abbiamo esposto Janice a diverse tipologie di schei comunicativi. E' l'inizio di un concetto di comunicazione totalmente diverso, del quale Einstein era ben consapevole.

D: *Parlò di quella volta, quando era sdraiata sul divano di casa e tutte queste informazioni sembravano entrare attraverso la finestra attraverso un raggio di luce che la bombardava. Immagini? Simboli? Cos'erano tutte quelle cose?*

J: Erano schemi energetici.

D: *Qual'era lo scopo?*

J: Informazioni vengono codificate in schemi energetici. Ogni schema contiene un gruppo diverso d'informazioni. Un concetto diverso. E forse perfino l'intera storia di un pianeta.

D: *In queste imagini e disegni?*

J: Si. Perche la sua capacita' mentale e' tale da permetterle di portarsi dietro la conoscenza, ed e' proprio come una capsula con un timer che rilascia le vitamine. Ogni volta che l'umanita' si avvicina all'incontro col tempo interdimensionale, un interplanetario... (cercava le parole) sovrapposizione, se vorrai, causerà uno standard di circostanze per evolvere. Queste verranno registrate, forse proprio da te. Le tue connessioni, che stai creando si manifestano perché si fidano di te, per una corretta registrazione. E perché hai intenti puri.

D: *Si, mi hanno detto di non censurare nulla. Semplicemente di riportare le informazioni come le ricevo.*

J: Appunto tu non hai censurato nulla. (Sottovoce) Eccetto in un paio di situazione.

D: *Qualche volta è stato necessario in alcuni casi, ma la maggior parte del materiale 'e rimasto puro. – Quello era lo scopo di tutto questo bombardamento?*

J: No, quello non era lo scopo intero. Tuttavia, quello era uno degli scopi. C'è un altro scopo. L'altro scopo è per permettergli di assimilare uno specifica frequenze vibratoria relativa al progetto di cui abbiamo parlato precedentemente. E' anche un'attivazione per altre informazioni che già possiede. Ed è anche un'integrazione di tempo in nei, perché comprende l'importanza di queste giunture temporali. Deve diventare più attiva nell'ottenere... (cercando la parola) l'attivazione di qualche concetto che già esiste in lei, a causa di – non utilizziamo la parola "impiantato", ma sono state messe nelle sue banche mnemoniche. In questo modo quando gli verrà presentato nel fisico, la conoscenza ritornerà alla mente cosciente e ci sarà l'integrazione delle cornici temporali. A livello della Sorgente, il livello degli schemi energetici, la frequenza vibratori del pianeta è interconnessa interdimensionalmente fino alla Sorgente. Ecco perché è importante che l'umanità non distrugga questo pianeta, vedi. Perché a livello interdimensionale avrà un effetto perfino sulla Sorgente. Adesso, ciò che non ho spiegato è che, quando ho detto che lei ha una scelta, volevo dire che abbiamo messo delle informazioni sul suo sentiero. E lei le allontanò. Fu una sua scelta. L'abbiamo avvicinata a dei libri progettati per attivare certe memorie, ma lei non li ha letti. Quindi quelle memorie non sono state attivate. Le diamo stimoli fisici per concetti che sono stati messi in quella banca di memorie. Ma se lei sceglie d'ignorare la sua opportunità, allora dobbiamo aspettare fino alla prossima connessione temporale per poterle attivare.

D: *Quindi ritenete che questa sia la ragione per cui lei dovrebbe lavorare con me, per aiutarla ad attivarle?*

J: Si. Ciò che ti voglio spiegare è che Janice è un individuo dalle multiple sfaccettature in grado di connettersi a diverse dimensioni. Ha una comprensione completa del tempo in relazione a queste giunture interdimensionali. E' in grado perfino di adattare quella conoscenza per comprendere cose come le eclissi solari che possono cambiare la storia del vostro pianeta. Se ogni persona coinvolta nel Progetto Triangolo è posizionata nel luogo del pianeta dove hanno bisogno d'essere, ad uno specifico periodo di tempo, la storia cambierà. Se anche solo una persona non sarà nel luogo giusto, allora quel momento, quella giuntura, quell'ora-minuto di tempo umano correlato al tempo multi-dimensionale, non si ripresenterà mai più. Inoltre deve essere proiettato nel tempo futuro dell'umanità, tempo interdimensionale, perché abbia l'opportunità di manifestare il cambiamento. Altrimenti non avrà luogo.

D: *Ma siamo persone normali. Non sappiamo che dovremmo essere in un certo luogo e fare certe cose.*

J: Si, lo sapete. Lo sapete. Lo sapete. Lei lo sa. Venite preparati. Janice ha una connessione con te e tu con lei. Tutti gli altri con cui lavori hanno una connessione. E saprai sempre quand'è il momento. Penserai: "Devo fare questo. Devo fare quello." E ci proverai. Ricordati la spiegazione che ti ho dato riguardo alle giunture temporali. Tu puoi vederle, i tuoi soggetti no. Sono già prestabilite. Ciò che dovete sapere è che non sarà correlato al tuo tempo o al tempo del soggetto. Sarà correlato all'importanza del pianeta a livello universale, proprio come quando sono arrivate le informazioni su Nostradamus.

D: *Inizialmente fu una sorpresa totale.*

J: Ma era tutto prestabilito. Hai iniziato ad una giuntura, non avresti potuto farlo in nessun altro momento. Non sarebbe successo. Ma ciò che devi comprendere è che il tuo lavoro sugli UFO, adesso è più importante del tuo lavoro su Nostradamus. Te lo sto' dicendo perché voglio che tu sia preparata e voglio che ti organizzi. Il tuo lavoro con gli UFO non è finito. La maggior parte del lavoro che hai fatto con Janice, in connessione agli UFO è solo per la tua comprensione. Perché non appena inizierà a lavorare con i tuoi contatti UFO, arriverà il momento nella tua vita in cui vedrai le tue connessioni nel quadro generale. Quindi alcune delle informazioni non saranno pubblicabili. Ti sarà permesso utilizzare alcune delle informazioni. Ma uno grossa percentuale non avrà un effetto benefico in questo momento, cioè potrebbe causare l'alterazione di alcuni sviluppi futuri. Questo a causa della conoscenza e ciò che accadrebbe vibrazionalmente, se fosse distribuita dopo la vendita dei tuoi libri, qui e là, qui e là, qui e là. Cosa sta succedendo? Hai

D: *Beh, so che mi sto connettendo a molte persone.*

J: Cosa sta succedendo a livello energetico? Stiamo parlando d'energia. Cosa sta succedendo? L'energia di Nostradamus passa attraverso ogni persona che legge il libero.

D: *Molte persone mi scrivono e mi dicono che sentono qualcosa.*

J: Questo perché ti sto dicendo quello che dicono. Ti parlano di ciò che ti sto spiegando.

Anche questa volta stavo arrivando alla fine della seduta. Non tengo mai nessuno soggetto in trance per più di un un'ora e mezza. Più di cosi produce effetti indesiderati, incluse letargia e confusione.

D: *Adesso penso che sia arrivato il momento di concludere questa seduta. Continuerò a lavorare e quando sarà il momento giusto il resto delle informazioni inizieranno ad arrivare. Voglio ringraziarti, chiunque tu sia, che mi ha offerto queste informazioni.*

J: Ti sto parlando da oltre il tempo. Oltre la Creazione.
D: *Oltre la Creazione. Oltre l'inizio della Creazione?*
J: Si. Sei un essere meraviglioso. E spesso siamo intorno a te. Ti guidiamo verso le direzioni che ti permettono di raccogliere informazioni. Perché in realtà tu sei la nostra traduttrice, proprio come sei la traduttrice di Nostradamus, perché la sua conoscenza proviene da questo livello di sapere.
D: *Sto cercando di raccoglierla nel miglior modo possibile.*
J: E stai facendo un lavoro meraviglioso.

A quel punto chiesi all'entità di recedere e alla coscienza e personalità di Janice di reintegrarsi pienamente nel corpo. La recessione di quell'entità fu ovvia, perché Janice iniziò a tossire e a muoversi, mentre prima non aveva alcun sintomo. Poi la orientai e la riportai a piena coscienza.

* * *

Questa fu l'ultima seduta che affrontai con Janice. Lei continuò la sua vita ed io' continuai la mia. La sua preoccupazione principale era di restare anonima e di questo mi sono assicurata cambiando il suo nome e professione in questi libri. Sarò sempre grata per le incredibili informazioni che lei mi ha condiviso e i concetti che mi ha esposto che hanno per sempre alterato i miei processi mentali e la mia visione del mondo. Inoltre cambiò per sempre il modo in cui conduco il mio lavoro e raccolgo informazioni. Le informazioni di Janice mi hanno offerto una diversa modalità di percezione del mondo in cui viviamo. Mi ha mostrato che viviamo davvero in un Universo Convoluto in cui tutto è possibile.

CAPITOLO CINQUE

IL PIANETA MAGAZZINO DELLA CONOSCENZA

Parte di questa seduta è inclusa in The Custodians. All'inizio del mio lavoro dedicato ai casi di abduzione in cui il soggetto dichiarava una perdita temporale; si trovavano a bordo di un'astronave mentre interagivano con degli extraterrestri. Mentre il mio lavoro progrediva e si evolveva le cose iniziarono a cambiare. Incontrai casi in cui, invece di andare a bordo di un'astronave fisica, si trovarono in situazioni dell'altro mondo. Un esempio simile è riportato nel Capitolo 4. Ho raggiunto la conclusione che non possiamo dare nulla per scontato in questo tipo di lavoro. Quando realizzo di aver stabilito uno specifico schema, arrivano casi che deviano da quello schema e portano in una diversa direzione. Questi riescono ad allargare la mia prospettiva del mondo sconosciuto che sto investigando. Ho incluso la prima parte di questo caso in The Custodians per illustrare una situazione drammatica di perdita temporale, ma visto che il resto non seguiva la norma, decisi di posporne la pubblicazione in questo libro e narrare la storia nella sua completezza.

Nel 1997 Clara aveva scritto e chiamato diverse volte richiedendo di avere una seduta. Questo continua a succedere cosi spesso che non posso più lavorare con nuovi soggetti, amenoché non mi troverò ad offrire un seminario nella città dove vivono e questo solo se ne ho del tempo libero. Non posso lavorare con tutti ed essere in grado di conservare le mie energie. All'inizio del mio lavoro, spesso coprivo lunghe distanze per completare una seduta con un cliente e cercavo di aiutare tutti coloro che mi chiedevano aiuto, ma i tempi e le circostanze sono cambiati. Adesso ci sono cosi tante persone che vogliono una seduta, che ho smesso di condurle a casa mia o durante i giorni in cui ho un seminario. Ho notato che la mia attenzione è divisa, se faccio troppe cose durante i viaggi per i seminari. Conduco delle sedute solo durante i giorni in cui non c'è altro di pianificato. Di solito dico alla gente che li metto nella mia lista d'attesa e la prossima volta che mi troverò nella loro città prenderemo un appuntamento.

Clara scoprì che mi sarei trovata a Hollywood nel Maggio del 1997 per una conferenza, cosi mi chiamò per avere un appuntamento. Vive vicino a San Francisco, ma era disposta a viaggiare fino a Hollywood. In queste circostanze sentivo di non potermi rifiutare, specialmente se era disposta a fare quel lungo viaggio.

La conferenza andò a finire in un disastro. Mancanza di pubblicità e buona pianificazione erano le ragioni principali del fallimento. Anche se tutti gli oratori erano presenti, non c'erano partecipanti. Multiple presentazioni vennero cancellate per assenza di partecipanti. Fu la peggiore a cui abbia mai partecipato, ma il risultato fu che avevo più tempo a disposizione di quello che avevamo anticipato. Phil (il mio amico e soggetto di Keepers of the Garden) adesso viveva là. Mi portò a fare un giro turistico e mi mostrò la Hollywood che avevo voluto vedere fin da giovane quando fantasticavo nelle buie sale dei cinema. Prima di allora non avevo mai avuto l'occasione di vederla, visto che ero sempre confinata tra gli hotel e i centri congressi. Dopo una conferenza dovevo sempre andare diretta all'aeroporto. Prendemmo la decisione di fare del nostro meglio di questa situazione negativa e mi sono davvero goduta il tour nella parte più chic della città.

Cosi quando Clara arrivò, ero rilassata e avevo molto tempo da passare insieme a lei. Ci incontrammo nella mia stanza d'hotel. Phil sarebbe ritornato più tardi e avrebbe aspettato alla reception finché non avevamo finito, per poi andare a cenare.

Clara e' una bionda attraente sui quaranta, attiva, intelligente e di buona salute. Durante l'intervista prima della seduta, disse che la cosa che la disturbava di più era una situazione di perdita temporale che era successa qualche anno prima. Occasionalmente andava alle Hawaii per delle conferenze di lavoro. In questa occasione si trovava sull'isola di Maui. Era quasi l'imbrunire, ma c'era ancora luce e stava cercando un hotel dove era già stata in precedenza. Era sulla spiaggia e voleva cenare lì per godersi il panorama sull'oceano. Mentre guidava lo stava cercando, ma si accorse d'essere andata oltre l'entrata. Cosi decise di proseguire lunga la strada in cerca in una piazzole dove girarsi e tornare indietro. Questa parte dell'isola aveva una flora tropicale che cresceva rigogliosa e c'erano alberi di palma che ombreggiavano entrambi i lati della strada. C'erano poche case nascoste dalla vegetazione e lontane dalla strada. Alla fine trovò una stradina dove potersi girare, anche se mentalmente si era accorta di non averla mai vista prima, quando si era trovata su questa stessa strada. Si trovò in un piccolo cantiere dove stavano costruendo ville modulari. Le stavano costruendo tra gli alberi di palma in un ambiente veramente piacevole. L'unica cosa strana è che Clara non ricordava d'aver mai visto questa piccola comunità sulla strada. Prosegui lungo la stradina e girò l'auto – e quella era l'ultima cosa che riusciva a ricordare.

L'istante successivo si trovò dall'altro lato dell'isola e stava guidando lungo una superstrada a quattro corsie. Ora era buio pesto e le non aveva alcuna idea di come ci fosse arrivata.

Un anno dopo si trovò ancora a Maui per un'altra conferenza e per curiosità guidò l'auto lungo la stessa strada in cerca di quella stessa stradina dove si era girata, questo perché non aveva dimenticato quello strano incidente. Guidò ovunque in quella zona e anche se era riuscita a trovare l'hotel, non riuscì a trovare né i cantieri, né le ville modulari. Si sentiva confusa e questo l'aveva spinta a richiedere una seduta. Voleva scoprire cos'era successo quella notte e com'era misteriosamente finita dall'altra parte dell'isola, senza alcun ricordo d'aver guidato fin là.

Dimostrò d'essere un soggetto eccellente. Non incontrai alcun problema nel portala immediatamente allo stato di profonda trance. Si ricordò la data dell'evento, così la riportai al Marzo del 1994 quando si trovava sull'isola di Maui alle Hawaii. Si trovò in piedi all'entrata dell'hotel, il Maui Sun, mentre stava per attraversare la porta di vetro. Era appena arrivata per un seminario annuale durante il quale le piaceva mescolare lavoro e relax. Ammirò i colori vibranti dei fiori attorno all'hotel. Dopo aver fatto il check-in, la spostai avanti al momento in cui stava guidando verso l'altro hotel per cenare.

C: Non sono mai stata là per mangiare, ci sono solo passata vicino. E' proprio sulla spiaggia, mentre il mio hotel è più in alto sulla collina. Volevo davvero mangiare seduta con tutte le finestre aperte ascoltando le onde che si infrangevano sulla spiaggia. E' tanto che voglio andarci, ma non ci sono mai riuscita.

D: *Che ore sono?*

C: E' appena dopo l'imbrunire. Non so che ore siano, ma sta scendendo il buio. E' difficile vedere, perché non ci sono lampioni per la strada. E sto superando Astland. E' un luogo enorme e ho perso l'entrata. Ci sono molti alberi. C'è una stradina che sembra... beh, non è camuffata, ma l'ho appena persa. (Stizzita) Non riesco a vederla. Cosi prosegui, per trovare una piazzola dove girarmi, voglio davvero cenare in quell'hotel.

Durante questa parte mentre guidava, a volte sembrava che stesse parlando con se stessa e allo stesso tempo rispondendo alle mie domande.

C: Sto guidando. E trovo questo luogo... Okay. Quindi vedo questo luogo. E' una strada chiusa. Si, sembra il luogo perfetto per girarsi. Hmmm. Non ho mai visto questi posto prima d'ora. (Confusa) Hmmm. Ci sono meravigliosi alberi di palma e fiori, uno steccato, ma si può vedere all'interno. E ci sono diversi tipi di... (fece fatica a descrivere) ville modulari o case mobili di lusso. Si, okay, è un bel posto.
D: *Riesci a trovare un angolo dove girarti?*
C: Si. E' un vicolo cieco e sto girando l'auto. (Sottovoce) Vedo queste luci luminose. (Pausa, era confusa.) Sono come... luci accecanti.
D: *Dove sono?*
C: (Iniziò a respirare più velocemente.) Stanno scendendo dal cielo è come un imbuto di luce. Un imbuto con la parte più larga in basso verso di me. E' quasi come... dal sole, come si vede attraverso gli alberi, questa luce molto luminosa. (Respiri profondi).
D: *E' una luce solida?*
C: E' come un raggio di luce. Flussi di luce.

Era evidente dalla sua voce e la sua respirazione che stava sperimentando qualcosa d'insolito che la disturbava.

D: *Stai ancora guidando l'auto?*
C: No! Sono. Semplicemente sono.
D: *Cosa vorresti dire?*
C: (Incredula) Mi sento come se facessi parte di questa luce.
D: *Sei ancora in macchina?*
C: No. Mi sento come se stessi fluttuando e come se facessi parte della luce. (Respiri profondi) Sono solo luce. Mi sembra d'aver trasceso tempo e spazio. Come se mi stessi muovendo. Sto andando da qualche parte, ma non so dove sto andando. Va tutto bene. (Ovviamente era coinvolta dall'esperienza) La sensazione di fluttuare, di muoversi. Attraverso i colori, attraverso il tempo, attraverso lo spazio, attraverso... (Respiri profondi) E' molto piacevole.

D: *Questo è tutto ciò che riesci a vedere, colori?*
C: (Lentamente) Colori, e luce dorata. C'è molta pace. (Esalò in modo molto rilassato.) Ho la sensazione d'essere ogni cosa e tutto è in me. Tutto ciò che esiste è là. Tutto ciò che esiste è qui. Tutto ciò che esiste è.
D: *Hai la sensazione di spostarti o di andare da qualche parte?*
C: Si. Sto andando. Ascendendo. Sto andando in un altro tempo e in un altro luogo.
D: *Vediamo dove stai andando.*
C: (Esitazione) E' come se fossi appena atterrato. Sembra un luogo dove... (Profondo respiro.) E' molto difficile da descrivere.

Fece fatica a trovare le parole per descrivere ciò che la circondava, ma sembrava che fosse atterrata su un terreno molto piano dove c'erano diverse cime. "Sono come degli edifici. Grigie come il granito. Hanno un colore brillante, ma sono grigie. Scintillano come il granito.

D: *Vuoi andare laggiù?*
C: Si, ma ho una sensazione di riluttanza. Questo è davvero magnifico. (Divenne emotiva ed iniziò a piangere) Esseri qui! E' come, E'...(stava piangendo apertamente).

Era difficile comprendere perché vedere questa scena la stava rendendo emotiva.

C: Non avrei mai pensato di rivedere tutto questo. (Stava piangendo e singhiozzando.)
D: *Spiegami cosa vorresti dire.*
C: E' come se tornassi a casa. (Stava piangendo disperatamente.)
D: *Questo è un luogo che conosci?*
C: (Singhiozzi) Si. Lo conosco. Ma è molto lontano nel tempo. E non ero sicura che sarei mai tornata qui. (Singhiozzando) E' una sensazione stupenda.

Mentre cercavo di calmarla, mi attraversò un brivido. Era come un dejà vu. Sembrava la stessa scena e la stessa esperienza emotiva che Phil provò quando inaspettatamente andò sul Pianeta dai Tre Picchi. Questo era il luogo che chiamava "casa", sapeva che era rimasto lontano da molto tempo e pensava che non l'avrebbe mai rivista. Questo è registrato in Keepers of the Garden. Forse Clara era andata nello stesso luogo?

D: *Vedi nessuno?*
C: (Tirando su col naso) No, adesso non vedo nessuno. Sono appena arrivata... (Stava cercando di ricomporsi.)
D: *Vuoi dire che era una sorpresa. Non te l'aspettavi?*
C: Sono molto sorpresa. I... Non pensavo che sarei mai tornata qui. Sembra cosi improvviso, ritrovarmi qui. Come se avessi fatto un lungo viaggio e fosse passato molto tempo. (Era ancora emotiva) Trovarsi in questo luogo (Piangendo).
D: *Sembra un luogo molto speciale. (Sapevo di doverla portare oltre a quelle emozioni prima di essere in grado di continuare con la storia.) Dimmi cosa succede.*
C: Sto guardando, ed è come se fossi arrivata in questo luce in questo luogo. E... (Pausa) vedo della gente.
D: *Dove sono le persone?*
C: (Calmandosi) E' un gruppo di persone e stanno arrivando da dietro l'edificio.
D: *Ti vedono?*
C: Si. Per loro sembro molto strana. (Singhiozzando ancora.)
D: *Perché a loro appari strana?*
C: Perché non sono grigio come loro. Sono luce. Sono questo essere di luce e loro sono curiosi. Ma sono curiosa anch'io di vedere di cosa si tratta.
D: *Puoi descriverli?*
C: Hanno teste marroni, e... (movimenti con le mani) Le loro teste sembrano cosi.
D: *(Cercai di decifrare i suoi movimenti) Vorresti dire: oblunghe?*
C: Circa oblunghe. E il loro mento scende quasi fino a questo punto. E' quasi come se fossi tutta testa e pochissimo corpo. Si vede solo la testa.
D: *Riesci a vedere qualche caratteristica facciale?*
C: Principalmente vedo l'intelligenza. Ed è molto....

Fece fatica a spiegarsi, ma per lo meno aveva smesso di piangere e singhiozzare.

D: *Indossano qualcosa, riesci a vederlo?*
C: E' una tuta intera, tutto dello stesso colore, grigio scintillante.
D: *Hai detto che questo gruppo di persone ti vede come una luce?*
C: Sono solo luce. Sembrano curiosi della mia essenza luminosa. Sono molto vicini. Cercano di toccarmi e mi sento un po' apprensiva.

Non so cosa sta succedendo, cercano di toccarmi.
D: Riesci a vedere le loro mani?
C: Si. Sono un po' affusolati, solo... oh, le dita. Ne vedo tre e poi c'è un piccoli ditino. E' quasi come un moncherino e vogliono solo toccarmi.
D: Sono in grado di toccare la luce?
C: Si. Ho la sensazione che sia amorevole.
D: Eri apprensiva.
C: Si. E si stanno avvicinando è... (L'espressione del suo volto e i suoni emessi dimostravano che era un'esperienza piacevole.) Sono molto curiosi.
D: Ma adesso non ti da fastidio.
C: No. Non è un problema.
D: Comprendono ciò che sei?
C: Sembrano sapere ciò che sono, e chi sono. E cosi camminiamo insieme tornando alla struttura. Mi dicono che sono uno di loro. Ma mi sono allontanata da questo luogo per investigare e raccogliere informazioni. E che col tempo dovetti andare come un essere di luce. Adesso ho raccolto le informazioni e sono tornata per riportare quelle informazioni in questa terra.
D: Manchi da molto tempo?
C: Da moltissimo temo. Da molto, molto, molto, molto, molto tempo.
D: Ma riescono ancora a riconoscerti?
C: C'è voluto un po'. Dissero che erano curiosi. Non erano sicuro che fossi io, quello che avevano mandato a raccogliere informazioni. Adesso mi riconoscono. Sanno che sono quello che hanno mandato.
D: Molte persone vengono mandate a fare queste cose?
C: Circa uno ogni millennio o due.
D: Perché volevano raccogliere le informazioni?
C: Per recuperare la conoscenza che è oltre a questo luogo, per poterla mantenere. Perché non andasse perduta.
D: Vorresti dire che questa conoscenza non fa parte della loro storia?
C: Si. La storia e conoscenza di un altro tempo e spazio.
D: Perché sono interessati a recuperarla, se non fa parte della loro storia?
C: Perché avevano sentito parlare di quest'altro luogo e loro possono imparare da quella conoscenza. Non doveva andare perduta.
D: Quindi volevano che trovassi nuove informazioni che non avevano?
C: Nuove informazioni dall'altro luogo che non conoscevano. Che potevano raccogliere.

D: *Non avevano nessun altro modo trovare le informazioni?*
C: Di tanto in tanto, questi esseri individuano un prescelto. E scelgono di andare in altre galassie, in altri tempi e altri luoghi nello spazio, per raccogliere informazioni su tempo, spazio e luoghi. E poi le riportano in questo spazio d'essere. Per imparare. Per crescere. Per espandersi. Perché quando questo tempo e spazio impara a crescere ed espandersi, si separa. Diventa un altro tempo e spazio.
D: *Vorresti dire che si espande solo attraverso la conoscenza?*
C: Attraverso la conoscenza.
D: *Sono in grado di viaggiare in altri luoghi e raccogliere conoscenza?*
C: Viaggiano su un raggio di luce. I raggi di luce a volte sono oblunghi, sfere rotonde. Da una dimensione sembrano e alti, ovali. Da un'altra direzione sembrano rotondi e sono come un disco d'argento. E si scivola attraverso l'aria.
D: *Sono solidi, fisici?*
C: Si, Si.
D: *Perche hai anche detto che erano come dei raggi di luce.*
C: Lo sono. Possono essere solidi o possono essere pura energia. Qualsiasi cosa sia più consona per quel luogo. Possiamo essere pura energia o possiamo essere un disco solido, per arrivare dove dobbiamo arrivare.
D: *Non erano in grado di utilizzare questo tipo di "equipaggiamento" e raccogliere la conoscenza loro stessi?*
C: Potevano. Ma un essere decise di andare e un essere venne scelto per andare, per l'esperienza.
D: *Vorresti dire, se andassero con i loro macchinari non sarebbero in grado di fare l'esperienza?*
C: No. L'essere può andare ed diventare il disco, il veicolo, o può essere anche solo l'essere. L'essere può diventare il veicolo e il veicolo può diventare l'essere.
D: *Quindi non deve necessariamente avere una forma fisica? (No) Tuttavia li stai vedendo in forma fisica.*
C: Stanno diventando una forma fisica cosicché io possa riconoscerli com'erano al tempo in cui me ne sono andata.
D: *Quindi da quando te ne sei andata, non hanno più bisogno di questa forma fisica? Giusto?*
C: Non hanno bisogno della forma fisica, ma diventano la forma fisica, per permettermi di riconoscere che si sono evoluti da quando me ne sono andata, fino al punto in cui possono essere pura energia. Cosicché riesca a riconoscerli come feci al tempo in cui me ne sono

andata. Allora ero un essere come loro.
D: E da quando te ne sei andata si sono trasformati al punto in cui non hanno più bisogno del corpo.
C: Se volessero. Se volessero essere pura energia, potrebbero essere pura energia. Oppure possono essere il corpo, o il disco, il veicolo.
D: Ma hanno sempre bisogno di qualcosa in cui viaggiare.
C: Non necessariamente. Attraverso la luce, sono tornata come pura energia, dall'altro tempo e dall'altro spazio. L'oggetto che mi hanno mostrato è per permettermi di ritornare in questa stratosfera, questa... non c'è atmosfera. E' solo...
D: Questa dimensione, o mondo in cui vivono?
C: Si. Questo mondo in cui vivono, per farmi riconoscere che abbiamo usato il disco. Possiamo ancora utilizzare il disco se ci fosse la necessità di andare su un altro mondo. Possiamo utilizzare il disco oppure possiamo usare la pura energia. E' per aiutarmi a ricordare il tempo passato, quando me ne sono andata.
D: Tuttavia il modo migliore d'acquisire conoscenza è avere qualcuno come te che va e la assorbe? Va bene detto così?
C: Si hai detto bene. Assorbirla, si.
D: E adesso se tornata per condividerla con loro. Ma non sei lì per restare?
C: Questo verrà deciso in un altro momento, se resto o se proseguo verso un altro mondo per raccogliere altre informazioni o conoscenza.
D: Benissimo. Ma dicevi che ti stavano portando da qualche parte.
C: Andiamo in questa stanza rotonda. Ci sediamo ad una tavola rotonda. E' come un Consiglio. Lì condivido le informazioni da questi altri mondi su coi sono stata.
D: Come condividi le informazioni con loro?
C: Siamo seduti in... come una forma fisica. (Fece fatica a spiegarsi, eppure stava sorridendo.) Possiamo condividere le informazioni a livello telepatico oppure possiamo parlare verbalmente. Gli schemi di pensiero... le nostre comunicazioni mentali vengono a volte interrotte da qualcuno che parla nel gruppo e dice cose che... (ridendo) sono umoristiche. C'è un po' di umorismo interplanetario.
D: Hai detto qualcosa che loro trovano simpatico?
C: Si. E loro stanno dicendo qualcosa che io trovo simpatico. Questo lo facciamo in modo orale. E' come se il mio essere stesse inserendo le informazioni in una banca dati informatica. Le informazioni raccolte ed imparate, vengono trasmesse telepaticamente nelle loro

banche dati, nei loro sistemi.

Questo accadde anche con Bonnie quando esseri raccolsero la sua auto dall'autostrada con un'enorme astronave. Con l'aiuto di uno strumento che misero sulla sua testa duplicarono e trasferirono le sue memorie in un computer. Questo è scritto in The Custodians.

D: Riesci a vedere questi sistemi? Sono nella stanza?
C: No. Sono nel cervello, nella loro mento e nel loro essere.
D: Quindi le informazioni sono trasmesse dalla tua mente alla loro mente. (Si) Le informazioni di tutti i mondi che hai visitato da quando te ne sei andata. (Si) Tutte le vite che hai vissuto, o sono dai mondi?
C: Solo dai mondi.
D: Quindi non hai vissuto su tutti questi mondi che stai discutendo con loro?
C: Ci sono state volte in cui ero su altri mondi. Ma questa volta sono andata solo su questo mondo per raccogliere informazioni e conoscenza circa la cultura, circa quel mondo e circa quel sistema. Per portarla indietro. Questo sembra essere un luogo dove si raccolgono informazioni da tutti gli altri mondi. Viene portata qui da altri luoghi. E' come un enorme luogo dove la conoscenza viene raccolta da tutti gli universi, da tutte le galassie, da tutti i luoghi che esistono. E' come un punto di raccolta. Come un'enorme biblioteca d'informazioni da tutti i tempi e tutti gli spazi.
D: Chi ha accesso a queste informazioni, se sono raccolte lì?
C: Tutti. Tutti in ogni galassia, devono solo essere in grado di accedervi. E' un centro risorse. Tutti possono accedervi, si tratta solo d'avere la chiave per farlo.
D: E tu adesso ne fai parte, trasmettendo le informazioni che hai trovato. Ma se eri andata, come avevi detto, su un mondo per raccogliere le informazioni, quale mondo era quello?
C: Quel mondo era la Terra.
D: Hai dovuto vivere diverse vite sulla Terra per raccogliere le informazioni? (Si) Quindi te ne sei andata da tantissimo tempo. (Si) Devi avere molte informazioni da condividere.
C: (Respiro profondo) Più di quanto pensavo fosse possibile.
D: Sembra che siano trasmesse molto velocemente.
C: Si. E' più veloce della luce. Anche se c'è voluto molto, molto tempo e vite per raccogliere le informazioni, in questo centro risorse o questo luogo dove mi trovo adesso, è come se si possa disseminarle

molto velocemente. Si può trasmetterle. Possono fluire attraverso il mio sistema in quel luogo dove hanno bisogno d'essere, in un tempo e spazio velocissimo, perché qui tutto è adesso. Tutti qui avviene adesso.

D: E le informazioni qui sono al sicuro perché sono immagazzinate da questi esseri?
C: Con questi esseri e con tutto ciò che esiste qui. Nelle rocce, negli edifici, tutto assorbe le informazioni. E' come se ogni cosa fosse una banca dati. Tutto assorbe questa conoscenza. Tutto diventa questa conoscenza. Tutto diventa tutto ciò che sto riportando indietro.

Quando Phil andò sul Pianeta delle Tre Cime, anche lui disse che tutta la conoscenza era lì ottenibile ed era immagazzinata all'interno del pianeta. Queste informazioni erano in Keepers of the Garden.

D: Se qualcuno come me volesse raccogliere queste informazioni, come potrebbe farlo?
C: E' una chiave speciale. La chiave è di andata dentro te stessa, perché andare dentro te stessa è la chiave di quella conoscenza e quello è il luogo dove si trova tutta la conoscenza. E chiunque, qualsiasi essere da qualsiasi tempo e qualsiasi luogo, può accedervi a suo piacimento.
D: Vorresti dire che prima devono desiderare la conoscenza?
C: Si, e la conoscenza arriva attraverso l'amore. Non hai bisogno di andare in questo luogo dove mi trovo, dove si trovano questi esseri. Basta chiedere le informazioni e ti verranno date.
D: Sembra che tu stia svolgendo una compito davvero importante.
C: Questo è il mio scopo. Sono venuto ad esistere, per essere e fare questo.
D: Allora resti lì con questi esseri d'energia a lungo?
C: Sempre.

Questo fu uno shock. Se era rimasta là, quindi cosa ne era di questo corpo di Clara che mi stava parlando e che era sdraiato sul letto qui in Hollywood? Poteva essere che una parte di lei era rimasta là e fosse ance qui allo simultaneamente. Mi preoccupo sempre di non procurare alcun danno al soggetto, ma questa era una strana risposta.

D: Resti lì finché non recuperano la conoscenza?
C: No. Resterò qui finché non mi verrà assegnato un altro compito

verso un altro luogo o un altro tempo. Potrebbe essere raccogliere informazioni da un altro mondo come la Terra, un altro luogo.

D: *Ma sto pensando al corpo a cui sto parlando qui sulla Terra ora. Il corpo di Clara. L'energia a cui sto parlando tornerà a questo corpo? O ne è separata? Sto cercando di capire cosa sta succedendo.*

C: Sono la stessa cosa.

D: *Eppure avete detto che l'energia sarebbe rimasta li' fino al prossimo incarico?*

C: Questo è giusto.

D: *Eppure è anche parte di questo corpo sulla Terra?*

C: Questo è giusto.

D: *Come fa ad essere in due luoghi contemporaneamente? Sono in grado di comprendere tutto questo?*

C: (Respiro profondo) Lei non lo capisce.

D: *C'e qualche mondo per farcelo capire?*

C: (Con intento) E' stata mandata per essere in un corpo e raccogliere informazioni. Io faccio parte di lei, che ha raccolte le informazioni e adesso le sta riportando in questo luogo di conoscenza. Questo centro risorse. Questa biblioteca. Le fa molta fatica a comprendere ed imparare che lei si può trovare lì per raccogliere informazioni e che io posso essere qui a disseminarle o a riportarle indietro. Quindi c'è un tempo in cui c'è – per lei – una separazione d'energia. Qui, non sa se è in un luogo o nell'altro.

D: *Questo succede anche ad altre persone?*

C: Si. Ci sono altri che sperimentano vite simili.

D: La sensazioni di trovarsi in due luoghi simultaneamente?

C: Si, si. Perché ci sono numerosi esseri che vengono mandati. Sarebbe una responsabilità e un lavoro tremendo per una persona riuscire a raccogliere tutte quelle informazioni.

D: *Ritengo che sarebbe praticamente impossibile.*

C: Si, si. Quindi ci sono molti esseri. E ci sono altri esseri che stanno andando in altri mondi proprio mentre io sono qui e Clara è là in quella forma. Spero che stia raccogliendo altre informazioni in quella forma fisica per trasmetterle alla parte di lei che sono io, che sto qui, per trasferirle.

Questo stava andando oltre la mia comprensione e avrebbe richiesto altri studi. Pensai che avrei dovuto tornare all'esperienza che stavamo investigando originariamente.

D: *Sei in grado di spiegare cosa accadde quando stava guidando lungo la strada alle Hawaii, quando questo trasferimento ebbe luogo? Il suo corpo fisico era ancora nell'auto in quel momento? (Nessuna risposta) Stiamo rivisitando quel momento, mentre stava guidando lungo la strada e stava raggiungendo quel vicolo cieco.*
C: Era stata mandata in quel luogo e in quel momento, perché quello era il luogo che si era materializzato per il suo bene. In questo modo fu in grado di andare nello spazio, per permettere a quella parte che sono io, di andarsene e portare le informazioni qui al centro risorse. Poi però, mentre le informazioni venivano disseminate qui, non sarebbe stato adeguato riportarla in quello specifico luogo. Quindi venne portata in quello specifico corpo, in un luogo che lei conosceva su quell'autostrada: Pelanoni (fonetico). Un luogo che lei conosceva, dove avrebbe trovato l'auto e avrebbe saputo tornare dove doveva andare; quando la parte, che sono io, aveva lasciato il suo corpo fisico.
D: *Quindi il trasferimento doveva essere effettuato in un certo luogo alle Hawaii, in quel periodo?*
C: Non necessariamente. Quello ero solo un luogo in cui si sentiva a suo agio nel corpo fisico. Il luogo che per lei venne creato era di grande bellezza secondo lei. Quindi era un luogo dove poteva essere totalmente e completamente rilassata. In questo modo il trasferimento della parte di lei che sono io, poté' lasciare il suo corpo e venire qui a distribuire le informazioni.
D: *Quindi l'auto e il suo corpo fisico nell'auto vennero trasportati fisicamente sull'autostrada dall'altra parte dell'isola?*
C: Esattamente. Semplicemente venne dematerializzata e poi rimaterializzata in un altro luogo.
D: *E' una cosa comune spostare auto e persone da un luogo all'altro?*
C: Oh, si. Oh, si.
D: *Succede spesso?*
C: Molto spesso, spessissimo.
D: *Quando succede, anche il corpo fisico viene dematerializzato e rimaterializzato? (Si) E non succede nulla di male al corpo.*
C: Nessun danno. Diventa pura energia.
D: *Cosi lei ed il veicolo vennero solo spostate da un luogo all'altro.*
C: Esattamente.
D: *Quindi quando ritornò cosciente, era in un altro luogo dell'isola e stava guidando. (Si) E fino ad ora non aveva alcun ricordo di tutto ciò che era successo.*
C: Esattamente.

D: Questa è l'unica volta che le fosse successo, nella sua vita come Clara?
C: E' successo molte volte. Ma questa volta era ad un punto nella vita in cui era aperta ad investigare e vedere ciò che era successo e come era successo. Durante le altre volte non erano momenti in cui fosse pronta a comprendere, o ad un momento di crescita nella sua vita fisica Terrena che gli permettesse di sviluppare la comprensione di ciò che stesse accadendo.
D: Inoltre non era poi così visibile che le permise di ricordarlo.
C: Esattamente.
D: Quindi questo fu un periodo in cui qualcosa d'insolito ebbe luogo, perciò fu in grado di ricordare.
C: Esattamente.
D: Adesso va bene per lei ricordare queste informazioni?
C: Si. Dovrebbe conoscere queste informazioni. Desiderava conoscerle, adesso riuscirà a comprenderle. Sarà una cosa che le darà gioia.
D: Questo è molto importante. Posso ritornare in un altro momento per comunicare con questa parte di lei?
C: Oh, si. A noi piace comunicare. Questo è proprio il nostro lavoro: comunicare.
D: Perché altri mi hanno detto che se volevo delle informazioni, avrei potuto accedere a qualsiasi cosa che volevo conoscere.
C: Esattamente. Hai un talento speciale e un dono speciale che ti sono stati donati. Di raccogliere informazioni che sono rimaste silenziose, che sono state soppresse, che sono state nascoste, che sono state coperte per eoni di tempo. Adesso e' arrivato il momento e noi stiamo comunicando con te attraverso questo veicolo, cosicché tu sappia e sia consapevole che stai facendo un ottimo lavoro. E' il momento giusto sul pianeta Terra, di disseminare le informazioni nel modo in cui, sei stata scelta per farlo. Permettere a questa conoscenza di venire attraverso queste risorse, che altri sapranno essere un talento universale, per riuscire a tuffarsi più profondamente in ciò che è, per saperne di più di se stessi. Il passato e il futuro e di tutto cio' che sta succedendo negl'universi. Quindi, si, hai accesso a tutte le informazioni del centro risorse e noi ti riconosciamo.

A quel punto chiesi all'altra entità o porzione o qualsiasi cosa fosse, di recedere e riportai il resto della personalità di chiara nel corpo. Il cambiamento o distacco è sempre notevole, perché il soggetto respira profondamente in quel momento. La riorientai al momento presente e la riportai a piena coscienza.

Appena Clara fu pienamente cosciente chiamai la reception dell'hotel ed invitai Phil a salire. Pensi che fosse importante che loro due si conoscessero, perché le loro esperienze erano molto simili. Phil era perplesso quando lo introdussi a Clara, perché sapeva di quanto fossi cauta nel rivelare l'identità dei miei clienti per proteggere la loro privacy. Ma quando spiegai cio' che era appena successo, entrambi divennero estremamente emotivi. Era come se due anime si fosse appena incontrare ed avessero riconosciuto istantaneamente la loro connessione. Parlarono e descrissero i loro ricordi di questo strano pianeta con le cime. Fu una scena molto emotiva ed a rigor di logica innaturale, perché tutti sapevamo che erano tornati "a casa" per un breve periodo di tempo e le emozioni erano impetuose. Ci sono altre sedute in questo libro, in cui i soggetti tornavano "a casa": un luogo innaturale e lontano dalla Terra (Chapter 10).

Durante gli ultimi anni del 2000 e 2001, ho trovato altri casi in cui il soggetto appariva essere in due luoghi simultaneamente o descriveva da una diversa prospettiva. In uno di questi casi, una donna invece di tornare ad una vita passata, andò a finire sul piano dello spirito dove stava partecipando ad un incontro di maestri, guide ed insegnanti. Disse che quella parte di se stessa rimaneva lì sempre; parte del suo lavoro era di controllare il suo progresso sulla Terra e di dare suggerimenti a livello subconscio.

Nel 2001, mentre questo libro stava andando agli editori, ho incontrato un altro caso simile. Chiunque stia gestendo questo spettacolo dall'altra parte del palcoscenico, apparentemente ha deciso che fosse ora di distribuire queste informazioni. Una donna regredi' ad una vita passata come un uomo in una parte remota della Grecia. Non era di quella zona, ma stava osservando ed ascoltando. La riportai indietro per vedere da dove provenisse e si trovò su un pianeta oscuro. Era tutto grigio con pochi edifici e nessun albero. Sembrava essere principalmente sottoterra. Si trovò in uno strano corpo. Lo descrisse come il corpo di un pesce, ma sembrava piuttosto quello di una lucertola dalla bocca larga, gli occhi enormi, una testa dalla forma insolita con uno strano bernoccolo sulla parte posteriore e la coda. Disse che era un osservatore, mandato sulla Terra durante diversi periodi storici. Durante quei periodi prendeva le sembianze degli esseri esistenti e si comportava come un osservatore per accumulare informazioni. Quando cercai di portarla all'ultimo giorno della sua vita, disse che non c'era alcun ultimo giorno. La sua personalità corrente era ancora quella dell'osservatore. Quello era il suo lavoro.

Si è parlato molto dei "cambia-forma". Se esistono penso che siano questi esseri che sono in grado d'esistere in diverse forme adattabili. (Ci sono anche gli esseri d'energia che possono creare qualsiasi forma o corpo che vogliono.) La mia conclusione è che questi cambia-forma non siano in posizioni di potere o autorità (come si è altrimenti dichiarato), perché sono degli osservatori, accumulatori e reporter. Questo era molto simile a Bartholomew, quindi sembra un fenomeno che risale agli albori del tempo.

Quindi sembra che questa parte di noi che sta vivendo una vita sulla Terra sia solo un piccolo pezzettino o una scheggia di un noi ben più vasto. Siamo molti piuttosto che uno, o meglio siamo dei pezzetti di un intero molto più complesso. Siamo in grado di focalizzarci solo sulle schegge che percepiamo come la nostra totalità. Questo è un bene, perché se fossimo consapevoli dell'intera complessità, non saremmo in grado di funzionare in questo mondo o realtà. Ci è permesso vedere solo la facciata che maschera l'intero quadro. Solo adesso ci viene permesso di sbirciare dietro al velo.

* * *

Clara voleva affrontare un'altra seduta non appena sentì che sarei tornata in California. Sarei dovuta tornare la settimana successiva per parlare al Whole Life Expo a Pasadena. Questa volta Clara volò da San Francisco invece di guidare e riuscimmo a completare una seduta. Volevo focalizzarmi specialmente sulle domande relative ai misteri della Terra, visto che c'era stato detto che potevamo accedere a qualsiasi informazione che volevamo. Non dissi a Clara cosa avevo intenzione d'esplorare. Ovviamente, in passato ho trovato che i guardiani della conoscenza non sempre offrono tutto ciò che gli si chiede. Ho imparato a non spingere e semplicemente prendere cio' che mi viene offerto. Ho sempre moltissime domande e posso sempre saltare ad un altro argomento.

Durante questa seduta feci molte domande su molti argomenti inspiegabili e le risposte saranno incluse nella sezione dedicata ai Misteri della Terra. Rifiutarono di offrirmi informazioni sulle Piramidi perche non era ancora arrivato il momento giusto, ma ho ricevuto altre informazioni pertinenti su questo argomento.

D: La ragione per cui ho ti chiedo delle Piramidi è perché avevi detto che il pianeta con le cime, l'intero pianeta, assolutamente ogni cosa: le rocce, ogni parte del pianeta, era stato trasformato in un

magazzino. (Si) Ma sulla Terra non è cosi?
C: Sulla Terra, tutto ha la conoscenza. Tutto è nella mente dell'uomo, se solo l'uomo si aprisse all'espansività che la mente ha per l'uomo. Uomo o gli uomini sulla Terra, al corrente livello di sviluppo della sua mente, deve avere un luogo tangibile che possano toccare e sentire, come una biblioteca, per esempio. Cioè un luogo dove si trova, dov'è immagazzinata la conoscenza. Li ci si può andare. Quindi è una cosa fattibile che tutta la conoscenza per l'uomo e tutta la creazione, tutta la conoscenza della Terra e dell'universo, abbia un magazzino sulla Terra. Questo è nella Piramide. Se l'uomo fosse in grado di aprire la sua mente a piena capacità, allora saprebbe che tutta la conoscenza è dentro di lui.
D: Si, questo è vero. Nel mio lavoro ho scoperto, che il mio metodo può essere utilizzato per raggiungerla. (Si) Ma a livello cosciente la gente questo non lo capisce. Solo quando sono in trance e stanno lavorando a livello subconscio.
C: Questo è vero. Ecco perché sei stata scelta per dimostrare all'umanità, per mostrare alla gente sulla Terra, che questo è un metodo per espandere la mente, per sapere che tutta la conoscenza che esiste è all'interno. E' in grado di trovare il metodo di accedere a quella conoscenza. Attraverso i tuoi metodi, tu sei grado di dimostrare che si può fare. Ci sono persone che non ci crederanno, ma mentre inizi a far fluire le informazioni in attraverso di te nel modo in cui sei grado di farlo, allora il livello di accettazione arriverà in grande scala. Alla fine sempre più persone accetteranno che questo è un metodo per essere in grado d'accedere a ciò che c'è dentro a tutti. E forse in futuro – speriamo in un futuro prossimo – la gente sarà in grado di accedere a questo tipo di conoscenza a livello molto più conscio.
D: Questo l'ho sempre creduto. La conoscenza non poteva essere stata distrutto solo perché la gente è morta nei secoli. E' ancora immagazzinata nella mente subconscia.
C: E' immagazzinata nel DNA a livello cellulare. Quindi anche se una persona finisce col fare la transizione da un corpo fisico, verso un corpo puramente energetico – come ciò che sono io – non si dimentica mai.
D: Quindi è sempre disponibile se si trova il metodo per contattarla.
C: Si. E' dentro a tutti. Le informazioni sono lì.
D: Ho spesso sospettato che le piramidi e i monumenti in Peru – che ho appena visitato – erano molto più vecchi.
C: Macchu Picchu?

D: *Si, ci sono stata. Là ho visto una combinazione di strutture che penso fossero di diversi periodi di tempo.*
C: Ci sono diversi periodi di tempo a Macchu Picchu. Alcune sono molto più recenti di altre. E' come se due civilizzazioni fossero lì, ed infatti fu cosi.
D: *Questo è ciò che ci ha detto lo sciamano. Che gli Incas non costruirono le strutture principali dai blocchi mastodontici.*
C: Esattamente. Gli Incas sopraggiunsero molte generazioni, molti, molti, molti, molti anni dopo che gli originali – solo rovine, ciò che conoscete adesso -- la civilizzazione, le città, vennero costruite. Furono costruite molto, molto prima degli Incas. Gli Incas le abitarono dopo che l'altra civilizzazione aveva già lasciato il pianeta.
D: *Questo è ciò che pensavo ed è ciò che anche lo sciamano credeva. Che gli Incas vennero e utilizzarono ciò che trovarono.*
C: Si. Trovarono un habitat meraviglioso. E cosi si dissero: "Perché creare qualcosa, quando è già stato creato per noi."
D: *Alcune delle strutture che crearono erano di qualità molto inferiore.*
C: Esattamente. Perché avevano perso la conoscenza che la civilizzazione precedente aveva acquisito.
D: *Cos'era successo agli abitanti originali? Sembra quasi che sparirono e lasciarono lì le loro città. Nessuno sa cosa gli sia successo.*
C: Si erano evoluti ad un livello vibratori in cui non avevano più bisogno di una forma fisica. Avevano raggiunto un livello di purezza tale che divennero pura energia. E proprio come diresti tu: "sparirono" dalla massa or dalla densità del corpo umano. O dalla forma fisica, come la conoscete voi. Queste città erano costruite dalla gente che sopravvisse ad Atlantide e migrò verso il Peru. Quindi erano già ad un livello elevato d'evoluzione. Quando giunsero su questo pianeta, erano già ad un livello vibratorio superiore. E coloro che allora uscirono e crearono altre communita', e altre civilizazioni, persero parte di quel livello superiore di vibrazione, perché si separarono dall'intero. L'intero essere, la civilizzazione com'era. Proprio com'era stata creata quando tornò dalle stelle. E poi mentre uscivano e creavano altre comunità e altre piccole civilizzazioni, come le chiamereste voi, iniziarono a perdere le loro vibrazioni superiori. Le loro vibrazioni divennero inferiori e quindi divennero più densi, più densi, sempre più densi. Finché non si raggiunge la forma fisica densa che conoscete oggi giorno.

D: *Quelli altamente evoluti più o meno elevarono la loro frequenza vibrazionale fino al punto di cambiare?*
C: Cambiarono completamente la loro forma. Non c'era più alcuna densità. Divennero luce.
D: *Esistevano ancora sulla Terra quando si trasformarono in luce?*
C: Esistono ancor oggi.
D: *Perché non possiamo vederli?*
C: Perché vibrano ad una tale frequenza d'energia, che non hanno più bisogno di un corpo fisico, come lo conoscete voi. E non è una forma visibile.
D: *Ma cosa stanno facendo? Vivono ancora la stessa vita?*
C: Stanno ancora vivendo una vita. Spesso possono essere delle guide spirituali, come voi conoscete le guide spirituali. Se un essere o un'energia ti appare, ci sono molte probabilità che sia uno di quelli che ha raggiunto tale livello di vibrazione, che sono diventati ciò che chiamate "un maestro asceso". Quest'intera civilizzazione, in gruppo, era una unità. E come una unità si sono evoluti al punto dove non avevano più bisogno di una forma fisica.
D: *Cosa accadde ai loro corpi quando si sono evoluti?*
C: I corpi semplicemente di dissiparono.
D: *E questo luogo dove sono andati, era una terra o una città?*
C: Si. Possono essere in una città. Qualsiasi citta, qualsiasi luogo può essere la loro casa. Inoltre esistono, ciò che chiamereste "città eteriche". Città proprio come le vostre, solo che sono ad un livello vibrazionale ad una nota superiore che gli umani, come sapete, non possono vedere. Ma esistono.
D: *Ed esistono in questa forma di luce.*
C: In forma di luce, si. Se fossi in grado di elevare la tua coscienza fino al livello in cui non c'è più bisogno di un corpo fisico denso, allora saresti in grado di vedere le città. Saresti in grado di entrare ed uscire e continuare le tue attività quotidiane come se fossi in una forma densa. Ma il tuo livello vibrazionale sarebbe di pensieri cosi puri, diciamo. I tuoi pensieri sono cosi puri. La tua vita è cosi pura, che tutto è positivo. E raggiungi un livello in cui la tua sensitività e la tua vibrazione, il tuo livello energetico è ad un tono cosi elevato, che non hai più bisogno di questo corpo. Cosi vai in quel luogo che ancora esiste.
D: *Ma in quel luogo, sembra che non muoiano se sono pura luce.*
C: No, non si muore. Non si muore mai. Perfino nella forma densa non muori.
D: *So che si cambia solo forma.*

C: Si. Semplicemente si cambia verso una diversa vibrazione. E c'è la possibilità che tu possa andare a quella vibrazione prima o poi. Potresti trascendere. Perché anche se lasci una forma fisica densa, quella che conosci, ci sono ancora degli stadi in cui tu puoi crescere e sviluppare verso altri livelli vibratori. Ci sono molti livelli diversi di vibrazione.

D: *Quindi perfino a quel livello, se fossero in grado di trascendere e andare la in massa, avrebbero ancora del karma da ripagare?*

C: Quando raggiungi quel livello di vibrazione, che sarebbe molto oltre la quinta dimensione, come pensate voi alle dimensioni. Avete lavorato su tutto il karma che doveva essere gestito. Quindi quando raggiungi quel livello di vibrazione non c'è karma.

D: *Quindi potrebbero restare lì in eterno?*

C: Finché vorrebbero.

D: *Perfino se non muoiono, potrebbero decidere di proseguire e fare qualcosa altro?*

C: Potrebbero decidere di tornare indietro in forma fisica. Potrebbero decidere: "Beh, cavolo, mi sono proprio divertito, perché non ci proviamo ancora."

D: *Ma poi potrebbero finire impigliati nel karma ancora una volta.*

C: C'è questa possibilità, si.

D: *Sto cercando di ordinare tutto questo con alcune delle altre cose che ho sentito. E' diverso dal livello dello spirito, dove la gente finisce quando muore sulla Terra e lascia il corpo. Questo è forse un luogo diverso dove si trovano questi esseri?*

C: Potrebbe essere lo stesso. Dipende dalla crescita dello spirito. Se è qualcuno che ha appena compiuto la transizione, potrebbero essere al livello vibratorio dove si trova questa comunità. O ci vorrà altra crescita prima di raggiungere quel luogo. Dipende dal livello d'illuminazione al quale quella persona si trova al momento di quella transizione.

D: *Quindi, oggi la maggior parte delle persona sulla Terra, quando muoiono e lasciano il corpo, stanno lavorando su problemi karmici ed è per questo che devono continuare ad andare e tornare. Mentre quelli che erano in Peru provenivano da un luogo diverso quando andarono dall'altra parte.*

C: Si. Quel gruppo era una civilizzazione che lo fece in gruppo, invece di farlo individualmente.

D: *Quindi probabilmente questo è ciò che stiamo cercando di ottenere, raggiungere il livello in cui non c'è bisogno di tornare indietro.*

C: Quello è lo scopo ultimo.

D: *Ho sentito che lo scopo ultimo è di tornare al Creatore, tornare a Dio.*
C: Esattamente, andare verso la luce che è la Sorgente, questo è ciò che chiameresti Dio.
D: Si, ci sono diversi nomi per Lui.
C: Molti nomi differenti. E' quello che scegli che sia per te.
D: Quindi questa gente, presumo si possa dire che siano più vicini possibile al Creatore.
C: Molto vicini. Visto che una civilizzazione è andata in gruppo e sono andati come fossero uno, senza separazione tra di loro, ciò che si potrebbe dire è che sono il seno di Dio. Cioè sono uno con Dio o uno con il tutto, sono uno con tutto ciò che esiste. Perché che scopo ultimo è d'essere uno con Dio. E voi non siete uno con Dio quando comprendi che c'è una separazione, perché l'uomo ha provato a tutti i costi a separarsi da Dio. Lo scopo ultimo dell'anima è di tornare con Dio, da dove proveniamo originariamente.
D: Si, per me è tutto sensato. Ci sono forse altre civilizzazione che hanno fatto questa transizione in massa?
C: Molti l'hanno fatto.
D: Ce n'è qualcuna che conosciamo nella nostra storia?
C: No, non nella vostra storia conosciuta.
D: Quindi avvenne molto tempo prima?
C: Si, molto prima.
D: Sembra che la gente di Atlantide mori molto violentemente. Quindi ci sono circostanze differenti durante una disastri di massa.
C: (Interrompendo) Dirò una cosa a proposito dei disastri di massa. Se è una civilizzazione o se è un gruppo di persone, quelle anime, quegli esseri in quel momento scelsero quello come metodo per andare ad un altro livello. O ad un altro luogo dove poter crescere in modo differente. E' una scelta.
D: Come puoi vedere, ho molte domande.
C: Si, lo vedo. Hai delle ottime domande. Ecco perché sei stata scelta. E' per questo che vogliamo condividere la conoscenza con te, cosicché l'umanità, come la conosci adesso, avrà le informazioni e i segreti che gli sono stati nascosti da loro stessi. Desideriamo parlare con te ancora. Clara sta facendo molto di ciò che fai anche tu, ma in un diverso senso. Nel fatto che tu presenterai all'umanità. Lei entra in contatto con gli umani, raccoglie le informazioni e le presenta a noi. Ecco perché ti vengono mandate molte varietà diverse di persone attraverso le quali raccogliere le tue informazioni.

D: Però le informazioni stanno diventando sempre più complicate.
C: Questo perché stai aprendo più porte. E mentre permetti a te stessa di aprire altre porte, mentre attraversi queste porte, allora anche altre porte si apriranno, in questo modo altre realtà e materiale molto più complicato ti vera' fornito. Sarà un onore esplorarlo con te.
D: Cercherò di non violare mai la vostra fiducia.
C: Questo lo sappiamo, altrimenti non saremmo mai venuti da te.

Riorientai Clara al momento presente e la riportai a piena coscienza. Nel risvegliarsi descrisse le sue sensazioni mentre stava parlando.

C: Avevo la sensazione di essere adesso. Avevo la sensazione d'essere in un tempo futuro, in un tempo passato e nell'adesso. Era come se tutto il tempo fosse adesso.
D: Era tutto combinato. Come se fossi scissa?
C: No, non mi sentivo divisa. Mi sentivo molto unita, essere nel futuro eppure in antichità, molto oltre al tempo. Molte, molte civilizzazioni fa. Era come se questa entità non conoscesse alcun limite di tempo. Era come se qualsiasi forma di tempo fosse adesso.
D: Bene, possiamo vedere come raccogliamo informazioni in questo modo, perché non ci sono limitazioni.

Una cosa strana ebbe luogo dopo la seduta. Clara tornò nella sua stanza d'hotel. Dopo qualche minuto mi chiamò e mi chiese di venire nella sua stanza. Dopo essere arrivata mi mostrò la parte posteriore del suo collo. Mentre si stava pettinando i capelli notò un marchio rosso sul collo. (Nei bagni di questo hotel c'erano specchi su entrambi i lati del muro. Quindi Clara riuscì a vedere la parte posteriore del sua testa, mentre si spazzolava i capelli. Li teneva a coda di cavallo). Il segno rosso si estendeva lungo la linea dei capelli per almeno cinque cm., e poi giù oltre la linea dei capelli – l'aveva notata in quel punto – per circa due cm.. Era molto rosso e sembrava una riga. Nella zona sotto alla linea dei capelli era larga circa due-tre cm. e salendo si allargava fino a quattro cm. sul punto più ampio lungo la linea dei capelli. Presi la macchina fotografica e feci qualche foto. Ma stava già iniziando a sparire, mentre cercavo di fare le foto. Non c'è modo che qualcosa possa aver causato un'irritazione in quella parte del corpo, perché era rimasta sdraiata perfettamente immobile on la testa sul cuscino. Disse che non le faceva male, ne' prurito o altro; era solo rosso ed era curiosa di sapere cosa fosse. Questo era correlato agli altri soggetti con cui ho lavorato, che avevano dei segni e macchie sul corpo dopo aver lavorato con tipologie d'energia come queste. Questi casi li ho riportati in The Custodians.

* * *

Questo contatto con un pianeta che raccoglie tutta la conoscenza e continua ad accumularne è molto simile ai racconti dei miei altri soggetti ai cui è stato detto che sono dei giornalisti. Molti esseri umani hanno degli impianti nel corpo che funzionano come trasmettitori. Tutto ciò che vedono, sentono e percepiscono viene inserito in una banca data informatica che registra la storia del nostro pianeta Terra. Sono questi progetti separati o sono in qualche modo connessi al tutto? Ho scoperto che una delle funzioni principali del subconscio, o perfino della nostra stessa anima, è di accumulare informazioni da tutte le vite che abbiamo mai vissuto. Il nostro scopo ultimo è di tornare alla Sorgente, ciò che chiamiamo Dio, il Creatore. Dopo aver completato tutti i viaggi e le avventure attraverso tutte le varietà di vite, dovremmo essere in grado di tornare al Creatore con la conoscenza accumulata. Questa viene poi assorbita. In questo modo veniamo considerati cellule nel corpo di Dio.

Conoscenza ed informazione sembrano essere lo scopo principale della specie umana, e quindi nulla può essere giusto o sbagliato. E' solo positivo o negativo. Impariamo lezioni da tutto questo che ci permettono di gestire qualsiasi karma, per poter completare i nostri compiti e tornare da dove siamo venuti. Sotto questa luce, al momento dell'analisi finale tutto ciò che siamo ed abbiamo è la somma delle nostre esperienze e della nostra conoscenza.

* * *

Un pensiero mi disturbò quando sentii parlare dell'intera civilizzazione in Peru che trascese in massa verso una vibrazione superiore, rendendoli invisibili. Dissero che questo era già successo ad altre civilizzazioni in passato. Adesso si parla spesso della nostra Terra, del suo cambiamento di vibrazione, dello spostamento verso una vibrazione superiore e del cambiamento di dimensione. Certi andranno ed altri resteranno indietro. Coloro che resteranno indietro non sapranno mai cos'è successo. Questo è forse lo stesso fenomeno che accadde a quelle civilizzazioni passate?

142

SEZIONE TRE

I Misteri della Terra.

SEZIONE TRE

I Maestri della Terra

CAPITOLO SEI

ATLANTIDE

Un mistero importante che ha stuzzicato la mente dell'uomo da ere è l'esistenza della civilizzazione di Atlantide. In molti l'hanno chiamato solo un mito, una leggenda, eppure persiste nel tempo. Ho sempre pensato che miti e leggende avessero una base di verità ed questo l'ho verificato continuamente nel mio lavoro con l'ipnosi.

Quando i miei soggetti sono al livello più profondo di trance, siamo in grado di accedere direttamente al subconscio in diversi modi. Ho scoperto che tutta la conoscenza è disponibile quando si riesce ad accedere alla saggezza della mente subconscia. Spesso al soggetto vengono date le informazioni attraverso le vite passate e altre volte vengono portati in luoghi dove possono accedere alle informazioni ed interpretarle da soli. Spesso questo lo fanno visitando la Biblioteca sul piano dello spirito. In questo edificio meraviglioso è contenuta tutta la conoscenza che sia mai esistita e che mai esisterà riguardo a qualsiasi argomento. Questo è il mio luogo preferito sul piano spirituale, perché sono sempre in cerca di conoscenza "perduta". Questo luogo di solito è gestito da un guardiano il cui lavoro è di selezionare coloro che desiderano avervi accesso e determinarne il loro scopo. Mi è stato detto che posso avere accesso a qualsiasi informazione io desideri, perché mi sono dimostrata affidabile riportando le informazioni in modo più realistico possibile, senza distorsioni o censure. Ovviamente, ci sono sempre informazioni che non possono essere condivise, perché la mente dell'uomo non è in grado di gestirle in questo momento. Tuttavia, ho notato in più di vent'anni di lavoro con le regressioni, che le informazioni attuali erano considerate proibite nei primi anni del mio lavoro. Questo mi da speranza che la mente dell'uomo sia finalmente avanzata fino al punto da poter comprendere concetti complicati.

Negli anni, quando avevo un soggetto in questo livello profondo di trance la mia curiosità mi spingeva a fare moltissime domande riguardo a diversi argomenti. Quando ho accesso alla conoscenza, non perdo mai l'opportunità di fare domande. Le informazioni in questa sezione le ricevetti in un periodo di tempo di quindici anni. La misi da parte e continuai ad accumularla finché adesso è arrivato il momento di metterla in questo libro.

Alcune delle informazioni riguardo ad Atlantide potrebbero sembrare contraddittorie a prima vista. Ma io non sono d'accordo, perché i vari soggetti la stavano osservando durante diversi periodi della sua esistenza. Ho scoperto che Atlantide non era un singolo continente, città o luogo. Era il nome dato al mondo intero durante quel periodo. Questo nome viene associato con la parte più sviluppata di quella civilizzazione. Ma non tutto il mondo era allo stesso livello, esattamente come noi in questo momento. Questa incredibile civilizzazione esistette per migliaia d'anni, passò attraverso molti cambiamenti mentre raggiungeva gli sviluppi più elevati che l'umanità avesse mai conosciuto e poi discese nel suo graduale deterioramento e caduta. Basta solo guardare alla storia del nostro pianeta durante gli ultimi duemila anni per notare un parallelo. Anche il nostro mondo ha attraversato una miriade di cambiamenti e sviluppi, alcuni positivi altri non cosi positivi.

Mi hanno detto che molta, moltissima gente viva oggi in questo momento, lo era anche al tempo di Atlantide. Siamo tornati in questo momento perché l'umanità sta ancora una volta avvicinandosi a quel precipizio che potrebbe catapultare il nostro mondo nello stesso abisso in cui è caduta Atlantide. Il tempo, che opera a spirale, ci ha riportato simili circostanze nel presente e stiamo procedendo lungo lo stesso sentiero. Siamo tornati per assicurarci che l'umanità non ripeta gli stessi errori ancora una volta. Vivendo in questo periodo tumultuoso siamo in grado di ripagare il karma che altrimenti richiederebbe altre dieci vite. Quindi come volontari, siamo tutti qui nello stesso periodo.

Brenda ci ha dato delle informazioni su Atlantide pertinenti al suo periodo di gloria prima che avesse inizio il degrado.

B: La storia di Atlantide si estende per molte migliaia d'anni. Potremmo iniziare dandovi termini generali di come le si svilupparono le cose. E poi successivamente se volete altri dettagli, potremmo organizzarli e darveli secondo vari aspetti della storia.

D: *Questa era la prima civilizzazione avanzata su questo pianeta, o ce*

ne erano altre prima di questa?
B: E' difficile dirlo, si estendono cosi a lungo nel passato. Sembra che prima dell'ascesa di Atlantide, la civilizzazione principale su questa Terra era la comunità galattica che stava aiutando l'umanità. Aiutarono Atlantide a svilupparsi, per permettere l'umanità di sviluppare la propria civilizzazione. Che è ciò di cui l'umanità aveva bisogno di fare per riuscire alla fine, a connettersi con la comunità galattica. Erano davvero devastati quando Atlantide venne distrutta perché l'umanità era sul punto di unirsi alla comunità galattica. La distruzione, scosse l'umanità cosi profondamente e li scaraventò cosi in basso che allora non furono in grado di unirsi alla comunità galattica.

D: *Da dove vuoi iniziare? A me piace sempre fare le cose in ordine. Lo trovo più semplice.*
B: Si. Come avevo già detto, c'erano diversi insediamenti della comunità galattica generale che aiutarono con gli albori di Atlantide. Stavano osservando l'umanità e cercavano di aiutarli ad avanzare, ma rimasero fondamentalmente nascosti. L'umanità era ancora alle basi, avevano l'agricoltura, il fuoco e stavano costruendo semplici città. Avevano l'impressione che l'umanità era abbastanza avanzata per poter gestire la conoscenza che c'erano altri che non appartenevano all'umanità. Videro che in Atlantide c'era il gruppo più avanzato. Avevano la civilizzazione più sviluppata nella produzione di beni, arte, letteratura e cose simili. Erano persone molto urbane. Iniziarono ad aiutare questa gente per avanzare la loro civilizzazione ulteriormente. Sapevano come stimolare queste persone per permettergli di creare nuove invenzioni più velocemente. Conoscevano il tipo d'energia conduttiva verso il pensiero creativo. E stimolarono le menti della gente con questa energia. Quando videro che stava funzionando, iniziarono a farlo in altri centri civilizzati del mondo. Questo diede origine alle altre civilizzazioni. Mi hai chiesto specificamente di Atlantide, quindi cercherò di rimanere co questa storia.

D: *Atlantide era un luogo solo?*
B: Ebbe inizio come un luogo solo, ma poi mentre la civilizzazione cresceva, la sua influenza si espanse. E quindi ciò che veniva considerato come Atlantide iniziò ad includere altro oltre alla regione originariamente nota come Atlantide. Questa civilizzazione si espanse cosicché chiunque fosso sotto l'influenza di questa sfera era considerato parte di Atlantide.

D: *E' giusto chiamarla cosi?*

B: E' un buon nome. E' una correzione del nome originale. Come sapete quando una civilizzazione si espande su una vasta area, appaiono diversi dialetti della lingua principale. E nel dialetto che si sviluppò a Sud, il nome veniva pronunciato più come Atlanta, che è poi stato ulteriormente alterato nella pronuncia della vostra lingua. Ma è abbastanza corretto quindi... fu una progressione diretta e non presenta alcun problema nel correlare quel nome alla civilizzazione di cui sto parlando.

D: *C'erano altre civilizzazioni, ma vuoi focalizzarti su questa ora.*

B: Ho l'impressione che tu desiri le informazioni riguardo a questa. Quindi farò riferimento alle altre civilizzazioni. Lo sviluppo era stabile in tutte queste civilizzazioni. Atlantide era poco più avanti perché erano stati i primi ad iniziare a svilupparsi. Ma anche le altre civilizzazioni si svilupparono, cosi potevano lavorare tutti assieme. Per il bene dell'umanità, era necessario. Cosi la civilizzazione continuò ad avanzare. La gente era molto bella. In generale erano felici e belli. Erano emotivamente e fisicamente sani, e questo aiutò a renderli una popolazione chiara. Questo non significa necessariamente bianca, ma chiara nel senso di belli. La vostra lingua è molto imprecisa con le sue parole descrittive.

D: *Lo so. Me l'hanno già detto in passato. C'era qualche color o caratteristica predominante?*

B: Non direi. All'inizio, si, e poi mentre si espandevano vennero in contatto con altri popoli. Divenne un miscuglio generale, un po' come' nel vostro stato. Erano in grado di dedurre il retaggio generale di ogni individuo, da dove i loro avi provenivano, a volta dal loro colore. Ma per loro non era un problema e quindi non se ne preoccupavano. Iniziarono come rosso-biondi di capelli con qualcuno dai capelli marroni. Dalla pelle olivastro chiara, tra il color oliva chiaro e il color crema. E di solito dagli occhi verdi o nocciola. E poi successivamente, divennero una popolazione bionda o castana, dagli occhi marroni, la pelle chiara, la pelle scura e una mix generale. Avevano la tendenza ad essere alti e ben strutturati.

D: *Volevo un'immagine mentale.*

B: La loro cultura non era basata sul metallo, come la vostra. Credevano nell'utilizzare i materiali più vicini possibile alla condizione originali d'estrazione. Quindi utilizzavano molte pietre e argilla per i loro edifici. E le loro scienze si svilupparono direttamente nella manipolazione delle energie, quindi erano in grado di manipolare qualsiasi forma d'energia, perfino la gravità.

Quindi erano in grado di erigere edifici utilizzando enormi rocce di pietra, una cosa che a voi sembra impossibile secondo le fasi e il sistema di pensiero della vostra civilizzazione.

D: Quindi non utilizzavano macchinari o equipaggiamenti?

B: Esattamente. Perché non era necessario. Sapevano come manipolare queste energie utilizzando ciò che sembravano semplici e comuni strumenti con i quali sarebbe stato impossibile fare queste cose. Ma sapevano come connettersi a diversi tipi di flussi energetici e forzarne l'interazione per causare la manifestazione di cose, esattamente nel modo che prevedevano. Questo sembra vago nel vostro linguaggio, ma penso che sia il modo migliore in cui te lo possa spiegare.

D: Avevano bisogno di molte persone per farlo?

B: Dipendeva da ciò che volevano fare. Di solito una persona poteva farlo con i mezzi a disposizione, ma doveva esserci il consenso di tutti, per permettere all'energia di fluire in una direzione positiva.

D: Non tutti dovevano concentrarsi o mandare l'energia?

B: No. Ma dovevano dare il loro consenso generale, in questo modo non avrebbero bloccato l'energia essendo contrari con ciò che stava succedendo. E' come il vostro concetto di pensiero positivo. Non devi concentrarti con molto sforzo per pensare positivamente. E' solo un modo di pensare generale che si cerca di raggiungere. Nel processo educativo di queste energie e della loro manipolazione svilupparono le loro abilità psichiche al massimo. Quindi molte delle cose su cui dipende la nostra civilizzazione erano semplicemente innecessarie nella loro civilizzazione; cose come i telefoni, la burocrazia. Le cose di tipo amministrativo erano molto dirette perché la gente poteva comunicare attraverso la telepatia. E ogni qualvolta si doveva fare qualcosa e c'era la necessità del consenso generale, bastava chiedere telepaticamente per riceverne il consenso. Era una cosa quasi istantanea e questo eliminava molti dei problemi presenti nel mondo moderno.

D: Questo era il loro unico metodo di comunicazione, solo attraverso la mente?

B: No. Comunicavano anche verbalmente, ma mescolavano i due. Ma lo diedero per scontato. Non differenziarono mai se stessero parlando verbalmente o mentalmente, perché facevano entrambi simultaneamente.

D: Questa era una cosa che dovevano imparare o succedeva naturalmente?

B: Tutti gli esseri umani hanno una naturale predilezione per questo.

L'intera razza veniva allevata cosi, ma si trattava di svilupparlo. Per esempio, tutti gli esseri umani, di solito hanno mani con cinque dita. Queste mani sono strumenti estremamente abili e sono in grado di compire lavori di manipolazione molto delicati, ma solo se sviluppi i muscoli e usi le mani. Le abilità psichiche funzionano nello stesso modo. Tutti gli esseri umani hanno abilità psichiche, ma l'unico modo per svilupparle è di utilizzale.

D: *Ma era una cosa che avveniva naturalmente per questa gente?*
B: No, dovevano svilupparlo. Semplicemente lo consideravano parte del normale processo di maturazione, ma in generale ne erano più coscienti di quanto non lo sia la gente oggi. Lo consideravano una parte normale dello sviluppo infantile, sviluppare abilità motorie proprio come quelle psichiche. Non ignoravano i segnali come vengono ignorati oggi giorno. Era li in attesa d'essere sviluppato, ma dovevano lavorarci su, proprio come si sforzavano per imparare a camminare. La capacità è sempre stata disponibile, ma gli ci volle molto per realizzare che era disponibile costantemente. Gli umani primitivi la utilizzavano per sopravvivere, ma non sapevano cosa stessero facendo. Poi quando gli umani divennero civilizzati, in molti casi se ne dimenticarono, ma era sempre disponibile. Poi quando la loro civilizzazione si sviluppò con l'aiuto della comunità galattica, compresero che era qualcosa che si poteva sviluppare. La loro scienza dimostrò che avevano bisogno d'essere un'unità armonica intera ed essere in armonia con l'universo in generale. Questo fa parte di noi stessi. E se non viene sviluppato, non si è in armonia e non si può essere un intero armonico. Nella rara occasione che uno di loro si ammalasse, le loro capacità psichiche li aiutavano a localizzare dove fossero sbilanciati dai livelli energetici basilari dell'universo. Cosi utilizzavano le loro capacità psichiche in infiniti modi e in dettagli minuziosi della loro vita quotidiana. Sarebbe impossibile farne una lista completa. Resteremmo qui a lungo se dovessimo fare la lista di tutte le diverse modalità in cui potevano utilizzavano le loro abilità psichiche. La psiche è molto più agile della mente, anche se funziona attraverso la mente. E' un aspetto del cervello diverso dalla mente. Mente e psiche sono due aspetti diversi che funzionano attraverso l'organo noto come il cervello. Una è basilare e si prende cura delle necessità della vita e l'altra aggiunge i ritocchi finali. Può essere molto precisa e fare cose che la mente non sarebbe in grado di fare, perché non è abbastanza rifinita.

D: *La maggior parte della gente nel mondo in quel periodo si*

sviluppava in questo modo?
B: Coloro che facevano parte della civilizzazione, si. Quelli che erano nelle zone più sperdute non avevano una psiche ben sviluppata. La utilizzavano come fosse l'istinto.

D: *Avevano una qualche sorte di governo?*
B: All'inizio si, ma poi si trasformò mentre la civilizzazione si sviluppava, perché lo scopo originale del governo divenne obsoleto grazie alle capacità psichiche. E quindi il governo gradualmente venne alterato e cambiato fino al punto in cui aveva un altro scopo. Spostarono le strutture organizzative verso un uso migliore, come quello della ricerca.

D: *La comunità scientifica? O come veniva considerata all'epoca?*
B: Non veniva realmente considerata cosi, perché la ricerca che facevano era principalmente basata su cose mistiche e psichiche. Cosi venivano considerate ricerche personali. Ogni volta che qualcuno aveva un'intuizione riguardo a qualcosa la condividevano con questa struttura organizzativa. In questo modo erano in grado di monitorare questo fatto e vedere come si inseriva nel quadro generale, perché ritenevano che tutti i fatti fossero pertinenti. E raccoglievano questi fatti insieme, li organizzavano e li strutturavano in un quadro generale che gli permetteva di migliorare la loro comprensione dell'universo. Questo coinvolgeva ogni singola persona. Era molto complesso e l'organizzazione era necessaria. Quindi questo è ciò che accadde alla struttura organizzativa del governo.

D: *Avevano un qualche tipo di registri?*
B: Si, dovevano mantenere registri molto estesi. Secondo la natura di questa civilizzazione non avevano dei computer, ma avevano un modo d'organizzare le informazioni utilizzando l'energia fondamen-tale dell'universo, a cui si poteva accedere attraverso le capacità psichiche. (Forse in modo simile a come raccoglievamo informazio-ni.) Quella era l'area di raccolta principale ed è per questo che i vostri archeologi non hanno trovato niente. Le loro informazioni. Le loro informazioni sono ancora raccolte là, pronte per essere consultate. Devi solo sviluppare le giuste capacità psichiche per riuscire a connettertici. Avevano dei prodotti simili alla carta per insegnare a leggere ai bambini e per illustrargli come sviluppare le loro capacità psichiche. Ma questo è andato perduto molto tempo fa.

D: *Penso che gli scienziati si aspettino di trovare qualcosa di scritto o intagliato o qualche forma di registra di questo genere.*

B: Si. I registri sono là, ma sono sul piano psichico. Sono molto organizzati e sono pronti all'uso. E saranno di grande aiuto al tuo mondo. Sono quasi come dei registri Akashici, ma non uguali, perché i registri dell'Akasha sono parte dell'universo. Presero quel concetto e scoprirono che si poteva usarlo per strutturare una tipologia diversa di registri. Esistevano ad un livello energetico.

D: *Stavo pensando alle piramidi o qualcosa del genere. Se avessero accesso alla conoscenza in un luogo fisico.*

B: No. Tuttavia, le piramidi e altre tipologie di strutture megalitiche che sono allineate ai corpi celesti – con questo sto facendo riferimento a cose come i misteriosi cerchi di monoliti in Europa – sono degli strumenti per aiutare a focalizzare questa energia, per permettere a chiunque di accedervi. Visto che l'energia dove essere organizzata e focalizzata per poterla utilizzare a questo scopo.

D: *Se qualcuno andasse in uno di questi siti antichi, gli sarebbe più facile avere accesso alla conoscenza?*

B: Si, lo sarebbe. Alcuni dei cerchi di pietre non sarebbero cosi finemente allineati come lo erano, a causa della processione degli equinozi.

D: *Vorresti dire i cambiamenti del cielo e la Terra?*

B: Esatto, e quindi adesso sono minimamente fuori allineamento. Ma altre che avevano un for allineamento solare, sono sicuramente ancora funzionali. Per esempio, dopo la distruzione di Atlantide il centro principale di focalizzazione adesso sono le piramidi in Egitto che sono ancora in perfetto allineamento. Proprio come lo erano quando sono state costruite, quindi il loro potere non è diminuito. Ecco perché la gente ha avuto esperienze allucinatorie dopo aver passata lunghi periodi all'interno di alcune sezioni interne delle piramidi. Questo perche quello e' il centro dove e' focalizzato il potere. Dovresti essere sordo, muto, cieco e ritardato per non riuscire a sentire queste emanazioni. In Atlantide avevano strutture megalitiche simili. Se i vostri archeologi trovano qualcosa, saranno queste strutture megalitiche che non sono piu allienate. Vennero dannaggiate gravemente al momento della distruzione di Atlantide e ovviamente anche il loro allineamento venne danneggiato. I vostri archeologi comprenderanno che una volta erano allineate con il Sole, utilizzando l'esistenza di altre strutture megalitiche che non sono danneggiate. Erano come dei giganteschi computer di pietra, che utilizzavano il flusso naturale dell'energia della Terra e dello spazio circostante. Venivano focalizzate in un certo modo per essere in grado di utilizzare i diversi livelli energetici dell'universo.

D: *Dicevi che la gente di Atlantide non utilizzava i metalli?*

B: Pochissimo perché scoprirono che più qualcosa viene manipolato ed alterato dalla sua forma originaria, più è fuori armonia con l'universo e più vibrazioni perde. Se prendi qualcosa dalla Terra e lo usi senza alterarne drasticamente la struttura molecolare, sarà ancora accordato con i livelli energetici e può essere utilizzato a questo scopo. Quindi avevano la tendenza ad utilizzare molte pietre nelle loro strutture, visto che queste erano pezzi solidi della Terra, tagliati e trasportati verso un altro luogo senza essere sciolti, come fate voi per il raffinamento di alcuni metalli.

D: *Allora tutte le loro strutture, perfino quelle private, erano fatte di pietra.*

B: Di pietra, argilla, legno o simile. Parte del mobiglio nelle loro case era scavato dalla roccia. Ho detto "scavato", perché questa è la parola nella vostra lingua, ma non è una buona descrizione del processo. Quando estraevano la pietra dalla Terra, c'era il modo di alterarne temporaneamente il campo energetico al punto da renderla flessibile come argilla. Il risultato era che la potevano strutturare come si fa con l'argilla, in qualsiasi forme volessero. Allora permettevano al campo energetico di tornare alla normalità e questo irrigidiva il materiale come pietra ancora una volta. Avevano tutti i confort della vita che ci si aspetterebbe di vedere in una comunità civilizzata.

D: *Cosa mi dici del cibo?*

B: Era solo normale cibo bilanciato. Durante il processo in cui impararono come usare l'energia, impararono anche come avere una dieta bilanciata. Questo eliminò molti problemi medici che invece si riscontrano nella vostra civiltà e diverse malattie causate da una dietra non equilibrata. Di conseguenza, la maggior parte della gente mangiava principalmente verdure, avevano una dieta ad altro contenuto di fibre e pochissima carne. Non erano estremisti come alcuni dei vostri vegetariani, perché il vostro corpo necessita proteine e non volevano mangiare uovo tutto il tempo. Quindi uccidevano per la carne, quando necessario. Alcuni dei mistici più elevati non sentiva la necessità di mangiare, perché erano in grado di connettersi all'energia ed assorbire ciò che i loro corpo necessitavano direttamente dall'universo, piuttosto che indirettamente attraverso il cibo. (Alcuni extraterrestri esistevano in questo modo). E' una tecnica molto avanzata. E nonostante il grado di avanzamento psichico degli Atlantidei, solo quelli di loro che erano più avanzati la utilizzavano regolarmente.

D: *I loro animali erano simili a quelli che abbiano oggi sulla Terra?*
B: Erano fondamentalmente simili. Ciò che i vostri archeologi considerano una civilizzazione primitiva, cioè le civilizzazioni che inizialmente avevano agricoltura ed allevamento. Quelle erano i pochi successori dei sopravvissuti di questa civilizzazione caduta. Stavano cercando di ricostruire la civilizzazione dalle rovine incenerite. Da qui provengono gli animali domesticati, la vacche, le pecore, i cammelli e alcune tipologie di cavalli. Gli specie erano diverse e sembravano diversi, ma questo perché l'umanità ha sempre condotto una riproduzione selettiva per cambiare l'apparenza dei loro animali domestici. Ma fondamentalmente erano gli stessi animali. Per esempio, la differenza tra la mucca da latte e il toro brahma.

D: *Avevano qualche forma di trasporto?*
B: Eh, si. Il tipo di mezzi di trasporto che avevano è arrivato a voi nelle leggende dei tappeti magici. (Feci una risata di sorpresa). Praticamente erano in grado di levitare senza problemi, perché sapevano come manipolare l'energia della gravità. Quindi conducevano la maggior parte dei loro viaggi con la levitazione. A volte se volevano portarsi dietro qualcosa senza doverlo trasportare, invece di utilizzare ulteriore energia per levitarlo separatamente, prendevano un tappeto o qualcosa su cui si sedevano, levitando se stessi e il l'altro oggetto sul tappeto.

D: *Ah ha, proprio come Aladino.*
B: Esatto. Avevano imparato a manipolare questa energia per riuscire a fare molte cose e questo includeva viaggiare sulla superficie della Terra. Se solo volevano coprire brevi distanze e non volevano attingere all'energia, allora utilizzavano gli animali. Ma essendo in grado di attingere a questa energia, non c'era bisogno di sviluppare automobili o aeroplani. E la comunità galattica era molto entusiasta di tutto questo. Perché questa abilità sembra, se riesco a dirlo chiaramente, unica della nostra razza. Sarebbe stato uno dei contributi che avremmo apportato alla comunità galattica. Perché gli altri pianeti si svilupparono attraverso l'utilizzo di veicoli e macchinari.

D: *Come abbiamo fatto anche noi questa volta.*
B: Si. E per questo la comunità galattica è un po' preoccupata che non abbiamo sviluppato le nostre abilità psichiche in tempo, ma sanno che queste abilità sono lì in attesa di sviluppo. Si ricordano com'era con l'altra civilizzazione. Se non saremo in grado di attingere a

queste informazioni psichiche da soli, loro senza dubbio ci sproneranno ed aiuteranno a scoprirle, proprio come hanno fatto con altre scoperte passate. Questo tipo di energia era principalmente utilizzata per trasporti personali sulle lunghe distanze e per il trasporto di blocchi di pietra e simili. Ci sono alcuni mistici nella vostra civilizzazione attuale che possono ancora fare tutto questo, ma si trovano in aree isolate del mondo. Alcuni nelle profondità della giungla dell'India. Ma questa abilità è prominente tra i Lama nelle alte vette del Tibet. Loro erano in grado di preservarla perché erano cosi isolati. Loro erano quelli che subirono una minore influenza dalla distruzione di Atlantide.

D: *Facevano mai qualcosa per divertimento?*

B: Oh, si, questa è una delle necessità fondamentali della natura umana. Dipende da che civilizzazione fosse e dalla loro specifica cultura. Per esempio: in Atlantide, una cosa che andava molto di moda era attaccarsi dei nastrini colorati alle braccia. Poi in gruppo levitavano tutti assieme gli uni intorno agli altri per comporre forme geometriche con i nastrini dietro di loro. I bambini adoravano guardarli. Facevano qualsiasi cosa che riuscissero ad immaginare. C'era il teatro, le opere e la musica. Tendenzialmente preferivano le performance dal vivo, ma volevano vedere qualcosa che non stava avvenendo localmente. Erano in grado di connettersi psichicamente al luogo della performance ed osservare con le loro capacità psichiche. In un certo senso era come la TV.

D: *Sembra che fossero altamente sviluppati a livello psichico.*

B: Si, ma la distruzione di Atlantide li spaventò profondamente. Gli diede l'equivalente di un trauma mentale. Proprio come quando un individuo soffre un severo trauma mentale da giovane che lo influenza per il resto della vita, amenoché non ne diventino consapevoli e ci lavorino su per risolverlo. L'intera razza umana ricevette lo stesso trauma. Inoltre, il modo in cui Atlantide venne distrutta e il modo in cui i centri psichici vennero distrutti, diede a tutti un temporaneo esaurimento psichico. Sarebbe come vedere accidentalmente un'esplosione troppo da vicino e i tuoi occhi vengono momentaneamente accecati.

D: *Questo li influenzò per diverse generazioni.*

B: Si. L'abilità c'era ancora era solo temporaneamente intorpidita. Poi gradualmente iniziarono a riprendere sensitività. Inoltre non ci volle tanto quanto potresti presumere. Ma in generale l'umanità si ricordava subconsciamente di questo e finirò con l'evitare di sviluppare le abilità psichiche per diverse migliaia d'anni, per

paura che si sarebbero bruciati ancora, per modo di dire.
D: *Comprensibile. Bene, rimasero in quel tipo di sviluppo a lungo?*
B: Si, quello era lo zenit della loro civilizzazione. Utilizzavano cristalli per focalizzare certe tipologie d'energie, per contattare la comunità galattica. Erano in grado di farlo mentalmente, ma per aiutare ad amplificare le energie mentali utilizzavano cristalli specifici. La loro conoscenza della cristallografia era estremamente avanzata.
D: *Hai detto che li utilizzavano per contattare la comunità galattica?*
B: Si, per comunicazioni di lungo raggio. Invece di assorbire l'energia di tutti, attingendo alle loro capacità telepatiche, utilizzavano questi cristalli. Perché non tutti nella comunità galattica erano connessi a questo, era come cercare di parlare con una persona sorda. Si doveva utilizzare diversi metodi di comunicazione.
D: *Quindi comprendevano la comunicazione con i cristalli?*
B: Esatto. Quindi utilizzavano le energie generate dalla cristallografia per interagire con le comunità galattica. Era complementare e compatibile ad entrambe le loro civilizzazioni e alle varie civilizzazioni della comunità galattica.
D: *Una persona sola era abbastanza per focalizzare questi cristalli o ce ne volevano di più?*
B: Una persona era abbastanza perché i cristalli potevano raccogliere le varie energie e i campi energetici della Terra. Come i campi elettro-magnetici, quelli gravitazionali, la luce del sole e quant'altro. Ciò che si doveva fare dipendeva dal tipo d'energia che i cristalli erano in grado di raccogliere. E c'erano diverse tipologie di cristalli per diversi scopi. Alcune tipologie diverse erano specifiche per accumulare certe tipi d'energia.
D: *Dovevano essere lavorati in un certo modo o dovevano avere una specifica forma?*
B: Le loro strutture molecolari, le matrici, i pilastri della struttura molecolare dovevano essere progettata in una specifica maniera. Si, molte volte anche la forma della superficie aveva un effetto. Ma iniziavano a livello molecolare e ciò che facevano ai cristalli era simile a ciò che facevano alle rocce. Alteravano il campo energetico per poter riprogettare i pilastri delle molecole; in questo modo riuscivano a focalizzare una specifica energia in uno specifico modo. E poi ripristinavano i campi energetici per farla restare cosi permanentemente.
D: *Quindi era cosi che gli davano certe forme per diversi scopi?*
B: Non le forme! La struttura interna. La struttura molecolare dei cristalli. E poi, si, alteravano la superficie di questi cristalli per

dargli la forma che avevano bisogno di prendere. Ma era importante prima dargli la struttura molecolare, la corretta struttura molecolare o tutte le manipolazione del mondo non sarebbero servite a nulla.

D: *Pensavo che la focalizzazione avesse qualcosa a che fare con le sfaccettatura o le diverse forme.*

B: Prima devi dargli la giusta struttura molecolare. E' come la struttura di un fiocco di neve, ma deve essere distribuita a livelli infinitesimamente piccoli d'energia. E devi assicurarti che tutto questo si formi correttamente o non ti porterà alcun risultato.

D: *La dimensione del cristallo faceva la differenza?*

B: Alla fine la grandezza o la forma, dipendeva da come veniva utilizzato. La loro conoscenza della cristallografia era così avanzata perché potevano controllare la struttura molecolare di questi cristalli. Ecco perché potevano utilizzare i cristalli per così tanti usi diversi. Perché avevano specifiche strutture molecolari controllate, proprio come dimensioni e forme controllate.

D: *Ho sempre pensato che più grandi erano, più erano potenti.*

B: Non necessariamente. Avevano un cristallo che veniva utilizzato per focalizzare uno specifico tipo d'energia che era lungo circa otto cm. e molto sottile. Era a forma di lente da entrambe le estremità. E se lo guardavi da una delle estremità, aveva la forma di una stella a cinque punte or qualcosa di simile. Era solo un centimetro di larghezza nel punto più ampio. Era molto sottile, ma era un cristallo molto potente grazie al tipo di energia che focalizzava. Non riesco a trovare le informazioni che descrivono come veniva utilizzato, ma riesco a vedere quella forma di cristallo.

D: *Capisco. Quindi dovevano essere consapevoli dell'energia che volevano e cosa facevano le altre energie.*

B: Esattamente. Adesso penso che stai iniziando a capire. Avevano diversi cristalli per focalizzare diverse tipologie di energia per diversi scopo. Per esempio, avevano certi tipi di cristalli che potevano focalizzare raggi cosmici, radiazioni ultraviolette e luce stellare per creare luce visibile durante la notte. E questi cristalli potevano anche utilizzare calore infrarosso come quello del calore corporeo per aiutare a produrre luce di notte. I vostri archeologi hanno trovato alcuni di questi cristalli nelle giungle dell'America Centrale. Non hanno ricevuto alcuna manutenzione da secoli, tuttavia di notte irradiano ancora luce, ma non come in origine. Agli archeologi sembrano semplici palle di pietra. Non riescono a comprendere per cos'erano o come funzionavano, perché sono un tipo specializzato di cristalli. Hanno trovato sfere di diverse dimensioni, ci sono voci di come si illumino di notte. Ecco perché sono cosi prevalenti e si trovano ovunque. Nei luoghi dove le hanno trovate venivano utilizzate per creare luce di notte. Come la maggior parte delle civilizzazioni attività continuano di notte e c'è bisogno di un sorgente di luce artificiale abbastanza diffusa.

D: *Erano come enormi lampioni stradali che illuminavano le città?*

B: Si. Lampioni stradali, luci da interni, luci sugli angoli, dipendeva dal tipo di illuminazione di cui avevano bisogno. C'erano anche altre tipologie di cristalli che irradiavano calore per aiutare a riscaldare le case. In questo modo non avevano bisogno di bruciare le loro foreste per costruire dei fuochi. Invece potevano utilizzare questi cristalli ed utilizzare la foresta per articoli di mobilio o semplicemente per la crescita e l'ossigenazione dell'acqua.

D: *Che tipologie utilizzavano nelle case per l'illuminazione?*

B: Sfere di pietra. Le facevano di tutte le dimensioni. Le hanno trovate di tutte le dimensioni in America Centrale. Tu hai personalmente sentito parlare solo di quelle più grandi, ma ne hanno trovate anche di più piccole, che si potevano tenere in mano.

D: *Quelle sono pietre, ma tu le chiami cristalli.*

B: Come ho già detto, i vostri archeologi le chiamano pietre perché sembrano delle pietre, ma sono un tipo di cristallo specializzato.

D: *Quando penso ai cristalli, penso a quelli trasparenti.*

B: Alcuni sono trasparenti altri no. Vengono chiamati cristalli non a causa della loro apparenza esterna, ma semplicemente per la loro struttura molecolare.

D: *Capisco. Quindi queste sfere di pietra più piccole venivano utilizzate per illuminazione delle case?*

B: Esatto. C'erano dei depistali che sporgevano dal muro sui quali poggiavano. O uno specifico sostegno nel soffitto proprio come gli incastri che utilizzate per le pietre dei vostri gioielli. C'erano questi incastri, per cosi dire, che protrudevano dal soffitto dove potevano inserire una, o più, di queste sfere, a seconda del tipo di atmosfera che volevano.

D: *Quelle che utilizzavano per il riscaldamento erano simili?*

B: Avevano una struttura differente e quindi sembravano diversi. Erano molti più simili a ciò che tu consideri un cristallo. Si potevano avere in diversi colori a seconda di come volevano che apparissero con le decorazione interne. Erano in grado di fare qualcosa con queste sfere di luce a cui voi non avete ancora pensato. Visto che le sfere erano di diverse misure, potevano averne alcune che erano di piccolissime dimensioni, diciamo di due, tre cm. di diametro. Le distribuivano artisticamente, come decorazioni e come sorgente di luce.

D: *Questo si sta allontanando da Atlantide, ma è una connessione con qualcosa che ho riportato nel mio primo libro su Gesù, mentre viveva a Qumran (Gesù e gli Esseni – disponibile su Amazon). Avevano una misteriosa sorgente di luce. Sembrava molto simile. Ne sai qualcosa?*

B: Sembrerebbe che le sorgenti di luce erano dei vecchi cristalli che erano sopravvissuti dai giorni antichi e tramandati di generazione in generazione. Visto che non avevano la conoscenza per farne degli altri, li tenevano come dei tesori.

D: *Dissero che provenivano dagli antichi, la gente che era vissuta molti anni prima. Avevano molte cose che provenivano da loro.*

B: Si. Erano state tramandate, se ne prendevano cura e le utilizzavano di generazione in generazione. Tramandarono la conoscenza di come mantenerli, perché finché li mantenevano questi cristalli potevano produrre luce praticamente per sempre. Era una semplice manutenzione.

* * *

Ho lavorato con Phil per molti anni e le informazioni di cui mi ha provvista sono divise in diversi dei miei libri. Invece di andare alla Biblioteca sul piano dello spirito, lui accumulava le sue informazioni dal Pianeta dalle Tre Cime, che sembrava essere un magazzino o deposito di tutta la conoscenza. Spesso un gruppo di dodici entità ci offriva le informazioni mancanti e gli facevano vedere delle scene che cercava di interpretare con l'aiuto di queste entità.

Accedevamo a queste informazioni utilizzando il metodo dell'ascensore, piuttosto del metodo della nuvola, che è molto efficace con la maggior parte dei miei soggetti. Phil visualizzava se stesso in un ascensore all'interno di un edificio pieno d'uffici, si fermava al piano più indicato che aveva accesso a qualsiasi informazione stessi cercando.

In questo caso avevamo discusso la possibilità di trovare qualcosa a riguardi di Atlantide. In realtà il metodo non ha molta importanza, ma raggiungere le informazioni è la parte più importante del lavoro.

L'ascensore si era fermato e io gli chiesi cosa vide quando si aprì la porta.

P: Ci sono luminose luci scintillanti. Sono l'energia del livello da cui lavoriamo. Sto passando attraverso le luci. Riesco a vedere ciò che sembrerebbe una veicolo volante o un'astronave, sta volando sopra un campo d'erba verde. Davanti sembra appuntita, mentre dietro è più ovale. C'è spazio per due persone all'interno. Ci sono altri veicoli nel cielo che potrebbero portare molti altri. In lontananza dal mio punto di vista, c'è una città che scintilla alla luce del Sole. E' una delle molte città che esistono in questo periodo.

D: *Sai dove siamo?*
P: Questo lo abbiamo discusso precedentemente. Le domande erano connesse a quel periodo di tempo sulla Terra. Questa è solo una delle città su quello che veniva chiamato il continente di Atlantide.

Potrebbe sembrare una contraddizione il fatto che lui vide dei veicoli volanti mentre Brenda non le vide. Come dicevamo precedentemente questa civilizzazione si sviluppò in un arco di molte millenni e subì molti cambiamenti ed avanzamenti. Ma questa volta apparentemente avevano sviluppato strumenti meccanici e si erano spostati verso la tecnologia. Avremmo scoperto altri cambiamenti.

D: *Sai dirmi di cosa è fatto quel veicolo?*
P: E' una lega di alluminio, molto simile a quelle che sono in uso oggi giorno.
D: *Puoi dirmi che forma di energia utilizza?*
P: Attraverso ciò che chiamano potere dei cristalli. Dispersi lungo il terreno ci sono raggi di energia cristallina che sono diretti verso varie altre parti del continente. Questi veicoli volanti devono solo allinearsi lungo questi raggi e vengono proiettati in avanti. Un po' come l'idea delle autostrade che ci sono oggi giorno nel vostro paese.
D: *Hanno anche dei veicoli che possono lasciare il pianeta, o viaggiare nello spazio?*
P: Si, tuttavia, non erano costruiti in questo modo. C'erano individui a cui era permessa questo tipo di possibilità. Tuttavia, questi erano gli alti sacerdoti o prelati degli ordini più elevati che erano in comunione con quelli di natura stellare. Queste non erano esperienze comuni per la popolazione generale. Coloro che erano della compressione e del calibro morale più elevato avevano queste esperienze, come parte della loro educazione e dalle loro evoluzione spirituale. Non era il tipo di esperienza piacevole. Veniva offerta nel contesto dell'educazione.
D: *C'è ancora qualche parte del continente originario sopra le acque?*

P: Infatti, alcune parti del continente stanno ancora risalendo e saranno ancora una volta al di sopra della superficie. Tuttavia in questo momento non c'è alcuna parte di ciò che possiamo chiamare la terraferma originaria. Cioè nulla di significativo.

D: *Ho sentito dire che alcuni stati gli Stati Uniti ne facevano parte.*

P: Questo non è giusto, secondo il nostro punto di vista. Ci hai chiesto dei terreni che venivano considerati una parte permanente di Atlantide e l'intero continente degli Stati Uniti era, infatti, parte del letto dell'oceano a quel tempo.

D: *Sai dove era originariamente localizzata Atlantide, secondo le nostre mappe attuali?*

P: Era nell'Oceano Atlantico. Lì sono le zone che erano in quel periodo sopra e anche sottacqua. Ci sono zone d'oggi che erano sulla terraferma in quel periodo, ma sprofondarono per un lungo tempo e che da allora stanno riemergendo. Ci sono zone che allora erano sommerse ma adesso sono terraferma. Ci sono stati molti cambiamenti terrestri da allora. Per molte volte sono stati uno o l'altro, cioè: terra o mare.

D: *Quindi adesso la maggior parte del continente è sottacqua.*

P: Precisamente.

D: *Cosa mi dici del resto del mondo? Non poteva essere l'unico continente popolato.*

P: In quella particolare area c'erano molti civilizzazioni di persone. Una struttura sociale, non troppo lontana da ciò che avete voi oggi sul vostro pianeta. Cioè, c'erano molte tipologie e classi differenti di persone. C'erano i poveri o la classe di lavoratori. Ed economicamente parlando le classi medie e ricche.

D: *Ma c'erano altri continenti a parte Atlantide?*

P: Esattamente. C'erano aree, non come continenti, nel senso che gli era stato dato o ascritto un particolare nome o designazione. Perché all'epoca l'area più importante ed imminente della popolazione era chiamata "Atlantide". Tuttavia, non è corretto dire che era l'unica zona popolata in quel periodo. Era il centro o la vetrina della civilizzazione del tempo.

D: Le altre zone non avevano un nome.

P: Esattamente. Non c'era la necessità d'incorporarle in ciò che allora veniva chiamato il "governo mondiale."

D: *Avevano lo stesso sviluppo culturale che aveva il continente di Atlantide?*

P: C'ere alcune aree che erano tecnologicamente superiori. Tuttavia, moralmente nessuno era superiore a coloro che vivevano in quella zona d'Atlantide. Era il gioiello della civilizzazione dell'epoca. Sul vostro pianeta, in quell'epoca, erano il pinnacolo della ricerca della verità.

D: *L'umanità esisteva già da molto tempo quando Atlantide si sviluppò fino a questo punto?*

P: Ci furono molte, moltissime generazione prima di tutto questo. L'evoluzione delle manifestazioni spirituali erano ad un altro livello, molto più elevato perfino di ciò che sono oggi.

D: *Mi stavo chiedendo se quella era l'evoluzione più elevata che l'uomo avesse mai raggiunto prima.*

P: Proprio cosi. Perché il carattere morale del vostro pianeta, oggi giorno, deve coprire grandi distanze prima di raggiungere quelle cime di successo.

D: *Stavo pensando che potevano esserci state civilizzazioni precedenti di cui non sapevamo nulla.*

P: Certamente ci sono state altre civilizzazioni e continenti prima della cultura Atlantidea. Tuttavia, nessuna aveva mai superato ciò che si trovava ad Atlantide in quel periodo, parlando strettamente dal punto di vista morale e caratteriale.

D: *Quindi prima della formazione del continente di Atlantide, ci sono stati altri tempi in cui l'uomo si era evoluto molto e la civilizzazione venne distrutta?*

P: E' cosi, come le dune del deserto si spostano, cosi si sposta la fortuna dell'uomo. Perché ci sono sempre stati degli avanzamenti che spingevano quella particolare cultura ad un livello di distinzione pari ai suoi contemporanei. Attraverso diversi tipi di ciò che si potrebbero chiamare "sfortune" queste culture sembra che non si siano mai stabilite fermamente nelle civilizzazioni che esistevano in quel periodo. Cosi c'è stata una continua perdita e ricostruzione e poi ancora perdita. Finché' improvvisamente arrivarono i grandi sviluppi di quel continente di Atlantide. Prima di tutto ciò, molte culture erano superiori al carattere spirituale di Atlantide. Tuttavia, nessuna aveva il contesto di una popolazione globale. C'erano individui in altre culture che attraverso la loro diligenza, sacrificio ed erudizione, raggiunsero quei livelli di consapevolezza, che erano sopra alla popolazione generale di Atlantide. Ciò nonostante, qui parliamo della consapevolezza di una popolazione globale. Cioè, la cultura o la popolazione in generale aveva raggiunto una zona elevata di consapevolezza. C'erano culture precedenti ad Atlantide che erano di carattere morale superiore, eppure non avevano lo stesso tipo di cultura o connessione interiore che avevano loro. Era più una questione d'individualità.

D: *Ma ogni volta l'umanità dovette riiniziare tutto dal livello più basso?*

P: I protettori della conoscenza sono sempre esistiti, ma questo era un segreto gelosamente protetto. La conoscenza era protetta con molta riverenza e dignità. Tuttavia, non era accessibile per il popolo in generale. E quindi ci sono sempre stati coloro che erano di standard morali superiori, che erano i protettori della conoscenza.

D: *Poi la Terra cambiò, i continenti emersero e sparirono, prima che arrivasse il tempo di Atlantide.*

P: Esattamente. Questo fu causato da vari cataclismi naturali del pianeta. Perché durante quel periodo di tempo la Terra si stava ancora adattando e stabilendo nella sua lunga e prospera vita. Allora la Terra era più giovane di adesso, era molto più instabile.

D: *I nostri scienziati hanno la tendenza di pensare che non c'era gente durante quel periodo.*

P: Non è cosi, perché' c'era gente nel periodo in cui gli scienziati credono che non c'era alcuna forma di vita. Tuttavia, non hanno la prospettiva del senno di poi, che è necessaria per confermare l'esistenza di questa gente. Perché con ogni cambiamento c'era l'obliterazione di coloro che esistevano prima del cambiamento, le loro culture perse senza lasciare alcuna traccia. Non che la gente stessa venisse decimata fino al punto di non lasciare alcun individuo in vita, ma che non era rimasta alcuna traccia dei loro raggiungimenti. Semplicemente a causa della distruzione cataclismica che seguiva ogni cambiamento naturale della Terra.

D: *Quindi c'è sempre stato qualche sopravvissuto.*

P: Esattamente. Perché si sapeva sempre che i cambiamenti erano imminenti. Coloro che erano in sintonia e consapevoli facevano i preparativi, sopravvivevano e continuavano. C'era sempre quel livello di consapevolezza che dichiarava lo stato di raggiungimento più elevato possibile nella storia dell'umanità era quello del periodo in cui erano. Questa è una cosa prevalente in tutta la storia umana. Ci sono state molte civilizzazioni precedenti che sfortunatamente avevano questo punto di vista. Si tratta solo della natura umana.

Ho affrontato regressioni in cui intere civilizzazioni erano distrutte da drammatici cambiamenti Terrestri. A volte da muri di acqua, altre volte da eruzioni vulcaniche che produssero muri di fango e detriti. Mi dissero che questi eventi erano precedenti ad Atlantide e che l'umanità non ha alcuna conoscenze dei loro grandi avanzamenti. Gli scienziati non hanno alcun resto di loro perché sono tutti sepolti sottacqua o sotto le montagne della Terra. Il nostro mondo e come una vecchia donna irrequieta che si agita, si contorce e si rigira costantemente.

Tornai a ciò che Phil stava osservando.

D: *Avevi detto che potevi vedere una città in lontananza?*
P: Esattamente. I protettori della conoscenza sono qui o meglio emanano da questa città. Gli Elohim degli antichi, i protettori delle leggi, morali fisiche della verità. Questa è la forma più elevata di consapevolezza delle leggi naturali e fisiche dell'umanità, in connessione con la consapevolezza spirituale.

D: *Quindi coloro che avevano questi cosiddetti poteri mentali erano solo pochi a confronto dell'intera popolazione?*
P: Non esattamente, perché l'intera città era molto consapevole. E' come se questa città in se stessa, mantenesse un certo tipo d'energia, che sembrava elevare queste persone a potenziali molto superiori di quanto era visibile in tutto il resto del paese.

D: *Cosa rende la città scintillante?*
P: E' di natura cristallina. Lo sono i materiali di costruzione che costituiscono i loro edifici. E' come se il cemento che usate oggi fosse di natura cristallina.

D: *Sei in città, dove poter osservare e guardarti intorno?*
P: C'è un'attitudine riluttante ad avvicinarmi alla città. Perché coloro che non erano dell'energia più elevato non erano benvenuti, perché avrebbero subito considerevoli danni fisici e spirituali. Il livello energetico di questa citta era tale che avrebbe sovraccaricato coloro che non sapevano come canalizzare questa energia. E quindi osserviamo da una certa distanza come precauzione. Perché l'energia è troppo potente per cercare di canalizzarla in questo momento.

D: *Grazie per avermelo detto. Non vogliamo fare nulla che ti possa recare alcun danno. Riesci a raccogliere informazioni osservando da questa distanza?*
P: Corretto. Sul perimetro ci sono individui consapevoli della nostra presenza che possono canalizzare queste informazioni per noi senza causare alcun tipo di disturbo fisico al veicolo. Ci sono individui che possono vedere con gli occhi della loro mente che c'è qualcosa da imparare da questo contatto. E cosi viaggerebbero verso questa città, attratti da qualche forza invisibile che li attira in

quest'area. Arriviti, percepirebbero intuitivamente la connessione con coloro che erano gli Osservatori della Verità. Costoro contatterebbero questi individui e la loro comunione produrrà e determinerà ciò che è vero per gli individui che stanno cercando.

D: Ma noi in realtà siamo del futuro. Sono abituati a parlare alla gente di diversi tempi?

P: C'è sempre la possibilità di colmare ciò che si chiama la barriere del tempo, perché nel senso più profondo non c'è nessuna barriera. E' sempre possibile connettersi con coloro che sono di questo ordine superiore, meramente attraverso il pensiero. Non ci sono barriere al pensiero. Sono molto soddisfatti che tu stia cercando di fare questo, perché è l'ordine di pensiero superiore che ti permettere di farlo. Se non fosse cosi, allora non ti sarebbe permesso.

D: Si, sono sempre alla ricerca di conoscenza. Allora se resti lontano e ti senti più protetto ed al sicuro, vorrei fare qualche domanda a riguardo della città.

P: Verrà offerta la conoscenza che è sicura per il veicolo coinvolto e per la missione in generale, come la chiamereste voi. Cioè di portare queste informazioni nel vostro periodo di tempo.

D: Se l'energia di questa città era cosi potente, cosa mi dici della gente che non viveva lì, gli era permesso entrare?

P: Come abbiamo detto precedentemente, c'erano coloro che cercavano di avvicinarsi alla città. Tuttavia, il livello d'energia era tale che intuitivamente non si avvicinavano ulteriormente, perché potevano comprendere che era un'area limitata. La consapevolezza di ciò che è ad un livello superiore gli avrebbe detto che non avevano bisogno di avvicinarsi ulteriormente, altrimenti avrebbero portato danno al loro essere. Era una consapevolezza innata ed intuitiva. Non c'era bisogno di guardie o centurioni, perché la consapevolezza era tale che coloro che erano adatti ad avvicinarsi non sentivano la necessità di andarsene. Era una misura di sicurezza automatica, che allontanava coloro che non erano di natura superiore.

D: Questa è l'unica città di questo tipo in quel periodo di tempo?

P: E' una tra tante. Ognuna era unica nello specifico aspetto della sua energia. La conoscenza e il livello della gente è in qualche maniera unico. Tuttavia, le città in generale erano molto simili, nel senso che questo tipo di manifestazione, i livelli d'energia prevalenti in ogni cosa, erano comuni.

D: Quindi ognuna di queste città era utilizzata per scopi diversi?

P: Esattamente, perché c'era l'educazione relativa alle nature fisiche, gli elementi della personalità, per esempio. E c'era la consapevolezza di natura spirituale, gli elementi della spiritualità. C'erano città che integravano queste cose.

D: Per quale tipologie veniva usata questa città?

P: Questa era della salute e della natura, o della consapevolezza che combina ciò che è spirituale e fisico al fine di mantenere salute ed armonia fisica e consapevolezza spirituale.

D: Possono darti qualche informazione riguardo agli edifici? Avevi detto che erano fatti di cristalli.

P: Nella costruzione utilizzavano una polvere di natura cristallina che aveva l'apparenza di cristalli separati, individuali. Era come se l'edificio stesso fosse fatto di materiali cristallini, tali che l'edificio in totale sarebbe diventato un ricettore cristallino.

D: Inizialmente pensavo che fossero fatti interamente di enormi cristalli.

P: No, erano polverizzati, in modo che ogni granello individuale fosse di natura cristallina.

D: Infatti, non pensavo che si potessero trovare cristalli cosi grandi. Ma questa polvere veniva mescolata con qualcosa per fare i muri?

P: Esattamente. Erano mescolati con una base o una malta che li cementava in forma solida. Venivano versati in una forma rigida finché non si indurivano. Erano auto riscaldanti, nel senso che l'energia emessa era della temperatura del sole che scintillava su di loro a mezzo giorno.

D: Erano grandi costruzioni?

P: C'erano strutture che s'innalzavano diverse decine di piani, forse anche trenta piani, se necessario. Avevano la conoscenza necessaria per costruire questi edifici. C'era commercio e industria e poi c'erano gli uffici, per cosi dire. La cui conoscenza ed informazioni venivano assimilate e distribuite, proprio come fate voi nella vostra società oggi giorno.

D: Quindi tutte le strutture in questa città sono costruite dello stesso materiale.

P: L'intera città in toto, cosicché l'intera città e i suoi abitanti fossero irradiati da questa energia.

D: Ma le città normali sul pianeta non erano costruite di questo materiale?

P: Le città minori erano costruite con forme comuni di materiali, come le argille e le pietre e i legni che erano prevalenti.

Questo sembrava molto simile alla città che aveva visto Brenda.

D: *Questo spiega perché questa città emettesse un diverso livello d'energia.*
P: Esattamente. Era come se la città stessa riflettesse il superiore carattere mentale di quegli inabitati.

Descrisse gli arredamenti, ma erano fatti di materiali simili a quelli che usiamo oggi. Inoltre non c'era nulla d'insolito riguardo alle persone e i loro vestiti, eccetto che vestivano principalmente tuniche e toghe.

P: Anche l'illuminazione veniva fatta con l'energia dei cristalli, tale che i cristalli per l'illuminazione sprigionavano un'energia luminosa, che era di un colore blu. All'epoca c'erano cristalli che quando eccitati attraverso energie cosmiche sprigionavano o traducevano quella energia in luce fisica. Semplicemente erano dei trasduttori energetici.
D: *Anche i pavimenti e i muri erano di questo materiale cristallino?*
P: Esattamente. Era come se l'intera città fosse costruita di questo materiale.
D: *C'è qualche altro tipo di veicolo a parte quello cha hai visto in cielo?*
P: Ce ne sono molti che aiutano con il trasporto. Molti di tipologia utilitaria, all'opposto della natura dei trasporti. Perché per l'edilizia e le ricostruzioni era necessario spostare grandi carichi di materiali per lunghe distanze.
D: *Puoi descrivermi quelli che sono utilizzati per i trasporti?*
P: Potrebbero essere descritti in apparenza come delle navicelle. Qui facciamo riferimento al veicolo per due individui presentato prima. Un po' ovale se visto da sotto ed un po' più largo dietro, rispetto alla parte anteriore. C'era una zona anteriormente in cui si sedevano le persone. C'era una zona dove si sedevano per osservare le aree circostanti, inferiori e superiori. Non c'era bisogno in quel periodo di trasmissione meccanica per attrito, come avete voi adesso. Era piuttosto di natura levitativa, potenziata attraverso i cristalli. Era necessario incrementare la quantità di energia espressa per poter compensare l'aumento del carico. La distribuzione dei cristalli di propulsione poteva essere in multipli, che permettevano un'uscita combinata, che sarebbe stata sufficiente per spingere quel carico.
D: *Vorresti dire che c'erano diversi cristalli più piccoli a seconda del carico che doveva tirare o propellere?*
P: Esattamente. Ce n'erano diversi di un tipo comune di cristallo,

distribuiti con un design che permetteva una produzione energetica totale, multipla a quella di un cristallo singolo. Questi cristalli in generale si manifestavano naturalmente. Tuttavia, erano stati prodotti secondo certe specifiche, che permettevano di dirigere l'uscita energetica.

D: *Avevi detto che erano energizzati da raggi d'energia che erano proiettati da qualche parte, come delle autostrade?*

P: Esattamente. Per trasporti di lunga distanza, c'erano dei fari d'energia cristallina. Irradiavano energia cristallina che si allineavano per permettere al sentiero di raggiungere un altro faro, che sarebbe stazionato ad un punto in lontananza. Bastava semplicemente allineare la propria astronave o veicolo lungo questi fasci d'energia. E poi farsi condure o propellere verso questi fari. Era necessario ridirigere l'energia, per poter andare avanti o indietro da un punto all'altro. Era solo una questo di arrangiare i cristalli, le unità di propulsione, cosicché la propulsione avvenisse in una direzione o l'altra. I raggi o i fari erano abbastanza larghi da permettere a multiple navi di viaggiare anche in direzioni opposte, simultaneamente, lungo questi raggi. Non era, come qualcuno ha interpretato, un raggio stretto e ridotto, ma largo e generico.

D: *Quindi questi fari erano messi in diversi luoghi sul pianeta?*

P: Non tanto sul pianeta, perché la conoscenza e consapevolezza necessaria per utilizzare questa forma di trasporto non era prevalente ovunque. Erano in tutto il continente in diversi luoghi strategici o importanti, non era casuale. C'erano quelle aree che avevano bisogno di questi fari e alcune aree che non ne avevano bisogno.

D: *Quindi i veicoli in questa città funzionavano diversamente?*

P: C'era energia disponibile in tutta la città quindi non c'era bisogno di fari o raggi. L'energia disponibile nell'atmosfera circostante o l'energia ambientale era sufficiente per permettere il volo di queste navicelle in qualsiasi direzione desiderassero gli occupanti.

D: *Erano in grado d'attingere all'energia prodotta dai cristalli negli edifici e dalla città stessa.*

P: Esattamente.

D: *Quindi se volevi uscire dalla città dovei usare l'altro tipo di veicolo.*

P: Esattamente.

D: *Cosa mi dici della comunicazione all'interno della città?*

P: Era di natura telepatica. Non c'era bisogno di telefoni come li vediamo oggi. Gli abitanti erano naturalmente molto telepatici, erano consapevoli e comunicavano con chiunque volessero in qualsiasi momento. Tuttavia, c'erano ciò che chiameremmo "macchine", erano simili ai vostri computer. Erano dei distributori ed accumulatori di conoscenza ed informazioni. Erano utilizzati principalmente all'interno della città, per comunicazioni d'informazioni più accurate.

D: La gente era in grado di comunicare telepaticamente su lunga distanza?

P: Proprio cosi. C'erano coloro che potevano comunicare tra diverse zone del pianeta. Non c'era bisogno di forme artificiali di comunicazione. Non c'era nemmeno bisogno di limitarsi solo al pianeta, perché avevano la capacità di comunicare con coloro che erano su pianeti piuttosto distanti, solo attraverso la telepatia. Questo tipo di comunicazione è ancora disponibile oggi giorno, se fosse riconosciuto come tale.

D: Riattivata, in una certa misura.

P: Esatto.

D: Tutti sul pianeta avevano la capacità di comunicare?

P: No. Perché c'erano coloro a cui non interessava. Forse non sentivano le necessità di comunicare cosi e non erano interessati ad imparare ciò che era necessario per permettere questo tipo di comunicazione.

D: Quindi l'intero pianeta non era cosi altamente evoluto.

P: Esatto. C'erano quelli che desideravano la dedizione e la conoscenza che avrebbe permesso questa comunicazione. La comunicazione non era il punto focale della ricerca della conoscenza. Non era il fine dei mezzi.

D: Perché comunicavano con altri pianeti?

P: Venivano condivise informazioni che permettevano una comprensione superiore di se stessi, riguardo al proprio se ed agli altri. Era stata resa disponibile grazie al progresso della consapevolezza sociale degli abitanti. Una comprensione completa delle funzioni sociali a livello planetario.

D: La gente degli altri pianeti li contattavano quando si erano evoluti al giusto livello?

P: No. Era semplicemente una questione d'evoluzione di consapevolezza, tale che la consapevolezza di coloro che erano sul pianeta presto raggiunse un livello al quale erano consapevoli di molto altro, oltre alla loro specie, sul loro pianeta. La loro consapevolezza si allargava ed aumentava fino a permettergli di comunicare tra altri pianeti.

D: Avevano anche un contatto fisico con la gente da altri pianeti?

P: Si, come abbiamo visto precedentemente. Gli era data la possibilità

di comunicare direttamente o incontrare in persona coloro che erano di altra natura.
D: Si, avevi detto che a certi individui era permesso uscire dall'atmosfera.
P: Esattamente.
D: Anche la gente di altri pianeti veniva qui?
P: Esattamente. Perché c'era la percezione che uno scambio di conoscenza sarebbe stato benefico per entrambi i lati. In questo modo la loro educazione era più completa e radicata.
D: Sa se questa comunicazione andava avanti da lungo tempo, prima che ne fossero consapevoli?
P: In altra zone dell'universo c'erano comunicazione fin da prima della nascita del pianeta. Tuttavia, la consapevolezza raggiunta da quella specifica parte della popolazione permetteva la comunicazione tra di loro e quelli di altri pianeti.
D: Ero curiosa di sapere se la gente di altri pianeti fosse venuta sulla Terra, per modo di dire, prima che gli abitanti se ne accorgessero.
P: C'erano, per molto tempo prima dell'incarnazione degli Atlantidei, visite che permettevano l'esistenza di una consapevolezza del pianeta in altre aree dell'universo. Non era ignoto che il pianeta si stesse evolvendo in questo modo. E si vedeva che l'evoluzione era tale che prima o poi ci sarebbero state forme di comunicazione telepatiche tra gli esseri lasciati su pianeti (che non viaggiavano) gli abitanti di pianeti di nuova evoluzione.
D: C'erano altre tipologie di macchine in quella città?
P: C'erano macchine per la comunicazione e anche quelle per la raccolta ed immagazzinaggio delle informazioni. C'erano macchinari che assicuravano un certo livello di agio all'interno degli edifici. C'era il macchinario per preservare, cosicché il cibo, gli articoli d'abbigliamento e simili, rimanessero intatti, puliti e in ottima condizione.
D: Questa è una parola interessate "macchinari di preservazione." Sto pensando ai nostri frigoriferi. Ma non poteva essere, visto che stavi parlando di vestiario.
P: Qui stiamo parlando in categorie più ampie e non solo di un singolo concetto. Il concetto infatti, è molto simile a quello del frigorifero e della macchina lavatrice che sono cosi comuni nella vostra società attuale.
D: Quindi, presumo che c'è sempre stata la necessità di queste cose.
P: Esattamente. La necessità di pulizia e preservazione è stata prevalente nell'uomo per molti secoli.

D: *Ci sono animali dentro alla città?*
P: Non ritenevano appropriato in questa città di cristallo che fosse permesso agli animali di girare liberi per le strade, come era comune in altre aree del continente in quel periodo. Gli animali non sarebbero stati in grado di adattarsi al tremendo potere energetico della città.

D: *La durate della vita della gente era circa come la nostra?*
P: Era un po' più corta dello standard comune in questo periodo di tempo. Tuttavia, non a causa di cattiva salute. Vivere in questa energia in qualche maniera riduce l'aspettativa di vita. Tuttavia, l'accumulazione di conoscenza era tale che uno poteva imparare in molto meno tempo ciò che avrebbe potuto richiedere molti, molti anni in susseguenti vite passate inferiori. Era come se i processi educativi fossero velocizzati. Vivendo con le energie i corpi fisici erano utilizzati maggiormente e velocemente rispetto a quelli che vivevano al di fuori delle energie. Le malattie e la cattiva salute prevalenti in altre aree del pianeta, in gran parte, non esistevano in quello specifico tipo di città.

D: *Quindi il resto della gente sul pianeta aveva una vita diversa rispetto a coloro che vivevano in questa città.*
P: Esattamente. Coloro che vivevano nelle città energetiche avevano una vita un po' più corta rispetto a ciò che era considerata la media Possibilmente la media era tra i quaranta e cinquant'anni. Coloro che vivevano all'esterno che facevano parte di un ordine superiore ed erano consapevoli della pulizia e della dieta potevano aspettarsi di vivere fino ai sessanta e settanta. Tuttavia, c'erano coloro che era primitivi, la cui vita era molto inferiore.

D: *Presumo che tutto questo avesse anche a che fare con avanzamenti medici.*
P: Esattamente. Era semplicemente il livello di consapevolezza a dettare l'aspettativa di vita.

Decisi di concludere la seduta, sentivo che avevamo imparato abbastanza riguardo alla città di cristallo. Chiesi se potevo tornare in un altro momento e ricevere informazioni riguardo alla loro conoscenza e alle loro abilità.

P: Cercheremo di darti ciò che è più appropriato in quel momento. Speriamo che tu comprenda come il fattore di appropriatezza sia la linea guida in ognuna di queste sedute. Perché ciò che potrebbe essere appropriato in una seduta, potrebbe non esserlo nella

successiva.
D: Dipende forse dal tipo d'energia che risponde alle domande?
P: Dipende dall'energia dell'intera situazione, perché ci sono molti partecipanti in questo sforzo, non il tuo sforzo, che ha un effetto sull'intera operazione. E' questa somma totale delle condizioni delle energie che costituisce il fattore di appropriatezza. Lo proteggeremo nei suoi sforzi di comprendere se stesso e la sua vita, che come sempre può essere molto distinta e separata. Perché spesso la gente sente di essere, ciò che vive. Mentre in realtà la propria vita non è altro che un'estensione del proprio se'. Il proprio se' può diventare piuttosto separato dalla propria vita. Qui definire la vita dal punto di vita sociale, culturale e non in un senso fisico. L'esperienza di vivere allora diventa la propria vita. E cosi uno filtra attraverso questo concetto di vita quelle esperienze che sono l'esperienza stessa della vita.

Questa era una seduta difficile per me. Sembrava che ci fosse un'energia che emanava da Phil anche se non era nelle vicinanze della città. Mi diede un po' di mal di test e disturbò il mio modo di pensare e porre domande. Trovai difficile concentrarmi e fare domande. Inoltre fu strano che quando me ne andai da questa seduta, per andare verso l'appartamento di John per una seduta sul materiale di Nostradamus, feci un'altra strana esperienza. Questo era il giorno in cui il malefico Imam mi aveva attaccato con la sua energia (incidente riportato in Nostradamus Volume II). Due occasioni in un giorno d'essere esposta ad uno strano tipo d'energia. Coincidenza?

* * *

Altre information provennero da Phil durante un'altra seduta durante la quale facevo domande riguardo ai misteri della Terra.

D: Sto cercando di raccogliere le ultime informazioni riguardo alla storia di Atlantide. Dissero che la gente di Atlantide aveva sviluppato una grande abilità mentale. Potevano fare molte cose con la loro mente che sono impossibili per la gente del nostro tempo. Puoi parlarmi delle abilità che la gente di Atlantide aveva a livello mentale?
P: Esistono cose che erano più apparenti a coloro che voi chiamate gli Atlantidei. La gente era più connessa al respiro dell'esistenza ed erano in grado di percepire di più. I talenti di questi individui erano

molto più motivati da un desiderio d'imparare, piuttosto che da un desiderio di guadagnare. Che è ciò che si trova nella vostra società in questo periodo di tempo.

D: *Cosa potevano fare che noi non possiamo fare oggi giorno?*

P: Non c'è nulla che facevano allora che non potrebbe essere fatto oggi giorno. Tuttavia, la motivazione forse è assente nella maggioranza delle persone che vediamo sul vostro pianeta in questo momento. Sono in molti che stanno cercando di riacquisire quella conoscenza persa.

D: *Ma quali poteri avevano che noi abbiamo perso?*

P: L'abilità di metamorfizzare è stata dimenticata ed è caduta in disuso. Questa era la capacità di cambiare la propria esistenza da un particolare essere ad un altro. Si tratta semplicemente d'una questione di riassemblare la propria struttura atomica per identificarsi più similmente con un altro già identificato e stabilito gruppo di armonie atomiche. La capacità di farlo ha molto a che fare con l'accettazione di modelli di vita che sono oltre a ciò che si conosce oggi. Il concetto è che nella formazioni di un pianeta fisico ci sono contratti tra energie che costituiscono questo pianeta, secondo i quali queste e quelle energie saranno cosi e cosa. E altre energie invece saranno cosi e cosi. Ci si accorda che le rocce saranno rocce e gli alberi saranno alberi. Questo in armonia con i desideri e le necessità delle energie individuali. Tuttavia ci sono coloro che hanno l'abilità di cambiare la propria realtà convenzionale per potersi rimodellare come un'altra creatura o realtà. Questa non è una trasgressione della legge universale, ma solo un'applicazione della legge universale. Molte persone del vostro pianeta oggi giorno, hanno l'abilità di farlo, ma hanno paura di questo talento. Ne sono consapevoli e sanno come farlo. Ma sono limitati da molte tipologie di paura e costrizioni di lealtà, quindi si rifiutano di riconoscere l'esistenza di questi talenti. Tuttavia in Atlantide era una cosa comune.

Questa era la prima volte che sentivo parlare di questo concetto al di fuori di qualche versione Holliwoodiana. Volevo dei chiarimenti.

D: *Vorresti dire che invece dello spirito che entra nel corpo di un animale, gli bastava trasformare lo loro corpo di umani nella forma di un animale e poi ritrasformarsi?*

P: Esattamente. Semplicemente era un rimodellamento dell'armonia generale di una particolare esistenza. Tale che allora diventa un'altra tipo d'esistenza differente. Sono vibrazioni differenti. Cambiare la propria vibrazione da quella di un albero a quella di una pietra sarebbe semplicemente una questione di adattamento. Ci sono quelle entità che possono farlo volontariamente, per qualsiasi scopo. Tuttavia, si scoprì che durante il periodo di Atlantide, prima della distruzione, molti utilizzavano questo talento ed abilità per causare molta distruzione e danni. Non solo a coloro che li circondavano, ma anche a loro stessi. L'ordine superiore e l'armonia di questa abilità venne scartato in favore di interessi e guadagni personali. E così il talento venne perso.

D: *Per quale motivo qualcuno avrebbe voluto farlo? Più o meno sembra quasi come un gioco.*

P: Non ci sono giochi della vita che non insegnano. Tuttavia, ci sono alcuni "giochi" che si possono fare in modo malsano e maligno. A quel punto si poteva vedere che erano giochi che portavano alla morte ed alla distruzione. Questi giochi, allora stavano diventando dei rischi per gli individui coinvolti.

D: *Ma come poteva la metamorfosi, il cambiare da una forma all'altra causare morte e distruzione?*

P: L'atto dell'inganno e del tradimento non era sconosciuto in quei tempi. Quindi puoi vedere apparentemente che la malizia regnava su una civilizzazione a causa di coloro che potevano trasformarsi in un'altra persona ed imitarla. Perfino nella tua vita se potessi rappresentare te stessa come qualcun altro faresti degli scherzi sotto forma di quella persona. Quando si estende tutto questo al livello di incrociare le personalizzazioni tra una specie e l'altra, allora in molti diventerebbero confusi sulla loro vera identità. Non saprebbero più chi e cosa fossero veramente.

D: *Quindi stai dicendo che lo facevano con gli scopi sbagliati.*

P: Esattamente. Gli scopi per cui gli venivano dati questi talenti erano stati scartati ad una velocità allarmante. E così si vedeva che questa abilità doveva necessariamente essere rimossa, al fine di prevenire la completa distruzione della civilizzazione intera.

D: *Questo è connesso forse con le leggende dei metà-umani e metà-animali?*

P: Esattamente. Minotauri, per esempio. C'erano coloro che si trasformavano in ciò che era diventato uno e tuttavia mantenevano l'aspetto di ciò che era altro. A quel punto erano confusi riguardo alle loro due identità, riguardo a ciò che fossero veramente e così trattenevano entrambe. Quest'abilità poi andò degenerando in una confusione di identità di entrambe the realtà o esistenze, tale che c'era il pericolo della perdita generale dell'identità di tutte le specie. Alla fine videro che questa abilità di cambiamento non era permissibile.

D: *Ho sentito che facevano queste cose ad altre persone senza il loro permesso.*

P: Per riuscire a fare questo, era necessario che la consapevolezza dell'individuo sapesse, non solo ciò da cui proveniva, ma anche ciò verso cui andava. Quindi necessariamente ci doveva essere la consapevolezza attiva di questo processo, per riuscire a portarlo a termine. Vediamo che c'erano casi in cui venivano date istruzioni su come cambiare questo individuo in quella figura. E poi venivano date altre istruzioni su come cambiare quell'individuo in un altro, cosi che l'identità originaria andava perduta. Avevano visto che questo era il modo di rimuovere qualcuno dalla scena, per modo di dire, per cambiarlo in qualcosa che era meno preoccupante o più neutrale.

D: *Ma questi davvero va contro alle leggi morali e anche alle leggi universali.*

P: Ovviamente, la tecnica era in linea con le leggi. Non sarebbe stato possibile farlo, se non fosse stata una legge già stabilità. Il fatto che fosse possibile, suggerisce che era già stabilita come una legge. Le implicazioni morali di queste azioni erano tuttavia in diretto conflitto con il carattere dato a questo pianeta al momento della distribuzione della vita, in tal senso che l'avanzamento della razza sarebbe migliorato e non peggiorato. Questo mutamento incrociato venne visto come qualcosa che peggiorava il progresso e quindi venne eliminato.

D: *C'era qualcos'altro che erano in grado di fare con le loro menti, che abbiamo perso o che non abbiamo sviluppato in questo momento?*

P: C'erano molti, molti diversi talenti, come li chiami tu. Tuttavia, sono solo riconoscimenti di verità universali. Col tempo, verrà data ancora una volta la consapevolezza e le capacità di riconoscere e usare queste realtà – per mancanza di termini migliori.

D: *Questa era una delle cose che ho sentito, che iniziarono ad abusare delle loro abilità e delle leggi dell'universo. Quella era una delle ragioni per cui dovettero fermarli.*

P: Esattamente.

* * *

Questa porzione venne da un'altra seduta e non sono sicura se parli dello stesso argomento o no.

D: *Una volta mentre stavamo parlando, dissero che agli inizi quando gli spiriti iniziarono ad arrivare sulla Terra per abitare in corpi, entrarono nei corpi di animali. E credo che tu mi abbia detto che non gli era più permesso farlo. Era forse successo qualcosa? Perché non gli era più permesso?*

P: Gli venne data l'opportunità di fare l'esperienza di ciò che chiamate, una trasmigrazione. O forse, più semplicemente, l'impianto di coscienza e consapevolezza in corpi animali, cosicché un animale allora possa percepire ed avere la consapevolezza di, ciò che chiamata, coscienza umana.

D: *Vorresti dire che gli animali erano più consapevoli di quello che sono in questo momento?*

P: Intendiamo solo che i corpi animali a quel tempo, avevano la consapevolezza e coscienza dei corpi animali che voi chiamate "umani". Non è che gli animali stessi vennero trasformati, parlando da un punto di riferimento strettamente fisico. Tuttavia, la coscienza, la consapevolezza, che è distinta tra animali e umani, a quel tempo venne data agli animali. Era semplicemente il permesso d'integrare la consapevolezza in un corpo animale.

D: *Questo fece comportare gli animali diversamente?*

P: Da un punto di vista prettamente spirituale, la consapevolezza non era poi cosi trasformata, ma venne dato il permesso di sperimentare l'inabitazione di un corpo animale o di una diversa forma. Sarebbe come se alla tua coscienza fosse permesso di entrare in quella di un animale. Tu, la tua coscienza, non saresti poi cosi trasformato. Manterresti la tua identità. Tuttavia, l'espressione del tuo fisico sarebbe differente. In questo modo saresti consapevole all'interno di un corpo animale.

D: *Saresti limitato da ciò che l'animale potrebbe fare.*

P: A causa delle limitazioni del veicolo animale, esattamente.

D: *Ho fatto domande a proposito della forza vitale che dimora negli animali oggi giorno e mi è stato detto che è diversa.*

P: Esattamente. Non è cosi consapevole o percettiva, o allo stesso livello dell'intelligenza che tu stessa abiti. In se stesso è un animale o una forza vitale, tuttavia, non è della stessa energia della coscienza che porti tu.

D: *Quindi durante quei tempi alle origini era diverso?*

P: Non era cosi diversa dall'intelligenza che abita il tuo corpo animale.

Semplicemente, in quel periodo venne data l'intelligenza a più di un tipo di corpo fisico.

D: *Quindi questa era solo una forma di sperimentazione?*

P: Esattamente. C'è sempre, nel regno dell'esperienza, la necessità per ciò che è nuovo e ciò che non è stato fatto prima. Quindi, venne permesso. Coloro che all'epoca gestivano il pianeta, permisero queste trasmigrazioni, per permettere a quelle intelligenza di sperimentare la vita in un ambiente fisico attraverso molte diverse espressioni fisiche. Si vide che questo poteva aumentare la capacità di esprimere se stessi nel fisico o a livello fisico. Le abilità d'espressione aggiuntive avrebbero aumentato le capacità dell'intelligenza di – facciamo fatica a tradurre, perché non ci sono concetti a questo livello. Tuttavia, l'intento dell'espressione era di imparare.

D: *Quindi questo stava succedendo quando gli spiriti inizialmente vennero sulla Terra?*

P: Non esatto, perché accadde ben dopo l'inseminazione originale del pianeta. Tuttavia, era uno stadio di avanzata abitazione del pianeta, nell'esperienza Atlantoidea, durante la quale c'era un alto grado di consapevolezza delle forze vitali.

D: *Stavo pensando che forse non c'era alcun umano quando facevano queste cose e c'erano sono animali.*

P: Non è corretto. Perché non ci sarebbe stata l'abilità di trasmigrare in questo modo, se non ci fosse stato lo sviluppo umano precedente a questo. Cioè l'esperienza dell'incarnazione umana.

D: *Quindi a quel tempo, avevi detto che gli Atlantidei erano più consapevoli?*

P: Esattamente. Erano estremamente consapevoli della forza vita e delle implicazioni delle forze vitali in animali o corpi fisici. Era come se questa fosse una scienza portata ad un livello elevato. E quindi gli venne permesso di sperimentare con più veicoli, di comprendere meglio questo fenomeno dell'intelligenza o consapevolezza abitante il corpo animale. Questi eventi furono possibili solo perche permessi. Tuttavia ci furono abusi e perversioni, fino al punto che le espressioni animali stavano infangando le acque delle piscine genetiche. Stavano creando disturbi nell'armonia dell'espressione fisica. Se questo esperimento fosse rimasto al codice morale più elevato, avrebbe permesso molte delle espressioni d'intelligenza più elevate in molte delle diverse forme di vita animale. Tuttavia l'introduzione di disarmonie in questo esperimento, lo condannarono al fallimento.

D: *Una cosa che sto cercando di comprendere. Morivano e poi entravano nel corpo animale o riuscivano a farlo mentre erano nel corpo umano?*
P: Si poteva fare simultaneamente. Perché dimostrarono che la consapevolezza poteva migrare da un veicolo ad un altro. Era come se uno stesse meditando e rimuovesse se stesso dal suo corpo per rimettersi nel corpo fisico di un altro animale.
D: *Stavo pensando che se lo stessero facendo come un esperimento, allora sarebbero morti e sarebbero tornati come un animale; che è vera e propria trasmigrazione.*
P: C'erano esperienze in cui coloro che erano dall'altra parte, stavano assistendo coloro che erano ancora nel fisico. Cosi si potrebbe dire che c'erano situazioni in cui era permessa che avvenisse un incarnazione. Tuttavia, non era nel senso classico della rinascita, come succede qui adesso sul vostro pianeta.
D: *Quindi gli Atlantidei erano cosi sviluppati mentalmente ed intellettualmente, che facevano queste cose come fossero un esperimento.*
P: Sarebbe più appropriato dichiarare che erano molto più consapevoli, non tanto intellettualmente, quanto piuttosto di mente aperta. Perché qui sembra che ci sia una grossa distinzione. C'erano coloro che forse non erano dell'intelletto più elevato eppure erano molto consapevoli. E potevano esserci coloro che potevano essere di livello geniale, eppure erano molto ottusi eccetto per ciò che era pertinente ai cinque sensi. Non ci sono distinzioni qui riguardo a chi sia il migliore o del più alto risultato.
D: *Pensavo che forse fossero altamente sviluppati.*
P: Uno non ha bisogno di essere dipendente all'altro.
D: *Sto cercando di comprendere correttamente, quindi potrei dire cose che sembrano naïve. Ma ho l'impressone che stessero semplicemente giocando?*
P: Questo non è corretto, perché non c'era alcuna frivolezza in tutto questo. Era realmente uno sforzo serio da parte della scoperta. O per dirlo meglio: era una ricerca seria relativa alle conseguenze delle intelligenze che abitano la forma animale o la forma fisica.
D: *Ma erano in grado, più o meno, di proiettare la loro consapevolezza nell'animale; e poi potevano tornare ai loro corpi fisici quando volevano.*
P: In quelle situazione è stato cosi. Forse nella maggioranza delle situazioni erano una migrazione dell'intelligenza da una forma all'altra.

D: Questa era una completa migrazione?
P: E' esatto in alcune istanze. Tuttavia, ci sono differenze sottili che non possono essere totalmente condivise in questo momento. Percepiamo che c'è una mancanza di comprensione delle conseguenze fisiche della consapevolezza simultanea, su questo livello, in questo momento. Tuttavia, c'erano istanze in cui uno poteva decidere di lasciare il suo copro fisico, al fine di abitare ciò che era di natura diversa o inferiore.
D: Ma in questi casi non ritornavano al corpo originario.
P: Esattamente.
D: Il corpo originario non moriva?
P: Poteva per esempio essere abitato da un'altra o differente intelligenza. Era come se si scambiassero di posto.
D: Ma non era l'intelligenza animale ad entrare nell'umano. Non era una scambio di questo genere.
P: No, non cosi, perché tanto per cominciare, non c'era intelligenza nell'animale. Non c'è ciò che chiamereste un intelligenza animale. L'intelligenza era di natura spirituale e stava semplicemente provando nuove forme d'espressione fisica.

Apparentemente l'intelligenza doveva volerlo o desideralo. L'animale non era abbastanza avanzato d'avere la volontà o il desiderio si scambiare posto. Inoltre, mentre scoprivo in Between Death and Life lo spirito animale è diverso dallo spirito umano, perché è più uno spirito di gruppo, simile a colonia di formiche o un alveare di api.

D: Hai detto che questo creava disarmonia?
P: Esattamente, perché c'era l'integrazione di quelle diverse forme di vita in gruppi comuni. E quindi c'erano delle mutazioni. Era come se le vere forme o... troviamo questo concetto difficile da tradurre, perché non c'è una comprensione appropriata delle realtà delle forme di vita che abitano in corpi fisici, in questo momento. Perciò, dobbiamo utilizzare ciò che conoscete in questo momento: i blocchi che ci sono disponibili, per poter spiegare al meglio quello che percepiamo come la realtà ultima. In altre parole, utilizziamo la vostra conoscenza che avete a disposizione in questo momento. Tuttavia, sentiamo che potete vedere che l'immagine che vogliamo dipingere non è chiara come vorremmo che fosse. E quindi dobbiamo fare un sacrificio nella traduzione, per riuscire a trasmettere ciò che è più vicino alla nostra idea di verità. Chiediamo che comprendiate che non possiamo permettere che

venga tradotto se il risultato potrebbe portare ad un concetto falso o fuorviante. Quindi ci sono cose di cui non possiamo parlare, solo perché di fatto non c'è nulla con cui possiamo esprimerci a livello concettuale. Perché qualsiasi tentativo di esprimere questa base concettuale verrebbe tradotto in un'immagine piuttosto inadeguato o fuorviante, a causa della natura di ciò che è disponibile per esprimerla.

D: *Basta che facciate del vostro meglio. Apprezzo qualsiasi cosa che potete offrirmi al riguardo.*

P: Allora ti chiediamo di chiedere semplicemente ciò che vuoi sapere.

D: *Ma avevate detto che erano in grado di mutare i loro corpi...?*

P: I corpi mutavano, ma loro non mutavano. La distinzione qui è tra l'aspetto fisico e lo spirito. In altre parole, i corpi allora esprimevano o riflettevano ciò che è o era di natura spirituale. Perché si sa che il fisico è solo un riflesso dello spirito. Quindi, nel mescolare queste energie spirituali c'era la mutazione o il riflesso nel fisico di ciò che era nello spirito.

D: *Pensavo che dopo essere entrati, avrebbero potuto accoppiarsi con altri animali e questo era ciò che intendevate con mutazione.*

P: Esattamente. Tuttavia, è importante comprendere che la coabitazione non è il solo fattore determinante delle mutazioni. Se uno avesse sperimentato ed assimilato la forma di vita di un tipo di animale e poi fosse migrato nel veicolo di un'altra forma animale; allora nell'incrociare i confini distintivi dell'aspetto fisico, ci sarebbe stato un riporto delle proprietà o un'assimilazione da una forma alla successiva. E' proprio qui che si manifestarono queste mutazioni.

D: *Ho sentito che gli animali non possono accoppiarsi con un'altra specie. Pensavo che questo fosse ciò che intendevate con mutazioni.*

P: Qui cerchiamo di trasmettere l'idea che l'espressione fisica è solo un riflesso di ciò che è a livello spirituale. Quindi, dove metà di un riflesso viene mescolata con un'altra espressione, potresti vedere che il risultato potrebbe essere una mutazione.

D: *Quindi facendo questo, erano in grado di influenzare in qualche modo la genetica...?*

P: (Interrompendo.) Esattamente, perché la genetica è pienamente influenzata attraverso la parte spirituale. Potrebbe essere spiegato cosi, che l'espressione dell'uomo è un'espressione spirituale in natura. E la forma fisica che si manifesta attorno a questa espressione è semplicemente un riflesso di ciò che spiritualmente umano. E quindi, ne segue che questa forma umana si trova in molte diverse parti dell'universo, solo per il fatto che questa è un'espressione simile. La forma umana è espressa in forma umana che sia qui su questo pianeta o in qualsiasi altro pianeta. Ci sono altre espressioni, le espressioni che non sono umane, ma che sono consapevoli, se dovessero esprimersi su questo pianeta, si presenterebbero in modo piuttosto insolito e probabilmente spaventoso. Semplicemente, la forma umana è una forma di espressione fisica che esprime lo spirito nel fisico.

D: *Questo ci porta a due linee di domande. Potremmo essere in grado di coprirle entrambe, si potrebbero spiegare alcune delle leggende di strani esseri, metà-umani e metà-animali?*

P: Esattamente. Infatti esisteva questa espressione mista. L'infangarsi delle acque.

D: *Questo è ciò che intendevate con la disarmonia?*

P: Esattamente.

D: *Quindi queste erano creature fisiche vere.*

P: Esattamente. Erano rinnegati nella loro stessa società. Perché c'erano coloro che si ritenevano puri e discriminavano queste creature che definivano come espressioni "meno pure". Allora divennero quasi come una società di caste, come quella che trovate oggi in India. Ci sono quelli che sono considerati di natura superiore e quelli di natura inferiore.

D: *Allora quando queste forme apparvero, come metà-umani e metà-cavalli e tutti gli altri di questa natura, erano forse in grado di riprodursi?*

P: No, perché la loro non era una impronta genetica. Erano solo delle espressioni di ciò che era di natura spirituale e non una razza propria di esseri, come quelle che ci sono oggi. Ci sono quelle razze di esseri, che siano umani o animali.

D: *Quindi erano unici.*

P: Questo è corretto.

D: *Sembra che ci fossero così tante storie riguardo a diversi tipi.*

P: Anche questo è corretto. Perché erano in molti di più che delle singole migrazioni incrociate. Ci furono diversi eventi. Tuttavia, non erano "una razza" vera e propria di creature. Per spiegarlo ulteriormente, forse dobbiamo farti un breve discorso a proposito di questa consapevolezza d'integrazione spirituale. Nell'espressione fisica o umana, ci sono quelle energie che in sé e per sé sono di natura umana. Qui parliamo strettamente in senso spirituale, trascurando ogni tipo di componente fisica. Queste sono energie umane. Nella espressione fisica queste energie umane appaiono nel fisico come le conoscete, cioè in forma umana. La realtà qui è che il fisico è solo un'espressione di ciò che è spirituale. La forma umana, parlando del fisico, è solo un'espressione di quell'energia che è umana in natura. La forza vitale che è peculiarmente o particolarmente di natura umana si traduce a livello fisico nella forma umana. Ci sono quelle energie, come quella che chiamate "erba". Un filo d'erba è semplicemente una manifestazione fisica di quell'energia che ha la natura del filo d'erba. Quindi puoi vedere che ci sono diverse forme d'energia. E queste diverse forme d'energia si traducono diversamente a livello fisico. L'universo è fatto d'energia. L'universo fisico è solo un'espressione o traduzione di queste energie superiori. Quindi vedi, la realtà dell'universo è basata sull'energia spirituale. L'universo fisico non è altro che un'espressione o traduzione di ciò che è di natura spirituale. Quindi, quando qualcuno prende un'energia spirituale e la traduce in un'espressione fisica, si ha ciò che viene percepito come una forma fisica, che sta solo riflettendo o traducendo l'energia spirituale di cui è un contingente. Quindi quando ti guardi intorno e vedi queste forme fisiche, stai davvero guardando a delle semplici traduzioni o riflessi. Questi sono riflessi o traduzioni basate, o derivate da, quelle energie delle quali sono una componente o un riflesso. Quindi questa è trasmigrazione, quando si trova una miscellanea di queste energie. L'energia che è peculiarmente o particolarmente del cavallo mescolata con quella che è un'espressione umana. E quindi in queste mescolanze o incroci d'energia, l'espressione diventa naturalmente parte cavallo e parte umano.

D: *Allora in questo modo – state utilizzando il centauro come esempio – di solito sembrerebbero simili. E' per questo che abbiamo questa leggenda del metà-umano e metà-cavallo?*

P: Esattamente. Tuttavia, le proporzione dell'incrocio non erano consistenti. C'era l'accordo generale che questo fosse metà-umano e metà-cavallo. Tuttavia, non c'era alcuna legge o dettame richiedente che la parte umana si estendesse da dove il collo del cavallo finiva. Le espressioni non erano identiche in tutti i casi, tuttavia erano simili.

D: *Allora le leggende offrono una generalizzazione.*

P: Esatto.

D: *Quindi le storie di sirene e arpie: metà-uccelli e metà-donne, provenivano tutte da questi reali eventi.*

P: Esatto.
D: *Quindi a quel tempo queste creature vagano libere per la Terra, ma come dicevate: venivano discriminate.*
P: Non diremmo che vagavano per la Terra. Perché non erano dispersi in tutta la popolazione del pianeta. Erano infatti localizzati o segregati in quelle aree in cui la sperimentazione aveva luogo. In quelle aree dove la cultura aveva raggiunto uno stato di consapevolezza cosi alto, che erano in grado di manifestare questi esperimenti.
D: *Questa è la ragione per cui oggi si trovano queste leggende in, più o meno culture.*
P: Esatto. L'esperienza era nota a molti per tutta l'evoluzione del pianeta. Tuttavia, le attuali manifestazioni fisiche erano in qualche modo localizzate all'incarnazione Atlantoidea.
D: *Cosa mi dici delle storie di magia, in cui un individuo, un mago di qualche genere era in grado di trasformare la gente in animali?*
P: Probabilmente sarebbe piu adatto inserire queste idee nella zona della fantasia e del desiderio. Il desiderio di avere piu controllo sulla propria vita. Perche nel periodo di tempo in cui la magia era piuttosto prevalente nella consapevolezza umana, c'era il desiderio di avere piu controllo dell'ambiente fisico. E quindi queste storie davano credito alla possibilita' che la gente avesse infatti piu controllo del loro ambiente. Era semplicemente una manifestazione di un bisogno psicologico di esprimere la propria maestria sugli elementi. E quindi, nel narrare e credere a queste storie, queste persone le vivevano vicariamente. Allora potevano immaginare di avere un po' di questa magia e potevano essere un po' piu in controllo del loro ambiente fisico. Non è cosi diverso dall'osservare, in questo periodo di tempo, l'uso della scienza nel soggiogare ciò che è l'ambiente fisico. E' ancora una volta questo stesso tipo di necessità ad essere in controllo su quegli elementi.
D: *Cosi in questi casi in Atlantide, queste erano persone che volevano sperimentare quest'altro tipo di realtà.*
P: Esattamente.
D: *Poi avete detto che dopo di questo venne proibito?*
P: Si vedeva che tutto ciò causava più danni che benefici. Quindi venne decretato da quelle energie e livelli di energia molto superiori a coloro che erano al livello degli esperimenti, che per il bene della razza e per il bene di quegli individui, tutto questo fosse abolito.
D: *Quindi questo stava causando disagi allo spirito, l'energia, inabitante quei corpi? In qualche modo stava deformando la loro*

personalità o il loro stesso spirito.
P: Esattamente. A quel punto venne dato che – stiamo cercando una traduzione appropriata – come le mutazioni tornavano allo spirito, non gli sarebbe permesso alcun altra manifestazione del genere. Semplicemente non era una cosa permissibile a quel tempo e cosi questo divieto vige ancor oggi. Quel divieto però, potrebbe essere rimosso. Tuttavia, considerando le condizioni di questo pianeta in questo momento, ci sembra improbabile che avverrà mai in un futuro prossimo.
D: *Ma i ricordi sopravvissero dopo la distruzione di Atlantide ed è per questo che abbiamo queste leggende?*
P: Esatto. Erano narrate in racconti scritti che vennero tramandati alle generazioni successive e trasformati, nei secoli, fino a diventare leggende.
D: *Quelle deformazioni crearono altro karma per lo spirito?*
P: Forse se interpretiamo il karma come una deformazione o forse la deformazione potrebbe essere interpretata come karma. C'era la necessità di eliminare questa deformazione e riallineare le proprie energie. In questo senso allora lo si potrebbe vedere come karma. Perché sentiamo che nel tuo contesto, il karma rappresenta una deformazione o disarmonia delle energie, che devono essere allineate attraverso l'esperienza. Sentiamo che il concetto del karma, come viene compreso qui, non è dipinto accuratamente, perché non è un fattore di vendetta. Abbiamo la sensazione che la comprensione prevalente del karma in questo momento e' connessa ad un effetto di punizione o penitenza; e sentiamo che questa sia una percezione completamente errata. Semplicemente, nel generare ciò che chiamate "cattivo" karma, state gestendo energie che sono diventate disallineate o stonate. Quindi sentiamo che sarebbe più adeguato dire che quando uno sta raddrizzando il suo karma, sta infatti riallineando le sue energie.
D: *L'abuso di questo tipo di abilita faceva parte di ciò che portò alla caduta di Atlantide?*
P: Sarebbe più corretto dire che questo era un effetto delle condizioni che portarono alla caduta. Non che questo fosse in se stesso la causa diretta della caduta. Tuttavia, le condizioni presenti che causarono la caduta di questa cultura, avevano come un elemento o manifestazione, questo tipo di esperienza o condizione.
D: *C'era un'altra domanda che volevo fare, prima d'aver capito. Questa forza vitale, sembrava essere in grado di cambiare genetica l'apparenza dell'animale, attraverso la manipolazione dei geni o*

qualsiasi altro modo in cui veniva fatto. Questo significa che anche noi siamo in controllo delle nostra stessa struttura cellulare corporea?

P: Esatto. Dovresti comprendere che questo controllo nella maggior parte non è a livello cosciente. L'espressione fisica è un'accurata rappresentazione dell'energia che siete. Quindi non potete cambiare il vostro riflesso con il vostro libero arbitrio. Potete cambiare la vostra energia che poi produrrebbe un relativo cambiamento nel vostro riflesso. Tuttavia non potete cambiare il riflesso nello specchio. Potete cambiare la vostra apparenza, cioè, il vostro corpo e cosi il vostro riflesso cambierà allo stesso modo. Tuttavia, non puoi solo cambiare il riflesso e non cambiare ciò che causa il riflesso. E' importante comprendere che il fisico è solo un riflesso. Al fine di cambiare il riflesso, devi cambiare ciò che causa il riflesso.

D: *Vorreste dire che non possiamo cambiare la nostra apparenza fisica.*

P: Se vi fosse permesso di potere ancora una volta, come fu in passato, mescolare queste energie, allora sarebbe possibile Per esempio, mescolare l'energia di un filo d'erba con quella umana – se fosse permesso – l'effetto potrebbe essere un umano che ha fili d'erba invece che capelli.

D: *(Ridendo) Capisco da dove vengono tutte queste storie. Basta immaginare che queste cose siano possibili.*

P: Sono completamente possibili. Tuttavia, averne il permesso è qualcosa di totalmente diverso.

D: *Se avessimo controllo genetico potremmo cambiare la nostra apparenza per sembrare un essere umano diverso.*

P: Qui è importante comprendere che avrebbe poco valore cambiare il riflesso solo allo scopo di cambiare il riflesso. Il valore di questo esperimento sarebbe di unire le energie che causano il riflesso. Devi vedere che il vero valore sarebbe di un livello superiore che limitarsi semplicemente a creare riflessi interessanti.

* * *

Ho scoperto che durante la lunga esperienza di Atlantide la gente fu in grado di sviluppare la propria mente ad un livello molto superiore. Questo, in connessione con curiosità scientifica di scoprire ciò che era possibile portò la mescolanza delle specie perfino oltre. Questa gente avanzata scientificamente, sembrava che cercasse di decifrare i segreti stessi della creazione. Tutto questo sembra terribilmente simile al nostro presente. Forse questi esperimenti contorti erano radicati nella noia, dopo aver raggiunto il pinnacolo della scoperta di ciò che può fare la mente. Allora invece di utilizzarlo per scopi creativi e benefici, abusarono questi poteri in modo negativo.

Quando misi John in trance profonda era sempre in grado di accedere alla magnifica Biblioteca sul piano spirituale che si trova nel complesso del Tempio della Saggezza. La maggior parte delle informazioni che lui mi ha provvisto per i miei libri, proveniva da quegli archivi. Come sempre quando entriamo nell'edificio, veniamo accolti dal guardiano della Biblioteca che vuole conoscere le nostre intenzioni ed informarci delle restrizioni.

D: *Possiamo raccogliere informazioni dai volumi o qualsiasi cosa siano, relativi al continente di Atlantide?*
J: Si. Dice che hanno molta ricerca su Atlantide. Dice che puoi andare nel visualizzatore.
D: *Che cos'è?*
J: Mi sta portando in un'altra stanza, che è una stanza di visualizzazione. E' come se tu attirassi l'attenzione ad Atlantide e qualsiasi forma d'immagine si presenta. Sono sui muri.
D: *Come uno schermo sul muro?*
J: Non proprio come uno schermo. Ti circonda ed io sono nel mezzo mentre osservo. Oh, è questa bella, bella, bella città. E' oro. Sembra luminescente, come se la luce provenisse dai dentro ai muri della città. E' buio e ci sono le stelle. C'e questa bella luna piena. Sembra che sappiano come utilizzare l'energia della luna. E' molto bello. Sono circondato da questo scenario. Sto iniziando a vedere le persone. Mi sto avvicinando. La gente è proprio bella.

Do essere uscito dalla trance, disse che da lontano la città sembrava essere distribuita come una piramide. Una torre centrale o punto più elevato e il resto degli edifici che salivano gradualmente in altezza nel circondare o raggiungere quel punto. C'erano rampe che univano questi livelli.

D: *Puoi descrivermi la gente?*
J: Oh, sono come noi, ma sembrano delle stelle del cinema. Tutti hanno denti perfetti e bei capelli. Hanno sperimentato con diversi stili di capelli e colori e design.

Successivamente disse che i capelli erano di colori diversi in diverse parti, colori luminosi come uccelli: rossi, gialli, verdi e blue. I capelli erano intrecciati e piegati per creare diverse forme. Dissi che sarebbe simile allo stile punk attuale, ma lui obbiettò dicendo che non era cosi selvaggio. Era differente, appariscente, eppure a suo modo bello.

J: Sembra che indossino... toghe, se questa è la parola giusta. No, non toghe, vestono tuniche o abiti. Sono luminescenti. Cioè, i loro vestiti possono cambiare colore. E' come se meravigliosi spettri di colore fosse intrecciati nei tessuti, cosi sotto diverse luci emanano diversi colori. Guardi un tessuto e potrebbe sembrare rosa, ma se lo osserva da un'altra prospettiva, ti sembra blu pastello. Lo guardi ancora e ti sembra violetto. Cambia e scintilla. I vestiti sono assolutamente meravigliosi. Vedo che hanno diversi tipi di gioielli e ci sono cristalli nei gioielli.

D: *Cosa mi dici della città? Perché pensi che i muri irradino luce?*

J: Non so. Ci sono degli edifici davvero enormi. Alcuni sembrano la nostra versione di ciò che potrebbe essere un tempio Greco. Altri invece sembrano molto contemporanei del 20" secolo. Alcuni edifici hanno venti o trenta piani.

D: *Come salgono tutti qui piani?*

J: Ci sono delle rampe che si muovono. Sali su una rampa e sei dove hai bisogno d'andare. Sono rampe, ma sono difficile da descrivere. Vedi, questi edifici non sono costruiti come i nostri che hanno bisogno di ascensori. Sono costruiti in diversi stadi. (Fece fatica a descriverlo). I livelli inferiori sono sfalsati, questa e' la parola giusta. Questi edifici non sono solo un edificio. Sono diversi edifici che hanno rampe tra di loro. E queste rampe sono elettriche. Sono come scale mobili ma piatte. Ti portano velocemente in tutti questi posti dove devi andare.

D: *C'è qualche tipo di mezzo di trasporto nella città?*

J: Si. Ci sono molti trasporti. Ci sono aeroplani dalla forma di sigaro. E ci sono auto dalla forma di sigaro. Ma fondamentalmente usano molte di queste rampe per andare in giro per la città.

D: *Le auto sono come le nostre, con le ruote?*

J: No, non hanno ruote. Sono come degli hovercraft.

D: *Che combustibile usano?*

J: Sono potenziati dall'energia solare e dai cristalli. Energia solare filtrata attraverso i cristalli.

D: *Cosa mi dici degli aerei? Hanno le ali?*

J: No, non hanno ali. Non assomigliano per niente ai nostri. Infatti, sembrano degli enormi sigari. (Ridendo) E ci sono delle finestre lungo il mezzo. Sembra che la sorgente d'energia sia un enorme cristallo nella sua punta. Raccoglie l'energia da ciò che sembra una torre. E' come un ormeggio che aiuta il veicolo a salire e scendere. Quindi viene anche energizzato da questo palo d'ormeggio.
D: *Non poteva andare troppo lontano, se la sua energia proveniva da quello, giusto?*
J: Oh, può andare per migliaia di km. Immagazzina energia solare in questa batteria e questo è ciò che la nave utilizza.
D: *Hanno degli strumenti di comunicazione?*
J: La gente non ha bisogno di telefoni qui. Possono parlare telepaticamente.
D: *E per quanto riguarda la lunga distanza, all'esterno della città? Possono farlo nello stesso modo?*
J: Si. Non vedo radio o TV o roba del genere. Non ce n'è bisogno. Si, hanno forme di intrattenimento, come la musica. Ci sono delle arene. (Fece una pausa e poi improvvisamente sospirò.) Oddio! E' orribile! Sono persone davvero crudeli.

Questa era la prima indicazione che qualcosa era diverso. Fino a questo punto le sue descrizioni assomigliavano molto a quelle degli altri. Apparentemente non tutto era un paradiso. Come dicevo prima, Atlantide esistette per migliaia di anni e forse John stava vedendo com'era durante il periodo in cui iniziò a deteriorare. La gente e la città erano stupende e magnifiche, tuttavia questa apparenza nascondeva un oscuro ed orribile segreto.

J: Stanno accadendo cose profondamente crudeli. Sembrano delle persone che vengono attaccate a dei corpi animali. Li mettono in queste arene e li forzano a lottare tra di loro. Sono come le competizioni dei gladiatori Romani.
D: *Puoi descrivere queste creature?*
J: Posso vedere una creatura. E' un uomo, ma sembra un uomo nel mezzo della schiena di un cavallo. Ha quattro zampe e il torno di un uomo. Il torso è nel mezzo della schiena. Sembra quasi che sia stato trapiantato. E dove dovrebbe esserci la testa del cavallo, non c'è nulla.
D: *Penso di sapere di cosa stai parlando. (Sembrava che stesse descrivendo un centauro) Puoi descrivere le altre creature?*
J: Oh, c'è... sembra un giaguaro... la testa di un giaguaro e le gambe di

un umano. La parte posteriore è come quella di un corpo umano. Oh, è terribile! E' come se questi fossero rinnegati genetici. Sono estremamente crudeli verso di loro.

D: Ci sono solo queste due creature?

J: Oh, no, ce ne sono a decine. Direi che ce ne sono almeno cento o duecento. Sono tutti in questa arena. Stanno combattendo tra di loro ed è una battaglia mortale. La gente è li che osserva, non stanno applaudendo o gridando o altro. Per loro è solo divertente.

D: Riesci a vedere altre combinazioni di creature?

J: Si. C'è un'altra creature che sembra un toro. Ha le corna, il volto di un toro e il corpo di un toro ma dove dovrebbero esserci le sue gambe, ci sono gambe umane. Sono davvero grotteschi. Ce ne sono altri. C'è un coso che sembra un serpente e ha la testa d'uomo. E poi c'è... oh! Un animale che sembra una giraffa dalla testa umana.

Sembrava disturbato osservando queste strane creature.

D: Non voglio causarti alcun disagio con la mia curiosità.

J: No, non è disagio, è solo che questi erano errori genetici. Non possono riprodursi, quindi perché non lasciarli morire. E' come se fosse uno sport che questa gente osserva con piacere. Sono molto crudeli.

D: Stavo pensando che se erano telepatici, sarebbero dovuti essere più comprensivi e gentili. Ma non è cosi?

J: No. A dire il vero ho questa sensazione che sono molto, molto orgogliosi e discriminano le altre creature. Vedono tutte le altre specie della Terra, solo come bestie terribili.

D: Pensi che abbiamo raccolto tutte queste creature e le abbiano messe lì solo perché potessero combattere?

J: Questo lo fanno periodicamente, perché è come se possono sperimentare su un nuovo gruppo.

D: Queste creature hanno qualche arma o si limitano ad attaccarsi tra di loro? Sto pensando a dei gladiatori.

J: No, usano i loro istinti naturali. La gente si diverte ad osservare ma non applaudono, ne' mostrano alcuna espressione. Non gridano, ne mostrano alcun segno d'emozione. Gli piace osservare, per loro è un intrattenimento.

D: Sembra difficile comprendere qualcuno che si diverte e non mostra alcuna emozione.

J: Si, non mostrano alcuna emozione. E' cosi diverso. Questa gente davvero non è gentile. Voglio dire sono davvero freddi. Sono superiori. Hanno un vero e proprio disprezzo per altre forme di vita. Adesso stanno camminando nell'arena. Hanno qualcosa come delle pistole ma sono fatte di cristalli e le stanno puntando al centro del cuore di tutti questi animali che sono rimasti.

D: *Quelli che non si uccisero tra di loro?*

J: Si e li stanno uccidendo. C'è un raggio di luce che esce e mira diretto al centro del loro cuore. Sembra un laser, eccetto che è un raggio di luce, non un laser. (Con gemiti di disgusto.) Adesso mi portano in un altro luogo dove fanno questi animali. Questa gente è raccolto intorno ad un disegno. C'è un animale in un'altra stanza separata dalla loro e stanno visualizzando il volto di un uomo su questo animale. Stanno guardando il disegno di un animale con un volto umano e stanno manifestando questo volto sull'animale attraverso le loro menti. Si stanno concentrando su questo. E' per insegnargli come manifestare. C'è un animale vivente li dentro. Sembra un cane. E' molto doloroso per l'animale dover sopportare tutto questo. E' per questo che li considero crudeli. Ci sono quattro persone che fanno tutto questo: una donna e tre uomini. Ci vuole la loro attenzione combinata. Si stanno concentrando per mettere un volto umano su questo animale nell'altra stanza.

D: *E sono in grado di farlo solo con il potere della loro mente?*

J: Si. Sono in grado di concentrarsi cosi profondamente che accadrà. Ma la loro concentrazione è nel ristrutturare il volto dell'animale. Si concentrano sulla struttura cellulare del volto dell'animale e questo è molto doloroso per l'animale.

D: *Lo stanno facendo come un esercizio di controllo mentale?*

J: Beh, probabilmente. Ma stanno anche cercando di trovare qualche tipo di animale domestico, come i nostri cani e gatti. Un animale domestico che ha caratteristiche umane.

D: *C'è qualche macchinario o strumento nella stanza che li aiuta nel farlo?*

J: Si, c'è... sembra una sfera di cristallo. C'è una pietra, ma questa pietra è malleabile. Voglio dire è come gomma. Puoi piegarla e manipolarla. La pietra viene utilizzate all'interno della stanza.

D: *Questa pietra fa parte di una macchina?*

J: No. Viene utilizzato per la superficie della stanza. Invece di avere muri dipinti, sono coperti di pietra malleabili.

D: *Quindi i cristalli fanno parte di ciò che usano.*

J: Si, ci sono cristalli ovunque. Enormi, grandi cristalli e di diversi colori. Vedo un pannello di controllo con i cristalli. E poi la luce proviene da gruppi di cristalli stellari sul soffitto.

D: *C'è qualcuno che fa funzionare queste macchine?*
J: Lo fanno con le loro menti, ma si adattano ai cristalli.
D: *Non so se hai accesso a questa conoscenza o no, ma quando cambiano questo animale ad un mezzo-umano e messo-animale, questo influenza l'animale in qualche modo? Il modo in cui pensa ed agisce?*
J: Beh, l'animale lo odia perché soffre. E' davvero doloroso.
D: *Voglio dire, questo da all'animale più caratteristiche umane?*
J: Si, assume più caratteristiche umane, anche se non sono buone caratteristiche umane.
D: *Mi stavo chiedendo come questo avrebbe influenzato la forza vitale, lo spirito, per modo di dire, dell'animale.*
J: La ragione che gli fa sentire di poter sperimentare su questi animali, è solo perché li considerano una forma di vita inferiore e loro sono una forma di vita superiore. La loro attitudine verso il mondo animale è: "Noi siamo superiori, quindi possiamo fare ciò che vogliamo."
D: *Ma questo non rende l'animale meno inferiore quando lo fanno?*
J: No, non stanno cercando di evolvere l'animale. Non ritengono che l'animale abbia un'anima. Loro hanno l'anima e loro possono fare ciò che vogliono perché sono degli idei. E lo sono, sono degl'idei. Possono fare cosi tante cose. Possono creare e ristrutturare il volto di quel cane per farlo sembrare come quello di un umano.
D: *Ma senza alcuna ragione, giusto? Se poi li buttano nell'arena per uccidersi tra di loro.*
J: No, utilizzano alcune di queste creature come servi. Credono che siano una forma di vita inferiore, quindi per loro è giusto.
D: *Volevano solo che apparissero più umani. Sembra quasi che lo facessero per gioco.*
J: (Acrucciò la fronte) Non penso che lo facciano per gioco. Non sono buona gente. Non mi piacciono.
D: *Bene, non volevo causarti alcun disagio nel guardare qualcosa del genere.*
J: Oh, è stato doloroso osservare questi poveri animali mentre si uccidevano tra di loro. Ma sono in agonia in ogni momento, perché la loro struttura molecolare è stata stravolta.
D: *Sembrerebbe che fare una cosa del genere era come andare contro la forza vitale dell'universo, del loro ambiente, fare qualcosa del genere.*
J: E' per questo che Atlantide venne distrutta.

Gli Atlantidei erano descritti come gente perfetta. Forse avevano già acquisito o perfezionato l'arte di alterare il proprio corpo geneticamente. Non gli era rimasta alcuna sfida. Cosi si sono avventurati in alterazioni e combinazioni dei propri geni con gli animali. Era una nuove sfida immersa nell'avventura dell'ignoto.

D: *Riesci a vedere se possono fare altro con le loro menti? Forse non cosi distruttivo, ma qualsiasi altro potere che avevano?*

J: Si. (Sospirò) Possono portare una persona ad avere un orgasmo molto facilmente, solo pensandoci. (Trovò questo piuttosto divertente.) E' una cosa che gli piace fare, accogliere, parlare ed amare altra gente. (Risata) E' un gioco che fanno. Possono influenzare altri esseri sul pianeta. La loro mente è molto superiore e pensano di essere i migliori e che per loro tutto funziona. Il risultato è che hanno sufficienza per forme di vita inferiori. Ecco perché sperimentano cosi sugli animali.

D: *Hanno qualche modo costruttivo di utilizzare le loro menti?*

J: Oh, si. Possono creare queste città con il potere delle loro menti. Possono sollevare oggetti pesanti e teleportarli.

D: *Levitazione? Beh, questo è sicuramente un attributo positivo.*

J: Sono cosi egocentrici. Questo è ciò che sto cercando di dire, credo. Tutto e tutti devono rispondere a loro.

D: *Sono interessata in questa pietra malleabile.*

J: E' uno specifico tipo di pietra che usano per costruire città e queste rampe elettriche.

D: *Quello è il suo stato naturale?*

J: Proprio non saprei. Adesso sto chiedendo. Mi fanno vedere che è una pietra trattata attraverso esperimenti mentali, per poter diventare malleabile. Sono persone molto, molto intelligenti. Eppure hanno vero disprezzo per le altre forme di vita. (Pausa) Ooooh, che schifo! (S'interruppe enfaticamente.) Non voglio restare qui! (Con espressione disgustata.)

D: *Va bene. Non voglio forzarti. Puoi allontanarti dalla città. Il resto della gente nel continente vive in città come queste o quello è solo una piccola parte della popolazione?*

Stavo cercando di spostarlo da qualcosa che era certamente spiacevole da osservare.

J: No, alcune persone vivono in campagna. Vivono in case bellissime e hanno giardini meravigliosi. (Sorpreso) Non ci sono insetti, come li abbiamo noi. Ho notato che no ci sono insetti, possono restare all'aperto e non ci sono noiosi insetti.

D: Sai perché?

J: (Sorpreso) Hanno creato molti insetti nocivi con i loro esperimenti. Non riesco a farmeli piacere. Non anche cannibalistici. Ho visto questo gruppo di loro che si mangiava un'altra persona.

D: Ritieni che fosse uno di questi animali?

J: No, non era uno di quegli animali. Hanno catturato quest'uomo e lo hanno mangiato. Questo accadde fuori della città. C'era un gruppo di loro, salirono sull'aeroplano; catturarono uno dei passeggeri, se lo cucinarono e mangiarono.

D: Oh, mio dio! (Volevo cambiare argomento.) Ok, parlami di questi insetti dannosi? Avevi detto che li crearono come un esperimento?

J: Si. E' per questo che Atlantide dovette cadere, perché stavano abusando della forza vitale. Lo facevano solo per inventare qualcosa. Ho la chiara sensazione che non era brava gente. Non mi piace essere qui. Vorrei andarmene.

D: Ok. Se ti disturba non devi restare.

J: Vorrei andarmene. Vedi, hanno questa attitudine molto arrogante verso la vita. Pensano di essere supremi e che ogni altra cosa è a loro beneficio. Non rispettano la forza vitale. E' per questo che sono stati distrutti.

D: Apprezzo il fatto che stai osservando e condividendo queste informazioni. Non volevo che ti sentissi disturbato.

J: Ciò che mi disturbò era il cannibalismo. Era proprio senza senso. Ecco perché abbiamo ancora del cannibalismo oggi giorno, presumo. Ma fanno davvero molte cose insensate per l'impulso del momento.

D: Se sei a disagio lì, basta che esci dalla stanza delle immagini?

J: Adesso è spento. Ho sempre pensato che gli Atlantidei fossero brava gente, con molta energia e roba del genere. Ma non lo erano. Erano altamente avanzati, si, ma erano molto, molto arroganti e molto irrispettosi verso forme di vita inferiori. Erano cose che non comprenderemmo, erano insensati. Mutavano gli animali e gli causavano tutta quella sofferenza solo perché volevano farlo.

D: Forse si annoiavano.

J: Sembra proprio cosi, quando catturano quest'uomo. Questo gruppo di gente salì su un aereo e catturarono quest'uomo aborigeno. Come se noi adesso andassimo fino in Nuova Guinea.

D: Allora avevano degli aborigeni in quel periodo.

J: Esatto. Andarono in un luogo dove c'erano degli aborigeni, e lo catturarono, cucinarono e mangiarono. Penso che questo sia completamente insensato.

D: *Forse ogni cosa era cosi avanzata che si annoiavano. E trovavano questi sport per tenersi interessati e intrattenuti.*

J: Probabilmente. Ho anch'io questa sensazione.

D: *Le loro menti si erano evolute a tal punto che nulla era più interessante, cosi stavano cercando di provare altre cose.*

J: Il bibliotecario mi sta dicendo, la maggior parte della gente sulla Terra pensa agli Atlantidei come gente con molta energia. Ma per quale motivo venne distrutto il loro continente?

D: *Questo ha molto più senso di tutte le altre cose abbia sentito.*

* * *

Altre informazioni vennero recuperate durante un'altra visita alla stanza delle immagini della Biblioteca.

J: Adesso sto entrando nella biblioteca. Mi trovo dove c'è il bibliotecario. Mi dice: "Sono qui per servirti ed aiutarti." E mi chiede: "Qual'è la tua richiesta?"

D: *Prima abbiamo chiesto informazioni su Atlantide e ci hanno mostrato nella stanza delle immagini. E' stata una cosa disturbante. Vorremmo osservare delle informazioni che hanno a che fare con i loro poteri positivi, se possibile.*

J: Si. Mi dice di entrare nella sala delle immagini. Era confuso perché pensava che le informazioni che volevamo fossero relativa alla caduta di Atlantide e perché sprofondò.

D: *Ci arriveremo un'altra volta.*

J: Dice che è per questo che le informazioni erano disturbanti per il veicolo, perché erano le ragioni per la distruzione. Dice che c'è un senso di giustizia e quando uno utilizza la propria negatività cosi fortemente, allora attrae negatività. La civilizzazione Atlantidea collassò proprio cosi.

D: *Anche se era grottesco vogliamo ringraziarlo per aver condiviso le informazioni. Questa volta vogliamo vedere qualsiasi cosa a riguardo delle loro capacità curative di allora, per vedere a che livelli erano arrivati con quei poteri.*

J: Mi mostra questa stupenda stanza dei cristalli. Ci sono migliaia di cristalli in tutta la stanza. Sono quasi come pannelli di vetro gelati, ma sono fatti di cristalli che loro producono. Prendono un gel che hanno scoperto, lo mescolano con la sabbia e cosi creano questi cristalli perfetti. Ma c'e uno speciale apparato li dentro. Sembra quasi biologico. Mi sta mostrando questa bellissima zona che ha colori di diverse luci. C'è il verde, blue, rosso, viola, giallo, arancio e bianco. E ognuno di questi, lui dice, rappresenta una diversa parte del corpo da curare. Il bianco serve per curare il corpo eterico ed astrale. Il verde per curare il corpo fisico. Il blue per curare il corpo emotivo. Il rosso per curare il corpo causale. Questi sono tutti i diversi corpi di una persona. Sedendosi in questi raggi colorati, nell'armonia e nella sua sequenza, una persona viene curata di ogni difficoltà che dentro di lui. Inoltre ci sono delle terminazioni di cristalli distribuite in diversi schemi, attorno alla tavola su cui si sdraia la persona. Sembra quasi una tavoli di pietra ma allo stesso tempo è molto comoda. C'è una stoffa molto sottile e molto resistente che la copre. Sembra una di quelle coperte spaziali, ha un coloro argento metallico. Eppure è diverso perché sembra gommapiuma quando ci sei sdraiato sopra. Questo letto si sposta sotto a questi cristalli dai diversi colori. I colori devono esseri passati nella giusta sequenza. Se vengono passati nella sequenza sbagliata, potrebbe causare malattia, quindi c'è una sequenza. Ma questa sequenza non me la da. Mi dice che non è importante adesso. Dice che questa è la stanza di guarigione più importante di Atlantide ed era utilizzata per curare la gente dell'aristocrazia o l'élite a capo del governo.

D: *Non era per la gente comune?*

J: No. Dice che c'erano altri luoghi molto simili. Ma questo era piuttosto un ospedale per l'élite, come ci sono nel vostro tempo.

D: *Quindi malattie individuali non venivano trattate?*

J: La guarigione di tutti i corpi interi deve essere somministrata. Non solo il corpo fisico ma anche quello emotivo, mentale, tutti questi corpi dovevano essere curati.

D: *Se c'era una ferita o una malattia, non veniva trattata come una cosa separata.*

J: No. Questo era principalmente per sviluppo spirituale, guarigione di ingiustizie passate e cose di questo genere. Era quasi come un approccio psichiatrico. Mi sta mostrando l'area dove venivano curate le persone con ossa rotte e cose di questo genere. In un certo senso sembrano le nostre normali sale d'operazione, eccetto che loro stanno utilizzando strumenti di cristallo che sono stati raffinati e affilati alla perfezione.

D: *Avevi detto che la macchina nell'altra stanza, che curava i diversi corpi, era quasi biologica. Cosa intendevi dire?*

J: Sembra viva! Sembra che sia viva. E' un terminale di computer che sembra come una pianta. Perché sembra che possa crescere ed espandersi, proprio come una pianta può crescere ed espandersi. Ha un colore verde chiaro, ma ha anche uno schermo di cristallo liquido che sembra spunti da una rivista di science-fiction. Inoltre sembra che possa crescere e moltiplicarsi.

D: *Chi decideva se qualcuno aveva un disordine che doveva essere trattato in questa stanza?*

J: La gente del tempo era molto consapevole. Questo era il centro dove si veniva dopo la transizione di un parente stretto, per salutarli e mandargli amore. Questo è un processo curativo per molte cose. Dolore. Erano una società molto avanzata in quel periodo, conoscevano le loro motivazioni e manipolazioni. La gente in quel periodo non si giudica a vicenda.

* * *

Mentre stavo finendo questo libro nel 2001 ricevetti un pezzo d'informazione durante una seduta in Memphis. Una donna stava descrivendo una macchina utilizzata in Atlantide per creare frequenze. Utilizzava la luce per regolare le frequenze e riportare il corpo in armonia per curarlo. Veniva gestita attraverso la mente della persona ed era pura energia. Era reale ed efficace. Ma finì per rimanere inutilizzata, perché gli scienziati ne costruirono un'altra che reputavano più efficace. Preferivano utilizzare macchine di cristallo che erano potenti, tuttavia distorcevano l'energia. I cristalli erano in scatole con un qualche tipo di liquido. La luce che attraversava le scatole generava il potere che proveniva da molte persone nella stanza. Alla fine degenerarono in abusi dagli scopi erronei (specialmente sessuali) che producevano effetti distorti.

Mentre gli Atlantide imparavano altro a proposito dell'uso delle energie e la loro conoscenza si espandeva rimanevano affascinati dalla manipolazione dell'energia. Scoprirono nuovi metodi per sperimentarla e dirigerla. Persero di vista l'idea di utilizzarla per scopi positivi nella loro vita, come la guarigione e il riequilibrio. Quando l'energia (si moltiplicava grazie alla concentrazione e potenziamento attraverso altre persone) veniva utilizzata negativamente, veniva distorta, utilizzata male e diventava distruttiva. Divenne cosi potente che si contorse contro di loro. Questa era una delle ragioni per la distruzione di Atlantide.

Continuammo a raccogliere altre informazioni quando ritornammo dalla Biblioteca.

J: Il guardiamo mi chiede quale argomento vogliamo affrontare?

D: *Siamo ancora interessati ad Atlantide. Vorrei fare qualche domanda a proposito dei tempi felici di Atlantide prima della caduta. Quando era al suo pinnacolo. Vorremmo saperne di piu della vita famigliare della gente durante il periodo positivo di Atlantide. Riesci a vederlo?*

J: Si, mi sta facendo vedere immagini di Atlantide.

D: *C'erano famiglie individuali e una struttura famigliare?*

J: Si, avevano famiglie individuali. Le famiglie erano molto connesse. La gente viveva molto a lungo, quindi erano in tanti. Una famiglia poteva riempire un intero paese. Forse non un intero paese, ma sarebbe cosi nel nostro tempo. Erano interconnessi ed ogni membro della famiglia era molto importante. Avevano tutti diverse caratteristiche e tecniche per aiutarsi l'un l'altro. Anche se non vivevano comunalmente come facciamo noi, tutti avevano un proprio spazio individuale. Tuttavia s'incontravano in momenti diversi per i pasti, per parlare e cose di questo genere. Perfino marito e moglie avevano stanze separate o zone separate. Le loro case erano spaziose, c'erano molte stanze per ogni membro della famiglia ed erano tutte interconnesse, quasi come dei cortili. Vedo dei cortili con diverse persone. Sono tutti famigliari ma sono molto individuali. Vedo gli anziani giocare con i piccoli e questa gente ha centinaia d'anni. Non hanno solo cent'anni, hanno centinaia d'anni. E adorano lavorare con i bambini. Vedo che la gente è impegnata nelle proprie attività. C'è gente che sta meditando. C'è gente che sta lavorando su diversi esperimenti scientifici e cose di questo genere. Tutti avevano un loro senso di spazio, come la propria stanza dove fanno le loro cose. Un senso d'individualità era molto importante per loro.

D: *Avevi detto che si riunivano per mangiare?*

J: Si, si riunivano in diversi momenti per divertirsi, per mangiare, per ballare e per cantare. Facevano attività di gruppo in famiglia. C'erano festività e cose del genere, ma per la maggior parte tutti vivevano piuttosto individualmente.

D: *Cosa mi dici dell'arte, della musica e cose del genere?*

J: Oh, si, avevano bell'arte. Mescolavano cristalli sotterranei nei loro dipinti, dando a tutto una qualità luminosa. Gli stili di pittura avevano qualcosa come delle spirali all'interno. Piccole spirali che li facevano davvero saltare all'occhio. C'erano anche tutti questi processi in cui utilizzavano i cristalli per la musica. Sembra un qualche tipo di macchinario che fa roteare i cristalli in una treccia a spirale. Fa cosi. (Fece con le mani un cenno a spirale.) Erano strumenti a corde che suonavano. Prendo i cristalli e li fanno girare... non sono come i cristalli che abbiamo oggi, cristalli in forma di pietre. Originariamente erano in quella forma, ma venivano mutati in laboratori che avevano in tutto il continente. Li facevano girare fino al punto di fare dei cavi a spirale. Questo cavo a spirale veniva utilizzato come uno strumento sulle chitarre, ma non come le nostre chitarre o altro di simile. Sono strumenti dall'apparenza diversa. Sono strumenti a corde. Ci sono dei flauti. E poi ci sono queste cose fatte di enormi, lunghissimi cosi di cristallo. Sono fatti tutti di materiali a base di cristalli. Li suonano in zone speciali, per farli risuonare. Questo apre i loro cuori e muscoli, perché la musica è cosi bella. E' molto rilassante e spirituale. Ti fa sentire in pace. La gente balla e canta. Vedo molte corde di fiori intorno alla gente. Ballano cosi, con queste corde di fiori, arrotolandosi con queste corde. Non sembra l'antica Roma o Grecia. Infatti, tutti hanno questi vestiti dai colori meravigliosi, rossi, blu, verdi e gialli. Ballano con questi fiori e ghirlande. E' quasi come una combinazione di musica sintetizzata e musica classica. I suoni sono molto simili, ma sono di toni molto puri. Non è sintetizzata, non c'è ritorno sonoro. Lo fanno nei loro rituali. Lo fanno nelle chiese – non chiese, templi. Per l'arte. L'arte è ovunque. Tutto è dipinto meravigliosamente. Sembra pittura sul terreno. E' piuttosto solido che liquido, ciò che usano. Alcune opere sono su cosa che sembrano di tela e altri sono su muri. Altre cose sono parzialmente scolpite nei muri e poi colorate.

D: Vedi qualche forma di illuminazione che utilizzano nelle loro case?
J: Hanno questa energia cristallina di rocce malleabile. S'irradia ovunque, quindi c'è sempre luce. Ma spostando le loro mani su o giù possono cambiare l'irradiazione e renderla più o meno luminoso. Quando dormono, per rendere la stanza silenziosa, abbassano la mano cosi in questo modo come se volessero del buio. (Fece un movimento con le mani, mosse le sue mani in basso lentamente.) Verso il muro. Il muro percepisce la loro vibrazione e oscura la stanza. Tutti viene controllato dalla loro energia.

D: Cosa mi dici delle loro abitudini di culinarie.
J: Ci sono queste area che sono come grandi giardini e vigneti. E ci sono questi strani esseri che si prendono cura di tutto. Lavorano nei campi e nei giardini. Sembrano dei centauri, sirene e satiri. Tutto il

cibo che entra nelle cucine viene processato da queste creature. Si occupano loro delle procedure di semina e raccolta. Ricevono cibo in cambio. La maggior parte degli Atlantidei li adora, come un buon contadino ama i suoi cavalli e se ne prende cura. Queste strane creature sono trattate come animali benevoli.

Quindi da qualche parte nel continente queste creature vennero create ed erano anche apprezzate.

D: Sono curiosa a proposito di questi animali. Da dove provengono?
J: Vennero create a quello scopo. Erano stati progettati geneticamente.
D: Hai detto che c'erano delle sirene?
J: Si, le sirene vanno nelle profondità delle acque e riportano secchi di pesce. La gente viene e ride e canta e accarezza questi animali e li bacia e li abbraccia, per fargli sapere che sono amati e che sono apprezzati per ciò che stanno facendo. Queste creature preparano il loro cibo. Non le sirene. Le sirene restano all'interno di questi bacini d'acqua perché sono per metà pesci. Mentre i piccoli centauri portano questi carretti con vimini pieni di cibo e frutta e cose di questo genere, tutto questo finisce in una cucina centrale. C'è un essere che ha il torno d'uomo ma le gambe da pecora. C'è un'atmosfera da cucina, ma non sembra per nulla simile ad una delle nostre cucine. Ha una sacco di armadi dove vengono raccolte le cose. Ma il cibo non viene cucinato ma solo processato quando è ancora fresco; la frutta viene tagliata e pelata. Il pesce e i cibi di questo tipo vanno in un arnese che li cucina velocemente. Ci sono diverse parti di questa macchina. E' come un microonde ma in realtà non è un microonde. Sembra una camera a cristalli dove i cibi che devono essere cucinati come il pesce, vengono messi. Non vedo nessuna carne. Vedo solo il pesce e i crostacei, come capesante, vongole e simili. Vengono riscaldate al punto in cui non possono sopravvivere, poi vengono mangiate.
D: Queste creature vennero create geneticamente per servire?
J: Si, vennero creati per essere servi della gente. Però ricevono amore. Se uno di loro si fa del male, l'intera famiglia si raduna e energizzare sulla ferita dell'animale. Vengono trattati come servi, ma servi che ricevono amore. Come noi trattiamo un cane o un gatto, li amiamo e ce ne prendiamo cura. Sono molto grati per ciò che questi fanno animali, perché vengono considerati più come animali che come umani. Parte del loro corpo è animale, ma fondamentalmente i loro volti sono umani.

D: *Cosa mi dici del loro comportamento o del loro intelletto.*
J: Oh, sono in grado di parlare e ricevere istruzioni. Si conoscono cose semplici ma non come il resto della gente.
D: *Non sono intelligenti come il resto degli umani, anche se hanno un aspetto parzialmente umano.*
J: Non sono mostruosi o altro. Hanno un aspetto molto naturale e ricevono molte cure. Erano davvero apprezzati e gli veniva detto che erano amati. Vedo questa serva che sta preparando il piatto di frutta. C'è una donna che lo prende e la bacia e l'accarezza sulla testa, perché sulla testa ci sono piccoli corni. Lei accarezza i suoi corni in questo modo (gesticolò con le mani) e dice: "Oh sei magnifica. Guarda questo, è stupendo. E' cosi bello. Tutto ne saranno impressionati. Perché non vieni fuori dopo e..." Dopo vengono fuori tutti e vengono apprezzati dal resto della famiglia. Vengono trattati come un fossero degli adorabili animali domestici.
D: *Queste creature sono in grado di riprodursi geneticamente o sono unici?*
J: No, non possono riprodursi. La gente li compra. Ognuno di loro è individuale, ma c'è un mercato globale. Ci sono luoghi dove si possono acquistare queste creature perché possano essere dei servi.

Dopo la fine della seduta John descrisse la creatura che vide in cucina, che era l'ultima cosa che ricordava. Aveva un volto in parte bovino ed in parte umano. Come se un umano avesse il naso di una vacca e piccole corna che spuntano dal suo cranio. Vestiva un grembiule sulla parte superiore del suo copro, perché era apparentemente femmina.

* * *

Phil: Ci sono molti più utilizzi per i cristalli di quanti ce ne sono ora disponibili alla vostra comprensione umana. Ciò che vi è sconosciuto è molto superiore a ciò che conoscete. Tuttavia, quando il vostro livello di consapevolezza aumenterà fino al punto di accettare e permettere queste realtà, allora tutti gli altri usi si manifesteranno. Già ora, potete vedere che i quarzi in alcune forme aumentano ed intensificano il tipo d'energia che è l'energia umana. Adesso vediamo che a questo punto la traduzione è difficile, perché il vero concetto di energia non è ben compreso. Tuttavia, una miscellanea di energie, sia umana che non umana è possibile e facilmente ottenibile con questi cristalli. Si possono usare come dei mescolatori e differenziatori o separatori, a seconda della direzione dell'energia emanata dalla persona o persone che usano o direzionano questo cristallo. Sono un filtro, utilizzabile in molti diversi modi, limitati solo dall'immaginazione di coloro che li utilizzano.

D: *Quando parli di una pietra che filtra i raggi cosmici, quale sarebbe lo scopo di filtrare i raggi cosmici?*

P: C'è il filtraggio e la focalizzazione, che può essere separata o simultanea. Ci sono quattro ragioni o scopi specifici. Energie specifiche che sono più utili. Queste sono per l'aspetto della focalizzazione e del filtraggio. Focalizzazione semplicemente focalizza o condensa le energie ad una singola area. Diverse pietre possono fare entrambi o pietre speciali possono fare entrambi, a seconda degli scopi. Le energie cosmiche sono una sorgente d'energia molto potenti, anche se non ancora discoperte su questo pianeta – una sorgente abbondante di energia diretta molti milioni di volte più potente di qualsiasi materiale grezzo qui sul pianeta.

D: *Il problema è riuscire a scoprirla.*

P: Il problema è elevare la consapevolezza per riuscire ad accettare il concetto e simultaneamente aguzzare il senso di responsabilità per riuscire ad utilizzarla. Questa energia era prevalente su questo pianeta ad un certo punto, ma a causa della mancanza di responsabilità la conoscenza di come utilizzarla venne perduta.

D: *Questo nel periodo di Atlantide?*

P: Si, esattamente. Molto andò perduto in quel periodo. Ci furono molti abusi durante il periodo di Atlantide, di diverse tipologie e forme d'energia. Inizialmente c'era un'altra comprensione di queste energie che costituiscono la realtà fisica. Poi ci fu un abuso della comprensione di queste energie.

* * *

Clara ricevette informazioni da un luogo che sembrava molto simile al pianeta dalle Tre Cime di Phil. Anche il suo era un pianeta dalle strane strutture a forma di guglie e le informazioni erano contenute in tutto il pianeta, come se la sua composizione fosse quella di un magazzino di conoscenza. Era esattamente la stessa descrizione che avevo ricevuto da Phil. Clara molto emotivamente chiamò questo pianeta "casa", proprio come Phil. L'intera storia di come lei fosse stata in grado di trovare questo luogo è narrata in capitoli precedenti di questo libro.

D: Puoi dirmi qualcosa a proposito di Atlantide? Fa parte dei registri?
C: Atlantide è finita sottacqua.
D: Vorrei saperne di più di prima che finisse sottacqua. Che tipo di civilizzazione era?
C: Era molto sofisticata. Molto verde. Era molto avanzata tecnologicamente, oltre al punto in cui è la terra oggi.
D: Questa civilizzazione è esistita a lungo?
C: Molto a lungo.
D: Puoi parlarmi di alcuni dei loro sviluppi tecnologici?
C: Avevano la capacità di trasferire e spostare energia attraverso tempo e attraverso spazio in un modo molto più sofisticato della tecnologia. – Come dite voi? – avanzamenti che avvengono oggi girono. (Fece fatica) Hmmm, qual'è questo vocabolo che utilizzate per machine avanzate? Come computer e strumenti di comunicazione. Questo tipo di strumentazione era molto vasto. Venivano creati molto, molto piccoli. Fino al punto in cui alcune informazioni venivano scambiate a livello telepatico.
D: Come venivano energizzati i macchinari dei computer?
C: Veniva fatto tutto con il solare. Tutto aveva luogo attraverso il Sole. Il grande Sole Centrale.
D: Quindi non avevamo elettricità come l'abbiamo noi oggi?
C: Ad un certo punto si. Ma verso la fine del loro esistenza veniva generato tutto attraverso il grande Sole Centrale.
D: Questo è il Sole che conosciamo nel cielo o è qualcosa di diverso?
C: Il Sole che conoscete.
D: La tecnologia era simile a ciò che abbiamo oggi?
C: Molto più sofisticato. Voi avete pannelli solari enormi, giganteschi ed equipaggiamento solare molto più grandi di ciò che avevano in Atlantide. Il loro era cosi avanzato che veniva utilizzato in modo più efficiente e non necessitava tutto questo spazio. La loro tecnologia era molto più in accordo on il Sole Centrale, che distribuiva l'energia. Era come se fossero connessi ad un potere più grande. Erano connessi alle stelle e ai poteri da altre stelle.

John aveva menzionato il fatto che sapevano come utilizzare il potere della luna. Anche Bartolomeo disse che la gente antica aveva questa conoscenza.

C: Comunicavano con esseri di altri pianeti, da altre stelle. E attraverso le loro comunicazioni scambiavano informazioni, che utilizzavano nella tecnologia delle loro macchine, i loro computer, e tutti i loro altri avanzamenti tecnologici, qualsiasi essi fossero.

D: *Quindi gli altri esseri dalle stelle li aiutavano?*

C: Si. Era uno sforzo cooperativo.

D: *Mi hanno detto che gli scienziati svilupparono il potere delle loro menti per raggiungere alcuni di questi risultati.*

C: Esattamente. Nello sviluppo delle loro mente, quando iniziarono ad aprirsi a qualsiasi possibilità, che infatti erano disponibili, c'erano esseri su altri pianeti con cui erano in contatto in un modo che era privo di limiti. Allora avevano l'abilità, lasciando il modo di pensare limitato, e ciò che sentivano o credevano, di ricevere ciò che proveniva da altri universi e altri pianeti. Quei pianeti offrivano loro informazioni in tal modo che divenne molto telepatico. Comunicavano da mente a mente senza aver bisogno di lunghe linee di comunicazione, come le vostre linee telefoniche. Quindi, presero questa abilità telepatica e l'avanzarono comunicando con molti pianeti. Divenne una comunicazione globale, invece che ad un solo settore della razza umana.

D: *Erano in grado di fare molto di più. E' questo che intendi? (Si) ho sentito che Atlantide non era solo un paese, ma l'intero mondo all'epoca.*

C: Era il mondo conosciuto al tempo dell'esistenza di Atlantide.

D: *Tutte le parti di questo mondo conosciuto erano avanzate?*

C: No. Non tutte le parti. C'erano aree che erano primitive, dove la gente no si era aperta alla comunicazione. L'intero pianeta non era completamente elevato ad un livello superiore di vibrazione. C'erano anche alcuni luoghi e alcune aree popolate che scelsero di non aprire i loro cuori ed adattare un nuovo modo di vivere, un nuovo modo d'essere. Cosi divennero, ciò che chiamereste, degli emarginati. Erano coloro che non credevano di poter andare oltre alle loro limitazioni. Coloro che scelsero di vivere una vita limitata, decisero da soli di vivere in una zona diversa del pianeta. Mentre quelli che aprirono i loro cuori e le loro menti ad un modo illimitato di vivere, si elevarono ed avanzarono, e comunicarono con tutti i pianeti.

D: *Era come se non avessero nulla in comune tra di loro.*

C: Esattamente.

D: *Riesci a vedere dove quelli più avanzati, la comunità scientifica, vivevano in base alla geografia attuale? So che il mondo è cambiato molto.*

C: E' cambiato moltissimo. Ciò che era il mondo conosciuto allora era

compreso in un area che adesso chiamate l'Oceano Atlantico.
D: *Ci sono resti di questa civilizzazione che l'umanità potrebbe trovare in futuro?*
C: Solo a livello eterico.
D: *Quindi non si può trovare a livello fisico?*
C: In questo momento c'è una possibilità se l'uomo apre se stesso abbastanza da credere veramente in modo cosciente, che si possa trovarla. Allora verrà trovata.
D: *Alcuni individui pensano d'aver visto cose sottacqua che potrebbero essere resti delle città, strade ed edifici.*
C: Non è vero. Ciò che vedono sono resti di altre civilizzazioni più recenti di Atlantide.
D: *Mi e' stato detto che gli scienziati Atlantoidei raggiunsero il punto di fare esperimenti fisici. Vedi nulla del genere?*
C: Che tipo di esperimenti fisici?
D: *Genetici o qualcosa del genere?*
C: Tutto ciò che viene sperimentato adesso su questo pianeta venne fatto al tempo di Atlantide. Tuttavia, ebbe luogo molti secoli prima della caduta di Atlantide. Geneticamente, clonavano gli animali. Clonavano gli umani. Ma scoprirono che non era la cosa migliore da fare, perché interferiva con il DNA della razza umana, e la razza umana ne avrebbe sofferto molto se avessero continuato. Cosi gli fecero vedere che dovevano fermarsi.

Quindi la sperimentazione genetica venne effettuata in aggiunta all'uso della mente per influenzare il fisico. Non ho mai scoperto ciò che avvenne prima o se succedeva allo stesso tempo. Sembra che la loro curiosità non avesse limiti. Un eco dal passato che si ripete nel nostro presente.

D: *Era solo un esperimento o avevano uno scopo?*
C: Era una cosa sperimentale. Il loro scopo era di vedere se era fattibile. E quando scoprirono che lo si poteva fare, ebbero molte difficoltà e molti problemi con i risultati. Non era ciò che volevano e quindi coloro che faceva le leggi sentirono che doveva essere interrotto.
D: *Che tipo di problemi incontrarono?*
C: Apparvero Forme che non erano umane. Ci furono diversi esperimenti di – come dite?   interraziali? (Non era sicura della parola.) Inter clonazione? Intrecci. Ma i risultati erano piuttosto animaleschi, invertirono il processo evolutivo ed iniziarono ad

apparire le malattie. Permettere che continuassero non era per lo scopo del pianeta. Cosi decisero che, per il bene del pianeta dovevano essere interrotti. Dovevano essere fermati o avrebbero distrutto l'umanità.

D: *Suona molto drastico.*

C: Fu drastico. E' drastico.

D: Ma poi invece di limitarsi a fare cloni perfetti, iniziarono a mescolare il DNA, i geni, solo per vedere cosa sarebbe successo? E' questo che vorresti dire?

C: Si. La curiosità. Esperimenti. Facciamo questo e proviamo quello per vedere cosa succede. A livello di flora, avevano creato ibridi di diverse piante e diversi vegetali e alberi. Cosi pensarono: "Wow, abbiamo avuto successo nel fare quello. Perche non provare con gli umani?" Cosi iniziarono. E divenne: "Oh, beh, adesso vediamo cosa possiamo fare con questo e questo e quest'altro." E divenne un disastro catastrofico.

D: Quindi quando iniziarono a clonare e mescolare i vari geni, hai detto che divenne tutto più animalistico che umano?

C: Era come se stesso invertendo l'evoluzione. Fu molto grottesco e molto maligno.

D: Quindi iniziarono ad ottenere combinazioni indesiderate.

C: E che non si erano mai viste prima.

D: Ma apparentemente erano fattibili, sopravvivevano.

C: Vissero per un po' e poi entrarono in uno stato di ciò che chiamereste "follia". La distruzione ebbe luogo, perché divennero come dei mostri.

D: Perché impazzirono? Vorresti dire perché non era un normale processo che danneggiava la mente della creatura?

C: Anche questo era parte del problema. Ma in maggior parte la mescolanza di geni del regno animale con quello umano. Divenne un tale parco giochi per gli scienziati. Volevano vedere dove si poteva arrivare e cosa si poteva creare. Adesso noi possiamo diventare divinità e creare ciò che decidiamo di creare. Ciò che non è mai esistito prima. E cosi c'erano disastri ovunque.

D: Ma avevi anche detto che introdussero le malattie.

C: Malattie allora sconosciute vennero introdotte.

D: Questo come accadde?

C: Mescolando i geni. Mescolando ciò che era malato con ciò che era sano. E ciò che era... (Fece fatica a trovare le parole.) Ciò che chiamereste "corpi estranei" alla razza umana. Che potrebbe essere animale o qualsiasi altra cosa di qualsiasi altra forma di vita che volevano provare ad introdurre. Questo è ciò che fecero. Di conseguenza se una particella da un filo del DNA, o da una razza, aveva un'inclinazione verso una qualche forma di malattia, quella veniva introdotta nell'intero calderone genetico, risultando in una intera nuova linea di malattie.

Questa poteva essere una malattia passiva che il corpo originario trasportava e alla quale era immune. Ma quando il processo di clonazione ebbe inizio venne trasformata.

C: La malattia si trasformava e poi si trasformava in qualcos'altro. E se una malattia veniva introdotta da una linea di DNA e un'altra malattia veniva introdotta nella stessa linea, allora la combinazione poteva introdurre qualcosa che era ed è stato altamente distruttivo.

D: *Quindi non solo i corpi e l'apparenza fisica e le menti di queste creature cambiarono, anche qualsiasi – vorrei dire battere, molecola, mutarono e influenzarono la creazione di diverse malattie. (Si) Mutavano in modalità mai viste prima.*

C: Esattamente. Divenne un problema cosi enorme che dovettero interrompere qualsiasi esperimento, perché si accorsero che stava diventato una cosa rampante che avrebbe potuto distruggere l'intera razza umana.

Fu durante il 1997 che annunciarono la prima clonazione di una capra in Inghilterra. Dopo questa seduta nell'Agosto del 1997, le autorità stavano discutendo apertamente il pericolo della clonazione e i problemi etici correlati. Attraverso il mio lavoro ho scoperto che la clonazione degli umani è già stata perfezionata. Ci sono molte cose di cui la maggior parte del pubblico non è consapevole. E' come se adesso iniziassero a cadere le prime bricioline d'informazioni (specialmente con i recenti annunci dei primi successi con le clonazioni di una scimmia, il nostro discendente più vicino). Cosi saremo sempre più preparati per l'annuncio ufficiale della prima clonazione umana.

Gli scienziati dissero che potevano clonare gli animali ed introdurre geni umani in loro per produrre carni migliori. Recentemente iniziarono anche ad introdurre geni umani in maiali speciali, per poterne utilizzare gli organi in operazioni di trapianto. Se i maiali donatori avevano dei geni umani allora il corpo umano ricevente non avrebbe reagito agli organi impiantati dopo l'operazione, perché di solito il corpo rigetta qualsiasi cosa che non è umano o compatibile.

Uno scienziato sollevò l'obbiezione che l'introduzione e l'incrocio di geni umani con quelli animali potrebbe creare malattie sconosciute, che inizierebbero con gli animali e possibilmente contagerebbero gli umani. I maiali, per esempio, avevano malattie che erano uniche della loro linea genetica e non erano contagiose al contatto o con l'ingestione. Ma gli scienziati si preoccupavano di ciò che sarebbe successo se gli organi donati erano una parte permanente del corpo umano e il sangue vi fluiva dentro costantemente. Potevano trasportare i germi di queste malattie in tutto il sistema dell'ospite e potevano mutarsi in malattie sconosciute che potevano espandersi a tutta la popolazione. C'erano abbastanza preoccupazioni da far interrompere temporaneamente il programma di donazione, almeno finché non avessero condotto altre ricerche.

Sembrava che la storia si stesse ripetendo. L'umanità stava facendo lo stesso errore che aveva fatto nei lontani giorni di Atlantide. Forse quello era lo scopo dietro alla ricezione di queste informazioni riguardanti la nostra storia. Un campanello d'allarme dal passato.

D: Quindi le malattie non erano solo negli esperimenti genetici. Stavano iniziando ad allargarsi al resto della razza umana?

C: Era confinato alla genetica. Ma gli scienziati dissero che, se avessero continuato, allora si sarebbe allargato oltre. Perché quegli esseri si sarebbero integrati nel resto della comunità e quelle malattie si sarebbero trasmesse in tutta la civilizzazione. E coloro che erano al potere dissero: questo non possiamo permettere che succeda. E cosi ciò che era, venne distrutto.

D: Queste creature che avevano creato erano sterili o erano in grado di riprodursi?

C: Non potevano riprodursi. Erano solo dei "cloni", privi di organi riproduttivi.

D: A che scopo utilizzavano questi esseri, quando tutto ebbe inizio, prima di perdere il controllo? Avevano uno scopo?

C: Lo scopo per cui iniziarono era solo per vedere se si poteva fare e poi gli sfuggì di mano.

D: Quindi non utilizzavano questi esseri per nulla?

C: Ciò che gli esseri erano in grado di fare, glielo insegnavano come se fossero robot. Quindi agivano come robot sotto i comandi degli scienziati. Potevano esseri i loro assistenti o compagnia di giochi per altri. Erano progettati per essere delle governanti, progettati per essere dei pastori, progettati per essere qualsiasi cosa. Dopo aver visto che: "Beh, dovremmo avere uno scopo per tutto questo, se dobbiamo farlo."

Erano questi gli inservienti gentili che John aveva visto?

C: E allora pensarono: "Però, non male. Allora, introdurremo tutti questi altri geni con tutti questi altri animali, per vedere cosa possiamo ottenere." E quindi il risultato fu solo caos.

D: *Quindi la ragione principale dell'eliminazione degli esperimenti era che avevano paura di perdere il controllo e che le malattie si sarebbero diffuse?*

C: Questa era l'unica ragione. Perché potevano vedere che l'intera civilizzazione sarebbe stata completamente distrutta. Quindi alla fine distrussero quegli esseri che avevano creato.

D: *Avevi detto che i "potenti" erano quelli che gli avevano detto di farlo. Di chi stavi parlando?*

C: I governi.

D: *Quindi sapevano ciò che stavano facendo gli scienziati.*

C: Si. Li sostenevano, finché non videro che erano arrivati al punto di non ritorno e non potevano continuare. Altrimenti l'intera civilizzazione sarebbe stata distrutta.

D: *Avrebbe raggiunto perfino le comunità che erano, più o meno, cio' che chiamate "emarginati"?*

C: Eh, si. Oh, certo.

D: *Cosi radunarono gli esseri che avevano creato e dovettero distruggerli?*

C: Si, proprio cosi. Non in modo massiccio ma in modo molto tranquillo e sottile da farlo sembrare una cosa naturale. Quindi la comunità in generale non si sarebbe preoccupata o andata in panico. Quindi tenero tutto sotto controllo. L'opinione pubblica non era consapevole di alcuni degli esseri grotteschi che spuntarono dagli esperimenti. Era piuttosto come se il vostro governo nasconde un sacco di cosa a voi. Funzionava cosi anche in Atlantide.

D: *Ho spesso sospettato che molte delle leggende dei metà-umani, metà-animali, potevano provenire direttamente da quel periodo di tempo. E' forse possibile?*

C: Si. E' possibile. Ed è cosi.

D: *Quindi queste creature, metà-umani, metà-animali non esistono più dopo il periodo di Atlantide? (No) Quindi le leggende devono risalire ad allora?*

C: Si. Originarono in Atlantide.

D: *Nel periodo dei Romani dei Greci e degli Egizi, si sente parlare di* queste storie. Quindi sono fondate, ma vanno troppo indietro nel tempo. Giusto?

C: Molto prima dell'Egitto e di Roma.

D: Facevano parte dei ricordi e li trasformarono in leggende.

C: Si, esattamente. Sono state tramandate, quindi sono un ricordo della coscienza collettiva.

D: Ho sempre credute che le leggende siano fondate su fatti, se solo le mettono nella giusta prospettiva temporale.

C: Tutte. Altrimenti, come sarebbero potute diventare delle leggende? Una volta che sono diventate leggende, allora ogni persona che le sente vuole aggiungere un pizzico del proprio stile e sensazionalismo, per renderla una leggenda anche più grande e colorita.

D: Ma il tutto deve avere un'origine da qualche parte.

C: C'è sempre un'origine.

D: C'era qualcos'altro che fecero gli scienziati, per cui gli venne successivamente richiesto di doversi fermare?

C: Quella era la cosa più grossa. Quella era la cosa più significativa di cui tu ci hai richiesto di parlare e ci è sembrato appropriato parlarne in questo momento.

D: Perché abbiamo iniziato ad inciampare negli stessi problemi. (Si) Mi è stato detto che nel nostro tempo, oggi nel 20th secolo, ci sono scienziati che stanno sperimentando su queste stesse cose. Ne sapete altro a proposito?

C: E' vero. E' verissimo. Sono proprio agli albori dei giochi genetici. E dopo che il pubblico diventerà più consapevole, ci sarà una rivolta. Diranno: "E' innaturale. Non possiamo lasciare che sia."

D: Spesso sospetto che siano andati molto oltre di quanto fanno sapere alla gente.

C: Si, è cosi. Faranno cadere una briciolina d'informazioni qui e un'altra briciolina d'informazioni là. E come nei giorni di Atlantide, era tutto nascosto. Anche adesso, come ben sai, stanno permettendo solo un piccolo sgocciolio d'informazioni. Appena abbastanza da evitare che il pubblico diventi allarmato. E quando abbastanza informazioni trapeleranno – volontariamente, da qualcuno che è all'interno – allora il pubblico si rivolterà e dirà: "Non possiamo permettere che questo succeda. Non può succedere. Perché distruggerà la razza umana, come la conosciamo in questo momento."

D: La storia potrebbe ripetersi.

C: Esatto. Ma grazie alla comunicazione nel periodo in cui vivi, più persone sono consapevoli più velocemente ricevendo queste comunicazioni in massa contemporaneamente. Se si sapesse che questo potrebbe distruggere il mondo, il pubblico raccoglierebbe le armi.

D: *Gli scienziati del 20th secolo hanno già iniziato a combinare il DNA di diverse specie?*
C: Si. In tutta segretezza.
D: *Potete dirmi di più? Vorrei sapere quanto ci siamo già inoltrati in tutto questo. So che è un argomento allarmante.*
C: (Profondo sospiro) In questo momento non riteniamo che sia bene per noi parlarne ulteriormente.

La stessa cosa accadde quando volevo esplorare ulteriormente questo stesso argomento in The Custodians. Gli alieni mi diedero molte informazioni ma ce n'erano altre che non rivelarono, principalmente a causa dell'effetto che avrebbe avuto sul veicolo [il soggetto] attraverso cui stavano comunicando. Quando questo succede non posso sorpassare queste direttive, ne' sono interessata a farlo.

D: *Okay. Ma mi è stato detto che gli extra-terrestri stanno aiutando il nostro governo in questi esperimenti. E' vero? (Si) Sono d'accordo con ciò che sta succedendo?*
C: Ciò che gli extraterrestri stanno facendo è solo controllarlo e mantenerlo ad un livello in cui la razza umana non annichilisca se stessa.
D: *Perché loro, più o meno, sanno come funziona, vero?*
C: Si, lo sanno.
D: *Mi chiedo se gli scienziati umani li ascolteranno o se perseverano nei loro sforzi?*
C: Abbiamo diversi modi di far sapere agli scienziati che ci sono dei limiti.
D: *Presumo che questi esperimenti li stiano facendo in luoghi segreti.*
C: Si. In tutto il pianeta. Ma noi, più o meno, stiamo aiutando a mantenerli limitati, per evitare che distruggano la Terra.
D: *Pensi che gli scienziati possano portarlo al punto di perdere il controllo?*
C: Potrebbe succedere. E' un pianeta con il libero arbitrio. (Sembrò a disagio.)
D: *Va tutto bene. Basta che mi diciate quando non potete offrirmi altre informazioni e io non insisterò. Per tornare ad Atlantide – Potete dirmi cos'è successo durante la distruzione? Ci fu un evento finale,*

culminante che ne causò la sommersione sotto le acque?
C: Di questo non possiamo parlarne oggi.
D: *Perché no?*
C: Semplicemente non è il momento adatto di discutere come sia successo. In futuro, potrebbe arrivare il momento giusto per trasmettere quelle informazioni.
D: *Molto bene. Ma dopo la distruzione, ci fu qualche superstite?*
C: Ci fu una massiccia perdita di forme di vita in quel momento. La Terra necessitò una nuova semina.
D: *Io credo nella semina, quindi questo non mi sorprende. Permettimi di condividere una mia teoria e mi puoi dire se è corretta o meno. Ho spesso pensato che ci fossero sopravvissuti che finirono in Egitto e Perù e altre parti del mondo, dove ci sono questi enormi monumenti. Forse si portarono dietro la conoscenza di come fare queste cose, tipo lavorare con la pietra. Ti sembra corretto?*
C: Durante il periodo di Atlantide eravamo in contatto con gli umani Atlantoidei. E cosi attraverso la cooperazione esseri di Atlantide visitarono altre stelle. Alcuni di questi esseri di Atlantide, che erano su altre stelle, allora aiutarono la semina della regione dove si trova l'Egitto e dove ci sono altre aree. Quindi le informazioni ed i ricordi di Atlantide hanno una continuazione. La leggenda ebbe inizio e persevera ancora perché esseri di Atlantide, che vivevano su altre stelle, sono tornati, come sementi in forma fisica.
D: *Ma con sementi, intenti... pienamente cresciuti. (Si) Perche so che*
C: Si. Non questa volta. Quegli esseri, potresti dire, si presero una vacanza, un periodo sabatico, si allontanarono da Atlantide e andarono su un'altra stella. E poi quando Atlantide scomparve dalla Terra e sorsero altre zone, quegli esseri tornarono al pianeta Terra per riiniziare la vita. Molti di coloro che ripopolarono la Terra dovettero venire da altri sistemi solari, perché ci fu una massiccia perdita di vite. Proprio a causa della natura esplosiva in cui scomparve il pianeta. E questo è tutto ciò che posso dirti a proposito. Forse in un altro momento, se ritenuto appropriato, e il consiglio permetterà la distribuzione di queste informazioni, allora le condivideremo.

Ciò che Clara disse a proposito di esseri umani che erano stati trasportati su altre stelle e poi vennero riportati sulla Terra dopo la catastrofe, sembrava molto simile ad informazioni che ho ricevuto e registrato nei prossimi capitoli di questo libro. Questo è un piano possibile per evacuare una porzione della razza umana in futuro se necessario. Apparentemente è successo in passato e potrebbe essere la storia che si ripete. Gli alieni hanno sempre detto che non avrebbero permesso la distruzione della razza umana. Troppo tempo ed energie sono state investite nel suo sviluppo. Se non li ascoltiamo, ci aiuteranno loro invece di farcela da soli.

Non mi preoccupai del fatto che Clara non riuscì a darmi informazioni relative alla distruzione di Atlantide, perché ne avevo già ricevute da altri soggetti. Avevo raccolto tutto questo nei miei registri da anni ed ora ne stavo facendo un compendio per questo libro. A questo punto avevo scoperto che avevo già tutto ciò di cui avevo bisogno. L'avevo ricevuto in piccole porzioni lungo diversi anni.

Avevo ricevuto indizi che la grande civilizzazione dovette scomparire a causa degli abusi dei loro poteri mentali e dei tentativi di andare contro la struttura morale dell'universo riscrivendo la genetica. Eppure sospettavo che qualcosa di più potente era coinvolto nel cataclisma finale che affondò Atlantide.

* * *

Le informazioni seguenti giunsero dal bibliotecario della grande Biblioteca sul piano spirituale.

D: *Per piacere possiamo avere nuovamente accesso ai documenti relativi ad Atlantide. L'ultima volta ci stava descrivendo alcune delle ragioni della distruzione, causate dall'abuso dei poteri mentali. Ma cosa può dirci della vera e propria distruzione? Può farti vedere qualcosa a proposito?*
John: Si, mi sta mostrando delle profonde fessure che fecero nella Terra. Profonde fessure per i cristalli. Utilizzavano questo potere dei cristalli per trasmettere la luce del sole nel terreno e questo creò uno certo stress. Inoltre cercarono di attingere al nucleo fuso della Terra e questo creò molta pressione che portò la distruzione dell'isola. Scavarono nel nucleo di magma. E questo nucleo fuso esplose ed è per questo che tutto esplose.
D: *Perché stavano facendo tutto questo?*
J: Stavano cercando un'altra sorgente d'energia, non gli bastava il Sole.
D: *Quindi stavano utilizzando il Sole con i cristalli. Come stavano perforando la Terra?*
J: Attraverso profonda concentrazione e potere mentale.
D: *Le loro menti erano molto sviluppate. (Si) E poi cosa accadde? Hai detto che fecero queste fessure nella Terra da entrambe queste*

sorgenti, i cristalli e le loro menti?
J: C'era anche a che fare con delle comete.
D: Sa perché'?
J: No. Mi mostra soltanto che delle comete erano visibili nei cieli e presagivano l'arrivo di questo evento. Gli scienziati perforarono la roccia solida fino al nucleo magmatico. Questo produsse un enorme rubinetto di scarico sul nucleo magmatico. Ma ebbe anche un effetto su tutti i pianeti e non solo sui continenti della Terra.
D: Vorresti dire i pianeti del nostro sistema solare?
J: Esatto. Perché questo risulto in una proiezione di forte energia che fu la ragione per cui Atlantide sprofondò.
D: Stavano giocando con qualcosa che non comprendevano?
J: Non comprendeva il potere dietro al nucleo magmatico.
D: Quindi le comete non avevano nulla a che fare con questo evento.
J: No, ma c'erano dei guardiani nei cieli per questo evento.
D: Quindi cosa accadde?
J: Crearono le fessure attraverso questa crivella mentale. Ciò che fuoriuscì fu il centro magmatico interno, che mandò il mondo fuori asse e fece sprofondare Atlantide.
D: Come un'eruzione vulcanica?
J: Esatto. Fu un'inversione terrestre.

Dopo la sessione John mi disse ciò che riuscì a ricordare che non era registrato sulla cassetta. Come al solito i ricordi più chiari erano l'ultima cosa che avevamo discusso durante la seduta.

J: Erano a conoscenza dell'astrologia. Erano esperti di quest'arte. L'apparizione delle comete gli diede il preavviso che non avrebbero dovuto sperimentare ricercando questa sorgente d'energia dal centro della Terra. Tuttavia continuarono a perforare nella Terra utilizzando i poteri mentali. Immagina una crivella che penetra nella Terra. Appena entrò in contatto con questo centro di magma, causò l'evacuazione di un enorme quantità d'energia che provocò l'eruzione vulcanica. Era come se qualcosa fece esplodere la superficie. Sai come quando risale in superficie e fa esplodere la superficie e allora...?
D: Stavo pensando che deve essere stato come un vulcano, ma apparentemente fu più potente di quello.
J: Oh, si, fu molto più potente. Non realizzarono di non essere in grado di canalizzare quest'energia.
D: Vuoi dire, di fermarla?

J: Esatto, era troppo potente. Fu come un vulcano, eccetto il fatto che fu un milione di volte più potente. Fece saltare l'intera isola. Era molto riluttante a dirmi altro. Presumo che non voglia che la gente si faccia strane idee e voglia cercare di rifarlo.

D: *Ci sono state diverse discussioni riguardo alla perforazione della Terra con dei macchinari.*

J: Si. Lui è davvero riluttante all'idea che io ne parli. Potevo ricercare di più, ma fu come se disse: "argomento chiuso e discussione finita". Cosi era abbastanza.

* * *

Ricevetti altre informazioni dalle sedute di Phil quando ricevette la conoscenza della storia dal Pianeta delle Tre Cime.

D: *Riesci a vedere cos'ha causato la distruzione di Atlantide?*

P: Ci sono molti fattori in gioco, sia apparenti che nascosti. Tuttavia, sentiamo che parte fisica è più vicina a ciò che stai chiedendo. La distruzione fu molteplice. Tuttavia, la parte più traumatica fu la distruzione della massa territoriale in un cataclisma di attività vulcanica causato da un terremoto. La maggior parte di questa distruzione fu causata dalla classe regnante dell'epoca. La gente aveva l'abilità di distruggersi attraverso l'utilizzo di diverse forme di energia. C'erano molte, diverse tipologie d'energia a disposizione. E loro le stavano solo abusando, fino al punto d'avere molte forze prime d'armonia in quella specifica porzione del pianeta.

D: *Mi chiedevo se la causa era un fenomeno naturale, o se la gente ebbe un ruolo specifico nella distruzione.*

P: La maggior parte della distruzione fu il risultato di ignorante e pura stupidità. Tuttavia, ad un certo livello c'era la consapevolezza che tali azioni avrebbero avuto delle conseguenze. Eppure quelle conseguenze vennero ignorate in favore dei cosiddetti immediati risultati di quelle azioni.

D: *Ma avevi detto che utilizzavano delle energie e che questo tipo di energie facevano parte delle cause dell'eruzione dei vulcani e dei terremoti?*

P: Esattamente. C'erano le energie dei cristalli che erano focalizzati per tagliare le cosiddette linee di forza della Terra stessa. Al fine di tagliare la colla, per cosi dire, che teneva unita quella porzione della Terra. Poi ci fu la disarmonia che risultò da questa distruzione

e poi il cataclisma successivo.
D: *Vorresti dire che non si aspettavano che sarebbe successo?*
P: C'erano coloro che erano allarmati del fatto che tali azioni avrebbero causato queste reazioni. Tuttavia, la maggioranza della gente che stava prendendo le decisioni in quel momento erano accecati dal loro stesso senso di essere superiori alle leggi di natura e Dio. E stavano agendo in modi molto distruttivi.
D: *Quindi in altre parole stavano giocando con cose che non dovevano toccare.*
P: Stavano giocando con cose in modi che non dovevano utilizzare. Non che stessero giocando con cose che non dovevano toccare.
D: *Quindi ne hanno pagato le conseguenze e sono finiti per distruggere se stessi e il loro mondo di quel tempo.*
P: Esattamente.

* * *

D: *Mi stavo chiedendo, se Atlantide era un luogo cosi perfetto e stava sviluppando capacità cosi incredibili, cosa portò alla sua caduta?*
Brenda: Ciò che accadde – per quello che riesco a vedere – un disastro naturale inaspettato. E questo disastro naturale fu cosi vasto che mando tutto nel caos. Sembra che la cosa principale fosse che mentre si stavano sviluppando molto bene, c'era un piccolo gruppo che voleva più potere di quando ne avrebbe dovuto avere. Ma non avevano ancora sviluppato alcun primario potere problematico. La posizione di Atlantide era situata tra due diverse placche tettoniche. E la pressione tra queste due placche raggiunse il punto in cui scatenarono un terremoto enorme. Voglio dire: davvero enorme, al punto che quando il terreno si separò, la crepa raggiunse il magma e la lava iniziò a risalire, non da un vulcano ma dal terremoto. Fu cosi violento che lo percepirono in tutto il mondo. Fece collassare gli edifici in entrambi i continenti. Semplicemente ridusse Atlantide in frammenti, come direbbe questo veicolo.
D: *Ho sentito una storia e non sapevo quanto fosse vera. Che il gruppo che voleva più potere, utilizzò il cristallo principale e questo causò il resto.*
B: Questo probabilmente contribuì alla violenza del terremoto, perché era instabile e pronto a saltare in qualsiasi momento. Pensavano di poterci giocare con ciò che potevano fare, ma scatenarono il terremoto in modo peggiore di quanto sarebbe altrimenti stato.
D: *Allora vedi è per questo che il continente sprofondò?*

B: Non sprofondò completamente. Sprofondò ma per secoli dopo la catastrofe navi non furono in grado di navigare in quell'oceano a causa dei banchi di fango che erano rimasti. Era troppo poco profondo perché le navi riuscissero ad attraversarlo. E quando le placche tettoniche si separarono, i banchi di fanghiglia gradualmente sprofondarono abbastanza in profondità al punto di permettere alle navi di attraversare senza fatica. C'è qualche registro nei vostri annali marittimi, che la gente ha semplicemente marcato come qualcosa d'inspiegabile.

Questo potrebbe spiegare le vecchie mappe e la riluttanza dei marinai di navigare per lunghe distanze. C'erano molte storie, perfino nel periodo di Colombo di mostri e navi disperse. Forse tutto questo era dietro alle leggende di navi cadute oltre all'orlo della Terra, perche quando navigavano la fuori e non ritornavano era come se fossero cadute. La gente a casa non poteva sapere che forse avevano raggiunto le secche o i banchi di fango e si erano inabissate o erano incagliate quindi erano morti di stenti. Questo potrebbe anche spiegare le leggende del Mare dei Sargassi o del Mare delle Navi Perdute.

D: *Quando accadde, per la gente che era presente fu come sprofondare?*
B: No, fu solo confusione e distruzione, il terreno sotto il loro piedi tremava all'impazzata e fiumi di lava scorrevano per le strade. Fu estremamente orribile e la gente corse verso l'oceano, nuotò verso le vastità dell'oceano per scappare dalla lava e dal terremoto. E coloro che scapparono verso l'oceano affogarono perché il terremoto iniziale causò un'enorme Tsunami che ritornò verso il continente in entrambe le direzioni. Lo tsunami spazzò via il resto dell'isola e distrusse tutto ciò che non era ancora stato distrutto dalla lava e dal terremoto.

* * *

Vorrei commentare un caso che osservai a New Orleans nel 2000. Un uomo regredì a ciò che descrisse come Atlantide, dove era un membro di un gruppo di sacerdoti. C'era un altro sacerdote tra di loro e utilizzavano i cristalli nel tentativo di contrastare l'influenza negativa di un altro gruppo di scienziati che avevano un'attitudine dominante. Sembrava che l'altro gruppo di scienziati stesse utilizzando i proprio poteri mentali e il loro controllo mentale in modo negativo. Inoltre stavano conducendo esperimenti negativi. Cosi questo gruppo di sacerdoti stava cercando di contrastare la negatività utilizzando i cristalli e dirigendo l'energia per cercare di annullare gli effetti che stavano creando. Ma i sacerdoti stavano avendo problemi. Avevano un gruppo di cristalli che dovevano essere allineati in un certo ordine o schema per creare il grado più elevato d'efficienza, ma non stava funzionando. Cercarono di ridistribuire i cristalli e di utilizzare il potere delle loro menti eppure ancora non riuscirono a farcela.

Gradualmente le cose peggiorarono e il territorio stava sopportando una gran quantità d'attività sismica. Sapevano che il continente sarebbe sprofondato. Gli chiesi come facevo ad esserne sicuri, lui disse che era a causa delle cose negative che l'altro gruppo stava facendo. Stava creando uno sbilanciamento e ogni cosa era altamente fuori equilibrio. Questo, insieme a tutto il resto che stava accadendo stava generando l'attività sismica. Sapevano che la parte di terreno, l'isola o Atlantide sarebbe sprofondata. Cosi decisero di evacuare il continente per andare altrove.

Disse che se ne andarono in astronavi che portarono il loro intero gruppo altrove. Volevo una descrizione delle astronavi e sembravano molto strane. Disse che erano come enormi bolle rotonde. Erano piuttosto grandi perché potevano contenere almeno cinquanta persone alla volta. Quando erano sull'acqua, metà della bolla era sopra l'acqua e meta era sottacqua. La metà che era sopra l'acqua era trasparente. Si poteva vedere all'interno. La gente era all'interno di queste bolle e le operavano attraverso i cristalli ed il potere delle loro menti. Si erano portati i cristalli, molti dei quali erano in queste navi. Il gruppo focalizzò la propria mente per creare il potere di propulsione di queste navi a sfera per attraversare l'oceano. Stavano andando verso, ciò che successivamente era conosciuto come Egitto.

Quando il gruppo raggiunse l'Egitto, furono in grado di utilizzare i cristalli ed erigere degli alloggi. Non seppero mai cosa fosse accaduto al continente, perché non furono mai in grado d'incontrare alcun sopravvissuto che li raggiunse. C'erano gruppi di persone che vivevano là che erano dei nativi dell'area senza abilità psichiche avanzate. Cosi non si mescolarono nemmeno con loro. Rimasero da soli, come questo un gruppo di sacerdoti e avrebbero continuato il loro lavoro per ridare vita ad una nuova civilizzazione attraverso l'uso dei loro cristalli e il controllo della mente. Avevano l'intenzione di continuare ad utilizzare la scienza avanzata.

Questo fu un esempio sorprendente di sopravvissuti che furono in grado di sfuggire alla tragedia e portarsi dietro la conoscenza avanzata.

Speravano di creare una nuova civilizzazione che non sarebbe finiti agli estremi della precedente. Chi sa in quanti altri furono in grado di fuggire e finire in altri continenti? Questa sarebbe un esempio per l'erezione di monumenti ed edifici che i nostri scienziati non sono in grado di spiegare. La conoscenza era là e probabilmente venne perduta dopo qualche generazione. Questo probabilmente lo esploreremo nel prossimo capitolo.

CAPITOLO SETTE

I MISTERI DELLE PIRAMI

Ogni volta che ho un soggetto al livello più profondo possibile di trance, ho molte, moltissime domande. Quando divenni consapevole di avere accesso ad una sorgente illimitata di informazioni la mia curiosità insaziabili di giornalista prese il sopravvento e decisi di saperne il più possibile di qualsiasi argomento immaginabile.

Phil aveva accesso attraverso al Pianeta delle Tre Cime.

P: La conoscenza non è sul pianeta stesso, ma è accessibile dal pianeta attraverso il sistema di comunicazione che si trova sul pianeta.

D: *Una magazzino di raccolta, possiamo descriverlo cosi? Il contatto di un sistema di comunicazione?*

P: Si, questo è piuttosto adatto.

D: *Non avevi detto che i registri del passato della Terra erano accessibili da questo luogo?*

P: Si è vero. La storia è qui. La storia è ovunque simultaneamente. In questo momento mi è semplicemente accessibile.

D: *Ci sono state molte teorie divergenti riguardo a come vennero costruite le antiche piramidi in Egitto. Possiamo avere qualche informazioni a proposito, per piacere?*

P: Queste strutture sono state costruite con l'aiuto della levitazione, che oggi stanno riscoprendo in alcune aree della Terra. L'azione di spostare queste pietre ebbe luogo grazie al puro potere mentale. Questo possibile oggi, in questo momento, come lo era a quel tempo. Richiede completa concentrazione e focalizzazione. C'era un gruppo di cinque o sette dei sacerdoti che erano stati educati in questa scienza e molte altre scienze. Questo era solo un aspetto della loro educazione. La conoscenza veniva trasferita da Atlantide.

Le piramidi erano il dono della conoscenza di Atlantide.
D: *La levitazione era l'unico metodo utilizzato per sollevare queste pietre?*
P: C'era il canto di toni che accompagnava tutto questo. Era anche un'esperienza religiosa.
D: *Ho anche sentito che forse alcune piramidi erano state costruite in modo differente.*
P: Ci sono molte speculazioni nel mondo. Sempre quando la conoscenza non esiste riguardo a come qualcosa è stato costruito, si teorizza che fosse costruito in un modo, teoreticamente comune alla civilizzazione del tempo. Non sarebbe naturale supporre un metodo di costruzione sconosciuto a quel tempo. Ci sono diversi modi di costruire delle piramidi. Alcuni sono più rilevanti di altri.
D: *Un'altra persona mi disse di aver visto che le stavano versando, proprio come oggi versiamo il cemento.*
P: Vediamo che venivano scavate, tagliate e poi levitate. Tuttavia, non discrediteremo quella informazione, perché non siamo in completo controllo di tutte le informazioni. E questo potrebbe essere perfettamente corretto. Tuttavia, da ciò che possiamo vedere, le pietre che conosciamo erano tagliate e scavate in luoghi lontani per poi essere trasportate telepaticamente. Il sacerdote accompagnava le pietre durante il trasporto e poi le levitava fino al punto dove venivano erette. Il lavoro era più mentale che fisico.
D: *Allora venivano trasportate attraverso la levitazione?*

Stavo facendo riferimento al trasporto delle pietre, ma Phil pensò che facessi riferimento al fatto che anche i sacerdoti venissero levitati.

P: I sacerdoti venivano trasportati in modi più convenzionali, come su carri, ma accompagnavano le pietre e le tenevano sott'occhio, per mantenerle fermamente nella loro concentrazione. La pietre vennero trasportate dalle cave alla costruzione attraverso la levitazione e poi venivano poi posizionate attraverso la levitazione. L'intera costruzione ebbe luogo attraverso la levitazione. Le energie utilizzate ed raccolte in quelle pietre durante la levitazione venivano immagazzinate. Ogni pietra immagazzinava una piccola parte e cosi le piramidi intere trattenevano molta energia. Le pietre funzionano come cristalli, nel fatto che possono accumulare l'energia umana, proprio come per molte altre energie.
D: *Avevi accennato al canto e alla musica. A cosa serviva?*
P: Quella era una manifestazione fisica dell'energia che veniva

focalizzata.

Mentre stavo lavorando sul mio libro, Gesù e gli Esseni, era difficile raccogliere informazioni riguardo a certi argomenti, a causa del codice di estrema segretezza secondo il quale vivevano gli Esseni. Stavo cercando di scoprire se avessero qualche metodo di proteggersi dai loro nemici. Tutto ciò che riuscii ad imparare era che aveva a che fare con il suono e non c'erano armi, di per se, perché non erano necessarie. Feci domande anche a proposito della costruzione delle piramidi, ma mi parlarono soltanto delle storie e leggende che avevano nella loro cultura. Quando un soggetto regredisce ad una vita passata, diventa profondamente influenzato dalla struttura sociale della personalità che erano all'epoca. Quindi era spesso impossibile portare il soggetto a rivelare qualche segreto.

Anni dopo aver lavorato su quel materiale, un'altra donna in un'altra zona degli Stati Uniti mi presentò parti mancanti che il soggetto originario non riuscì ad offrire, a causa delle sue restrizioni mentali. Anche questa donna era stata un membro della comunità Essena in una vita passata ed era coinvolta nell'insegnamento dei misteri. Anche lei sentiva l'estremo codice della segretezza. Visto che non andava completamente nello stato sonnambulistico, era in grado di ritenere i ricordi delle scene quando tornava cosciente. Disse che anche durante lo stato di veglia era difficile parlare di queste cose, perché il suo corpo s'irrigidiva e la sua gola si chiudeva. Era impressionante notare l'effetto della profondità di queste restrizioni in quella vita. A livello cosciente compresi le ragioni della privacy della comunità e la necessità di proteggere queste informazioni, perché se certe cose uscissero e venissero utilizzate incorrettamente, avrebbero causato una gran quantità di danni e agitazione.

Condivideva le informazioni rimanenti nello stato di veglia: "ho visto questa valle in cui circa cento o duecento persone erano sedute in file. Stavano utilizzando il suono per levitare un enorme sculture di pietra per spostarla dove volevano che fosse. Il suono era mistico, sacro e tuttavia allo stesso tempo era molto terreno, era una combinazione di tutte le cose dell'universo. Il suono non era solamente creato dalla voce, ma era accompagnato da dei corni specifici. (Non era sicura di come chiamare gli strumenti, perché non assomigliavano a nulla che avesse mai visto nella sua vita attuale.) Erano molto lunghi, alcuni erano ricurvi altri erano dritti. Producevano note chiare e sostenute e lo facevano in unisono. La combinazione di suoni non s'interrompeva mai finché qualsiasi cosa stessero facendo non fosse finita. In altre parole, nessuno respirava simultaneamente, in questo modo il suono era costante. In numoer dei partecipanti dipendeva dal lavoro. Piu difficile o grande la scala, piu' persone ci volevano.

"La levitazione non era l'unico utilizzo. Il suono veniva utilizzato per molte cose diverse. C'erano toni diversi o intonazioni che rendevano la gente incapace rendendoli inconsapevoli o causandogli di comportarsi in modo folle, agitato o rabbioso. Era anche possibile uccidere attraverso il suono, anche se gli Esseni non si sono mai spinto fino a questo punto, visto che rendere qualcuno inconsapevole portava allo stesso obbiettivo. Erano in grado di utilizzare il suono per diventare invisibili. Aveva a che fare con le armoniche, il metodo naturale di trovare l'equazione matematica che rende denso, ogni singolo oggetto. Questo lo potevano fare con una persona, ma se c'era un'armata in arrivo, ci sarebbero volute diverse persone."

Questo, ovviamente, mi ricordò subito la storia di Joshua e la battaglia di Gerico della Bibbia. Secondo la storia il suono causò il collasso dei muri della città. E' risaputo che il suono è in grado di fare di queste cose, proprio come certe note possono frantumare un bicchiere di cristallo. E la vibrazione della marchia di un gruppo di soldati può far crollare un ponte, se non interrompono il passo.

Mi chiedevo perché quest'arma potente non venisse utilizzata in altri tempi quando i Romani attaccarono e distrussero Qumran, catturando e torturando gli Esseni. Questo era il momento in cui i rotoli del Mar Morto vennero nascosti nelle caverne per essere salvaguardate. Forse sapevano che era ora della fine di un'era? Forse si erano dimenticati come utilizzare questo metodo o non gli era stato insegnato? Probabilmente non lo sapremo mai. In ogni rispetto, sembra che gli antichi avessero la conoscenza della levitazione attraverso il suono, che è andata perduta con le generazioni successive.

Riportai le mie domande alle piramidi.

D: *Sono state create tutte nella stessa maniera?*
P: La costruzione delle piramidi aumentò in complessità e – il significato è difficile da tradurre – ma l'evoluzione passò da rozzo a ben definito, contemporaneamente alla attivazione dei sacerdoti nella loro religione. C'erano altri risultati, altro era possibile con l'attivazione superiore di questi sacerdoti. Non era qualcosa che il cittadino mediocre poteva fare. Ci volevano molti anni di studi e sforzi concentrati per poterci riuscire. Questo era qualcosa che solo pochi scelti potevano fare dopo lunghi anni di studi.
D: *Sarebbe possibile per la gente d'oggi imparare a levitare?*

P: La risposta è si. Non ci sono limiti: fisici, mentali o emotivi riguardo a chi possa ricevere questa conoscenza. Il fattore decisivo è nella persona stessa, cioè se desiderano perseguire tutto questo e fare lo sforzo necessario per imparare.

D: *Cosa mi dici della strana energia nelle piramidi che la gente dice possa preservare le cose?*

P: L'energia è semplicemente un'energia che è in grado di focalizzarsi attraverso il corpo umano. Ci sono certe energie che il corpo umano non può focalizzare, che sono semplicemente discordanti con l'esperienza umana. Quindi le piramidi non trattengono questo tipo d'energia come, perché gli umani che caricarono l'energia in queste piramidi non erano in grado di canalizzarle con questa energia. Quindi queste piramidi contengono l'energia che è specifica all'esperienza umana. Il materiale può essere caricato da qualsiasi umano che focalizza la sua energia in esse, esattamente come coloro che lavorano i cristalli sanno molto bene. Lo stesso principio si applica qui.

D: *Ho letto che ci sono delle maledizioni che uccidono la gente che cerca di entrare nelle piramidi o di aprire i sarcofagi. E' vero o è solo l'immaginazione della gente?*

P: Non è ciò che si potrebbe chiamare una maledizione, cioè che ci sono entità in cerca di vendetta. Questo non è corretto. Le piramidi sono piene d'energia umana, più di ogni altro oggetto o strumento attualmente esistente sulla Terra. Quando uno entra in queste piramidi, entra in un campo di concentrata energia umana. Sono immersi e sommersi nell'energia che fa parte delle personalità di coloro che hanno caricato queste pietre. La maledizione, la cattiva sorte di cui stai parlando, sono solo manifestazioni di sbilanciamenti in queste persone che non possono gestire questa energia. E cosi causano queste tragedie a loro stessi. Uno che ha ricevuto l'addestramento ed è consapevole e aperto può entrare in queste piramidi e ricevere dalle piramidi molta conoscenza che è stata immagazzinata nella piramide stessa. Se uno è aperto e disponibile, queste sono zone molto psichiche. Un edificio psichico, se vogliamo chiamarlo cosi.

D: *Cosa mi dici delle piramidi in Sud America? Sono state costruite nello stesso modo di quelle Egiziane?*

P: Queste piramidi provengono dallo stesso gruppo di persone che migrarono da Atlantide durante il periodo della distruzione. Il metodo utilizzato è identico, perché era conoscenza comune in

Atlantide. Questi Templi erano utilizzati per l'adorazione. Molti, molti anni sono passati dall'esperienza Atlantoidea originale fino al momento della costruzione di queste piramidi ad Est e ad Ovest; e molte idee si erano evolute in diverse direzioni.

D: *Però era lo stesso principio. Cosa mi dici delle piramidi in Messico, anche queste vennero costruite attraverso la levitazione?*

P: Ci fu una graduale perdi di quest'arte e molte civilizzazioni cercarono di copiare queste tecniche di costruzione in modi più convenzionali. Stiamo cercando questa conoscenza, che sembra indicare che queste vennero costruite in modo convenzionale attraverso ponti e lavoro fisico.

D: *Questo perché la conoscenza era andata perduta al quel tempo?*

P: Solo perche quella generazione non aveva mai ricevuto la conoscenza e desiderava copiare quelle strutture di cui avevano sentito parlare o visto. C'erano piramidi sul continente di Atlantide. Tuttavia, adesso sono sommerse. Queste piramidi sono destinate a risorgere, dopo il cataclisma. La conoscenza raccolta in queste piramidi verrà rivelata alla generazione fondamentale, la nuova consapevolezza che la Terra sta adesso integrando. Questa conoscenza assisterà l'evoluzione umana in quel periodo.

D: *Cosa vorresti dire con il cataclisma?*

P: Questo è un termine generico, applicato ai molti cambiamenti fisici che adesso stanno avendo luogo e che continueranno ad avere luogo per i prossimi diciotto anni cronologici su questo pianeta. (Questa seduta ebbe luogo nel 1985.) Sono genericamente raggruppati con il termine "cataclisma". Non devono essere considerati un evento gigantesco.

* * *

D: *Puoi dirmi chi costruì le Grandi Piramidi in Egitto e perché? E come le hanno costruite?*

P: Questo ti e' stato detto in molte altre canalizzazioni precedenti. Questi sono monumenti dei raggiungimenti o dei successi della civilizzazione precedente per le generazioni successive. Un marchio del loro raggiungimento, un simbolo del loro successo. La quintessenza della loro comprensione della natura della realtà. Il fatto che questo monumento rimanga un mistero indica la propria mancanza di comprensione alle generazioni successive. In un periodo come questo. Al momento in cui comprenderanno questa quintessenza, allora la tecnologia di quella generazione avrà raggiunto un livello sufficiente di consapevolezza, per ricevere le informazioni successive, delle quali le piramidi dicono ben poco. E' un test a tornasole per quella generazione. Questo perché le energie responsabili della disseminazione dell'energia, possano percepire che la generazione attuale sul pianeta, in quel momento ha raggiunto un livello sufficiente di comprensione, che gli permetta di ricevere il resto delle informazioni disponibili. Finché la completa comprensione della piramide non viene raggiunta, sarebbe prematuro permettere la disseminazione delle informazioni che sono state trattenute finora.

D: *Ero interessata a come fossero state costruite queste piramidi. Riesci a vederlo?*

P: E tu puoi vederlo? (Rise) Te lo abbiamo già detto, attraverso mezzi di levitazione e propulsione elettromagnetica di diversi tipi, incluso l'uso di toni e risonanze mentali. Per elaborare ulteriormente sarebbe inutile, visto che il livello della tua comprensione non è stato portato al punto in cui saresti in grado di comprendere ciò che ti possiamo dare. Quindi, quanto attraverso i tuoi stessi forzi di comprendere avrai elevato te stessa a quel livello in cui puoi comprendere queste realtà d'ordine superiore, allora ti potremo dare una comprensione più completa. Devi costruire le fondamenta prima di costruire la tua casa.

D: *Giustamente. Ho sentito dire che lo facevano attraverso la musica. Questo ha a che fare con ciò che avete detto a proposito dei toni?*

P: Music nel senso dei toni, non nel senso delle canzoni.

D: *Questi toni stanno diventando più disponibilità attraverso i nostri sintetizzatori d'oggi? Sono in grado di creare toni che non potevamo generare prima.*

P: Purtroppo no, nel senso di semplici realtà soniche o vibrazionali. Tuttavia, le realtà concettuali, il tono di energie mentali. La tua energia mentale risuona alla frequenza di un singolo specifico tono – il concetto di tono – visto che la tua energia mentale non è caos casuale, al contrario di come operano molti altri. Ma che la tua energia mentale può essere focalizzata per poterla far risonare ad uno specifico tono. Non caos o perfino armonia. Tuttavia molti accordi di energia mentale sono possibili attraverso la comprensione avanzata del concetto di toni mentali. Tali che questi toni mentali in unisono generano un'energia tremendamente potente che è in grado di letteralmente spaccare la vostra Terra in due, se un numero sufficiente d'individui si unissero in uno sforzo comune. Sarebbe ancora una volta, esattamente come la distruzione di Atlantide.

D: *Questo ha forse a che fare con ciò che ci è stato detto riguardo a come gli extra-terrestri sono in grado di propellere le loro astronavi? Attraverso la concentrazione mentale?*

P: Esattamente.

D: *E' la stessa energia?*

P: Non la stessa energia. Lo stesso concetto, tuttavia messo in pratica in diversa forma.

D: *Le piramidi funzionano solo come monumenti, o sostengono una necessità importante dell'energia della natura?*

P: Sono un elemento psico-reattivo dell'energia sul vostro pianeta. In qualche modo sono come uno stimolo per coloro che sono sul vostro pianeta, che attraverso le loro stesse azioni cercano di elevare il loro livello di consapevolezza al livello di risonanza delle piramidi. Era uno stimolo, non solo in termini concettuali, ma in termini reattivi. L'energia del vostro pianeta è in qualche modo amplificata connettendosi, allineandosi e cercando di comprendere le realtà concettuali di queste piramidi.

D: *E' forse vero che le piramidi sono anche un trasmettitore energetico per altri pianeti o perfino anche altre galassie?*

P: Esattamente. Le energie che fluiscono nel vostro pianeta sono focalizzate da questo schema geometrico, molto più che il concetto di "perfetto" possa minimamente spiegare. Tuttavia, il quadrato o perfino il cubo del concetto di perfetto o perfezione, tale che la risonanza di questa perfezione va oltre le realtà tridimensionali. La verità più assoluta che potrebbe possibilmente essere raggiunta nelle vostre realtà inferiori, che si estende oltre le semplici tre dimensioni. Allora questa verità viene percepita in altre aree della vostra galassia. Le energie che fluiscono dentro e fuori dal vostro pianeta sono dirette o omogenate da questa verità. Dove la verità diventa in qualche modo un filtro polarizzante. Queste analogie concettuali non sono accurate nel senso che, secondo la vostra comprensione, non hanno alcuna base per denominatori comuni. Tuttavia stiamo solo cercando di permettervi di comprendere in termini a voi percepibili, il fatto che la verità non è semplicemente un'astrazione. E' realtà. La verità è molto più reale dell'astrazione e al si può utilizzare. Il concetto di verità, secondo i vostri termini è solo un'astrazione. In realtà c'è una reale causa ed effetto di ciò che chiamata "verità". Questa verità allora diventa in qualche modo un filtro o forse perfino un riflesso. Proprio come potresti riflettere un raggio laser. Quel raggio laser che è la luce coerente di un particolare lunghezza d'onda o perfino spettro, che si riflette su specchi o strumenti sismici sulla vostra luna. L'analogia qui è che lo strumento di riflessione sulla vostra luna sarebbe eguale a questa piramide. E il concetto o il flusso concettuale di verità, verità universale, si riflette da questa piramide. Sul vostro pianeta c'è questo riflesso di più alte verità, di conoscenza superiore. Tale che coloro che girano il loro sguardo verso il vostro pianeta, possono vedere questo riflesso della verità. Quindi qualcuno sul vostro pianeta, ad un certo punto, è stato su questo livello superiore di verità, il vostro pianeta allora ha un riflettore di livelli superiori di verità. Ancora una volta, la verità è molto più che semplice astrazione.

D: *Penso di aver ricevuto una risposta superiore a ciò che mi aspettavo. (Ridendo)*

* * *

P: Le piramidi venivano utilizzate come un punto d'osservazione. Perché l'allineamento delle stelle si poteva calcolare attraverso la prossimità dell'apice del triangolo più vicino alla stella di demarcazione o stella chiave. Certe stelle ricevevano lo stato di "stella chiave" e cosi posizionandosi specificamente in un punto sulla piramide, guardando in su all'apice e poi su fino ai cieli, uno era in grado di trovare la stella chiave. Oppure dov'era l'apice in relazione alla stella chiave.

D: *A cosa gli servivano queste informazioni?*

P: Gli permetteva di creare mappe dei cieli e mappe del tempo. Per essere in grado di dire con precisione dove si era nella rivoluzione della Terra intorno al Sole.

* * *

D: *Sto pensando alle piramidi, e a quelle in Peru, e Messico. I monumenti che sono fatti di pietre enormi. Avevano forse l'abilità di erigere queste pietre che noi non abbiamo oggi nel 20th secolo?*

Clara: No. Le avete. Ma non le usate.

D: *(Ridacchiando) Questo me l'hanno già detto. Allora sono i poteri della mente che non utilizziamo più.*

C: Esattamente.

D: *Com'erano in grado d'erigere questi monumenti dalle enormi pietre?*

C: Permettimi di farti una domanda. Quelle pietre sono del luogo?
D: *Penso che in alcuni casi lo siano, ma in altri casi, dicono che siano state trasportate da molto lontano.*
C: Su molte stelle e molti pianeti ci basta creare qualcosa solo grazie all'energia. Semplicemente, le pietre sono state create. Possono essere create da quell'area. Ma se abbiamo l'abilità di creare telepaticamente o di materializzare semplicemente attraverso pura energia, allora possiamo trasportare da qualsiasi posto a qualsiasi posto. Ma le grandi piramidi sono state create principalmente da ciò che era nativo del luogo. Questo potrebbe confondere molte persone, com'è successo nei secoli. Semplicemente vennero in esistenza utilizzando la mente, ciò che non utilizziamo oggi. Solo creando, tagliando quelle pietre nel modo in cui vi voleva. Tagliate per adattarsi allo schema della struttura architettonica che era stata scelta per quella specifica piramide.
D: *Ne ho viste alcune dove le pietre si adattavano assolutamente perfettamente, senza alcun tipo di mortaio e cemento. Sono perfino ricurve cosi che s'incastrino tutte alla perfezione.*
C: Si. E' stato fatto telepaticamente, semplicemente utilizzando il pensiero. Il pensiero è la creazione di ogni cosa. Prima diventa pensiero. E nel pensiero di coloro che stavano creando le strutture, unificarono quel pensiero in tal modo che unire perfettamente ogni angolo. Perché ogni pensiero s'incastra perfettamente con ogni altro pensiero. Quindi quando ogni pensiero si connette e modella con gli altri, diventa l'altro pensiero, per potersi incastrare perfettamente in uno schema o un design che è stato scelto.
D: *Certa gente pensa che sia stato fatto con dei macchinari come raggi laser.*
C: Il pensiero è il laser più veloce che si conosca. Ogni blocco è un pensiero. Quindi un pensiero può essere le fondamenta. Un blocco alla volta, è un pensiero alla volta. E tutti i pensieri insieme potresti dire che una pietra telepatica è un pensiero. Quindi, ogni pensiero è una pietra telepatica, o una pietra fisica – perché il pensiero può diventare fisico – ed ogni uno viene messo uno sopra all'altro. Uno vicino all'altro. Tuttavia lo schema serve a creare.
D: *Come venivano trasportati o messi uno sopra l'altro?*
C: Attraverso il pensiero. Quindi il mio pensiero è di creare questa pietra. Potrei dire: "Porterò questa pietra da qui e la metterò là." Era una costruzione collettiva di molte persone con i loro pensieri. Quindi i miei pensieri sono, che devo mettere questa pietra qui e quest'altra là. Il pensiero diventa una realtà. Un essere vivente. Una

pietra è un essere. E' solo una diversa massa d'energia. Come la vedete voi, è una massa che non si muove. Ma è tutto spazio. Voglio dire, è tutto spazio ed è tutta energia. Quindi, questo gruppo collettivo, con una mente e un'unità e un obbiettivo e una struttura da creare, unisce questi pensieri e crea una struttura fisica.

D: Allora la mente di gruppo era più potente dell'individuo.
C: Molto di più. Lo è sempre, quando c'è un pensiero, o un obbiettivo che si vuole ottenere.

D: Ho sempre pensato che ci fossero riusciti attraverso la levitazione.
C: Potresti chiamarla levitazione. Attraverso i tuoi pensieri levitanti o dicendo: "Okay, vado qui e i miei pensieri scolpiscono questa pietra. Quindi la creerò. E la porterò qui." E' una buona analogia. Potresti dire, nella vostra modalità di pensiero lineare, che infatti potrebbe essere levitazione.

D: Mi hanno anche detto che poteva essere levitazione con il suono.
C: Questa è una possibilità. Il pensiero è molto più veloce del suono. Il pensiero è più veloce della luce.

D: Pensi che la gente utilizzava il suono perché avevano dimenticato come utilizzare la mente.
C: Si, si. La gente divenne cosi coinvolta nella propria personalità, e nella loro vita quotidiana e il loro andirivieni che iniziarono ad allontanarsi dalla collettivita'. Si allontanarono dalla sorgente. Si allontanarono da cio' che e'. Divennero separati da Tutto Cio Che E' e si individualizzarono. In questo modo come esseri individuali, scelsero di separarsi dalla sorgente. Con la separazione dalla sorgente, allora iniziarono a dimenticare come usare il pensiero. Allora iniziarono a trovare altri modi.

D: Quindi è possibile che successivamente utilizzarono il suono.
C: Oh, si.

D: Il gruppo originario che utilizzò il pensiero per costruire le piramidi, erano umani?
C: Oh, si. Esseri umani altamente evoluti.

D: Questi erano i sopravvissuti di Atlantide?
C: Riportati sulla Terra dalle stelle.

D: Vivevano solo in queste aree centralizzate: Egitto, Peru e Messico?
C: Si, per iniziare. E gli umani iniziarono poi gli umani iniziarono a viaggiare per scoprire nuovi universi, per scoprire nuovi pianeti, per scoprire nuove terre. Quindi, mentre si disperdevano sulla terra, crearono altre comunita'. In generale era sempre piu di una persona che andava, perche volevano compagnia o protezione dai selvaggi o dai pericolo che potevano sorgere la fuori nelle terre sconosciute

oltre le colline o le acque.
D: *Inizialmente si portarono dietro questa conoscenza.* (Si) *Ma, piu o meno avevano bisogno della mente di gruppo per poter creare questi enormi monumenti.* (Si) *Puoi parlarmi dello scopo della Grande Piramide?*
C: E' un magazzino di conoscenza, di tutto ciò che la Terra è. Il mistero della Terra e la creazione della Terra, sono nella Grande Piramide
D: *Stanno cercando di trasformarla in un magazzino che sarebbe simile a quello delle Tre Cime?*
C: E' un magazzino simile. Non c'è bisogno di trasformarla in quello.
D: *Molta gente pensa che le misure e l'orientamento in cui è posizionata potrebbero offrire la soluzione al mistero.*
C: E' vero, ma c'è altro. L'uomo ha perso la capacità di utilizzare la sua mente a pieno. Utilizza solo una porzione di ciò che ha a disposizione. Ha bisogno di aprirsi e accettare che non ci sono limitazioni e senza limitazioni puoi andare oltre spazio e tempo. Si possono conoscere i misteri di tutto ciò che c'è da conoscere. Ti verranno date più informazioni in futuro, perché le energie delle piramidi sono state riattivate e nuovi cambiamenti avranno luogo in quella zona.
D: *La gente come fa a connettersi alla conoscenza che è contenuta nelle piramidi?*
C: L'uomo non è pronto per quello, in questo momento. Non è abbastanza aperto. Crede che sia una tomba. Non è disponibile ad accettare che davvero contiene il mistero della creazione dell'universo e tutta la conoscenza di ciò che sia l'universo. La Terra, l'universo e le stelle.

* * *

Brenda: La cultura della gente delle piramidi era connessa ad Atlantide. E le strutture di pietra che costruivano erano parte di alcune delle loro scienze. E quando Atlantide venne distrutta queste strutture di pietra non furono più in grado di funzionare nel modo in cui erano state progettate, perché la loro parte centrale era stata distrutta con Atlantide.
D: *Come dovevano funzionare?*
B: Il concetto più vicino che riesco a trovare è il computer. Interagivano tra di loro perché si potessero usare per calcolare cose celestiali. Ma si potevano utilizzare anche per manipolare le energie cosmiche e terrestri come la gravità e altre, per diversi

scopi. Erano strumenti complicati, si potevano utilizzare per molte cose. Ma la maggior parte dei concetti non si può tradurre in questa lingua, perché sono cose che la vostra civilizzazione non ha concepito di fare.

D: Mi è stato detto che il segreto era dentro alla piramidi stesse. I numeri e i calcoli.

B: Si, lo sono. Le piramidi sono state precisamente progettate, particolarmente le tre principali in Egitto. Il modo in cui sono posizionate e il modo in cui sono state progettate, le dimensioni e qualsiasi misura che ci possa essere; come per esempio la distanza da un apice all'altro e cose di questo genere. Ogni cosa e qualsiasi cosa che tu possa sognare, in essa contiene tutte le formule matematiche che la civilizzazione aveva. E questo include molte formule matematiche a cui la tua civilizzazione non ha ancora pensato. Ce ne sono alcune che verranno scoperte nelle piramidi, che richiederanno del tempo per essere comprese ed applicate. Troveranno degli usi e voi penserete che è qualcosa di meraviglioso. Le piramidi sono come un contenitore condensato di tutta la conoscenza scientifica di questa civilizzazione.

D: Sai qual'era la sorgente d'energia che le potenziava? Avevi detto che non poteva funzionare dopo la caduta di Atlantide.

B: La sorgente di potere era la Terra stessa. Ma la ragione per cui non potevano funzionare è perché non erano più in equilibrio con il punto in cui poteva utilizzare il flusso della Terra.

D: Ci è stato detto che erano tombe funerarie per i sovrani Egiziani.

B: Quando le civilizzazioni persero la conoscenza e non sapevano cosa fosse, questo è ciò che si immaginarono che fossero. E quindi questa è la storia che si sono tramandati nei secoli.

Immagini e geroglifici sono stati trovati che apparentemente mostrano la costruzione delle piramidi e schiavi che spingevano rocce su per le rampe per metterle in posizione. Forse le piramidi erano già li ed erano vecchie quando queste immagini vennero disegnate. Questa doveva essere la versione che la gente aveva di come dovevano essere state costruite. Forse erano tanto un mistero nel loro tempo quanto nel nostro.

D: Non hanno mai trovato alcun corpo all'interno.

B: Nessun sovrano fu mai sepolti li dentro.

D: Allora a cosa servivano le stanze interne?

B: Erano utilizzate per scopi molto più complessi della sepoltura.

Alcune erano utilizzate per fare alcune delle manipolazioni energetiche. Ma la maggior parte delle stanze erano allo scopo di contenere altri calcoli e formule matematiche attraverso le loro misure e la loro relazione con le misure delle piramidi.

D: *Vedi come vennero costruite con queste enormi pietre?*
B: Parzialmente attraverso la manipolazione dell'energia della Terra e parzialmente attraverso il processo di cui ti hanno parlato della trasformazione della liquefazione delle pietre.
D: *Gli stessi metodi che utilizzarono in Atlantide allora. (Si) Qualcuno mi ha detto che pensavano avessero utilizzato la musica in qualche modo.*
B: Uno dei metodi che avevano per manipolare le energie era l'uso controllato del suono.

* * *

Alcuni dei miei soggetti accidentalmente toccarono la conoscenza delle piramidi quando regredirono ad una vita in Egitto.

Nell'Agosto del 2000 condussi una seduta con Steve in August, a New Orleans. Lui ebbe una strana esperienze mentre stava visitando la Grande Piramide in Egitto qualche mese prima. Questa era una delle cose che voleva esplorare mentre era in trance.

Non aveva mai espresso il desiderio di andare in Egitto e non aveva alcun desiderio di vedere le piramidi. Ma quando lui e sua moglie andarono in Svizzera per visitare dei famigliari, loro gli avevano preparato una sorpresa. Avevano già deciso di portare Steve e sua moglie in Egitto alle piramidi. Lui davvero non voleva andare, ma senti di non avere scelta. Sorprendentemente, Steve ebbe un'esperienza incredibile mentre erano là.

Si separò dalla moglie e dai famigliari mentre la loro guida stava acquistando i biglietti. Gli Egiziani erano molto selettivi e stavano facendo un grosso sforzo di tener fuori gli stranieri. Stavano permettendo l'entrata solo a 300 persone al giorno. Cosi la loro guida fece la fila e gli portò i biglietti. Allora Steve iniziò a cercare il resto del suo gruppo tra la folla di turisti sulla piana di Giza, per poi poter entrare. C'erano centinaia di persone e molti autobus. Molta attività.

Mentre camminava sulla piana verso le piramidi qualcosa di strano ebbe luogo. Improvvisamente era come se fosse entrato in un qualche tipo di salto temporale. Mentre era il in piedi e osservava, vide di essere l'unica sul posto. Non poteva sentire nulla, nessun suono. Tutta la gente e gli autobus erano totalmente spariti. Si sentiva lo stesso, nessuna differenza ma mentre si guardava attorno era completamente solo. E una tremenda sensazione lo assalì mentre osservava le piramidi. Ebbe un'improvvisa reazione emotiva ed tutto d'un tratto realizzò d'essere a "casa". Questa era "casa" sua e fu un'esperienza meravigliosa. Disse che lo inghiottì completamente mentre osservava le strutture.

Poi alla stessa velocità tutto tornò normale mentre continuò a camminare verso le piramidi. Ci fu un improvviso boato mentre i suoni tornavano. La gente, gli autobus, le attività e tutto il resto tornò a girare intorno a lui mentre veniva riproiettato nel presente. Quando sua moglie riuscì a trovarlo tra la folla, era preoccupata nel vederlo piangere emotivamente. Entrarono nella piramide e per lui fu un'esperienza meravigliosa. Ma non riusì a comprendere cosa accadde in quella frazione di secondo. Era come se il tempo si fosse fermato ed ogni cosa fosse cambiata e poi riportata alla normalità.

Dopo aver portato Steve in profonda trance, attraversammo una normale regressione e io stavo parlando con il suo subconscio per trovare la risposta alle domande che aveva formulato.

D: *Quando Steve andò in Egitto e vide le Piramidi fece una stana esperienza. Vorrebbe comprendere cos'è successo quella volta?*
S: E' stato un dono. Si trovava dove il suo spirito era più felice. Molta gioia.
D: *Quando si trovo nuovamente su quel terreno? (Si) Cos'è successo? Ha detto che è stata una strana esperienza.*
S: La sua anima era cosi felice. Voleva esprimerlo. Quindi è stato un dono per lui.
D: *Disse che fu come se ogni cosa scomparve.*
S: Si, è cosi.
D: *Durante quei minuti è forse andato a finire in un altro tempo?*
S: Parzialmente. Non, consciamente.
D: *Perché il resto della gente non era presente.*
S: No, non lo era. Era per dargli la forza di continuare.
D: *Perché il suo spirito era cosi felice intorno alle piramidi?*
S: Ha a che fare con un'altra vita. Era coinvolto nella costruzione delle piramidi. Era uno degli individui primari che aiutò nella costruzione.
D: *In che modo ha aiutato con la costruzione?*
S: L'ingegneria dietro al posizionamento dei blocchi.
D: *Come l'hanno fatto?*
S: In diversi modi. Lui era responsabile solo di una modalità. Il modo di scegliere ogni pietra per ogni posizione. Era una scienza molto

complicata.

D: Dovevano incastrarsi perfettamente, vero? (Si) Lo fecero con degli strumenti?
S: Qualche strumento. Qualche potere mentale.
D: Come lo fecero attraverso i poteri mentali?
S: Le onde cerebrali si sintonizzano con la vibrazione della pietra.
D: Per sincronizzarsi?
S: Si, attraverso il suono e i pensieri mentali.
D: Lo ha fatto da solo o con altre persone?
S: Venne fatto con persone altamente evolute. Loro conducevano le loro tecniche e noi eseguivamo la costruzione.
D: Queste erano persone che vivevano in quel luogo?
S: Si, vivevano là. Migrarono là.
D: Avevi detto che lo facevano anche con il suono?
S: Si. E' un suono di alta frequenza che poteva sintonizzarsi con la struttura molecolare dei blocchi e tagliarli nel modo in cui volevano.
D: Il suono veniva creato attraverso qualcosa?
S: Si, a volte.

Stavo pensando a degli strumenti musicali.

S: E' come un diapason. Bisogno anche utilizzare la mente. Senza la mente non si niente.
D: Riesci a vedere com'è lo strumento con cui creavano questi toni?
S: Era lungo, scintillante come il metallo. Aveva molte appendici. (Sembrava che stesse osservando.) Toccavano la pietra.
D: Era grande?
S: No, era piccolo, ma allungato.
D: Cosa succedeva quando toccavano la pietra con questo strumento?
S: A volte levitava. A volte si rompeva. Era molto potente.
D: Generava questi toni quando toccava la pietra?
S: Si. A volte potevi appena sentirlo, era quasi come una scintilla.
D: Ma il resto della gente doveva utilizzarlo con la mente quando un individuo toccava la pietra con lo strumento?
S: Si, esattamente.
D: Potevano amplificarne il potere in questo modo? (Si) Avevi detto che questa gente molto evoluta migrò fin là. Da dove venivano?
S: Non siamo sicuri.
D: Quindi sapevano come far vedere agli altri come farlo.
S: Si. Ma dovevi essere in grado di controllare i tuoi pensieri. Solo certi

potevano farlo o sarebbe stato molto pericoloso.
D: *Perché' doveva essere pericoloso?*
S: Ti poteva uccidere. La frequenza ti poteva influenzare molecolarmente. Dovevi bloccarla mentalmente per proteggerti.
D: *Dovevi dirigerla all'esterno? (Si) Cosi se non avevi i pensieri giusti poteva più o meno rimbalzare?*
S: Essenzialmente, si.
D: *Quindi solo individui dalla mente pura o di corretto pensiero potevano dirigere questa energia.*
S: Si, solo quelli dal pensiero corretto.
D: *Quindi tutti coloro che erano coinvolti nella direzione dell'energia mentale doveva avere più o meno un mente pura?*
S: Si, pochissima gente poteva farlo.
D: *Se c'erano molti muratori, potevano utilizzare la coscienza di massa delle loro menti? (No) Dovevano esseri quelli che sapevano come dirigere l'energia. (Si) E quello strumento aiutava a dirigerla nella pietra?*
S: Si, attraverso energia mentale.
D: *Avevi detto che si sono portati dietro quello strumento quando migrarono.*
S: Si, E' cosi.
D: *Ma questa era la ragione per cui Steve si sentì cosi emotivo quando tornò in quel luogo.*
S: Si. Gli è stato dato come dono per dargli forza. Per rafforzarlo a continuare. In passato era capace di cose molto importanti e potenti. Lui può utilizzare quella stessa abilità, perché la mente è potente. Può fare qualsiasi cosa voglia fare con la sua vita, ma deve imparare la disciplina.

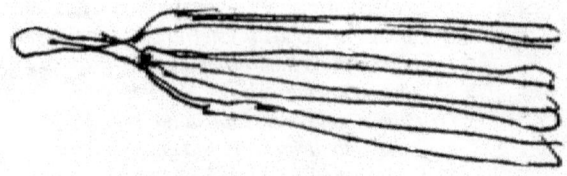

Lo strumento che Steve vide era approssimativamente lungo 30cm. Era fatto di un metallo che scintillava come uno specchio. Le appendici erano sottili e c'era un cristallo nel manico.

* * *

Nel 2000 una donna regredì ad una vita in cui era una specie di direttore (maschio) in Egitto. Era in piedi nel deserto ai confini di una grande citta, mentre osservava la costruzione di un grande edificio li vicino. Vestiva abiti che non si indossano all'esterno, erano molto lussuosi. C'erano lingue d'ora sui suoi sandali e un pesante collare d'ora con una insegna (i raggi del Sole) intorno al collo. E' pesante, ma era abituato ad indossarla nonostante il peso. Aveva un elmetto dorato con piume (simili a quelle di un pavone) che spuntavano dalla sommità. Era tutto pesante e scomodo sotto il Sole cocente.

Si stava lamentando del lento progresso dell'edificio. Disse che tutti erano stanchi, cosi stanchi, del costante lavoro di costruzione. Era tutto per l'ego del sovrano e non era nemmeno necessario. Disse che l'edificio era nella forma di una piramide e l'allineamento non era proprio preciso e tutto procedeva molto a rilento. Disse che il sovrano stava già costruendo altri due piramidi, una era completa e l'altra era quasi completa. Eppure avevano iniziato questa terza. Pensava che si dovesse completare le altre due prima di iniziare la terza. La gente era stanca della costante costruzione.

Chiesi come le stavano costruendo. Disse che la base era sottoterra con certe camere e passaggi che dovevano essere perfettamente pianificati. Questa parte veniva completata con il lavoro perché "loro" non potevano entrare in contatto con la Terra. Ovviamente, volevo sapere chi "loro" fossero. Disse che erano gli esseri nel disco, che stavano dirigendo l'intera operazione. Dopo la costruzione della base venne la costruzione del resto dell'edificio (sopra il terreno) con l'energia diretta dal disco. I lavoratori formarono un cerchio intorno all'edificio. Poi l'energia venne diretta dal disco a lui e agli altri, e poi ai lavoratori. Questo creò un cerchio energetico che era sufficiente per sollevare gli enormi blocchi di pietra al loro posto. Era importante che i lavoratori fossero puri nel corpo (niente alcohol, etc.) cosicché l'energia poteva essere diretta attraverso i loro corpi. Dopo non gli restava alcuna conoscenza di ciò che era successo. Venivano utilizzati solo come conduttori, se cosi possiamo dire.

L'unico problema era che a volte il disco scendeva troppo basso. Di solito fluttuava all'altezza della futura posizione dell'apice della piramide. Quella era la posizione da dove l'energia veniva diretta. Ma se discendeva troppo in basso poteva far cadere alcuni dei lavoratori sul terreno e scaraventandoli fuori dal cerchio. Non sapeva se fossero feriti o no, ma dovevano essere immediatamente rimpiazzati, perché il cerchio doveva rimanere ininterrotto. La descrizione del cerchio assomigliava molto ad uno degli avvistamenti moderni: scintillante, metallo, grigio con un cerchio più piccolo dentro a quello più grande. L'energia proveniva dal cerchio più piccolo. Chiesi di descrivermi gli occupanti del veicolo. Disse che non poteva vedere i loro volti perché indossavano un copricapo insolito. Era progettato per evitare che gli umani potessero leggere i loro pensieri e conoscere i loro intenti. Il copricapo di metallo era più spesso nella parte superiore e posteriore della testa, perché disse che i pensieri provenivano da lì. Il suo copricapo doveva essere una copia del loro anche se non serviva allo stesso scopo.

Anche se incolpava i costanti lavori di costruzione all'ego del sovrano, pensava davvero che fosse parte dell'agenda degli esseri nel disco. In tutto dovevano esserci una serie di sette piramidi e dovevano essere costruite secondo uno specifico schema. I lavori di costruzione andavano avanti da quando aveva ricordi, almeno 50 anni. Si lamentava che la gente era stanca e pensava che fosse troppo.

Lo scopo finale delle piramidi era di dirigere energia nello spazio, quindi le coordinate dovevano essere perfette e il disco dirigeva il preciso posizionamento delle pietre. La costruzione diventava più facile quando si avvicinava all'apice, perché era più piccolo e non richiedeva troppo pietre. Dopo aver completato la costruzione ai lavoratori ordinari era permesso lavorare al riempimento delle crepe e degli spazi tra le pietre, ma anche questo doveva essere fatto precisamente.

Pensava che dovevano finirne una completamente prima di iniziare a lavorare su un'altra. Gli edifici ordinari della citta erano costruiti diversamente e a confronto erano più rozzi. Il lavoro non doveva essere compiuto con tale intensa precisione. L'assorbimento dell'energia per sollevare le pietre era troppo intensa su tutti coloro che erano coinvolti. Tuttavia non sembrava che ci fosse alcuna intenzione di negare quelli che erano nel disco.

Il sovrano erano un uomo dalla forma insolita, molto alto e sottile. Doveva essere vecchio, tuttavia non mostrava segni d'età. L'uomo disse che sapeva che sarebbe morto prima che le sette piramidi fossero completate, ma che il lavoro l'avrebbero portato avanti altri. Enfatizzò che gli esseri del disco non potevano avere alcun contatto con la terra, quindi i lavoratori dovevano fare la costruzione fisica. Dovevano restare in piedi in un cerchio ininterrotto per poter dirigere l'energia della "Terra", che apparentemente veniva raccolta e ridiretta dal disco. Questo era il potere che gli permetteva di sollevare le pietre. Era trasmesso attraverso i lavoratori, utilizzando i loro corpi come "amplificatori". Ma dopo non avevano alcun ricordo. Questo non era importante, venivano solo utilizzati. Sapeva cosa stava succedendo, ma anche lui era usati per dirigere l'energia. Disse che i matematici, gli astrologi e altri uomini saggi venivano utilizzati per l'allineamento. Doveva esser preciso, cosicché la direzione finale dell'energia (quando il lavoro era completo) sarebbe diretta ai punti giusti nello spazio. Era uno dei pochi che sapeva lo scopo di quel costante lavoro di costruzione, ma non sapeva come sarebbe utilizzata nel risultato finale. Gli esseri del disco entravano in contatto solo con il sovrano.

Quando cercai di portare avanti la storia per conoscerne la conclusione il soggetto saltò in un'altra vita e visto che stavo conducendo la seduta a scopi terapeutici, seguii quella linea senza tornare alla storia. C'erano tutte le indicazioni che stesse accadendo in Egitto, ma sarebbe potuto essere Atlantide.

E' difficile dire a quali piramidi si faccia riferimento, visto che c'erano molte piramidi durante quel periodo. Alcune potrebbero non essere sopravvissute fino ai nostri tempi. Durante un'altra seduta un uomo era presente durante la costruzione della grande piramide ed era coinvolto nei calcoli delle misure. Disse che sarebbe stata utilizzata come un mezzo di comunicazione tra la Terra e Sirius.

* * *

Un'altra seduta nel 2000 prese una strana piega e anche se non ebbe a che fare con la costruzione delle piramidi, sembra che abbia a che fare con l'origine di un altro mistero associato con l'Egitto.

Dopo essere andata attraverso la regressione ad una vita passata con Marie, contattai il suo subconscio per fare delle domande. Lei aveva una lista di cose che voleva conoscere. Aveva avuto una visione o una scena di qualcosa che era successo in Egitto. O per lo meno presumeva che fosse l'Egitto. Vide se stessa in una stanza con una sorta di strano strumento

D: *Puoi dirli qualcosa a proposito di quello strumento? Era vero o solo immaginazione?*
M: Era vero. Ciò che vide era solo un frammento di una macchina piu grande. Diciamo "macchina", ma non era come le conosciamo noi. Era una sorgente d'energia contenuta.
D: *Lei come lo usava?*
M: Lei era come un assistente di laboratorio. Era solo la persona che sapeva come regolare la quantità d'energia poteva tornare in una forma di vita umana per rigenerarla. Riportava in vita i corpi morti ed era una cosa sperimentale.
D: *Questi esperimenti vennero fatti sulla Terra?*
M: Venivano fatti sulla Terra, ma non da esseri della Terra. Quelli che sapevano come farlo stavano sperimentando su una massa di persone. Non sono come muoiano.
D: *Sai quale paese fosse, ha forse un nome?*
M: La parola Targa mi viene in mente.
D: *Marie aveva la sensazione che fosse l'Egitto. Ma, secondo te no?*
M: Forse Targa era il gruppo. Era nel calore cocente del deserto. Era una civilizzazione come l'Egitto, ma non era l'Egitto.
D: *Hai detto che molta gente morì in qualche modo?*
M: Sono tutti corpi carbonizzati e sembrano come delle mummie. Sembrano come quelli che sono stati mummificati da molto tempo.
D: *Vorresti dire: rinsecchiti? (Si) Ma per quale motive vorrebbero revitalizzarli, rigenerare quel tipo di corpi?*
M: Perché c'erano pochissimi corpi vivi in quel periodo. Era successo qualcosa e avevano bisogno di un modo per riportare indietro abbastanza forza vitale sul pianeta. Volevano abbastanza corpi vivi e attivi.
D: *Ma una cosa del genere poteva funzionare?*
M: Funzionò.
D: *Riuscirono a riattivarli?*
M: Si. Ma c'era un periodo di gestazione, dopo averli ricoperti con le

bende, era come se avessero un guscio. Si prende questo materiale fondamentale, che diventa cosi. E' solo materiale genetico rinsecchito e ossa.

D: *Devono essere stati morti da molto tempo, presumo?*

M: Esatto. Ma non c'erano fluidi corporei. Si riavvolgono e gli dai un contenitore per ricostituirsi.

D: *Dovevano essere ricoperti.*

M: Totalmente bendati. Poi attacchi questa pompa che è connessa a questa sorgente d'energia alla base, sui piedi. Poi inizi a pompare. Fa il rumore di una pompa (fece quel rumore) come il suono di un grande cuore. Pompi finché non vedi un rigonfiamento delle bende. Poi lasci lì questi pacchetti, questi corpi impacchettati finché non ne hai bisogno.

D: *Quindi è come un'animazione sospesa? (Esatto) Ma furono in grado di camminare e muoversi quando ne avevate bisogno?*

M: Dopo di questo non lo so. Riesco solo a vedere che il mio lavoro era di avvolgerli, energizzarli ed immagazzinarli.

D: *Come li immagazzinate?*

M: Su dei ripiani.

D: *(Mi sembrò strano.) Su dei ripiani? (Si) Ma ho l'impressione che se uno spirito non entra nel corpo non è davvero vivo. Cosa ne pensi?*

M: No, c'è la forza vitale che attiva il sistema corporeo. Non ha nulla a che fare con l'anima.

D: *Quindi, più o meno, è come un essere meccanico o robotico?*

M: Fai partire il sistema, ma l'attivazione dell'intelligenza e della coscienza viene dopo.

D: *Quindi questa gente ha la capacità di fare queste cose, ma tu eri solo un'assistente.*

M: Più come un tecnico.

D: *Permettimi di chiedere al tuo subconscio una domanda che trovo intrigante. Questa potrebbe essere l'idea da cui ebbero origine le mummie in tardo Egitto? Hai accesso a queste informazioni?*

M: Oh, si, esatto. Ma gli Egiziani non sapevano. E' quasi come se capirono alla rovescia. Non avevano la tecnologia. Avevano la conoscenza residua relativa al bendaggio e l'idea che la vita ritorna e prosegue e continua. In realtà non sapevano come ricostituirli e questo è ciò che facevamo noi.

D: *Quindi quella tecnologia non era disponibile per la gente che venne dopo?*

M: Esatto. Avevano la conoscenza dei viaggi dell'anima e dell'aldilà e delle stelle in transito. Ma non sapevano come riportare in vita il

corpo.
D: *Ma si ricordavano, grazie a quando c'eravate voi, che è fattibile?*
M: Sapevano che da qualche parte, in qualche modo era possibile, perché alcuni dei loro antichi insegnanti erano con noi. E lo sapevano, ma persero la tecnologia. Avevano altre tecnologie. Non avevano questa che poteva riportare in vita.
D: *Quindi stavano cercando di riportare la persona in vita. E ritenevano che questo fosse il modo per farlo.*
M: Penso che si ricordavano d'aver tolto le bende ai corpi che riportavamo in vita quand'era necessario. Lo sapevano. E quindi presunsero che bendare i corpi ne avrebbero preservato la vita. Ma in seguito capirono che mancava qualcosa.
D: *Qualcosa che non avevano. Un ingrediente, un pezzo di conoscenza. Ma originariamente da dove provenivano questa tecnologia e conoscenza?*
M: Gente che non era della Terra. Per loro io ero un lavoratore, ma non ero uno di loro. Erano molto, molto efficienti ed intelligenti. E grandi.
D: *Gente alta? (Si) Hai la conoscenza di cosa abbia ucciso tutta questa gente?*
M: No. Sono in questa stanza mentre faccio il lavoro.
D: *Ma hanno dovuto riportare in vita questa gente perché non ne erano rimasti abbastanza. Deve aver ucciso molta gente.*
M: Si, in grandi quantità.
D: *E questo era un modo per riportare indietro la gente velocemente?*
M: O di salvare la razza.
D: *Non potevano crearne altri o ripartire?*
M: Apparentemente no. Questo era molto importante, perché ci voleva molto lavoro, che richiedeva molto tempo. Ma era anche un lavoro molto spirituale.
D: *Non era solo per creare degli schiavi. Non era quel tipo di motivazione.*
M: No, no, no, no. Era piuttosto l'amore per questi esseri e per la razza.

Questi devono essere stati ricordi di tempi antichissimi, perché predatavano gli Egiziani. Qualcosa di catastrofico dev'essere successo per uccidere (bruciare) molte persone. Non c'era una grande popolazione come successivamente. Apparentemente ci sarebbe voluto troppo per aspettare finché la razzia si fosse ripopolata. Forse questa era una procedura di chiusura del buco. Un modo per preservare la gente e riattivarli quando fosse necessario. Disse che il materiale genetico rinsecchito era ciò che veniva impacchettato e preservato. Sappiamo cha anche una cellula contiene tutte le informazioni genetiche per riprodurre un essere umano identico. Quindi i resti bendati dei corpi venivano immagazzinati finché si poteva riattivarli. Mi sarebbe piaciuto aver accumulato altre informazioni riguardo al processo, ma lei era solo un lavoratore che si limitava ad eseguire ordini e poteva solo condividere ciò che vide. La conclusione logica era che quando queste informazioni vennero tramandate come una memoria raziale i discendenti sapevano che in qualche modo le bende e la preservazione del corpo era la chiave per tornare alla vita. Probabilmente avevano ricordi o si erano tramandati leggende che questi bendaggi sarebbero stati riattivati o riportati in vita dopo molto tempo. Come succede spesso nella storia, avevano una conoscenza parziale, insufficiente per poter ripetere ciò che questi antichi esseri potevano fare. Successivamente le ragioni per i bendaggi e per preservare i corpi andarono perduti e il tutto si deteriorò fino a diventare un rituale associato alla vita dopo la morte.

* * *

Stavo ricevendo molte informazioni sui misteri delle piramidi e la Sfinge mentre questo libero stava per essere stampato. Piuttosto di ritardare la pubblicazione, decisi che questo nuovo materiale sarebbe andato a finire nel Libro Due di L'Universo Convoluto. Questo mi confermò che il mio viaggio nell'ignoto sta ancora procedendo. C'è molto altro che devo esplorare.

CAPITOLO OTTO

MISTERI INSPIEGATI

Le seguenti spiegazione dei vari misteri della Terra le ricevetti da vari soggetti lungo un periodo di molti anni. Certe spiegazioni sembrano contradditorie. Le includo qui per permettere al lettore di pensare. Permetterò ai lettori di farsi un'idea personale. Potrebbero esserci elementi di verità in tutte le spiegazioni, anche se potrebbero non essere l'intera' verità. Dipende tutto dall'interpretazione del veicolo e dalla loro comprensione delle informazioni ricevute.

LINEE NAZCA IN PERU

D: Sai niente delle linee di Nazca in Peru?
Phil: Questo è corretto. Cosa vorresti sapere?
D: La loro provenienza è un mistero, proprio come il loro scopo.
P: Sono dei design dipinti da un artista mentre guardava in giù su questo pianeta. Voleva abbellire questo pianeta in quel luogo o punto, grazie alle sue abilità artistiche. Fu una manipolazione con mezzi telepatici a distanza. Con un hovercraft, da non confondere con una astronave extra-terrestre. Il suo era un veicolo d'origine terrestre che funzionava attraverso un sistema antigravitazionale. Quest'artista semplicemente si elevò ad un'altitudine superiore alla piana e da li utilizzò la sua forza telepatica per disegnare queste linee. Questi sono solo degli "schizzi".
D: Ci sono altre cose oltre alle linee, non è vero? Sulle piane ci sono anche dei disegni.
P: Si, questo è ciò a cui stavamo facendo riferimento, il ragno, la scimmia e il resto. Questi sono solo sforzi artistici e non hanno alcun significato speciale, se non che fossero il lavoro di un uomo.

D: *Quindi più o meno stava solo giocando?*
P: Si, esattamente.
D: *Un autore credeva che le linee fossero piste d'atterraggio per antichi astronauti.*
P: Humph! Questa si che e' buona, perche vediamo l'artista con una barba nera e vesti bianche mentre e' nel suo veicolo. Adesso lo vediamo chiaramente, mentre sorvola le linee, pensa, si ferma e decide la sua mossa successiva. Se avesse scritto "7-Up" avrebbe la stessa importanza.
D: *(Risi) Pensavano che le antiche astronavi atterrassero e decollassero qui.*
P: Questo non sarebbe corretto. Astronavi extra-terrestri non necessitano d'essere guidate da linee di quella dimensione. La loro visione è ottima e potrebbero atterrare su un nichelino anche fosse posizionato nel bel mezzo del deserto.
D: *Pensi che le astronavi extra-terrestre siano passate di lì per curiosità?*
P: Per osservare le linee? Forse questo è vero.
D: *Stanno dando molta importanza a questi simboli.*
P: Si, c'è molta incomprensione. Naturalmente ciò che non è compreso viene temuto o, se molto più grande dell'uomo, viene riverito.
D: *Ha una qualche idea di quanto tempo fa vennero fatti i designi?*
P: Vorresti una delineazione in anni cronologici?
D: *Si, se puoi.*
P: Dodicimila, cinquecento anni (12,500).
D: *Wow! E' tantissimo tempo fa.*
P: Non troppo.
D: *Beh, lo è per noi. Quindi è stato fatto da un individuo che visse in quel periodo.*
P: Esatto. Un umano, un terrestre. Non era extra-terrestre.
D: *Dev'essere stata una civilizzazione molto avanzata se avevano gli hovercraft.*
P: Questo è in termini relativi a ciò di cui parlate voi oggi, giusto. E' avanzato in quel senso. Tuttavia, le medicine e tecnologie che avete oggi vi elevano allo stato di Dio dal loro punto di vista.
D: *Oh, quindi abbiamo cose di cui loro non erano consapevoli.*
P: Esatto.
D: *Bene, mi sembra un periodo di tempo cosi lungo e le linee non mostrano alcun segno di deterioramento o...*
P: Sono fatte di roccia, che è molto difficile da danneggiare per il vento. Queste sono rocce posizionante in modo da formare queste

linee. Non c'è molta pioggia su queste piane.

D: *Non c'è stata alcuna catastrofe terrerste da allora?*

P: Certamente, ma nessuna che fu in grado di eliminarle, altrimenti non ci sarebbero.

D: *Pensavo che se ci fossero state delle catastrofi terrestri, l'oceano sarebbe sorto sopra queste piane e le avrebbe inondate.*

P: Questo non è successo.

D: *Quest'individuo con hovercraft aveva forse una qualche connessione con Atlantide?*

P: La conoscenza dietro all'hovercraft era la stessa utilizzata in Atlantide. E quell'uomo aveva un retaggio Atlantoideo. Tuttavia questo è quanto. Ti sono stati anche altri continenti come ben sai, Lemuria o Mu.

D: *Questi continenti esistevano prima del periodo di tempo in cui visse quest'individuo?*

P: Erano concorrenti. Quest'uomo non era solo, perché in quel periodo là c'era una civilizzazione.

D: *Dove adesso si trovano le Linee di Nazca?*

P: Non lesso stesso posto, ma lungo la costa.

D: *Ci sono anche alcuni segni sul lato di una scogliera lungo la costa non lontano da lì.*

P: Altri scarabocchi, era piuttosto creativo. Aveva prodotto altre linee ma sono andate perdute grazie agli elementi. Queste tuttavia, sono rimaste a causa della loro posizione e relativa protezione dagli elementi. C'erano grandi artisti che costruirono incredibili design di strutture magnifiche con questo stesso metodo. Tuttavia, sono andate perdute a causa del tempo e degli elementi.

* * *

D: *Sai da dove provengono le Linee di Nazca che si trovano in Peru?*

Brenda: Adesso sono molto vecchie e non sono chiare come lo erano una volta. Un gruppo di visitatori da una delle civilizzazioni che volevano aiutarci, voleva osservare l'umanità, ma avevano bisogno di un luogo dove far atterrare la loro astronave più grande. Avrebbero utilizzato astronavi più piccole per viaggiare sulla superficie della Terra. Scelsero di utilizzare una zona abbandonata come centro delle loro operazioni. Utilizzarono raggi energetici per incidere queste linee sul terreno per utilizzarle come puntatori di posizione. In questo modo avrebbero saputo dove atterrare senza concedere la propria posizione utilizzando degli strumenti energetici. Arrivavano con tutti i sistemi energetici spenti e atterravano grazie alla visuale diretta, per riuscire a mantenere la loro presenza segrete. Quindi, le lunghe linee che vanno dalla cima di una montagna all'altra, le hanno fatte con un raggio energetico, mentre stavano passando molto veloce, la prima volta. Dovettero farlo molto velocemente, per riuscire a non essere scoperti dagli altri. Le immagini degli animali e altri scarabocchi vennero fatti dai diversi piloti durante il loro tempo libero, quando non erano di turno. Utilizzavano strumenti energetici a basso amperaggio per evitare d'essere percepiti dall'altro gruppo sull'Isola di Pasqua. Osservarono diverse forme d'arte di diverse culture. Invece di disegnarli con uno strumento a mano su una superficie di scrittura, solo per divertirsi e per mantenere in forma le loro abilità di volo, lo fecero con strumenti energetici attaccati ai loro veicoli personali.

D: *Oh, vuoi dire, proprio come giocare?*

B: Si. Volare là per loro fu molto basilare, nulla per mantenere le loro abilità acute. Erano tutti piloti molto abili e volevano mantenere le loro capacità al meglio. Come un musicista che ha bisogno di praticare ogni giorno. Questo è tutto ciò che stavano facendo e stavano anche cercando di ridurre la noia.

D: *Allora queste immagini, il ragno e la scimmia, ecc., non avevano alcun significato reale. (No) Ci sono alcuni scienziati che hanno passato la loro intera vita cercando di decifrarle.*

B: Tra i piloti questo veniva considerato un elemento umoristico. Dicevano: "In futuro gli scienziati di questa gente verranno fin qui e li scopriranno. E si chiederanno cosa diavolo fosse successo qui."

D: *(Risi) Mi stavo chiedendo come fecero a sopravvivere così a lungo, con tutti i cambiamenti terrestri che ebbero luogo.*

B: Visto che sono state fatte con dei raggi energetici, ebbero un effetto nel punto del taglio da renderli di natura più permanenti di quanto non sarebbe stato altrimenti.

D: *Ce n'è uno lungo la costa che sembra un diapason.*

B: Quella era uno delle cose che utilizzarono come strumento direzionale per aiutarli ad atterrare visualmente. Prima di riuscire ad abbassarsi nell'atmosfera della Terra, per evitare di essere rilevati, spensero i loro strumenti energetici e viaggiarono intorno alla Terra un paio di volte per abbassarsi nell'atmosfera. Quando si abbassavano abbastanza da vedere terra, di solito erano vicini alla costa. E quella figura scavata su quella scogliera li indirizzava nella giusta direzione. Volavano in quella direzione e poi lungo queste lunghe linee che andavano dalla punta di una montagna all'altra.

Allora sapevano di essere nella giusta direzione.

D: *Quindi era un luogo dove poteva atterrare e nascondersi. E' questo ciò che intendi?*

B: Si. Quando atterrarono era nel mezzo di una pianura abbandonata. Non c'erano umani, ne nessun altro. Quindi non dovevano preoccuparsi d'essere scoperti o meno, grazie alla posizione. Sapevano d'essere al sicuro. E potevano tenere le navi pronte al decollo in qualsiasi momento, piuttosto che nasconderle.

D: *C'era gente sulla Terra in quel periodo?*

B: Oh, si! Oh, si! C'erano molte persone sulla Terra in quel periodo. E c'erano diverse civilizzazioni in via di sviluppo. E' per questo che stavano osservando. Perché le civilizzazioni sembravano molto promettenti, sapevano che l'umanità aveva la curiosità e l'intelligenza per svilupparsi verso una società tecnologica molto velocemente. Cosi stavano facendo dei rapporti relativi alle loro osservazioni dei progressi.

* * *

D: *Un altro mistero della Terra di cui siamo curiosi sono le Linee di Nazca in Perù. Sai di cosa sto parlando?*

John: Si. Adesso mi sta portando là. (Nella Biblioteca) Dice che questi disegno venivano osservati solo da veicoli planetari. Questa era anche una zona sacra per i Lemuriani. Erano luoghi d'atterraggio dove gli extraterrestri arrivavano per aiutare con la tecnologia della gente del tempo.

D: *Non pensavo che fossero cosi vecchi.*

J: Alcuni vennero fatti dai discendenti dei Lemuriani, per attrarre nuovamente i visitatori extraterrestri.

D: *Quindi quando atterrarono gli extraterrestri originali non c'erano di segni a quel tempo?*

J: C'è una lunga storia del loro andirivieni, venire e andare, venire e andare. Questa forma d'arte venne trasmessa a livello terreno. Gli extraterrestri aiutarono nel creare queste linee. E' per questo che sono più precise dal cielo che dal terreno.

D: *Quale fu lo scopo dietro alla loro creazione?*

J: Gli extraterrestri che arrivarono in quella zona, erano visitatori, come se fossero in vacanza. Sai, tipo: "andiamo a vedere un mondo primitivo." Proprio come gli Americani fanno quando vanno in Nuova Guinea o le zone remote dell'Australia per visitare gli aborigeni. Questi extraterrestri venivano sulla Terra per osservare la gente e l'atmosfera di quel luogo e periodo. Ci sono stati molti atterraggi in quel luogo, perfino nel presente. Questa è una zona del globo dove gli extraterrestri sono ben venuti.

D: *Hanno qualche significato?*

J: Rappresentano diverse figure animali e ce n'è uno che rappresenta gli umani. Era la mentalità primitiva della gente, far sapere agli extraterrestri che questa era la loro gente e i loro animali che gli davano il ben venuto. Tutto era fatto parzialmente attraverso la gente locale e parzialmente dai discendenti di Lemuria. Questo e' stato un luogo molto speciale per questi veicoli spaziali che sono atterrati qui da migliaia e migliaia e migliaia e migliaia d'anni. Atterravano quando faceva parte di Lemuria e adesso che fa parte del continente Sud Americano. Sono atterrati e stanno ancora atterrando in questa zona.

D: *Può mostrarti come le immagini animali sono state fatte? Che metodo hanno utilizzato?*

J: Ci fu un extraterrestre che utilizzò un raggio d'energia proveniente da un'astronave. Questo era diretto sul terreno. Lo fecero cosi.

D: *Le linee rette o anche le immagini?*

J: Anche i disegni. Ma è stato fatto dal cielo. C'è un raggio d'energia che scende e poi c'era un gruppo di persone ed extraterrestri che ne seguivano il corso. La linea bruciava la Terra e loro la spazzavano via. Dopo essere passato sopra un certo segmento, polverizzava la terra e loro erano in grado di rimuoverla.

D: *E' rimasto un mistero per anni, c'è gente che cerca di capire cosa dovrebbero simboleggiare, perché sanno che si possono vedere solo dal cielo. – Proprio lì vicino alla costa, ce n'è uno sul lato di una scogliera; lo chiamano il diapason. Anche quello è dello stesso periodo di tempo?*

J: Si. Servono per dare il benvenuto a questi visitatori extraterrestri. Proprio come le isole Hawaiane offrono delle ghirlande ai visitatori. Questa gente offrì questi disegni per dare il benvenuto ai visitatori da altri pianeti, perché i locali li riconoscevano come curatori e sostenitori. Portavano anche granaglie come il mais e cose di questo genere. Queste originariamente vennero ibridizzate dagli extraterrestri per aiutare a nutrire questa gente. Era come una missione dei Corpi di Pace.

D: *Questo vuol dire che il mais e cose di questo genere non ebbero origine sulla Terra?*

J: Si, sono stati ibridizzati per adattarsi alla Terra.

D: *Conosci qualche pianta o cibo che non ebbe origine sulla Terra ma*

venne portato qui originariamente?
J: Lui sta cambiando il registro, per modo di dire. Alcuni dei nostri raccolti vennero ibridizzati da questi extraterrestri. Dice: la canna da zucchero, il cotone, le patate, erano tutti degli ibridi. Erano pianete della Terra, ma vennero in qualche modo migliorate, forse chimicamente, dagli extraterrestri. Specialmente, gli extraterrestri aiutarono gli autoctoni a sviluppare la pianta di patata e di mais. Questo fu molto importante. Altri extraterrestri lavorarono con il cotone in India e quella zone del mondo. Presero una pianta esistente ed aiutarono a trasformarla.

Quando visitai il Perù per vedere Machu Picchu, uno sciamano mi disse che il mais e la patata sono piantagioni importanti in Perù. Hanno centinaia di varietà diverse.

D: Sono sempre stata molto curiosa riguardo alle banane, forse erano uno di questi raccolti. Non cresce da un seme, ma da una radice della pianta.
J: No. Le banane esistevano fin dal periodo di Lemuria. Erano uno dei frutti più famosi. Molte piante ed animali sono stati ibridizzati da questi extraterrestri prendendo i materiale originali della Terra.

* * *

D: Sono curiosa riguardo alle Linee di Nazca. Puoi dirmi qualcosa a proposito di quelle linee?
Clara: (Lunga pausa, tuttavia la sua espressione facciale indicava che stava succedendo qualcosa.) Avevo solo bisogno di andare su e dargli un'altra occhiata. Lo scopo originario di queste era come quello delle linee magnetiche della Terra. C'era questa vasta comunità. Queste erano linee particolari che gli esseri di altri pianeti utilizzavano per venire ed atterrare. Il terreno. In diversi punti dei disegni c'erano diverse comunità, c'erano diversi luoghi, come dei porti dove scendevano e atterravano.

D: Quindi c'era gente che viveva in quella pianura?
C: Si. In diversi luoghi. In posti, un po' lontani dalla pianura. Ma dove andavano era un porto e atterravano lì. Queste erano linee guida per sapere dove fossero questi villaggi e luoghi dove viveva la gente. Le diverse comunità. Alcune di queste comunità non sono state scoperte, come quella di Macchu Picchu. Alcune non verranno mai scoperte e altre si. Ma ci sono civilizzazioni, di millenni fa che non

sono state scoperte.

D: *Sei i disegni sono sopravvissuti, perché non sono sopravvissute le rovine delle comunità?*

C: Perché non erano su quella piana. Questi villaggi erano nascosti. Era un porto aereo, se cosi si può dire, dove arrivavano e atterravano. E poi le grandi astronavi arrivavano e ne uscivano di più piccole. Dalle grandi astronavi potevano andare ai villaggi con le piccole.

D: *Sto pensando al ragno e alla scimmia – i villaggi non erano proprio in quei punti.*

C: Non al ragno o alla scimmia, ma in alcuni luoghi poco lontano. Ear un travestimento per permettere alle astronavi di trovare un certo luogo sulla scimmia. Da quel luogo specifico poteva andare e trovare il villaggio. E da un altro luogo sulla scimmia c'era un altro villaggio. Un'altra civilizzazione.

D: *Capisco. Quasi come uno strumento di navigazione.*

C: Esattamente. Grazie. Si.

D: *Si pensa che antiche tribù le crearono e non si sa perché. Perché non si possono vedere dalla Terra.*

C: Esatto. Non si possono vedere amenoché non si sia in cielo. Quindi chi... (pausa) mi stanno reprimendo dal dire altro a proposito. Solo che ci sono altri villaggi che non sono mai stati scoperti, mai investigati.

D: *Quindi non erano i nativi che vivevano là, che sarebbero stati molto ignoranti. Non le costruirono loro queste cose.*

C: No, non furono loro. Fu una sorgente superiore, più intelligente dei nativi che vivevano nei paraggi, anche se interagivano con questa intelligenza.

D: *Quindi possiamo assumere che si tratta di molto tempo fa.*

C: Si. Molto più vecchio degli Incas. Molto tempo prima dell'arrivo degli Incas. Questo era per interagire con gli autoctoni, perché comunicavano, ma non erano intelligenti come gli esseri delle astronavi. Ma ci furono interazioni con alcuni degli autoctoni. Era una cosa comune vedere l'atterraggio ed il decollo delle astronavi. Era un luogo importante sul pianeta per le connessioni interplanetarie. Come vedevano il pianeta Terra, era un grande luogo d'atterraggio. Un luogo dove potevano venire e non essere rilevati. Le loro interazioni di andare e venire che hanno luogo ancora oggi.

D: *Vengono ancora in quel luogo?*

C: Si, è cosi.

D: *Perché dovrebbero venire adesso? Gli autoctoni non ci sono più.*

C: Questo perché è una loro abitudine e perché non possono essere rilevati nel venire ed andare da là, al contrario di altre zone del pianeta. Grazie alla particola posizione geografica tra le montagne del Perù.
D: *Quindi devo assumere che questi disegni probabilmente sono stati fatti dagli alieni. (Si) Perché gli autoctoni non avevano le capacità di farlo.*
C: No, non le avevano.

Tutte queste varie versioni delle origini delle Linee di Nazca potrebbero sembrare contradditorie. Ma penso che possano essere versioni di periodi differenti a distanza di migliaia d'anni quando c'era attività in quell'area, sia extraterrestre che umana. Forse entrambe ebbero a che fare con la creazione di quei disegni.

LEGENDE DEI DILUVI

D: *Si dice che ogni paese del mondo abbia una leggenda del diluvio.*
Phil: La maggior parte delle informazioni sono arrivate intatte e sono anche piuttosto accurate. Tuttavia, non tutto. La leggenda del diluvio è infatti più di una leggenda, ma è basata sulla realtà. Fu causato dal terremoto della terra. Quando Atlantide sprofondò ci fu un diluvio, se lo si guarda dalla prospettiva dell'essere sulla terra.
D: *Mi chiedevo se era correlato ad Atlantide, accadde simultaneamente?*
P: Questa è una delle spiegazione di questo fenomeno. Perché in qualche modo questo diluvio era il mero risultato dello sprofondare o dell'abbassamento del suolo in alcune di queste leggende. Tuttavia, ci fu un vero problema globale causato dallo scioglimento delle calotte polari a causa dell'inversione dei poli. Con l'inversione dei poli, ogni polo venne naturalmente invertito e quindi ci fu il cambio da un polo all'altro. Questo evento è successo più di una volta.
D: *E' successo allo stesso tempo dello sprofondamento di Atlantide?*
P: Si, esattamente. Fu un evento contemporaneo. Semplicemente fu una delle molte manifestazione fisiche di questa causa.
D: *Si dice che qualcosa di drastico deve essere successo, visto che hanno trovato dei dinosauri che avevano ancora cibo in bocca.*
P: Esatto. Il cambiamento fu cosi rapido da causare un capovolgimento della terra, non proprio immediato, ma molto veloce. Tale che

anche l'atmosfera si spostò, quei venti e masse d'aria rimasero stazionarie mentre la Terra di sotto di capovolse. E cosi quei gelidi venti artici e masse d'aria che si trovavano sopra al polo, vennero velocemente sbalzati sulle terre dove c'era un clima più temperato. Come puoi immaginare, questo venne accompagnato da tremendi venti che spazzarono queste masse d'aria sul terreno.

D: *Cosa mi dici di terremoti e altri fenomeni (vulcanici)?*

P: Esatto. Molti terreni che erano prima sopra il livello del mare sprofondarono e molto territori che all'epoca erano sottacqua risalirono.

D: *Quindi per un certo tempo l'intera Terra era coperta dalle acqua? O questo fa solo parte della leggenda?*

P: In connessione a queste storie, ci furono estese inondazioni. Tuttavia, non è corretto dire che l'intera Terra era allagata. C'erano alcune aree non allagate. Tuttavia, non facevano parte del mondo conosciuto all'epoca.

L'ISOLA DI PASQUA

D: *C'è una piccola isola lontano dalla costa del Sud America nota come Isola di Pasqua, che ha molte statue gigantesche. La gente si è sempre chiesta da dove provenissero.*

Phil: Desideri una spiegazione? I monoliti vennero creati da una razza d'individui che proveniva dalla cultura Atlantoidea e che migrò al momento della caduta di Atlantide. Il simbolismo è di osservare verso Est attendendo l'arrivo della razza che sarebbe ritornata.

D: *E' per questo che li hanno costruiti cosi grandi?*

P: La dimensione fisica è un'espressione del loro rispetto per questa gente o esseri. Molte volte è una cosa comune della natura umana di correlare la dimensione al rispetto. Un elemento interessante di questo fenomeno, è notare come una stella del cinema che viene proiettata sul grande schermo viene istantaneamente adorato e riverito. Questo fenomeno funziona anche al contrario. Coloro che ricevono molta stima, ricevono anche proporzioni gigantesche. Coloro che ricevono proporzioni gigantesche, ricevono molta stima.

D: *Capisco. Li rendono grandiosi.*

P: Esattamente e funziona anche viceversa. I fenomeni come i fan e le manie si manifestano cosi. E' una peculiarità della razza umana.

D: *Perché le caratteristiche delle statue vengono esagerate?*

P: Sono delle espressioni artistiche, proprio come i dipinti sono un'esagerazione per sottolineare un aspetto o un'espressione.

D: Sono così grandi, la gente si chiede come li hanno creati.

P: Utilizzarono la stessa tecnologia della creazione delle piramidi. Il materiale venne plasmato diversamente dai blocchi. Ci fu l'utilizzo di strumenti per cesellare, proprio come si fa oggi. Ma il metodo di trasporto era lo stesso. Era di natura telepatica e venne fatto attraverso l'energia del pensiero.

C'erano dei blocchi a forma di cappello sulla cima delle statue. Però col tempo sono caduti. Questi vennero scolpiti da un materiale differente dalle statue. Mi chiedevo a cosa servissero questi cappelli.

P: Questi li fecero per la comodità di coloro che sedevano sulla cima di queste statue ed osservavano in lontananza nella stessa direzione delle statue. Si pensava che questo desse un potere o una visione a questi sacerdoti, perché osservavano con gli idoli.

D: Vuoi dire che stavo lì ad osservare l'oceano in attesa dell'arrivo della loro razza?

P: Sentivano che facendo questi avrebbero potuto velocizzarne il ritorno. Era necessario proiettare l'energia prima che tornassero. Le statue erano nella direzione in cui si doveva guardare. I sacerdoti salivano sulla cima e si sedevano su queste pietre o cappelli e dirigevano la loro energia per attrarre questi esseri. I loro sforzi ebbero successo in molte occasioni. Ricevettero visite da esseri di natura extraterrestre. Le astronavi venivano dall'oceano. Fissando lo sguardo e desiderando creavano un faro che segnalava agli esseri un desiderio di comunicare e così l'incontro aveva luogo.

D: Che tipo di astronave sopraggiungeva dall'oceano?

P: C'erano extraterrestri su hovercraft. Il termine è hovercraft, perché ci sono diversi tipi di veicoli.

D: Pensavo che fosse un qualche tipo di nave.

P: Non come le conoscono gli umani, perché queste fluttuavano sopra l'acqua e non dentro l'acqua.

D: Cos'è successo a questi Atlantidei originari? Rimasero sull'isola?

P: Col tempo si dispersero a causa delle difficoltà e del cambio dell'asse terrestre, che cambiò anche il clima. La gente o i nativi si dispersero in altre parti del globo. I nativi attuali provengono da tribù indiane, che dopo il ritorno del clima al suo stato attuale, migrarono qui e trovarono questi monoliti molte generazioni dopo.

D: Ovviamente, non ne compresero lo scopo, giusto?

P: No, pensarono che le pietre stesse fossero degli dei.
D: *Ho anche sentito dire che hanno trovato una forma di scrittura. Non è mai stata tradotta. Da che tribù ebbe origine, i primi o quelli che vennero dopo?*
P: Questi sono scritti creati o espressi dalla gente che eresse i monoliti. Alcuni di questi scritti che avete oggi, sono un manuale d'istruzione su come levitare. Le idee sono cosi astratte da essere inutili a chiunque le legga, se potessero leggerle. Richiede un intero pacchetto di astrazioni ed idee che sono presenti sulla Terra oggi giorno.
D: *Alcuni degli antenati degli Atlantoidei rimasero là e si incrociarono con gli altri fino a giungere ai nostri giorni?*
P: Gli Egiziani, la razza che la pelle olivastra, sono i più vicini in diretta discendenza di un lignaggio fisico. La gente dalla pelle olivastra fa parte del gruppo genetico Atlantoideo originario. Lasciarono tutti l'isola a causa del clima che rendeva la vita impossibile. La Terra è una vecchia che si agita e si rigira. Cosi la gente si deve spostare in diverse zone.
D: *Gli extra-terrestri li aiutarono ad andarsene?*
P: Non avevano bisogno di alcuna assistenza, perché la navigazione era un'arte o scienza fermamente stabilita.

Al suo risveglio Phil disse che riuscì a vedere i sacerdoti seduti a gambe incrociate sulla cima delle statue mentre osservavano gli hovercraft che arrivavano sull'acqua.

* * *

John era ancora una volta nella Biblioteca sul piano astrale e il guardiano gli chiesa con cosa ci poteva aiutare. Io gli chiesi se c'erano delle restrizioni d'accesso alla Biblioteca. Disse che di per se non ce n'erano, ma che le anime di livelli inferiori non venivano qui. A parte il fatto che non sono interessate alla ricerca della conoscenza, sono repulse dalla differenza energetica prodotta da questo regno.

D: *Ci sono molte cose sulla Terra che vengono considerate misteri che la gente non comprende.*
J: E' vero. Ci sono molte cose nei cieli che sono altrettanto misteriose. Dice: la mente cosciente non è sempre in grado di comprendere le cose. Quindi in un certo senso si potrebbe dire che questa è una restrizione. Ma la gente nel loro stati di super coscienza può

comprendere cose che la mente cosciente non può comprendere. Quindi in un certo senso, parlare di restrizioni, funziona cosi.

D: *Vuoi dire che le cose sarebbero troppo complicate?*

J: Si. Mi dice: tu non sei al giusto livello d'energia. Non puoi dare un libro d'algebra ad un infante di tre anni che è appenda entrato all'asilo. Mi dice che questo non si fa. Anche la nostra Biblioteca funziona cosi. Un bambino di tre anni non comprenderebbe l'algebra.

D: *Ma a volte mi hanno dato cose che non pensavo sarei riuscita a comprendere.*

J: E' vero. Ma la conoscenza ti serve per crescere. Per farti comprender di più.

D: *E per aprirti la mente.*

J: Si e per aprirti di più.

D: *Bene, stiamo cercando delle spiegazioni ai misteri della Terra che al gente non comprende. Dobbiamo entrare nella stanza delle visioni?*

J: Dipende dal tipo d'informazioni di cui vuoi parlare.

D: *Ci sono tutte le gigantesche statue sull'Isola di Pasqua. Possiamo avere qualche informazioni a proposito?*

J: Dice: si, per piacere entra nella stanza delle visioni. Dice che una volta quest'isola faceva parte del continente di Lemuria. Quando il continente di Lemuria sprofondò, questa era la cima di una montagna sacra. Dice che i Lemuriani erano tribali, ma erano in grado di manifestare le leggi fisiche. Erano in grado di fare queste statue. Le solidificavano e le spostavano con il potere mentale ed il pensiero. Lo facevano con i loro sciamani, i loro sacerdoti e i loro capi delle diverse tribù. Quando il cambiamento della Terra ebbe luogo, dice che questo è uno che pochi luoghi che rimaneva. Gli scienziati moderni non sono in grado di datare queste pietre perché provengono da un periodo primitivo. C'è qualcosa di unico a proposito di questo tipo di rocce. Non trovo la parola. I geologi pensano di conoscerne l'età, ma non la conoscono davvero. Ecco perché è un mistero. Ma sono un resto dell'antica civilizzazione Lemuriana. Dice che risalgono a ventimila anni fa.

D: *Gli scienziati moderni pensano che le statue vennero scolpite dalla roccia delle montagne vicine.*

J: La roccia proviene dalle montagne vicine. Questo è vero. Ma vennero formate attraverso la concentrazione di forme energetiche. Le pietre era resa malleabile dirigendo l'energia. In questo modo era facile creare queste forme con la pietra e gli strumenti di selce creare. Era come un coltello nel burro, era molto facile.

D: *Pensano che la pietra provenisse da lontano da dove si trovano adesso le statue. (Si) Come venivano trasportate?*

J: Ancora, metodi di levitazione telepatica levitazione vennero utilizzati con queste pietre. Ecco perché non ci sono tracce.

D: *Alcune sono rotolate via. (Si) Quelle che vediamo adesso sono tutte nella stessa direzione. Sembra che guardino tutte nella direzione dell'acqua, amenoché non fossero state spostate.*

J: No, non sono state spostate. Sta dicendo che erano orientate nella direzione in cui sorgeva il Sole a quel tempo. Il sole sorgeva in una diversa posizione da quella attuale ed erano allineate in quella direzione.

D: *C'è una ragione per la quale erano orientate verso il Sole?*

J: Per la gente del tempo aveva uno significato spirituale e una forte esperienza religioso.

D: *Le statue cosa rappresentavano? Sembra essere tutte uguali.*

J: Rappresentano le anima dell'uomo. I guardiani della torre di guardia, per cosi dire. Sono stati tracciati lungo tutto la storia. Sono la manifestazione degli spiriti guardiani dei diversi clan tribali degli antichi Lemuriani. C'erano 136 clan tribali diversi in antica Lemuria. Questi rappresentano le diverse fazioni di questi clan tribali, sono degli antichi per cosi dire. Sono una popolazione piuttosto primitiva secondo la vostra percezione, ma avevano anche grandi doni spirituali.

D: *Sembra che avessero anche grandi poteri psichici.*

J: Si, i loro capi avevano grandi poteri psichici.

D: *Sembra che le statue abbiano lineamenti esagerati. C'era una ragione per questo?*

J: Si, c'era una ragione ben precisa. La gente a quel tempo aveva questa parvenza. L'uomo, nel suo processo evolutivo, è diventato più rifinito. Infatti, ci sarà un altro passo di rifinitura quando ci sposteremo nell'era d'oro successiva all'era dell'Acquario. Allora sarà più rifinito.

D: *C'era anche ciò che chiamiamo un "codino", posizionato sulla cima della testa della statua, che da allora è caduto. Questo era fatto da un diverso tipo di roccia.*

J: Si. Questo rappresenta una sorta di cordone spirituale. Pettinavano i loro capelli in questo modo. A volte dicevano che venivano tirati fuori dall'universo materiale dal codino. (Ridendo) Quindi è per questo che avevano questi ornamenti elaborati.

D: *Era una roccia diversa da quella che costituiva il corpo della statua.*

J: Si, proprio come adesso nella vostra vita il colore dei capelli è diverso. C'erano diversi stili che queste persone credevano li aiutassero ad essere tirati fuori dal loro corpo. Credevano che l'entità spirituale non il loro spirito – lo spirito principale dell'universo gli permettesse di entrare nell'astrale. Il modo in cui veniva fatto è che venivano tirati fuori. Ma questa adesso è storia antica.

D: *E' per questo che è cosi difficile comprendere per gli scienziati. Pensavo che le statue erano fatto da un gruppo di persone più recenti..*

J: Queste sono resti dei Lemuriani.

D: *Quindi è venuta altra gente su quest'isola?*

J: Oh, si, molta gente è venuta su quest'isola. E dissacrarono alcune delle pietre. Si cannibalizzarono tra di loro. Erano come animali della più infima specie.

D: *Questa non era la gente originaria.*

J: No, questa non era la gente originale di questa terra. Infatti, alcuni dei posteri della civilizzazione Lemuriana erano ancora vivi quando questa tribù d'invasori sopraggiunse. Vennero mangiati da questa gente di guerrafondai.

D: *Alcuni dei discendenti originali sono sopravvissuti?*

J: Nessuno di loro sopravvisse. Vennero completamente spazzati via dalla tribù d'invasori. Perché vedi, i mari intorno all'Isola di Pasqua sono pieni di vita animale, ma è molto difficile sostenere la vita su questa isola. E in fatti, queste tribù di guerrafondai catturò questa gente e se la mangiò.

D: *Quindi queste tribù di guerrieri sono gli antenati della gente che vive li ora.*

J: Si. Sono i discendenti di quella tribù di guerrafondai. I Lemuriani era gente spiritualmente e psichicamente molto avanzata a confronto dall'uomo moderno, ma vivevano in modo primitivo. Voglio dire non hanno le invenzioni che abbiamo no oggi girono. Aveva le città ma erano costruite di materiali che potevano essere facilmente rimpiazzati. Come fibre di palma e cose basate sulla vegetazione naturale.

D: *Gli scienziati hanno anche trovato resti di ciò che ritengono possano essere i loro scritti e non sanno a quando risalgano.*

J: Questi risalgono agli antichi Lemuriani e vennero protetti dai loro discendenti. Poi i loro discendenti vennero eliminati dalle tribù di guerrieri. Vedi, le tribù di guerrieri, pensarono che fossero un buon pasto. Li videro solo come animali, eppure questa gente proteggeva antiche tradizioni. E i loro saggi scrissero perfino dei tempi antichi e a proposito dello spostamento Terrestre che distrusse Lemuria.

D: *Quindi proteggevano gli scritti ma non sapevano cosa significassero. Giusto?*
J: I discendenti dei Lemuriani comprendevano il significato.
D: *Ma l'altra gente...*
J: Oh, no, loro erano solo animali. Erano feroci. Gli sciamani dei conquistatori si connessero agli spiriti del luogo e forse interpretarono alcuni degli scritti. Ma loro... non ne voglio parlare. Sono troppo feroci e maligni e sono davvero... voglio andarmene. Ciò che mi sta facendo vedere... sono proprio gente orribile. Estraggono i cuori della gente. Oh è proprio orribile.

John disse che al risveglio vide questa gente che cacciava i Lemuriani. Vide che uno di loro apriva il petto di un uomo e gli estraeva il cuore. Poi procedette a mangiarlo mentre ancora batteva. Non mi meraviglio che rimase disturbato da questa visione.

D: *Okay. Non voglio che tu debba osservare qualcosa che ti disturba.*
J: Il guardiano dice: procedi.
D: *Si, cambio argomento. Cambiamo lo schermo, per così dire. Vediamo qualcos'altro. Non dobbiamo osservare tutto questo.*

* * *

L'ARCA DELL'ALLEANZA.

D: *Si parla spesso dell'Arca dell'Alleanza nella Bibbia e ci sono molti misteri al riguardo.*
Phil: Si, siamo consapevoli di questa cosa. Ti chiediamo di vederla come un ricettore, una radio che era in grado di ricevere o tradurre qui messaggi da un piano superiore e convertirli a livello del piano fisico. In questo modo le informazioni potrebbero essere canalizzate per questa gente in tal modo che ci potrebbe essere la più alta quantità di precisione in questa canalizzazione. Perché in questo modo non ci sarebbe alcuna consapevolezza umana o coscienza attraverso la quale queste informazioni debbano passare attraverso.
D: *Vorresti dire che la usano per parlare alla gente?*

P: Esatto. Era un messaggio orale.
D: *Da dove provengono i progetti per costruirla?*
P: Fu un dono. I progetti che gli vennero dati erano per il contenitore. Gli artigiani e maniscalchi della tribù utilizzarono i loro talenti per creare questo contenitore, questo ricettacolo. Tuttavia, lo strumento stesso venne progettato e costruito da esseri che stavano assistendo nell'evoluzione planetaria a quel tempo. Gli vennero date istruzione su dove mettere il prodotto finito o il contenitore, per poterlo attivare senza essere visto da questa gente. Per questo venne fatto sotto copertura nell'oscurità. Alla gente venne detto dove lasciare quest'Arca dell'Alleanza e venne poi attivata con questo strumento. Attraeva l'energia del potere cosmico, che perfino oggi circonda il pianeta ed è ancora accessibile per questo uso. Vorresti sapere dove quest'Arca o ricettacolo sia in questo momento. Ma non sarebbe appropriato condividerne la posizione in questo momento. Tuttavia, è in buone mani.
D: *Si trova ancora sulla Terra?*
P: Non offriremo una posizione questa volta.
D: *Seconda la nostra Bibbia, divenne pericolosa.*
P: Questo non è corretto. Venne abusata, lo strumento in se per se era inerte e pericoloso quando un filo d'erba. Tuttavia, il suo utilizzo per scopi politi o qualsiasi espressione ritenuta adatta, stavano corrompendo il suo scopo originario.
D: *Nella Bibbia si dice che la gente moriva nel toccarla. C'era qualche forma di potere all'interno?*
P: C'era l'energia che veniva generete per questo scopo. Questo causava la dispersione o uccisione, o morte per sovresposizione di questa energia. L'insistenza che toccarla portava alla morte era per prevenire che la gente aprisse l'arca e scoprisse cosa c'è dentro. E anche per creare un'aura di protezione attorno a questo strumento, che veniva trattato con paura e rispetto.

Questa porzione della cassetta era totalmente incomprensibile e divenne impossibile trascriverla. Sembrava pensante, c'era un forte rumore di statica che obliterava completamente la voce di Phil. Si poteva appena sentire la mia voce, ma non le sue risposte. Il resto delle domande riguardo all'Arca e l'inizio delle mie domande riguardo al Triangolo delle Bermuda erano completamente incomprensibili. Se ci fosse un qualche modo, se fosse decifrabile vorrei essere in grado di utilizzare questo materiale mancante. Forse, adesso, ci potrebbe essere qualche modo con i computer di separare questa rumore dalla voce.

Alla fine di questo lato della cassetta il suono improvvisamente ritornò. Dall'altro lato la cassetta era normale. Questa fu un strana esperienze perché anche Phil stava registrando, con il suo registratore posizionato dall'altra parte del letto e anche la sua cassetta non era trascrivibile. Se ci fosse stato qualcosa di sbagliato con la cassetta presumo che entrambi i lati sarebbero danneggiati. Inoltre, se c'era qualcosa che non andava con il microfono, perché non c'erano problemi con l'altro lato della cassetta?

Un esperto di elettronica disse che poteva essere stato causato se il registratore fosse stato messo sopra ad una TV o qualche sorgente d'emanazione elettronica. Ma era posizionato su un tavolino vicino al letto e non c'era nemmeno una radio nelle vicinanze. Questo non spiega perché il suono ritornò improvvisamente. Se la causa fosse stata qualche tipo di segnale elettronico allora penserei che entrambi i lati della cassetta sarebbero stati danneggiati.

Questo mi è successo altre volte con altri soggetti. Ci sono stati strani eventi con il mio registratore, come se venisse influenzato da energie esterne (statica, dissolvenza, aumenti di velocità e rallentamenti, due voci sovrapposte, etc.).

A causa della condizione della cassetta, cercherò di ricapitolare ciò che è stato detto, anche se di solito non è una buona idea. La settimana successiva quando iniziai la seduta con Phil, volevo sapere se potevano dirmi cos'era successo.

D: *L'ultima volta che abbiamo visitato questo luogo abbiamo fatto molte domande riguardo all'Arca dell'Alleanza e il Triangolo delle Bermuda. Abbiamo ricevuto informazioni molto interessanti, ma per qualche ragione non sono state registrate sulla cassetta. Sapete perché?*

P: Le informazioni avevano in se un vortice energetico simile a quella dell'oggetto descritto. E causarono un vortice in questa immediata area, simile a quello descritto nella narrazione. Questo illustra il potere della suggestione. Perché le energie che sono sul pianeta sono tali che basta meramente pensarci per creare quel pensiero nel fisico. Questa è la natura delle energie su questo pianeta in questo momento, mentre ci muoviamo in questa nuova era di consapevolezza.

D: *Vuoi dire il pianeta Terra o il pianeta da cui stai parlando? (Il Pianeta delle Tre Cime.)*

P: Qui, il pianeta fisico, il pianeta Terra. Le energie su questo pianeta adesso sono della natura che un pensiero è un'azione. E questo è illustrativo dell'attenzione che bisogno porre nell'utilizzare queste energie, che sono molto creative.

D: *Sapevo che il registratore stava funzionando correttamente.*
P: Questo è corretto. Il registratore stava fedelmente riproducendo ciò che riceveva. E come puoi vedere il tuo registratore ha una consapevolezza superiore e ben oltre ciò che possa essere percepito dai vostri sensi umani. I macchinari e l'equipaggiamento prodotti su questo piano stanno aumentano il proprio livello. Il loro livello di energia sta naturalmente aumentando, visto che sono di questa Terra e come parte di questa Terra e tutto ciò che è in questa Terra d'ora in poi sarà immerso in queste energie.

Ho detto che volevo riprovare a fare le stesse domande. Perché volevo usare le informazioni ma avrei dovuto basarmi solamente sui miei ricordi visto che non avevo una chiara registrazione.

P: Sentiti libera di chiedere, se questo è ciò che vuoi. Non c'è nessun male a chiedere.
D: *Mi chiedevo se c'era qualche modo per evitare che interferisca ancora con la registrazione?*
P: Cercheremo di focalizzare più chiaramente quelle energie che sono necessarie per la canalizzazione, in questo modo limiteremo che vengano canalizzate altre energia attraverso questo veicolo. Tuttavia potrebbe esserci qualche ricaduta in questa condizione, visto che questo veicolo è in gran parte responsabile delle energie che canalizza. E quindi, deve diventare consapevole di questo vasto spettro di energie ed imparare a limitare ciò che passa attraverso. Questa non è energia danneggiante. Questo è solo energia che sta passando e si sta manifestando sul tuo registratore. Non causa alcun danno fisico.
D: *E' solo che la macchina riesce a registrarle.*

Allora proseguii e feci le stesse domande riguardo al Triangolo delle Bermuda sperando che questa volta non ci sarebbe stata alcuna interferenza. Nel trascrivere questa cassetta non ebbi alcun problema. Negli anni lavorando con Phil occasionalmente ci furono situazioni insolite al registratore, ma nessuna drastica come questa.

* * *

Durante gli anni '80 e gli inizi degli anni '90, ho continuato a fare le stesse domande ad altri soggetti, ogni volta che si presentava l'opportunità giusta.

D: Ci sono storie della pericolosità dell'Arca dell'Alleanza. Riflettono forse, la verità?
Brenda: Certamente! Era uno strumento energetico.
D: Storie riguardo alla morte di persone che l'hanno toccata o...
B: Se non sapevano come utilizzarla e non erano correttamente isolati, si, potevano rimanerne danneggiati.
D: Alla fine sai cosa sia successo all'Arca dell'Alleanza?
B: Durò per molti secoli. E' difficile dire cosa ne sia stato, perché alla fine prima che sparisse c'era più di un'Arca dell'Alleanza. Una andò a finire giù per un burrone per errore. La stavano trasportando nella sua struttura di trasporto e stavano passando un ponte sottile sopra ad un burrone. Accidentalmente, uno dei portatori inciampò facendola finire alla base del burrone.
D: Questo ebbe luogo durante il viaggio nella natura selvaggia?
B: Dopo. Una venne immagazzinata per diversi secoli in un tempio. Degli invasori stavano entrando nel paese e dovettero nasconderla. Una terza esiste ancora, ma è nascosta in segreto e solo un piccolo gruppo ne sa qualcosa.
D: Non sapevo che ce ne fosse più d'una. (Oh, si.) Esistevano tutte nello stesso periodo, o ne fecero un'altra dopo la distruzione di quella che cadde nel burrone?
B: Crearono quella originale e ne crearono altre in secoli successivi. Ne esiste ancora una. Quella in fondo al burrone adesso fa parte di un ghiacciaio. A volte la gente la vede quando il ghiaccio si schiarisce. E quella che era nascosta è bloccata in una caverna e non riesco a vedere se verrà riscoperta o no. La terza che ancora esiste è nella cassaforte di una banca privata.
D: Sai in che paese?
B: E' difficile dirlo. Un paese occidentale con tecnologia avanzata.
D: Se qualcuno vedesse quella che è nella cassaforte di una banca saprebbe di cosa si tratta?
B: E' impossibile per chiunque vederla dentro alla cassaforte della banca, perché' la cassaforte di una banca privata, su una proprietà privata, di un individuo estremamente ricco.

* * *

IL TRIANGOLO DELLE BERMUDA

D: C'è qualche spiegazione per la sparizione di navi e aeroplani nella zona del Triangolo delle Bermuda?

Phil: Ci sono molte speculazioni a proposito che sono a dir poco erronee. Questa zona è un vortice d'energia, un vasto e potentissimo vortice, creativo di quelle energie che sono ora presenti su questo pianeta. Il comportamento erratico è in parte dovuto a quei meccanismi che sono nelle profondità dell'oceano, inerti ma non totalmente dormienti. Nei vasti fiumi d'energia che passano attraverso questo pianeta c'è abbastanza potere rimasto da questa macchina da causare un effetto di focalizzazione che causa queste scomparse, per cosi dire. Questo semplicemente passa attraverso una porta verso un'altra realtà. Non sono persi in senso fisico, perché sono ancora qui, solo che sono altrove. C'è chi crede che siano morti naturalmente, ma sono solo in un'altra realtà, su un altro piano d'esistenza, in un'altra cornice temporale. Questa è una piega o una porta, se preferisci questa connotazione. Questa gente non rimane danneggiata durante il passaggio, da questa situazione, solo psicologicamente, mentalmente ed emotivamente. I livelli energetici fisici sarebbero stati elevati passando attraverso questa porta. In molti avranno scoperto d'essere diventati più telepatici e chiaroveggenti. Perché in molti si sono trovati in una realtà in cui questi dispositivi super umani sono la normalità. Le loro realtà manifeste sono tali da permettergli di adattarsi con la gente con cui si trovano. Visto che le realtà potrebbero essere molto diverse se la mente fosse abbastanza disposta a credere che queste cose sono possibili, allora diventerebbero realtà. E' solo una questione di credere in ciò che è reale e ciò che non lo è. E questo determina ciò che è reale e ciò che non lo è.

D: Si dice che gli strumenti degli aerei fossero andati in panne prima della sparizione.

P: Questo è vero. C'è un disturbo in questo flusso magnetico. Questo è uno dei sintomi di questo fenomeno. Questo flusso è il risultato della piegatura del campo magnetico della Terra e di altre energie sconosciute all'uomo in questo momento. Gli strumenti funzionano se questi campi sono nel loro stato naturale. Tuttavia, in assenza di questo stato naturale di questi campi, gli strumenti non funzionano come erano stati progettati. Perché i campi su cui si basano non funzionano regolarmente, per cosi dire.

D: *Dissero anche che l'orizzonte sembrava strano, e a volte, dove volavano sembrava diverso.*
P: Molte cose sembravano ovviamente strane, a causa dell'aumento di consapevolezza. Non solo dal punto di vista fisico, ma anche della consapevolezza del piano interiori. E cosi le cose che in questa realtà sono piuttosto chiuse e non visibili, per la maggior parte, diventerebbero prontamente ovvie visto che c'è una crescita di consapevolezza e i piani interiori iniziano ad assimilare le informazioni che stanno ricevendo e poi condividono questa consapevolezza con il la mente cosciente.
D: *Questa piegatura è lì permanentemente? Molta gente viaggia dentro e fuori da quella zona e perfino naviga dentro e fuori senza problema.*
P: Questo è corretto, non è presenti in ogni momento. Varia, è piuttosto erratico.
D: *Quando quella gente passò attraverso questa porta, dove arrivò?*
P: Questo è esatto. C'è massa fisica come in questa realtà. Sono ancora qui sulla Terra. Tuttavia, sono semplicemente in un'altra realtà, un altro periodo di tempo, se preferisci usare questa analogia. Passavano attraverso l'occhio del tornado, per cosi dire e si trovavano in un luogo in cui non erano mai stati prima. Si trovavano in un altro tempo sulla Terra.
D: *C'è qualche modo di sapere se questa gente andò a finire nel passato o nel futuro?*
P: Davvero non fa alcuna differenza, perché ad esser franchi, non c'è ne passato ne futuro. Sono solo un concetto creato dall'uomo per riuscire a percepire gli eventi che non può comprendere. Non sarebbe corretto dire che sono andati nel passato o nel futuro. Semplicemente, si trovano in un "altro tempo".
D: *Pensavo che se un aeroplano fosse caduto in passato, sarebbe stato piuttosto sorprendente per la gente del tempo. Allora, questa gente probabilmente atterrò da qualche parte o le navi giunsero a riva da qualche parte, ma erano in un periodo di tempo diverso.*
P: Un piano diverso, forse, sarebbe più corretto.
D: *Ma deve essere stato spaventoso per questa gente se non se lo stavano aspettando.*
P: Senza dubbio, sono rimasti scioccati da questo drammatico cambiamento. Tuttavia, da quel che possiamo vedere, la maggior parte si è adattata velocemente e non ha alcun desiderio di ritornare nel passato, per cosi dire. La maggior parte di loro si sono tuffati nel futuro, dove esiste la Coscienza di Cristo. E' un fenomeno ben

noto e conosciuto, come lo è da questa parte. La gente qui sparisce e basta, la gente lì sparisce. E' un grosso mistero per entrambi, non si sa chi sia questa gente o perché continuano ad arrivare qui. E come le loro storie siano incredibili per la gente.

D: *Deve essere stata una sorpresa per la gente del futuro veder comparire questi individui.*

P: Dal punto di vista del futuro non sarebbe una tale sorpresa. Visto che in futuro già sanno cos'è successo in passato. Si tratta solo di realizzare che un altro è passato attraverso la porta. E poi dargli il ben venuto e assistere nel permettere a questa gente di adattarsi e di integrarsi nella loro nuova realtà.

D: *Quindi molti di loro sono ancora vivi o sono diventati vecchi in quel periodo di tempo.*

P: Esattamente.

D: *C'è forse un qualche modo per loro di tornare indietro?*

P: In questo momento non sembra possibile, perché l'entrata è storta e fuori controllo, oscilla con i venti che la spingono, per cosi dire. Bisognerebbe essere al posto giusto, nel momento giusto e sperare che l'entrata si giri nel modo giusto. Questo richiede conoscenza che non è ora accessibile su questo pianeta. Inoltre è molto probabile che anche se potessero tornare, non vorrebbero. Perché la consapevolezza in cui si trovano ora, causa di percepire questa realtà come bambini che giocano coi giocattoli. Perché sono elevati molto oltre a questo piano in cui ci troviamo.

D: *Questa gente venne scelta per farlo o è successo per caso?*

P: Nel grande piano cosmico, secondo l'orologio universale, c'è una ragione per ogni cosa che succede. Quindi potremmo dire che questi eventi sono basati su ragioni molto valide. Tuttavia, non sarebbe corretto dire che è stato pianificato. Perché molte cose succedono nella vita che non sono pianificate, ma che diventano perfette al momento giusto. E' solo una questione di cose che succedono perfettamente in quel momento. E quindi era appropriato che questo succedesse a queste persone. Per darti un esempio, potrebbe essere stato bene avanzare per alcune di queste persone. Forse erano pronti ad avanzare velocemente nel piano di coscienza successivo. Mentre, noi dobbiamo finire questa incarnazione fisica e rinascere ed essere elevati in quell'ambiente in cui si trovano loro. E' possibile che questa gente non avesse bisogno di questo evento. Semplicemente erano pronti sul piano della loro consapevolezza interiore e si stavano preparando perché succedesse. E quindi si trovarono al punto in cui gli era necessario.

D: C'è un mondo per cui la gente che va in quella zona possa ricevere un avvertimento che qualcosa del gente poteva succedere?
P: Potrebbe esserci la consapevolezza sui piani interiori di guidare qualcuno. Quando ci si trova in questa situazione, non si può dire che non si riceva alcun avvertimento sui piani interiori.
D: Vuoi dire, dentro alla loro mente o casa?
P: Esattamente. Dovrebbero ascoltare interiormente, come è giusto che sia per tutte le forme di vita, d'essere connessi con se stessi e conoscere se stessi.
D: Quindi davvero non c'è alcun modo fisico per esseri sicuri. Erano nel luogo sbagliato, al momento sbagliato.
P: Non interamente, perché come abbiamo detto: sono stati avvertiti. Tuttavia, l'avvertimento non è stato ascoltato.
D: Ma in un caso hanno mandato dei piloti alla ricerca di velivoli dispersi. Non avevano scelta, dovevano andare e cercare gli aerei.
P: Creiamo i nostri destini. E quindi è corretto dire che questi individui crearono le circostanze della loro scomparsa, proprio come molti altri scelgono le circostanze della loro morte. Perché tutti scelgono la propria morte.

Ho espanso questo concetto nel mio libro, Between Death and Life.

D: Ci sono molte piegature o campi sulla superficie della Terra?
P: No, non in termini numerici. Questo è un incidente isolato.
D: Poco fa, ha parlato di un macchinario sul letto dell'Oceano che in parte funziona ancora e che era una delle cose che causò questo evento.
P: Esattamente. Potresti visualizzare uno specchio, che una volte era enorme e adesso è rotto. E un pezzo di questo grande specchio, penzola attaccato ad un filo. E mentre il vento o le correnti oceaniche giocano con questo specchio, il Sole che brilla occasionalmente s'infrange sullo specchio e si riflette per un breve istante tra l'aria o l'acqua (a seconda della tua analogia). Puoi vedere che questo è un evento occasionale e non è controllato dall'uomo. Allo stesso modo, queste correnti d'energia si muovono o giocano con i resti di ciò che era questa grande società e causano questo evento.
D: Stiamo parlando di un vero specchio o di un'analogia?
P: Questa è un'analogia. Perché lo specchio ha una struttura cristallina.
D: Com'è andato a finire sul fondo dell'oceano?
P: Originariamente non era sul fondo dell'oceano. Stiamo parlando del

periodo di Atlantide, alcuni dei macchinari di quel grande continente. E' stato inondato durante la distruzione e adesso riposa tranquillo e sicuro nelle profondità delle oceano.

D: E' in un qualche edificio?

P: E' una pianura, dove era stato originariamente eretto. L'intera massa tettonica sprofondò e portò con se tutto ciò che questa civilizzazione aveva creato.

D: Puoi dirmi di più del suo aspetto?

P: Non c'è alcun bisogno né utilità nel cercare di spiegartelo, visto che sarebbe inutile provarci. Semplicemente non sarebbe possibile raggiungere alcuna spiegazione soddisfacente che possa creare un'immagine visiva. Semplicemente è oltre alla comprensione umana in questo momento.

D: Sto visualizzando un cristallo a forma di piramide. Non so se questo ha alcuna rilevanza.

P: Allora ti direi di provare ad usare questa analogia e visualizzare con gli occhi della tua mente ciò che vedi e le tue percezioni potrebbero essere piuttosto precise. Non giudicheremo tutto ciò, perché quella è la tua realtà e cosi sia. Per qui abbiamo a che fare con le energie relative a ciò che uno desidera e questo sono.

D: Ma stavi dicendo che era rotto. E' vero', che il cristallo originale o quel che c'è la sotto, sia rotto?

P: Si è frammentato. Questo è vero.

D: Com'è successo?

P: A questo punto sarebbe meglio dire che era intenzionale, per evitare che coloro che bramano d'usare questo cristallo, lo facciano in modo disarmonioso. Perché c'erano quelli che desideravano nient'altro che acquisire per loro stessi questa grande sorgente di potere. Quindi divenne chiaro che era necessario dividere questo cristallo per prevenirne l'uso in modo distruttivo.

D: Quindi lo hanno distrutto volontariamente?

P: Esatto.

D: Questo è successo durante il periodo della sommersione o prima?

P: Contemporaneamente.

D: La distruzione del cristallo causò la sommersione?

P: Eventi simultanei, scatenati dall'uso disarmonioso di questo cristallo, dall'abuso di queste energie per generare danni. Questo, in parte, causò lo sprofondamento del continente. Quindi c'è una correlazione. Tuttavia non è una semplice causa ed effetto. Era in qualche modo eventi separati e tuttavia connessi.

D: La gente che lo distrusse non sapevano che avrebbero causato una

catastrofe di quelle proporzioni?
P: Questa gente era accecata dalla loro ambizione ed avarizia, e gli effetti della loro follia gli erano invisibili. Cosi perseverarono nel loro abuso delle energie e ne pagarono il prezzo.
D: *Pensavo che forse fossero ignoranti e non sapessero che questo sarebbe successo.*
P: Non era in completa ignoranza, perché c'erano coloro che li ammonivano incessantemente dell'abuso di queste energia. C'erano quelli che avevano dedicato le loro vite al tentativo di elevare le persone di queste energie, mentre la consapevolezza del potere e dell'uso di queste energie era in declino. Tuttavia l'ignoranza presto eclissò i loro sforzi e la disarmonia sopraffece l'armonia.
D: *I pezzi sono nell'oceano profondo?*
P: Esatto.
D: *Pensi che qualcuno li troverà mai?*
P: Queste terre riemergeranno durante il periodo degli sconvolgimenti. E le informazioni che sono immagazzinate nel tempio per le generazioni future verranno riscoperte e applicate. Perché videro che questa terra sarebbe stata inondata ed inaccessibile. Cosi questa conoscenza venne raccolta per generazioni future che troveranno accesso a questa conoscenza. Quindi verrà offerta a coloro che sono di carattere elevato e quindi sono pronti e capaci d'utilizzare questa conoscenza.
D: *Qualora gli scienziati o chiunque altro troverà questa conoscenza, saprà di cosa si tratta?*
P: Speriamo di si. Questo, tuttavia, verrà deciso in quel momento.
D: *La conoscenza è nella forma di libri? O come è stata preservata?*
P: Scritta, su pietra. Dovrà essere decifrata perché è nella lingua della gente che la immagazzinò. Quindi sarà necessario trascriverla da una lingua all'altra. Però questo non è un ostacolo insormontabile, visto che la maggior parte della consapevolezza di come farlo sarà intuitiva. Ci sarà molto più lavoro e analisi da fare a livello mentale che ne viene fatto adesso a livello razionale.
D: *Il tempio è ancora li o è in rovina?*
P: Naturalmente visto che si trova km sotto la superficie dell'oceano da diverse migliaia d'anni, non sarà in buone condizioni. Tuttavia, sarà nella condizione giusta da riuscire a preservarne le informazioni. Per ora, sarà una valutazione corretta.
D: *Ma non verrà scoperto fino al momento dello sconvolgimento della terra?*

P: Esatto. E questo avrà luogo al momento giusto, quando coloro che scoprono questa conoscenza saranno dell'ordine più elevato e la utilizzeranno di conseguenza. Non verrà condivisa finché non è opportuno.

D: *Questa conoscenza contiene la storia degli eventi di Atlantide?*

P: Si, contiene la storia e i registri giorno per giorno di questa civilizzazione per migliaia d'anni. Incluso un sommario degli ultimi giorni per sfociarono al collasso sociale e all'inondazione fisica. Con questo racconto, coloro che trovano le informazioni comprenderanno cosa accadde a quella civilizzazione.

D: *Quando questo era funzionante durante il periodo di Atlantide, per cosa lo usavano?*

P: Era la sorgente primaria d'energia. Durante quel periodo si potevano canalizzare molte forme d'energia. Alcune energie si potevano utilizzare per diverse scopi, a seconda della applicazione. C'era energia curativa, energia levitativa, illuminazione, riscaldamento, motivazione. Molte tipologie d'energia erano disponibili, come stanno tornando adesso sul pianeta.

D: *Quindi quando venne rotto, per qualche motivo creò questa piega temporale.*

P: E' un semplice occasionale riflesso o trasmissione delle energie. Vorremmo dire che molti di coloro che erano vivi allora, sono incarnati in questo momento.

D: *Ci sono molti misteri e stiamo cercando delle risposte.*

P: Molte volte la gente chiede, ma si rifiuta di sentire le risposte. In molti fanno le domande, ma non credono alle risposte e cosi continuano a fare le domande finché non ne trovano una che gli presenta la risposta che desiderano sentire.

* * *

Il MOSTRO DI LOCH NESS

D: *Uno dei misteri della Terra al quale la gente è interessata è il Mostro di Loch Ness in Scozia. Puoi dirmi qualcosa a proposito?*

Brenda: La risposta è complessa. Sto cercando di organizzarla. Ci sono diverse creature di questo tipo sulla superficie della Terra. Di solito vivono in laghi profondi d'acqua dolce. Ce n'è uno simile in un lago Siberiano, che viene considerato il più profondo. Queste creature restano nelle profondità e non hanno alcuna ragione per

venire in superficie.
D: *E' tipo di mammifero o cosa?*
B: E' un rettile d'acqua dolce. Ed è un animale molto antico. E' sulla Terra da molto tempo. E' un po' come alcuni degli insetti sulla Terra. Si è evoluto moltissimo e non aveva bisogno d'evolversi oltre. Quindi è rimasto cosi per eoni. E' una creature gentile ed innocua, quindi la pigmentazione protettiva che ha, gli serve per evitare che gli altri lo danneggino. Mangia le piante acquatiche che crescono in acqua.
D: *Ce ne sono molti? Voglio dire, si moltiplicano velocemente?*
B: Si moltiplicano un po'. Non sono prolifici come altri animali. Depongono uova nel fango, sul fondo del lago e le uova si schiudono. Ad essere precisi sono una via di mezzo tra rettile ed anfibio. Però sono più vicini ad un rettile che ad un anfibio. Principalmente si trovano in laghi d'acqua fredda, perché adorano le basse temperature. Ce ne sono più di quanti non si creda. Penso di averne trovato uno qui e uno lì, ma ce ne sono molti di più. Non molti, ma alcune piccole communita'.
D: *Allora se non sono dei mammiferi, non hanno davvero bisogno di risalire per prendere aria?*
B: Non proprio. Possono, è per questo che sono simili ad anfibi, perché hanno branchie e polmoni rudimentali. Quindi sono in grado di risalire in superficie per qualche minuto senza soffocare, ma possono anche respirare sottacqua. Queste sono creature acquatiche. Le hanno viste sulla terra, ma raramente lasciano il lago.
D: *In un caso avevano un sonar. Sonar è come il radar, rimbalza contro grandi oggetti. Cosa stavano cercando?*
B: E' vero, ma spesso il sono rimbalza dove l'acqua cambia di temperatura. E se c'è uno strato d'acqua di diversa temperatura, rimbalza anche li. Quindi sarebbe saggio non fidarsi cecamente dei rilevamenti.
D: *In altre parole, tutte quelle immagini e altre cosiddette prove, non sono valide.*
B: Secondo gli standard dei vostri scienziati si possono considerare valide.
D: *Dichiarano che sia una creature preistorica.*
B: Lo è. Come ho detto, ha smesso d'evolversi eoni fa. Ci sono altre creature come quella che chiamate il Mostro di Loch Ness o quella sull'altro continente... al Lago Superiore? C'è una colonia in quel lago e c'è una colonia in Siberia al Lago Baykal. Ce ne sono altri

sparpagliati e ci sono creature simili nel Bacino dell'Amazonia che amano l'acqua calda. I nativi condividono dei rapporti a proposito ma la gente al potere, li considerano pura superstizione.

* * *

D: Cosa puoi dirmi del Mostro di Loch Ness nel grande lago Scozzese.
Phil: Queste creature sono bloccate, nel senso che adesso non possono andare da nessuna parte. Mentre una volta erano in grado di viaggiare in tutto il globo, adesso si trovano bloccati – non è un gioco di parole. Tuttavia, non sono rimaste altre creature comparabili a queste negli oceani.
D: Originariamente da dove provengo? Sono superstiti dei dinosauri o qualcosa del genere?
P: Esatto. Durante ere passate c'erano molte di queste creature nell'oceano e nei mari del mondo. Ciò nonostante, durante il periodo degli sconvolgimenti e cambiamenti solo quelli che erano bloccati furono in grado di sopravvivere, a causa dei cambiamenti della salinità oceanica. Quindi non furono in grado di cambiare come le altre creature intorno a loro. La loro abilità di rimanere in nel loro stato precedente è dovuta al fatto che le acqua in cui erano intrappolati non gli causarono alcun cambiamento. Gli fu permesso di continuare com'erano e come sono.
D: Sono più anfibi o mammiferi?
P: Sono più vicini ai delfini e le focene, perché sono dei vertebrati respirano aria. Tuttavia, la loro apparenze è molto serpentina e rettiliana e non hanno appendici.
D: Ma se si riproducono dovremmo essere in grado di vederli più spesso?
P: Non c'è correlazione tra il numero degli avvistamenti e il numero degli animali. Il fatto che sopravvivono fino ad ora è dovuto al fatto che sono molto timidi e non apprezzato il mondo superiore. In molti credono che siano un residuo del periodo pre-Cambriano. Eppure, ce ne sono molti di retaggio più recente, ma non sono stati riconosciuti tali.
D: Hai detto che sono superstiti del periodo di sconvolgimenti. Stiamo parlando di Atlantide or prima di allora?
P: Durante quel periodo ci furono molti sconvolgimenti in tutto il pianeta. Durante quel periodo morirono molte creature a causa dei cambiamenti climatici, non tanto dei cambiamenti geologici. Tuttavia, quindi quando parliamo di queste creature che chiamate il

Mostro di Loch Ness, diremo che entrambi i cambiamenti portarono a questo. I mari caldi dai quali originariamente provenivano divennero freddi e molti di esemplari che erano nei mari aperti morirono a causa di questo cambiamento climatico. Tuttavia, quelli che erano in questa specifica zona in quel periodo scoprirono che potevano sopravvivere restando vicini al fondo dove l'acqua era molto più calda. Eppure, lungo i secoli si adattarono ad un clima più freddo, per poter sopravvivere nelle acque più fredde lungo periodi brevi, come quelli nel Lago di Loch Ness.

D: *Poi la catastrofe di Atlantide ebbe luogo molto dopo a questi cambiamenti climatici.*

P: Questo non è corretto. Tuttavia, le calamità di cui parliamo ebbero luogo lungo un periodo di tempo molto più lungo di quello che portò alla caduta di Atlantide. L'intero scenario presentato qui, ha una durata di milioni di anni, non tanto un millennio.

D: *Capisco. Sono rimaste alcuni di queste creature in altre parti del mondo?*

P: Sono rimaste molte creature in molte diverse zone del mondo, che non sono ancora note alla vostra cultura. Tuttavia, sono note ad altre culture che sono più consapevoli. Ci sono molte creature sul vostro pianeta delle quali non siete consapevoli.

D: *Queste sono tutte creature marine? O creature di terra?*

P: La distribuzione è tale da vedere più mammiferi che pesci. Quindi la percezione generale di ciò che chiamate "natura" oggi è distorta da questo oscuro cugino della natura, di cui la razza intera non è consapevole.

D: *Questi animali sono di solito in luoghi come l'Africa, il Sud America, continenti che non sono cosi popolati?*

P: Esistono in tutto l'intero pianeta a voi conosciuto. Tuttavia, non stiamo dicendo che esistono sul pianeta, ma forse nel pianeta.

D: *Stai dicendo che potrebbero essere sotto la superficie?*

P: Esattamente.

D: *Perché la maggior parte del mondo, come lo conosciamo è stata esplorata. E pensiamo che non ci sia nient'altro da trovare sulla superficie.*

P: La maggior parte del mondo conosciuto è stata esplorata. Tuttavia ciò che vi è ignoto, non è ancora stato esplorato. Quindi non fa parte del mondo, perché non sapete che esiste.

D: *Quindi sotto al pianeta ci sono creature che non conosciamo.*

P: Esattamente. Ci sono razze e culture che esistono senza la

conoscenza di coloro che chiamate "abitanti della superfice".
D: *La gente del sottosuolo sono superstiti di Atlantide? O sono razze che si trovavano lì prima di Atlantide?*
P: Ci sono entrambi. Ci sono quelli che erano lì da prima e anche da dopo. Tuttavia, non sono in completa armonia tra di loro e quindi stanno ad una certa distanza tra di loro, a causa del loro desiderio, piuttosto unico, di essere lasciati separati. Il vero scopo della interazione tra quelli della superficie e quelli del sottosuolo non è noto a molti. Tuttavia, ci sono individui noti ad entrambi i gruppi che non parlano a nessun gruppo.

* * *

D: *Il guardiano della Libreria può darci qualche informazione riguardo al Mostro di Loch Ness? Queste creature sono reali?*
John: Si, sono vere. Sono sopravvissuti delle primitive forme di vita che vivevano sulla Terra durante il periodo dei rettili.
D: *Vorresti dire i dinosauri?*
J: Si. Ci sono creature sia nei mari, sulla terra e perfino nell'aria, che l'uomo non ha ancora scoperto. Si sono rifugiati in certe zone e le loro vite vennero prolungate e si riprodurono.
D: *Sto pensando a una specie in particolare, quello che viene chiamato il Mostro di Loch Ness.*
J: Ce ne sono circa sette nella cisterna di Loch Ness. (Ridendo) Questo è ciò che dice, "cisterna". (Ridendo) Si sono riprodotti col tempo. Vivono molto a lungo, centinaia d'anni. Non si riproducono cosi spesso, l'acqua fredda a qualcosa a che fare con questo.
D: *Come si riproducono?*
J: Come la maggior parte degli animali.
D: *Voglio dire: sono mammiferi, depongono le uova o cosa?*
J: Depongono le uova sottacqua. Ci vuole molto tempo, prima che diventino maturi e adulti. Sembra che gli ci vogliano quasi due anni. Ci sono predatori, pesci e cosa del genere, che devono essere allontanati. Hanno un nido sotto una delle scogliere di Loch Ness.
D: *Respirano aria o sono esclusivamente acquatici?*
J: Fondamentalmente sono acquatici, ma possono emergere per brevi periodi di tempo. Proprio come pesci volanti sono in grado di volare fuori e poi ritornare nell'acqua. Hanno questa abilità. Non hanno bisogno di respirare aria. Assimilano le loro necessità d'ossigeno attraverso l'acqua, perché hanno le branchie.
D: *Ci sono storie che narrano del loro passaggio sulla terra. Questo*

accade mai?

J: Occasionalmente. E' successo in passato e potrebbe succedere ancora.

D: Ci sono storie d'avvistamenti attorno al lago.

J: Oh, sono stati avvistati. Emergono dal lago. Ma riesco ad evitare la cattura perché sono molto intuitivi e dipendono dai loro istinti.

D: Ci sono storie d'avvistamenti attraverso i sonar. Sono vere?

J: Si. Sono veri, esistono. Ce ne sono sette in questo momento che abitano Loch Ness, in una caverna sottacqua sul lato di una scogliera. Cacciano i pesci e sono molto grandi.

D: Si. C'è chi li ha fotografati mentre erano emersi dall'acqua. Ci sono forse altri luoghi specifici dove ce ne sono altri?

J: Ce ne sono due o tre in un lago Africano. Ce n'erano dodici in tutto. Ce ne sono due nella foresta Amazonica tropicale, in un lago lontano dal fiume Amazon. E nel Sud-Est Asiatico ce ne sono quattro nei fiumi.

D: Queste creature sono pericolose?

J: Fino ad un certo punto. No, non sono pericolosi. Ma mangiano pesce e potrebbero scambiare una persona in acqua per un pesce. Specialmente quelli più grossi.

D: Avevi anche detto che c'erano altre creature di questo periodo di tempo che sono sopravvissute?

J: Si. Non tutte assomigliano al Mostro di Loch Ness. Hanno una forma rettile. Alcuni sembrano dei grossi lucertoloni.

D: Avevi detto che c'erano degli animali di terra?

J: No, la maggior parte di loro sono acquatici. Funzionano cosi, vivono sul fondo dei fiumi e laghi, all'interno di caverne.

D: Avevi detto che questi erano superstiti, sopravvissuti dell'era dei dinosauri.

J: Dell'era dei Rettili.

D: Ci sono creature, principalmente di terra e non acquatiche, che sono sopravvissute?

J: Queste si sono trasformate in animali moderni biologicamente in via di sviluppo. Principalmente sono gli animali acquati ad essere sopravvissuti da quel periodo. Ce n'è uno dell'aria che non avete scoperto. Queste informazioni verranno ritrovate a breve in futuro. Siamo al: "Non fare altre domande. Questo è un documento ancora chiuso." (Ridendo).

D: Se è in aria, perché non l'abbiamo visto.

J: E' in grado di rendersi quasi invisibile. Questa è la ragione.

D: Come può riuscirci?

J: (Sorrise.) Non lo so. Questo documento, su questo specimen è ancora chiuso. Dice che ci saranno più informazioni in futuro. C'è un'altra creatura di terra, nella giungla Africana. Un'altra verrà scoperta sulla catena delle Ande. Dice che questo stuzzicherà la tua curiosità, ma non posso dire altro a proposito perché questo è un documento aperto che viene ancora aggiornato.

* * *

YETI O L'ABOMINEVOLE UOMO DELLE NEVI

Brenda: Ci sono altre creture la cui evoluzione e' bloccata. Queste creature hanno diversi nomi. Ci sono cosi tanti nomi per questa creatura, nella vostra lingua, e' difficile decidere quale sarebbe l'etichetta migliore: Yeti, Sasquatch, Bigfoot, Uomo delle Nevi. Questo ce lo possiamo aspettare, visto che questa creatura è molto diffusa. Ogni zona montana dove ci sono delle cime innevate conta degli esemplari. Questa creatura è estremamente timida ed ha paura dell'uomo. E' psichica nel senso che può percepire la presenza di altre creature a grandi distanze. Di solito si nascondono ogni qualvolta percepiscano altre creature. Sono connessi all'uomo in un certo senso. Sono come dei fratelli minori dell'uomo. Stanno sviluppando la propria intelligenza e questo pianeta è in grado di sostenere più di una specie intelligente, se l'attuale, dominante, specie, intelligente lo permetterà. Allora ci sarebbe un arricchimento del pianeta e alla fine anche un arricchimento della comunità galattica.
D: Quella creatura da dove proviene? E' indigena del pianeta?
B: Si. Quando gli antichi, gli arcaici stavano aiutando le specie a svilupparsi su questo pianeta, giunsero ad una specie intelligente che è l'attuale uomo. Mentre questa specie si stava sviluppando, erano preoccupati dalle sue tendenze alla violenza. Notarono che una linea parallela di sviluppo offriva la promessa di svilupparsi in una specie intelligente ma priva di quei tratti violetti. Cosi, continuarono a sviluppare anche quella. Quando questa specie raggiungerà il suo pieno potenziale, sarà intelligente come l'uomo, ma in un modo diverso. Entrambe le specie dovranno fare molto lavoro per essere in grado di adattarsi l'una, all'altra. Perché questa specie è priva delle caratteristiche violente presenti nell'uomo e

quindi sono estremamente sensibili e timidi

D: *Ma ci stanno mettendo più dell'uomo a svilupparsi?*

B: No, hanno solo iniziato dopo di voi.

D: *Sentiamo molte storie in cui vengono presentati come creature violente.*

B: Di solito è il comportamento di una creatura che cerca d'impaurire la gente per poter scappare e nascondersi, perché vogliono solo essere lasciati soli. Fino al loro punto attuale di sviluppo, non ci hanno messo più dell'uomo. E' possibile che il loro sviluppo venga rallentato per assicurarsi che i tratti violenti non vengano assorbiti accidentalmente. Ma alcuni degli altri dicono che possano avere bisogno di alcuni tratti violenti per dargli l'energia di sopravvivere alle avversità. Perché c'è questa vena violenta nell'uomo, che l'ha aiutato a sopravvivere ogni sorta d'avversità dal momento in cui ha acquisito la sua intelligenza.

D: *Non è sempre bene essere completamente passivi, in ogni caso.*

B: Esattamente.

D: *Il modo in cui l'uomo si sta spostando e sviluppando il territoriosta invadendo il loro territorio?*

B: Si, ed è cosi da un bel po' di tempo. Ecco perché o detto: "Se l'uomo gli permetterà di svilupparsi, ci riusciranno." Ma fanno un ottimo lavoro nel nascondersi. Vivono in tutto il pianeta. Vivono nelle montagne più alte e remote, proprio come nelle foreste profonde delle zone tropicali del pianeta. Si sono adattati a diversi climi e altitudini, ma preferiscono le zone isolate.

D: *Beh, la gente ha paura delle cose che non conosce, questo è una delle nostre caratteristiche.*

* * *

D: *Abbiamo sentito parlare di creature note come Sasquatch e Yeti. Sa di cosa sto parlando? L'abominevole Uomo delle Nevi, quel tipo di creature? Sono conosciuto sotto diversi nomi.*

John: Dice, si, esistono.

D: *Sono tutte lo stesso tipo d'animale, solo che si trovano in diverse parti del mondo?*

J: No, non sono animali. Dice che sono esseri evoluti come te.

D: *Può darci qualche informazione a proposito?*

J: Dice che sono persone molto gentili, spirituali e sono molto in sintonia con gli spiriti della natura. Ecco perché possono essere quasi invisibili. Hanno la capacità di mescolarsi con il loro scenario ed ambiente. Non vanno in cerca dell'uomo perché ne hanno paura. Gli spiriti della natura gli hanno detto che l'uomo ha fuorviato questo pianeta e le sue risorse. Quindi si nascondono dall'uomo. Ma gli piace il cibo dell'uomo.

D: Quindi quelli che sono stati trovati nelle diverse regioni del mondo sono tutti dello stesso tipo?

J: Si. Sono sopravvissuti primitivi del cataclisma Lemuriano.

D: Dalle descrizioni sembrano essere molto animaleschi.

J: Lo siamo stati tutti. (Ridendo)

D: Allora non si sono evoluti. Hanno mantenuto lo stesso tipo di corpo?

J: Fino ad un certo punto si sono evoluti. Ma si sono evoluti di più a livello di coscienza spirituale e mentale che a livello fisico. Dice che sono una specie protetta, per cosi dire: una minoranza protetta. Perché sono molto più in sintonia con le forme di vita inferiori.

D: Protetti da chi?

J: Spiriti della Natura.

D: Dalle descrizioni che abbiamo, non sembrano parlare come noi.

J: Hanno la comunicazione telepatica. Mentre voi umani dovete parlare. Quindi non sono cosi involuti come pensate. Emettono suoni e rumori come fanno gli animali. Ma hanno capacità telepatiche che sono molto superiori di quelle che l'uomo ha sviluppato finora. In tutta onestà, parlare è una cosa estremamente limitante. Ogni singola parola che diciamo ad un'altra persona, viene compresa da quella persona solo a seconda della sua capacità di comprendere il significato di quella parola. Infatti, possiamo parlare di una specifica cosa e l'altra persona che riceve le informazioni potrebbe ricevere un'immagine completamente diversa, in base alla loro esperienza della definizione di quella parola. Quando si utilizza la comunicazione telepatica, allora si comunica ciò che si pensa. E' molto, molto più vasto che l'uso della parola. Noi umani siamo limitati alla parola vocale. Quindi abbiamo un grande, grandissimo ostacolo da superare.

D: Molta gente pensa che siano violenti.

J: No, dice che non sono violenti, ma hanno caratteristiche animalesche. Hanno paura degli uomini. Sono molto percettivi dell'ambiente emotivo. Possono intuitivamente o telepaticamente leggere l'aura della gente o le loro circostanze. Se sentono che potrebbero essere abusati, potrebbero reagire negativamente e anche se venissero messi all'angolo. Infatti, sia uomo che animale odiano essere messi alle strette.

D: Cosa mi dici del loro cibo?
J: Mangiano molte bacche e sementi. Pesce, lo mangiano intero. (Lui face un'espressione di disgusto e io mi misi a ridere.) Mangiano molto naturalmente ciò che gli offre la terra. Gli piacciono anche gli insetti e le farfalle.
D: Ci sono storie delle loro irruzioni nella cucina della gente e cose del genere.
J: Si. Mangiano forme di vita più piccole. Mangiano galline. Mangiano anche i ratti. (Un'altra espressione di disgusto ed io risi.) Roditori. Cani di prateria. Ma non mangiano animali carnivori. Mangiano solo animali erbivori.
D: Stavo pensando che se qualcuno fosse abbastanza evoluto da avere poteri mentali, non si... questo mi sembra primitivo.
J: Non giudicare. (Agitò il dito nella mia direzione.) Il guardiano sta dicendo: "Non giudicare! Non più avanzati in cosi tante cose che non puoi comprendere." Perché sono sintonizzati con la Terra e le energie della Terra e gli spiriti della natura e sono telepatici. Ecco perché sono anche in grado di evitare l'uomo. Dice: "Non giudicare".
D: Quindi se ci sembrano primitivi secondo i nostri standard, potrebbero non esserlo.
J: No. Secondo altri standard non lo sono.

* * *

D: Saltiamo verso un'altra zona del globo. Perché gli animali Australiani sono diversi da quelli di altre parti del mondo? Ci sono animali là, che non si trovano da nessun altra parte.
Phil: Non c'è una vera risposta alla domanda che poni, solo perché non percepiamo questa distinzione. Sicuramente in tutti i continenti, ci sono animali che non si trovano in altri continenti. Eppure, non vuol dire che siano unici dal resto degli animali sul pianeta. Solo che vivono in un luogo e non in un altro. Ti chiediamo di chiarire la domanda.
D: In Australia c'è la teoria che forse gli animali provenissero dallo spazio. Che gli alieni li hanno portati ed è per questo che sono diversi da quelli in altre parti del pianeta.

Ne ho sentito parlare durante il mio primo viaggio in Australia nel 1994. Allora c'era un libro pubblicato, che elucidava questa teoria.

P: Certamente ci sono animali che sono stati portati da altri pianeti a questo pianeta. Tuttavia, se dovessimo escludere la presenza di quegli animali che sono stati portati da altri pianeti, allora non ci sarebbe proprio nulla su questo pianeta.
D: *Sto pensando al concetto originario della semina di questo pianeta, ma non stiamo proseguendo con quell'idea vero? O sì? Sto pensando al trasporto fisico di un animale, forse dopo il periodo della semina.*

La teoria della semina del pianeta Terra è in Keepers of the Garden e The Custodians.

P: Ci sono molti elementi, perché qui includiamo non solo il regno animale, ma l'esistenza di ogni forma di vita sul vostro pianeta. E' stata migliorata attraverso il trasporto di creature viventi ed entità da altri pianeti e dimensioni. Quindi l'intera esistenza di ogni specifica forma di vita sul vostro pianeta deve la sua origine, all'esistenza di tale forma di vita su altro pianeta.
D: *Quindi l'Australia non è unica rispetto al resto del mondo.*
P: Ci sono stati molti miglioramenti alle forme di vita su questo pianeta, all'opposto di altre forme di vita su altri pianeti. Questo non per dire che una sia meglio dell'altra, ma forse che vennero cambiate per quel particolare clima o ambiente che avrebbero abitato. Forse sul vostro pianeta sono in tanti a trovare gli animali un po' strani, dalla vostra percezione delle loro abilità, in qualche modo, e la loro apparenza, in altri. Tuttavia, vi chiediamo di osservare il quadro generale e vedere che la varietà, in se stessa, non è un indicatore del fatto che una creatura fosse un abitante originario di questo pianeta o provenisse da un altro pianeta. Il quadro generale delle similitudini sul vostro pianeta è molto diverso da quello di altri pianeti.

* * *

STONEHENGE

D: *Volevo fare delle domande a riguardo di Stonehenge in Inghilterra.*
Phil: Questa era solo una scuola d'astronomia. Un luogo dove coloro che desideravano imparare l'astronomia potevano farlo.
D: *Che razza lo costruì?*

P: E' di origini Gaeliche. Questa conoscenza era nota in tutto il mondo all'epoca della caduta di Atlantide e moltissime culture beneficiarono dalla cessione di questa conoscenza da parte di coloro che viaggiavano in tutto il mondo.
D: *Questo era l'unico luogo dove mettevano le pietre cosi?*
P: In questa esatta struttura, si. Ce ne sono molti altri in tutto il mondo che hanno la stessa funzione, eppure hanno una forma diversa. Le piramidi nel Sud America erano usate per queste osservazioni proprio come quelle in Egitto. Ci sono diversi luoghi sulla Terra simili a questo.
D: *A Stonehenge, come sollevavano queste pietre?*
P: Attraverso la telepatia, con l'energia del pensiero. Proprio come lo facevano con le piramidi. Venivano trasportati attraverso energie telepatiche di pensiero dalle cave fino al sito di costruzione. Questo venne costruito in un periodo di anni. Lo scopo originario andò perduto. Tuttavia, questo non vuol dire che non ci sia alcuna funzione in questi monumenti, ma lo scopo originario non era di tempo, ma di distanza. Tracciare la posizione dei pianeti, in modo da riuscire a determinare la posizione di questo pianeta rispetto a molti altri conosciuti in altri luoghi di questo universo.

* * *

D: *Sai cosa sia successo ai Maya? Erano molti unici. Si presume che fossero spariti improvvisamente.*
Phil: La risposta a questa domanda è in qualche modo bloccata in tribunale, per usare una delle vostre analogie. La storia o forse la conclusione non è completa riguardo a questo argomento. Però, basti dire che non si estinsero, ma vennero trasportati. In questo momento non ci interessa discutere come, però, vennero trasportati.
D: *Sai perché?*
P: Loro stessi decisero di sfuggire alla distruzione che potevano prevedere sarebbe successa ai loro fratelli durante le conquiste spagnole.
D: *Questo succede spesso alle civilizzazione della storia?*
P: Non che non ci siano precedenti, tuttavia, non è un evento regolare. Se una civilizzazione ha raggiunto il livello in cui sono completi e per la sopravvivenza della civilizzazione, desiderano tale forma di trasporto, allora si, potrebbe succedere. Non che ci sia qualche legge che dice che deve succedere. Però, attraverso i desideri degli individui stessi di proteggere i loro livello di consapevolezza e i

loro raggiungimenti, per permettergli di migliorare la loro comprensione e crescita e per proteggere la loro società, allora gli viene offerta l'opportunità, se fosse nel loro più alto interesse e in quello di coloro che li circondano.

* * *

I CERCHI NEL GRANO

D: Cosa puoi dirmi sui cerchi nel grano che stanno apparendo in Inghilterra? So che stanno apparendo altrove, ma sembra che siano più definiti là, con simboli e sono anche più elaborati. Puoi dirmi qualcosa a proposito di chi li sta facendo e come li fanno?

Phil era rimasto in profonda trance per quasi un ora e aveva risposto a molte domande, tuttavia all'improvviso aprì gli occhi e sembrò a disagio.

D: Non vuoi rispondere a quella domanda?
P: (Sembrava davvero a disagio.) No, è solo che... non so... non mi sento molto bene. Per qualche ragione mi sento quasi ammalato. C'è qualcosa che non va. Non penso cha abbia a che fare con i cerchi nel grano. Anche se ho l'impressione che ci fosse qualcosa quando hai fatto quella domanda.
D: Non li abbiamo mai considerati dannosi, perché sono solo nel grano.
P: Ma c'è qualcosa di nascosto che è connesso ai cerchi nel grano. Non sono sicuro... non è umano. C'è un qualcosa che... non saprei. E' a livello più profondo e più ampio.
D: Pensi questo è ciò che ti stia disturbando?
P: Mi sento quasi ammalato, sento la nausea allo stomaco. (Si sedette) Posso tornare indietro. Devo solo... fammi fare una pausa.

Phil si alzò e andò al bagno. Lui era unico, tra i miei soggetti, perché era in grado di svegliarsi da una trance profonda, se si sentiva a disagio. Dopo qualche minuto tornò e le sensazioni di malessere erano passate, proprio come erano venute. Quando, nuovamente si sdraiò sul letto, si rilassò e rientrò immediatamente nella trance profonda. Non dovetti fare nulla. Diedi delle suggestioni per assicurarlo che si sarebbe sentito perfettamente a suo agio e rinforzai il fatto che era protetto in ogni momento.

P: Diremo che ci sono degli strumenti che proteggono sia te che il ricettore di queste informazioni. Non verrà mai dato qualcosa che in qualche modo è dannoso.

D: *Ma lui ha avuto una reazione fisica. Questo è ciò che mi preoccupa.*

P: La necessità di questo strumento non era ovvia in quel momento. Tuttavia, le connessioni si stavano avvicinando troppo perché restasse a suo agio, cioè se ci fosse stata quella connessione ci sarebbe stato disagio fisico. Le energie di coloro che venivano connessi a questo veicolo non erano compatibili con le energie del veicolo stesso.

D: *Adesso pensi di essere in grado di rispondere alla domanda? Volevo sapere qualcosa a proposito dei cerchi nel grano. Chi li sta creando e a che scopo? E magari anche come sono stati creati?*

P: Le forme di comunicazione superiori sul vostro pianeta, adesso sono in termini binari o linguaggi computerizzati. Secondo il vostro sistema di credenze comune le più alte forme di comunicazione sono raggiunte dai vostri scienziati e quindi, in generale, non sono comprese dalle masse. Questi cerchi nel grano allo lo scopo di trasmettere alle masse le informazioni che vengono date al vostro pianeta, cosicché la popolazione intera comprenda che la natura della vostra esistenza è radicalmente diversa da ciò che si crede essere il punto di vista comunemente accettato. Tutto questo, non è ciò che sembra. Coloro che sono coinvolti in questo lavoro stanno cercando di comunicare in un modo che risuona in ogni individuo ad un livello molto personale, a livelli a cui ogni individuo ascolta e non solo riceve.

D: *Chi o cosa sta creando i cerchi nel grano?*

P: L'intera risposta a questa domanda non è possibile in questo contesto, visto che ci vorrebbe un lezione completa sulle origini dell'intera razza umana. Ma dobbiamo dire che questi simboli hanno rilevanza per quanto riguarda la storia della vita sul vostro pianeta. E' una lezione di geografia riguardo alle origini delle forme di vita del vostro pianeta. E ci sono coloro che adesso stanno lentamente riconoscendo lo scopo di questi simboli e che trasmettono dei significati. Non sono solo forme d'arte casuali. Sono infatti forme di comunicazione. Coloro che conoscono questa forma di comunicazione lentamente arriveranno alla comprensione che stanno ricevendo delle informazioni, allora realizzeranno il messaggio che stanno ricevendo riguardo alle origini della vita su

questo pianeta.
D: *Quindi si tratta di simbolismo. Del tipo: "riportateci alle nostre origini", per modo di dire?*
P: Questo è corretto.
D: *Viene fatto da gente della Terra?*
P: Ci sono stati dei tentativi di duplicazione. Tuttavia, non è possibile dire che gli umani li abbiano originati. Come la conoscenza che viene impartita, non è conoscenza comune da secoli, su questo pianeta
D: *Chi sono quelli che li creano? Coloro che creano quegli originali.*
P: Sono dell'ordine di... (cercando la parola)... i protettori della verità.
D: *Dove si trovano questi protettori della verità?*
P: La loro posizione fisica non ha rilevanza. Tuttavia, il loro scopo lo è. Vi stanno presentando, all'intera razza, la verità del vostro retaggio.
D: *Sto cercando di sapere se sono alieni su un'astronave?*
P: E questo è ciò che stiamo cercando di non dire. Perché, in realtà non sarebbe cosi. Tuttavia, diremo che non sono della Terra.
D: *Ma non fanno nemmeno parte degli Osservatori?*
P: Esatto. Non nel senso che provengano da qualche altra parte fino a qui. Sono di qui. Sono già a casa. Tuttavia, non sono del mondo come lo conoscete voi.
D: *Potrebbe essere sufficiente dire, di altre dimensioni?*
P: Provengono dal vostro mondo, ma non del mondo come lo come lo conoscete voi. Tuttavia non c'è bisogno di divulgare la loro vera o relativa posizione, altrimenti ci sarebbe un tentativo di comunicare con questi esseri. Ciò nonostante, col tempo verrà rilevata la loro posizione e ci saranno coloro che potranno andare da loro, in cerca di una maggiore comprensione.
D: *Ma non fanno parte del piano spirituale dove si va dopo la morte?*
P: Fanno parte del piano spirituale, nello stesso senso che ognuno di noi fa parte del piano spirituale. Tuttavia, si sono manifestati in modo a voi poco familiare, rispetto a come vi trovate. Questo non vuole dire che non manifestino certi tratti fisici che gli permettono di raggiungere i loro scopi. Tuttavia, non sono residenti in forma fisica.
D: *Quindi più o meno sono associati con la Terra, ma non sono in una forma che ci è familiare. Questo potrebbe essere corretto?*
P: Questo è corretto.
D: *Non sono spiriti deceduti.*
P: No, non nel senso che erano fisici e poi sono morti. Sono di una

forma superiore che non era nel fisico, cosi come lo conoscente voi. Tuttavia, non vuol dire che non erano in forma fisica. Perché infatti, ad un certo punto della loro evoluzione erano di natura fisica, ma non come la conoscete voi.

D: *Quindi si sono evoluti oltre a coloro che sono nelle astronavi e a noi sulla Terra. Per modo di dire, si sono evoluti ad un altro livello?*

P: Non sono superiori a quelli delle astronavi, ma di per se sono piuttosto evoluti, ad un livello superiore a quello in cui sono. Eppure, c'è ancora tanta strada e ci sono molte cose ancora da fare prima che ci arrivino. Questa comunicazione (i cerchi nel grano) sono infatti un loro sforzo di trasmettere a quelli del vostro mondo, le realtà del loro mondo.

D: *Puoi dirmi come vengono fatti questi cerchi nel grano?*

P: Il processo in se stesso no è cosi misterioso, ma semplicemente viene utilizzato ad una scala che fuori dal comune nel vostro mondo. Ci sono coloro che sono in grado di dirigere le energie in forme concentrate, al fine di alterare le strutture molecolari di queste piante. Sarebbe come essere un ramoscello, ma la forza di pressione non è esterna ma interna. Si tratta di un semplice riallineamento delle strutture cellulari e non dell'ambiente.

D: *Stiamo pensando che ci sia l'uso di una qualche forma d'energia.*

P: Esatto.

D: *Quindi non viene fatto con macchinari o astronavi.*

P: No nel senso in cui lo percepisci tu. C'è una realtà nel fatto che le macchine sono spirituali e non fisiche. In quel senso, per definizione secondo la tua domanda, possiamo dire macchine non nel senso fisico come lo intendi tu. Perciò, questo non include le macchine sul piano spirituale, come le conosci tu. Non stiamo escludendo macchine spirituali.

D: *Stavo pensando alle astronavi.*

P: Queste non sono macchine che vengono utilizzate per il trasporto da una dimensione ad un'altra o per viaggiare. Ma piuttosto manca completamente il concetto di macchine sul piano spirituale. Inoltre diremo che in realtà esistono ciò che chiamate "macchine" sul piano spirituale, oltre al mondo tridimensionale. Vengono prodotte e servono uno specifico scopo. Tuttavia, non sono, come diresti tu, non sono tridimensionali, ma sono dei produttori di energia superiore.

D: *Ci sono storie di persone che sono state male o hanno avuto sintomi fisici quando sono entrati in questi cerchi nel grano.*

P: Esatto. Quella è la stessa reazione che ha avuto questo veicolo quando si è avvicinato a queste energie. Semplicemente ci sono persone che non sono compatibili con queste energie. Semplicemente le energie stesse non sono in armonia con le energie dell'osservatore.

D: *Quand'ero nel cerchio, per me è stata un'esperienza meravigliosa. Fu molto tranquillizzante, meraviglioso ed elevante.*

P: Ci sono coloro che sono in armonia e coloro che non lo sono. Eppure, questo non è un giudizio, semplicemente alcuni accordi si armonizzano con altri accordi. Poi ci sono altri accordi che non saranno mai in armonia con altri accordi.

D: *La reazione fisica che lui ha avuto, era come se ci fosse stato qualcosa di negativo riguardo a quell'energia.*

P: Esatto. Questo riguardo alla percezione di ciò che lui comprende attraverso la sua esperienza. Nel filtro cosciente c'era un'entità o energia ignota ed è stata percepita come una minaccia. Riteniamo che sia il risultato di questa paura dell'ignoto. I sintomi fisici ricordano ciò che uno trova quando è in disarmonia con molte forme di realtà.

D: *Quindi non sono negativi.*

P: Questo è corretto. Questo malinteso è comprensibile, visto che questo veicolo non ha mai dovuto comunicare a quel livello. E' stata una nuova esperienza.

D: *Quindi se lui andasse di persona ai cerchi nel grano, come ho fatto io, potrebbe trovarsi a disagio perché la sua energia sarebbe diversa e non compatibile con i cerchi.*

P: Esattamente.

D: *Sai perché stanno apparendo intorno alle zone di Stonehenge, Avebury, Glastonbury? Dicono che sono punti di forza molto, molto antichi. Ma perché stanno apparendo in quelle zone dell'Inghilterra piuttosto che in altre parti del mondo?*

P: In questo momento sul vostro pianeta ci sono molte polarità opposte di vortici energetici. Ci sono alcuni punti in cui l'energia entra e altri punti in cui l'energia esce. Sono i portali dei fiumi che fluiscono dentro e fuori dal vostro pianeta. In questo momento ci sono molti vortici in quella particolare zona del pianeta, che stanno assimilando energia, sono un entrata. In questi vortici verranno le energie che fanno da filtro per le energie che hanno il permesso d'entrare, sono in armonia ed allineamento con le necessità e lo scopo del pianeta verso cui sono dirette. In questi vortici dove si trovano i protettori del portale o per meglio dire, i guardiani del portale, dove queste manifestazione si presentano. Stanno portando nuova conoscenza al vostro pianeta in questo momento.

Quando Phil uscì dalla trance mantenne alcune memorie delle informazioni che aveva ricevuto. C'è sempre più di quanto si possa condividere verbalmente, per questo è cosi importante fare le domande giuste.

D: *Quale sensazioni stavi ricevendo riguardo ai cerchi nel grano? Hai detto che non pensavi che fosse qualcosa di umano e non pensavi che fosse un alieno in un'astronave.*

P: Ma nemmeno dire che sono nella Terra è esattamente corretto. E' quasi come se fossero in un'altra dimensione. Sembra che abbiano della tecnologia, forse tecnologia di quarta dimensione. Sono proprio delle macchine. Vengono prodotte e funzionano proprio come le macchine qui. Ma funzionano con energie che operano diversamente dalle macchine qui su questo livello. Le loro macchine sono molto più rifinite e non sono cosi crude nelle loro azioni. Funzionano con energie. Voglio dire, letteralmente cambiano le energie.

D: *Le plasmano in qualche modo?*

P: Le plasmano. La cambiano. Le alterano. Ma le macchine stesse sono energie che funzionano con energie. Non sono forse fisiche grossolane come le nostre, ma in ogni senso macchine proprio come le nostre.

D: *C'è molta enfasi riguardo al fatto che non fossero gli alieni in una astronave.*

P: Sono di qui. Ciò che stavo vedendo era ad un livello superiore di quelle dove sono gli spiriti. E' come una forma superiore di noi.

D: *Stanno vivendo in un'altra dimensione?*

P: Forse. Non sono sicuro. E' come se la nostra energia fosse stata elevata, non cosi tanto da farci lasciare il fisico. Eravamo ancora fisici, ma in un ultra-fisicità. Si, questa è una buona definizione: ultra-fisico. Una migliore energia. Ecco cos'è. Non sono davvero fisici secondo i nostri standard, ma non sono solo spirito. Sono iper-fisici. Le loro forme d'energia sono di forma molto superiore alla nostra. E' ultra-fisico, questa parola funziona perfettamente.

D: *Quindi sono in grado di osservarci, ma noi non possiamo vederli. (Si) Prima abbiamo parlato di mondi energetici e altre dimensioni. Alcuni di loro posso esistere in parallelo al nostro. Se siamo in grado di elevare la nostra coscienza, come dichiarano che*

faremo...
P: E' più che la nostra coscienza. E' come se la nostra essenza fisica, in qualche modo, stesse saltando molto più in alto. Non sono sicuro di come succeda, ma è come se i nostri atomi stessero vibrando al doppio della velocità. Quindi se tu elevassi ogni cosa e strutturassi la tavola dove tutti gli elementi fossero al posto giusto, con la loro vibrazione, in termini di quanti elettroni ci fossero. Non so come definirlo. Se prendessi il livello energetico di ogni atomo e lo raddoppiassi, cosicché mantenessero tutti lo stesso livello relativo d'energia tra di loro, ma fossero tutti due volte più alti dei nostri. Ecco perché non siamo in grado di vederli, vibrano troppo velocemente. Vedo che l'intero cerchio nel grano appare in un momento, non a segmenti o altro. La dimensione della macchina che sta facendo tutto questo non uguale alla dimensione del cerchio nel grano stesso. Ma non è fisica, come la vedremmo noi. E' ultra-fisica.

Questa parte della cassetta con la nostra discussione iniziò ad aumentare di velocità gradualmente fino al punto in cui era impossibile trascrivere. Gradualmente divenne impossibile comprendere. Forse potrei rallentarla fino al punto in cui ritorni ad essere comprensibile. Per lo meno quella porzione della discussione non era cosi importante da preoccuparmi d'averla persa. Improvvisamente, più o meno a metà della discussione, la registrazione iniziò a rallentare fino al punto in cui era nuovamente comprensibile. Non ho la minima idea di cosa stessimo discutendo fino al quel punto.

P: ... una roccia è una roccia e un albero è un albero. Ma se sei davvero il signore delle tue molecole e comprendi che ci sono alcuni modelli prestabiliti, puoi convertire le tue molecole ad altri modelli.

Qui la velocità della cassetta era tornata alla velocità normale per la prima volta. Diversi minuti erano diventati un rumorio frusciante.

D: *Bene, ritorniamo all'idea che possiamo controllare le cellule del nostro corpo e in questo modo possiamo controllare le malattie. Possiamo alterare le cellule.*
P: Esattamente. E si può andare anche oltre. Puoi controllare le molecole eppure a livello molecolare o a livello atomico, ci sono strutture che sono già prestabilite che non si possono cambiare.

Sulla parte della cassetta dedicata alla seduta c'era esattamente l'effetto opposto. Iniziò a rallentare fino al punto in cui era troppo lento. Era tedioso, ma per lo meno ero in grado di comprendere per poterlo trascrivere. Cambiai il registratore, ma l'effetto era lo stesso su entrambi i lati della cassetta. Quindi non era l'accelerazione o il rallentamento meccanico del registratore. Sicuramente è stato qualcosa che ha influenzato la cassetta. Il registratore era stato forse influenzato dallo stesso influsso energetico che aveva influenzato Phil e lo aveva costretto ad interrompere la trance, perché si sentiva male? Questo era simile a come la mera menzione dei Cerchi nel Grano avevano influenzato Janice nel Capitolo 4. Certamente c'era un qualche effetto energetico di qualche sorta, connesso ai Cerchi nel Grano che influenzava non solo i miei soggetti ma anche i macchinari che uso.

* * *

D: *Esiste un fenomeno noto come "Cerchi nel Grano", o come li chiamano gli Inglesi "Cerchi di Mais". Sembra che appaiano attorno ad antichi luoghi sacri. C'è forse una connessione?*
Clara: Viene creato un campo energetico molto specifico, alcuni provengono dagli altri siti sacri ai Cerchi di Mais, i Cerchi nel Grano. C'è un modello molto preciso a riguardo. E qualcosa simile ai vostri – come dite? – anagrammi?
D: *E' un puzzle?*
C: Si, è un puzzle, ed è scritto nel grano. Quindi questo puzzle esiste perché vuoi lo osserviate. Viene fatto tutto con energie. Quindi quando guardi a questo "anagramma", questo puzzle, devi essere in grado di comprenderlo.
D: *Puoi dirmi chi o cosa sta creando il Cerchi nel Grano?*
C: Tutto ciò che posso dirti è che sono per il bene. Sono per l'amore, sono per il bene.
D: *Ma sono esseri alieni? (No) Puoi darmi qualche altra indicazione?*
C: Sono le energie dentro alla Terra. Posso solo dirti questo. La Terra stessa.
D: *Può essere diretta da esseri come te? (L'entità che stava parlando attraverso Clara.) Perché ti considero un tipo diverso da quelli che sono nelle astronavi.*
C: (Con un sorrisino.) Cosa ne pensi? Sta a te decidere.
D: *(Ridacchiai) Ho la sensazione che tu abbia molto più potere e conoscenza. Tuttavia alcuni degli esseri sulle astronavi con cui ho parlato sono molto intelligenti e molto saggi.*

C: Si, lo sono. Sono molto intelligenti, esseri pieni di maestria. Molti di loro sono passati attraverso un'esistenza sulla Terra mentre si dirigevano verso una vibrazione superiore. E si sono spostati dal pianeta Terra ad un altro pianeta, qualsiasi sia il loro pianeta d'origine.

D: *Tuttavia ho la sensazione che sia tutto diretto da forze superiori agli esseri nelle astronavi.*

C: Diremo che questa è la verità.

D: *Perché non posso percepire che la Terra stessa stia facendo questi cerchi. Forse utilizzando l'energia della Terra, ma non potrebbe...*

C: (Interrompendo) Questo è corretto. L'energia della Terra viene utilizzata in questo, in questi cerchi.

D: *E sta cercando di darci dei messaggi. E' questo quello che intendi?*

C: Si. Lei sta cercando di darci dei messaggi.

D: *La Terra. (Si, si.) Ma alcune persone pensano che venga fatto da delle astronavi.*

C: Diremo questo. Viene fatto da una fonte molto superiore, una fonte molto più potente delle astronavi.

D: *Sono stata nei cerchi. A me sembra come se ci fosse stato un raggio energetico o qualcosa che fa girare il grano. (Si) Perché sembra iniziare ad un certo punto e si sposta in fuori da lì.*

C: E' un forza molto potente, molto superiore ad un'astronave, che crea tutto ciò, con l'energia della madre Terra. E c'è un messaggio, se uno riesce a decifrare e decodificare il messaggio dentro ai cerchi.

D: *Puoi dirmi quale sia il messaggio?*

C: Questo è un vostro puzzle. (Ridemmo entrambe.)

D: *Quand'ero nei cerchi, mi sentivo molta pace e molta energia positiva. Ma mi è stato detto che quando certa gente entra nel cerchio, potrebbe sentirsi male.*

C: Questo dipende dallo spazio in cui si trova l'individuo, nel loro viaggio interiore, sul loro cammino. A seconda di come procede il loro cammino, cosi si sentiranno. Se il loro cammino è in un luogo di pace ed armonia, si sentiranno in pace ed armonia. Se sono nel loro contratto e nel loro cammino e proseguono nel viaggio verso ciò che sono venuti a fare qui. Se non lo sono, allora sentiranno di volersi muovere, vorranno andarsene da quel luogo. Mentre sono nel loro essere fisico, vorranno spostarsi in un'altra posizione nel loro cammino. Quindi se si stanno spostando, diciamo, negativamente rispetto al loro contratto, allora non si sentiranno in pace all'interno dei cerchi.

D: *Questo spiegherebbe perché alcune delle persone avevano sensazioni di nausea, si sentivano male ed erano molto a disagio quand'erano dentro ai cerchi.*

* * *

Questa seduta ebbe luogo in un Bed & Breakfast di un quartiere a Nord di Londra. Il mio primo viaggio in Inghilterra ebbe luogo nell'estate del 1992 ed ero impaziente di vedere i cerchi del grano, dopo aver finito i miei seminari. Il mio editore Inglese, Alick Bartholomew, faceva parte del Comitato per l'investigazione dei Cerchi nel Grano che avevano trovato vicino a Alton Barnes sulla Milk Hill e la zona di Oliver Castle.

Laura, una bionda attraente, era un'astrologa eccellente. Non aveva problemi e non cercava nulla in particolare. Quando la seduta ebbe inizio, regredì ad una vita normale e molto monotona. Dopo averla fatta passare attraverso i passaggi della morte, iniziò a descrivere il mondo dello spirito. A questo punto un'altra entità iniziò a parlare attraverso di lei. In quel momento ci fu una sorpresa. Durante queste sedute bisogna imparare a non dare mai nulla per scontato e restare sempre in allerta per l'imprevedibile. Non perderò mai l'opportunità di fare domande se l'entità sembra avere della conoscenza.

D: *Posso farti una domanda? Siamo molto interessati ai cerchi nel grano che vengono fatti qui in Inghilterra. Hai qualche informazione a proposito di come vengano fatti?*
L: Si, abbiamo queste informazioni. Vengono creati come parte di un modello che adesso verrà inserito nella frequenza energetica della Terra. Questo modello verrà cambiato nella consapevolezza di molte persone sul piano della Terra. Questo continuerà dentro alla frequenza energetica intorno alla Terra. Mentre ogni singola persona si connette a questo modello energetico, verrà caricata. La loro stessa frequenza interagirà con i modelli dei cerchi nel grano e altre configurazioni.

D: *Come vengono prodotti? Utilizzano degli strumenti e quali metodi?*
L: C'è un sistema di frequenze energetiche. Ogni persona diventerà consapevole della propria frequenza nel proprio corpo. Tu hai una specifica frequenza, quello è il tuo modello personale. Ora mentre interagisci con altra gente, diventi consapevole della loro frequenza. Sei consapevole che quando parli con un'altra persona sul vostro piano Terrestre, vi troverete ad apprezzare la loro compagnia o a desiderare di allontanarvi da loro.

D: *Si, è verissimo.*
L: Ah! Questa è la diretta interazione delle frequenze energetiche. E mentre percepisci una frequenza compatibile, quella stessa frequenza può interagire insieme alla tua. Cosi potete entrare in contatto con le struttura di pensiero gli uni degli altri. Non è per caso che parlate di modelli di pensiero. Quelle frequenze, qui modelli di pensiero, vi connettono con ogni altri forma di vita intelligente della galassia, dell'universo stesso. Comunicato in questo modo e anche attraverso le linee energetiche. Queste sono ciò che formerà i cerchi nel grano e le configurazioni.
D: *Quindi queste vengono prodotte da gente nelle astronavi?*
L: Esattamente, ma anche attraverso i vostri modelli di pensiero. Questo lo capisci? Dolores, i tuoi modelli di pensiero contribuiranno in questo completo sistema di comunicazione.
D: *Questa è la ragione per cui devo essere qui in Inghilterra in questo momento? O è solo una supposizione?*
L: No, non è una supposizione. Hai ragione. Per quale altra ragione ti avremmo portata qui, insieme ad altri ricercatori dei cerchi nel grano? Ricorda che ogni persona che incontri, le tue frequenze si connetteranno alle loro. Cosi le connessioni continuano. Certe astronavi e capsule si connettono direttamente con le frequenze di pensiero di tutte le forme di vita sulla vostra Terra e molte altre frequenze oltre a quelle.
D: *Quindi i cerchi sono davvero stati fatti con il pensiero?*
L: Questo è un modo di vedere la cosa. Non è sempre facile trasmettere come avvenga questa comunicazione. Il modo più facile di percepirla è di vederla come modelli d'onde di pensiero.
D: *In altre parole, non avviene attraverso qualche macchinario o raggio di qualche tipo. Questa è una delle teorie che vengono presentate: qualcosa di meccanico.*
L: Non è meccanico. Ci sono diverse persone che hanno provato con delle macchine. Sono ben conosciuti. Ma le macchine di cui parliamo non assomiglia minimamente ai macchinari piuttosto fisici che vengono utilizzati sul vostro piano Terrestre. Abbiamo utilizzato questa parola visto che è nel vostro vocabolario ed è la più vicina che siamo riusciti a trovare. I macchinari che utilizziamo sono molto più sofisticati e complessi di quanto non possiate comprendere.
D: *Quindi, sto vedendo le cose in modo più semplicistico, ma volevo fare queste domande perché sono state presentate anche a me. Quindi è una combinazione dell'energia di certe persone che crea*

questi cerchi.
L: Esattamente.
D: *La gente pensa che i cerchi siano come un linguaggio e che stanno cercano di comunicarci qualche messaggio. C'e qualche messaggio nei cerchi?*
L: Il messaggio che viene trasmesso, e' che tutta la gente a un ruolo da assolvere. E qualsiasi simboli decidiate di vedere, qualsiasi mezzo possiamo utilizzare per attrarre la vostra attenzione, per alterare i vostri modelli di pensiero, ci sforzeremo di utilizzarlo. Per alcuni è un raggio, come hai detto tu. Per altri sono i simboli antichi. Per altri ancora sono solo spighe schiacciate. Utilizzeremo qualsiasi cosa sarà necessaria per attrarre la vostra attenzione. Perche quando abbiamo la vostra attenzione, allora i vostri pensieri possono interagire con la nostra dimesione. In questo modo possiamo darvi la nostra assistenza in ogni momento. Vi assistiamo, tutti voi, sul vostro piano Terrestre.

SEZIONE QUATTRO

Vibrazioni, Frequenze, e Livelli.

SEZIONE QUATTRO

Vibrazioni, frattura e Livelli

CAPITOLO NOVE

IL RISVEGLIO

Affrontai molte sedute durante gli anni '80 e alcune loro porzioni sono state inserite nei miei libri. Ma ci sono altre parti che sono rimaste nei miei cassetti in attesa di un libro in cui potessero avere una collocazione logica. Con Pam abbiamo toccato molti argomenti mentre era in profonda trance. Diverse entità si presentavano durante le sedute per offrirci informazioni e risposte alle domande.

Durante questa seduta nel 1988 video un essere vestito di una tunica che le ricordò l'immagine del Signore del Tempo. Anche se istintivamente sapeva che quest'essere non aveva un sesso, vedeva che scintillava di un'energia interna intensa. Quando gli chiese da dove proveniva, la risposta fu: "Dall'aldilà. O se preferite, dalla Sala del Sempre.

D: Sai chi sia?
P: No. Dice d'essere una delle essenze resa manifesta al fine di facilitare la comunicazione. E per rendermi le cose più facili, si è materializzato in densa e rozza materia fisica, perché è più facile per riuscire a parlare ad un essere fisico che ad uno spazio vuoto nell'aria. Questa non è la prima volta. E' apparso a molti altri in molti altri periodi di tempo su questo pianeta e altri, dice che lo fa non solo per facilitare la comunicazione, ma anche per ispirare e confortare. Quindi questo non è un lavoro che viene preso alla leggera e non è un evento unico. Infatti per il bene della comunicazione, questo avviene raramente. Principalmente lui si manifesta nei sogni e nell'immaginazione della gente per inspirarli e confortarli.

D: Sarebbe corretto dire che è come una guida?

P: Lui ritiene che il termine "guida" sia troppo limitativo, ma poi realizzò che il nostro concetto di guida è limitato. Se riuscissimo ad espandere ciò che pensiamo delle guide, allora accetterebbe quest'etichetta.
D: Presumo di cercare di metterlo in una qualche categoria?
P: Si. Dice che è umano. (Rise.) Dice che uno dei problemi che abbiamo esseri terresti limitati, è di cerca di etichettare, categorizzare, inscatolare ed immagazzinare le cose che sono illimitate ed eterne. E questa è una tendenza molto limitata. Se riuscissimo a praticare di immaginare lo spazio come infinito, atemporale, eterno e con infinite possibilità; allora saremmo in grado di riuscire a pensare a come definire una "guida". Proprio come dare un senso ad un essere, limita il modo in cui pensiamo a quell'essere. Mettendo qualsiasi tipo di etichetta su qualcosa, la limitiamo. Sta dicendo che forse "amico" potrebbe essere un modo migliore di percepirlo, piuttosto che ad una "guida". Perché lui non desidera dirigerci o guidarci, ma di assisterci in qualsiasi modo che gli chiediamo di farlo.
D: Lui ha mai vissuto sulla Terra in un corpo fisico?
P: No, ma è intimamente connesso con esseri della Terra che hanno chiesto aiuto. Lui non ha avuto la necessità di dimenticare che deve aver luogo durante la vita in forma fisica umana su questo pianeta.
D: Allora non ha mai sentito la necessità di avere una vita fisica, di avere quest'esperienza?
P: Mai sentita' la necessità. Dice di avere solo una responsabilità ed è di manifestare il principio dell'amore. Quindi avere la necessità di essere un umano ritarderebbe o lo distrarrebbe dal suo compito più vasto.
D: Sto pensando ai diversi livelli e dimensioni, sto cercando di metterlo fisicamente da qualche parte.
P: Se riuscissi a vedere il pianeta come una pallina da pingpong. Estendendo all'esterno un'altra sfera concentrica, diciamo della dimensione di un'arancia. E poi estendendosi ulteriormente, diciamo, un'altra sfera della dimensione di un pallone da basket. E continuando così con sfere sempre più grandi. Allora, quelli si potrebbero chiamare piani o livelli. Infatti, alcuni dei piani e livelli sono quasi lenti e densi e pieni di dimenticanza come la pallina da pingpong sulla Terra. Ma lui ha trasceso questi livelli. La difficoltà sta nel passare attraverso questi livelli, perché alcuni sono appiccicosi, sono statici come lo sciroppo. Come i vestiti che si attaccano tra di loro nell'asciugatore. E' con intento amorevole che

lui cerca di penetrare questi livelli fino al più denso, al fine di riuscire a comunicare. Ma sul suo piano regolare, lui non è limitato da ciò che noi consideriamo un "livello". Lui è luce. La luce può penetrare – vorrei dire quasi tutti i livelli. La sua risposta era che la luce può permeare tutti i livelli. Per non qualificare la sua dichiarazione.

D: Quando lasciamo i nostri corpi fisici, passiamo anche attraverso a questi diversi livelli, dalla pallina da pingpong agli altri?

P: Si, e' così. Come dicevo ci sono livelli appiccicosi. Emaniamo vibrazioni in ogni momento, molto, moltissime vibrazioni. Queste non vanno in direzione di una precisa locazione e poi si fermano. Continuano ad uscire in tutte le direzioni, si mescolano con le vibrazioni di tutti gli altri e le vibrazioni di ogni cosa. Ogni vibrazione non solo ha potere e forza che possiamo eguagliare all'elettricità, ma anche magnetismo. Per esempio, se una grande percentuale dei nostri pensieri sono stati ad uno specifico livello vibratorio, allora potremmo essere attratti da una specifica sfera concentrica. Se tuttavia, abbiamo praticato come proiettare i nostri pensieri, sentimenti e desideri verso Tutto Ciò che E', verso il più grande potere ed amore dell'universo – si è corretto: degli universi – allora possiamo, come un pesce che nuota nell'acqua, trascendere molti, moltissimi livelli, perché i nostri pensieri sono vibrazioni estremamente potenti. Queste vibrazioni estremamente potenti sono attratte verso vibrazioni di eguale potenza. E possiamo certamente trascendere molti di questi livelli più appiccicosi.

D: Ci sono forse delle barriere che ci trattengono dal raggiungere un certo livello?

P: I nostri pensieri, le nostre paure, le nostre credenze e le nostre intenzioni.

D: Saremo in grado di raggiungere il livello da cui lui proviene?

P: In questo momento lo possiamo fare con la nostra coscienza, che risiede sempre a questo livello, a nostra insaputa, che siamo addormentati al 99%. C'è un'enorme parte di noi che rimane sempre nel regno della luce e dell'eternità. E' nostra responsabilità portare questa parte allo stato "di veglia" della nostra coscienza.

D: Sto pensando che siamo così concentrati sui nostri corpi fisici, che quando moriamo, per così dire, e lasciamo il corpo fisico, usciamo solo fino ad un certo punto e poi torniamo a livello fisico.

P: Questa è certamente una possibilità. Dipende dalla tua concentrazione. I tuoi pensieri coscienti sono la sorgente di potere che tu ed ogni altro umano possiede. I pensieri che generi coscientemente saranno il principale fattore determinante, riguardo a dove andrai a finire; se e quanto in fretta ritornerai coscientemente nella forma fisica su questo pianeta.

D: *Hai detto che eravamo al 99% dormienti? Volevi dire tutti gli umani?*

P: Ovviamente ci sono umani che sono stati in grado di comprendere, attraverso i loro pensieri, le loro intenzioni amorevoli, le loro vere credenze e la fede nell'eterno amore-luce. Ci sono stati alcuni esseri umani su questo pianeta che sono certamente stati in grado di trascendere la materia fisica grossolana senza "morire", come tu saprai. Li chiamano "maestri ascesi", che è un termine con un po' d'umorismo, perche' vuol solo dire che sono stati in grado di trascendere molti degli strati appiccicosì. Sembra che non sia possibile essere ancora attualmente in forma fisica sul pianeta e simultaneamente operare nella luce. Quindi, al fine di raggiungere veramente questo stato, dobbiamo abbandonare ciò che è materiale e denso. Alcuni esseri umani sono riusciti a farcela. Si tratta di permettere ad ogni molecola del corpo umano di aumentare il volume, per modo di dire. Ogni molecola diventerebbe piena luce. E accendendo la luce, la vibrazione si velocizza a un tale grado che il corpo, così come la coscienza infinita, trascendono questo piano.

D: *Quindi il corpo sparisce?*

P: Esattamente.

D: *Perché non ci sarebbe alcuna necessità di corpo fisico nell'altra dimensione.*

P: Sarebbe una grossa distrazione. (Si mise a ridere.) Comprendi che la Terra ha gravità che attrae ad essa oggetti con peso. Per viaggiare nello spazio devi fare qualcosa con questo peso e questa gravità. Loro hanno davvero la capacita di teleportarsi, come fosse un turbine di scintille. Si smontano e riassemblano a seconda della loro intenzione cosciente.

D: *Quindi è come se il corpo intero si decomponga. Non so se questa sia la parola giusto: scompaia.*

P: Si, scompare è la parola giusta. Dovrebbe essere una condizione molto controllata e solo nel senso che queste vibrazioni possono essere elevate ad un livello che sarebbe oltre alla vostra capacità fisica di vedere. E' già successo, tuttavia, non da individui che generalmente considerate come normali. Alcuni umani hanno realizzato di essere, infatti parte della forza di Dio. Una volta che, nella loro coscienza, diventano la luce che sono, hanno la capacità di smantellare le loro molecole. Ci sono coloro che sono di natura avanzata che possono riordinare le loro molecole. Tuttavia, questo non è nulla di normale o comune. Ci sono pochissime ragione per riassemblare le molecole in rozza, densa, forma fisica. Una volta smantellate, riassemblarle significherebbe che dovresti ritornare indietro in qualche modo.

D: *Alcune persone ritengono che questo sarebbe un metodo per sfuggire alla morte.*

P: Non c'è bisogno di sfuggire alla morte. Perché come puoi vedere non c'è nessuna vera morte, nel senso di qualcosa da cui vorresti sfuggire. Non c'è morte spirituale in quel senso. E quindi il corpo fisico, naturalmente non avrebbe bisogno d'essere elevato ad un altro livello. Sarebbe come cercare di portare con se i vestiti al momento della morte. Non ce n'è bisogno, quindi perche vorresti portartelo dietro? Non sarebbe necessario cercare di trasfigurare un corpo per portarlo con te sul piano spirituale. Non avrebbe alcuna funzione o uso su quel piano. Tuttavia, cercare di farlo in forma incarnata nel tentativo di acquisire altra conoscenza mentre si è ancora sani e funzionanti, allora sì, potrebbe essere uno strumento. Nel senso che potrebbe significare avere molte esperienze molto oltre a quelle che sono considerate normali o quotidiane. Tuttavia, ancora una volta, in se e per se non ha alcun valore.

D: *Come mi dici della famosa trasfigurazione di Gesù. Quello era il suo vero corpo fisico?*

P: Quel corpo fisico è stato elevato molto oltre al livello che porta al decadimento. Accelerare il processo naturale di decadimento sè stato come se le molecole fossero semplicemente separate attraverso un processo avanzato di stimolazione energetica, tale da portare alla distruzione delle molecole stesse. Questo è il normale processo di decadimento ma in forma accelerata. Quando Gesù apparve alla gente dopo la Sua "morte" è perché per Lui era possibile adattare la Sua frequenza, o più precisamente, la frequenza del Suo spirito o anima a quelle di coloro che lo avrebbero incontrato. Era in grado di adattarla a tal punto che solo una persona nella folla fosse in grado di vederLo. Poteva anche adattarla perché l'intera folla potesse vederLo, se necessario. Questo è successo molte volte in molti luoghi diversi. Non era una cosa unica dell'esperienza di Gesù.

Ho avuto molti casi di in cui extra-terrestri sono stati in grado di farlo. Non muoiono finche non decidono di morire, di solito perché sono pronti ad andarsene e vanno verso un'altra avventura altrove in un corpo diverso. In questi casi i loro corpi spariscono, o come dicono loro si "disformulano" [tradotto letteralmente]. Li hanno visti smaterializzarsi in una sostanza scintillante o in piccole molecole separate. Non ne ho mai sentito parlare come qualcosa fatto da un umano, perché di solito l'unico modo per le nostre anime di uscire dal corpo è in forma spirituale, dove si lasciano che il corpo fisico si decomponga.

D: *Quando la maggior parte della gente muore, lascia il corpo sulla Terra e lo spirito, la loro essenza prosegue.*
P: Esattamente. Questi sono i casi normali. L'esempio che stiamo descrivendo è di qualcuno che non fa parte del 99% degli addormentati. Questa è una persona che crede, ha il desiderio e l'intento di farlo. Di trascendere, portandosi dietro il corpo. Anche altra gente desidera questa trascendenza, ma non crede di poterlo fare. Quindi non possono e il loro corpo deve morire fisicamente. Il vostro sistema di credenze. Il vostro sistema di credenze è un palo d'acciaio. Senza veramente credere che sia possibile, non è possibile.
D: *Sembra che abbiano un attaccamento al corpo se lo vogliono portare con loro.*
P: Sembra che tu abbia risposto alla tua stessa domanda. E' un forte attaccamento all'individuale. Il corpo umano ha uno scopo specifico che è di sperimentare la vita in quella forma. Lui dice che hai chiesto qualcosa riguardo alla forma fisica e che ogni umano si manifesta in quel modo. Questa è la sua importanza. Gli umani non sono l'unica "specie" e questo lo dice tra virgolette e con ironia. (Lei si mise a ridere). Ma non è l'unica specie attaccata alla forma fisica. Devi comprendere che gli individui che sono stati in grado di – lasciami usare il termine "disassemblare" – consciamente il corpo fisico, non fanno parte del 99% dei dormienti. Se, infatti, ti risvegliassi alla conoscenza e credenza che tu puoi trascendere questi livelli, o strati d'essere e sei stato in grado di raggiungere questo risultato; allora ti sei risvegliato al fatto che non ti devi trascinare nel pensante e denso piano materiale.
D: *A me sembra ch'essere in grado di controllare la mente fino a quel punto sia una lezione finale. Mi sbaglio?*
P: Lezione. Imparare. Penso che sia un problema di semantica. E la parola lezione "finale", ovviamente, è limitativa, perché allora pensi che quella sia la fine. Ma infatti è la più grande lezione fisica che possiamo acquisire. Se, la condizione è accompagnata dalla

credenza del cuore. Quindi deve andare oltre la mente, la mente e' uno strumento dello spirito.

D: Ma se si impara a controllare la mente e il corpo fino a quel punto, sarebbe la lezione fisica finale.

P: E' difficile, perché siamo come bambini che si avvicinano all'Oceano Pacifico. Siamo come piccoli esserini che osservano un vasto, vastissimo oceano senza limiti. E sembra così grande. Io penso che il suo punto sia che noi utilizziamo la mente per raggiungere lo spirito. Ma infatti, quando lasciamo andare la nostra sonnolenza, lo spirito è l'unico ad aver utilizzato la mente. Ogni volta che hai un pensiero cosciente di elevare la tua vibrazione, quel pensiero ha potere e forza e chiarezza. Ti sei focalizzato su ciò che desideri ottenere. Quel pensiero esce come una chiara e diretta freccia. Non si ferma. Tutte le altre coscienze che diventano consapevoli di quel chiaro, diretto pensiero possono aggiungergli potere. Ma il fatto che tu lo hai avuto all'inizio significa che stai sparando a quelle linee, a quelle autostrade di armonia e "elevata" vibrazione. Aumentata o velocizzata vibrazione. Quindi ogni volta che fai questo sforzo cosciente stai direttamente ottenendo ciò che è il tuo intento, perché credi che sia possibile. Certamente puoi farlo mentre hai una forma fisica. Se sei in grado di permettere alla tua mente di accettare il fatto che veramente ogni molecole di ogni cosa è luce e la luce è sinonimo di amore; allora puoi portare questo nel tuo sistema di credenze e puoi lavorare con ogni atomo del tuo essere fisico. Puoi aumentare la forza. Puoi far brillare la luce. Aumentando il volume, accendendo la luce, velocizzando quella vibrazione, puoi davvero smantellare la tua forma fisica.

D: Se come dici tu, gli umani per il 99% sono ancora addormentati, che passi possiamo prendere per risvegliarli?

P: Ha detto: Ottima domanda! Le informazioni ovviamente sono state date e sicuramente può solo giovare ripeterle. Se la nostra mente è lo strumento più grande e se desideriamo usarla al massimo della sua capacità, allora desideriamo connetterci coscientemente con coloro che sono nel regno della luce. Quindi emettiamo quelle vibrazioni. Consciamente pratichiamo di pensare alla luce, alla vastità, oltre alle stelle. Non pensare che finisca da qualche parte e poi c'è qualcos'altro. Basta che la emani come una sonda satellitare. Con la certezza che diventerà ciò che intendiamo che sia. Il nostro intento è quell'incredibilmente forte linea della vita che possiamo emanare. Tuttavia, deve essere fatto in modo focalizzato e disciplinato. Deve esserci una qualche forma di continuità'.

D: *Quindi cosa dovremmo fare ogni giorno?*

P: Consciamente focalizzate i vostri pensieri sulla luce. Non solo luce all'esterno, ma luce che s'irradia da ogni cellula del vostro corpo. Dalla Terra stessa, da ogni pianta ed animale, e dall'aria e l'acqua stesse. Pensate che ogni singola cosa con cui entrate in contatto o a cui pensate, è essenzialmente fatta di luce. E il centro, il cuore stesso della luce, è amore. L'amore è una forza altamente incompresa dagli umani, che la mettono in una piccolissima, strettissima scatoletta.

D: *Come pensi alla luce o come ti focalizzi sulla luce?*

P: Come si focalizza l'uomo? Sta ridendo perché comprende quanto sia importante questa domanda e quanto sia ovvia per lui. (Rise anche lei). Ha detto di non provare a visualizzare, come quando si guarda un film, ma di provare ad immaginare che tutte le cose risplendenti. Basta che pensi che risplendono. Forse questo lo rederà più facile.

D: *Come se si stesse osservando l'aura?*

P: Ciò che vedo mentre fai questa domanda, è qualcosa proprio simile a del fumo che esce da ogni cosa. Ondeggia e turbina si rigira e disperde, e continua a fluire. Quindi è come fumo risplendente. Fibre luminose di cui si parla in molte storie degli Indiani d'America. Esistono. Quindi se pensaste a filamenti risplendenti, forse; se solo vedessi l'aura che è sempre presente! La maggior parte della gente pensa che sia solo intorno alle cose, è all'interno e si espande ovunque. Permea ogni cosa.

D: *In questo modo saremmo tutti connessi, perché se si espande all'infinito ogni luce individuale, per dire, si sovrapporrebbe all'altra.*

P: Esattamente. L'analogia dell'arazzo non viene a mancare.

D: *Come si spiega l'analogia dell'arazzo?*

P: Sfortunatamente, non facilmente come possiamo vedere della tappezzeria. La tappezzeria è piuttosto piatta, anche se composta di molte fibre intrecciate tra di loro, che si toccano nelle intersezioni creando modelli e disegni. La tappezzeria è infatti olografica, quindi ha una profondità proprio come tutte le altre dimensioni.

D: *Faccio questa domanda perché sono stata portata nella stanza dove si trova l'arazzo. (Descritta in Between Death and Life.)*

P: Ti prego fai attenzione che le informazioni da te ricevuto attraverso altri esseri umani, arrivano nel miglior modo in cui riescono ad interpretarla e ad esprimersi. C'è uno sforzo molto amorevole di comunicare agli umani l'incredibile vastità di Tutto Ciò che E'. Molti esseri utilizzano analogie diverse che diventano visibili alla persona con cui stai parlando e sono reali nelle loro menti. Sono analogie che prendono vita. Quindi credere che veramente che una stanza dei registri Akashici esista in forma solida è meraviglioso, ti fa sentire bene ed è una buona analogia.

D: Molte di queste analogie le ho ricevuto da diverse persona.

P: E' vero. Ma lui dice che altre essenze amorevoli "leggono gli stessi libri". Se hanno trovato una tecnica che funziona per aprire un umano a queste possibilità e regni fino al punto da fargli comprendere ed interpretare i dati, allora sono spinti ad usare tecniche simili con diversi individui. Un problema che abbiamo nel lavorare con gli umani è la verifica, la validazione e veniva a termini con la logica. Questo è molto limitativo ed estremamente innecessario. Il risveglio è lo scopo. Il risveglio al fatto che in essenza siamo luce, siamo amore. Ogni cellula del nostro corpo, ogni cellula e molecole di ogni cosa. La sorgente del potere che da vita ad ogni cosa è la luce. Quindi risvegliarsi a questa conoscenza e desiderare di operare in quel regno e credere è possibile sono tutti fattori che ti portano là.

D: Quindi siamo bloccati sulla ruota del karma che continua a tenerci qui e ci previene dal trascendere.

P: Assolutamente. Perché quello è lo stato del dormiente sulla ruota del karma. E anche quel termine richiede molte clarificazioni. Al fine di creare continuità, sulla ruota del karma l'umano è dormiente, quindi inconsapevole.

D: Non capiscono che possono uscirne.

P: Esattamente. Tuttavia, non ci riusciranno senza una vera convinzione. Vedi, le convinzioni sono cose reali, proprio come lo sono i pensieri. Finché non sono esposte alla luce, possiamo dire che le convinzioni sono come catene che ci restringono. E i nostri Sé più elevati – devo dire questo crea molta confusione in termini di grandezza, quando poi pensiamo al più grande di quello, e al Sé più grande ancora. Perché il se più grande di cui sto parlando certamente non ha cellule luminose, né si trova nel regno angelico. Il Sé più grande è solo molto, molto più consapevole, ma non ancora esteso nel "Tutto Ciò che E'". Quindi vedi, qui è dove la terminologia è morto critica per comprendere. Vorrei che ci fosse un altro termine che potessimo usare. Forse Dovrei chiamarlo il Sé "karmico". Perché il Sé karmico è quello che determina a quali distrazioni ci attacchiamo.

D: Per le lezioni che dobbiamo imparare.

P: Che abbiamo deciso di dover imparare, attraverso le nostre credenze.

Se ci fosse una qualche lezione da questa seduta, che possiamo condividere con altra gente, sarebbe quella del potere delle nostre credenze e convinzioni. Credenza è un termine molto difficile da comprendere anche per gli umani. Cos'è la credenza? La credenza è oltre a ciò che pensi, a proposito di qualcosa. E' ciò che pensi e senti e hai quel sentore interno di sapere qualcosa. Ma è anche più grande di tutto questo. Va oltre, sfida la definizione. Sembra che credenze siano delle autostrade. Ci attacchiamo a tutti i costi a queste autostrade di credenze. Il nostro lavoro come esseri che stanno cercando di diventare illuminati, è di emanare autostrade di credenze verso la luce. Le credenze/convinzioni sono è difficile parlare di questo pensieri molto forti. Vedo che il nostro amico pensa che uno dei problemi provenga dalla semantica. Cioè, che mettendo una parola su qualcosa di vasto ed illimitato e senza bordi taglienti, tendiamo a ridurre queste autostrade.

D: *Perché tutte queste informazioni stanno diventando disponibili adesso?*

P: Prima di tutto, c'è stata una chiamata. Largamente dovuta al fatto che a questo punto nella storia umana esiste la comunicazione istantanea di massa. Molte più persone stanno diventando intellettualmente consapevoli delle possibilità che regni più vasti esistano. Una volta che si è intellettualmente consapevoli dell'esistenza di questa possibilità, l'umano curioso vuole provare.
Quindi emanano un desiderio, un intento e un pensiero decisivo: chiedendo. Quindi in questo momento sul pianeta ci sono attualmente più persone che richiedono di comunicare con i regni invisibili. Tuttavia, sembra che ricevere queste informazioni sia un urgenza interna. Tra i regni angelici c'è il desiderio, da molto tempo, di poter comunicare coscientemente e contattare gli esseri umani. Quindi questa urgenza non è necessariamente una nuova urgenza. Il desiderio dei regni angelici è presente da un periodo di tempo molto lungo. Non riesco a differenziare in questo momento la ragione per l'urgenza: se dura da molto tempo o se c'è qualcosa d'imminente. In questo momento non c'è l'intenzione di osservare un potenziale disastro planetario, come in molti speculano che dovrebbe essere la ragione per questa comunicazione.

***

Pam: Sembra come Dio, la forza, la centrale energetica che genera Tutto Ciò Che E', conosciuto con molti nomi – ma per adesso ci limiteremo a chiamare Dio, quella forza – è anche curiosità. La curiosità è una forza incredibile. Quindi quando prendi la forza più potente che ci sia e ne utilizzi solo una parte, quella curiosità è in grado di manifestare in forma fisica qualsiasi cosa su cui la forza si focalizza. Quindi ci sono miriadi di forme di vita, perché la Forza divina è una forza molta curiosa. Il fatto a proposito del pensiero è che pensare a qualcosa lo porta a manifestarsi. Il pensiero crea e noi siamo uno di molti, molti, molti, moltissimi pensieri.

* * *

Phil: C'è vita in tutto ciò che esiste. C'è, ovviamente, ciò che chiamiamo inanimato. Però, la distinzione che va fatta qui, è ad un livello molto oltre, al livello di comprensione umana. Ciò nonostante, dai piani superiori di consapevolezza, è ovvio che ogni cosa sia, in una forma o nell'altra, consapevole. Qui facciamo la distinzione tra consapevole e vivo. Dal vostro punto di vista, è difficile percepire la consapevolezza a quel livello. Ciò nonostante, è verissimo che tutto, perfino le rocce, ha consapevolezza, forse non a tutti i livelli a cui riuscite a percepirla. Quindi se comprendente, si potrebbe dire che, si, perfino le rocce sono vive, se questa consapevolezza costituisce vita. C'è ciò che chiamate una forza vitale che è separata e distinta da ciò che chiamiamo consapevolezza. Perciò, dalla vostra prospettiva, consapevolezza e vita sono in qualche modo correlate, nel senso che sembrano essere la stessa cosa.

* * *

Pam: La musica è certamente una grandiosa forma d'arte. E' una forma di comunicazione interstellare, proprio come una comunicazione planetaria.

D: *Puoi spiegarmi di più a proposito dalla sua interstellarita'?*

P: Il suono è una vibrazione, come già sai. Le vibrazioni non si estendono all'esterno e poi si fermano ad un punto preciso. Una vibrazione continua ad espandersi. E' difficile comprendere come qualcosa continui ad espandersi all'infinito, perché i nostri limitati cervelli umani non pensano in termini di eternità e continuità. Perciò, il canto della balena è modulato, armonioso e totalmente pianificato. Questa vibrazione continua in modo armonioso, modulato e pianificato. Quindi raggiunge l'esterno e coloro che

sono percettivi a ricevere questo modulazione e melodia, la ricevono.
D: *Questo significa che esseri interspaziali possono sentirlo e comprenderlo?*
P: Assolutamente.

* * *

Phil: Davvero non è necessario mangiare qualcosa. Il globe su cui viviamo, vive in un plasma vivente. In questo plasma esistono tutti gli elementi necessario per la vita. Questo va oltre a ciò che pensiamo come aria, acqua e luce. Ma è sufficiente dire, che tutti i nutrienti necessari esistono in una forma invisibile su tutta la Terra. Il problema è che questo plasma viene influenzato dal pensiero e dall'inquinamento fisico e in molte parti del globo non è più puro. Quelli che chiami "extra-terresti", non hanno bisogno di mangiare. Sono in grado di ricevere dal plasma del cosmo; non inquinata, non distorta forza vitale. (Questo l'abbiamo esplorato in The Custodians).
D: *Molti degli esseri spaziali mi hanno detto che non hanno bisogno di cibo, come noi. Questa sembra essere una caratteristica umana. Sembrano essere in grado di nutrirsi dall'atmosfera e dalla luce.*

Gli alieni continuano a dire che i nostri corpi stanno diventando sempre piu' leggere per riuscire a sfuggire alla densita' della nostra dimensione e che anche la nostra dieta sta cambiando per aiutarci in questo. Stiamo progredendo allo stadio in cui anche noi esisteremo di luce?E' questo il piano?

* * *

Una porzione di una seduta con LeeAnn nel 1989 che pensavamo sarebbe stata un'esperienza con UFO, perché questo è ciò che stavamo investigando, mostra che spesso non capiamo ciò che loro si aspettano. Inoltre dimostra che spesso la persona non viene portata a bordo dell'astronave, ma da qualche altra parte che certamente è sulla Terra. (Come con Clara nel Capitolo 5.)
LeeAnn ricordava consciamente d'aver visto una bellissima luce dorata mentre stava per addormentarsi. Ebbe un effetto calmante, pacifico e caldo, mentre si addormentava. La stanza era buia, quindi non poteva provenire da una sorgente normale. Si ricordò parti di un

sogno in cui si trovava in una stanza molto bianca e molto sterile. In un'altra parte del sogno vide l'immagine di un vulcano o della lava e quando si svegliò la parola "ologramma" era nella sua mente.

Avevamo già esplorato altre esperienze che erano successe appena dopo al momento in cui pensava d'essersi addormentata. Uno di questi l'ho descritto in The Custodians, durante il quale venne portata a bordo di un'astronave. Mi aspettavo che questo fosse connesso a quel tipo d'esperienza, così quando entrò in trance, la riportai a quella notte mentre si stava addormentando. Improvvisamente non era più buio, c'era luce, ma non riusciva a determinare la sorgente di quella luce. Poi vide se stessa seduta in un luogo simile ad un auditorium, eppure non sapeva come fosse finita lì. Era uno spazio pulito e sterile, era seduta su dei gradini che assomigliavano a delle gradinate da stadio eccetto il fatto che solidi e modellati. Le stanze erano divise da chiare trasparenti mura che non erano di vetro, ma continuavano all'infinito quasi come una stanza degli specchi. L'atmosfera era molto calma e quieta. Rimase sorpresa quando le ho chiesto come fosse vestita.

L: Solo di luce. Presumo come una tunica. Non davvero vestita, ma nemmeno svestita. So che ci sono delle persone. Non le vedo, ma le sento. Quindi deve esserci qualcuno. Mi guardo intorno e dovrei essere in grado di vederli.

D: *Se potessi chiedergli come sei arrivata lì, quale sarebbe la loro risposta?*

L: (Lunga pausa) Questa è buona. Mi sa che me la sto inventando. (Lentamente, come se sentisse e ripetesse.) E' una manifestazione di trascendenza dei limiti fisici del tuo corpo per avventurarsi nei regni dello spazio tempo. Dove ci sono coloro che si chiamano – questo non ha senso – quelli dell'universo. La fine dell'essere... l'intero. Non ha alcun senso.

D: *Va bene se non ha senso. Forse capiremo più tardi. Questa è la risposta che hai ricevuto?*

L: Si. Qualsiasi cosa sia.

D: *Sei li in nel corpo fisico?*

L: No, presumo di no.

D: *Quindi sei arrivata li, in un qualche tipo di forma spirituale?*

L: Dicono: Bene, il corpo fisico non è qui. (Lunga pausa) Presumo che sia una questione di... non capisco, ma voglio dire ciò che è giusto. L'energia del tuo spirito è tale che sei solo una forza e sei in grado di viaggiare attraverso le dimensioni e attraverso lo spazio, senza, credo, nemmeno sapere come. Inoltre quando sei pronto, allora sei pronto. Non succeda intenzionalmente o per scelta. Non puoi forzarlo. Succede e basta. Più cerchi di fare uno sforzo cosciente, più sbatti te stesso contro il muro.

D: *Allora non succede finché non a pronto a succedere.*

L: Esatto. Quindi hai bisogno di quella separazione. Quello stato mentale, oggettivo e soggettivo.

D: *Queste cose hanno qualcosa a che fare con tutto questo?*

L: Presumo di si. Siamo qui per imparare, per servire, perché loro illuminano e guidano. E per conoscere, cosìcché possiamo servire.

D: *Queste sono cose buone. Perché hanno voluto che tu venissi qui?*

L: Perché ci saranno dei cambiamenti. I cambiamenti stanno avendo luogo. Nell'evoluzione del pianeta, tutto per il bene del pianeta. Siamo nell'era in cui alla gente bisogna dimostrare, con l'esempio, la loro unità con l'universo e il padre. A quel punto il pianeta starà bene. Abbiamo preso moltissimo e l'abbiamo abusata, adesso lei ha bisogno di essere ripulita. Noi siamo qui per aiutare, con l'esempio, non con i proseliti. La gentilezza porta altra gentilezza.

D: *Ma ti hanno detto che c'erano dei cambiamenti in atto?*

L: Si. Davvero non li voglio conoscere, ma penso di doverlo sapere.

Fece una pausa mentre sembrava che stesse osservando qualcosa. Poi iniziò a descrivere eruzioni vulcaniche e terremoti. Esplosioni ed incendi causati da gas provenienti dal sottosuolo. C'erano molte morti, ma nel mezzo di tutto questo vide delle navicelle di raccolta che evacuavano la gente verso un'astronave madre più in alto nel cielo. Allora sarebbero stati trasportati verso altri pianeti in altre galassie.

L: Stanno arrivando per assistere. Noi eleviamo i nostri livelli vibrazionali o loro elevano i nostri livelli vibrazionali, qualcuno lo fa, qualcosa lo fa. E poi, "whoosh" sei lassù. E visto che sei solo una forza energetica stai fluttuando ad una velocità superiore. E la fisicità della densità del tuo corpo non è così densa come lo è ora, eppure sei lo stesso essere. Presumo che si debba essere così, perché se cambiassi pianeta, ci sarebbe un'altra atmosfera, credo. Non è così denso e la struttura del tuo essere deve cambiare. Il livello vibrazionale deve cambiare più verso una figura luminosa che una materia densa come siamo adesso. Credo che stia succedendo questo. E questo è vero, perché la gente può farlo anche quando sono su questo piano. Possono cambiare la densità dei loro corpi. E c'è gente che cammina attraverso i muri e roba del genere. C'è gente che riesce a farlo, gente vera. Quindi presumo che se ci fosse una specie più evoluta – o "esseri" forse è una parola migliore – loro sono in grado di assistere con ciò che già conosciamo, perché interiormente già conosciamo tutto. Elevando quella velocità vibratoria, non avrebbe più importanza, perché anche se i corpi fisici morissero, si sposterebbero altrove in ogni caso.

D: *Ma in questo caso si portano dietro il corpo fisico.*

L: Si, ma ristrutturano le particelle per aiutare con la trasferenza.

D: *Raccoglieranno tutti i sopravvissuti sul pianeta?*

L: (Tristemente) No, credo di no. Mi piacerebbe pensare che lo facciano. Molti corpi fisici sono andati perduti nella distruzione. Non stanno raccogliendo tutti.

D: *C'è una ragione per questo?*

L: La gente più evoluta è quella che viene raccolta. Però, non posso credere nemmeno a questo, perché non sembra combaciare. Ma forse si, chi sono per giudicare?

D: *Quelli più evoluti, sono quelli che possono fare questa transizione.*

L: Presumo di si. Vedo una regressione nel pianeta. La gente fisica ritorna ad essere più primitiva, in uno stato più bestiale, come eravamo.

D: *Vuoi dire quelli che rimangono sul pianeta?*

L: Si. Molto regrediti... perfino prima dei cavernicoli.

D: *C'è una ragione per cui sono regrediti?*

L: Dopo questo evento l'attuale atmosfera fisica sul pianeta cambia. E per sostenere le forme di vita umane nel fisico, la specie umana cambia, perché il pianeta diventa più denso. L'aria diventa più densa a causa di tutte le cose che stanno succedendo. Tutto riparte da capo. Posso credere che stiamo riiniziando tutto da capo.

D: *Beh, forse questa è una delle alternative. Forse stanno provando a mostrarci le diverse cose che potrebbero succedere. Ma questo succede a tutte le persone che sono rimaste sulla Terra?*

L: Odierei dover dire "tutti". Solo perché ci vorrebbe così tanto se tutto... Ma no, solo alcuni, solo qualcuno. E' così. La mente razionale dice sono come difetti di nascita, a causa di ciò che è successo. I vari strati dell'atmosfera sono cambiati. Ma ci devono essere forme di vita più elevate, forme umane.

D: *Quindi pensi che ti stiano mostrando ciò che accadrebbe ad alcune delle persone che sopravvivono?*

L: No, non i sopravvissuti. Questa è la progenie dei sopravvissuti, credo.

D: *Chiedigli di mostrarti gli altri che non si sono evoluti in quella direzione.*

L: (Pausa) Non riesco a vedere come tali polarità esistano. Non penso di essere più sulla Terra. La gente è troppo luminosa. Leggeri nella struttura fisica, quasi spiriti di spiriti. Non sono densi, per abitare la Terra. Ma forse con il cambiamento la Terra diventerà un paradiso, giusto?

D: *La gente che stai vedendo adesso, sono quelli che sono stati portati via? Ed esistono altrove?*

L: La gente che è più luminosa e più evoluta, quelli vengono portati via. Non so chi possa prendere questo tipo di decisione. E' un luogo molto bello. Calmo. Più gassoso. E' più come un'esistenza in forma gassosa, con tanto blu, porpora e lavanda. Non si fanno le cose come si fanno sulla Terra, perché non si è legati e non si hanno nemmeno le case. Si ha una forma, ma si acquisisce conoscenza solo attraverso il pensiero. Non ci sono libri, solidi o tangibili di qualche sorta. Non c'è nulla che abbia densità eccetto lo stato gassoso. E' un luogo molto libero, molto fluttuante, dove tutti sono gentili e felici.

D: *Non ci sono strutture fisiche, solide?*

L: Si, ce n'è qualcuna. Quelle cose cristalline di cui ti parlavo prima, non penso che siano vetro. Così belli, piuttosto decorati, hanno una struttura. Torri di cristallo. Ci sono alcune cose enormi che strutturalmente appaiono come geometrie Romane, con colonne. Non sono fatte di marmo, come facevano i Romani. E' un vetro di colore blu, vetro di coloro blu chiaro. Molto bello.

D: *Queste strutture per cose sono utilizzate?*

L: Presumo che vengono utilizzate per l'educazione. Però questo è solo ciò che mi è venuto in mento prima che tu facessi la domanda, perché sapevo che me lo avresti chiesto. Ma l'educazione ha luogo attraverso il suono, non attraverso i libri.

D: *Pensi che tutta la gente che è stata raccolta dalle astronavi vada in questo luogo o sono andati anche in altri luoghi?*

L: Oh, no, non tutti andranno a finire qui. Andranno tutti a casa loro. Ma non tutti provengono da qui.

D: *Vorresti dire che tutta questa gente proviene da altri luoghi? (Certo) Non sono originari della Terra?*

L: Oh, sono sicura che ci sia gente originaria della Terra. Tutto e' possibile. Ma non tutti andranno su questo pianeta. Chi sa da dove proveniamo.

D: *Andranno in un'atmosfera che gli è familiare?*

L: Si. La loro casa. Sarà così per tutti, perché viaggiano in gruppo, uniti ancora una volta con le suocere. (Ridacchio) Con i parenti. Questo non finirà mai.

D: Ma questo non è ciò che chiamiamo lo stato di "morte".

L: Oh, no, questo è uno stato fisico. Non denso come questo corpo è fisicamente denso.

D: Questo sto cercando di capirlo. Tutta questa gente portata altrove, viene in qualche modo trascesa, le molecole vengono destrutturate e in qualche modo vengono portati a bordo di queste astronavi. (Si) Ma non tutti. Tutti quelli che vengono raccolti da un'astronave, vengono portati ai loro luoghi d'origine?

L: Si. Sono venuti sulla Terra per aiutare l'evoluzione della specie, perché mentre la specie stava progredendo, si dimenticò la Sorgente. Così hanno mandato degli altri per aiutare in questo sviluppo spirituale che non era presente dalle origini. Presumo che questo abbia senso.

D: Ed erano in molti?

L: Oh, si, molti, moltissimi. Una parte di me dice che questi erano quelli che sono stati raccolti perché i loro livelli di vibrazione sono superiori. Ma io, personalmente non riesco a vedere come qualcuno possa restare indietro. Eppure chi è che deciderà? Dio nella saggezza divine potrebbe prendere tutti perché siamo tutti uno.

D: Si. Ma vedi qualcuna di queste persone che ritorna sulla Terra, o vanno tutti da qualche altra parte? Stavo pensando che fosse una cosa temporanea.

L: La gente verrà riportata sulla Terra, quelli che decidono di tornare. Perché ciò che vedo adesso è una cultura piuttosto primitiva. E presumo che la gente che viene riportata indietro è la gente che vorrà tornare per il proprio sviluppo, perché sanno che il pianeta ha cose da offrire che loro devono imparare o ricordare. Quindi la gente che ritorna, presumo che saranno i leader o gli esseri di luce per un bel po'. Per aiutare chi, non lo so, amenoché non si evolva un'altra specie.

D: Queste persone vengono riportate indietro dalle astronavi nel corpo fisico in cui se ne sono andati?

L: No, non li vedo nei corpi fisici in cui se ne sono andati. (Sospirò.) No, non saranno nei loro stessi corpi fisici. Ci sarà una specie altamente evoluta e una non così evoluta. E' quasi come se gli angeli si occuperanno delle nuove specie che saranno qui. E se saranno connessi allora... non so. Penso che il pianeta sarà molto diverso. Non saprei. Non so. Proprio non lo so.

D: Hai detto di aver visto i sopravvissuti che si trasformavano in

persone di tipo bestiale, regredite ad uno stato primitivo. L'intero mondo diventerà così o c'è qualcuno che continua la civilizzazione.
L: Sembra che la civilizzazione riinizierà da capo.
D: Non vedi se continuera' in alcune parti isolate del mondo?
L: No. Il modo ritorna allo stato in cui gli edifici, la tecnologia, le auto e gli aeroplani non esistono più. Si ritorna ad uno stato in cui tutti i rimasugli si raccolgono e gli alberi stanno iniziando a crescere. E' quasi come se si tornasse alle origini ancora una volta. E' come se andassi nella foresta e fossi in grado di trovare un angolino della foresta in cui la gente non è ancora andata o non ha ancora violato. Tutto è nuovissimo e molto naturale. L'intero pianeta è così.
D: Pensi che ogni cosa sia andata distrutta?
L: Questo è molto in avanti nel tempo. Proprio dopo... cosa vedo? Vedo che c'è più acqua sul pianeta. O più terre coperte dall'acqua.

Allora le ho chiesto di descrivere come sembrava i mondo a seconda dei continenti che erano rimasti emersi. La cosa impressionante è che mi diede una descrizione quasi uguale a quella che ho riportato nel Volume Due di Conversations With Nostradamus. Non poteva aver raccolto quelle informazioni dal mio libro, perché non era ancora stato pubblicato mentre stavamo affrontando questa seduta nel 1989.

D: Queste sono delle potenziali possibilità. Non sono necessariamente la verità concreta. Bene, quindi hanno qualche suggerimento da darci?
L: Il consiglio è molto semplice e vi è stato insegnato nel corso dei secoli. Trattate gli altri come vorreste che trattassero voi stessi.

Questa Regola D'oro nelle sette religioni fondamentali del nostro pianeta:

BRAHMANISMO: Questo è il sunto dei doveri: non fare agli altri ciò che ti causerebbe dolore se venisse fatto a te. (Mahabharata 5:1517).
BUDDISMO: Non danneggiare gli altri in modi che danneggerebbero te stesso (Udana Varga 5:18).
CONFUCIANESIMO: Sicuramente è la massima della gentilezza amorevole: Non fare agli latri ciò che non vorresti che loro facessero a te. (Analects 15:23).
TAOISMO: Considera i guadagni del tuo vicino come se fossero i tuoi

e le perdite del tuo vicino come fossero le tue. (T'ai Shang Kan Ying P'ien).

ZOROASTRISMO: E' buona la natura di colui che evita di fare agli altri qualsiasi cosa che non è bene be lui. (Dadistan I dinik 94:5).

GIUDAISMO: Ciò che tu odi, non lo fare al tuo vicino. Questa è tutta la legge; tutto il resto è il commentario. (Talmud, Shabbat 31a).

CRISTIANESIMO: Tutte le cose che vorresti che gli altri facessero a te, falle tu a loro; perché questa è la Legge i profeti. (Matthew 7:12)

ISLAM: Nessuno di voi è un credente finché non desidera per il suo fratello ciò che desidera per se stesso. (Sunna)

D: A volte il consiglio più semplice è il più saggio.
L: Se la velocità vibrazionale del pianeta cambia, perché la gente diventa più gentile, o perché la gente riconosce Dio in l'un l'altro, allora la velocità vibrazionale del pianeta cambierà. Raggiungendo quel livello, il pianeta Terra sarà, per un certo livello, risanato. La pulizia che dovrebbe aver luogo, a causa di come abbiamo abusato del pianeta, potrebbe non essere necessaria. Ringraziamo il pianeta per la sua gentilezza, perché non c'è separazione tra noi e il nostro pianeta. Non create alcuna separazione. Siamo tutti uniti insieme. Il pianeta, noi, gli uccelli, i cani, non c'è separazione in nulla. Solo una differenza di manifestazione. Se la gente lo comprendesse, allora avremmo il Paradiso in terra.

Al suo risveglio LeeAnn discusse le sue percezioni del luogo in cui si trovò appena dopo essersi addormentata.

L: Sembrava una sala di Specchi, ma non erano di vetro, come quando si guarda negli specchi e si vede il riflesso all'infinito. Questo era piuttosto un tunnel. Dove si poteva continuare a vedere in fondo ed era diviso in sezioni. La stanza era rotonda o curva con gradini modellati e la sala continuava davanti a me.

Visto che aveva appena presentato il concetto di un ologramma, mi stavo chiedendo se questa Sala degli Specchi avesse qualcosa a che fare con la proiezione delle immagini disastrose che aveva visto. Le spiegai il concetto. Non sapeva nemmeno cosa fosse un ologramma.

D: Ovviamente per qualche ragione dovevi essere in grado di vedere tutto questo. Ti ha dato fastidio?

L: No. (Ridendo) Mi sono inventata tutto.

Risi anch'io. Questo era il modo migliore per integrare qualcosa di disturbante. Se il soggetto non lo prende troppo seriamente non avrà alcun effetto sulla sua vita. Successivamente quando la loro mente e' pronta ad esplorare l'argomento più approfonditamente, allora saranno in grado di gestirlo.

LeeAnn non sapeva che avevo lavorato con altri sulle mappe dei cambiamenti Terrestri e che ci eravamo concentrati sulle stesse forme dei continenti e delle condizioni del mondo che lei stessa aveva descritto. Successivamente la portai ad incontrare uno dei partecipanti in questo progetto. Quando parlò con Beverly a proposito di queste cose era impressionata che alcune delle cose che si ricordava erano uguali a quelle che Beverly aveva ricevuto. (Beverly era l'artista che disegno le mappe dei cambiamenti Terrestri in Conversations With Nostradamus, Volume II.)

Anche se ci sono grandi similitudini, preferisco pensare a queste scene catastrofiche come a forme alternative del futuro, probabilità e possibilità, invece che certezze. Non voglio che questo diventi il nostro futuro e possiamo accogliere il consiglio di trattare la Terra come un essere vivente ed essere più gentili verso di lei e verso gli altri. Forse allora saremo in grado di evitare questo tipo di futuro.

Apparentemente gli extra-terrestri non vogliono correre alcun rischio. Si stanno preparando per qualsiasi scenario perfino i peggiori. Forse comprendono la natura umana meglio di noi.

CAPITOLO DIECI

IL LUOGO CHE CHIAMANO "CASA"

Diversi soggetti sono inaspettatamente andati a finire altrove durante questo tipo di terapia, invece di regredire ad una vita passata. Sicuramente non sono sulla Terra, ma ognuno di loro emotivamente ritiene d'essere a "casa". Spesso sembra un ambiente cosi ostile che è difficile da descrivere, ma è difficile negare le forti emozioni che il soggetto sperimenta quando lo vedono ancora una volta. La prima volta che qualcosa del genere ebbe luogo fù con Phil, in Keepers of the Garden quando vide il Pianeta dalle Tre Cime. La connessione emotiva era troppo forte. La stessa cosa ebbe luogo con Clara nel Capitolo 5, quando vide un pianeta simile con strutture simili a delle cime. Anche lei ebbe una forte reazione emotiva. Se negassimo l'esistenza della reincarnazione questo sarebbe molto difficile da spiegare. Se una persona vivesse solo una vita sul pianeta Terra, la si considererebbe l'unica casa che abbiano mai conosciuto. Perché dovrebbero avere una connessione cosi potente ed emotiva con un luogo desolato, alieno e molto diverso dalla Terra? Quando lo videro ebbero una forte nostalgia e desiderio di restare lì, invece di tornare alla loro casa attuale: la Terra.

Chiamo questa gente "Figlie delle Stelle" anche se comprendo che questo è un termine piuttosto generico. Considerano questo pianeta come un ambiente alieno. Non vogliono essere qui. E' gente gentile e non comprendono come gli altri possano essere cosi violenti tra di loro; come possa esserci cosi tanta violenza nel mondo. Hanno un forte desiderio di tornare a "casa", anche se non sanno veramente dove sia "casa". Nella maggior parte dei casi, quando sono in trance dicono che stanno sperimentando la loro prima vita sulla Terra o ne hanno avute solo alcune. Ognuno di questi Figli delle Stelle, dice di essere venuto come volontario e sperimentare la vita nella speranza che la loro forza vitale che conosce la violenza, abbia un effetto positivo sulla Terra. Vengono chiamati una trasfusione o infusione di nuovo sangue. Si sono offerti volontari, ma questo non lo sanno consciamente e quindi, qui si sentono molto infelici. Molti di loro cercano il suicidio per poter scappare da questa situazione che ritengono insostenibile.

I miei libri sono stati tradotti in molte lingue e grazie a questo adesso ricevo molta posta da gente in tutto il mondo che sta sperimentando le stesse emozioni. Pensavano di esseri i soli al mondo a percepire queste sensazioni e si sentivano davvero soli, perché queste sensazioni non avevano alcun senso per i loro familiari e amici. Ritengo che fosse una sensazione di sollievo leggere i miei libri e scoprire che non erano i soli, ma c'erano molti altri come loro che stavano attraversando lo stesso tumulto emotivo.

Da quando lavoro con Phil (tardi anni '80), ho scoperto molti di questi Figli delle Stelle in tutto il mondo. Molti provano le stesse emozioni di Phil. Altri sembra che si siano adattati e sembra che siano piuttosto felici d'essere qui. Quelli che si sentono meglio sono più giovani, quindi forse le "autorità superiori" stanno migliorando nel tentativo di aiutarli. In ognuno di questi casi tuttavia il loro subconscio di che la ragione principale per cui si trovano qui, era per funzionare da conduttore d'energia che è necessario in questo momento dell'evoluzione Terrestre. In molti mi hanno detto che stiamo attraversando alterazioni drammatiche mentre la Terra sta cambiando la sua vibrazione e si prepara ad elevare la coscienza della gente verso una dimensione superiore. L'energia dei Figli delle Stelle è necessaria per aiutare a stabilizzare questa transizione.

Durante una seduta un uomo disse che aveva finito di pagare tutto il suo karma e non aveva bisogno di restare qui, ma faceva parte del gruppo collettivo mandato dalla Sorgente. Altri sono qui per raccogliere informazioni, anche se la loro mente cosciente non lo sa. Un esempio di questo tipo, fu una cliente Londinese incontrata nel 2000 che faceva la prostituto ed aveva avuto un'infanzia estremamente traumatica. Sicuramente non voleva restare nel fisico e aveva tentato il suicidio per riuscire ad andarsene. Tuttavia mentre era in trance disse che era stata mandata a raccogliere informazioni riguardo al comportamenti umano. C'è forse un modo migliore di esaminare questo lato dell'umanità, se non come una prostituta? Un'altra cliente stava cercando di suicidarsi in modo molto più sottile. Il suo corpo la stava lentamente uccidendo mentre ogni organo sviluppava qualche serio disturbo. Durante la trance disse che non si trovava a casa e si diresse verso "casa": un pianeta acquatico bellissimo dove poteva nuotare senza limiti o preoccupazioni. Quando venne mandata in questo mondo, dentro a un pensante, denso corpo fisico, si ribellò' e stata cercando di distruggere il corpo nel vano tentativo di tornare a casa.

Molte di queste informazioni non avevano molto senso per me, nei primi anni del mio lavoro. Successivamente, dopo aver ricevuto informazioni più complicate riguardo alle dimensioni e altre realtà, iniziai a percepire uno strano tipo di logica. Mentre assorbivo sempre più informazioni, incontravo sempre più anime di questo tipo, spesso durante insolite circostanze.

Ho incontrato due casi di soggetti che avevano osservato la distruzione di un pianeta. A Singapore nel 1999 incontrai una cliente che da tutta la vita si portava dietro un incredibile senso di tristezza. I suoi genitori dissero che da bambina non sorrideva mai. Inoltre aveva una sensazione di pesantezza nel petto che era quasi un dolore fisico. Durante la seduta, vide il suo pianeta natale esplodere. Lo shock le causò il dolore nella zona del petto e la tristezza era causata dalla schiacciante realizzazione che non sarebbe mai ritornata a "casa" e che tutta la gente che conosceva era morta.

Questo caso aveva più validità perché la letteratura sugli UFO e il paranormale non facilmente accessibile a Singapore. Sono stata uno dei primi autori ad offrire seminari presso un centro di metafisica aperto recentemente. Il governo è molto restrittivo riguardo al tipo di materiale che si può scrivere e distribuire. Il 1999 è stato il primo anno durante il quale la disseminazione di questo tipo di informazioni venne permessa. Allo stesso tempo, mi venne detto dal proprietario del centro che potevo offrire seminari riguardo a tutti i miei libri, eccetto quelli sugli UFO. Tuttavia portai con me i miei libri riguardo agli UFO, che vennero tutti venduti. Quindi in un certo senso sono riuscita ad introdurre questo tipo d'informazioni nel paese. La mia cliente non era stata esposte a questo tipo d'informazioni ed era sciocata dalla sua stessa seduta. Perché riteneva che fosse la spiegazione più strana che poteva esserci.

A Memphis, nel 2000, incontrai un altro caso basato su simili drastiche conseguenze. Una donna, regredì ad una vita in cui era un uomo che stava atterrando su un pianeta con una piccola astronave. Appena iniziò ad esplorare rimase sorpresa di notare che la sabbia e il terreno erano stati sottoposti ad altissime temperature fino al punto di trasformarli in una sostanza simile al vetro. Dichiarò che deve essere stato sottoposto ad un incredibile sorgente di calore per subire una tale trasformazione. Quando vide le rovine della città, iniziò a piangere disperatamente. Tutto che rimaneva erano edifici orribilmente piegati e bruciati. Non c'era alcun segno di vita e sapeva che erano stati tutti completamente inceneriti, non ne rimanevano nemmeno le ossa. Questa era la sua casa, si aspettava di trovare amici e parenti, ma non era rimasto nessuno.

Era sopraffatta dalle emozioni, ci volle un po' di tempo perché si scaricasse e tornasse ad essere obbiettiva. Andò in altri luoghi in cerca di forme di vita, ma ovunque andasse tutto era completamente distrutto. L'unica forma di vegetazione rimanente erano piante dalle foglie appuntite come lame. A quel punto ricordo' di aver osservato la causa della distruzione. Da un'astronave più grande aveva visto un enorme esplosione sollevarsi dalla superficie con enormi nubi grigie. Apparentemente questa era la causa, ma non sapeva perché si era manifestata. Decise di scendere per vedere e testimoniò l'orribile distruzione del suo pianeta natale. Dalla disperazione, l'unica cosa che voleva fare era allontanarsi e tornare all'astronave più grande che orbitava nell'atmosfera superiore.

Era completamene disperato e piangeva mentre attraccava nella astronave più grande. Aveva dimenticato come entrare (probabilmente a causa del trauma emotivo). Alla fine quando si rilassò, si trovò all'interno. Era cosi che doveva essere in grado d'entrare, con la mente. Straziato emotivamente e completamente stanco, tornò alla sua cabina. Si sdraiò su qualcosa che sembrava un sedile vicino ad una finestra. Voleva solo addormentarsi e sfuggire all'ansia di quella scena.

Non riuscimmo a proseguire con quella storia oltre a questo punto, perché si era rinchiuso nel sonno e nella dimenticanza. Cosi ci dedicammo ad altri argomenti relativi ai problemi del cliente. Questi casi dimostrano che la distruzione di un pianeta natale ha avuto luogo diverse volte nella lunghissima storia dell'universo e le ripercussioni emotive di questi eventi possono trasferirsi nella vita attuale in forma di estrema tristezza, la sensazioni di non appartenenza o i desiderio di tornare a "casa", senza sapere dove possa essere la propria "casa". Il periodo di adattamento ad un nuovo mondo è spesso difficile ed è nascosto nei registri del subconscio.

* * *

Dan era un giovane Australiano che insistentemente continuava a mandarmi degli email da diversi stati, richiedendo il mio itinerario per potermi incontrare negli Stati Uniti. Stava viaggiando in South America e sarebbe arrivato negli USA nel Giugno del 2000. Cercai di scoraggiarlo dal venire negli USA solo per incontrarmi, ma i suoi email erano persistenti. Aveva pianificato di arrivare a Los Angeles, affittare un'auto e guidare fino a Chicago, per partecipare alla Dowser's Conference dove avrei offerto una presentazione. Disse che se non sarebbe riuscito ad incontrarmi sarebbe venuto fino in Arkansas. Cosi ho accettato di lavorare con lui e gli ho dato un appuntamento per il giorno del suo arrivo. Scoraggio altamente questo tipo di comportamento, ma visto che era cosi insistente, sentivo di dover fare un'eccezione perché veniva da cosi lontano.

Stava presso un ostello vicino al Centro Congressi e la mattina successiva arrivò un po' in ritardo a causa del traffico, di conseguenza non iniziammo in tempo. Non riuscimmo a comprendere l'importanza di questo ritardo fino alla fine della seduta. L'organizzatore della conferenza mi permise di utilizzare la sua stanza per sedute private, perché risiedevo in una casa privata lontana dal centro congressi (assieme a molti altri). Avevo stabilito di affrontare due sedute al giorno e Dan era l'unico durante quella giornata, perché era l'ultimo giorno della conferenza.

Durante la discussione prima della seduta mi disse d'essere Australiano, ma aveva accetto un buon lavoro come grafico per una grossa azienda Londinese. Il lavoro era iniziato bene, ma a causa della pressione e della vita in una grossa città, iniziò ad avere un certo peso. Stava danneggiando la sua salute. Invece di tornare in Australia decise di licenziarsi e viaggiare. Visto che era un impiegato modello, il suo capo decise di offrirgli un periodo sabatico e gli disse che poteva tornare a lavorare quando si sentiva meglio. Ecco perché era andato in Sud America e stava girando il paese con uno zaino. La sua ragazza lo stava accompagnando per parte del viaggio, ma alla fine lo lasciò in Argentina perché non apprezzava le dure condizioni di vita. Continuò il resto dell'avventura da solo e alla fine arrivò negli USA. Aveva gestito attentamente le sue risorse finanziarie e aveva deciso di tornare a casa in Australia dopo la visita negli USA. C'erano diverse cose da esplorare durante questa seduta.

Durante la mia normale routine il soggetto discende da una nuvola e si trova in un vita passata adatta che si può esplorare per scoprire le cause dei loro problemi. Ma invece di discendere in una vita sulla Terra, Dan si trovò altrove.

Dan: Ho lasciato la nuvola, ma non sono sceso. Vedo una grande luce
    luminosa con una silhouette. E il modo in cui questi raggi di luce

attraversano la silhouette, la luce si divide, cosi non riesco a vedere alcun dettaglio. Mi sento di essere nello spazio.
D: *Puoi fluttuare nello spazio, se questo è quello che vuoi fare.*
Dan: Sto immaginando questo porta nello spazio. Forse devo andare là. Ho la sensazione di nuotare contro corrente, per arrivarci. E' quasi come e la mia mente non mi permettesse di arrivarci. O non so come.

Diedi dei suggerimenti suggestivi rinforzando l'idea che era al sicuro, protetto, e che poteva esplorare qualsiasi cosa che volesse.

Dan: Non sono sicuro di averla attraversata o no, ma adesso riesco a vedere una enorme, gigantesco, davvero grandioso pianeta verde. Principalmente è sotto un eclissi, nell'ombra, di conseguenza riesco solo a vederne i contorni. E' lontanissimo. Ci sono stelle stupende dietro, e un Sole luminoso sulla sinistra in lontananza. Quello produce l'ombra. Riesco a vedere i contorni del pianeta, che è di un verde smeraldo, meraviglioso. Vedo una trama. Non è liscia; sembra ondulata come una luna di un libro di fantascienza. Sto volando sopra ad un deserto in mezzo a strutture che hanno il solo scopo di fungere da portali, come dei marcatori.
D: *Fanno parte di un muro?*
Dan: No. Sono due pilastri. Simili al Washington Monument, ma di color sabbia e paralleli l'uno all'altro. Come un portone, ma senza alcuna porta o architrave. Sono solo dei pilastri marcatori.

Ancora una volta, ecco un pianeta con strutture simili a delle cime che ne contraddistinguono la caratteristica principale.

D: *Stai volando attraverso quel portale?*
Dan: O sopra, sto volando quasi come un'aquila. Mentre lo osservo senso un desiderio. Questi due pilastri sono su una piana, come un deserto. E un mare color smeraldo è alla mi destra. C'è una baia in lontananza. Non è una spiaggia, in se per se. E come se il deserto finisse. E poi un po' più nell'entroterra ci sono delle rocce, come una roccia che spunta dall'oceano. E' molto grande.
D: *Devi passare attraverso il portale, i pilastri, per arrivarci?*
Dan: No, è come un cartello stradale. Sei qui. Questa è – visto che mi mancano le parole – questa è casa mia.
D: *Hai detto che c'era un desiderio quando guardavi alle due colonne.*
Dan: Si. (Emotivo) Rivedere questo luogo ha fatto riaffiorare le mie

vecchie memorie e sensazioni di completo agio. Sto cercando di proseguire nell'esplorazione, ma è come se avessi fatto una foto nella mia memoria e ne sono attaccato emotivamente.

Questo mi diede la certa sensazione di un déjà-vu, perché era la stessa sensazione emotiva descritta da Phil e Clara. Logicamente non c'era nulla riguardo a questo luogo che potesse inspirare quel tipo di sensazione. Tuttavia ho imparata molto tempo fa che la logica non ha nulla a che fare con questo. Le emozioni scansano la logica.

Dan: So che in questo luogo non ho un corpo. Sto cercando di guardarmi e so di essere solo un'essenza. Ho quasi la sensazione di essere il pianeta. Sono questo luogo, se cosi si può dire. E qui, l'oceano è proprio come il nostro, ma e' completamente verde smeraldo. I deserti sono come i nostri, ma non sono noti a questa persona. E' diverso, eppure familiare. Mi sento come un'aquila, vedo tutte le cose. Posso vedere cosi in lontananza.

D: *Ci sono alcune città o ci sono solo territori?*
Dan: Se guardo il deserto, sembra che non ci sia nessuno. No nessun edificio solo il deserto. Se devo parlare onestamente, ciò che sento è che i pilastri sono quasi dei diapason per l'energia. Il mio essere conosce questo diapason, questo tono, questa vibrazione. Mi riporta indietro ogni volta che devo essere qui, perché è come una lente, come un cristallo. Mi sento molto a mio agio qui.

D: *Benissimo. Ma riesci a percepire altri esseri come te in questo luogo?*
Dan: Sento di non essere solo. Mi sento più stabile, più a mio agio. Sono proprio felice di essere qui. Sento di essere ogni altra cosa. Continuo a sentire la sensazione interiore di essere il benvenuto. Sono e basta. E' molto difficile descriverlo.

D: *Quindi senti di essere pura energia senza corpo?*
Dan: Si, perché non possono relazionarmi a nulla. Sono ogni cosa, come era una volta. La immobilità delle rocce, il calore del deserto, il rombo dell'oceano. E' tutto piacevole e confortevole.

D: *Cosa farai lì?*
Dan: Mi limito ad esistere. Ma forse perché mi sto focalizzando solo su una parte, perché è molto piacevole farlo. Se dovessi dire di avere uno scopo, non saprei dirti quale fosse, perché è solo di trovarmi qui. (Pausa) Una cosa con questi pilastri, sento che mi aiutano a viaggiare. Diciamo che vorrei venire qui, potrei utilizzare quei pilastri per tornare qui, perché li conosco benissimo. Questo è solo

un esempio. Non sto dicendo che questo è ciò che ho fatto.
D: *Vorresti dire viaggiare da qualsiasi luogo ti trovi?*
Dan: Verso qualsiasi luogo io voglia dirigermi. Qualsiasi luogo. E' come se fosse la luce del portico. Quei pilastri sono come la luce che lasciamo accesa per il pony express. E' come dire, ecco dove ti sei.
D: *Per identificare un luogo, ma come fanno ad aiutarti a viaggiare verso altri luoghi?*
Dan: Non penso che mi aiutino a viaggiare in se per se. E' solo un modo per tornare indietro. Adesso vedo immagini di luci stupende. Solo luce. Adesso c'è un'altra immagine, quindi sono andato altrove. Da una terza persona riesco a vedere che sta succedendo qualcosa e penso che potrebbe essere un'illusione riguardo a come funziona. Ma è più o meno come una medusa perché ha la forma di una sfera. Ci sono questi piccoli tendini o tentacoli appuntiti che mi tengono attaccato a quel luogo. Ma non attaccato. Proprio come quando la gente va nelle profondità dell'oceano o in caverne e si tirano dietro una corda che li guida quando tornano in superficie. Questo è ciò che sono.
D: *Questa è un'illustrazione. Non hai un corpo, ma sei connesso a quel luogo. Apparentemente devi aver lasciato quel luogo ad un certo punto. Lasciamo questa scena, voglio che tu vada al momento in cui hai lasciato questo luogo che consideri casa tua.*
Dan: Istintivamente ho solo bisogno di un cambiamento. Questa è la prima cosa che mi è venuta in mente. Era solo ora. Però non so perché.
D: *Non è stato un incidente o qualcosa che è successo?*
Dan: Hai mai tirato su un fazzoletto con l'aspirapolvere? (Si) Quello è il tipo di sensazione che sto provando. Come se lo stessi vedendo mentre viene risucchiato. Quindi non sono sicuro che fosse una scelta cosciente. Adesso voglio quasi piangere perché mi fa male. Quest'intera cosa mi fa male: la separazione.
D: *Va benissimo, perché sappiamo che quando sentiamo un emozione stiamo raggiungendo qualcosa d'importante. Ma avevi detto che era come se l'energia venisse risucchiata. Volevi dire, allontanata da qual luogo?*
Dan: Si, se dovessi descrivere ciò che sto vedendo, direi che ero occupato nell'osservare le mie belle colonne e il mio stupendo mare, ma poi tutto d'un tratto non sono più là. Non riesco a vedere il momento in cui ho fatto una scelta. Vedo cose come le galassie e scene meravigliose che ho sempre osservato nei libri. Le

continuavo a guardare e guardare e mi meravigliavo.
D: Sono cosi belle.
Dan: Si, lo sono. Sono troppo belle. Quando cerco di pensare al momento in cui ho lasciato quel luogo, vedo queste cose. E so che questo è una giusta visione che proviene da un ricordo. E' come se fossi un aeroplano o un'aquila, perché non c'è rumore. Ma riesco a vedere quelle colonne e mi sento benissimo. E sto dicendo: "Sono ancora qui." Eccellente. E poi sto solo aspettando fino alla prossima volta che posso tornare qui. Ma quando ho parlato dell'essere risucchiato? Quello non mi è piaciuto. Non so dove mi sta portando. Riesco a sentirlo adesso. E' la comprensione che non sarei ritornato.
D: Ma sappiamo che è là e puoi andare a visitarlo ogni volta che vuoi con la tua mente.
Dan: Si, ma non aiuta. (Tirando su col naso).
D: Hai detto che è la sensazione dell'energia che viene risucchiata. E questa volta sai che non tornerai. Seguiamo quella sensazione.

Allora Dan cercò di evitare di andare verso qualcos'altro. Davvero non voleva andarsene da quel luogo ancora una volta, dopo essersene separato per cosi lungo tempo. Alla fine dopo avergli dato dei suggerimenti suggestivi, si rilassò e si trovò in una vita piuttosto insolita. Pensava che fosse l'Egitto perche c'erano edifici dalla forma piramidale che facevano parte di una caotica città. Potrebbe essere stata una civilizzazione molto più antica. Viveva in un'enorme edificio a forma di piramide che aveva molte stanze enormi, tunnel e rampe sotterranee. Era molto solo ed annoiato di vivere da solo in questo luogo enorme. Occasionalmente guardando fuori dalla finestra o dalla porta vedeva le attività della gente. Anche se non era prigioniero, si sentiva separato ed intrappolato in quell'esistenza. Lo spostai in avanti per vedere quale fosse il suo lavoro. Lavorava come il consulente di una sola persona ed era annoiato perché non c'era spesso. Il resto del tempo, non aveva nient'altro da fare. Sentiva che lavorava con le energie universali ed utilizzava dei gesti per focalizzare i suoi pensieri.

Dan: Lui non è qui sempre. Vedo una grande sfera di luce. Vedo che si muove nello spazio e vedo che siamo in diretta comunicazione. Non so cosa stiamo dicendo. Non so nemmeno perché lo stiamo dicendo. Eccetto che forse è un suggerimento o sono io a dirgli cosa sta succedendo, quali sono le novità.
D: Della Terra o di questo luogo dove ti trovi?

Dan: Questo luogo. Questa non è la Terra. Adesso sono molto sicuro. Le cose qui sono troppo grandi. Abbiamo cose grandi sulla Terra, ma questo luogo è molto più grande. Gli sto dicendo ciò che sta succedendo e forse come dovremo comportarci a proposito. Ma continuo a sentire questa sensazione opprimente d'incompletezza. Onestamente, è come se ciò che faccio non abbia alcun importanza ed è cosi noioso.

D: Ma questa enorme sfera di luce viene mai in quella stanza?

Dan: Si, penso che ne sia in grado. E adesso sto ricevendo immagini di un individuo forte e muscoloso. Forte e alto. Se guardo me stesso direi che ero nella media e lui era enorme. Penso che lui sia molto più importante di me. Penso che governi questa zona.

D: Ma quando viene lui ti assomiglia?

Dan: Si, più grosso. Non penso che di piacere a tutti. Non penso che mi tratti con molto rispetto. Sono quasi come un servo. Non c'e gentilezza. Mi sento cosi solo, qui. E ho la stessa sensazione che ho qui sulla Terra. E' solo che voglio uscirne. Voglio che finisca. Mi sento davvero intrappolato, penso, ma non imprigionato. Questo devo chiarirlo. Sento di essere a mio agio. La mia posizione è buona. Ma sono come un maggiordomo per questo individuo. Gli dico certe cose e se la gente vuole vederlo deve chiedere a me. Io dico loro se possono vederlo. E il tutto è molto noioso.

Inaspettatamente qualcuno stava bussando alla porte dalla stanza d'hotel. Avevo messo il cartellino "NON DISTURBARE" alla maniglia della porta ed era troppo tardi nel pomeriggio perché fosse la donna delle pulizie. Ma continuarono a bussare, cosi diedi istruzioni a Dan di fare una breve pausa e che qualsiasi rumore esterno non lo avrebbe disturbato. Cosi andai a vedere chi fosse. Erano il direttore della conferenza e sia moglie. Avevano portato un carrello e volevano prendere le loro valigie. Dovevano fare il check-out, altrimenti avrebbero dovuto pagare un'altra giornata. Non ci avevo pensato quando presi l'appuntamento per questa seduta e quindi ero in una strana situazione. Gli chiesi se potevano tornare in 15min., permettendomi di far uscire Dan dalla trance. Questa situazione non mi piaceva per niente, perché non avevamo ancora avuto l'opportunità di lavorare sui suoi problemi. Tuttavia, non avevo alcuna scelta potevo solo riportarlo fuori dalla trance. Si allontanarono ma sapevo che sarebbero ritornati a breve.

Riportai la personalità di Dan nel suo corpo e lo riportai al momento presente. Ero davvero insoddisfatta di dover lavorare in queste condizioni, sapendo che non stavo facendo un ottimo lavoro. Sentii che sarebbe stato meglio se lo riportavo a piena coscienza piuttosto che provare a lavorare velocemente, rischiando di non fare un buon lavoro, cosi diedi suggerimenti suggestivi al suo subconscio per aiutarlo ad imparare a vivere con i sentimenti umani. Tuttavia, sapevo che avevo bisogno di altro tempo per rendere queste suggestioni più efficaci, proprio perché non avevo ancora identificato la causa dei suoi problemi. Avevo la sensazione d'aver fallito. Se avessimo avuto la quantità di tempo che di solito dedico ad una seduta avremmo trovato delle risposte.

Lo risvegliai appena in tempo, perché erano già alla porta e stavano bussando. Era insoddisfatto proprio come me, perché sapeva di non aver trovato una risposta e perché non avevamo completato la seduta. Scendemmo al piano della conferenza, dove mia figlia Nancy stava vendendo i miei libri. Sapevamo che non c'era alcuna soluzione, se non affrontare un'altra seduta per chiudere il cerchio. Sapevo che glielo dovevo e sapevo anche di non potergli chiedere altri soldi, perché ero responsabile per come erano andate le cose. Cosi gli offrii di venire a casa mia in Arkansas, ma questo non lo faccio mai con degli estranei.

Dissi a Dan di chiamarmi quando si trovava dalle mie parti e lo avremmo accompagnato su per la montagna fino a casa mia. Sono molto attenta quando si tratta di permettere ai miei lettori e fan di sapere dove abito, altrimenti non avrei alcuna privacy. Ma il mio istinto mi diceva che era un bravo ragazzo, inoltre era venuto dall'altra capo del mondo per poter lavorare con me. Ovunque viaggiava si fermava in ostelli che erano a buon mercato rispetto agli hotel, ma ad Huntsville non ce n'erano.

Dan si fermò a Chicago per qualche giorno per turismo, poi guidò fino in Arkansas. Si fece vivo nel momento peggiore. La notte precedente ci fu una delle famose tempeste degli Ozark che trasformò tutti i ruscelli in veri e propri fiumi in piena. Mi chiamò dal paese e disse che aveva passato la notte sulla riva del lago Beaver, accampato nella sua tenda. Durante la notte, la tempesta divenne cosi violenta che si svegliò a causa dell'acqua che aveva inondato la tenda. Aveva scoperto, nel modo peggiore, che non era impermeabile. Acquistò un'altra tenda e guidò fino al nostro paesino di Huntsville.

Quando mi chiamò avevo dimenticato che sarebbe arrivato cosi a breve ed eravamo preoccupati per il tempo. Gli dissi che il ruscello era in piena ed era impossibile raggiungere la nostra casa. Ci sarebbe voluto del tempo prima che qualcuno potesse scendere fino in paese e portalo su per la montagna dalla strada secondaria. Quella è l'unica via d'accesso a casa mia quando il ruscello è in piena e ci vuole circa un'ora in più. Disse che avrebbe aspettato all'emporio finché qualcuno non sarebbe venuto a prenderlo. Inizialmente mi chiese le indicazione per raggiungere la casa salendo sulla montagna, ma gli dissi di lasciar stare. E' impossibile guidare un forestiero su per la montagna se non conosce la zona. Restò all'emporio in attesa per due ore, prima che uno di noi fu in grado di andare a prenderlo. Sulla strada di casa mia figlia Nancy andò al volante della mia macchina e io guidai la sua per potergli indicare le meraviglie della nostra zona, lungo il tragitto. Siamo molto isolati, in mezzo alla natura. E' molto rustico, ma adora la privacy perché passo moltissimo tempo viaggiando e offrendo seminari in grandi città e sono costantemente circondata da grandi folle. Quando sono a casa mi godo la solitudine.

Avevo deciso di permettergli di restare nella mia stanza degli ospiti per la notte, ma lui insistette nel piantare la sua tenda in giardino. A dire il vero speravo che piovesse ancora, cosi avrebbe potuto testare la sua nuova tenda. Gli preparai la cena ed era già tarda sera prima di poter iniziare la seduta. Era rilassato e fu facile riportarlo in trance. Questa volta sapevo che avremmo avuto più tempo per esplorare i suoi problemi e non c'erano rischi d'essere disturbati. Speravo di riuscire a riportarlo alla stessa scena e lui ci arrivò immediatamente.

Dan: Sto guardando l'entrata della mia stanza. Non ci sono decorazioni sui muri, è molto semplice. I muri sono certamente di pietra. Posso sentirla sotto i piedi. E' fredda ed è piacevole. Ci sono come delle lanterne. Penso che sia luce, non è una fiamma. C'è una sorta di processo chimico. E' una luce piacevole e non disturba gli occhi.

D: E' diversa, ma non è come una fiamma?

Dan: No, sicuramente non e' una fiamma. Adesso la sto osservando. Ed e' come... vorrei dire luce fluorescente, ma non lo e'. E' piu delicata. E' un lungo tubo d'oro con un vetro luminoso fatto di qualche cristallo, sulla sommità. Per quel che ne so, è una reazione chimica che produce luce. Non penso che ci sia molta energia nel processo e non c'è alcun cablaggio. Si, questo è la mia stanza. La stessa finestra e non c'è nulla che ostruisce la mia visuale, eccetto quando guardo fuori e vedo una piramide alla mia destra. C'è una piramide più piccola alla mia sinistra. E un'altra piramide più piccola a fianco a questa sulla sinistra.

D: Quindi ce ne sono tre?

Dan: Ce ne sono quattro inclusa la mia. Quella vicina alla mia è molto più grande della mia. La mia è connessa alla più grande e alle altre due. Devo uscire dalla mia stanza per raggiungerle. Sono connesse grazie ad una serie di tunnel che hanno queste lanterne, sono come dei corridoi. Devono scendere in qualche modo. Sto cercando di visualizzare come lo faccio. Ci sono delle discese, penso ma non riesco a vedere delle scale.

D: Ma finisci sottoterra.

Dan: Si. L'intera struttura sembra intenzionale.

D: Intenzionale. Cosa vorresti dire?

Dan: Non sono necessariamente residenziali. Sono come roccaforti che focalizzano... un punto focale per l'energia. Adesso mi ricordo che questa grande persona di cui parlavamo viaggia lungo l'energia, se cosi possiamo dire. Ha la capacità di diventare solo energia. Esco dalla mia camera salgo su una piattaforma che è come un ascensore. Posso vedere delle luci luminose. Scende sottoterra velocemente.

D: Dicevi che stavi dando delle informazioni a questa persona.

Dan: Si, è il mio lavoro. Adesso è più chiaro. Faccio da intermediario per la gente che lo adora come una divinità – ma so che non è una divinità. So che fa parte dell'universo proprio come ognuno di noi. Forse è solo che ho dimenticato come fare ciò che fa lui. Occasionalmente posso vedere questa enorme sfera di luce. E la gente – non voglio dire la gente "comune" – ma fondamentalmente è la gente che non condivide i segreti. Lo adorano, moltissimo. Pensano che sia dio. Ma io so che non lo è. Ma non c'è nulla che io possa fare, perché ho dimenticato alcuni dei segreti. Ed è molto improbabile che me lui me li riveli. E' questo gioco di potere. Adesso riesco a vedere delle discussioni, come dei ricordi che pulsano davanti a me. Dico che non è giusto e lui se ne frega.

D: Vorresti dire che non è giusto che loro lo adorino?

Dan: Si, perché ogni cosa nell'universo è uguale. Ma visto che lui è in grado di fare cose che loro non possono fare, naturalmente pensano che lui sia una sorta di divinità. Eppure devo sempre tenerlo informato. So solo che voglio uscire da questa situazione. Non è una bella sensazione. A volte penso che sarebbe meglio scappare, ma mi manca la determinazione e ho paura. Inoltre, non saprei dove andare, credo.

D: Dove andresti?

Dan: Esatto. Non ho la minima idea di dove andare. Sono sicuro d'essere l'unico a sapere che lui non dovrebbe essere adorato come lo adorano. Inoltre i segreti che ritiene dovrebbero essere condivisi come ideali di crescita e non utilizzati come un mezzo per dimostrare: "Io sono meglio di voi". Credo che stia usando la gente che risucchiarne l'energia. Non sono sicuro se questa è la maniera giusta per descriverlo, ma è una problema di ego. "Guardate. Guardate cosa posso fare. Io sono cosi. Quindi sono superiore." Sto cercando di gestire l'idea che lui provenga da un altro luogo. Ma ritengo che sia piuttosto uno spazio diverso che un luogo diverso. Il fatto è che lui ha sviluppato quest'idea di universale... che è difficile da spiegare. Limitiamoci a dire che c'è un'energia universale. E quando sei in quel flusso si può fare facilmente o si può fare malamente o non si può fare per niente. Lui lo ha fatto malamente, perché è saltato nel flusso. Questo gli ha dato dei poteri, e guardandolo noi si direbbe: "Oh, wow, è incredibile. Devi essere un dio per riuscire a fare queste cose." E poi invece di utilizzare quel potere che è il risultato di auto-consapevolezza c'è altro oltre a quello. E' un conoscere ed un essere. – Invece di farlo ed essere umile, lui si comporta completamente in modo egoistico. Ed eccomi qui, sapendo che ho poteri simili o per lo meno provengo da altrove. Un ricordo delicato d'un'altra esistenza. O la semplice comprensione dei poteri dell'universo e della coscienza. Gli sto dicendo che questo non è bene. E lui mi sta negando per questo. Adora il fatto d'essere superiore. Dice che non sono affari miei. "Cosa farai altrimenti?" mi chiede. Che arroganza.

D: *Ma avevi detto che lui non c'è sempre. Lui va e viene.*

Dan: Lui ha bisogno d'esserci sempre. Può viaggiare dove vuole. Non è niente. Quando comprendi il principio dell'universo, non c'è nulla che ti possa bloccare dall'essere ovunque, in qualsiasi momento. E' materia ed energia fondamentale. Per come la vediamo non c'è differenza tra queste due cose.

D: *Amenoché non mettiamo noi stessi delle restrizioni.*

Dan: Bene, possiamo restringere la materia in una forma, ma non c'è differenza tra la materia e l'energia. Quando comprendi che la coscienza è il fattore separante tra ogni tipologia di forma, quando quella coscienza raggiunge uno spazio in cui è in grado di controllare quella forma, allora dov'è la differenza tra tutte le cose in forma? Non ce n'è nessuna. E' solo una raccolta d'energia messa in materia fisica.

D: *Hai detto quando puoi controllare o quando non puoi controllare?*

Dan: Quando puoi. Quando comprendi.

D: *Quando comprendi allora puoi controllare l'energia?*

Dan: (Sospirando) Beh, sto dicendo "il controllo" ma non è la parola giusta, è solo la parola che comprendiamo. Ma piuttosto è come se tu fossi l'energia. Tu sei quello, quindi puoi esserlo. La forma della materia fisica è solo energia fisica. Il tempo è energia. Noi siamo energia. La coscienza è energia e la possiamo indirizzare in una forma. Quando la metti nella sua pura sorgente, la sorgente della coscienza, la puoi ridirigere ovunque. Non deve necessariamente essere in un luogo preciso in ogni momento. Può essere qualsiasi cosa che tu vuoi che sia. Se vuoi puoi esistere per un eone d'anni, senza mancare da alcuna parte di tempo. Ciò che vedo sotto i miei occhi è l'idea di un elastico che si allunga. (Fece un gesto con le mani) Ne tieni una parte con le dita in modo da evitare che anche quella parte si allunghi e rimane nella sua forma normale. Poi tiri l'altra parte che diventa più sottile. Ma la parte che tieni con le dita non viene influenzata. Quindi sembra un elastico. Ma la parte opposta sembra un sottile, leggero, lungo pezzo di plastica. Allora, ciò che sto cercando di dire è che esistiamo continuamente nella coscienza. E possiamo "tirare? spingere? manipolare?" Ma possiamo manipolare tutto questo dicendo : "Beh, io esisto in questo punto dell'elastico. Io esisto in quel punto dell'elastico. Posso restare in questa zona per un eone. Posso vivere questa parte per un millisecondo." Ma non c'è ancora alcuna differenza per quell'elastico, fa sempre parte della stessa materia fisica. E' solo deformata, separata, spezzata.

D: E' complicato. Questo vuol dire che in quella forma non ha bisogno di avere un corpo?

Dan: Si ritorna all'idea che posso esistere come un filo d'erba, e fare parte di quell'energia, e allo stesso tempo, simultaneamente essere un essere di pura energia e luce in un diverso tempo spazio. Ciò che distingue queste due energia è il mio essere cosciente.

D: Questo ritorna all'idea che non ci sia alcun tempo e che ogni cosa avviene simultaneamente?

Dan: Il Tempo è solo un'energia vorticosa. E' la pulsazione della materia. Per quanto riguarda ciò che questo corpo qui comprende, questo è ciò che sente essere più giusto, cioè che è il viaggiare della materia, materia fisica. Quindi, il tempo in se per se non esiste, ma esiste su un piano causale – questo non so nemmeno cosa signifrichi – ma esiste causalmente. Quindi se c'è materia, c'è tempo. Se c'è energia, c'è tempo. Se c'è coscienza, no c'è tempo, perché stiamo creando i nostri mondi fisici dalla coscienza.

D: Dalla coscienza. Quindi se non c'è coscienza, non c'è tempo? Questo è ciò che vedi?

Dan: No. C'è coscienza, non c'è tempo. Il tempo è materiale. Ciò che vedo sotto i miei occhi è una grande sfera di gas roteante. Non so nemmeno perché dovrebbe avere alcuna rilevanza in questo momento, ma il mio intero corpo trema come una foglia.

Ciò doveva essere qualcosa di interiore, perché il suo corpo fisico non mostrava alcun segno, eccetto un completo rilassamento.

Dan: Il concetto è difficile da condividere. Siamo limitati solo dalla nostra immaginazione, perché semplicemente non ci sono limiti. Quindi possiamo solo immaginare e quindi limitare la nostra comprensione nel tentativo di comprenderlo. Cosi siamo in quello. Non c'è tempo in se e per se. Quindi possiamo esistere liberi – la parola migliore, l'unica parole che mi viene – è: possiamo esistere liberi. Adesso cerca di materializzare pensiero cosciente – solo cosciente. Non ci sono altre parole. "Pensiero" è sbagliato, perché anche il pensiero è energia. Ma la coscienza stessa è quel punto dove l'universo – almeno, il nostro universo – è definito prima che si manifesti.

D: Prima che si manifesti.

Dan: sarebbe meglio dire: come quando fu concepito. Questa è la parola più libera che posso dire. La coscienza lo definisce come: per accadere.

D: Per accadere. Ma la coscienza è questa energia di cui stai parlando. E' questo ciò che intendi?

Dan: La coscienza definisce l'energia, se preferisci.

D: Ma questo non significa coscienza fisica. E' forse come un'energia cosciente?

Dan: Il pensiero è energia. Ma chie ha pensiero? Faccio questa domanda perché sto cercando di chiarire un punto. Dove dobbiamo dire: "Bene, i pensieri sono energia. Ma chi pensa quel pensiero?" Inoltre sto cercando di suggerire che questo corpo crede o sta sentendo che la coscienza è colui che pensa. Quella stessa coscienza è la forza guida di tutto il creato, come lo conosciamo. Che sia metafisico, spirituale, energetico, fisico, materiale. Tutte queste cose sono derivate dalla coscienza. E' attraverso la coscienza che si impara o che la coscienza esiste, che queste cose esistono. Come tirare una moneta. Non si può avere un lato della moneta senza avere anche l'altro. Quindi adesso, mi fanno vedere ancora quella sfera di gas, che rotea per creare una forza. Quella forza diventa più densa, diventa ciò che comprendiamo, o per lo meno ciò che comprendiamo – perché la mia mente cosciente mi sta sparando adesso, io sto cercando d'ignorarla, ma sta diventando difficile. – Posso vederla mentre rotea. Posso vederla mentre crea. Perché possa essere quella materia deve esistere per un certo periodo di tempo. Periodo? Deve esistere. Quindi ci attacchiamo ad un concetto di tempo, perché siamo limitati? (Non era sicuro di quella parola.)

D: Questo sembra sensato. Siamo limitati nel nostro corpo fisico mentre siamo sulla Terra, in questa dimensione o quel che sia.

Dan: Non deve necessariamente essere difficile... ma si, presumo che lo sia.

D: Siamo limitati, ma nell'altro stato non lo siamo?

Dan: Nello stato Conscente, nessun limite. E' quasi come se – per non avere parole migliori – un gioco di gruppo. Sembra stupido, lo so, ma siamo sempre perfetti. Eppure abbiamo lezioni da imparare. La Coscienze accumula crescita? Penso che la "crescita" sia ciò che sta arrivando – amenoché non mi venga da dire "manifestazione" – però penso che da nel mezzo tra queste due sia il concetto giusto. La coscienza proviene da qualche parte tra il concetto di crescita e manifestazione: essendo creativo, energetico e giocoso. E perché comprenda se stesso creiamo altre cose, oltre a ciò che è. Adesso vengo riportato direttamente al pianeta da dove sono stato risucchiato come un fazzoletto. E devo creare altre cose per riuscire a crescere. Per riuscire a diventare più creativo sono esistito il quel luogo per – Dio solo sa per quanto – mi sta dicendo la parola "eoni".

D: Sei esistito nella stessa forma d'energia in cui quest'altra persona era? Mi sto sbagliando?

Dan: Ho la sensazione che, con questo essere di cui stiamo parlando, quello che è cosi egoista – adesso siamo tornati li – lui è vicino ad uno stato di totale essenza, ma è ancora un individuo come me e te. Invece di esistere interamente come faci io, in quell'essenza su quel pianeta dove sono stato risucchiato come un fazzolettino. Potevo sentire un senso d'individualità quand'ero là, ma principalmente ero un'energia. Molto più, molto più. Però sto cercando di definire questa persona per te.

D: Ma lui a volte forma un corpo, non e' vero?

Dan: Si, ne e' pienamente capace. E' come magia.

D: Ma quando eri sull'altro pianeta, dove ti sentire parte di ogni cosa, era lo stesso tipo d'energia che e' lui o eri piu avanzato?

Dan: Direi: piu semplice. Non c'era alcun intelletto. Non c'era giudizio riguardo a nulla. Era come se fossi un infante. Meno complicato.

Non comprendevo nemmeno l'idea di realta' fisica, come questa, come un corpo materiale.
D: *Era qualcosa che non avevi mai sperimentato?*
Dan: Mai. Ma lui, penso che sia progredito fino a questo livello, perché è umanoide, umano, fino a quest'idea di livelli d'anima energetica. E lui ha ancora molta crescita da fare.
D: *Quindi lui non era al punto in cui eri tu.*
Dan: Penso che siano due cose diverse. Penso che ci sia l'idea della forma di vita più semplice immaginabile, che è cosi naïve e superficiale, giocherellona e gentile.

Sembrava che stesse descrivendo un'energia elementale. Forse sul quel pianeta lui era quello? La forma di energia più semplice?

Dan: La prima esiste ed è sempre esistita solo in quel modo. E' là. Mentre l'altro, questo essere è avanzato cosi tanto nella sua evoluzione fisica che aveva iniziato a perdersi nei poteri che l'universo cosciente ha da offrire. Lui sta diventando cosi consapevole da riuscire ad utilizzarli. Ci sono altri esseri come lui.
D: *Quindi è per questo che divenne egoista.*
Dan: Penso che sia successo proprio quello.
D: *Hanno cosi tanto potere e si divertono ad utilizzarlo e amano essere adorati.*
Dan: Certo! Piacerebbe anche me. Vorrei ballare e cantare e vaneggiarmi se potessi fluttuare o scintillare.
D: *Perché hai dovuto lasciare quell'esistenza sull'altro pianeta se era cosi semplice e priva di complicazioni?*
Dan: Penso che abbia a che fare con la crescita. Abbiamo l'idea che l'obbiettivo sia di esistere in queste forme, in cui tutto ciò che siamo sia pura energia. Cosi possiamo essere meravigliosi e gloriosi. Ma perche la coscienza possa crescere in modo creativo, bisogna creare. Permettimi d'illustrartelo con una domanda: "Cosa stavo creand, eccetto l'esperienza?" Non c'era amore. Non c'era avventura. C'era un po' di meraviglia, perché potevo sentire che potevo viaggiare e vedere altri luoghi e limitarmi a sperimentare quegli ambienti per un po'. Ma desideravo tornare nella mia zona di confort, perché è questo che era.
D: *Ecco perche sentivi quel luogo come "casa".*
Dan: Sempre. Sto iniziando a percepire da un punto di vista più obbiettivo, piuttosto che le emozioni che ho sentito l'altra volta. Sto iniziando a sentire che sono rimasto là per un periodo di tempo

estremamente lungo. Non sono in grado di descriverlo a parole. Era troppo tempo. Penso che questo fosse il punto, era troppo tempo. Forse avevo ricevuto delle opportunita' di andarmene da solo. E invece dicevo: "Oh, davvero non voglio andarmene." Poi tutto d'un tratto, penso che presero la decisione per me. Mi stanno dicendo che mi è stato difficile dimenticare.

D: *E' per questo che avevi questa sensazione di non appartenere e di voler tornare a casa, perché ancora ritenevi quei ricordi. (Si) E quando eri con quest'altro essere avevi dei ricordi che tu ad un certo punto potevi fare anche più di ciò che lui facesse.*

Dan: Questo è quasi giusto. Ma non avevo alcuna idea di come creare l'incarnazione fisica. Lui aveva ogni idea. Lui era in grado di entrare come il vento e prendere forma. Un minuto e non c'era più, ma il secondo successivo poteva esserci. E l'ho visto farlo. Riesco a vedere cambiamenti di luce e il corpo che si compone da quella luce. E lui che fa un passo in avanti da quella luce. Non come un portale, almeno non penso che lo sia. Qualcosa continua a dirmi: la piramide si è appena illuminata. Forse la disposizione di quelle piramidi e l'ordine in cui erano. Erano cosi: quella grande, una piccola, un'altra più piccola, un'altra più piccola, in un semicerchio. Forse questo lo ha aiutato a capire dove doveva essere. Purtroppo non lo so. Ma ho appena avuto un lampo.

D: *Il modo in cui erano disposte?*

Dan: Si, le piramidi aiutavano.

D: *Hai detto che era come un punto di concentrazione dell'energia? Quindi era in grado di utilizzarlo in qualche modo?*

Dan: Penso di si. Si materializzava sempre nella sua piramide, mai nella mia, ne mai nelle altre.

D: *Qual'era la sua?*

Dan: La più grande. La gente lo ammira e questo mi fa vomitare.

D: *Quinti tutte le volte che appariva era come se la divinità fosse tornata. (Si) Dovevi adorarlo anche tu, come il resto di loro.*

Dan: Si, lui aveva una mezza idea che io sapessi. Ed è per questo che io lo consigliavo, perché avevo qualche potere. Presumo che quando si raggiunge il livello a cui era lui, si possa vedere l'aura come si vede ogni altra cosa. Si possono leggere le persone e quindi è più facile averne il controllo. Ed è più facile abusarne. Invece di onorare l'individualità di quella persona lungo il suo percorso, te ne approfitti.

Dopo un po' di tempo l'altra entità smise di tornare. Non ci fu alcuna spiegazione e Dan era rimasto seduto in attesa, annoiato, senza sapere cos'altro fare. La gente iniziò a chiede aiuto a lui, ma lui non aveva alcun suggerimento da dargli.

Dan: Ero confuso. Se ne era andato e loro avevano iniziato a cercare in me quella divinità. Dissi: "Bene, arrangiatevi." Questo non gli piacque. Cosi alla fine mi nascosi. Sono nella grande piramide e mi nascondo da tutta questa gente, sapendo che nessuno può trovarmi. Amenoché non vengano guidati in questi complesse strutture non sanno come entrarci. Avevano bisogno di un dio. Ed io non volevo essere un'ipocrita. Dopo aver detto a questo tizio di non comportarsi cosi, non volevo diventare come lui, anche se non avevo i suoi poteri e stessi diventando vecchio. Ma allo stesso tempo riesco a sentire che non ho fatto nulla per aiutare e questo mi disturba. Sono in un ciclo vizioso in cui non so cosa fare. Vogliono questa divinità. Sono in un sistema di questa piramide che focalizza l'energia. Presumo che questo potrebbe aiutare, che possa amplificare. La sensazione che sento è come se qualcuno mi grida nelle orecchie: "Dove sei? Quando ci aiuterai? Fai succedere qualcosa." Voglio dire "pioggia", ma non sono sicuro.

D: *Vogliono che lui li aiuti a risolvere tutti i loro problemi.*
Dan: Si. E forse era in grado di farlo. Ricordo che restava la in piedi e faceva dei miracoli. Solitudine è la prima parola che mi viene in mente.

D: *Cosa significa?*
Dan: Beh, ero completamente solo. Da quando se ne e' andato non c'e nessuno. (Sospirando) C'e l'impressione che io non stia facendo del mio meglio in questa situazione.

Era ovvio che non stavamo andando da nessuna parte. Non c'è alcuna nuova informazione. Cosi portai Dan all'ultimo giorno di quella sua vita.

D: *Cosa stai facendo e cosa vedi?*
Dan: Sono a letto, sto morendo da solo. E i segreti stanno morendo con me. Non c'è modo che la gente possa usare ciò che ho in queste piramidi, perché non gli ho fatto vedere nulla o non ho insegnato a nessuno. Ci sono solo io da solo. Questo è quanto, i miei occhi sono chiusi.

D: *Cosa ti succede, perche stai morendo?*
Dan: Sono solo vecchio. Ho una sensazione di rimorso e solitudine e

completa sofferenza. Adesso sto guardando il mio volto e ci sono delle lacrime nei miei occhi, che si chiudono. Sembra che non sappia cosa stia succedendo. Avrei potuto fare di meglio.
D: Cosa vorresti dire con completo sofferenza?
Dan: Come se tutta questa vita fosse stata uno spreco. Come se il tuo intero essere dicesse: "Avresti dovuto farlo meglio" o "Desidererei che non fosse andata cosi." E c'e' quella sofferenza che ti viene su da dentro. Questo è ciò che vedo nei miei occhi, mentre vedo che si chiudono.

Allora lo portai oltre all'esperienza della morte e lo feci osservare alla sua intera vita e vedere quale fosse la lezione.

Dan: Di fare qualcosa. Di fare del proprio meglio delle situazioni che abbiamo creato. La gente è ciò che è. E sta a te essere ciò che sei. Quindi puoi prendere la responsabilità per te stesso o puoi finire con non fare mai nulla. Ma questo non ti porta a niente. Questo è peggio, non raggiungere niente quando si sa di poterlo fare. Penso che abbia molte rilevanza nella mia vita attuale. Tutti devono fare cio' che devono fare. Puoi sentirti sconfitto e non fare mai nulla. Se continui a guardare ogni singolo limite che hai, dei ancora fare quello sforzo di aiutare a dare. Ed e' peggio se non fai proprio nulla nemmeno per provarci.

Dopodiché lavorai con Dan e il suo subconscio per scoprire la sorgente dei suoi problemi e come risolverli. Il resto della seduta ebbe molto successo. Sapevo che tutto ciò di cui avevamo bisogno era solo abbastanza tempo per lavorarci su, che però ci era stato tolto in Chicago con un'improvvisa interruzione della seduta.

A quel punto riportai Dan a piena coscienza. Dopo aver parlato a lungo Dan tornò fuori nella sua tenda, dove dormì come una roccia fino a mattina. Dopo colazione ripartì per continuare ad esplorare e visitare Il New Mexico e il paese Indiano dell'Arizona, prima di tornare a Los Angeles per restituire l'auto presa a noleggio e ritornare in Australia.

Qualche settimana dopo mi scrisse dicendo che al seduta era stata un successo e aveva portato un cambiamento significativo nella sua vita. Adesso non aveva paura di ciò che il futuro gli serba. Attraverso il nostro strano incontro, lui riuscì a passarmi un interessante informazione riguardo al luogo che considerava come "casa".

* * *

Mentre cercavo tra i miei documenti, alcuni casi che dovevano essere inseriti in questo libro, trovai questo caso che risaliva al 1990. In quel momento non compresi la sua importanza, ma adesso vedo che e' un altro pezzo del puzzle riguardo ai "Figli delle Stelle". La maggior parte del mio materiale deve aspettare per anni prima di trovare la sua nicchia.

Robert era un bell'uomo, giovane, sulla trentina o inizio quarantina. Era un veterano della guerra in Viet Nam che aveva avuto molti problemi che correlava alla guerra. Dal suo ritorno, non era stato in grado di mantenere un lavoro e riceveva la disabilità. Passava molto tempo nell'Ospedale Amministrativo per i Veterani, dove i dottori trovarono che i suoi problemi fisici (principalmente stomaco e intestino, e sistema nervoso) avevano origine psicologica (o psicosomatica). Cercarono di capire se c'erano cause correlate ad eventi specifici accaduti in Vietnam. Ma non ebbero successo perché si rifiutava di parlare di qualsiasi cosa fosse successa durante la guerra. Provarono con l'ipnoterapia, ma senza successo. La loro unica soluzione era quella di dargli dei medicinali.

La sua ragazza m'informò che avrei incontrato gli stessi ostacoli, perché si rifiutava ostinatamente di affrontare l'argomento del Vietnam. Gli dissi che non era un problemi perché non avevamo nemmeno bisogno d'esplorare quell'argomento. Avremmo sbirciato tra le sue vite passate per vedere se potevamo trovare qualche indizio. Credo che questo lo aiuto a rilassarsi, perché non mi vedeva più come una minaccia. La spiegazione che ricevette sarebbe stata impossibile da comprendere per i dottori dell'Amministrazione Veterani (VA). Quindi il suo subconscio lo stava saggiamente proteggendo evitando che questa storia venisse rivelata alla gente sbagliata. Perché probabilmente sarebbe finito in un ospedale psichiatrico. Forse questa è la ragione per cui il suo subconscio gli permise di esporni questa storia, perché era al sicuro. Qualsiasi fosse la ragione, nonostante gli anni passati in terapia dai dottori della VA, era la prima volta che questa spiegazione (o una qualche spiegazione) venne espressa ai suoi problemi correlati alla guerra.

Andai a casa di Robert, dove viveva con la sua ragazzi e i suoi due bambini. Lui aveva una sua parte della casa dove poteva ritirarsi in solitudine se voleva. E' qui che venne condotta la seduta. Dopo essere entrato in una profonda trance, giunse su una strana scena che non sembrava trovarsi sulla Terra. Ci vollero un bel po' di domande per cercare di determinare dove fosse. Poi divenne ovvio che non era in una vita passata, che è la procedura normale per una prima regressione. Apparentemente aveva saltato la regressione e si trovava in un luogo che sembra il piano dello spirito, dove le anime si raccolgono tra una vita e l'altra. Precisamente mi sembrava la zona in cui sono concentrate le scuole. Forse il suo subconscio pensò che le risposte sarebbero arrivate più facilmente in questa zone piuttosto che esplorando una specifica vita passata.

Si trovò in un luogo molto spazioso, con alte bianche mura e diverse intensità di luce da una sorgente sconosciuta. Vide d'essere vestito di una tunica bianca che sembrava essere parte di lui piuttosto che un vestito separato.

R: Il mio corpo non ha bisogno d'essere protetto dai vestiti.
D: Cos'è quello?
R: Il mio corpo è uno.
D: E' un corpo fisico?
R: No, non proprio. Funziona come un corpo fisico, ma non è per niente un corpo fisico.
D: Puoi spiegarmi cosa vorresti dire?
R: C'è energia dentro di me. Riesco a sentire il calore della mia energia. Riesco a vedere le mie braccia. Sento di poter passare attraverso le cose. Ma non sempre, solo quando ne ho bisogno.
D: Dove pensi che sia questa struttura?
R: Deve essere una sorta di residenza. O una comunicazione. O un auditorium.
D: Cosa intendi con comunicazione?
R: Sto aspettando di raggiungere un terminale. Là dovrei ricevere delle informazioni prima di andare...
D: Dove stai andando?
R: Non sta a me decidere.

Aveva la sensazione di dover aspettare che qualcuno venisse a dirgli dove andare, o che lo scortasse. Vide che c'erano molti corridoi, ma non era sicuro quale prendere, voleva che qualcuno gli desse le direzioni. Anche se non aveva davvero alcuna importanza: "Perché sarò qui o sarò là. Davvero non importa dove io sia." C'era l'incertezza che se se ne fosse andato da solo avrebbe infranto qualche regola. Alla fine decise di scendere per uno dei corridoi che faceva una curva e si trovò in una grande area aperta.

R: Sono in piedi davanti a qualcosa. Vedo della gente, ma non mi assomigliano. Forse adesso mi assomigliano. Sono seduti in alto, in questo modo riesco a vedere l'intera zona e tutti i corridoi. Hanno delle auree. Ci sono auree gialle, auree blue e auree verdi. E auree bianche. Una persona nell'angolo ha un'aura davvero bianca.

D: Indossano dei vestiti?

R: No. E' la stessa cosa che ho io. Non hanno bisogno di vestiti. E' come se avessero una cabina d'informazione e sono seduti in alto sopra a tutti. In questo modo possono scrutare e vedere chi stia andando e venendo. Anche tu li puoi vedere. E' come una zona di ricezione. Sto chiedendo cosa devo fare. (Pausa) Dicono: "Non essere allarmato. Andrai quando sarà necessario per te andare. Tornerai a scuola."

D: Riesci a capire cosa intendono dire?

R: Ho la sensazione che tutti stiano ricevendo un'educazione, vanno a scuola per imparare altre cose a riguardo dell'amore, della vita e di Dio. Ma il mio concetto di Dio, non è il loro.

D: Cosa vorresti dire?

R: Dio è ovunque.

D: Qual'è il loro concetto?

R: Noi siamo Dio. Ma dobbiamo adorare Dio. Non preghiamo Dio.

D: Puoi fargli qualche domanda per me?

R: Ci proverò.

D: Chiedigli dove si trova questo luogo.

R: E' in un'altra dimensione. Non necessariamente dove sia. E' nel nostro sistema solare, ma il sistema solare non è ciò che abbiamo determinato che sia. La nostra galassia ha diversi sistemi solari. E questo luogo è solo un terminale, una zona d'informazione, per tutti i diversi mondi nel nostro specifico universo.

D: Sono fisici?

R: Non sono proprio fisici, esattamente come io non sono fisico.

D: Possono dirti dove andrai a scuola?

R: Stanno osservando il mio passato e come potrei beneficiare tutto l'universo e come posso proseguire. Volevano sapere se la mia educazione scientifica sulla Terra è ciò che davvero voglio avere come fondamento. O se è la mia natura spirituale che voglio davvero perseguire nella mia vita. La mia educazione in biologia e medicina per me è interessante, ma è più interessante aiutare la gente a recuperare se stessi spiritualmente.

D: Hai avuto esperienza di biologia e medicina nel tuo lavoro?

R: Sulla Terra ho una laurea e un Master in biologia e infermieristica. Ma più imparavo e meno sapevo. C'è cosi tanto da imparare. Non possiamo concepire tutti i concetti che ci sono disponibili sulla Terra, perché siamo molto limitati ed immaturi. – Sono qui in piedi. Mi sento un po' stupido. E' come aspettare di andare in bagno.

D: *(Ridacchiai) Si, ma ti rimanderanno sulla Terra, dopo aver compreso quali sono i tuoi fondamenti?*
R: No, proseguitò, verso un altro mondo. Ci sono mondi diversi. Ci sono centinaia e centinaia di migliaia di mondi su cui si può andare.
D: *Come ti senti a questo riguardo?*
R: Beh, troverò amici ovunque vada. Sarebbe bello sapere che sono con degli amici, ma alla fine siamo tutti sullo stesso percorso. Forse posso proseguire e trovare nuovi amici.
D: *Cosa mi dici di altre vite?*
R: Ho vissuto altre vite. Sono sempre stato nel campo della scienza e della medicina e della metafisica.
D: *Quindi c'è moltissima conoscenza da cui attingere, non è vero?*
R: Si. Sento di essere molto intelligente. E' per questo che non sanno dove mettermi. Perché la mia intelligenza non combacia con ciò che ho fatto sulla Terra. Mi sono sempre tirato indietro.
D: *Intendi dire che avevi molto potenziale che non hai utilizzato? (Si) E loro vogliono metterti da qualche parte dove lo puoi utilizzare?*
R: Uh huh. Cosi che possa essere felice.
D: *Pensi che sarai felici se riuscirai ad utilizzare tutto il tuo potenziale? (Si) Non lo puoi fare mentre sei vivo sulla Terra?*
R: Non so in che direzione andare, eccetto la direzione in cui sto andando.
D: *Se hai molto potenziale, sarebbe un peccato sprecarlo, no?*
R: Non viene mai sprecato. La conoscenza non viene mai sprecata. Questa è una delle gioie della conoscenza e dell'educazione. E' sempre presente. Sono i fatti o la verità.
D: *Non va mai perduta. La puoi sempre utilizzare se ne hai bisogno. Sei mai stati in questo luogo prima d'ora?*
R: Sono stato in un paio di posti lungo la strada. Non sono mai stato in questa zona in particolare.
D: *Quando ci andrai?*
R: Dopo la morte.
D: *Questo è proprio ciò che pensavo. Ma non sono sicuri di cosa vogliono che tu faccia?*
R: Ho bisogno di utilizzare le equilibrate conoscenze a 360' che ho accumulato per aiutare gli altri che non hanno mai avuto opportunità come le mie. Sono stato molto fortunato.

D: *Hai sempre vissuto nella forma fisica sulla Terra?*
R: No. La Terra è solo un mondo molto piccolo. Vivere sulla Terra è una sfida.

D: *Forse è per questo che mandano qui la gente.*
R: Tutti hanno bisogno di una sfida e la Terra è una delle sfide. Sembra sempre che si possa gestire questa sfida. Ma dopo esseri stati qui siamo cosi frustrati, perché le sfide sono molto più grandi di ciò che effettivamente percepivamo che fossero. Guardando in giù alla Terra... è un pianeta cosi piccolo, ma racchiude cosi tanto caos che un uomo solo non è in grado di cambiarlo.

D: *Un uomo a volte può fare miracoli. Non puoi saperlo finché non ci provi. Senti d'aver vissuto altro, più di quanto tu abbia vissuto sulla Terra?*
R: Ho esplorato la Terra diverse volte, ma la prossima volta non tornerò sulla Terra. Andrò in qualche altro luogo.

D: *Cosa mi dici dei luoghi dove hai vissuto prima. Ce n'è uno che preferisci?*
R: Ho sempre preferito l'acqua. L'acqua e gli alberi. Su questo altro mondo ci sono diversi... non sembrano gli stessi alberi. Tutti questi alberi sembrano come gli abeti di Douglas. L'acqua è blu a causa dell'ossigeno e dell'idrogeno.

D: *Come sono le persone che vivono lì?*
R: Adesso sono come me.

D: *Vorresti dire che sono forme d'energia?*
R: Si. Ci sono cose fisiche. Animali. Ma non c'è nulla che possa danneggiarmi come sulla Terra.

D: *Perché in quel mondo non siete fisici e più solidi?*
R: Perché non abbiamo alcuno spreco, non abbiamo alcun cibo. Assumiamo energia. Questo previene che il corpo sia denso.

D: *E quello era uno dei luoghi che preferisci?*
R: Si. Perché puoi sederti e sentire la fragranze degli alberi e dell'acqua. E' cosi pacifico.

D: *Ma hai ottenuto qualcosa mentre vivevi là?*
R: Si. Ho aiutato altra gente.

D: *Quel mondo aveva delle difficoltà?*
R: Tutti i mondi hanno delle difficoltà. Alcune difficoltà non sono necessariamente di natura maligna, come sulla Terra. Altri mondi hanno sfide nelle quali devi sapere cosa è giusto e cosa è sbagliato. Ci sono diversi percorsi da seguire. Ma devi assicurarti che l'amore di Dio sia dentro di te e poi scegli quel sentiero. Perché ogni volta che scegliamo quel percorso rinforza la bontà che abbiamo

all'interno.
D: *Questo è molto importante. Ma avevi detto che questi esseri nella stanza stanno cercando di aiutarti.*
R: Si. Questo è il loro compito. Il loro lavoro è di aiutare la gente a trovare un posto. Ci sono degli schermi lassù nella zona dei tavoli. Non ho il permesso di guardare gli schermi. Ho la sensazione che stiano osservando qualcosa. E' come se venissi programmato. I miei ricordi di tutto ciò che ho pensato e di ciò che sono, lo stanno controllando. Eliminano le cose negative e lasciano le cose positive. Non ho più bisogno di ricordare le cose negative. Non ho più bisogno di ricordare le parti negative, perché quelle sono nella natura fisica.
D: *Presumo che sappiano ciò che stanno facendo. E' come una macchina?*
R: La cosa più simili a cui possa pensare è un computer. L'individuo dietro allo schermo stava cercando di dire qualcosa, ma non lo sta dicendo molto bene. (Pausa) Non è un computer. Sono schemi di pensiero che vibrano ad una certa lunghezza d'onda conosciuta solo a loro. E' come un'impronta digitale.
D: *Quindi ogni persona ha i suoi schemi di pensiero o vibrazioni individuali?*
R: E' all'interno del terminale di un computer. Attraversa diversi mondi. Raggiunge quel mondo che è la capitale del nostro universo.
D: *E' come un ufficio amministrativo. Stanno analizzando i tuoi talenti e tutte queste cose?*
R: Si. Questo è ciò che mi sta arrivando: potrei essere proprio bravo a parlare con la gente e confortarla. A discutere la filosofia di natura spirituale, che sono in grado di utilizzare attraverso la mia scienza, la mia educazione e la mia sete di conoscenza dello spirito.
D: *Poi cosa succede?*
R: Mi daranno un compito. Ho un periodo di riposo, devo fare degli adattamenti.
D: *E' un bene sapere che qualcun altro sta aiutando.*
R: C'è sempre qualcuno che sta aiutando. Ci sono persone che mi stanno aiutando adesso. Sono energie differenti, sono proprio al mio fianco. Sono energie diverse da ciò che sono io. Non e' proprio un'energia, ma è energia. Mi sento molto a mio agio con loro, erano con me sulla Terra.
D: *Queste energie sono come le altre?*
R: No. Quelle che sono al tavolo hanno una forma più antropomorfa.

Non bianche. Loro hanno un aspetto più sfocato. Un violetto, forse? Blu grigio. Sono quasi solidi, ma non sono proprio solidi. Non puoi punzecchiarli con un braccio. Ma l'altra energia che è con me è più un'energia luminosa. Ecco cos'è: Luce! Pura luce. Sono sempre con me. Diventeranno una parte di me.

D: Pensi di si?

R: Si. Ma non parlo ancora la loro lingua. Non stiamo parlando, sono pensieri.

A quel punto, decisi di portarlo avanti al momento in cui aveva finito di riposare ed era pronto a ricevere il suo incarico successivo. Sarebbe stato in grado di velocizzare il periodo di riposo e ricevere ancora i benefici del riposo. Non ci fu bisogno di contare a ritroso perché m'interruppe prima di completare le istruzioni.

R: (Interrompendo) Si, sono già là, proprio al limite, sto osservando lo spazio. Sono con qualcuno. E devo essere proprio lì... Non so cosa.... Ne sono immerso. Devo esserne immerso. Okay. Adesso posso andare. Posso andare. Sono come ali d'angelo. Sono angeli, ma non sono angeli. Sono solo differenti. E' quasi come un pecking order. Tutti hanno il loro lavoro. Tutti hanno responsabilita' diverse di aiutarsi tra di loro. E sono sempre dispiaciuti per coloro che vivono sulla Terra. Ma si sento anche un po' gelosi, perché loro non possono sperimentare le emozioni che noi abbiamo sperimentato.

D: Queste energie luminose?

R: Si. Le energie luminose. Non hanno sperimentato emozioni: il piangere, il ridere; come le abbiamo sperimentate noi. E il dolore. Non sanno cosa sia il dolore. Forse sono solo io che ad avere la sensazione di essere un po' meglio di loro. Ma non ho il potere che hanno loro. Dovrei essere completamente immerso in questa energia ed essere trasportato senza rimanere danneggiato, perché viaggiamo a grande velocità. Deve esserci un po' di frizione. (Questa era la sua percezione? Perché uno spirito non buono essere danneggiato.) Mi protegge. Mi tiene al sicuro.

D: Dalla nostra prospettiva umana, diresti che sono stati fortunati a non aver sperimentato le emozioni. Mi sembra strano che li percepisca come gelosi.

R: Forse sono più compassionevoli e questo è ciò che sento.

D: Quindi state viaggiando nello spazio o cosa?

R: Posso andare in ogni momento. Stavo aspettando te.

D: *Aspettavi me? Perché?*
R: Non so. Pensavi di dover aspettare. (Ridacchiai) Okay. Siamo pronti. Andrai anche tu?
D: *Credo di si, se sei pronto. Io sono solo una guida per portarti attraverso tutte queste esperienze. Sono solo questo.*
R: Okay. Andiamo!
D: *Ti tengono al sicuro. Parlamene mentre andate.*
R: Sento che la mia testa... Whoaaa! E' la sensazione di uno grossa accelerata. Adesso siamo su una spiaggia.
D: *Oh! E' stato veloce, non è vero?*
R: Si. Viaggiano molto veloce. Siamo su una spiaggia e mi porteranno verso ciò che dovrei fare. (Pausa) Non sono un infante. Non ho età. Mi sento come un adulto, eppure non ho età. Davvero il tempo non esiste. C'è tempo per riposare. Non il tempo come lo vediamo noi.
D: *Dov'è questa spiaggia?*
R: E' su un mondo. Gli alberi sono diversi. Sono vicino all'acqua perché è li che volevo essere. Ho bisogno di camminare... e c'è una dimora lassù. Ha delle larghe fondamenta, ed è ... non a forma di piramide, ha diversi livelli che si rimpiccioliscono verso la cima. (Gesticolando) Ha una piccola luce di segnalazione sulla cima, è come un piccolo faro. Non hai la sensazione di camminare, ma stai camminando. Ho proprio la sensazione di camminare. Ma non ho una pelle solida e pelosa. E' solo... (difficile da spiegare.) Puoi afferrala.
D: *Quindi ha una sostanza. – Parlami delle residenze.*
R: Ci sono delle scale, dei gradini. L'edificio è blu, con una decorazione gialla. Ci sono finestre enormi. Grandi, grandissime porte doppie gialle. E' enorme. Bellissimo. Molta luce. Mi sento molto a mio agio. Mi piacerà questo luogo. Ci sono altre persone che dicono: "Ciao!"
D: *Ti conoscono?*
R: Si. Mi conoscono. Mi stavano aspettando. Conosco molto di loro, ma non hanno più i loro nomi. So solo che ci siamo già conosciuti. E' piacevole stare con gente che conoscevo. Hanno scelto lo stesso luogo che ho scelto io.
D: *Questo è un mondo fisico?*
R: Si, piuttosto fisico.
D: *La gente è tutta come te?*
R: Si. Ci sono un paio di persone laggiù che sono più alte. Sembrano più sagge. Forse sono i supervisori.
D: *Hanno tutti lo stesso corpo energetico, privo di caratteristiche?*

R: Non hanno davvero bisogno di caratteristiche. Io non ho davvero bisogno di caratteristiche. Abbiamo orecchie, ma non parliamo. Abbiamo occhi e vediamo. Possiamo annusare. Sembra che io abbia moltissimi sensi. Più di quanti non ne abbia adesso qui sulla Terra. Sarà una bella esperienza. Siamo tutti qui per imparare e per insegnare gli uni agli altri.
D: *Che tipo di sensi hai, che non avevi sulla Terra?*
R: E' difficile da spiegare. L'olfatto... tutti, ogni cosa ha un odore diverso ed è correlato alla luce che sprigiona. Davvero non ho bisogno di parlarne troppo. Il tatto ha lo stesso livello vibrazionale dell'olfatto. Tutti hanno un'aura, come se fossero incapsulati.
D: *Cosa devi fare mentre sei lì?*
R: Ho bisogno di studiare, parlare ed imparare. Con quest'altra gente discuto le miei vite passate. L'idea è che si riceva un'educazione su come vivere su questo pianeta.
D: *Quindi rimarrai su questo pianeta a lungo?*
R: Si, finché più o meno non passiamo i nostri esami. Gli altri potrebbero non passarli velocemente come me. E io potrei non passarli velocemente come altri.
D: *Quindi non c'è un tempo prestabilito.*
R: No, non c'è tempo.
D: *Sai cosa farai dopo aver passato i tuoi esami?*
R: No, questo verrà stabilito in quel momento. Adoro la ricerca della conoscenza.

Non pensavo che avremmo imparato altro se fosse rimasto in quel luogo ulteriormente. La fine della seduta si stava avvicinando e non avevamo ancora determinato la causa dei suoi problemi fisici in questa vita attuale. Cosi gli chiesi di lasciare quella scena per permettermi di parlare con il suo subconscio e forse ricevere risposte più dirette.

D: *Vorrei fare delle domande al tuo subconscio relative alla tua vita attuale sulla Terra. Pensi che sia un problema?*
R: Permettimi di tornare sulla Terra.

Lo riportai al momento presente ed diedi istruzioni alla sua coscienza di rientrare nel suo corpo. In quel momento iniziò a muoversi, però non volevo che si svegliasse in momento.

D: *Voglio che resti in questo stato, per permettermi di parlare con il tuo subconscio e fargli delle domande.*

R: Ho ancora dei ricordi di tutto questo.
D: *Oh, era bellissimo. Vorrei parlare con il subconscio di Robert, per piacere. Perché Robert ha visto queste scene?*
R: Perché è in grado di dire alla gente sulla Terra che la vita è per sempre. Che siamo in equilibrio e stiamo vivendo la vita che abbiamo qui sulla Terra. Noi, in questo corpo fisico, non dobbiamo essere negativi. Possiamo essere positivi. Quando conosciamo l'amore e diamo l'amore, sperimentiamo ciò che è oltre a questo mondo. Dobbiamo sapere che siamo spirituali e siamo in equilibrio. Grazie alla scienza sa perché il cielo è blu e le foglie sono verdi. Perché i vermi vanno dentro e fuori. Conosce ogni parte del corpo, ogni muscolo, ogni osso. Ma non ha mai sviluppato ciò che considerava la sua natura spirituale. Non le credenze religiose, ma la spiritualità. Ha sempre saputo che c'è vita oltre a questo mondo. Non necessariamente su questo mondo. Se torni sulla Terra, scegli di tornare sulla Terra. O più o meno ti viene detto di tornare, perché non hai adempiuto ed imparato la conoscenza, le sfide di questo mondo disobbediente. Si tratta di andare a scuola. Questo è tutto ciò che siamo. Quando educhiamo i nostri bambini, proprio dall'inizio stiamo imparando. Stiamo sempre andando a scuola. Ciò con cui iniziamo da bambini e portiamo con noi durante la vita da adulti, ce lo portiamo dietro in una diversa vita dopo la nascita. Stiamo sempre imparando. Alcune persone si rifiutano d'imparare. E' come quel vecchio detto, puoi portare l'asino all'acqua, puoi forzargli il muso e il naso nell'acqua, ma non lo puoi far bere. Almeno, finché non capisce che l'acqua lo disseta.
D: *A volte la gente continua a fare gli stessi errori.*
R: Si. Gli puoi schiantare la testa al muore. Nel caso di Robert, ha vissuto più vite su altri mondi che sulla Terra. E' venuto su questo mondo solo perché è una sfida, perché si annoia velocemente.
D: *Pensi che faccia parte dei suoi problemi fisici, perché non è abituato ad un corpo fisico.*
R: E' possibile, credo. Accidenti, non volevo trovarmi qui. (Ridendo) Direi che sono d'accordo. Non voglio questo corpo. Ma ne sono bloccato dentro.
D: *Si, per adesso lo sei. E devi imparare a conviverci. Ma sembra che in altre vite, non avesse questo tipo di corpo di cui preoccuparsi.*
R: No, non sentiva doloro. Il dolore è l'inferno.
D: *Non sapeva cosa fosse.*
R: No, non c'è dolore là. Bisogna essere fisici per comprendere il dolore.

D: *Forse questo è qualcosa che è venuto ad imparare.*
R: Lo è. E anche tutti gli altri devono conoscere il dolore di Robert, perché Robert è in grado di sopportare il dolore. Ma sta facendo fatica con le medicine. C'è una dipendenza fisica dalle medicine. Quando si sarà ripulito da questo stress del Viet Nam che il suo corpo sta passando, forse chiederà all'amministrazione veterani di ricoverarlo per un po' di tempo. Perché questo povero ragazzo è sotto medicazioni da tantissimi anni nel tentativo di combattere questo dolore. E questo dolore non lo lascerà' mai fino alla morte.
D: *Lo pensi davvero o hai qualcos'altro da dire a proposito?*
R: Questo è il suo destino. Deve sentire il dolore, perché può gestirlo. E la gente deve imparare da lui.
D: *Questo non ti sembra piuttosto crudele?*
R: Non è per niente crudele, perché non c'è tempo. Quando una persona muore di cancro perché ha fumato troppe sigarette, la gente intorno a lui impara una lezione incredibilmente dura. Ed è cosi per lui. Ma tutti vanno avanti. Davvero non ha alcuna importanza, perché è solo un flash di qualche secondo di tempo reale.
D: *Se avesse delle vite in cui non aveva un corpo fisico, non pensi che quella è la ragione per cui finire in Vietnam è stato cosi stressante?*
R: Si. Ma era qualcosa che voleva fare e che gli venne detto di fare. Sapeva che non sarebbe morto, ma in realtà non lo sapeva. C'era morte tutt'intorno a lui.
D: *Questo gli porto paura.*
R: Si, ma questo è ciò che lo porto a continuare. Questo è ciò che gli fece fare ciò che fece. La sfida della paura. Non ci sono molti luoghi negli universi che hanno la guerra. La Terra e' uno degli unici luoghi in cui si possa sperimentare la guerra nella forma umana. E' accaduto all'uomo, molto tempo fa quando l'intero mondo fallì.
D: *Cosa intendi con l'intero mondo fallì?*
R: C'erano altri esseri che scesero per aiutarci. Cercarono di accoppiarsi e cercarono di abusarci e giocare a fare Dio.
D: *Loro sono quelli che hanno portato queste situazioni?*
R: Si. Volevano giocare a guardie e ladri, cowboy e indiani. Diedero inizio ad uno schema. Gli umani sono praticamente degli animali e gli è difficile rompere gli schemi. Si tratta di evolvere e rompere lo schema. E' come una cattiva abitudine. Quando inizi a mangiarti le unghie, come fa Robert, è difficile smettere. O come dire una parolaccia, è difficile smettere.

D: Quindi stai dicendo che è un'abitudine della razza umana.
R: Si. Sono tutti i nostri problemi.
D: E' stata portata qui da altri esseri?
R: Si. Non lo sapeva. Non è davvero un loro errore. Penso che sia solo... successo.
D: E adesso tutto ciò è negli schemi della gente della Terra.
R: Si. Sta migliorando. La Terra ha avuto qualche successo nei suoi schemi evolutivi. I maschi amano lottare e questo è uno dei luoghi dove puoi sperimentarlo. Ci sono molte esperienze della Terra che si possono affrontare, come la guerra e la fame. Ci sono altre esperienze. Come giocare a fare dio nella politica. O puoi goderti una sensazione molto, molto piacevole di vita famigliare.
D: Si, ci sono molte opzioni. Quindi ho la sensazione che quando andò in Vietnam...
R: Quella è stata una mia scelta.
D: Ma non eri pronto per lo stress.
R: No, no. Nessuno mi aveva detto quando sarebbe stato terribile.
D: Ma apparentemente hai imparato una lezione da tutto questo. Una lezione che per te avrà valore.
R: Si, perché so cosa sia la guerra. So cosa voglia dire lottare. Quando proseguirò verso un altro mondo e se qualcuno diventa rabbioso o inizia a mostrare – lo possiamo chiamare un comportamento "recidivo" – saprò cosa stanno passando. E potrei aiutarli a superare quel momento.
D: Questo è molto importante. Ma credi davvero che Robert sia venuto in questa vita per sperimentare tutto il disagio che sta passando? (Si) Ma non sarebbe più facile se potessimo aiutarlo a vivere con tutto questo?
R: Col tempo diventerà più facile.
D: Pensi che se comprendesse da dove proviene e la ragione d'essere, sarebbe più facile sopportarla?
R: Ma lui ha molti problemi fisici.
D: Ma tu, essendo il subconscio, non puoi aiutarlo con questi problemi?
R: Solo se lui è in grado di andare dal subconscio per chiedere supporto e le naturali endorfine che possono aiutare il suo corpo. Avrà il dolore perché qualcun altro possa fare l'esperienza di aiutarlo.
D: Eppure sarebbe bene se riuscissimo a ridurlo. Non vogliamo che la vita sia miserabile mentre sta imparando queste lezioni.
R: La vita di Robert non miserabile. Se l'è fatta lui.
D: A si, è cosi che la pensi? Ritengo con lui non sia d'accordo. Ma la

cosa importante è che, se lui volesse alleviare il dolore, allora può andare al subconscio e richiedere aiuto con le endorfine naturali.
R: Si. Come adesso, non ha alcun dolore.
D: Si. *Quelle endorfine sono molto potenti. Sono molto più potenti di qualsiasi tipo di medicina. Perché sono naturali e sono controllate dal subconscio.*

Allora impiantai la suggestione che nel momento del bisogno avrebbe potuto rilassarsi e chiedere al subconscio di sprigionare le endorfine naturali. Il subconscio cercò di contraddirmi: "Si, ma Robert è cosi sensibile al dolore di tutti gli altri."

Posso comprendere il perché, visto che Robert era una persona molto sensibile e compassionevole. Dopo molte discussioni, il subconscio accettò di fare la sua parte, se Robert avesse cooperato. Il risultato finale sta sempre ad ogni individuo. Se davvero non vogliono curarsi, per qualsiasi ragione, allora non c'è nulla che io possa fare per aiutarli.

Non ho mai lavorato con Robert una seconda volta. Di tanto in tanto lo sentivo. Stava ancora sperimentando difficoltà e continuava ad entrare ed uscire dall'ospedale dei veterani. Sembrava come se non volesse realmente lasciar andare la lezione del dolore, anche se il suo subconscio era disponibile a lavorare con lui al riguardo. Vorrei pensare però che lo abbia aiutato, rilasciando le naturali endorfine quando più ne avesse bisogno, per aiutarlo con la sua dipendenza dalle medicine. Per lo meno, adesso conosceva alcune delle ragioni per cui stava sperimentando questa parte della sua vita. Forse il suo subconscio aveva ragione quando disse che il dolore non l'avrebbe mai lasciato fino alla morte. Se cosi fosse, spero che stia imparando la sua lezione e stia anche insegnando agli altri qualcosa sul dolore e sul vivere con qualcuno che dolori cronici. Se questa è la ragione, allora ci sono dei meriti perché insegna. Si tratta solo di questo, imparare delle lezioni, e progredire da lì. Se impariamo profondamente una lezione, allora non dobbiamo ripeterla.

Vorrei dire ancora che comprendo benissimo perché il subconscio di Robert non permetteva che questa storia venisse fuori mentre lavorava con i medici del VA. Forse sentire questa storia potrebbe renderli più comprensivi e più aperti nel cercare le cause dello stress da trauma di guerra in spiegazioni e luoghi insoliti.

* * *

RITORNO ALLA STANZA DELL'ARAZZO

Ho passato tutto il mese di Marzo del 2000 offrendo seminari in tutte le città principali dell'Australia. Cerco di offrire sedute private quando sto viaggiando, perché ho sempre una lunga lista di persone da tutto il mondo in attesa di ricevere la terapia. Norma mi aveva scritto dopo aver letto alcuni dei miei libri e prese un appuntamento per una seduta mentre ero sulla Gold Coast. Aveva molti problemi personali e fisiologici per i quali voleva trovare delle spiegazioni. Inoltre era rimasta affascinata dalla descrizione del mondo dello spirito nel quale entriamo quando lasciamo questa vita, come descritto nel mio libro Between Death and Life. Voleva vedere questi luoghi, specialmente il Tempio nel Complesso della Saggezza con la sua meravigliosa Biblioteca e la Stazza dell'Arazzo. Le dissi che era possibile. Avrei dovuto farla passare da una vita passata e poi vedere sarebbe andata dopo la morte. Questa è la procedura che ho riscontrato funzionare meglio se vogliamo esplorare il lato dello spirito.

Andò in profonda trance velocemente e rivisse una vita passata in Inghilterra durante il periodo Vittoriano. Questo spiegò molte delle relazioni karmiche in cui era coinvolta nella sua vita attuale. C'erano molti dettagli: date, nomi e luoghi di Londra che si potevano controllare e verificare. Ho fatto cosi tante regressioni a questo punto, che questo tipo di dettagli non mi sorprendono più. La cosa importante è la terapia che deriva dal rivivere il trauma e le emozioni di quella vita. Di solito lascio a cliente la libertà di investigare e verificare. Io non ho più bisogno di prove e non vado a controllare questi dettagli amenoché non abbiamo valore per i miei libri. Non ci saranno mai abbastanza prove per convincere un vero scettico e uno che ci crede non ha bisogno di prove. A questo punto, nel mio lavoro sono più affascinata dall'ignoto, che in generale non si può spiegare.

Quando la portai alla fine di quella vita, era anziana e mori' pacificamente nella sua casa, circondata dalla sua famiglia. Mentre si allontanava dal corpo fisico, le chiesi di descrivere cosa stesse succedendo.

> N: C'è una luce. Figure vestite di tuniche, c'è pace e amore. La portano in un luogo che è molto tranquillo e pacifico. Non c'è nessuno tutt'intorno, solo pace e tanta nebbia

Questo sembra il luogo che altri hanno descritto come Luogo del

Riposo. Una specie di santuario dove le anime possono riposare per un po' prima di proseguire verso un'altra destinazione, che sia restando da quella parte o tornando in un corpo in una nuova vita.

D: Un luogo dove lei possa riposare per un po'?
N: (Dolcemente) Si, è piacevole.
D: Dopo di questo riposo dovrà andare da qualche altra parte?
N: Si, è ora. Adesso deve andare alle stanze della conoscenza.
D: Ho sentito parlare di questi luoghi. Narma voleva ricordare come fossero. Cosa le state facendo vedere?
N: Ci sono dei pilastri. E molti libri. Una cupola... e gente. Ed è molto... pesante, pesante di conoscenza. E' enorme. Senza fine. Ci sono molte stanze oltre alla zona di pietra. Ci sono dei corridoi, libri, tavole e gente.
D: Con chi sto parlando? Il suo subconscio o...?
N: Norma è consapevole di Norma, ma io sono il suo Se' superiore.
D: Io lo chiamo il subconscio. E' la parte che ha tutte le informazioni, non è vero? (Si) Mi piace parlare con quella parte. Sono consapevole di alcune delle zone di questo luogo. C'è una stanza nota come la "stanza dell'arazzo"?
N: Oh, yes.

Questa l'ho descritta in Between Death and Life. E' l'arazzo della vita in cui la vita di ogni persona viene rappresentata come un filo. Il modo in cui si intreccia è una descrizione vivida di come la vita di tutti noi influenzi quella di tutti gli altri. Siamo Uno e tuttavia siamo tutti interconnessi.

D: Si chiedeva se poteva vedere quella stanza?
N: Lei ci va molte volte.
D: Davvero? (Si) Però non lo sai, giusto?
N: Lo sa, però non ci credeva.
D: Puoi mostrarle questa stanza?
N: E' una stanza piena di luce. Non c'è il soffitto, perché l'arazzo è molto alto e lunghissimo, prosegui a gran distanza, non ha una fine. Si muove, è vivo.
D: Cosa vorresti dire?
N: E' vivo di luce e i fili sono elementi viventi. Non sono... materiale. Hanno sentimenti e pensieri, hanno colori e vita.
D: I fili che compongono l'intreccio dell'arazzo?
N: Si. Sono vibranti. Alcuni sono cosi luminosi. Hanno tutti uno

spessore diverso, hanno energia ed entità. Una loro energia propria. Sono tutti unici e stupendi. Generano questo movimento e questa vitalità. Sono dei design stupendi e cambiano come un film sullo schermo.

D: Quindi è come una cosa viva, non solo un semplice pezzo di tela.

N: Oh, non è una tela. Arazzo è un diminutivo, non lo descrive minimamente.

D: E' qualcosa che possiamo comprendere anche con la nostra limitata conoscenza. Ma se i fili sono vivi, cosa rappresentano?

N: Oh, sono stupendi. Sono persone, le loro vite, le loro anime. Rappresentato tutto ciò che siamo.

D: Quindi è un esempio di come sia tutto interconnesso?

N: Oh, si. E' molto, molto intricato. Molto più di quanto non ci si immagini. Perché ogni vita, ogni esistenza, ogni pensiero, ogni azione, ogni cosa che siamo, che saremo, che siamo stati, è rappresentata in ogni filo. E noi siamo anche tutte queste cose.

D: Rappresenta solo la vita attuale o ogni filo rappresenta la storia di ogni anima?

N: Si e il futuro e il... beh, l'anima. Questo è quanto.

D: Ma se è già intrecciato, forse significa che tutto è stabilito.

N: Oh, no. In alcune aree di un filo è stabilito, a seconda dell'ultimo viaggio dell'anima in quel momento, perché alcune vite che si sceglie di vivere non hanno il libero arbitrio.

D: Ah no? O non sanno di averlo?

N: Non hanno libero arbitrio.

D: Quindi non tutte le entità hanno il libero arbitrio?

N: Esattamente. Dipende dalla vita che scelgono. Se scelgono una vita umana, c'è libero arbitrio. Se scelgono una diversa esistenza, in alcuni casi non c'è libero arbitrio. Quindi il filo cambia la sua consistenza, la sua illuminazione, il suo colore, il suo spessore e le sue connessioni agli altri fili. E' molto complesso.

D: Quindi dipende tutto dalla lezione che l'anima sta imparando in quel momento.

N: Non la chiameremo una "lezione" in se' per se'. Preferiamo chiamarlo... un ricordo. Perché l'anima conosce. Conosce tutto. Conosce tutto ciò che c'è da sapere. Solo che non si ricorda sempre tutto. A secondo della vita che sceglie di vivere, si ricorda qualcosa e non si ricorda qualcos'altro.

D: Se è una vita umana, sarebbe difficile se si ricordassero tutte queste cose.

N: E' una vita che l'anima sceglie quando vuole ripulire molte cose.

Altrimenti non sceglierebbe una vita umana, perché è un'esistenza difficile da scegliere su molti livelli. E' anche una vita molto stimolante da scegliere. Perché è molto piena. Piena di emozioni e sensazioni e struttura e vibrazioni. In molte altre vite che un'anima sceglie non ci sono molte variazioni. Non c'è molto spessore. Perché a volte non hanno nemmeno la terza dimensione a cui fare riferimento. Non sanno della terza dimensione.

D: *Devo passare attraverso questo tipo di vite prima di entrare in una vita sulla Terra?*

N: Non necessariamente. Dipende dalle scelte dell'anima. Allora, ovviamente, molte anime hanno scelto molte vite sulla Terra e rimangono intrappolate sulla ruota della terza dimensione. E non sono nemmeno consapevoli di altri esistenze, creando in questo modo altre connessioni karmiche che li obbligano a tornare sulla Terra. Per l'anima può essere una cosa molto frustrante, perché dall'altra parte comprendono che ci sono altre vite che si potrebbero vivere. Ma sono cosi incatenati al piano Terra che non riescono ad andarsene.

D: *Prima devono finire tutto quello.*

N: Non sempre tutto il karma creato dalla forza karmica. Ma per la maggior parte delle volte c'è cosi tanto da fare, se non avessero un'altra vita sulla Terra perderebbero l'opportunità di avere un corpo per tornare indietro. E perderebbero le connessioni che devono avere. Perderebbero l'opportunità di avere un contratto con la prossima anima con cui devono connettersi. Hanno la tendenza di restare nelle stesse cerchie. E quelli come Norma, che sanno di non aver bisogno d'essere qui cosi spesso, hanno la tendenza di muoversi in circoli di anime simili e anche avventurarsi oltre a queste cerchie.

D: *Ma se perdono l'opportunità di connettersi, ci vorrebbe molto tempo prima che si presenti un'altra opportunità. E alla fine quel karma dovrebbe essere ripagato e ripulito. E' questo ciò che intendi?*

N: Si. Norma è molto consapevoli di questo. Coloro che sono bloccati nella terza dimensione non sono proprio consapevoli. Da qualche parte dentro di loro lo sanno, specialmente tra una vita e l'altra, che ci sono altre vite da poter vivere. Ma sanno che devono restare nella dimensione della Terra per ripagare i loro debiti karmici. Altrimenti perderanno l'opportunità e dovranno restare in forma di spirito per lungo tempo. Possono andare in altre vite aliene, vite in altre dimensioni. Ma sanno che li limita, perché gli manca la connessione con le altre vite che hanno passato sulla Terra, che devono ripagare.

D: Ma in altre vite, in cui non sono nemmeno consapevoli della terza dimensione, anche in quelle creano del karma?

N: Eh, si! (Enfaticamente) Oh, si! Creare karma, fa parte del sentiero dell'anima.

D: Ed eliminarlo.

N: Si tratta di elevare la vibrazione di quell'anima, per riportarle a casa alla forza di Dio.

D: Ma nelle altre vite non creano il karma intenso che creiamo noi nel corpo umano?

N: Si, può essere della stessa intensità. A volte possono rimanere bloccati in una vita aliena.

D: Per le stesse ragioni? (Eh, si!) Ma per quel che ne so io, in alcune delle vite aliene, possono vivere finché vogliono. (Si) Quindi avrebbero tutte il tempo necessario per aggiustare le cose.

N: Parliamo di inferiori forme di vita aliene.

D: Me ne puoi parlare?

N: Ce ne sono alcune che sono come colonie di formiche, in un certo senso. Che non necessariamente hanno dei corpi. Ma sono energie e sono di un'unica mente, per cosi dire.

D: Come un gruppo?

N: Si. E si muovono quasi come uno stormo d'uccelli o forse come formiche. Si connettono tra di loro come fanno le colonie. Si muovono come se fossero Uno, ma sono entità uniche. E non hanno le intricatezze karmiche che ha la forma umana. E' piuttosto un karma di gruppo, dove accettano di fare certi lavori in gruppo. Cosi se non ci riescono, non sono integrati e non si distaccano.

D: Ci sono altri che sono inferiori forme di vita aliene?

N: Possono esseri i servitori di forme aliene superiori. Ma l'ironia è che le anime delle forme di vita superiori possono a volte scegliere di essere dei servitori. Si spostano da diversi livelli, per cosi dire. E' un errore pensare che un'anima si muova verso l'alto. Non vanno dalla forma superiore alla successiva forma superiore. Non è cosi.

D: Abbiamo la tendenza a pensare in questo modo.

N: No, si salta e ci si rigira. Per un sacco di diverse ragioni un'anima può scegliere uno specifico percorso. A volte anche solo per il piacere o per l'esperienza.

D: Tornare indietro e sperimentare cose che a volte sono diverse.

N: Si, tutto questo migliora l'arazzo. Migliora la complessità dell'anima.

D: *La varietà.*
N: Si, si migliora. Dona. Riempie. Rende l'anima più completa. E' un'altra parte del puzzle.
D: *Questo per me ha senso. Norma si stava chiedendo se avesse una qualche connessione galattica.*
N: Oh, certo! Lei è consapevole delle forme di vita galattiche che è stata, ma non è consapevole dei dettagli a livello cosciente. Si conosce molto bene. Sta imparando molto in questa vita. Amenoché non voglia davvero tornare alla terza dimensione, non avrà bisogna di tornare qui un'altra volta.
D: *Quindi più o meno sta cercando di finire il suo lavoro qui?*
N: In se per se, non c'è mai alcuna fine, perché puoi andare e venire a piacimento. Ma le piace l'aspetto del libero arbitrio di questo sentiero.
D: *Quindi in qualsiasi momento un anima potrebbe decidere che ha avuto abbastanza vite sulla Terra e può procedere e provare qualcos'altro.*
N: Solo se ha ripulito la maggior parte del suo karma. Perché, come abbiamo detto: puoi rimanere incatenato sul piano Terra per molte vite. Perché, ovviamente, più vite si vivono, più si rimane bloccati qui a causa del karma che si crea.
D: *Quindi se vuoi andare altrove è meglio se lo ripulisci.*
N: E molte anime ne sono consapevoli. Non a livello consapevole, ovviamente; ecco perché comprimono troppe cose tutte in una vita sola. Molte anime che sono qui in questo momento dell'evoluzione della Terra, hanno avuto vite extra-terrestri. Molti di loro non ne sono affatto consapevoli. In questo momento ce ne sono il massimo che ce sia mai stato, perché sono tutti qui per una ragione: aiutare ad elevare la vibrazione della Madre Terra.

In *Keepers of the Garden* Phil disse che molte anime che non hanno mai conosciuto delle vite sulla Terra sono venute volontarie per aiutare la Terra in questo momento della storia. Sono un'infusione o trasfusione di nuovo sangue. Sono coloro che non hanno mai conosciuto la violenza. Proprio perché non ce l'hanno nella storia della loro anima, possono aiutare a cambiare la vibrazione della Terra ed elevarla ad una dimensione superiore dove cose come la violenza sono impossibili.

D: *Questo è ciò che mi è stato detto. Che ci stiamo allontanando dalla violenza e stiamo entrando in un diverso periodo evolutivo per la*

Terra?
N: Eh, Si, e la Madre Terra ha creato tutto questo.
D: Perché lei è anche un'entità vivente?
N: Ovviamente.
D: Non molte persone lo comprendono.
N: No, e deve interagire con gli altri pianeti di questa galassia. E poi ovviamente, anche con quelli oltre, è più grande di quanto tu pensi.
D: Si. Ho sentito dire che non solo c'è la stanza dell'arazzo che rappresenta le anime, ma che è più complesso di quello.
N: Oh, si. La stanza dell'arazzo rappresenta solo quelle anime che stanno lavorando in questo universo e i molti universi al di là di questo. Ma c'è molto altro.
D: Ci sono altri arazzi, come esempio, come analogia?
N: E' cosi, però questa è davvero una spiegazione semplificata. Le parole non possono descriverlo. Immagina o visualizza l'universo e poi manda quelle immagini all'universo. Riceverai un'idea che ogni stella rappresenta una vita, un'anima. A quel punto starai toccando ciò di cui si tratta veramente.
D: Ma le stelle sono oggetti fisici, non è vero?
N: Si, ma stiamo utilizzando l'universo come un esempio della quantità e della complessità dei sentieri dell'anima. Se visualizzi o immagini che ogni stella rappresenta un anima e il suo viaggio verso l'infinito, allora comprenderai quanto vasti siamo in realtà.
D: Davvero non ci sono limitazioni, amenoché non ce le imponiamo. Giusto?
N: Ogni vita scelta da un'anima rappresenta una limitazione per una specifica ragione, una lezione, per pulire o per avvicinarsi alla sorgente. Perché quello è lo scopo della nostra anima.
D: Ritornare alla Sorgente? (Si) Ma c'è molto da fare prima di poter tornare alla Sorgente, non è vero?
N: E non è forse quella l'avventura?
D: Si. Tutte le buche e le curve lungo la via.
N: Norma ha vissuto in tutte le forme di vita di tutti i tipi. E lei è consapevole di questo. Si è già connessa a quelle vite. Ciò che non riesce a comprendere è la vastità della sua grandezza. Crede che aver scelto questa forma umana sia riduttivo in qualche modo. Non crede veramente d'essere cosi grande, sapere chi è in forma umana, con tutte le manie e i blocchi della vita umana che sta vivendo.
D: Ma questa è la realtà di tutti noi?
N: Eh, si. Ma molte anime non comprendono minimamente la propria grandezza, e non hanno nemmeno toccato il fatto di essere grandi.

Perché, ovviamente, lo siamo tutti.

D: Ma a questo riguardo, tutti noi siamo migliori sugli altri piani, le altre dimensioni. Quando parli di "grandezza", come la definisci?

N: Tutte le anime sono grandi, certamente, perché sono parte della Sorgente. Molte anime non comprendono o non conoscono la propria grandezza e quindi non possono sentire il tumulto che sta sentendo Norma. Perché non ce l'hanno nella coscienza. Il tumulto che lei sente riguardi il fatto che è consciamente consapevole della sua grandezza. Non riesce a comprendere i fatto di essere in un corpo umano e che parte del suo sentiero è di integrare questa grandezza. La grandezza di cui parliamo è la sua posizione su questo piano. Lei fa parte del quadro generale, l'anima di Norma.

Questo mi suonava familiare. Il subconscio o se superiore ha detto le stessa cosa a proposito di molti altri dei miei soggetti. Apparentemente siamo tutti molto superiori rispetto a ciò che ci crediamo. Se solo potessimo riconoscere questa scintilla di Dio negli altri, non ci sarebbero giudizi, ne pregiudizi. Saremo in grado di vedere che siamo tutti anime sul proprio sentiero, mentre gestiscono diverse fasi del proprio karma. Stiamo cercando tutti di ritornare alla Sorgente Divina.

N: Lei ha preso molte decisioni importanti che hanno influenzato molte anime.

D: In altre vite.

N: E' oltre alle molte vite, è al punto in cui lei è "Ciò che siamo". Lei comprende di non aver bisogno d'essere in una forma di vita per essere in grado di prendere delle decisioni. Ha preso queste decisioni in forma anima per molte anime.

Apparentemente quando si entra in un'esistenza sulla Terra, la realtà tridimensionale, si esiste sulla facciata come attori che esprimono il loro ruolo. Per alcuni è l'avventura dell'esperienza, il viaggio. Per altri è una trappola d'illusioni che permeano tutte le qualità della realtà. Indipendentemente dalle nostra percezione individuale, automaticamente creiamo karma solo vivendo in questa dimensione e rimaniamo intrappolati in questa realtà finché non ripaghiamo i debiti. Succede molto altro dietro alle quinte che non riusciamo a comprendere. Ma mi hanno detto che: "Se conoscessimo le risposte, non sarebbe un test." E cosi desideriamo ritornare in quel vago luogo che consideriamo "casa", inconsapevoli che questo non può succedere finché il nostro lavori qui, non è finito.

SEZIONE CINQUE

Metafisica o Fisica Quantistica?

SEZIONE CINQUE

Metafisica e Fisica Quantistica

CAPITOLO UNDICI

UNIVERSI PARALLELI

Durante gli anni '80 sono stati guidata nella seguente profonda discussione mentre stavo esplorando la vita di Tuin, il cacciatore; che è il fondamento per il mio libro The Legend of Starcrash. In quella vita uccise e porto al villaggio un animale molto strano che nessuno aveva mai visto prima. Lo sciamano della tribù notò che era un evento molto strano e voleva conoscere tutti i dettagli della caccia. Era rimasto cosi impressionato da chiedere al macellaio e al pellicciaio di fare molta attenzione nel preparare la carne. Voleva che il cranio fosse preservato e lo utilizzò da allora durante tutte le cerimonie per onorare il solstizio d'inverno. Tutti i dettagli presentati dai Tuin suggerivano un'esperienza paranormale del grado più elevato. Una che lui non aveva mai sperimentato prima, ma che aveva prontamente accettato. I fatti non potevano essere negati dalla gente perché ne avevano la prova sotto il naso grazie al cranio e alla pelle. La descrizione era cosi strana che perfino io sapevo che non poteva essere un animale indigeno del pianeta Terra, per lo meno non secondo la nostra storia conosciuta. Anche uno zoologo confermò i miei sospetti. Se l'animale non proveniva dalla Terra, allora da dove veniva?

Dopo la morte e trapasso di Tuin, riuscì a fargli molte domande relative ai molti eventi straordinari che ebbero luogo nel suo villaggio. In questo stato aveva accesso alla conoscenza che gli era negata in vita. Chiesi chiarimenti riguardo allo strano animale. La risposta che ricevetti fu cosi complicata, sapevo che non potevo inserirla in quel libro. Ne feci un sommario scarno e semplificato perché pensavo che sarebbe stata cosi complicata da distrarre il letto dallo scopo del libro. L'ho riportata completamente. Non posso spiegarla ulteriormente, solo ascoltandola sono rimasta confusa e stordita. Mi sentivo quasi brilla, quei concetti mi erano cosi estranei, da farmi sentire disturbata e completamente confusa. Anche se per me il concetto potrebbe sembrare rivoluzionario, potrebbe sembrare molto semplice per qualcun'altro, qualcuno che non fa fatica a comprendere teorie complesse. Forse c'è chi dirà che non è per niente una nuova teoria, è nuova e sorprendente solo per me. Chiesi allo spirito deceduto di Tuin se poteva spiegarmi il mistero di quello strano animale.

Beth: Quello è stato un evento raro. Devi comprendere che il nostro non è l'unico universo. Numerosi universi paralleli esistono insieme al nostro, ma visto che vibrano a diverse velocità, di solito sono invisibili all'occhio umano. Gli universi si intersecano tra di loro, ma di solito i punti d'intersezione non sono compatibili. Quindi gli abitanti dei due rispettivi universi, non sono consapevoli dell'intersezione. Potrebbero esserci dei cambiamenti minori che qualcuno potrebbe notare, ma nulla di grandioso. In questa specifica occasione, ci fu un raro evento d'intersezione compatibile. E quando Tuin era a caccia si trovava simultaneamente in due universi, ma non ne era consapevole. L'animale che aveva ucciso era una creatura dell'altro universo. Ma visto che si trattava in una intersezione compatibile, fu in grado di trasportare l'animale in questo universo senza distruggerne la sua matrice fondamentale.

D: *Vorresti dire che anche l'altro universo era un universo fisico?*

Un altro soggetto mi aveva descritto gli universi come composizioni d'energia.

B: Si. Era un universo fisico costruito lungo una diversa matrice fondamentale. Ma visto che l'intersezione era incompatibile, la matrice dell'animale non venne distrutta quando venne portato in questo universo. Questo è ciò che rense quell'evento cosi raro. Se l'intersezione non è compatibile, la matrice basilare di qualsiasi cosa che proviene dall'altro universo si distrugge e non esiste più in questo universo

D: *Cosa vorresti dire? Sparirebbe e basta o cosa?*
B: Si. Si dissolverebbe nel nulla e l'energia verrebbe scaricata nell'etere.
D: *Qualcuno lo vedrebbe come un miraggio o qualcosa di simile?*
B: Forse. Sotto certe circostanze lo vedrebbero, allora gli sembrerebbe che scintillasse e svanisse nel nulla.

D: *(Stavo cercando di comprendere) Stai dicendo che quest'altro universo sta esistendo in parallelo a questo universo?*
B: Si, c'è un numero infinito di universi che esistono in parallelo a questo. E sono tutti intrecciati come un tessuto. (Sospirò) I termini di questa lingua non sono sufficienti.
D: *Questo me l'hanno già detto in passato.*
B: (Cercando le parole.) Devo abusare di alcuni termini per cercare di farti capire. Tutti questi universi universi?, universo, non importa – sono intrecciati come un gigantesco tessuto cosmico, che contiene la totalità di ogni cosa esistente. Ma questi universi sono vivi e sono sempre in movimento e spostamento, quindi sono come un tessuto vivo. E mentre si spostano e muovono, anche le loro connessioni con gli altri universi continuano a cambiare. Visto che ce n'è un numero infinito, questa connessione non è mai la stessa due volte. E il manifestarsi di un intersezione compatibile, come in questo incidente con Tuin, devono essersi presentate un'insolita quantità di variabili tutte allo stesso tempo. Visto che succede cosi raramente, non si può esprimere in percentuali, il numero sarebbe troppo piccolo. Quindi quest'universo è ancora parallelo all'altro, ma adesso sono in una relazione diversa che continua a cambiare da eoni di tempo, con tutti gli altri universi in questa relazioni cosmica. Riesci a capire?

Blaterai che compresi, anche se non era cosi. Questo barrage di informazioni era troppo complicata. Cercare di comprenderla mi stava dando il mal di testa.

D: *Ma dicevi che a volte succede e la gente non ne è consapevole?*
B: Si. Questo universo si interseca con altri universi costantemente. E' solo una questione di dove e quando. Il quando: in ogni momento. Questo universo, in qualsiasi momento s'interseca con almeno un altro universo, se non di più. E visto che c'è un numero infinito di universi che s'intersecano costantemente, è piuttosto ragionevole che diverse di queste intersezioni abbiano luogo vicino o direttamente su questo pianeta dove la gente le può osservare. Tuttavia, che l'intersezione sia abbastanza compatibile d'essere direttamente osservabile, non è assolutamente un fenomeno comune. Solitamente sono bassissime le possibilità che la gente di percezione ordinaria sia in grado di notare qualcosa. Solo qualcuno che è particolarmente acuto noterebbe questa piccolissima differenza. Di solito non è qualcosa che scuote la terra o altro

fenomeno maggiore. Sarebbe qualcosa di molto piccolo che forse una o due persone noterebbero e questi non diranno nulla a proposito perché è un fenomeno piccolissimo. Inoltre sentirebbero che gli altri penserebbero che si sono sbagliati nelle loro osservazioni.

D: *Puoi darmi un'idea di cosa potrebbero sperimentare?*

B: Si. Per esempio, una persona sta camminando un giorno e vedono quest'albero. Ha una forma particolare, ben distinta e piuttosto bello. Una settimana dopo passano nello stesso luogo e scoprono che l'albero non c'è più. O forse, che la forma è radicalmente cambiata, ma non è nulla che possano provare in un modo o nell'altro. E' solo una cosa piccola di questo genere, che non è più com'era prima. Si può spiegare dicendo che nel luogo dov'era l'albero si è manifestata l'intersezione con un altro universo e il risultato ha alterato l'albero o distrutto la sua matrice fino a disintegrarlo. O forse esiste in forma alterata nell'altro universo.

D: *Tuin disse che ogni volta che incontrava quell'animale, i suoi sensi producevano una strana sensazione. Sapeva che qualcosa di straordinario stava accadendo.*

B: Si, lui era altamente sviluppato fisicamente e quindi era consapevole del fatto che si trovava in due universi simultaneamente, ma non sapeva come spiegarlo in parole. Non era affatto sicuro di ciò che sapeva. Conosceva ciò che conosceva senza realmente conoscere ciò che sapeva.

D: *Si, non sapeva esattamente cosa fosse. Ma sta dicendo che era piuttosto insolito che lui fosse in grado di riportare l'animale alla gente del suo villaggio?*

B: Si. Essere in grado di riportare l'animale intero nel suo universo senza che si dissolvesse nel nulla è stato estremamente insolito. Succede raramente. Succede, ma non molto spesso.

D: *Certo, inoltre, la gente era molto affamata in quel momento. Forse questo potrebbe aver influenzato la situazione.*

B: Si, le loro abilità psichiche sicuramente aiutarono l'animale a fare la transizione.

D: *Inoltre per molti anni la testa e la pelle dell'animale sono state utilizzate dal saggio, quindi era certamente qualcosa di fisico. Quindi, quando qualcosa del genere succede, è molto raro che succeda nelle vicinanze della gente che sia in grado di notarlo?*

B: Beh, succede nella vicinanza della gente, ma di solito i cambiamenti sono cosi piccoli o minimi che la maggior parte di loro non lo nota. La gente ha una tendenza a vedere solo ciò che vogliono vedere. E se qualcosa di diverso è successo, se non lo vogliono vedere, non lo vedono; o sono troppo occupati per notarlo.

D: *O pensano di averlo immaginato. C'è mai la possibilità che un essere umano passi nell'altro universo?*

B: Questo succede tutte le volte. Molte volte gli esseri umani stanno camminando per strada e finiscono in un altro universo. Svariati universi, particolarmente quelli che sono piu vicini a questo, sono cosi simili da essere praticamente identici. Qualche volta, quando si sovrappongono, la gente può finire temporaneamente nell'altro universo e poi tornano indietro senza distruggere la loro matrice. E' la transizione permanente che è molto rara, come con quell'animale. In molti casi sono in un altro universo e pensano: "Santo dio, sono sicuro che questo e quello erano già successi." E qualcuno gli risponde: "Beh, no, quello non è mai successo. Te lo stai solo inventando." E poi qualche giorno dopo, ne parlano ancora e qualcun altro dice: "Beh, si, hai ragione, è successo." Quindi, durante quel periodo di qualche giorno in cui tutti gli dicevano che non era successo, erano in un altro universo in cui non era successo.

D: *Questo creerebbe molta confusione per un umano.*

B: Si. Gli farebbe pensare che forse se lo stavano immaginando. Quindi, in breve smetterebbero di pensarci e se ne dimenticherebbero. Cosi non sarebbero direttamente consapevoli d'esser stati in un altro universo.

D: *Ma sembra che gli universi siano uguali se ci sono le stesse persone in entrambi.*

B: Di solito si, e ci saranno poche cose che sono appena differenti.

D: *Quindi questo significa che tutti abbiamo un alterego o più di uno?*

B: Si. Nella maggior parte degli universi abbiamo una copia identica le cui esperienze fondamentali sarebbero molto simili. In qualche universo non abbiamo alcuna copia, ma è rarissimo incontrare questi universi. Quando succede, è un'esperienze scioccante. Quando ti avvicini a qualcuno che sai di conoscere e sai che ti conosce. Li saluti e loro di guardano come per dire: "E tu chi sei? Ci conosciamo. Non ti ho mai visto prima d'ora."

D: *Sarebbe piuttosto aggravante. Però è possibile passare dall'altra parte e saltare subito di qua.*

B: Si. Di solito si passa dall'altra parte per un brevissimo periodo di tempo, forse qualche ora o al massimo un paio di giorni. Di solito è un passaggio temporaneo. E generalmente la gente che passa dall'altra parte continua con la propria vita e le loro attività quotidiane. Non sono proprio consapevoli di quando sono passati di là e poi tornati indietro. Il momento del passaggio è molto ambiguo. Ma certa gente può ricordare che è successo qualcosa di strano mentre era dall'altra parte.

D: *Si rendono conto solo di sentirsi stranamente o cosa?*

B: A volte non si rendono conto nemmeno di quello. A volte notano solo qualcosa, per esempio, un particolare edificio che esiste nel loro universo. Un giorno stanno camminando e notano che non c'è quell'edificio e infatti non c'è mai stato alcun edificio là. Qualche giorno dopo, si rendono conto che c'è ancora un edificio in quel luogo. In questo modo potrebbero riconoscere che temporaneamente erano in un altro universo dove non era stato costruito quel particolare edificio.

D: *In altre parole, non sono assolutamente identici.*

B: Esatto. Non sono sempre assolutamente identici. C'è sempre almeno una cosa diversa. E quella singola cosa diversa è abbastanza da creare un intero universo. A volte potrebbe essere piccola come un granello di sabbia posizionato diversamente su una certa spiaggia a creare un diverso universo. Ciò che lo rende ancora più complesso è che costantemente, vengono creati nuovi universi. Per ogni azione, c'è sempre più di un risultato. Nel tuo universo si realizza un risultato, ma tutta l'energia degli altri risultati deve andare da qualche parte. E quindi tutti questi altri risultati che non vengono realizzati nel vostro universo, causano la creazione di un altro universo praticamente identico al vostro universo, eccetto per quel particolare risultato. E da lì quell'universo continua a svilupparsi nella sua direzione.

D: *Stai dicendo che una persona è in grado di causarlo? O ci vogliono diverse persone?*

B: No, solo una persona. Qualsiasi. Succede sempre. Il cosmo gigantesco continua a crescere. Ed è infinitamente complesso, al punto che una mente non è in grado di comprenderlo. Per esempio in questo universo, inizia pruderti il naso e tu puoi fare una di molte cose. Puoi grattarti il naso o puoi soffiartelo, o il tuo corpo potrebbe decidere di starnutire. Tutte e tre queste cose avranno luogo in questo universo. Però tu decidi di starnutire e lo fai. Ciononostante l'energia delle altre due possibilità deve finire da qualche parte. E cosi in quello stesso momento altri due universi si manifestano, in uno dei quali tu ti gratti il naso e nell'altro ti soffi il naso. E questa è l'unica differenza in questo momento tra quegli universi e questo. Da lì continuano a svilupparsi e saranno

minimamente diversi ma saranno sempre molto simili a questo.
D: Sembra che potrebbe diventare molto complicato.
B: Lo è.
D: Credo sempre che nella nostra vita si giunga a diversi incroci. Che si prende una decisione di fare una cosa eppure ci sarebbero diverse altre decisioni che potrebbero metterci su un altro sentiero. Questo significa forse che anche le altre decisioni diventano realtà?
B: Si, anche le altre decisioni si manifestano, ma non nel tuo universo. Giungi ad un incrocio, come dici tu e ti trovi di fronte ad una grossa decisione. Puoi attuare una di diverse opzioni. A secondo della cosa che fai, potresti facilmente determinare la direzione generale del resto della tua vita. Prendi la decisione di andare in una particolare direzione. Appena prendi questa decisione di fare una specifica cosa, l'energia potenziale che era raccolta dietro alle altre decisioni causa il manifestarsi di altri universi, dove si manifestano tutte le altre potenziali decisioni. Dove ci sono tue copie che camminano lungo quei sentieri decisionali. E le loro vite saranno diverse dalla tua perché hanno preso una diversa decisione e sono andati in una diversa direzione. Causando, quindi, le differenze di quell'universo, a volte gli effetti possono avere una vasta portata. Dove in un breve periodo di tempo, sorprendentemente, quell'universo è molto diverso dal tuo.
D: Si, perché la tua vita potrebbe andare in una direzione totalmente diversa.
B: Producendo effetti totalmente diversi sulla gente intorno a te. E' l'effetto valanga che poi ha un diverso effetto sulle persone intorno a loro, eccetera, eccetera.
D: Ma non sei realmente responsabile per le tue decisioni.
B: No, no. Prendi la decisione che senti sia migliore per te. Nelle tue circostanze, potrebbe esserlo. E le altre circostanze vengono in essere al punto che le altre potenziali decisioni diventino la migliore per quelle circostanze. Tuttavia, a volte si prende una decisione e si comprende di aver preso la decisione sbagliata, che non hai scelto le circostanze migliori. Quando te ne rendi conto, ciò che è successo, quel particolare ramo della tua vita si divide in un altro universo dal tuo universo originario. E il "te" originario prende la decisione giusta e continua a vivere la decisione alternativa con l'energia rimasta. Tu invece, la accetti e gestisci la tua vita facendo del tuo meglio.
D: Non è possibile riprendere l'altra decisione? (No) Non è possibile

fonderle insieme ancora una volta?
B: No. Ma non e' fatalista come potrebbe sembrare. Perché anche se hai preso la decisione sbagliata o potresti sentire d'aver preso la decisione sbagliata, puoi sempre fare del tuo meglio. Perché hai ancora decisioni da prendere in ogni momento della tua vita, prendere quelle decisioni saggiamente ti aiuterà a mantenere la tua vita sul sentiero che vuoi che sia.
D: *Quindi è ancora possibile riorientare la propria vita nell'altra direzione se si volesse.*
B: Si, saresti solo in un diverso universo rispetto alla tua copia che prese la decisione che tu avresti volute prendere.
D: *Beh, sembra che il tuo corpo fisico sia in molti luoghi in diversi momenti. (Si) E' un duplicato esatto di questo corpo? Sto cercando di comprendere secondo la mia limitata terminologia terrestre.*

Risi nervosamente. Stava diventando estremamente complicato e frustrante.

B: Si inizia con un esatto duplicato, ma dopo qualche tempo hanno luogo diversi cambiamenti. Per esempio, in un universo potresti rimanere ferito e non in questo, il risultato sarebbe una differenza. E' molto complicato. La cosa più difficile di tutte è cercare di correlare tutte le diverse forme di te stesso in tutti gli universi alternativi al tuo vero se, la tua anima. Questa è una delle cose che rende il karma cosi complicato. A causa della trazione del karma devi sperimentare ogni cosa almeno una volta per espandere la tua esperienza e per avvicinarti al tuo più vero ed elevato Se. Beh, in ogni vita state sperimentando quasi tutto allo stesso tempo. Tuttavia dovete sperimentare tutte queste diverse cose nella giusta proporzione per arrotondarvi totalmente fino al punto di diventare una persona intera. Quindi dovete tornare indietro diverse volte durante svariate vite. E finite coll'esistere in svariati universi ogni volta. Ma le cose sono cosi. Questa lingua semplicemente non è sufficienti.
D: *Ma se tutte queste altre copie stanno vivendo delle vite diverse e tuttavia fanno tutte parte di noi, perché noi non siamo consapevoli di loro? Perché non siamo in grado di comunicare e sapere che esistono?*
B: Perché sarebbe troppo difficile e troppo complicato per le vostre limitate menti umane, riuscire ad accettare. Sarebbe troppo opprimente. Ci sono molti, moltissimi concetti che sono oltre a ciò

che considerate realtà dei quali non vi è permesso venire a conoscenza, perché sovraccaricherebbero completamente la psiche umana. E' abbastanza che vi focalizziate sulla vita presente e le circostanze che state vivendo. Ma mi avvisiamo, il vero se, la vostra anima conosce ogni cosa che le vostre infinite coppie stanno facendo e ne mantiene un perfetto registro. Voi, come esseri umani, non dovete preoccuparvi di tutta questa complessità.

Grazie a dio ci sono delle piccole benedizioni! Nel bel mezzo di tutte queste informazioni complicate mi ricordati di qualcosa che un altro dei miei soggetti disse. Mi disse che non avrei mai ricevuto la risposta a tutte le mie domande, perché cerca conoscenza sarebbe come veleno, piuttosto che medicina. Creerebbe danni invece di illuminarci. Presumo quindi, che l'essere umano non sarai mai in grado di gestire l'intera quantità d'informazioni proveniente dalla mente di Dio.

D: *Crea confusione pensare che una copia di te, un copia fisica, sta facendo cose di cui non sei consapevole.*
B: E' vero. Si starai chiedendo quando passi in un altro universo e stai interagendo con un alternativo gruppo di persone, non mancherai forse alla gente con cui interagisci normalmente? Tuttavia, quando passi dall'altra parte, anche la tua copia è passata dall'altra parte e quindi non manchi a nessuno.
D: *Mi stavo chiedendo proprio questo, è possibile incontrare il proprio se.*
B: No. Perché quando passi dall'altra parte si forma un vuoto che deve essere riempito e cosi la tua copia automaticamente prende il tuo posto per riempire il vuoto, finché la tensione non raggiunge il punto in cui devi tornare indietro all'universo in cui appartieni.
D: *Il resto della gente non nota alcuna differenza?*
B: Forse. Quanti minimo errore, una sottile differenza, di solito di ricordi o altro. Potrebbero dire:" Ti ricordi quando è successo questo e quello?" E la tua controparte potrebbe dire: "No, perché quello non mi è mai successo." E butteranno tutto sulla cattiva memoria o qualcosa del genere.
D: *Se la tua copia venisse tirata attraverso il vuoto, anche lei non saprebbe d'essere in un universo alternativo?*
B: Non se tu e la tua controparte foste tra i pochi che sono riusciti a fare due più due, per cosi dire, e comprendiate: "Mioddio, non tutto è al suo posto qui. Forse sono in un universo alternativo." E la cosa che rende tutto questo interessante e che dovrebbe aiutarti a

comprendere i tuoi compagni è che in qualsiasi momento ti potresti trovare a lavorare con uno di loro direttamente da uno dei loro universi alternativi. Al punto che se tu dicessi qualcosa e loro non se la ricordano, invece di diventare impazienti, ti ricorderesti che a quella particolare copia, forse non è successo o non gli è ancora successo. "Beh, cavoli, sto parlando a uno delle loro copie. In qualche giorno..."

D: *Gli altri potrebbero avere una personalità totalmente diversa?*

B: No, la personalità generalmente è la stessa. A volte alcuni aspetti della personalità saranno sviluppati un po' diversamente a causa di un diverso percorso di esperienze, ma di solito la personalità è praticamente la stessa. Visto che la personalità è una delle cose che connette il tuo corpo fisico al tuo vero Se.

D: *Stavo pensando che se incontrassero qualcuno come te, ma che fosse totalmente diverso, allora la gente penserebbe che ci fosse qualcosa di strano.*

B: Esatto. Ma questo non succede mai, perche la personalita' e' praticamente la stessa. Forse alcuni dei dettagli potrebbero essere diversi. Per esempio, in un universo qualcuno potrebbe essere amichevole, gioviale e molto estroverso. Eppure il loro se alternativo potrebbe sempre essere amichevole ma non cosi estroverso. Potrebbero essere più dimidi e non cosi estroversi. Potrebbe essere un'alternativa minore di questo genere.

D: *Si, e la tua famigli e amici potrebbe pensare, bene oggi è di buon umore, o qualcosa del genere.*

B: Esattamente.

D: *Ma c'è mai la possibilità che le due controparti possano incontrarsi?*

B: Non penso che sia possibile.

D: *Stavo pensando a storie e leggende che ho sentito, di doppelgangers: vedere il proprio doppio.*

B: Si. Quando vedi il tuo doppio in quel modo, è quando i due universi si stanno intersecando e voi siete entrambi nel rispettivo universo. Riuscite a vedervi, ma non è una cosa comune.

D: *Forse è per questo che sono così rari i casi riportati.*

B: Si. Di solito ciò che succede è che quel qualcun altro vedrà il tuo doppio e più tardi ti dirà di averlo visto.

D: *Oh. Ho sentito parlare di casi del genere. Dicono: "Ti abbiamo visto in questo e quel luogo." E tu rispondi: "Non ero là. Infatti sono rimasto a casa tutto il giorno."*

B: Esattamente. Eri a casa ma ti trovavi in un universo alternativo e il

tuo alterego era fuori a farsi un giro.
D: *Questo potrebbe spiegare molti dei casi di cui ho sentito parlare. Ma nel caso di Tuin, l'animale era totalmente diverso da qualsiasi animale sulla Terra in quel periodo.*
B: Si. Questa è un'altra ragione della rarità di quel caso, visto che la sua matrice era sopravvissuta ed era permanentemente dall'altra parte anche se non c'era un alterego in questo universo. Per lo meno non sulla Terra. Adesso, c'è la possibilità che in quel caso particolare, l'animale avesse una copia in questo universo, ma su un altro pianeta. A quel punto, quando quest'animale saltò e rimase da questa parte, la sua copia o finì in un altro universo o cessò di esistere in quel preciso istante.
D: *Un altro animale terreno non avrebbe potuto andare dall'altra parte al posto suo?*
B: No, perché non era la controparte di questo animale.
D: *Allora doveva essere un'esatta controparte. Ma ebbe luogo in un momento in cui il villaggio aveva bisogno di provviste e se lo mangiarono. Questo non li danneggiò minimamente. E' molto interessante ed è anche molto complicato.*
B: Si. Ho la sensazione di aver lasciato qualche impressione erronea nella tua mente, a causa dell'inadeguatezza di questa lingua.
D: *Beh, è possibile. Altre gente a cui ho parlato in questo modo dicono che la lingua è inadeguata a spiegare le cose, a volte utilizzano delle metafore per spiegarmi quelle cose.*
B: Vero, è certamente inadeguata. Lascia delle nozioni molto semplificate nella tua mente.
D: *Si, ma a volte questa è l'unica maniera di spiegare le cose, anche se non è proprio accurata.*
B: Questo è vero. Non voglio che tu ti senta in colpa o limitata nelle tue azioni solo a causa delle cose alternative che potrebbero accadere. Continua vivere la tua vita come l'hai sempre vissuta, perché quello è il normale sviluppo del cosmo gigantesco. Il fatto è che quando sei nata in questo universo, sei anche nata in diversi altri universi. E quindi, azioni e decisioni che prendi causeranno il manifestarsi di un altro universo o forse altereranno un altro universo che è abbastanza simile. Questo non per allarmarti, perché succede ovunque in ogni momento
D: *In altre parole è una cosa naturale.*
B: Si, e fa parte del lavorare sul proprio karma. Non è nemmeno come essere predestinati. Tu e tutti gli altri tuoi alterego avete la libertà di scelta nelle decisioni cha si presentano nelle vostre vite. E anche se

prendete una decisione, questo non significa che automaticamente una tua copia debba prendere l'altra decisione. Se un altro te prende l'altra decisione, allora è perché lo hanno scelto. E' una loro libera scelta. Di solito finisce che le cose si bilanciano in questo modo. Occasionalmente tu e i tuoi alterego scegliete una direzione e l'altra direzione non viene scelta. Allora un altro universo viene in essere dove si manifesta la decisione che non è stata scelta, per mantenere l'equilibrio energetico. Capisci?

D: *Ci sto provando. Mi ci vorrà un po' di tempo per digerire ed assorbire queste informazioni. Ogni volta che sono esposta ad una nuova idea, questo è ciò che succede. Devo rivederla prima di essere in grado di comprenderla veramente.*

B: Sentiti libera di farmi altre domande quando ha digerito queste informazioni. E' importante che tu comprenda.

D: *Ho la sensazione di essere spinta a condividere queste informazioni che ricevo con molte persone.*

B: Si, ed è importante che tu le comprenda al meglio possibile con le limitazioni della tua lingua. Cosi quando condividi con le altre persone anche loro avranno una comprensione più chiara e non una comprensione fangosa. Questo particolare concetto potrebbe disturbare le istituzioni religiose del vostro universo. E potrebbe causare molta, moltissima, inutile agitazione.

D: *Continui a parlare di questi alterego. Potrebbe uno di loro avere un occupante e un altro un diverso occupante? O sarebbe molto simile?*

B: Oh, questo dipende. Molte volte non è insolito che abbiano gli stessi lavori. Per esempio, in questo universo una persona è brava col lavoro manuale e quindi fanno l'elettricista. In un altro universo potrebbero non essere un elettricista, ma potrebbero fare qualcos'altro dove lavorano sempre con le loro mani. Potrebbero essere un maniscalco o un falegname o qualcosa del genere. O se qualcuno in questo universo è un ingegnere, ma hanno un hobby: la musica. Sono appassionati di musica, ma per loro è solo un hobby. Allora in un altro universo potrebbero essere un musicista, invece che un ingegnere. Quindi qualsiasi siano le tue tendenze fondamentali della tua personalità, visto che la personalità è praticamente la stessa in tutti gli universi. Se è una personalità sfaccettata, dove l'individuo è in grado di fare molte diverse cose, negli altri universi i suoi alterego potrebbe esprimersi facendo cose radicalmente diverse di quello che stanno facendo qui, perché la capacità di farlo è nella loro personalità.

D: *Per esempio, adesso sono una scrittrice. Potrebbe esserci un'altra parte di me che è sempre una moglie e non è interessata a scrivere?*
B: No, l'interesse d'espandere se stessi ci sarebbe sempre. Però in un altro universo potresti non aver preso la direzione della scrittura. Per esempio, in questo universo invece di voler rimanere una casalinga, volevi espandere la tua mente e fare qualcosa di più soddisfacente e sei diventata una scrittrice. In un altro universo avresti questo stesso basilare impulso della personalità di non restare solo una casalinga. Vorresti espandere te stesso, vorresti fare qualcos'altro, quindi staresti facendo del volontariato. O forse, in un altro universo ti saresti dedicata alle arti e cose simili. O come percepisco, sei interessata in cose psichiche. Bene, in un altro universo invece di dedicarti alla scrittura ti saresti dedicata alle cose psichiche e non avresti pensato a scriverle, ma solo a farle.
D: *Quando pensavo a queste alternative che avrei potuto prendere, allora sono diventate una realtà altrove?*
B: Si, se non fossero una realtà da qualche altra parte.
D: *Ummm, questo potrebbe diventare davvero complicato.*
B: E' davvero complicato. E ho la forte sensazione che non sarai in grado di assorbirlo questa volta. Probabilmente dovrai tornare e farmi altre domande, il che non è un problema. E' importante che tu lo capisca e che ti sia chiaro. Qualsiasi decisione tu prenda è giusta. Non esistono le decisioni sbagliate. Più tardi, potresti sentire che avresti potuto prendere una decisione migliore. Ma nel momento della decisione, per te era giusta. Quindi, non sentirti in colpa per ciò che ritieni essere un errore che hai fatto in passato, perché non esistono le decisioni sbagliate.
D: *Perché l'altra decisione esiste da qualche altra parte.*
B: Si, tutto è in equilibrio. Ed ogni qualvolta devi prendere una grossa decisione nella tua vita, di solito una forma di quella decisione si manifesta in una delle tue vite alternative, degli universi alternativi. Quindi, di solito, la maggior parte delle decisioni verranno presentate nel risultato finale. Occasionalmente, uno degli aspetti non verrà presentato e quindi un nuovo universo si manifesterà per presentare anche quel lato della decisione. Ogni qualvolta questo succeda tu non ne sei consapevole perché è una cosa naturale. E la tua vita continuerà lungo quella linea e tu non realizzerai che c'è un altro tuo alterego. E' un processo automatico e non c'è alcun fenomeno fisico coinvolto, quindi non sai quando succede.
D: *Alcune delle domande che faccio potrebbero sembrare molto*

semplici e molto naïve.

B: Questo è il minimo, visto che devi comprendere, bisogna iniziare da qualche parte.

D: *Tutte queste altre personalità sono tutte associate con gli stessi famigliare? (Si) Non potrebbe essere una diversa famiglia o un diverso marito o figli o qualcosa del genere.*

B: Occasionalmente. Di solito è una rappresentazione equilibrata. Per esempio, se ad un certo punto nella tua vita, tu avessi la scelta tra sposare un uomo o un altro uomo e tu decidessi uno dei due, negli altri universi svariate tue copie sceglieranno quello stesso uomo. E di solito svariati tuoi alterego decideranno per l'altro uomo. Quindi i loro universi saranno diversi in quella direzione perché un tuo alterego ha deciso l'altro uomo. Di conseguenza la famiglia sarebbe diversa. Quindi, si, ci sono tue copie che hanno una diversa famiglia, diversi antenati e cose simili, a causa di queste altre decisioni. Ma contemporaneamente ci sono altri universi dove le stesse decisioni sono state prese e quindi la stessa famiglia sarebbe coinvolta.

D: *Quindi se passassi in un altro universo con un marito e una famiglia diversi, sarei davvero molto confusa.*

B: Si, lo sarebbe. Ma questo non succede molto spesso, perché visto che quell'universo è radicalmente diverso, sarebbe più difficile per te essere in grado riuscire a passare da quella parte. Di solito, è più facile che ci sia un passaggio accidentale con gli universi dove tutto è molto, molto simile, quasi identico.

D: *Potrebbe avere qualcosa a che fare con i livelli vibrazionali?*

B: Si, vibrazioni complementari, energie complementari. Un universo in cui in passato sono state prese decisioni simili. Come nel tuo universo dove tutto sembra molto vicino ad essere uguale, con solo qualche minima, sottilissima differenza qui e là; è molto più facile intersecarsi con quell'universo. E si intersecano in modo tale da permetterti di avere un portale aperto attraverso cui passare. Ora, potrebbero esserci incidenti in cui quest'universo potrebbe intersecarsi con un altro universo e potresti essere in grado di osservare le cose che succedono, ma senza alcun portale d'entrata che ti permetta di interagire con le cose che stanno succedendo.

D: *Potrei vedere attraverso ma non passare dall'altra parte?*

B: Esatto. Per esempio, un giorno potresti camminare e potresti osservare qualcosa che è diverso da come te lo ricordi. Ma non ti avvicini per investigare, semplicemente continui a camminare. Continui a pensarci e non c'è nessuno nei paraggi per fargli qualche domanda. Quindi hai interagito con quell'universo. Ti sei solo limitata ad osservare qualcosa di diverso. E se c'è altra gente nei paraggi, non ti viene in mente di fare loro qualche domanda. E se lo fai, potrebbe sembrarti che non ti sentano perché il portale non è aperto per permetterti d'interagire.

D: *Proprio come una finestra trasparente che non si può attraversare?*

B: Esatto. Non saresti in grado di dire dove finisce il tuo universo ed inizia l'altro. Penserai solo che stai attraversando la strada o facendo qualcos'altro in quel momento. E da qualche parte tra li' e là c'è il punto d'intersezione dei due universi.

D: *Hai detto però che qualche volta vedi qualcosa ed inizia a scintillare e poi sparisce?*

B: Si, questo quando l'intersezione sta finendo gli universi si allontanano. Questo aiuterebbe a spiegare molti degli incidenti che descrivete come fantasmi e miraggi. Avete un fenomeno noto come Triangolo delle Bermuda. Quell'area, per qualche ragione, continua ad intersecarsi con un altro specifico universo. C'è un magnetismo insolito là che causa la sparizione degli aere verso l'altro universo. E la maggior parte delle loro matrici si dissolve.

D: *Allora la gente smette d'esistere quando passi di là?*

B: Esatto. In quel punto passano dall'altra parte.

D: *E l'aereo, le navi o quel che sia, l'intera cosa si dissolve? Non esiste più sull'altro piano?*

B: Dopo essere uscito da questo universo e passato nell'altro, non esistono più in questo universo perché sono passati dall'altra parte. Nell'altro universo non può esistere perché le vibrazioni non coincidono e le loro controparti sono ancora là. Quindi uno dei due deve cedere. Di solito si dissolve quello che è passato più recentemente. A volte è l'altro che si dissolve, ma questo non succede molto spesso. Questa è la spiegazione per alcuni dei racconti che ci sono di persona che passano per un campo e poi spariscono a mezz'aria. I loro alterego erano appena passati in questo universo e loro dovevano finire da qualche parte. Di solito, quando spariscono cosi a mezz'aria o sono appena passati nell'altro universo o la loro matrice si è dissolta.

D: *Ma questa è solo la dissoluzione del corpo fisico. L'anima non può essere danneggiata in nessun modo, giusto?*

B: No, no. Questo è solo il corpo fisico.

D: *Il piano spirituale viene considerato come uno di questi universi paralleli?*

B: Ci sono infinite universi sul piano fisico, ma sul piano spirituale tutto e' praticamente un unico universo. Siamo in grado d'interagire con ogni cosa. Sul piano fisico alcune persone lavorano sul loro karma conducendo diverse vite parallele in vari universi paralleli. Specialmente se vogliono gestire qualche dettaglio specifico di un particolare aspetto del loro karma. E le varie decisioni che prendono nei vari universi, si bilanciano in modo da aiutare il loro karma. A volte, visto che tutti questi universi sono su un piano fisico, le barriere protettive tra di loro a volte si eliminano. E la persona con cui stanno parlando è già sparita da quest'universo, ma vive ancora nell'altro universo. E' difficile da spiegare.

D: *Pensavo che se muoiono in un universo, anche tutte le loro copie in diversi universi muoiano.*

B: Più o meno muoiono tutti nello stesso generico periodo, non necessariamente tutti contemporaneamente. Dipende da quanto tempo abbiano bisogno per gestire quell'aspetto di karma, di soluzioni alternative a quell'aspetto specifico di karma in questi vari universi. Di solito ci vuole approssimativamente la stessa quantità di tempo, ma non è una data finale precisa perché da questa parte il tempo non ha alcun significato. E quindi a volte ci sono delle discrepanze di questo genere. Ma di solito si manifestano perché non spesso queste discrepanze coincidono con le barriere energetiche che si nullificano a vicenda occasionalmente.

D: *Quindi se vedi qualcuno e scopri più tardi che sono morti settimane prima, potresti essere di fronte ad una copia?*

B: Si. Un'altra spiegazione è che qualche volte quando uno spirito è morto qualche settimana prima e non si è ancora adattato al piano spirituale, il loro eco spirituale può essere particolarmente convincente o particolarmente compatibile con le vibrazioni fisiche delle cose.

D: *Essere fisici abbastanza al punto che qualcuno potrebbe toccarli o parlare con loro? (Si) Questo potrebbe allinearsi al fatto che il Cristo si rese visibile abbastanza da poter essere toccato; dopo il sua Resurrezione.*

B: Si. Appena tornò, non era pienamente adattato al livello spirituale. Ecco perché disse alle prime persone che volevano toccarLo di non farlo, perché non era ancora asceso al Padre. Però dopo quando Tommaso volle toccarLo, Lui fece altri adattamenti al suo eco spirituale fino al punto d'essere toccato.

D: *Ho sempre trovato tutto questo molto confuso. Se erano morti, come*

facevano ad essere così fisici. Ci sono anche i casi dei fantasmi autostoppisti, che proprio entrano in macchina, viaggiano e parlano alla gente.
B: Sì. E poi spariscono.
D: Questo potrebbe essere un fenomeno simile? (Sì)

  Questa scarica di strane informazioni mi lasciò mentalmente esausta. Mi sentivo come sei il mio cervello fosse stato piegato e strizzato come un pretzel. Nulla mi aveva ma disturbato tanto quanto questa valanga d'informazioni. Sapevo che ci sarebbe voluto molto tempo per assorbirle, organizzarle e comprenderle. Forse altri lettori non avranno le stesse difficoltà e tutto combacerà perfettamente con la loro visione della realtà o per lo meno potrebbe essere abbastanza plausibile da aprire le loro menti ad un pensiero radicale.
  Quando Beth si svegliò l'unica cosa che si ricordava della seduta era una strana immagine mentale. Voleva parlarmene prima che sparisse dalla sua mente.

B: Immagina un modello elettronico dell'atomo, dove vengono mostrati i vari nuclei e le orbite degli elettroni che fanno: "Whirrrrr", in tutte le direzioni. Adesso queste orbite degli elettroni, invece di essere fili elettronici come vengono presentati, imaginali invece come anelli d'argento. Immagina tutto questo a livello dell'elettrone, questi anelli argentati, direi larghi circa un centimetro. E l'intera immagine è approssimativamente di 5cm in larghezza. (Con le mani mi mostrò la dimensione approssimativa.)
D: Sarebbe più grande di una palla da baseball.
B: Circa della dimensione di una bel pompelmo o arancia. Questi anelli argentati sono circa un cm. di larghezza e si muovono in tutte le direzioni. A spirale, ondeggiano e si muovono e saltano costantemente come se contenessero un'esplosione di anelli argentati. Non c'è modo di contarli, è un numero infinito. Questa è l'immagine nella mia mente.
D: Sono intrecciati o cosa?
B: Sì, ce n'è uno che va così e un altro che sale sopra e un altro ancora che si sovrappone. (Gesticolando) E sono tutti intrecciati e sovrapposti e si incrociano. E i loro cambiamenti, la relazione tra di loro è in costante alterazione e cambiamento, cambiano gli angoli e così di questo genere.
D: Questa potrebbe essere un'altra immagine che stavano cercando di farmi visualizzare per mostrare come funzionano i diversi universi.

Parlavano di un tessuto con tutti i fili intrecciati.
B: Si, anch'io ho visto i fili in quel modo.
D: *Questa deve essere stata l'immagine nella tua mente, ma non sono proprio riusciti a trasmetterla, cosi mi hanno dato l'idea di un tessuto, perché era più semplice da descrivere.*
B: Si. Forse abbiamo bisogno di entrambi i concetti per aiutare a spiegare di cosa si tratta.

* * *

Informazioni su questo argomenti provenienti da un'altra fonte.

D: *Se ognuno di noi vive su diversi piani d'esistenza contemporaneamente, stiamo parlando di vite parallele?*
Phil: Questo è corretto. Nel senso che ognuno di voi, a questo punto delle vostre vite, siete un semplice aspetto del vostro intero se'. Siete puntini di coscienza. La vostra consapevolezza completa è molto oltre qualsiasi cosa che potreste immaginare o raggiungere al vostro livello. Quindi, è facile vedere che quando la vostra consapevolezza cresce, mentre allargate la vostra realtà della scala spirituale, scoprite che la vostra consapevolezza si sovrappone con quella di altri individui. Infatti a livello ultimo siete in realtà sul piano di Dio, dove ogni cosa esiste. La vostra consapevolezza al vostro livello è semplicemente un estratto o un pallino focalizzato di quella consapevolezza totale. Quindi si potrebbe vedere che a diversi livelli la vostra consapevolezza certamente si sovrapporrebbe con quella di altri, fino al punto ultimo in cui tutto è uno. Quindi, tutte le vite alla fine sono contemporanee.
D: *Una volta avevi detto che siamo solo la punta del nostro iceberg.*
P: Questo è corretto.
D: *Quando i cambiamenti Terrestri che sono stati predetti avranno luogo sulla Terra, come influenzeranno gli universi paralleli o intersecanti?*
P: Ci saranno esperienze su questo specifico livello che verranno sperimentate su questo piano. Tuttavia, l'esperienza completa sarà condivisa ad un livello molto più profondo. A livello di razza ed anche ad un livello più profondo, il livello universale. Perfino adesso esperienze su altri pianeti e in altre aree dell'universo vengono condivise da un aspetto più profondo di voi stessi. Un livello di voi stessi molto più in alto sulla scala. Quando – e questo ancora una volta è a livello individuale – ognuno di voi sperimenta

la transizione, che ognuno alla fine deve sperimentare, allora vedrete che ci sono altri su altri piani che hanno sperimentato transizioni simili. E loro saranno in grado di offrire energia ed incoraggiamento, cosicché verrete assistiti in qualsiasi direzione prenderete

* * *

Altre informazioni si presentarono quando Beth visitò la Biblioteca sul piano spirituale durante una seduta nel 1986.

B: E' passato un bel po' di tempo dall'ultima volta che ci siamo visti in biblioteca. La conoscenza è tutta qui, scintillante, luminosa e pronta per essere studiata. Se la domanda fosse localizzata altrove allora io mi proietterei là. Non è un problema.

D: *Una volta ti fatto delle domande riguardo agli UFO e alle astronavi dello spazio profondo. Quella volta ti sei proprio arrabbiato con me perché non riuscivo a comprendere il concetto di dimensioni. (Si) Avevi detto che queste astronavi vengono da diverse dimensioni e avevi anche detto che ero piuttosto ignorante di questo argomento. (Risi) Potresti illuminarmi un po'?*

B: (Esasperato) Ci proverò. Una difficoltà sono le influenze planetarie sotto le quali sei nata. Ti rendono solidamente attaccata a ciò che percepisci come realtà. Questo occasionalmente, viene percepito dalla nostra parte come testardaggine o limitatezza, il che è piuttosto frustrante. Cercherò di spiegarti le dimensioni. Dove ti trovi, sulla strada nella vita che stai vivendo in questo punto del tuo sviluppo, visualmente percepisci tre dimensioni. Che sono: l'altezza la larghezza e la profondità. I vostri scienziati presumono che il tempo sia la quarta dimensione, che prende il resto dello spazio dell'oggetto che state esaminando. Ma non potete vedere direttamente, visto che la luce viaggia in linea retta sul vostro livello d'esistenza. Per convenienza i vostri saggi hanno etichettato queste dimensioni: la prima, la seconda, la terza e la quarta, presumendo che siano tutto ciò che esiste. Dalla loro comprensione limitata della natura dell'universo e la loro limitata comprensione della matematica necessaria, ciò che sanno è abbastanza per risolvere le loro equazioni. Tuttavia, ci sono molti modi differenti di percepire la realtà, molti modi diversi di sperimentare "ciò che è". Ed ognuno di questi diversi modi, contiene e coinvolge diverse dimensioni. Queste varie dimensioni non sono necessariamente la lunghezza, la larghezza, la profondità e il tempo. Queste etichette si applicano sono a quattro dimensioni, quando in realtà ci sono molte dimensioni. Finora mi comprendi? (Si) Le varie combinazioni di queste diverse dimensioni contengono diversi rami del mega universo che ti ho descritto in passato. Ti ricordi dell'universo e come sia in costante ramificazione e divisione e intrecciamento a causa della natura del tempo?

D: *Si. E poi gli universi paralleli si intrecciano tutti tra di loro?*

B: Esattamente. Questi universi paralleli non solo coinvolgono le stesse dimensioni delle quali sei a conoscenza, ma anche altri universi paralleli che coinvolgono tutte le altre dimensioni che noi hai alcun modo di percepire. Questi altri universi contengono forme di vita intelligente, forme di vita superiori che stanno lavorando sul circolo del karma. Gli esseri in alcuni di questi universi sono molto più avanzati di voi, spiritualmente, mentalmente ed intellettualmente. Di conseguenza, molti di loro hanno scoperto un modo di viaggiare dal loro universo al vostro universo utilizzando certi incredibili strumenti, per alterare le dimensioni che percepiscono. Alterando le dimensioni, riescono a percepire le dimensioni che percepite voi, vengono automaticamente messi nel vostro universo. E' difficile da spiegare. Conseguentemente, questa è la ragione per cui si dice che provengono da altre dimensioni. Perché il loro universo occupa lo stesso spazio, per cosi dire, del vostro universo, con un diverso standard di dimensioni, in questo modo nulla è in collisione. Utilizzando un'analogia del vostro mondo: in una zona durante un giorno nebbioso, è come avere un pezzo di garza nella nebbia, c'è molta rugiada sulla garza e molta bruma nella nebbia. Ora la garza, la rugiada, la bruma e la nebbia occupano tutte lo stesso spazio, ma rimangono separate tra di loro. Funziona cosi tra le varie dimensioni. Il tuo standard dimensionale potrebbe essere la garza, per esempio. Lo standard dimensionale di un altro essere potrebbe essere la nebbia e la nebbia ricopre tutta la garza ed è anche dentro la garza, ma non collide con la garza. E tutto ciò che questo essere può percepire è la nebbia. Quindi, non è consapevole della garza e non ne è in conflitto. Mentre, tutto ciò di cui voi siete consapevoli è la garza, e le fibre di cui è fatta la garza. Non siete consapevoli della nebbia che è dentro e tutt'intorno alle fibre della garza. E non siete consapevoli della rugiada che si è condensata sulla garza, perché è fuori dalla vostra percezione. Riesci a capire?

D: *E' difficile. Gli scienziati del nostro tempo pensano che questi UFO*

provengano da spazi fisici come li comprendiamo noi.
B: Provengono da spazi fisici, ma non come li conoscete voi. Alterano la loro percezione della realtà per farla coincidere con la vostra percezione della realtà, questo risulta nel fatto che appaiano nello spazio come lo conoscete voi. Un modo in cui riescono ad ottenere le velocità incredibili che utilizzano per viaggiare è di percepire parzialmente entrambi gli universi, in questo modo sono in grado di condensare la distanza tra i punti. Lo so questo crea confusione, ma è l'unica maniera di spiegarlo nella tua lingua. Quando osservo le cosiddette rappresentazioni "visuali" nella biblioteca, questi concetti sono molto eleganti e semplici, come la maggior parte dei grandi concetti che sono alla base dell'universo. Ma quando cerco di spiegarli a parole, sembrano molto più complicati di quanto non lo siano veramente. Perché sto cercando di spiegare ciò che non è, proprio come ciò che è; in questo modo posso proiettare una immagine mentale accurata.

D: *Capisco. Ma gli investigatori pensano che gli UFO provengano da altri pianeti. Non so se possano comprendere questo concetto.*

B: Devono essere molto chiari a proposito di questo argomento delle varie dimensioni. Ho solo utilizzato le etichette delle quattro dimensioni che avete voi. Le tre che percepite visualmente, è tutto ciò che riuscite a percepire con i vostri cinque sensi. Semplicemente non avete altri concetti nei vostri cervelli o nella vostra lingua per gestire altre dimensioni. Quindi, non gli dato alcuna definizione. Tuttavia, dirò questo per aiutarti a comprendere. Ciò che considerate come parte della dimensione che chiamate "tempo", in realtà include svariate dimensioni. Il vostro mondo ed universo non contengono solo quattro dimensioni. Sono composti di molte altre dimensioni oltre a quella, ma le altre sono etichettate sotto il nome di "tempo". Ecco perché cose strane inesplicabili succedono spesso, a causa della natura di queste varie dimensioni che interagiscono tra di loro, che voi invece percepite come un'unica dimensione. Quindi a volte per voi non ha senso, vi confonde e lo trovate contrastante. Le varie nature di queste varie dimensione che chiamate "tempo", sono queste dimensione extra. Siete in grado di percepirle, ma i vostri scienziati cercano di eliminarle dalla razionalizzazione. Ciononostante il vostro corpo è in grado di percepirle ed è questa percezione delle altre dimensioni che fa sorgere ciò che avete etichettato come "poteri psichici". Questi poteri psichici, non sono nulla di straordinario. Sono alla stregua della vostra capacità di percepire profondità, lunghezza e

larghezza. Questi poteri psichici, sono la vostra abilità di connettervi a queste altre dimensioni che avete raggruppato sotto il concetto di tempo.
D: *Questo è un argomento che potrebbe andare avanti per molto tempo.*
B: Potrebbe. Per diverse sedute. Svariate delle tue cassette.
D: *La cosa principale è che ne possa scrivere e permettere a coloro che comprendono, di comprendere, anche se io non ci riesco.*
B: Coloro che hanno un'educazione superiore potrebbero fare più fatica a comprendere perché sono più rigidi riguardo alle loro idee.

* * *

Informazioni ricevute da Phil durante una seduta del 1996 a Hollywood dove viveva in quel periodo. Stavo cercando di incontrarlo da diverso tempo, ma il mio calendario di viaggio non me lo permetteva. Il mio obbiettivo per questa seduta era di chiudere degli argomenti aperti e trovare pezzi mancanti che avrei potuto utilizzare in questo libro. Ci vollero molti anni, durante i quali raccolsi pezzettini d'informazioni da diversi soggetti in tutto il mondo, per riuscire a compilare questi concetti e chiarirli nel miglio modo possibile secondo la mia limitata comprensione.

Phil venne al mio hotel dopo aver finito di lavorare. Dopo due chiacchere di aggiornamento sulla nostra vita, iniziammo con la seduta. Mentre si rilassava sul letto, iniziò a parlare prima ancora che gli diedi la parola chiave. Non c'era bisogno di utilizzare la nostra procedura normale. Iniziò prima ancora di darmi il tempo di accendere il registratore. Questo era successo in passato solo in un'altra occasione, nei primi tempi del nostro lavoro, quando stavamo investigando la storia della semina della Terra.

P: Tu sei un protettore dei registri e adesso ci sono coloro che faciliteranno questo lavoro. Puoi chiedere ciò che ritieni sia la tua domanda.
D: *Vorrei che coloro che possono condividere informazioni in forma di analogie siano presenti, se possibile, per facilitare la comprensione anche per l'individuo medio.*
P: Certamente. Questo, come hai notato in passato, è sempre stata una nostra caratteristica. Utilizziamo il tuo simbolismo semplificato per trasmettere i concetti astratti che ti impartiamo. Riteniamo che forse e' piu facile per la mente umana visualizzare ciò che gli è

famigliare, invece di provare a concettualizzare ciò che è astratto. E' necessario, a causa della struttura unica della tua mente umana – e qui vogliamo chiarire, per non dire il cervello, ma piuttosto la mente stessa. I processi mentali che sono inerenti nella tua esistenza umana non sono convenzionali. Sono in qualche modo modificati dalla norma comune di ciò che chiamiamo la "realtà universale".

D: Sono coinvolta in un progetto e sto cercando di comprendere molti concetti complicati. Potete spiegarmi il concetto di tempo simultaneo?

P: Vediamo che la realtà è un po' distorta nella vostra comprensione convenzionale che la vostra mente umana cerca di definire. Questo è sia una limitazione che un aiuto nel tuo desiderio di comprendere. Vorremmo che tu immagini un disco appoggiato sul lato piatto, in questo modo sei in grado di vedere la parte superiore di questo disco.

D: Lo sto guardando dall'alto?

P: Esattamente. Poi segna un punto qualsiasi lontano dal centro del disco. Lungo il raggio di una linea dal centro al perimetro o limite esterno del disco. Ora ruota il disco e nota che il sentiero percorso da questo punto che hai marcato, sembra che continui indefinitamente in una direzione. Questo lo descriviamo come infinito. Perché la direzione che percepiamo non cambia mai e non si raggiunge mai la fine. Non incontrerai mai te stessa su questo sentiero. Quindi, per l'osservatore che posizionato su questo punto, non c'è né inizio né fine. C'è solo moto o movimento in ciò che si percepisce come direzione d'avanzamento. Allora comprendi che questa percezione è dovuta solo al fatto che sei sul piano del tuo viaggio. Quando ti rimuovi da quel piano, o prendi la prospettiva di colui che guarda dall'alto in giù verso il disco, al contrario di colui che è sul disco, questa percezione diventa ovvia. L'apparente discrepanza è che ci sia davvero un inizio ed una fina. Qualsiasi posizione su quel disco potrebbe essere utilizzata come referenza o inizio o fine. Semplicemente non è ovvio quando ti trovi sul disco. Quando ci si rimuove dal piano dalla realtà apparente, allora la vera realtà è manifesta.

D: Allora colui che è sul disco, è ciò che noi percepiamo?

P: Quello è come viene percepito, non che voi lo percepite.

D: Perché lo percepiamo in modo lineare.

P: Esattamente. La percezione è solo da un punto di vantaggio e non da una realtà. Notiamo che in molti sul vostro piano cercano di definire la realtà dal loro punto di vista. Ci sono realtà più vaste che non vengono notate, solo perché la gente si rifiuta di alterare il proprio punto di vista. Questo non è possibile per qualcuno che resiste alla capacità di farlo.

D: *Penso che una delle complicazioni che abbiamo nel cercare di comprendere il tempo simultaneo, sia l'idea che invece di progredire in modo lineare, tutto stia in realtà accadendo contemporaneamente. Definiamo cosi il tempo simultaneo.*

P: Il concetto in se stesso non è corretto. La tua definizione di accadere, è in se stessa in grado di comprendere la realtà dell'esistenza. Quando diciamo "succedere", l'idea stessa di succedere si definisce. Succedere è in questo momento, all'opposto di esistere che è indefinito. La percezione di succedere è limitante, perché per definizione, la parola "succedere" deve avere sia un inizio che una fine. La definizione stessa di "succedere" indica l'inizio di qualche evento e la fine qualche evento. Per tanto, ti chiediamo di lasciar andare questi punti d'inizio e di fine. E realizzare semplicemente che c'è ciò che c'è. Quindi, tutto esiste simultaneamente, al contrario del fatto che tutto succede simultaneamente.

D: *Una delle difficoltà che ho con questo è che nella nostra realtà si cresce da bambino ad adulto. Questo succede linearmente. Se tutto questo esiste simultaneamente, come riuscire a definirlo?*

P: Ci sono molti scenari differenti nella vostra vita, che percepite consciamente in modo singolare. E con questo facciamo riferimento all'altra nostra definizione, che i tuoi processi mentali sono un po' modificati dalla realtà universale generalmente accettata. I tuoi processi mentali in se' definiscono ciò che percepisci. Permettono solo una piccola porzione di realtà in qualsiasi momento. Ci sono coloro che possono vedere uno spettro molto più ampio d'esistenza, senza questi fattori limitanti, senza inizi o fini, ma totale esistenza. Qui parliamo di coloro che sono di livello di consapevolezza molto superiori ed avanzati. Tuttavia, è possibile per coloro che sono sul vostro piano, comprendere e perfino sperimentare tutto questo in un modo o nell'altro quando aprono la propria mente, quando lasciano cadere le barriere di inizio e fine. L'universo esiste. Non inizia ne finisce. Semplicemente esiste.

D: *Ma nella nostra realtà vediamo noi stessi iniziare come bambini, crescere e cambiare. Questo non contraddice forse l'idea che ogni cosa succeda simultaneamente?*

P: L'esperienza della nascita è molto analoga ai concetti mentali o funzioni mentali della vostra esperienza. C'è un preciso inizio ed una precisa fine, una nascita ed una morte. E la tua vita viene definita da tutti quei punti che cadono tra le due barriere. Se rimuovessi te stessa da questo definito gruppo di perimetri e osservassi la tua intera esistenza, vedresti che i segni di riferimento della nascita e della morte sono solo definizioni e non realtà. La tua anima esiste sia dentro che fuori ai segni di riferimento che descrivi come nascita e morte. In questo modo prendi una prospettiva superiore o più vasta e vedresti che esisti anche qualora tu sia vivo o meno.

D: Si, queste sono cose posso comprendere. Semplicemente non riesco a metterlo nel perimetro del tempo simultaneo in cui tutto ha luogo contemporaneamente.

P: L'esistenza di termini come "succedere" o "inizio e fine", sono in qualche modo definitivi, ciò ti fanno pensare in quei termini. Ti chiediamo di utilizzare altri termini, come "esistenza", che non viene definito in termini di inizio o fini, ma semplicemente presenta l'esistenza della realtà. La realtà esiste. Non ha ne' inizio ne' fine. La tua definizione di tempo simultaneo è solo un tentativo di guardare all'intera cornice in termini bidimensionali, e questo ti confonde, nel fatto che c'è questo concetto ma non nel tuo linguaggio.

D: Dobbiamo gestire i termini che la nostra mente comprende nella lingua Inglese. Benissimo. Proseguiamo con qualcos'altro. Sto cercando di comprendere il concetto di vite parallele e perfino di universi paralleli. Forse sono due cose completamente diverse, ma iniziamo con le vite parallele. Dicono che sono vite che stiamo sperimentando simultaneamente. Ed ancora una volta sorge il concetto di tempo. Non in diversi periodi di tempo e possono perfino sovrapporsi.

P: Questi sono certamente concetti simili, nel fatto che tempi paralleli e universi paralleli sono proprio il tempo simultaneo e gli universi di cui parlavamo precedentemente. Si tratto solo di focalizzare la tua attenzione su un particolare aspetto di ciò che è la somma di tutte le tue esperienze. Faremo riferimento ancora una volta all'analogia del cerchio, secondo la quale ogni punto definito sul cerchio può essere un inizio o una fine. Non viene definito dal suo carattere come uno o l'altro. E' semplicemente là. Allora comprendi che tutti i punti su quel cerchio esistono simultaneamente su quel cerchio. E non sono né l'inizio né la fine, in sé per sé, ma solo per definizione. In se per se, non sono nemmeno un punto. Sono solo una definizione.

D: *Crediamo di entrare in un corpo come spirito e per sperimentare quella vita. Ma se esistiamo e viviamo anche in un'altra vita parallela, allora quella come può essere definita? Sto pensando ad un'anima che entra in un corpo in uno specifico momento.*

P: La tua realtà, tu, la tua realtà personal, potrebbe essere definita come un cerchio. Tu, nel tuo stato conscio, può solo comprendere il punto o segmento che la tua mente è in grado di percepire. La tua consapevolezza è solo in grado di percepire ciò che è direttamente davanti a te. Per non dire che non puoi vedere oltre al tuo naso, ma utilizzeremo quell'analogia nel senso del quadro generale. Tutto ciò che sei e tutto ciò che sei stato e tutto ciò che sarai, sono su quel cerchio. Ma la tua percezione di questo è solo relativa a ciò che è abbastanza piccolo per essere percepito dalla tua mente coscienza. A livelli superiori, sei consapevole della somma totale di tutta la tua esistenza. Ciò nonostante, la tua mente cosciente, sul piano da cui stai parlando, è solo in grado di ciò che è più immediato per la tua mente cosciente.

D: *Stavo pensando. Ogni volta che sto conducendo una seduta ipnotica e porto il soggetto a vite passate, quello non è forse un modo per cambiare la focalizzazione? Proprio come cambiare i canali della televisione.*

P: Esattamente. E' proprio la stessa persona o energia. La coscienza viene semplicemente diretta avanti o indietro lungo questo cerchio. Questo essere esiste. Non ha inizio, non ha fine. Semplicemente esiste. Semplicemente sposti l'attenzione o percezione da una sezione di quell'esistenza ad un'altra. Non c'è interruzione nell'esistenza. E' continua ed infinita in entrambe le direzioni. Tuttavia, potresti avanzare la tua percezione, per trovare ciò che cerchio. La conoscenza che cerchi, verrà trovare in qualche porzione di quel cerchio.

D: *Allora è come se il subconscio avesse la conoscenza, la somma totale di tutte le vite.*

P: Il subconscio è la somma totale di tutte quelle vite. E' il cerchio stesso. La coscienza, semplicemente, si muove in quella porzione del cerchio le cui informazioni stai cercando. Poi condivide ciò che si trova in quella porzione del cerchio. Vogliamo chiarire che in casi di aberrazioni o malattie mentali in cui la percezione è distorta, allora spostarsi verso un'altra porzione del cerchio causerebbe una distorsione nella percezione. Qui presumiamo che le realtà vengano presentate come sono veramente e non attraverso le lenti distorte di false impressioni. Perché anche questo è possibile. La lente o mente cosciente, ha bisogno d'essere chiara e priva di distorsioni, in questo modo le informazioni dai diversi punti su questi cerchio sono sia presentati e... facciamo fatica a tradurre la parola, per dedurre che la percezione di quell'informazione sia corretta.

D: *Allora sembra che il nostro concetto di subconscio sia davvero errato. Il subconscio è più connesso all'anima o allo spirito?*

P: Non c'è nessuna differenza. Spirito e anima sono la stessa cosa. Il subconscio, secondo la tua definizione, è semplicemente l'intelligenza o consapevolezza di quell'anima. Nella tua definizione, la consapevolezza della tua anima è definita come il subconscio. Il fatto è che la tua anima è la tua consapevolezza. Questo è uno degli ostacoli quando si cerca di imparare le realtà dell'universo: che la tua consapevolezza è la tua realtà. Non è che percepisci l'universo attraverso la tua consapevolezza, la realtà è la tua consapevolezza. Sei ciò che pensi. Quella è la tua realtà.

D: *Pensiamo che il subconscio sia come un registratore, il guardiano del sistema del corpo e per questo rimane oggettivo. E' come un protettore del corpo. Ma presumo di non aver connesso al fatto che potrebbe essere la vera e propria anima o spirito.*

P: L'esistenza della tua consapevolezza convalida il fatto che tu sia. Pensi, quindi sei. Eppure tu sei anche se non lo conosci. Quindi pensi, quindi non sei.

D: *Spesso quando contatto il subconscio direttamente e chiedo informazioni riguardo al corpo, sembra essere molto obbiettivo e distaccato.*

P: Gli aspetti emotivi del vivere in un ambiente come quello in cui ti trovi, richiedono che ci sia una qualche forma d'interfaccia, al fine di funzionare con le correnti di realtà che ruotano attorno a te. Queste emozioni permettono l'assorbimento d'informazioni da ciò che viene percepito nel tuo ambiente e la loro assimilazione nella esistenza della tua anima. Per tradurre le esistenze attorno a te in modo che possano essere percepite dalla tua coscienza.

D: *Penso che questo lo renda un po' più facile. Un'altra domanda simile. Puoi darmi una descrizione o una definizione di altre dimensioni che esistono in prossimità della nostra, anche se a noi sono invisibili?*

P: Ci sono molte dimensioni che circondano la vostra specifica area di realtà. Vi chiediamo di scegliere ciò che percepite essere più rilevante e definirlo in termini che possiate comprendere. Ci sono infatti molte dimensioni, entrambe sotto e sopra la vostra profondità di percezione. Tuttavia, questo non significa che una o l'altra siano superiori o inferiori.

D: *Dicono che ci sono molte dimensioni molto vicine a noi, ma a noi invisibili eppure sono molto simili alla nostra. Ti sembra corretto?*

P: Vi sono accessibili, tuttavia non vi sono apparenti. Ci sono molti aspetti di queste altre dimensioni che si sovrappongono da una dimensione all'altra. Eppure ci sono molti altri aspetti che sono unici di quella specifica dimensione. Ci sono momenti in cui i vostri stati emotivi causano l'espansione della vostra mente ed espandono anche la vostra percezione del mondo che vi circonda. Per esempio, molta gente trova che osservare il tramonto durante uno specifico periodo della loro vita o forse, periodo del giorno o dell'anno, gli dia una sensazione di consapevolezza che non è comune nella loro vita. Un'unità con la natura che è insolita. O forse nel linguaggio di coloro che ricercano queste esperienze, diventare tutt'uno con la natura. Hanno allineato la loro coscienza a quello specifico filone che è comune in tutti questi universi. Quindi sentono il respiro della loro esistenza che si espande fino a quel punto in cui sento d'essere in molte altre dimensioni contemporaneamente. Ed infatti lo sono. Ne sono consapevoli.

D: *Allora sembra far affiorare lo stesso concetto della nostra attenzione. Le altre dimensioni ci sono tutte, ma non le possiamo percepire a causa della nostra attenzione.*

P: Esattamente.

D: *Allora sembra che quei tre argomenti vadano bene insieme.*

P: Esattamente. Lo scopo generale di questa conversazione è più di percezione che di realtà. Le realtà dell'universo sono presenti perché tutti possano percepirle. Tuttavia, la crescita personale e la comprensione di una persona che sta cercando di comprenderlo ovunque si trovi, determinano a quale profondità o livello o altezza, sarebbero in grado di percepire queste altre realtà.

D: *Quindi quando parlano di elevare la nostra comprensione, questo significa che diventeremo più consapevoli di queste altre realtà?*

P: Esattamente.

* * *

Discussione durante un incontro di gruppo durante gli anni '80.

Q: *A volte pensiamo di avere vari aspetti di noi stessi, che molto probabilmente sono vivi qui sulla Terra simultaneamente a noi. E'*

possibile che succeda spesso?
Phil: La mia risposta immediata era: spesso. Molto più spesso di quanto non si pensi. Infatti, più proiezioni di pensiero proiettiamo in quelle zone, più "benzina" diamo a queste capacità. Ciò nonostante, i nostri aspetti hanno una vita loro. Esistono e la maggior parte delle volte non sono consapevoli dei loro aspetti. Noi e gli altri.

* * *

Durante un'altra seduta con Phil nel1999.

D: Ho raccolto informazioni riguardo alle altre dimensioni, e volevo saperne di più. Nei miei limiti, so che, le altre dimensioni che circondano il nostro pianeta sono mondi fisici, con esseri umani viventi. Ma vibrano a diverse velocità e ci sono invisibili. Puoi darmi qualche altra informazione a proposito?
Phil: C'è una cerca realtà circolare nel fatto che non ci sia alcun senso di finitezza nella vera realtà. Ci sono molte ombre di realtà che sono espresse in diversi modi. Tuttavia, dire che una dimensione sia fisica e non spirituale, non è corretto. Il concetto sembra essere compreso come se un essere fisico sia diverso da un essere spirituale. Semplicemente, ciò che tu chiami "fisico" ha certe caratteristiche che sono in qualche modo separate o diverse da quelle che chiami "spirituali". Tuttavia, sono le stesse. E' solo una questione di certe differenze che distinguono uno dall'altro. Se dovessi definire la realtà dell'acqua verde, invece che dell'acqua blu, potresti dire che certamente l'acqua verde no è l'acqua blu. Tuttavia, è ovvio che la vera componente di entrambe: l'acqua, è esattamente identica. Semplicemente ci sono differenze tra i due che le distinguono. Quindi possiamo realmente dire che l'acqua blue e davvero diversa dall'acqua verde?
D: Ho sentito che ci sono altri esseri che vivono in queste altre dimensioni. A noi sono invisibili, ma vivono in ciò che loro considerano un mondo fisico.
P: Esattamente. E' come le onde radio nell'aria che esistono simultaneamente e contengono tutte diverse informazioni, diverse realtà, eppure possono esistere nello stesso spazio simultaneamente. E' solo una questione di frequenze diverse. Non c'è interferenza finché le frequenze non cercano di condividere la stessa frequenze simultaneamente.
D: Questo causa ciò che chiamiamo "statica" o sovrapposizione?

P: Si. Problemi.
D: *Questo succede anche con le dimensioni?*
P: Occasionalmente. Però, per fortuna, in larga scala ci sono garanzie che riescono a prevenirlo. Tuttavia, è possibile che ci siano sovrapposizioni occasionali.
D: *Cosa succederebbe in quell'occasione?*
P: Esseri di diverse dimensioni potrebbero interagire e diventare consapevoli gli uni con gli altri attraverso le loro percezioni sensoriali. I sensi, che voi chiamate "i cinque sensi", sono strumenti accordati con alle frequenze sul vostro livello d'esistenza. Gli esseri che abitano altri livelli d'esistenza hanno organi sensoriali accordati alla specifica frequenza della loro esistenza. Se, per qualche ragione, questi livelli di consapevolezza si sovrapponessero o condividessero la stessa frequenza, allora gli elementi sensoriali di entrambe sarebbero accordati alla stessa frequenza. E gli esseri di entrambi i piani sarebbero consapevoli gli uni degli altri.
D: *Saprebbero anche che ci sarebbe qualcosa d'insolito?*
P: Forse, ma non necessariamente. Tra le dimensioni ci sono cambiamenti minimi. Tra dimensioni successive i cambiamenti maggiori diventano più apparenti. Come gli esseri da diverse dimensioni più distanti, i quale se fossero in grado di comprendere ciò che stessero vedendo, realizzerebbero certamente che stesse succedendo qualcosa di particolare. Ciò nonostante, visto che i cambiamenti sono cosi sottili tra le dimensioni, ogni dimensione successiva è appena, appena diversa dalla precedente. Potrebbe essere che, almeno inizialmente, uno non è consapevole d'aver trovato se stesso in un'altra dimensione.
D: *Ma è possibile andare avanti ed indietro.*
P: Esattamente.
D: *Abbiamo sentito parlare di finestre che rendono facile passare da una dimensione all'altra. E' vero questo?*
P: Ci sono aperture che sono utili per mettere ad esseri che hanno la conoscenze e la consapevolezza, di essere in grado di manifestare queste cosiddette "finestre". Tuttavia, nella vostra terminologia non c'è un luogo che si possa definire come un fenomeno esistente, in se per se è statico ed accessibile in qualsiasi momento. Le energie possono essere manipolate per generare una finestra. Eppure, non è un fenomeno naturale. Come ben sai, la vostra Marina fece un esperimento a cui si fa comunemente riferimento come "Philadelphia Experiment". Questo è un esempio di

sperimentazione su queste "finestre". Ci sono quegli esseri che spiritualmente sono in grado di passare da una dimensione all'altra. L'esempio migliore per voi è Gesù Cristo, che era in grado di accedere a molti livelli diversi. Dopo la sua ascensione era in grado di tornare sul vostro piano di coscienza ed essere visibile. Anche se, forse, lui non era del vostro piano, era in grado di tornare sul vostro piano.

D: *Vorresti dire che con il Philadelphia Experiment il governo ha trovato il modo di aprire la finestra e di andare e venire? O sono solo riusciti a creare una finestra?*

P: Diremo che è stata aperta una finestra. Eppure, l'abilità di tornare non era abbastanza precisa come la capacità di aprirla. Ci furono risultati catastrofici a causa dell'inabilità di manipolare correttamente questo fenomeno. E' una condizione naturale in senso universale. Questi piani sono semplicemente naturali e comuni. Tuttavia, è il vostro livello di comprensione a questo punto che li rendo o meglio rende questo concetto: soprannaturale. Nulla è più lontano dalla verità. E' il fondamento della realtà, in senso universale.

D: *Ma il governo ha trovato un modo di farlo.*

P: Ci sono coloro che stanno lavorando sulla manipolazione di queste energie. Ci sono altri che ci sono riusciti in modo più o meno simile. Tuttavia, a causa della mancanza di consapevolezza spirituale, che è necessaria, c'è ancora una comprensione fondamentale molto cruda di questo fenomeno.

D: *Gli esperimenti continuano?*

P: Esattamente. In questo momento è possibile trasportare energia o materia attraverso le dimensioni. Ciò nonostante, le realtà spirituali che permettono questo fenomeno, non sono ancora state comprese. Il fondamento di questa conoscenza è solo tecnologico. La componente spirituale non è ancora stata compresa. Ci sono stati esperimenti che hanno fallito. E i partecipanti erano in condizioni peggiori di prima. La loro anima o spirito ha la capacità o forse le risorse per guarire le vittime di questi esperimenti dopo esseri passati attraverso il piano dimensionale a quello che chiamate piano "spirituale". Ci sono stati casi in cui individui erano completamente persi in un'altra dimensione, essenzialmente erano intrappolati in un'altra dimensione.

D: *Come potevano essere intrappolati se l'anima può andare ovunque e fare qualsiasi che cosa che voglia.*

P: Stiamo parlando delle componenti fisiche. Ci sono casi di corpi fisici completamente trasportati in un'altra dimensione con un'anima intatta.

D: *Questo è ciò che intendi: il corpo era intrappolato in un'altra dimensione e non poteva tornare?*

P: Esattamente. La tua comprensione ci permette do vedere ciò che stai descrivendo. Si, è vero che a volte si sovrappongono. Tuttavia, non è tecnologicamente possibile per qualcuno sul vostro piano cercare di farlo regolarmente. Infatti questo è uno dei modi in cui coloro che chiamate "alieni" sono in grado di spostarsi per vaste distanze. E' semplicemente una questione di passare attraverso le dimensioni e trovare i portali che esistono in uno stato naturale. Qui desideriamo definire la differenza tra ciò che stavamo descrivendo come una finestra all'opposto di ciò che descriviamo come un portale.

D: *Si, vorrei conoscere la differenza.*

P: Nel contesto in cui stavamo parlando prima, una finestra era uno strumento che permetteva di passare da un piano all'altro. Questo non e' un fenomeno naturale. Un portale, tuttavia, e' un fenomeno naturale che si manifesta proprio come un tunnel, in cui ciò che chiamate "distanza" su un piano particolare può essere attraversata. Si potrebbero attraversare grandi distanze passando attraverso a questi portali. Eppure, questi portali sono sullo stesso piano. Non trascendono i diversi piani della realtà. Una volta arrivati a destinazione su quel particolare piano, è necessario convertirsi al piano dove si desidera arrivare.

D: *Questa è la parte con cui faccio fatica. Questo è diverso da altre dimensioni, questo è sullo stesso piano.*

P: I portali sono sullo stesso piano. Non trascendono i piani. Ci sono portali dentro ai piani stessi, però, i portali non si estendono attraverso i piani.

D: *Questo è diverso dal passare attraverso le dimensioni.*

P: Esattamente.

D: *Sono ancora un po' confusa a proposito. Se stiamo pensando allo stesso piano d'esistenza, gli alieni provengono da una stella fisica o parte della galassia che adesso si trova la fuori. E invece di andare alla velocità della luce o altro, gli basta trovare un portale?*

P: Esattamente.

D: *Quindi sono su questo piano di realtà, invece che in un'altra dimensione. Hanno trovato queste porte e cosi possono andare e venire più velocemente.*

P: Esattamente.

D: *Tutto questo mi crea molta confusione, però ho appena avuto un'idea. Prendendo il pianeta Venere come esempio, nella "nostra" dimensione, sembra che là non ci sia vita. E' possibile che in una realtà alternativa o in una diversa dimensione, ci viva gente là?*

P: Sul piano in cui voi sperimentate la realtà, non ci sarebbe nessuno. Però, in dimensioni superiori ci sono infatti molte forme di vita su molti dei pianeti che sono semplicemente ad un livello diverso di espressione. Semplicemente l'espressione, come si manifesta al vostro livello, non esprime o conduce l'essenza di ciò che voi chiamate "forme di vita". A livello inferiore di quell'espressione c'è solo gas e rocce. Tuttavia, proprio come un iceberg si considera visibile solo parzialmente, si sa che l'intera espressione dell'iceberg non è visibile. Il livello in cui stai vedendo la realtà su Venere è semplicemente una porzione di ciò che c'è sott'acqua, per modo di dire. Ci sono porzioni dell'espressione totale che vi sono visibili perché le vostre percezioni non sono in grado di concepire la realtà dei piani superiori d'esistenza.

D: *Quindi in una realtà alternativa, un altro mondo parallelo, per modo di dire, ci potrebbe essere una razza fisica che vive in loco?*

P: Esattamente. E secondo la nostra analogia dell'iceberg, potremmo includere il fatto che l'iceberg trascenda piani d'esistenza.

Quando Phil uscì dalla trance, mi parlò della porzione della seduta di cui si ricordava.

P: La cosa principale che ho compreso è il fatto che c'è una differenza tra le dimensioni. Ma che dentro ad una dimensione ci sono livelli di consapevolezza diversi. Per esempio, ci sono cose di cui non siamo consapevoli in questa dimensione, molto meno per le altre dimensioni. E' come lo spettro della luce, è sempre la stessa luce in questa dimensione e siamo consapevoli solo di una porzione dello spettro. La nostra consapevolezza è limitata ad una porzione molto piccola di questa dimensione. Non siamo completamente consapevoli di tutti gli elementi di questa dimensione, e tanto meno di altre dimensioni. Quindi il concetto di portali è dentro ad una dimensione. Si possono percorrere grandi distanze dentro a questa dimensione, ma non ci sono portali da questa dimensione alla successiva. Ma ci sono gradi di... è quasi come se ci fossero dimensioni dentro alle dimensioni. Ci sono livelli dentro a questa dimensione che cambiano abbastanza da essere diversi dagli altri livelli dentro a questa dimensione.

D: *Quasi come leggere un'ottava. Ogni nota sarebbe una dimensione, ma è ancora sicuro dentro ad un'ottava. (Si) Apprezzo molto la tua spiegazione dei portali comparata a quella delle finestre.*

P: L'acqua sembrava essere il modo più semplice di spiegare a come pensiamo allo spirituale e al fisico. Praticamente è la stessa realtà solo in forma diversa.

Siamo tutti d'accordo sul fatto che stiamo crescendo ed espandendo fino al punto in cui possiamo comprendere e gestire informazioni complicate, che non saremmo mai stati in grado di comprendere all'inizio del nostro lavoro.

* * *

QUESTO ARTICOLO APPARVE SUL DAILY TELEGRAPH, Londra O 11 Ott. 1995

"BENVENUTO AL PROSSIMO MONDO "
del Dr. Michio Kaku

La teoria della gravita di Einstein, che ci da la teoria del Big Bang e i buchi neri, è stata sottoposta ai test più astringenti, eppure è passata con senza problemi.

Nell'ultima uscita di Physics Today, astronomi di Harvard, MIT e l'osservatorio Haystack hanno orgogliosamente annunciato di aver confermato la teoria di Einstein con un'accuratezza pari allo 0.04% misurando la piegatura di onde radio provenienti dal quasar 3C279 vicino all'orizzonte dell'universo visibile. Però c'è dell'ironia in questa dichiarazione. Ogni successo sottolinea solo un grande distanza. Anche se gli scienziati dichiarano risultati sempre più precisi della teoria di Einstein dello spazio deformato, Einstein stesso sapeva che la sua teoria non reggeva di fronte all'istanza del Big Bang. La teoria aveva piedi d'argilla.

Aveva realizzato che la Relatività non aveva alcun valore, quando si parlava di rispondere alla domanda cosmica più imbarazzante di tutta la scienza: Cosa c'era prima del Big Bang? Fate questa domanda a qualsiasi cosmologo e alzeranno le mani, guarderanno in su e si lamenteranno dicendo: "Questa risposta sarà per sempre oltre alle capacità della scienza. Non ne abbiamo idea."

Almeno finora. Un consenso incredibile intorno all'idea di ciò che si ritiene essere "la cosmologia quantica", secondo la quale gli scienziati credono che una mescolanza tra la teoria quantistica e la Relatività di Einstein possa risolvere queste appiccicose domande teologiche. I fisici teoretici stanno correndo nella direzione dove gli angeli hanno paura ad andare.

In particolare, una nuova intrigante e sorprendente immagine sta emergendo nella cosmologia quantica che potrebbe essere in grado di sintetizzare alcune delle grandi mitologie della creazione.

Ci sono due dominanti mitologie religiose. Secondo le credenze Judeo Cristiane, l'universo ebbe un inizio ben definito. Questa è l'ipotesi della Genesi, secondo la quale l'universo si manifestò da un Uovo Cosmico. Tuttavia, secondo la credenza Hindu Buddista del Nirvana, l'universo è senza limiti; non ha mai avuto un inizio, ne avrà mai una fine.

La cosmologia quantica propone una bella sintesi di questi punti di vista apparentemente ostili. All'inizio c'era il Nulla. Nessuno spazio, nessuna materia o energia. Ma secondo il principio quantico, perfino il Nulla era instabile. Il Nulla iniziò a decadere; cioè, iniziò a "bollire" con miliardi di piccolissime bollicine che si formavano ed espandevano velocemente. Ogni bollicina divenne un universo in espansione.

Se questo fosse vero, allora il nostro universo farebbe parte di un vastissimo "multiverso" di universi paralleli, che è veramente senza tempo, come il Nirvana. Come Steve Weinberg, il premio Nobel alla fisica, ha detto: "Un dettaglio importante è che non c'era un inizio; che c'erano Big Bang sempre più grandi, in questo modo il (multiverso) continua all'infinito – non c'è bisogno di arrabattarsi con ciò che esisteva prima del Big Bang. Il (multiverso) è sempre stato presente. Credo che questa sia un'immagine davvero soddisfacente."

Gli universi possono letteralmente spuntare dal nulla come una fluttuazione quantistica del Nulla. Questo perché l'energia positiva che si trova nella materia si bilancia contro l'energia negativa della gravità, quindi l'energia totale di una bolla è uguale a zero. Cosi, non ci vuole alcuna energia pura per creare un nuovo universo.

Alan Guth, creatore della teoria inflazionaria, disse: "Spesso si dice che non esiste il pranzo gratuito. Ma l'universo stesso potrebbe essere un pranzo gratuito."

E Andre Linde di Stanford ha detto: "Se io e i miei colleghi abbiamo ragione, presto diremo addio all'idea che il nostro universo era una singola sfera infuocata creata dal Big Bang."

Anche se quest'immagine è attraente, fa sorgere altre domande. Può esserci vita in questi universi paralleli? Il cosmologo di Cambridge Stephen Hawking ha dei dubbi: crede che il nostro universo possa coesistere con altri universi, ma il nostro è speciale. La probabilità di formare queste altre bolle è incredibilmente bassa.

Dall'altra parte, Weinberg crede che la maggior parte di questi universi siano probabilmente morti. Per avere molecole stabili di DNA, il protone deve essere stabile per almeno tre trilioni d'anni. In questi universi morti, i protoni possono essere decaduti in un mare di elettroni e neutroni.

Il nostro universo potrebbe essere uno dei pochi compatibili con la vita. Questo risponderebbe infatti alla domanda eterna del perché le costanti fisiche dell'universo cadano in una stretta stringa di variabili connesse alla formazione della vita. Se la carica dell'elettrone, la costante gravitazionale, etc., venissero cambiate minimamente, allora la vita sarebbe stata impossibile. Questo è noto come il Principio Antropogenico. Come ha detto Freeman Dyson di Princeton: "E' come se l'universo sapesse che stavamo arrivando."

La versione forte di questa definizione prova l'esistenza di Dio o di una divinità onnipotente. Ma secondo la cosmologia quantica, forse ci sono milioni di universi morti. E' stato un incidente, quindi, che il nostro universo avesse condizioni compatibili con la formazione di molecole stabili di DNA.

Questo lascia aperta la possibilità, che là fuori ci siano universi paralleli che sono quasi identici al nostro, ad eccezione di qualche incidente eccezionale. Forse George III non ha perso le colonie in uno di questi universi.

Tuttavia, posso calcolare la probabilità che un giorno starete camminando per strada, solo per cadere in un buco nello spazio ed entrare in un universo parallelo. Però dovreste aspettare più a lungo della vita dell'universo perché un tale evento cosmico possa accadere.

Come ha osservato il biologo J.B.S. Haldane: "L'universo non è solo più strano di quanto ci aspettiamo, è anche più strano di quando presumiamo."

* * *

Dr. Michio Kaku è professore di fisica teoretica al City University of New York ed è autore di Hyperspace: a Scientific Odyssey through the 10th Dimension (Oxford University Press).

Sembra che le grandi menti scientifiche abbiano almeno una parte del quadro generale.

CAPITOLO DODICI

L'ENERGIA E GLI ASSISTENTI

La maggior parte delle informazioni incluse in questo libro è stata accumulate durante gli anni '80 quando ero un'investigatrice alle prime armi. Ero convinta di avere tutte le risposte alle domande sulla vita attraverso il mio lavoro come terapista delle vite passate. Tutte le prove che avevo evidenziavano l'esistenza della reincarnazione, ma mettevo le vite in progressione (o regressione) lineare, perché quello è l'unico modo in cui la maggior parte delle nostre menti riesce a concepirlo. Avevo creato le mie opinioni e teorie in base ai casi con cui avevo lavorato. Poi quando iniziai a lavorare con Phil il mio sistema lineare di credenze venne smantellato. Il mio lavoro con lui portò alla pubblicazione del mio libro *Keepers of the Garden*, che mi espose ad un concetto radicalmente diverso dell'inizio della vita sulla Terra. C'era molto altro che non era incluso in quel libro. Stavo ricevendo informazioni e venivo esposta a concetti che non avevo mai sentito prima di allora. Stavano minacciando di rovesciare il mio mondo sicuro. Inizialmente ero cosi sicura d'avere tutte le risposte che non volevo esplorare alcuna nuova teoria che non centrava col mio pensiero. Potevo scaricarle, ma a quel punto decisi di tenere una mente aperta e di scavare più a fondo. Compresi che se avessi scartato le informazioni senza averle esaminate, non mi sarei comportata meglio di istituzioni religiose che proclamano di possedere "l'unica" verità. Invece di scaricare il materiale meno ortodosso, lo mettevo da parte per esaminarlo in un altro momento. Adesso è arrivato il momento di esaminarlo e cercare di comprenderlo nel modo migliore in cui la nostra mente umana possa fare.

Questo materiale non si presentava solo come informazioni isolate ricevute da Phil, ma iniziava ad emergere da molti altri soggetti provenienti da tutto il mondo, come se fosse conoscenza e verità intonsa. So che non sarei mai riuscita a comprendere all'inizio del mio lavoro e avrei potuto finire coll'eliminarla. Adesso, dopo più di vent'anni di ricerca, comprendo d'essere stata imboccata a piccole porzioni finché non ero pronta a digerire le informazioni più complicate. Anche se non comprendo pienamente e sono sicura di vedere solo una piccola porzione d'un quadro ben più grande; adesso sono pronta per presentarlo e permettere ad altri di pensare.

Nei primi anni della mia sperimentazione negli anni '80, spesso c'erano incontri di gruppo a casa di Billie Cooper nel paese di Rogers, Arkansas. Durante quegli incontri mettevo Phil in trance e i partecipanti potevano fare delle domande. Spesso c'erano molte persone presenti e naturalmente le loro domande si focalizzavano sui loro problemi personali (lavoro e vita sentimentale). Ma occasionalmente venivano fatte domande più complesse, quelle le ho isolate e presentate in questo libro, perché potevo vedere che seguivano una linea comune.

Ogni volta che chiedevamo all'entità di identificarsi, succedeva qualcosa di questo genere.

P: Qui stiamo parlando come un'energia collettiva. Non c'è bisogno di personalizzare. Non c'è il concetto di "Io" qui, perché tutto è "Noi".

D: *In quanti siete?*

P: Darci un numero fisico sarebbe inutile. Perché in questo modo riusciresti solo a definire limiti di personalità che potrebbero esserci per il totale delle personalità. Dal nostro punto di vista questo non è corretto. Non c'è distinzione. Noi coesistiamo. Non c'è distinzione tra una personalità e l'altra, o l'inizio di una personalità e l'altra. E' semplicemente un'esistenza condivisa e coesa. Non c'è distinzione. Ancora una volta ti diciamo che non siamo lineari né in tempo né in distanza e siano incapaci di tradurre quel concetto. Semplicemente esistiamo. Non cerchiamo di definire la nostra esistenza. E' dalla vostra parte che dovete identificarvi e separarvi ed isolarvi, per poter diventare "voi". Noi siamo noi. Noi su questo piano, non abbiamo ciò che voi chiamate "identità", perché a questo livello non c'è bisogno di identificarsi. Il riconoscimento dell'identità è istantaneo e completo. Non c'è bisogno di attaccare alcuna etichetta. Perché quando si attaccano delle etichette, ci si fissa più sull'etichetta che sull'identità. Questo lo fate sul vostro piano perché non avete la consapevolezza. Non pensate a tutte le etichette ma all'energia. Se foste come noi, voi seduti qui, adesso, in questa stanza, potreste sedere in totale oscurità e passare dentro e fuori da ogni stanza, ed ognuno di voi riconoscerebbe istantaneamente in completa oscurità, coloro che sono seduti e che stanno muovendo. Vi invito a comprendere che ciò che la vostra consapevolezza racchiude è cosi vasto ed è molto più di quanto le vostre menti coscienti possano comprendere. Infatti siete uno con l'universo. Quindi non dovreste essere sorpresi di scoprire che ci sono molti aspetti di voi stessi di cui non siete mai venuti a conoscenza.

D: *Questo includerebbe anche ciò che pensiamo delle vite passate?*

P: Queste potrebbero essere memorie, nient'altro che ricordi condivisi, proprio per il fatto che siete connessi, tutti assolutamente tutti voi siete connessi sul vostro piano di consapevolezza interiore. I ricordi di uno di voi vengono condivisi da assolutamente ognuno di voi. Siete in grado di ricordare i pensieri gli uni degli altri a livello molto profondo. Cosi scoprirete che le vostre vite passate sono chiamata con molta precisione: ricordi di colui che ha vissuto quell'esperienza. Dichiariamo che non esistono le vite passate, perché dal nostro punto di vista tutto è stato, tutto è, tutto sarà simultaneo. Visto che non abbiamo alcun concetto di tempo, ognuno di voi è già stato l'un altro e sarà l'un l'altro in futuro. Sappiamo che tutto ciò non vi è chiaro in questo momento. Tuttavia, ognuno di voi riceverà informazioni in un futuro prossimo, secondo le quali ognuno di voi verrà sfidato a comprendere questo concetto. Cioè: il passato e il presente sono simultanei con il futuro.

D: *Questo è ciò ci confonde. Com'è possibile che siamo in grado di contattare una specifica vita passata per multiple volte? Perché non andiamo in diverse vite ogni volta che regredisco il soggetto?*

P: Potresti seguire una singola nota per tutta la durata di un'intera sinfonia. Se riuscissi ad immaginare una singola nota, suonata su un singolo strumento e ascoltassi questa nota per tutta una sinfonia, vedresti riapparire questa nota, o più precisamente, sentiresti questa nota ripresentarsi durante tutta la sinfonia. E saresti in grado di identificare questa singola nota come un'identità separata. In questo stesso modo potresti ricordare queste, come le chiami tu, vite passate durante la durata di tutta la vostra storia, semplicemente restringendo la vostra percezione in quella specifica area che desideri scegliere. Questa scelta cosciente potrebbe sembrare casuale; tuttavia, i fatti sono che ti sei programmata per tornare a quello specifico segmento ogni singola volta che torni là.

D: Possiamo utilizzare la parola "vibrazione" o "energia"? Coloro che sono in grado di rivedere molte vite passate, sono semplicemente in grado di rivedere molte di questi livelli energetici che gli altri?
P: Esattamente. Ognuno di voi potrebbe seguire molte più linee di quanto tu ne possa comprendere. E' possibile. Tuttavia, c'è la necessità di limitare le proprie esperienza solo alle zone che portano comprensione ed illuminazione. Quindi sarebbe saggio scartare quelle vite che porterebbero disagio, per quello non è lo scopo predefinito. Se tu riuscissi istantaneamente a portare la tua consapevolezza ad accumulare tutto ciò che ti è disponibile, ti sentiresti sopraffatto. Perché succede molto altro, oltre a ciò che siete in grado di comprendere, in ognuna delle vostre separate identità, perfino adesso mentre parliamo. Perché' nel colore bianco, ci sono molti, molti altri colori separati e siete in grado di estrarre facilmente un colore separato da ciò che è bianco. In questo stesso modo tu stessa hai estratto o isolato un'energia particolare che è una componente del tuo Se' Superiore. Quindi questa energia è discesa al vostro livello, questo aspetto di personalità, per cosi dire. Infatti era una parte o parcella di voi stessi che ha ricevuto libero accesso a questo livello. Voi tutti seduti in questa stanza siete solo la punta di un enorme iceberg. Se foste più consapevoli e capaci, potreste portare molto di ciò che c'è sottacqua in superficie e viceversa. Ciò che avete isolato del vostro se potrebbe andare a quei livelli superiori in cui i vostri altri aspetti d'energia risiedono. Molti di voi lo fanno a volte. Non è come se steste sperimentando qualcun altro. E' come se steste sperimentando una parte di voi stessi che non avete mai visto prima.

D: Quindi è possibile rivedere una vita che non è ancora accaduta?
P: Esattamente. Puoi andare ovunque tu voglia andare: passato, presente, futuro, sulla Terra o nello spazio. Non importa. Ovunque. Andare nel futuro potrebbe sembrare difficile inizialmente, solo perché non siete abituati a pensare in quel modo. Quindi, si, potrete facilmente regredire ad una vita futura.

D: Progredire.
P: E' solo una questione di semantica. Tuttavia, come abbiamo detto, simultaneamente tutto è già successo e nulla è ancora successo. Il tempo è davvero un fattore relativo.

D: Potete descrivere il tempo simultaneo in modo che gli umani su questo piano possano comprenderlo facilmente?
P: Ci possiamo provare. Per piacere, prova a considerare la differenza tra una linea retta e un cerchio. Se devi tirare una linea e connettere

due punti su una linea retta, scoprirai che non c'è alcuna possibilità di un parallelismo, nel senso che sono tutti sullo stesso piano. Tuttavia, se tu connettessi due punti su un cerchio ci sarebbe infatti la possibilità di due punti connessi da una linea retta. Se considerassi il tempo solo come un concetto e in quel contesto lo vedi come un cerchio, allora sarebbe possibile che due punti nel tempo possano essere connessi. Supponiamo che questo cerchio diventi una spirale, i cui punti terminali fossero così infinitamente estesi fino al punto che fossero infatti lo stesso punto. Allora il concetto di questa spirale potrebbe essere immaginato e visto come presentante una progressione lineare, da un punto terminale all'altro. Questo concetto di tempo è di natura piuttosto fisica, perché tutto nel mondo fisico deve obbedire a certi concetti fondamentali. Un inizio ed una fine. Vita e morte. Bianco e nero. Più e meno. E' necessario segregare le realtà dal mondo spirituale cosicché queste realtà vengano lasciate nel fisico, cosicché ci sia un processo di polarizzazione. In questo processo si presume l'esistenza di un concetto di dualità. Il più e il meno e tutto il resto. C'è quindi il libero arbitrio, mentre in un cerchio non c'è libero arbitrio, perché non c'è inizio né fine, né bianco e nero. Nel fisico c'è una fine o l'altra, se riesci a seguire questo concetto. Il libero arbitrio non è la fine che giustifica i mezzi. E' semplicemente il risultato della realtà delle polarizzazioni. Il libero arbitrio si è evoluto semplicemente dal fatto che ci sono polarità nel mondo fisico. Tuttavia, il tempo non è polarizzato. Non c'è un tempo positivo o un tempo negativo. C'è solo un'idea di ciò che c'è adesso e ciò che era allora. E perfino mentre stiamo parlando, sta cambiando ciò che è adesso verso ciò che era allora. Quindi potrebbe esistere un "adesso"? Il tempo non si ferma mai, quindi automaticamente il concetto dell'adesso viene buttato fuori dalla finestra. Adesso è istantaneamente ieri o passato. Nel momento in cui realizzi che adesso è un pensiero, è già passato al passato. Quindi non c'è bisogno di preoccuparsi dell'adesso. Vivete sempre nel futuro, se lo scegliete.

D: *Ma ho sentito dire che abbiamo molti possibili futuri.*

P: Esattamente, ma molte volte puoi osservare quelli che hanno il più alto potenziale di manifestazione per te, secondo la direzione in cui è andata la tua vita fino a quel punto. E c'è anche il libero arbitrio che determina tutto ciò che sarà.

D: *Una domanda dal gruppo: mi sono sempre preoccupato delle energie: più e meno, maschio e femmina, come le esprimiamo nel presente. C'è qualche modo di bilanciare queste energie dentro di noi*

P: Prima di tutto, uno dovrebbe essere consapevole che molti sono polarizzati per una ragione. Infatti, in natura esiste, come esiste nel mondo dello spirito, coloro che sono più da una parte che dall'altra. E poi ci sono coloro che sono in equilibrio. Forse, qui possiamo utilizzare l'esempio dello Yin & Yang. E' forse meno nobile essere completamente Yin, piuttosto che essere completamente Yang? O è più nobile essere in completo equilibrio tra i due? Nessuno dice che sia più giusto essere totalmente di uno e non dell'altro o anche solo essere in perfetto equilibrio. C'è solo ciò che è più appropriato. Per ogni specifica lezione, dovresti estrarre ciò che è più appropriato, lo Yin o lo Yang. Vediamo che la tua domanda a che fare con l'auto armonizzazione. Cioè diventare più bilanciato nelle tue energie. Tuttavia, vogliamo cautelarvi riguardo all'idea che la via di mezzo non sempre è la posizione più desiderabile in cui trovarsi.

D: *Questo fa sorgere la domanda dell'omosessualità.*

P: Questo è solo una questione di energie, nel fatto che ci sono energie maschili e femminili. In un uomo, quando è caratterizzato principalmente da energie femminili, esprime queste caratteristiche, che sono di predominanza delle donne. Proprio questa è la ragione per l'attrazione verso gli uomini, perché gli opposti si attraggono, indipendentemente dal fatto che si trovino in un corpo maschile o femminile. Quindi questo è il caso di un livello energetico di tipologia femminile che si trova in un corpo maschile, attratto da un livello d'energia maschile in un corpo maschile.

D: *Hai detto che è un'energia femminile. Cosa volevi dire?*

P: La polarità o disposizione dell'anima viene percepita come predominantemente energia femminile.

D: *Questo potrebbe significare che l'anima ha avuto più vite come donna o più esperienze femminili?*

P: E' probabile che sia cosi, non che la predominanza di vite possa aver programmato l'anima verso energia più femminili. C'è, alla creazione dell'anima, uno stampo dello personalità che di solito è più maschile o femminile o in qualche modo neutra.

D: *Allora le vite passate non hanno nulla a che fare con questo?*

P: Si, hanno molto a che fare con questo, perché sono esperienze che vengono ricordate e quindi programmano in qualche modo in cui l'individuo esprime le energie. Le vite, tuttavia, non determinano se l'entità sarà maschile o femminile.

D: *Ho scoperto che se un'anima ha avuto più vite di un sesso che dell'altro, gli è più difficile adattarsi.*
P: Questo è corretto, perché sono più a loro agio con l'altro sesso. Potrebbe causare confusione perché c'è, in questa società, molta programmazione secondo la quale bisogna essere strettamente o maschio o femmina, e non semplicemente uno o l'altro con degl'incroci di genere.
D: *E' questa la ragione principale dell'omosessualità o ci sono altre spiegazioni?*
P: Questa è la più prevalente. Tuttavia, ci sono casi in cui uno sceglie di incarnarsi in una realtà cosi incrociata al fine di poter assimilare delle lezioni. Molte lezioni potrebbero essere: la temperanza, la tolleranza, la pazienza, l'umiltà, ecc.. Potrebbe non essere una questione di scelta ma di necessità.
Domanda: C'e una teoria secondo la quale il pianeta Terra e' circondato da una banda d'energia. Registrate in questa banda d'energia sono tutte le azioni, tutti i pensieri e tutto ciò che sia mai accaduto. E che chiunque possa ricevere informazioni semplicemente connettendosi a questa banda. Tutto questo è vero?
P: Questa è una dichiarazione corretta. Si, infatti, c'è ciò che voi chiamereste un'aura, attorno a questo pianeta, che è coscientemente costruita dalle emozioni e attitudini di coloro che abitano su questo pianeta. Quest'aura riflette interamente la razza che popola il pianeta sottostante. Proprio come la vostra intera aura rappresenta la vostra personalità. Cioè, l'energia che risiede nella vostra aura.
D: *La nostra aura è influenzata dalle energie che crea il nostro corpo?*
P: Esattamente.
D: *Cosa mi dite delle energie che circondano la Terra?*
P: Sono forse energie future che non sono state canalizzate ad un livello fisico? La risposta è: si. Perché la vostro progressione presente, passata e futura, è un tipo di processo. Un processo industriale che sta prendendo le energie da un piano superiore e le sta canalizzando verso un piano inferiore, attraverso le vostre azioni. La vostra aura è il risultato di questo processo. Tuttavia, le energie sono sempre state e sempre saranno. Dal vostro punto di vista vengono ricanalizzate da un livello ad un altro. L'aura della Terra è fatta di quelle energie che sono state processate dalle energie più alle elevate alle più basse. Quindi sono sottoprodotti dell'esperienza umana. Proprio come il fumo che proviene dal fuoco.
D: *Puoi spiegarci la differenza tra le energie superiori e quelle inferiori?*

P: Le energie superiori potreste chiamarle "Dio" o "vera coscienza" o "illuminazione". Ciò che è. Queste sono frequenze d'ordine più elevato e sono sfruttate attraverso la vostra mente e coscienza. Le energie inferiori, sono energie provenienti dal piano superiore che sono state abbassate ad un piano inferiore. Queste sono un sottoprodotto dell'esperienza umana. Tuttavia, loro sono energie e sono state abbassate ad un livello più in sintonia con il vostro. Qui parliamo di energie in molti modi diversi. Musica, matematica, meraviglia, sorpresa, amore, odio. Tutte queste sono energie.

D: *Io comprendo che sono tutte registrate. Che nessuna viene butta, nessuna viene dimenticata. Non è vero?*

P: Nessuna viene mai perduta. Però, molte non vengono utilizzate. Per esempio, se le energie dell'amore che circondano il vostro pianeta fossero utilizzate piu spesso rispetto alle energie dell'odio e della paura, vediamo chiaramente che l'aura attorno al vostro pianeta sarebbe completamente diversa. Nonché di un livello energetico altamente superiore. E' come se questi sottoprodotti, queste aure che vengono sprigionate fosse indicative delle energie che sono state processate.

D: *Se questo pianeta fosse distrutto cosa ne sarebbe di queste energie?*

P: Semplicemente tornerebbero all'universo. Per essere riprocessate in un altro luogo in un'altra maniera, come diresti tu, un'altra volta. L'energia non può essere distrutta. Tuttavia, sarebbe necessario ridirigere le energie. Perché andrebbero alla deriva nell'universo se non venissero ricanalizzate e riapplicate ad un'altra zona o piano, per affidargli uno obbiettivo utile.

D: *Quindi queste energie non vanno perse, vengono trasformate. Non resterebbero nella stessa forma. – Puoi dirmi qualcosa a riguardo della nostra "anima"? Questa sarebbe la stessa energia di stavate parlando?*

P: Qui c'è una separazione. Parliamo di energie in modo molto libero, che l'anima processa. L'anima qui sarebbe il macchinario funzionante, se possiamo dire cosi. Le energie sarebbero il carburante che energizza l'anima. L'anima è una scintilla, un frammento dell'Anima Unica originale. Perché tutto, ad un certo punto, era unito ed intero. Ed in ciò che chiamate l'inizio della creazione, questa pienezza venne spezzettata. Ognuno di voi venne espulso per iniziare a sperimentare la vita come identità separate. Questo è ciò che chiamate il tempo della Caduta, in cui la conoscenza andò perduta e la coscienza si indirizzo in giù verso la Terra. Questi piani energetici superiori vennero scartati e non considerati. Quindi puoi vedere, da un punto di vista strettamente di analogie c'è stata una definitiva caduta di coscienza, dai piani superiori verso i piani bassi della Terra. Non c'era, come si pensava in precedenza, un'insorgenza maligna quando ebbe luogo questa caduta. Era semplicemente che l'attenzione degli inabitanti era stata spostata dai piani superiori a quelli inferiori. Questo è ciò che si intende con la Caduta. Questo non è un giudizio di bene o male. E' semplicemente un fatto che ricade nel regno della verità. E quindi puoi vedere che quando perdi la prospettiva di ciò che sei e cosa sei, allora c'è la tendenza a disperdersi, come ha fatto l'umanità su questo pianeta da molti millenni. Quindi la Caduta è solamente una dimenticanza della verità identità. Un abbassamento della coscienza e la dimenticanza che tutto è parte dell'intero.

D: *Cosa causò lo spezzettamene, la rottura originaria?*
P: Questo fu un atto intenzionale dell'Intera Unica Anima, per diversificare l'esperienza. In quel momento c'era la sensazione della necessità di diversificare l'esperienza. C'era il riconoscimento che per permettere ad uno di comprendere a pieno Tutto Ciò Che E', si necessitavano altre esperienze.

D: *Quest'anima che si è scheggiata all'inizio venne per avere l'esperienza della Terra e prese una forma corporea. Poi il corpo e l'anima vengono separati alla morte. Sappiamo cosa succeda al corpo. Cosa succede all'anima in quel momento?*
P: Questo è un fenomeno altamente individuale. Molte anime – le chiameremo schegge – scoprono d'essere regredite molto oltre al punto in cui si trovavano originariamente. Quindi si trovano ancora più lontane dalla verità di quando si erano incarnate. Cosi devono ricevere le lezioni che elimineranno gli errori fatti. Altri scoprono d'essere diventate ancora più illuminate e sono cosi in sintonia al livello dell'Unica Anima.

D: *Coloro che sono regrediti devono tornare ed incarnarsi ancora?*
P: No, perché non c'è nessuno "dovere". Se è appropriato, si, allora potrebbe essere la cosa migliore da fare. Tuttavia, non ci sono regole che dicono che uno si deve incarnare.

D: *Alla fine cosa succede all'anima individuale?*
P: Lo scopo ultimo è che tutte le anime ritornino al L'Uno. Riportando con se tutto ciò che hanno sperimentato. E' come se ognuno di voi stesse collezionando esperienze e le steste immagazzinando da qualche parte per un qualche momento futuro, quando tutti voi tornerete con la vostre collezione di esperienze. A quel punto le condividerete con l'intero ancora una volta. Allora tutto ciò che è

stato sperimentato dall'inizio alla fine della creazione vera' condiviso. E' una sinfonia d'esperienze.

D: Quest'anima originale che si è scheggiata, quello è un concetto simile a ciò che consideriamo Dio?

P: Esattamente. E' l'Uno, l'essere che è tutto, la Verità, la Luce. In molti gli danno una loro etichetta specifica. Potreste dire che la vostra identità è separata da questo Dio. Tuttavia, ognuno di voi è veramente un pezzo individuale o una parte di ciò che chiamate Dio. Non c'è Dio senza ognuno di voi. Perché se ognuno di voi svanisse, allora Dio Stesso svanirebbe.

* * *

Questa seduta ebbe luogo nel 1987 dopo che Phil spese molti mesi in California svolgendo diverse mansioni lavorative, inclusa la cinematografia e mentre io ero totalmente immersa sulle informazioni relative a Nostradamus. Phil era tornato nella mia zona e voleva continuare a lavorare con me. Non avevamo alcun argomento su coi focalizzarci, cosi accettammo di vedere dove questa seduta ci avrebbe portati. Io ero sempre pronta per l'inaspettato, utilizzai la sua parola chiave e il metodo dell'ascensore. Quando la porta dell'ascensore si aprì, lui vede una brillante luce bianca..

P: E' luce bianca. Energia totale. Questo è un piano energetico o un regno d'esistenza nel quale noi che siamo coloro che esistono qui possiamo essere chiamata "Assistenti". In essenza siamo una pura forma d'energia prima di qualsiasi costrutto fisico, ma mera energia composta di pensiero.

D: Cosa vorresti dire quando dici che siete gli assistenti?

P: Siamo coloro che vengono ad assistere in questi compiti che avete sottoscritto. Cioè, cercare la conoscenza che è disponibile a coloro che chiedono. Di natura siamo fluidi, nel fatto che ci adattiamo alle energia che ci circondano. Possiamo conformarci alle energie che ci hanno invocato, cioè voi. Siamo assistenti. Portiamo con noi quell'energia che maggiormente supporta il lavoro in cui state per partecipare. Assistiamo nel bilanciare le energia e quindi portiamo con noi il meglio per qualsiasi specifica situazione in cui potremmo trovarci. Ancora, stiamo dicendo "noi", perché siamo una coscienza collettiva e non un'identità singola. Non sottoscriviamo il concetto d'identità singola, che in termini umani significa isolamento, perché sicuramente non siamo isolati. In ogni momento, siamo in comunicazione e comunione con tutte le altre forme d'energia. Non c'e' alcun alcun isolamento o separazione. Parliamo puramente dal regno d'esistenza che occupiamo al regno d'esistenza che occupate voi.

Ero persa, non sapevo come fare qualche domanda. Questo era qualcosa che non avevo mai incontrato prima di allora. Cercai di connetterlo a qualcosa che già conoscevo grazie al mio lavoro. Non sapevo mai cosa aspettarmi, visto che venivo sempre guidata verso territori sconosciuti ed insoliti.

D: Avete una qualche connessione con le nostre guide e i nostri guardiani?
P: Forse, qui, c'è una differenziazione, visto che non siamo voi stessi o una parte di voi stessi. Siamo infatti, distinti da quell'aspetto di voi stessi, eppure veramente siamo parte di voi, nel fatto che facciamo parte dell'intero, l'uno dell'intero della creazione. Quindi, per certi aspetti siamo parte di voi e in altri aspetti non lo siamo. Siamo parte e non siamo parte delle energie che chiamate della "Terra".
D: Quindi vuoi dire che le nostre guide o guardiani sono aspetti della nostra anima o del nostro se?
P: Esattamente. In realtà siete la vostra stessa guida, nel fatto che il vostro Essere superiore sta sempre cercando il vostro se inferiore. Voi, che cercate d'identificarvi in un punto di consapevolezza, siete solo una sfaccettatura del vostro Essere totale. Voi, cercando d'identificare ed isolare la vostra consapevolezza, segregate quel particolare aspetto di voi dal vostro intero Essere. Questo è ciò che chiamiamo... non riusciamo a tradurre questo termine. Tuttavia il concetto è quello di isolazione dall'intero o personalizzazione.
D: Come energie, avete mai avuto vite sulla Terra o separazione o identità in quel senso?
P: Condividiamo la vostra isolazione, nel fato che siamo una parte di voi. In quell'aspetto, si, abbiamo realizzato diverse incarnazioni. Non siamo, tuttavia, ciò che voi classificate come "abitanti" di uno specifico piano. Siamo, infatti, multidimensionali e comprendiamo diversi livelli di consapevolezza simultaneamente. Quindi non possiamo dire che siamo mai stati, come direste voi, personalizzati.
D: Sto cercando di differenziare. Pensavo che ad un certo punto aveste avuto identità terrene e poi vi foste evoluti in un'energia superiore, come quelle che siete ora. Mi sbaglio?
P: Possiamo dire, che non ci siamo mai frazionalizzati. Parliamo da un

livello che è multi-dimensionale e non è scisso o scheggiato in unità energetiche individuali. Siamo semplicemente consapevoli di molti diversi livelli simultaneamente. Perfino adesso, parliamo al vostro livello di esistenza, mentre siamo o esistiamo simultaneamente su un altro livello. E' ciò che forse si potrebbe chiamare "Trans-consapevolezza."

D: *Allora quest'energia è l'unica esistenza che hai mai avuto.*

P: Ci siamo evoluti da un inferiore respiro di consapevolezza ad una forma d'energia più comprensiva. Tuttavia, siamo sempre stati un'energia trans-consapevole. Il nostra è sempre stata un modo d'esistere basato sull'assistenza. Nel fatto che assistiamo, portiamo ciò che è necessario a coloro che ce lo chiedono. Come direste voi la nostra è un'industri di servizio.

D: *Ovviamente, sono sempre limitata dal nostro pensiero convenzionale. Quindi scusate le mie domande se sembrano banali. Ma siete forse il livello che noi consideriamo come "angeli"? So che il nostro concetto probabilmente è molto limitato.*

P: Infatti, sentiamo che nella vostra terminologia, sarebbe appropriato per alcuni dire che siamo infatti degli angeli. Perché nella vostra terminologia, un angelo è colui che viene ad assistere nel momento del bisogno. Un messaggero da Dio. Un benefattore. Ci sono, ovviamente, molte diverse idee riguardo a cosa possa essere un angelo. Tuttavia, per illustrartelo, ci permetteremo d'essere classificati come angeli se fosse appropriato.

D: *Ovviamente abbiamo questa immagine mentale di angeli dalla forma umana.*

P: Non è nient'altro che pura energia attratta verso un'altra energia. E' una semplice questione di attrazione via forza vitale. Forse è possibile spiegarlo utilizzando il termine "livello nucleare". In questo le energie sono infatti all'essenza nucleari. Nucleare viene utilizzato qui in termini di... Pensiamo che questo pensiero non sia accurato e desideriamo cambiare argomento. Per dire che il concetto che stiamo cercando di descrivere è di natura più elettrica. Nel fatto che come le cariche si repellono e gli opposti si attraggono. In questo modo uno può vedere che quando c'è una differenza nell'energia, allora il surplus naturalmente graviterà verso il deficit. Che è praticamente dove prendi le tue polarità opposte. Una ha la natura del surplus, l'altra ha la natura del deficit. Quindi i due si attraggono naturalmente.

D: *Allora quando utilizziamo l'elettricità, stiamo utilizzando una parte di ciò che voi rappresentate? Questo è corretto?*

P: E' meglio dire che questo è un concetto di ciò che siamo. Perché il principio è lo stesso. Non necessariamente utilizzando una porzione di noi stessi, riguardo al concetto che siamo un parte dell'elettricità che fluisce. Ma è corretto dirlo quando di parla del fatto che l'energia fa parte del tutto.

D: *Allora il modo in cui utilizziamo l'elettricità sarebbe il modo in cui possiamo utilizzare i vostri servizi?*

P: Forse per spiegarci meglio, possiamo parlare della biologia del vostro sistema immunitario. Quando c'è la necessità in una parte del corpo per uno specifico sistema difensivo, allora il corpo intero mobilità il metabolismo per produrre e spedire quello specifico enzima o proteina per costruire gli specifici anticorpi necessari a repellere un infezione. Quindi il corpo intero reagisce ad un puntino o una infezione localizzata e quindi spedisce le specifiche necessità di quella reazione difensiva all'area che ha una necessità. Similmente, l'universo intero può mobilizzare e spedire una specifica forma energetica in qualsiasi particolare luogo dell'universo sia necessaria, per assistere nella guarigione di ciò che possiamo chiamare "disarmonia". Noi, in questa analogia, possiamo essere comparati ad anticorpi che vengono mandati a curare la disarmonia.

D: *Sono sempre in grado i vederci meglio con queste analogie. Mi hanno parlato degli elementali? Avete qualche connessione con quel tipo d'energia?*

P: Come abbiamo detto precedentemente, c'è sempre una connessione tra tutti i livelli e forme d'energia. C'è solo una localizzazione di un particolare energia ad una particolare forma di necessità. Quindi siamo in contato e consapevoli di quello che chiamate energie "elementali". Tuttavia, non siamo ciò che chiamereste energie "elementali". Perché da come la vedreste voi, siamo molto sopra anche a quello e simultaneamente lo comprendiamo.

D: *Mi stavo chiedendo se foste di una simile natura. Ho sentito dire che l'energia elementale è molto basilare e non ha l'intelligenza o la comprensione che sembrate avere voi.*

P: Forse stai guardando ad un estremo dello spettro quando singolarizzi o isoli ciò che chiamate energie "elementali". State meramente guardando ad un particolare aspetto di un'energia totale e descrivendola come elementale. Però fa è una parte di un'immagine più completa.

D: *Ho compreso che l'energia elementale è principalmente associata con la nostra Terra.*

P: Sembra che tu le percepisca solo come forme di vita inferiori, come le vostre erbe e piante o particolari forme di ciò che forse chiameresti "forme di vita inferiori" sul vostro pianeta. C'è, ovviamente, l'energia che è associata con la vostre forme di vita superiori, cioè i vostri cani e gatti. E anche l'energia che è associata con le vostre forme di vita più alte, cioè voi stessi. Non c'è distinzione tra le energie, cioè fatto parte del completo. Sono solo associate con uno o più livelli specifici di consapevolezza. Sarebbe un grosso errore dire che l'erba non è consapevole, perché è realmente consapevole. Il terreno stesso su cui camminate è infatti consapevole. Negarlo sarebbe forse come relegarvi alla posizione di Dio, onnicomprensivo, onnisciente e tutto il resto vi è inferiore e inconsapevole. Questo non è corretto. Tutto nel creato è consapevole. Che lo comprendiate o meno, sta a voi. Perché avete la capacità per diventare consapevoli di tutto il creato, dalle più basse alle più alte forme di consapevolezza. E non necessariamente limitati al vostro specifico pianeta. Potreste possibilmente diventare consapevoli dell'intero creato, semplicemente riconoscendo il fatto che tutto ciò che esiste è consapevole.

D: *Ovviamente, questo renderebbe la vita difficile nella nostra forma fisica.*

P: Sentiamo che forse renderebbe la vostra vita più ricca e più piena, perché non vi sentireste cosi soli e tagliati fuori. Perché sareste in una fratellanza ancora una volta, visto che questo è il vostro destino. Forse voi siete diventati isolati a causa di molti errori di cui non siete responsabili o forse a causa della sfortuna. Ciò nonostante diventare consapevoli è una responsabilità d'ogni individuo. Se uno decide di negare le esperienze altrui, allora quella è la loro prerogativa. Allora devono essere in grado di... Vorremmo cambiare questo, perché non desideriamo dare alcuna accezione di punizione. Non vogliamo esprimere quel concetto. Stiamo cercando di intendere che ognuno crea la propria realtà. E quindi uno può vedere che quando uno crea la propria realtà, uno la deve anche vivere.

D: *Si, alcune persone lo vedrebbero come una punizione. Ma se te la crei da solo, devi assorbirne le conseguenze.*

P: Esattamente.

D: *Continuate a parlare dell'intero. Questo è ciò che consideriamo essere Dio?*

P: Con un approcciò' più illuminato, l'intero è infatti ciò che voi chiamereste "Dio", nel fatto che Dio sarebbe onnipresente. Eppure, sentiamo che il vostro presente ed attuale concetto di Dio è forse più generalizzato verso un'astrazione di attributi umani elevati al livello di creatore.

D: *Mi stavo chiedendo se venite considerati a livello del creatore o co-creatori.*

P: C'è, ovviamente, della verità in ciò che dici. Tuttavia, sentiamo che sarebbe inappropriato di dichiararci tali.

D: *Quindi non vi siete evoluti fino a quel punto? Credi che sto cercando di posizionarvi fisicamente dal qualche parte.*

P: Non siamo mai stati creatori. Non siamo creatori. Infatti siamo possibilmente... vorremmo chiarire questo concetto. In questo momento c'e' un... (Pausa).

D: *Cosa? Un'incomprensione o cosa?*

Un respiro profondo e poi Phil improvvisamente apri gli occhi. Era sveglio. Questo fu molto insolito, gli chiesi cosa era successo.

P: (Era completamente sveglio.) Si è spento. Era come se si stessero preparando per dire qualcosa e poi c'è stata un'interruzione nel campo energetico.

D: *Pensi che fosse qualcosa di cui non avrebbero dovuto parlare?*

P: No, era come se ci fosse un'interferenza. A volte succede, sai, come se ci fossero diverse energie che vanno e vengono. E' una cosa delicata da bilanciare e se un'energia esterna entra interrompe la connessione.

D: *Come ci fosse della statica o cosa?*

P: Beh, non è energia elettrica. E' piuttosto energia del pensiero.

D: *Qualcosa a cui pensavi tu?*

P: No, è solo energia esterna. Non è male, era come se la connessione si fosse interrotta.

Non siamo mai riusciti a chiarire cosa portò all'interferenza, ma Phil pensò che dovevamo concludere la seduta e terminare la giornata cosi. Io ero d'accordo perché l'intera seduta mi aveva prosciugata. Stavamo discutendo un argomento veramente complicato per me da comprendere e stavo facendo fatica a formulare delle domande. Tirai un sospiro di sollievo quando lascia casa sua. Sapevo che avrei avuto bisogno di tempo per digerire ed assimilare almeno parzialmente quelle informazioni. Chi lo sapeva che avrei rincontrato queste strane energie.

Quella sera avevamo in agenda un incontro speciale a casa di Billie Cooper. Anche a loro erano mancate le nostre sedute con Phil mentre lui stava vivendo in California. Cosi erano ansiosi di rivederlo. C'erano molte persone quella sera che non avevano mai assistito a questo fenomeno e c'era un'atmosfera di curiosità nella stanza mentre iniziavamo. Utilizzai la sua parola chiave e il metodo dell'ascensore. Quando si aprì la porta la luce luminosa era tornata, quasi come se non se fosse mai andata. Visto che non avevo avuto tempo di formulare alcuna domanda, la mia mente stava correndo nel tentativo di pensare a come iniziare.

D: *Questa è la stessa luce che abbiamo visto questo pomeriggio?*
P: Esattamente.
D: *Pensi che questa sia l'energia più adatta per rispondere a tutte le domande che potrebbero essere fatte questa sera?*
P: Per questo gruppo in questo momento sarebbe una connessione tra ciò che chiedete e ciò che riceverete. Perché spesso uno chiede ciò che non è pratico da dare e quindi deve ricevere ciò che va più vicino a ciò che ha chiesto.
D: *Quando abbiamo contattato quest'energia nel pomeriggio, hanno detto d'essere di natura d'assistenza. Una natura d'assistenza e' l'energia che viene utilizzata quando si vuole creare cose nella propria vita o farle succedere. Questa e' l'energia che viene portata avanti e utilizzata, la si può utilizzare in molti modi. E' corretta la mia definizione?*
P: Diremo che è corretta.
D: *E' un'energia che comprende multiple dimensioni invece di essere su un livello. Quindi aveva una gran quantità di conoscenza in più di una singola energia. Quindi forse è quella più appropriata per il nostro incontro di questa sera.*
P: Diremo che forse una spiegazione più specifica sarebbe necessaria. Cioè, una forma o un ricettacolo di conoscenza. E' solo un conduttore attraverso il quale passa quella conoscenza. Noi portiamo ciò che ci viene chiesto. Non tratteniamo ne immagazziniamo questa conoscenza. Forse al vostro livello questo e' un dettaglio insignificante. Tuttavia in altre conversazioni potrebbe diventare ovvio che c'è infatti una profonda differenza tra coloro che canalizzerebbero questa conoscenza e coloro che la immagazzinerebbero o riceverebbero questa conoscenza.

Le domande che vennero risposte sono incorporate nei vari capitoli di questo libro.

* * *

In molte occasioni durante questi incontri, spirito o qualsiasi cosa fossero, si presentavano curiosi di comprenderci. Questi spesso ci intrattenevano e stuzzicavano facendoci delle domande. Alcune di queste domande erano estremamente difficili da rispondere, perché spesso coinvolgevano concetti della nostra cultura ai quali non pensiamo troppo. Quando questo succedeva potevamo riconoscere immediatamente la pressione a cui li sottoponevamo con le domande che gli facevamo. E' incredibile che fossero sempre in grado di trovare risposte istantaneamente, mentre noi dovevamo consultarci e fermarci e spesso scuotevamo le spalle in rassegnazione perché ci giravano le carte in tavola.

P: Non c'è bisogno d'aver paura di noi, mentre parliamo attraverso quest'uomo, lui lo fa volontariamente e non ha paura di alcuna ripercussione. Quindi lui fa passare questa energia attraverso di se per condividerla con altri. Con questa offerta lui riceve immensamente. Ancora diremo che non c'è bisogno di aver paura di noi. Siamo semplicemente qualcuno che ha ottenuto un livello molto superiore a quello che è correntemente in incarnazione sul vostro pianeta. Siamo qui per portare verità ed illuminazione. E per assistere nell'elevare la coscienza sul vostro pianeta, cosicché l'ignoranza e le superstizioni che sembrano prevalere possano essere debellate e rimpiazzate da conoscenza e verità. Veniamo in pace, in armonia e in amore. (La voce sembrava piu profonda e diversa da quella di Phil. Mi dava i brividi.) In questo momento siete monitorati da uno che e' altamente superiore a qualsiasi altra cosa che abbiate mai sperimentato in questa stanza. C'e in questo momento un Osservatore, un guardiano è adesso assegnato a questa stanza, per proteggere coloro che sono riuniti qui e che desiderano imparare. (La voce continuò ad diventare più profonda e più bassa. Era lontanissima dalla normale voce di Phil. Anche questo era ovvio agli altri nella stanza.) Adesso vi chiediamo, possiamo farvi delle domande?

Questa fu una sorpresa, ma mentre guardavo il resto della stanza gli altri annuivano con la testa, accettando che avremmo dovuto provare questo diverso approccio.

Uno dei membri del gruppo chiese: "Siete l'essenza delle live che sono state vissute sulla Terra?"

P: Si, questa è una dichiarazione corretta. Se potete, immaginate la coscienza collettiva di ognuno di voi in questa stanza, adesso, tutti assieme senza corpi fisici. Se la vostra coscienza fosse rimossa dai vostri corpi, sareste uniti da un interesse comune o un obbiettivo comune. Cosi è per noi. Perché riconosciamo che le nostre energie hanno una vibrazione comune e sono molto compatibili, anche se non identiche. Semplicemente lavoriamo molto bene insieme in unisono, condividendo informazioni ed idee ed offrendo ciò che ci è comune con qualsiasi periodo di tempo. Non c'è una specifica identità, ne ce n'è bisogno. Semplicemente esistiamo.

D: *Quindi desiderate farci delle domande?*

P: In questo momento apprezzeremo l'opportunità di farvele. Tuttavia, vi permetteremo di presagire a qualsiasi impegno a questo appuntamento di questa sera. In altre parole, potete iniziare voi.

D: *Come preferite. Ci sarà il tempo per tutto noi, credo.*

P: C'è una cosa che vorremmo esaminare questa sera, se il vostro gruppo è d'accordo. Cioè sull'argomento della consapevolezza sessuale, o in altre parole, sull'identità di generi. Perché noi qui non abbiamo un'identità sessuale. Siamo semplicemente energia spirituale eterica e troviamo alquanto interessante – senza alcuna mancanza di rispetto – che vediate voi stessi come uno o l'altro. Sembra che abbiate una forte necessità di segregarvi secondo la vostra identità sessuale. Questo lo troviamo davvero affascinante. Perché sembrerebbe esserci in questo un certo scisma nella vostra stessa identità. Sentiamo che voi avete perso la vostra vera identita' se dovete interagire tra di voi in questi termini. Questa è solo un'osservazione dal nostro punto di riferimento. Ed è solo un argomento che abbiamo pensato di sollevare per la discussione, se credete che sia adatto.

D: *Hmmm, un argomento piuttosto strano. Non penso che nessuno di noi ci abbia mai pensato, giusto?*

Un membro del gruppo si offrì volontario: "Gradirei la possibilità di elaborare un po'?"

P: Speriamo che tu possa farlo. Per darci un po' di informazioni al riguardo, per permetterci di arrivare ad una migliore comprensione dal nostro livello.

Lui continuò: "Per come la vedo io, volete discutere l'area del fisico. E visto che siete energie eteriche, non avete di cui preoccuparvi delle cose del fisico, quindi non dovete preoccuparvi dell'identità sessuale. Ma dal punto di vista fisico è molto importante, perché rappresenta la nostra stessa identità. Quindi potrebbe essere un argomento di discussione piuttosto estraneo per energie eteriche. Finché siamo confinati in corpi fisici, questa una cosa molto importante del nostro essere e ce ne dobbiamo preoccupare. Riuscite a capire cosa intendo dire?"

P: Stiamo assimilando la risposta e vorremmo rispondere cosi: comprendiamo la tua preoccupazione. Comprendiamo la tua necessità di identificare o riconoscer il vostro aspetto fisico. Tuttavia, sentiamo – e non stiamo predicando, stiamo solo osservando dal nostro punto di riferimento – che non c'è molto senso di cura custodita verso questi corpi fisici, ma piuttosto un senso d'identità trasferito a questi corpi fisici. Sembrerebbe come se il corpo fisico stesso avesse ricevuto un'identità.

D: *E' vero. Ha ricevuto un'identità perché questo è il modo in cui riconosciamo noi stessi, limitati da tempo e cose materiali. Posso farvi una domanda? Nessuno di voi energie è mai stato in un corpo fisico?*

P: Questo non è corretto, perché non siamo mai stati ad un livello in cui il fisico si poteva manifestare. Siamo semplicemente un energia che semplicemente non conduce la formazione di materia fisica. E' un'energia elettro-magnetica e non della struttura o composizione che faciliterebbe la formazione di materia fisica. Non ce ne sono tra di noi in questo momento che abbiano mai sperimentato ciò che voi chiamate un'incarnazione "fisica", anche se questo non voglia dire che non siamo mai stati sul vostro pianeta prima d'ora. Siamo stati qui ma non in forma umana. Ci sono state molte forme diverse da quella umana sul vostro pianeta, che avevano coscienza. Cio nonostante, non avete ricordi di queste forme, perché nessuna è stata data per essere registrata.

Spettatore: Allora qual'è la vostra origine?

P: Parliamo dall'essenza della verità, dell'Uno Vero Dio, come direste voi nel vostro vernacolare. Proveniamo dal datore della verità, la legione di luce o come direste voi, gli arcangeli. Il nostro è un messaggio d'informazione. Definiremo il nostro ruolo qui come quello di datori della verità. Ci sono molti altri squadroni o legioni le cui responsabilità includono le questioni di salute o forse ricostruire o ricostituire pianeti. Ci sono coloro la cui intera funzione è solamente quella di costruire gli universi.

D: *Il livello del Creatore.*

P: Esattamente. Ci sono molte aree differenti di specializzazione disponibili alle quali si può attingere. Visto che state cercando informazioni, avete contattato noi, i datori della verità. Ed eccoci qui.

Spettatore: Penso di capire tutto questo. Noi abbiamo responsabilità nel nostro regno fisico. Che tipo di responsabilità avete voi? So che non siete limitati dal tempo come lo siamo noi. Cosa fate con il vostro tempo? Cosa fa quest'energia?

P: Su questo piano molto lavoro e attenzione viene data alla formazione e creazione di energie subservienti o per parafrasare: fare cerchi o anelli nell'acqua. Il nostro lavoro, se possiamo analizzarlo grossolanamente, è solo di tirare pietre nell'acqua e causare l'irradiazione dei cerchi da dove le pietre o sassi sono atterrati. E' dentro a questi cerchi concentrici che si irradiano all'esterno che noi eccelliamo o siamo al nostro meglio. Ovviamente, riesci a capire che questa è una semplice analogia. Ma lo scopo è di creare schemi energetici utili per quelle forme di vita ed energie che sono ad un livello forse sotto al nostro. In altre parole, creiamo un'atmosfera o ambiente molto conduttivo dentro a questi cerchi energetici. Cosicché coloro che stanno lavorando sotto di noi abbiano un ambiente ospitale nel quale poter lavorare. E' una catena di ambienti ereditari proprio come la vostra catena di gerarchie nel vostro mondo fisico. Riuscite a capire?

Tutti i partecipanti annuirono che avevano capito.

D: *E' un po' complicato. Ma queste sono forse energie che anche noi possiamo utilizzare per creare le cose?*

P: Non direttamente. Perché queste energie che gestiamo sono ad un livello molto superiore di quello che tu possa possibilmente manipolare direttamente. Però, in situazioni come questa in cui c'è un effetto connettivo, possiamo scambiare concetti ed analogie e visualizzazioni e razionalizzazioni e cosi via. Cosicché le nostre realtà possono connettersi al vostro livello di comprensione e viceversa.

D: *E' per questo che vi sembra cosi strano vedere i nostri vari concetti.*

P: Esattamente. Vogliamo scusarci ancora, perché davvero non vogliamo predicare, ma solo osservare. Ma sentiamo che troppa enfasi è stata data alla vostra identità di genere, a scapito della vostra vera' identità, la coscienza o Essenza di Dio o Identità Cristica, o una delle tante centinaia di termini dati a ciò che è. Ciò che è la vostra vera identità, l'energia che è energia come siamo noi stessi. Ovviamente, sapete che i vostri corpi fisici non sono nient'altro che uno strumento. Sarebbe come se voi, mentre steste guidando l'auto, assumeste l'identità dell'auto stessa e non foste solamente un passeggero nell'auto. (Risata) Allora sentireste d'essere una Buick. Siete grandi. Siete rossi. Sentireste le vostre quattro ruote sotto di voi. E sentireste ogni singolo graffio o ammaccatura che avete ricevuto. Questo, ovviamente, è solo una analogia molto semplice. Però, sentiamo che adeguatamente – per lo meno dal nostro punto di vista – sintetizza le nostre percezioni di come la realtà fisica sembra aver trasceso la realtà spirituale.

D: *Si, ma quando si entra nel corpo fisico, il subconscio dimentica l'altra parte e si concentra solo sul fisico. Questo è uno dei rischi nell'entrare il fisico.*

P: Questa è una dichiarazione completamente corretta. E' davvero un pericolo, uno che non è esattamente o necessariamente certo ma che è certamente prevalente.

Una altro membro del gruppo interveni': "State dicendo che siamo diventati cosi coinvolti nel corpo che sta portando il nostro spirito, al punto in cui sentiamo ogni graffio, ogni ammaccatura e che siamo orgogliosi del nostro colore, eccetera; più di quanto non ci interessi essere coinvolti nella vera identità, lo spirito?"

P: Esattamente, ed una intuizione molto illuminata riguardo ad un problema vero su questo pianeta. La vera identità risiede dentro al fisico ed è davvero insolito che un individuo riconosca la propria vera identità come quella dell'energia all'interno, piuttosto che quella del veicolo che la circonda.

D: *Quindi stiamo accentuando la divisione tra mascolino e femminino, invece di integrarli entrambi nel nostro essere?*

P: Questo è interamente corretto. Perché da questa separazione d'identità provengono le leggi sociali che determinano come energie incastonate dentro ad energia mascolina, secondo convenzioni sociali dovrebbero connettersi in uno specifico modo alle energie incastonate in un veicolo femminile. E vogliamo utilizzare l'esempio delle vostra tradizioni di corteggiamento e del linguaggio del corpo, eccetera. La norma in questo momento, in questa zona del vostro pianeta, è porre l'intera enfasi verso generi d'identità opposta. E non c'è accettazione per il riconoscimento dei generi d'uguale identità, come invece succede sul nostro piano. Sentiamo che c'è stato molto deragliamento a causa di questa errata identificazione. Ciò che stiamo dicendo qui, non ha nulla a che fare con le relazioni sessuali, ma semplicemente parliamo di amicizia. Molti uomini hanno paura della loro amicizia solo perché sono entrambi uomini. E molte donne hanno paura d'essere amici perché sono entrambe donne. Eppure molte donne e molti uomini hanno paura d'essere amici, perché hanno paura che ci siano altre motivazioni per l'amicizia. Quindi vedete c'è molto incomprensione a causa di questa identificazione fisica.

D: In ognuno di voi c'è equilibrio tra maschile e femminile?

P: A questo livello, per diverse ragioni pratiche non ci sono energie maschili e femminili. Ci sono solo energie. Non ci sono distinzioni.

Spettatore: Sto pensando che per essere in grado di riconoscerlo dovreste avere avuto qualche esperienza al riguardo. Quindi siete energie che sono state create da energie superiori o siete quelli che sono stati creati a causa di strutture di pensiero della Terra?

P: Siamo stati creati dal Maestro, il Tutto-Uno. Il Dio supremo di tutta la creazione. Non siamo, come state sospettando, delle energie della Terra, perché proveniamo da un piano molto superiore a ciò che possa essere raggiunto dalle energie della Terra. Tuttavia, mentre progredite dal livello di esistenza maschio-femmina, la distinzione tra maschio e femmina continua a diminuire. Fino al punto in cui siamo noi, dove non c'è alcuna distinzione. Solo allo scopo della vostra procreazione è stata data questa distinzione. Tuttavia, nello spirito non c'è bisogno di procreazione. Nello spirito non c'è bisogno di distinguere e quindi più vi ritirate dal vostro piano fisico, più diminuirà la distinzione fino la punto in cui non c'è più alcuna distinzione.

D: Questa è una delle lezioni che scegliamo d'imparare e sperimentare. Venire su questo piano e in questi corpi fisici di diversi generi. Apparentemente voi, che siete energia, non avete deciso di sperimentare queste cose che fanno parte della nostra educazione.

P: Non c'è scelta a proposito. Perché se anche scegliessimo d'incarnarci, semplicemente non ne saremmo in grado. E' una questione di fisica.

D: Non ne sareste in grado o non vi sarebbe permesso?

P: Non sarebbe possibile contenere le nostre energie in un corpo fisico. E' una questione di vibrazioni. I corpi fisici che contengono le vostre energie vibrano ad un livello troppo lento per contenere le nostre energie. Sarebbe come se cercassimo di contenere acqua in un secchio fatto di reti. Non stiamo giudicando qui, perché comprendiamo le vostre ragioni d'incarnazione nel fisico. Ci sono molte lezioni da imparare qui. Tuttavia, sentiamo che – e ancora una volta condividiamo questo con tutto l'amore che siamo in grado di trasmettere – dal nostro punto di vista sembra essere troppa identificazione con il veicolo fisico e meno con l'aspetto energetico delle vostre identità. Forse abbiamo un pregiudizio in questa nostra opinione, perché stiamo osservando da una posizione rimossa dalle vostre condizioni.

D: *Pensavo che forse eravate un'energia in evoluzione e che ad un certo punto potrebbe arrivare il momento anche per voi d'incarnarvi in un corpo.*

P: Se fosse possibile portare un corpo fisico che ci contenga su a questo livello, allora sarebbe possibile. Tuttavia, a questo punto, almeno nel nostro campo d'esperienza e nei livelli di materia fisica che abbiamo sperimentato, non è possibile.

D: *Che differenza c'è tra l'energia spirituale che noi abbiamo nei nostri corpi e il vostro tipo d'energia?*

P: Semplicemente frequenza vibratoria. Troviamo molta illuminazione nella vostra discussione e apprezziamo la vostra onestà e franchezza. Occasionalmente anche a noi piace osservare, per poter imparare dalle vostre discussioni. Apprezziamo ciò che fate perché non spesso incontriamo coloro che possono venire al nostro livello per condividere la loro verità e i loro concetti. Anche se non sono nostri, apprezziamo di poterli condividere con voi, perché illuminano anche noi. Apparentemente c'è l'idea che noi siamo superiori in qualche modo perché siamo diversi. Questa non è la verità. Siamo ad una vibrazione diversa, probabilmente lontana dalla vostra, eppure questo non ci rende superiori. Nel regno di Dio non ci sono superiori o inferiori. Ci sono solo coloro che esistono nella loro giusta forma e spazio e che stanno facendo che va fatto. Non ci sono concetti di migliore o peggiore. Questi sono concetti tipicamente umani.

Spettatore: Siete esseri perfetti e avete un sentiero evolutivo al vostro livello? State tornando alla Sorgente di tutta l'energia nell'universo o continuerete a restare a questo livello?

P: Prima di tutto direi che ci sono diverse supposizione che troviamo incorrette. Non siamo esseri perfetti, siamo ben lontani dall'esserlo. Anche noi siamo esseri che stanno imparando. Siamo esseri ascesi.

Siamo su un sentiero evolutivo, come direste voi. Non abbiamo una risposta ultimativa. Perché se avessimo già ottenuto il passo finale, allora non ci sarebbe modo di comunicare attraverso questo veicolo e riuscire a farlo sopravvivere all'esperienza. E' un'energia molto oltre a qualsiasi cosa che potrebbe adattarsi ad una forma fisica. La forma fisica semplicemente si vaporizzerebbe, se quell'energia cercasse di entrare in un corpo. Eleverebbe la vibrazione di quelle molecole fisiche ad un livello molto oltre quello che potrebbero sostenere e andrebbero a finire col dissolversi. Non desideriamo allarmarvi o spaventarvi, ma solo darvi un senso si prospettiva del potere di quell'Energia. Perché quell'energia sarebbe cosi intensa da causare a tutto voi in questa stanza che lo circondate, di finire vaporizzati. Non avete alcun concetto del potere dell'energia dell'intero Dio. E' assolutamente troppo potente per essere portato a questo livello. Questa energia gestisce l'intero universo, tutto il creato. E come tale, anche in forma minuscola, se fosse portata a questo livello, non andrebbe bene. A un certo nella vostra evoluzione – e questo include tutti voi fisicamente qui presenti in questa stanza – ognuno di voi, non solo otterrà' il livello da cui stiamo parlando, ma lo sorpasserà, come faremo noi. Anche noi siamo una specie in evoluzione. Siamo ad un livello d'ascensione e non siamo perfetti. Però, siamo più illuminati dal punto di vista che la nostra prospettiva è molto più vasta della vostra. Ci sono certe cose di cui avete un'intima conoscenza, delle quali noi non sappiamo nulla. Quindi, è comunicando che diamo e riceviamo questa conoscenza. Proprio come voi, anche noi impariamo da questo scambio. Con la stessa facilità potremmo unirci and contattare uno di voi per poter fare delle domande e spesso lo facciamo

D: Quindi ad un certo punto otterremo quel livello?

P: Esattamente. Tuttavia, non è automatico, bisogna imparare. Perché aumentando la vostra conoscenza e consapevolezza, la vostra frequenza vibratoria aumenta. E quindi, attraverso il vostro processo evolutivo spirituale alla fine otterrete quella vibrazione alla quale noi in questo momento risoniamo. Ma stiamo presupponendo che il nostro livello sia dove vogliate evolvervi. Inoltre ci sono molte altre aree e livelli in cui evolversi. Potreste immaginare voi stessi ai piedi di un'immensa montagna, con molti, molti, moltissimi sentieri da scalare. Siete ai piedi di un sentiero che si dirama in una miriade di altri sentieri. Tutti alla fine portano alla sommità, ma non tutti allo stesso punto perfino sulla sommità.

Perché forse, al livello più alto c'è un una pianura, e quindi si puo' essere in molti punti diversi di questa pianura. Allora ognuno di voi è ad un certo punto sotto alla pianura, forse ai piedi della montagna, secondo la nostra analogia. Riuscite a vedere che c'è già della distanza tra voi e la base della montagna. Perché raggiungendo questo livello dove siamo in grado di comunicare avete già percorso una certa distanza. Allora potete vedere che da questo lato della montagna coperto di diversi sentieri, ci sono molte diverse vie per ascendere. Forse noi siano in una direzione e in una posizione un po' più altra della vostra, se scegliete di vederci lì. E ci sentiamo onorati che ci vediate cosi. Allora potete vedere che forse vorrete seguire il sentiero o i sentieri per poter raggiungere il nostro stesso punto sul lato di questa montagna. Tuttavia, ci sono una moltitudine di scelte, cosi non avrete bisogno o forse non vorrete. Alla fine voi stessi raggiungere la pianura, forse in meno tempo o forse in piu tempo, per utilizzare il vostro linguaggio. Alla fine raggiungeremo tutti la pianura. Però, potremmo non trovarci necessariamente nello stesso punto della pianura. Riuscite a capire?

L'intero gruppo era d'accordo.

D: *Ma voi non avete avuto bisogno di passare per l'evoluzione che abbiamo affrontato noi.*
P: Non è qualcosa che si possa comparare. Però, noi stessi ci siamo evoluti da un'inferiore ad un superiore. Ci sono energie più potenti del livello che abbiamo ottenuto, non potete nemmeno immaginare.
D: *Da dove provengono queste energie? Dove sono originate?*
P: Queste energie non hanno una struttura di spazio ne tempo. Sono energie di tipo costruttivo. In qualche modo fanno parte delle energie che costruiscono l'universo. Sono energie costruttive nel senso che assistono e s'impegnano a costruire gli universi. Cioè, realtà fisiche e come assistenti alle necessità spirituali di quella realtà fisica. Sono costruttori degli universi.
D: *Dal livello del creatore? Co creatori?*
P: Non proprio, perché non sono del creatore. Tuttavia, sono assimilatori, forse questo sarebbe un termine più corretto. Perché loro in se stessi non creano i materiali che costituiscono l'universo. Però, assemblano quelle energie e realtà necessarie per creare un universo. Non stiamo suggerendo che creano dal nulla come farebbe il livello del creatore, ma che sono piuttosto degli ingegneri. Sono i costruttori, non i creatori.

D: *Avevate detto di volerci fare qualche domanda.*
P: Forse in questo memento ci raduneremo, perché adesso siamo un po' sparpagliati. Possiamo raccogliere le nostre risorse e vedere cosa si più rilevante chiedere, come avete fatto voi prima di questa seduta. Una situazione molto simile dovrebbe succedere dalla nostra parte. Preferiremmo avere un breve periodo di tempo per poter raccogliere le nostre energie e focalizzarle. (Pausa) Diremo che abbiamo una comprensione molto limitata del vostro concetto di giustizia. Perché ciò che è giusto per uno spesso non è giusto per un altro. E il giorno dopo potrebbe essere il completo opposto. Com'è possibile che i vostri standard di giustizia sono cosi flessibili?

Questa era "grossa". Ci fu molta discussione perfino sul fatto che qualcuno nel nostro gruppo si offrisse volontario per parlarne.

D: *Questa è una domanda difficile, ma anche noi vi abbiamo fatto domande difficili. Adesso si sono girate le carte in tavola.*
Spettatore: *Devo ammettere che si vede e riconosce pochissima giustizia. Penso che la nostra natura umana rientri in tutto questo. A causa dei confort umani vogliamo che ogni cosa si giusto quando si riferisce a noi. Ma la nostra inclinazione è di pensare a noi stessi prima di pensare agli altri. Quindi finché non raggiungiamo il punto in cui accettiamo gli altri, per noi è difficile essere giusti. A volte perfino quando cerchiamo d'esserlo, non viene ricevuto dagli altri nello stesso modo in cui lo intendevamo. Quindi la giustizia diventa più un concetto che un fatto.*
D: *In altre parole, stai dicendo che è una questione d'egoismo.*
Spettatore: *Si, questo è ciò che lo fa sembrare egoistico e ingiusto.*
P: Forse vediamo che il vostro concetto di giustizia è piuttosto dinamico. Nel fatto che cambia, forse, ogni ora, a seconda della situazione in cui vi trovate. Allora si potrebbe anche dire che la giustizia sembra essere forse un concetto altamente individuale che è stato grossolanamente generalizzato dalla vostra società come qualcosa che vi è stato dato direttamente da Dio Stesso? Quindi ciò che è giusto è buono e quindi è dato da Dio.
Spettatore: *Penso che questo si vero.*
D: *Inoltre penso che la nostra educazione influenzi molto. Il modo in cui vieni cresciuto.*
P: Sentiamo che forse questa e' la ragione per cui Dio sia cosi incompreso al vostro livello. Forse il Suo giudizio e i suoi decreti

sembrano essere attualmente semplice – stiamo cercando – non c'è un concetto corretto per descrivere questo.
D: *Forse è per questa ragione che è cosi difficile spiegarlo.* (Risata)
P: Si direbbe che il vostro concetto di giustizia sia forse uno di cartina tornasole utilizzata per permettervi il passaggio più comodo possibile in qualsiasi circostanza. In altre parole per alleviare il disagio.
Spettatore: Beh, io ho un'altra idea di giustizia. Se una cosa o un privilegio è giusto per una persona, allora dovrebbe esserlo per tutte le persone coinvolte. Ma la nostra società non permette che sia cosi. Proviene da, più o meno, chi conosci per accumulare più vantaggi. E questo non è giusto. Non sto parlando per me. Sto parlando per tutti gli USA o l'intero mondo. Questo è il mio concetto di giustizia. Non: "Hey, mi hanno imbrogliato al supermercato e questo non è giusto," perché non sono l'unico a cui è successo. Forse sto parlando cripticamente.
Spettatore: Inoltre siamo individui e vediamo ogni cosa separatamente, perché siamo individui e nessuno di noi pensa alla stessa maniera.
D: *Si, questo è ciò che rende difficile dire cosa sia giusto e cosa non lo sia. Non possiamo avere una descrizione universale perché siamo tutti cosi diversi. Non so se abbiamo risposto bene a questa domanda.*
P: Sentiamo che forse torneremo alla lavagna. (Risata generale.)
D: *Mi dispiace. Forse vi abbiamo confusi più di prima.* (Risata)
P: Esattamente. Ancora una volta, non siamo qui per discutere problemi morali. Perché dal vostro punto di vista noi non abbiamo alcuna morale. Non c'è bisogno di morale, perché la morale è un gruppo di leggi che vogliono gestire il comportamento. Nella nostra esistenza non c'è bisogno di queste influenze governative esterne. Non esistono. Non sono necessarie. E quindi sceglieremo di non imporre le nostre morali artificiali, che sarebbero necessarie per relazionarsi alle vostre morali cosi reali. Questo perché non abbiamo l'autorità di farlo. Non abbiamo alcuna esperienza reale in cui ci sia la morale. Quando ci sono coloro che desiderano imparare condivideremo sempre ciò che sappiamo essere vero per noi e per voi. Ci sono molte cose che sono vere per voi che non sono vere per noi. E ancora molte cose vere per noi che non sono vere per voi. Però ci sono molte cose che possiamo condividere che sono vere per entrambi.
D: *Un terreno di comun'incontro.*
P: Esattamente. – Saremo altamente onorati di poter tornare ancora,

perché come sempre in questi scambi impariamo tanto quanto, se non più da voi. Spesso non comprendiamo i vostri concetti finché non proviamo a spiegarli dal nostro punto di vista.

A questo punto c'è stata una strana transizione. Con un profondo respiro ed un'esalazione da parte di Phil, che poi iniziò a parlare col suo normale timbro di voce che era più alta ed animata. Era evidente a tutti che l'altra energia se n'era andata e un'altra aveva preso il suo posto. Questa preferì rispondere alle domande mondane ed ordinarie relative al piano Terra. L'altra energia era rimasta per più di mezz'ora. Quando se ne andò, il cambiamento fu immediato e palese. Le domande continuarono con le domande di ogni partecipante relative alla propria vita quotidiana.

Il registratore stava funzionando e quando Phil ritornò allo stato di veglia disse che ricordava come se stesse succedendo molto altro rispetto a ciò che stesse dicendo. Era come se queste energie parlassero molto tra di loro, sia a proposito di ciò che stavamo chiedendo che di ciò che stavamo dicendo. Tuttavia, non c'erano parole, aveva solo la sensazione che stessero discutendo. Probabilmente non sarebbe stato in grado di ripeterlo in ogni caso.

Phil ricordo che il gruppo di entità ci chiese di definire cosa fosse la giustizia. Aveva l'impressione di un gruppo che parlava cosi tanto da impedirgli di determinare ogni voce individuale. Sembrava che dicessero: "Perché dovrebbe essere giusto uccidere un uomo sul campo di battaglia e non un bambino nel grembo?" Questa era la ragione dietro alla domanda riguardo alla giustizia. Per aiutarli a risolvere la sensazione di frustrazione causata dai noi ovvi doppi standard.

* * *

Durante un altro incontro un partecipante del gruppo fece questa domanda: "Molte volte quando mi sveglio dal un sonno profondo mi sento che sto vibrando o che il mio corpo sta pulsando ad una velocità superiore. Questo da cosa è causato?"

P: La vostra anima, come la chiamate voi, sta tornando da uno stato di carica superiore, dal piano astrale che è un livello di coscienza superiore. Da lì torni ad un livello di coscienza inferiore, in questo modo la tua anima può tornare nel tuo corpo. Il tuo corpo vibra ad una certa frequenza e mentre la tua anima è nel tuo corpo è necessario che la tua anima sia vicina a quella frequenza vibratoria.

Se la tua anima vibrasse troppo velocemente, si separerebbe dal tuo corpo. Nel vostro stato di sogno, spesso, i vostri sogni spingono la vostra anima ad un livello energetico superiore. E quindi vi separate dal vostro corpo e sperimentata una proiezione astrale. La vostra anima e corpo devono vibrare, non necessariamente ad una frequenza uguale ma simile o vicina. Spesso quando siete depressi la vostra anima ha abbassato la sua vibrazione sotto a quella del vostro corpo e cosi vi sentite piuttosto lunatici. I vostri momenti d'elevazione spesso sono quando la vostra anima sta vibrando ad una frequenza superiore al vostro corpo.

D: *Allora vibrare più velocemente e separarsi dal corpo, queste sono le esperienze fuori dal corpo che la gente fa?*

P: Esattamente. Perché quando ti separi dal corpo, stai vibrando ad una frequenza che è superiore a quella che il tuo corpo può mantenere o sostenere, e la separazione avviene cosi.

Ritornare da una OBE (esperienza fuori dal corpo) può causare una paralisi temporanea finché non viene ristabilita' la connessione cervello/corpo.

* * *

MULTIPLE PERSONALITA'

Domanda: Mi sono sempre sentito a disagio su questo piano, come se fossi cinque persone diverse.

P: Forse è necessario che tu identifichi te stesso veramente. Questo concetto forse ti sorprende? Ci sono infatti diverse entità o identità dentro di te, visto che molte persone hanno multiple personalità. Questo non è un concetto estraneo. Tuttavia, sembra che in questa società sia stato influenzato dall'idea che multiple personalità siano automaticamente schizofreniche o un sintomo di malattia mentale, ma questo non è per niente il caso. E' un semplice aspetto della natura che è piuttosto prevalente in tutte le società e in tutte le tipologie di animali, umani o altro. Tu, se volessi saresti in grado di identificare diverse identità dentro di te. Una che è timida, l'introverso a cui piace restare a casa cucire e fare la maglia (o qualsiasi altra cosa che ti piaccia fare). Poi ci sono quelle volte quando preferiresti uscire, ballare e divertirti. Questo non è sbagliato. Non è più sbagliato che restare a casa e fare il bravo ragazzo. Nessuna è sbagliata. Ognuno parla la propria verità e la propria correttezza. Ci sono quegli aspetti di voi che preferiscono essere studiosi e desiderano conoscenza. L'aspetto di voi stessi che è molto materno e molto amorevole, eppure basta uno schiocco di dita che potete essere freddi e calcolatori. Questo ti suona famigliare? E' innaturale essere molto amorevoli un minuto e molto freddi l'attimo seguente? Se uno si trova nella posizione di doverlo fare, è forse innaturale o può andare bene? Non lo è. Certamente non è innaturale. Non c'è bisogno d'aver paura di multiple personalità, perché sono un aspetto di voi stessi. Vi incoraggiamo ad identificare queste personalità separate o i vari aspetti della vostra personalità. Si assegneranno perfino un nome se volete e avranno ciò che chiamereste identità "separate". Queste sono solo sfaccettature che compongono l'intera personalità. Quando una personalità non è sana, allora queste sfaccettature sono asincrone o non comunicano tra di loro. Non lavorano assieme. Una personalità sana ha queste sfaccettature in armonia. Non esiste un diamante con una faccia sola, proprio come non esiste un umano con una personalità sola. E' impossibile. Perché la personalità umana richiede multiple sfaccettature per poter esistere. L'arcobaleno potrebbe essere utilizzato come un'analogia dell'armonia. Questo fenomeno in apparenza circolare o forse semi-circolare con tutti i suoi colori. Cioè: armonia. E' la somma dei colori dello spettro della luce in forma circolare, che rappresenta un intero. Quindi metà è visibile e metà non è visibile e anche questo è un aspetto della vostra natura. Nel fatto che voi stessi siete fisici e spirituali. Metà è visibile e l'altra metà no. Eppure in ognuno di voi esiste quello che non c'è nell'intero spettro di tutto ciò che esiste.

* * *

Un'altra versione riguardo alle multiple personalità riportata da un altro soggetto.

D: Hai mai sentito parlare di ciò che vengono chiamate "personalità multiple"? Sembrano avere multiple personalità in un corpo.
Brenda: Si. I vostri psicologi sono sulla strada giusta nel tracciarne le ragioni e le cause. Queste multiple personalità sono causate da spiriti che hanno un particolare bagaglio di karma negativo. E nel tentativo di cercare di negare questo karma a se stessi, si dividono

in ciò che sembrano essere entità separate, ma in verità sono diversi rami della stessa entità. E' come avere un fiore con molti petali. Dimostrerò con la mano di questo veicolo. (Sollevò la mano ed indico ogni dito a il polso mentre dimostrava la sua analogia.) C'è un fiore con molti petali e i petali sono connessi alla base (il polso). Ma il fiore è posizionato dove vedi solo i petali da metà fino alla punta e sembrano come oggetti separati. Non puoi vedere dove sono tutti uniti alla base. Questi spiriti dalle multiple personalita', sembrano entita' separate perche vedi solo la parte che appare separata. Ma alla base, al centro dello spirito sono tutti connessi ad uno spirito. E, come dicevo, lo spirito ha sviluppato un carico karmico particolarmente pesante. E non vogliono accettare questo fatto e vogliono sfuggire dal loro ciclo karmico attuale. Cosi cercano di sfuggire in tutte le direzioni. E queste diverse direzioni in cui lo spirito cerca di dirigersi, appaiono come diverse personalità dentro al corpo che lo spirito sta occupando.

D: *La mia teoria è che forse queste personalità sono frammenti o immagini riflesse di personalità che avevano in vite passate.*

B: Di solito, si. Mentre questo spirito spinge in diverse direzioni, attinge dalle vite passate recenti, alle personalità passate che avevano in altre esistenze fisiche. Ma visto che lo spirito sta andando alla rinfusa, di solito sono versioni distorte di queste personalità o come hai detto tu, solo un frammento distorto, perché lo spirito non è organizzato. Lo spirito è nel panico.

D: *Dicono che le altre personalità sono maschio, femmina, adulto o bambino. Ecco perché ho sviluppato questa teoria.*

B: Si, era una buona idea. E' vicina alla realtà dei fatti. Perché attingono alle loro memorie e lo spirito ricorda le vite passate. E quindi possono attingere a diversi aspetti o forse solo un particolare aspetto di una personalità da una vita passata, per una di queste multiple personalità.

D: *E le tirano dentro per aiutarli a scappare, per cosi dire, dalla loro vita, dal loro karma.*

B: Pensano che gli serva per scappare, non è cosi. E' come avere un pesce che si dimena quando è già preso all'amo. Ha esattamente lo stesso effetto.

D: *Gli psicologi cercano di riunirli in una personalità. Dicono che è una cosa molto difficile da fare.*

B: Si. Gli psicologi non sono ancora efficaci in questo. Hanno le idee giuste, ma stanno cercando di applicare la colla alle punte separate dei diversi pezzi invece che cercare di scendere alla base dove sono già tutte unite, per poi cercare di guarire tutto il resto. Ma questo è un processo molto complicato e non hanno sviluppato la capacità di farlo ancora. Per lo meno sono sulla giusta strada.

D: *Una cosa che hanno trovato in comune è che sembra esserci sempre un qualche tipo di evento traumatico nella vita dell'individuo che scatena questo fenomeno in prima istanza.*

B: Si. L'evento traumatico attira l'attenzione dello spirito al bagaglio negativo di karma che deve gestire. E' per questo che in questi casi ogni volta che si verifica un evento traumatico lo spirito si scatena nel panico e appare un'altra personalità. Lo spirito non comprende di poter girare le cose e lavorarci sopra per sempre, e raggiungere karma affermativo. Semplicemente vanno in panico e si scatenano, facendo apparire un altro frammento.

D: *Sembra non stiano lavorando sul loro karma.*

B: Si, è vero. Non riescono a gestirlo.

D: *Continuano a ribellarsi.*

* * *

D: *C'è qualcosa di diverso riguardo ai gemelli, che siano identici o meno?*

B: No. I gemelli sono di solito come tutti gli altri membri della famiglia o fratelli. Sono due spiriti strettamente connessi tra di loro karmicamente perché stanno lavorando su qualcosa insieme, come marito e moglie, altri fratelli o stretti famigliari. Tuttavia, nel caso di gemelli identici, a causa della risonanza tra i due corpi, tendono ad avere abilità psichiche extra.

D: *Ho sentito una teoria che i gemelli identici possono essere la stessa anima che si è divisi in due parti per imparare due diverse lezioni.*

B: Non in generale. Di solito se un'anima ha bisogno d'imparare due diverse lezioni, s'incareranno nello stesso corpo ma in due diversi universi. (Vedi Capitolo 11 per una spiegazione.)

D: *Dicono che alcuni gemelli sono cosi simili. Possono trovarsi ad un continente di distanza eppure fanno le stesse cose.*

B: Questo è dovuto alla risonanza presente tra i loro corpi e le loro energie mentali, a causa del ciclo generale dell'universo. Quando due cose sono molto simili avranno una risonanza tra di loro. Le loro vibrazioni sono cosi simili che avranno effetti simili e risultati simili. Ecco perché gemelli separati alla nascita e cresciuti ad distanza d'un continente, senza conoscersi, finiscono sposando individui con lo stesso nome, con hobby simili, lavori simili, ecc., a causa della risonanza.

D: *A volte sembra che abbiano anche una connessione mentale.*

B: Oh, si. Come dicevo: gemelli identici hanno una dose extra di abilità psichiche tra di loro. Solo perché le loro menti vibrano allo stesso livello.

D: *Quindi sono come tutti gli altri. Sono due spiriti che ritornano per stare insieme.*

B: Esatto. Per essere in grado di pensare similmente e le loro abilità psichiche è come suonare una corda di uno strumento, avvicini un diapason e il diapason inizia a vibrare.

D: *Pensavo che un modo di provare o confutare questa teoria sarebbe di regredire due gemelli e vedere se vanno alle stesse personalita' nella stessa vita. Pensi che questo funzionerebbe?*

B: No, non credo. Probabilmente si sovrapporrebbero in diverse vite passate e si menzioneranno a vicenda in altre relazioni. In una vita passata protrebbero essere stati marito e moglie, o qualche altro tipo di stretta relazione.

D: *Sarebbero caratteri diversi, per modo di dire, nella stessa vita, ma non sarebbero la stessa persona.*

* * *

IL RITORNO DEL CRISTO

Durante un'altra seduta a casa di Billie la discussione si focalizzò attorno a Gesù.

Phil: E' giusto dire che Lui era in tutti i sensi un uomo. Eppure, in tutti i sensi era anche una donna. Era completamente integrato e aveva sia i desideri di un uomo e anche l'intuizione e le sensazioni di una donna. Qui non parliamo necessariamente di desideri sessuali ma si sensazioni umane. Tuttavia, Lui era più che umano. Non era, come direste voi, un umano ordinario. – Il Maestro non può essere qui ora?

D: *Pensiamo che Lui è tra di noi in spirito.*

P: Non potrebbe esserlo nel fisico?

D: *Sulla Terra, vuoi dire?*

P: Esattamente.

D: *Beh, non ci abbiamo mai pensato.*

P: Forse Lui è venuto e voi non lo avete riconosciuto. E' possibile?

D: Potrebbe essere. Io comprendo che il Suo Spirito dovrebbe dimorare in tutti noi.
P: Esattamente.
D: Quindi è diverso dal dimorare in un corpo come una persona?
P: Se lo spirito dimora in un corpo, Lui non è incarnato?
D: Beh, se questa fosse un'incarnazione universale.
P: Esattamente.
D: Stai dicendo che Lui è tornato sulla Terra?
P: Lui è qui. E' tutt'intorno a voi.
D: Non solo come una persona individuale?
P: Esattamente.
D: Pensavo che forse vi stavate riferendo al fatto che era tornato in forma fisica.
P: E' tornato in forma fisica. Ma Lui non in, come direste voi, un singolo corpo individuale. Sta lavorando attraverso ognuno di voi. Questa è la verità, in un senso molto letterale. Non è solo un'eloquente forma figurativa. Il potere di Cristo è dentro a proprio ognuno di voi adesso incarnati in questa stanza.
D: Ho appena avuto un'idea. Forse questo è ciò che intendono con la seconda venuta del Cristo.
P: Esattamente. Perché in questo influsso d'illuminazione, c'è davvero in ognuno qui, la scintilla del Cristo. Perché tutti hanno un pezzettino dello spirito del Cristo in loro e questo vale per tutta l'umanità. Quando tutta l'umanità sarà riunita in una mente sola, allora, sia letteralmente che figurativamente, ci sarà il ritorno del Cristo.
D: Penso che la gente se Lo aspetta come un'entità, una persona che torna ancora.
P: Questa è una percezione corretta, però, in questo caso è una percezione non vera. Percepisci la situazione accuratamente, eppure la verità è che non è la vera situazione. E' più di questo. E' tutto questo e anche molto altro.
D: Allora invece di una persona che ritorna, è ritornato in diverse persone.
P: Esattamente. In tutto il pianeta.
D: Allora, in verità il Cristo è già tornato.
P: Esattamente.
D: E' solo un diverso modo di vedere le cose. Ecco perché ci vuole un concetto diverso per comprenderlo. Lui è già tornato nello spirito di molte persone diverse.
P: Nello spirito di molti miliardi di persone. Questo spirito adesso, è

infatti su tutto il pianeta, non su poche persone.
D: *In questo modo possono raggiungere molto più che una persona.*
P: Esattamente. In questa maniera la parola si diffonderà in tutto il mondo simultaneamente. E si diffonde dall'interno all'esterno.
D: *La Chiesa vuole che pensiamo che ci sarà una persona sola che la diffonderà quando ritornerà nuovamente. Ma in quel caso verrebbe solo adorato, questo è il problema.*
P: Questa è un'interpretazione corretta.
D: *Questo è un modo diverso di vedere le cose, che la Chiesa non approverebbe.*
P: Anche noi abbiamo dei problemi con la Chiesa. Perché per molte volte cerchiamo di raggiungere coloro che veramente ed onestamente stanno cercando la verità. Tuttavia, trovano di dover guardare fuori invece che dentro. Sembrano incapaci di comprendere questo concetto di guardarsi dentro dove si trova la vera verità.
D: *Si, devo avere sempre qualcosa o qualcuno che possono osservare ed adorare. Questo è l'unico mondo in cui riescono ad interpretarlo. Una statua, un'immagine o un concetto di una persona.*
P: Esattamente. Un predicatore, un oratore, un politico, un dottore o una delle molte altre forme di eroe da adorare.
D: *Questo lo rende più facile per alcuni di loro, presumo, se ricevono l'idea da una sorgente o filosofia o quel che è . In questo modo non devono basarsi solamente sulla loro mente, sul proprio pensiero.*
P: Esattamente.
D: *E' un concetto interessante.*

* * *

Q: *La Sindone di Torino è la sindone originale di Gesù?*
P: Questo è corretto. La reliquia nota come la Sindone di Torino è infatti il telo mortuario in cui il corpo del Maestro stesso era stato avvolto al momento della sua morta fisica. E' inscritta dall'energia irradiata dall'avanzata decomposizione del suo corpo fisico, che ebbe luogo per non lasciare alcuna traccia di quel corpo. Questo è un fenomeno puramente naturale. Era di natura avanzata per non si presentava usualmente. Tuttavia non era un miracolo .
Q: *Potete dirci perché alcune immagini e statue, specialmente del Cristo o Sua madre, sembrano produrre lacrime o sangue. Hanno un qualche significato?*

P: C'è ancora questa consapevolezza di cui parliamo, che permea tutto ciò che esiste. Tutta la creazione fa parte ed è costituita da quel concetto di Dio. Quindi gli elementi fisici di cui parli sono infatti parte del concetto di Dio. Sono infatti consapevoli. Tuttavia, secondo la tua definizione potrebbero non essere vive. In queste icone c'è infatti la consapevolezza di quel concetto di Dio. Consapevolezza non solo della loro consapevolezza, ma di quegli individui ed entità intorno a loro, a voi che siete consapevoli. Nelle vostre proiezioni, mentre vedete queste icone si trasferisce la coscienza da una persona all'altra. O la consapevolezza degli individui che osservano viene spesso trasferita a quell'icona. Il fenomeno stesso è una manifestazione di quel trasferimento di coscienza. Le lacrime sono una manifestazione della consapevolezza degli individui che stanno osservando le icone. Il dolore è davvero genuino. La vergogna dell'umanità è la crocifissione di colui che era venuto a salvare la stessa razza che Lo crocifisse.

Q: *So che una di queste icone produceva lacrime che potevano essere raccolte in una bottiglia. Cosa avrebbero trovato se fossero state analizzate?*

P: Che davvero sono lacrime o che il contenuto sarebbe simile a lacrime umane.

D: *Anche se provengono da tela e colori?*

P: Esattamente. Voi stessi, siete creatori. Questo è infatti un fenomeno puramente fisico ed interamente naturale. E' il trasferimento di coscienza. E nel farlo, la formulazione di una manifestazione proveniente dalla consapevolezza o quella consapevolezza che viene trasferita. Ogni individuo trasferisce questa coscienza alle icone, non è che le icone stesse stanno piangendo. Ma la consapevolezza degli individui e la forza della loro fede trasferisce questa consapevolezza a quelle icone.

D: *Quindi l'essere umano è il catalizzatore.*

P: L'essere umano proietta questa consapevolezza. L'icona è il catalizzatore.

D: *Anche se non sono consapevoli consciamente che lo stanno facendo?*

P: Esattamente. Se non ci fosse nessuno ad osservare queste icone non ci sarebbe alcun trasferimento di coscienza e quindi non ci sarebbe alcun miracolo da osservare.

* * *

Spettatore: Allora è vero se 10% di tutti noi prega per la stessa cosa...
D: *E' magnifico. Non viene sono moltiplicato, ma esponenzializzato.*
P: Giusto. Ognuno di voi porta con se una scintilla di questa energia. Per usare le parole del vostro vocabolario, una piccola tavoletta di tempo. Un minuscolo frammento di questa energia. E pregando insieme, state connettendo queste scintille e creando un livello molto più potente di questa energia. Quindi riuscite a vedere come quando la gente prega insieme aumenta la loro energia. Questo avviene connettendo questa scintilla del creatore.
Spettatore: Quindi abbiamo tutti una scintilla divina dentro di noi. Un parte di noi è Dio.
P: Esattamente. Questo è ciò che vi tiene in vita. Qui vorremmo elaborare riguardo ad un aspetto dove ci sono diverse opinioni. In molti sul pianeta hanno la sensazione che al fine di manifestare qualcosa, devono diventare rigidi al punto che nient'altro possa succedere. Il problema qui, sta nel fatto che ciò che uno dice e ciò che uno pensa spenso sono in contraddizione. Cioe' che uno davvero crede non è spesso ciò che uno dice. Cosi quando uno dice qualcosa, sta davvero creando una reazione che potrebbe essere l'opposto di ciò che ha detto. Quindi essere cosi rigidi nelle proprie convinzione, potrebbe portare alla manifestazione di ciò che sembrerebbe essere interamente opposto con ciò che viene detto.

* * *

P: Diremo che i vostri dubbi sono più che altro uno strumento di protezione, perché scegliete di non credere e quindi dubitate. Le informazioni che spesso sono in conflitto con ciò che avete accettato come realtà, sono difficili da integrare. E sentite che questo non è necessario, forse per qualche ragione. Vi chiediamo di avere più fede in voi stessi. Comprendete di non essere qui per ingannare voi stessi. Siete infatti il vostro unico vero insegnante. Dovreste ascoltare e dare più fiducia in ciò che vi state insegnando. Dovreste comprendervi di più e vedervi come il vostro migliore amico e confidente, piuttosto che come un rivale.

* * *

Q: Le mie domande sono state risposte mentre facevamo il giro della stanza. Mi sento proprio come quando mio figlio era in quinta elementare e disse: "Quando ero in terza elementare, pensavo di conoscere tutto." E io dissi: "Quindi, adesso invece cosa ne pensi?" E lui mi rispose: "Adesso so che so tutto." (Tutti esplosero a ridere).

P: Diremo che questo è tipico dell'esperienza umana. Perché quando uno vede la montagna successiva dice: "Beh, la devo scalare" e cosi lo fanno. Poi dicono: "Oh, ce n'è un'altra." E cosi ogni montagna sotto a quella diventa un mucchietto di sassi. Questa non è proprio l'analogia che ci stavi dando, ma siamo divertiti da entrambe. E vorremo godercele, perché siamo davvero divertiti dal comportamento umano, nel costruire montagne per poi sentirsi insoddisfatti e costruirne altre. La conoscenza è la stessa cosa. Un bambino della terza elementare può costruire montagne di conoscenza e dire: "Wow, adesso so tutto." E poi, meravigliato guarda e c'è un'altra montagna dietro l'angolo. Cosi la scala, ma questa montagna da terza elementare è cosi piccola. E cosi via ripetendo. Anche noi qui stiamo ancora costruendo montagne. Perché non c'è mai la montagna più alta fino almeno fino alla perfezione. Quella è la montagna ultima.

D: *Sono arrivata a questa conclusione. Più si impara e più scopri di dover imparare.*

CAPITOLO TREDICI

L'USO E LA MANIPOLAZIONE DELLA FORZA ENERGETICA

Condussi questa seduta nel 1989 con Beverly, un artista con cui aveva già lavorato diverse volte. Utilizzai la sua parola chiave e la riportai allo spazio spirituale tra una vita e l'altra, dove potevamo avere accesso ad informazione.

D: *Cosa stai facendo? Cosa vedi?*
Beverly: Non vedo ancora niente, ma è come se fossi cullata dall'acqua. Non sono nell'oceano, ma nell'universo. Posso guardare in giù e vedere il pianeta. E' uguale a tutte le foto che si vedono della Terra. Bianco e blu.
D: *C'è nient'altro di differente?*
B: No. E' li sospeso nello spazio, su un letto di reti, per cosi dire.
D: *Cosa vorresti dire?*
B: E' come se l'universo fosse fatto di linee che lo attraversano. Fluttuano e si muovono. Fluiscono e rifluiscono, come onde nell'oceano. Però non come le onde che s'infrangono, ma come onde che si muovo dalle profondità dell'oceano. Sono gentili, ma sono molto profonde, lenti movimenti ondeggianti nello spazio. E la Terra è adagiata su questo letto, come tutti gli altri pianeti e stelle e il Soli.
D: *Questo dimostra che l'universo è davvero vivo, se si muovi in questo modo. Forse significa che la Terra e anche gli altri pianeti si stanno muovendo? Sto pensando al movimento delle onde.*
B: Non si muovono come fa lo spazio. Ruotano e ondeggiano in questo spazio ondulato. Ho un esempio per te. Ha mai visto quelle scatole

di vetro piene d'acqua che fluttua avanti e indietro; che alcuni businessmen comprano perché le trovano rilassanti.

D: Si, le ho viste [fa riferimento agli acquari per i pesci].

B: Si muovono lentamente e stabilmente, vanno su e giù. Il letto dello spazio funziona cosi.

D: Questo non disturba i pianeti che sono al suo interno?

B: No. Ruotano e orbitano dentro a questo letto.

D: L'immagine di un letto è come se ci fossero stessi sopra?

B: Ci sono stesi dentro. Come in un oceano potrebbe esserci un pesce che nuota all'interno. Dove ci sarebbe acqua sopra e sotto i pesci e a dentro e a sinistra. Forse se avessi detto che fosse più come l'aria in cui viviamo, invece che un letto, questo renderebbe le cose più chiare?

D: Bene. Perché avevo un'immagine della Terra che ondulava da una parte all'altra come una barca sul mare.

B: No. E' un movimento molto lento, ma intero. In altre parole, si muove interamente. Non è solo un movimento superficiale di onde.

D: Questo è ciò di cui è composto lo spazio? (Si) Penso che ci sia quest'idea generale dello spazio come vuoto e stagnante.

B: No, no. E' vivo ed in espansione. Nutre ogni cosa al suo interno. Quindi dovrebbe essere vivo e nutriente.

D: In che modo nutriente?

B: Nulla cresce in ciò che è stagnante. Nulla può cambiare o evolversi. La sua stessa essenza nutre ciò che contiene, proprio come l'aria ci permette di respirare. Se l'aria non ci fosse per permetterci di respirare, allora anche noi saremmo morti.

D: Quindi la stessa cosa sta succedendo su ampia scala, come se la Terra forse un individuo. (Si) C'è qualcosa nello spazio che contribuisce alla vita. (Esattamente) Riesco a vedere cosa ci fornisce l'aria. Ma lo spazio cosa fornisce alla Terra, ai mondi? Energia?

B: La sua presenza è vitalità. Tornando al pesce nell'oceano, nel pesce fosse estratto dal quel luogo o se l'acqua evaporasse, il pesce morirebbe. Quindi non è che lo spazio ci nutra con qualcosa da mangiare. La sua presenza ci permette di vivere e di conseguenza ci nutre, perché senza non esisteremmo. In esso c'è vita, e si, la possiamo chiamare energia. Ma ho paura che questo sia male interpretato, perché non è un'energia attiva. E' attiva, ma non ad un livello sottile.

D: Ma non è nemmeno passiva.

B: Esatto. Come dicevo, è attiva ad un livello sottile, perché pensiamo all'energia come qualcosa che produce un forte movimento. C'è energia con un forte movimento che passa attraverso questo spazio e attraverso di noi. Ma l'elemento spazio in se stesso, di cui stavo parlando è piuttosto un'energia priva d'azione, non ancora morta. O un'energia meno attiva rispetto a ciò che pensiamo di solito

D: *Cos'è questa forte energia che hai detto lo attraversa completamente?*

B: L'energia più forte è molto simile alla forza vitale, la spinta creativa, che può essere direzionata. Mentre la vitalità dello spazio non può essere direzionata, è semplicemente presente. Esiste e basta.

D: *E' molto neutrale?*

B: E' neutrale, eppure ha una positività all'interno, perché senza non saremmo vivi. Quindi non si può dire che sia completamente neutrale, ne "stagnante" o "morta". C'è forza vitale al suo interno e anche del movimento.

D: *Ma non è direzionato.*

B: Esatto. E' come una costante, dove più energia attiva può essere direzionata e focalizzata.

D: *Questa è l'energia più attiva di cui stavi parlando, per attraversa ogni cosa.*

B: Questo è un tipo diverso d'energia proveniente dalla vitalità dello spazio o energia, si.

D: *Quest'altra energia che è più forte e direzionata attraversa ogni cosa a tutti i livelli?*

B: Si, è cosi.

D: *Ovviamente, mi meraviglio sempre da dove possa provenire. Tutto proviene da qualche parte, nel nostro modo di pensare.*

B: E' vero nel nostro modo di pensare e io non conosco tutte le risposte per questo. Ma non penso che debba provenire da qualche parte. E' qui, è una certezza, è sempre esistita e sempre esisterà. Quindi da dove diresti che proviene?

D: *Ma stavi dicendo che era direzionata.*

B: E' direzionabile. Forse questo ha più senso o è più corretto. Può essere direzionata e può essere cambiata. La forza energetica può entrare in un fiore e farlo spuntare, crescere e fiorire dal terreno. Quella stessa forza energetica può entrare in un corridoio che sta correndo in una maratona. Può entrare in un pittore che sta dipingendo. Può entrare in un parto e continuare, continuare e continuare. Invece d'essere una vasta energia, quando diventa un fiore o un corridore o un neonato, è un'energia direzionata o focalizzata.

D: *Questo è ciò che mi ha confuso quando hai detto che era direzionata o direzionabile. Penso sempre che ci sia qualcuno o qualcosa che la dovrebbe dirigere, per dargli una direzione.*
B: Hai mai visto una punta girare? Quando inizia a girare crea la sua forza. Adesso, ovviamente, le punto posso cadere. Ma esiste ciò che credo venga chiamata "forza centrifuga", quando inizia a girare continua in quel moto. Proprio come la Terra stessa. Quando inizia a girare nella sua orbita, continua cosi. Nessuno deve continuare a spingerla, come si farebbe con un bambino sull'altalena. Non si ferma. La stessa cosa succede con l'energia. Continua a ricreare se stessa costantemente. E da dove provenga originariamente – se cosi fosse – non lo so.
D: *Quindi non deve essere direzionata da una qualche forza superiore.*
B: Questo va oltre ciò che sono in grado di dire. Per farla scendere ad un livello più vicino, a qualcosa che possiamo comprendere, direi che l'energia dirige se stessa. Essa stessa è coscienza e si dirige da sola. E se ci fosse qualcosa sopra e oltre ad essa, non saprei cosa sia.
D: *Hai detto che è qualcosa di cui non puoi parlare. Perché non ti è permesso o perché non ne conosci la natura.*
B: No, è solo troppo grande.
D: *Troppo grande per poterlo discendere al nostro livello di comprensione?*
B: E' troppo grande perché io riesca a comprenderlo.
D: *Presumo che ritorni sempre al nostro concetto di Dio.*
B: Ritengo che il nostro concetto di Dio sia erroneo. Cerchiamo di vederlo come una persona o uno spirito o un'energia che spinge bottoni per far funzionare certe cose. Ma non penso che funzioni cosi. E' troppo vasto per io riesca a comprenderlo e quindi troppo vasto perché io riesca a descriverlo a qualcuno.
D: *Allora se questa energia è direzionabile, può essere diretta da esseri umani?*
B: L'energia è l'essere umano. L'energia si manifesta come un essere umano. Quindi l'essere umano non dirige l'energia, l'energia dirige l'essere umano.
D: *Stavo pensando che se l'energia ci fosse, forse sarebbe li per permetterci di usarla in qualche maniera.*
B: Noi stessi la stiamo utilizzando. So che questo è difficile. Non so come chiarirlo.
D: *Amenoché tu non abbia un'altra analogia.*
B: Forse. (Essendo un artista Beverly utilizzò ciò che le era familiare

per offrire un'analogia.) Se tu facessi cadere – devo utilizzare vernice sottile, perché quella spessa non si muove. Diciamo che stavi facendo cadere vernice sottile su un pezzo di carta. Vernice di un bel colore. Cade e si distribuisce in diverse direzioni, creando una bella immagine. La vernice che è caduta sulla carta è il risultato della caduta d'energia. Quell'energia controlla il risultato che si è manifestato sulla carta. La vernice sulla carta non controlla l'energia che l'ha fatta cadere. Capisci ciò che dico?

D: *Si, penso di si. Quando è caduta si è spostata da sola a caso.*

B: Si. Ma poi il prodotto, il dipinto finito – Sto pensando ad una design a macchia d'inchiostro, non un dipinto finito su cui hai lavorato per molte ore. Ma diciamo che hai fatto cadere della bella vernice dal cielo su questa carta. La vernice andrà in diverse direzioni e formerà degli stupendi schizzi. Quegli schizzi finiti non regolano l'energia che li ha fatti cadere. Quindi l'energia si manifesta in una forma umana e l'energia stessa ne ha il controllo. La forma umana, che allora sarebbe il dipinto, non controlla ciò che lo ha creato.

D: *Stavo pensando a persone che vogliono cambiare la propria vita e creare la propria realtà. Questo è il tipo d'energia che potrebbero utilizzare dirigendola in qualche modo?*

B: Si, ma vedi, non lo puoi fare dalla parte sbagliata. La parte dell'energia è la parte che fa le cose e non l'altra parte che è la parte umana. Ora la parte umana può influenza un cambiamento nei propri risultati. Ma non sorge dal pezzo di carta o dal corpo umano, proviene dall'energia. L'energia potrebbe fa cadere altra vernice e cambiare ciò che esisteva un secondo prima.

D: *Sto cercando di vedere se forse possiamo avere più controllo nella nostra vita, se sapessimo come dirigere questa energia.*

B: Lo abbiamo. Abbiamo il controllo. Ma il bottone del controllo è dall'altra parte, non è dalla parte del risultato. E' dalla parte dell'energia. Forse sto interpretando male ciò che stai dicendo, ma penso che tu stia cercando di dire che vuoi che la carta si alzi e diriga l'energia che fa fluire la vernice. Ma non è cosi che funziona. Se usi l'essere umano come la carta e la caduta della vernice come la forza energetica, allora la caduta della vernice sulla carta crea qualcosa che ha ciò che conteneva, la vernice, sulla carta. Ed è ancora là. Ma se non ci fosse alcuna vernice, la carta sarebbe stagnante e permanente, proprio com'era. Non cambierebbe mai. E se la carta cercasse di cambiare l'energia da cui proveniva, sarebbe impossibile. L'energia, la vernice, cadono sulla carta per alterarla continuamente. La carta non altera l'energia.

D: *Allora come fa la gente ad effettuare qualche cambiamento se devono essere dall'altra? Come fanno ad utilizzarlo e fare cambiamenti nella loro vita?*
B: Lo fanno cosi, con questa forza energetica che fa cadere la vernice. Vedi, siamo entrambi connessi. Ma è da lì che provengono i cambiami, dalla forza energetica, non dalla carta o dalla forma umana che è piatta.
D: *Allora come fanno a creare un cambiamento? Sto cercando di pensare ad un modo in cui la gente possa utilizzare questa energia per aiutare se stessi.*
B: Lo fanno, ma... forse ti ho dato l'analogia sbagliata. La carta senza la vernice che continua a cadere, sarebbe carta morta. Ora l'interazione dell'energia che fa cadere la vernice sulla carta un continuo scambio d'energia. Ma per riuscire a premere il bottone non basta premere dal lato della superficie, del corpo morto o della carta. Il bottone viene premuto dalla parte da dove cade la vernice.
D: *Ma come facciamo a premere questo bottone?*
B: Noi siamo quel bottone. Non siamo il pezzo di carta. Quindi lo premiamo ogni volta che cade la vernice.
D: *Quindi abbiamo controllo attraverso la nostra stessa mente?*
B: E' più che la mente. Si, la mente ne fa parte, ma c'è un'energia che è anche più grande della mente, che la racchiude. Dentro alla quale si trova la mente. E quella è più grande della mente stessa.
D: *Ma l'idea, il desiderio, deve iniziare con la mente umana. Riguardo a ciò che vogliono cambiare e ciò che vogliono creare.*
B: Torniamo indietro, perché abbiamo già usato l'esempio della vernice che cade, diciamo che cade da un contagocce, perché non ha nemmeno una mano. Oppure da un rubinetto, il contagocce potrebbe non funzionare. Ma sta facendo cadere vernice liquida su un pezzo di carta. Se smette di sgocciolare, quel pezzo di carta sarebbe solo detriti morti. Ma non smette di sgocciolare. Continua a farla scendere e quindi la carta su cui cade è in continuo cambiamento. Si supportano a vicenda. Perché l'energia, nella forma della vernice che è caduta sulla carta, da energia alla carta. Un'energia che genera se stessa, cosi si disperde all'esterno e ritorna alla sorgente, il contagocce. Quindi qui c'è una continua rivoluzione. La carta in se non può dirigere l'energia, perché non è nulla da sola. Tanto per iniziare è stata creata dalla caduta tanto per iniziare. Riesci a capire un po' più chiaramente?
D: *Penso di si. Sto solo cercando di trovare qualche modo funzionale in cui, noi umani, possiamo utilizzarlo. So che questa è il fondo*

della piramide.
B: No, non è il fondo della piramide. E' solo il modo in cui gli umani utilizzano l'energia a questo livello. Non è il fondo. La stessa parola "fondo" la presenza di un più alto o di una cima o qualcosa a cui elevarsi. E questa non è una descrizione corretta. Ci sono molte forme e molti modi in cui l'energia può essere diretta. E uno non è necessariamente migliore o peggiore dell'altro.
D: Volevo trovare qualche modo pratico in cui un essere umano possa dirigere questa energia. Potrebbe esserci una procedura da seguire per creare un obbiettivo e portarlo nella loro realtà?
B: Si. Potrebbero dirigere quell'energia.
D: Come ci riescono?
B: Nei nostri corpi fisici sarebbe mentale. Però c'è altro. La risposta mentale dalla carta alla sua sorgente energetica è minuta, rispetto alla sorgente energetica. Fa parte del modo in cui – questo pezzo di carta potrebbe attivare ciò che vuole. Questo, ritengo sia ciò che tu stia chiedendo.
D: Si. Nella vita.
B: L'energia stessa è vita. E' anche luce. Se cerchiamo di separarlo dalla carta, facciamo un grosso errore. Quella è carta che cerca di entrare in controllo dell'energia. Quindi deve lavorare cooperativamente. Deve esserci un flusso. E il modo per dirigerlo, sarebbe di connettersi all'energia originale. E' piuttosto una questione di attenzione, concentrazione e sincronizzarsi in quel punto dove il flusso è costante e regolare. Se la carta volesse prendere e andarsene per una tangente, potrebbe. Perché ha una sua energia che poi darebbe origine ad un altro ciclo. Ma sarebbe molto piccolo e piuttosto erratico, a confronto di ciò che potrebbe essere se si riconnettesse alla sua sorgente. Questo permetterebbe alla forza di funzionare costantemente. Finche la carta qui alla mia sinistra è connessa alla sorgente dell'energia alla mia destra (gesticolava), finché questo funziona o l'energia viene diretta avanti ed indietro, nutrendo la sua manifestazione e tornando alla sua sorgente, dalla manifestazione alla sorgente, anche se fosse un fiore. Connettendosi al fiore e lasciandolo crescere, piantando il suo seme, connettendosi alla sorgente mentre è in quello stadio germinale. Sarebbe cosi costantemente. Comprenderesti come non sarebbe fisicamente manifesto durante l'inverno, per esempio, ma che ritornerebbe durante la primavera. Ma gli esseri umani non vanno in ibernazione anche se attraversano diversi gradi di vitalità. Sono sottili. Forse lo stato di sonno, forse un dentro fuori di cui

non siamo realmente consapevoli. E finché tutto questo continua a tornare alla sorgente da cui proviene, ci sarebbe un'energia continuativa che non diminuirebbe. Manterrebbe il suo livello d'energia. Se questa carta qui decidesse di andarsene per una tangente e creasse qualcosa, potrebbe. E creasse qualcosa che tornerebbe su stessa continuamente. Ma sarebbe di forza inferiore rispetto a quello che sarebbe se ritornasse alla sua sorgente. Sono come raggi che escono. Capisci cosa voglio dire?

D: *Si. Ma nell'esempio del fiore, tutto quello è automatico. Succede in ogni caso. E' un continuo ritorno alla sorgente. Questo è ciò che è la forza vitale.*

B: Si. Ed è la stessa cosa con le persone.

D: *Ma è una cosa automatica a cui loro non pensano proprio.*

B: Succederebbe sia che ci pensino o che non ci pensino. Ma potresti dirigerlo. Per regola, questa direzione proviene da un livello superiore perfino di quello della nostra coscienza. Quasi come se fosse guidato. E se non fosse guidato sufficientemente, sarebbe il momento, l'area in cui le nostre energie sarebbero deviate e succederebbero cose che noi probabilmente non intendiamo.

D: *Perché abbiamo proiettato le onde energetiche sbagliate?*

B: No, abbiamo proiettato le giuste onde energetiche, ma non sapevamo come dirigerle o non avevamo abbastanza forza per dirigerla per influenzare ciò che volevamo e quindi sono finite in panne. Come la statica di una radio che non è in frequenza. Se foste accordati allora si sentirebbe chiaramente. Ma se lo proiettate senza alcuna direzione, ci potrebbe essere della statica, che potrebbe sembrare solo come del caos. Perché non era focalizzato o direzionato correttamente.

D: *Allora dobbiamo sapere come dirigerlo o focalizzarlo?*

B: Si. Ma più del semplice conoscere umano. Il flusso energetico che ci ha creati sa come e avremmo bisogno di riconnetterci a quello. Allora non dovremmo cercare di capirlo da soli. Lo capiremo per noi stessi, perché quello siamo noi. Ma ci accorderemo in una frequenza anche più forte, un livello di coscienza superiore, che aiuterebbe a dirigere questo, piuttosto che cercare di accumulare tutto il potere per noi stessi e dirigerlo erroneamente.

D: *Ma avevi detto che dobbiamo avere più contatto. Come possiamo farlo consciamente?*

B: Penso che sia una questione di... se dico: "riparare il danno", ho paura di confonderti. Ma adesso non so in che altro modo dirlo. Se non interferiremmo con i lavori andrebbe tutto bene da solo.

Adesso quando proiettiamo energia che è sviata o statica, diciamo, lasciata sola, si dissiperebbe e tornerebbe all'energia originale. Ma se una persona proietta energia sviata e anche un'altra dozzina di persona lo facessero allo stesso momento e nello stesso luogo, allora accumulerebbe potere. Vedi, un potere energetico sviato. Lo rende più difficile, perché adesso sta iniziando a formarsi e solidificarsi in un potere tutto suo. E lo rende più difficile dissiparsi naturalmente e ricadere nel flusso naturale.

D: *Allora ha acquisito una sua vita propria.*

B: Si. E dopo averlo fatto allora dobbiamo consciamente lavorare per dissiparla. Prima di questo non ce ne sarebbe stato bisogno. Sarebbe tornato automaticamente nel flusso. Ma quando ci sono abbastanza energie sviate proiettate allo stesso tempo o nello stesso luogo che accumulano forza, allora continueranno a girare da sole. Facendo ciò che sa fare, che e' energia sviata. Amenoche non si interrompe e si dissipa verso il flusso normale, che in ogni caso avviene inconsciamente. Penso che questo facesse parte della tua domanda iniziale: "Come possiamo farlo consciamente?" Non abbiamo bisogno di farlo consciamente. Succede e basta. L'unico momento in cui dobbiamo farlo consciamente è quando finisce sviata.

D: *Come interrompiamo questa energia sviata? Bisogna interromperla per farla tornare alla sorgente.*

B: Un modo sarebbe di seminarla. Non penso che sia tutto nello stesso modo. Ma presumiamo che ci sia questo flusso che va da energia gigantesca della sorgente verso la sua manifestazione, di cui noi siamo solo uno, un corpo umano. Ci sono molte, molte cose in cui quell'energia si manifesta ed esprime. Ma se adesso siamo interessati in questo: l'essere umano, e quell'umano proietta – perché adesso ha energia, adesso ha anche vita. E l'energia semplicemente crea se stessa. – Allora proietta se stessa e presumiamo che è sviata. La tua domanda è: come lo interrompiamo. Ritornando alla sorgente iniziale, permettendo l'entrata di un flusso d'energia naturale o positiva e seminandolo nell'energia sviata, fino al punto che si diluisce abbastanza da poter tornare alla normalità inconsapevole agli uomini routine. Qui c'è coscienza, cosi questo lo voglio chiarire. C'è coscienza, in questa grande sorgente energetica, che si sparge in noi mentre l'energia va e viene.

D: *Questa è la coscienza che hai detto essere dietro la nostra comprensione.*

B: Si, si.
D: *Ma allora dobbiamo proiettare buoni pensieri e pensieri positivi o potremmo anche farlo chiedendo di mandare pensieri positivi alla sorgente originale.*
B: E' più un fenomeno di accordamento. Diciamo che la sorgente originale ha ogni cosa. Può creare assolutamente tutto, non solo in questo mondo, ma in tutti i mondi. E proietta sempre questa energia verso di noi. Se vogliamo una cosa invece che l'altra, dobbiamo solo accordarci a quella frequenza.
D: *Ma lo dobbiamo fare con uno sforzo cosciente. Nel nostro corpo fisico, dobbiamo sapere come fare certe cose per poterle fare.*
B: Con la loro coscienza possono dirigerla. La loro deve uscire completamente e finirà col creare altre cose. Ma ciò che vogliono prendere dalla grande sorgente è ciò a cui si accordano. Aprite quel canale per farla entrare invece di fare entrare altro. E quindi questo diventa una parte principale e predominante della loro struttura. Poi la stessa cosa viene rigirata in ciò che loro manifestano.
D: *La gente mi chiede sempre come poter manifestare ciò che vogliono. Vogliono una formula, un metodo passo-passo.*
B: Si, lo so, e questo è molto difficile. Vorrei che ci fosse una risposta più utile, ma non penso che ci sia. Penso che quando si impara a camminare sulla retta via, per modo di dire – e non intendo moralmente – voglio dire che quando vacilliamo, le nostre energie sono dissipate sul cammino. Se camminiamo lungo lo steccato, più camminiamo dritti più potere abbiamo di creare ciò che vogliamo. Ma vedi, adesso stiamo vacillando. Quando volta creiamo e qualche volta vacilliamo e cadiamo, e poi ci riproviamo e creiamo. Forse è solo per praticare fino al punto in cui non oscilliamo cosi tanto e perdiamo alcune delle cose che vogliamo.
D: *C'è anche molto a che fare con i sistemi di credenze.*
B: Eh, si, questo richiede ciò che vuoi. Se tu non avessi un sistema di credenze, non vorresti una cosa piuttosto che un'altra. Vedi, è tutto lì.
D: *Non prenderesti qualsiasi cosa che ti si presenta.*
B: Esattamente. E il nostro sistema di credenza è ciò che ci fa avere una preferenza per una cosa piuttosto che un'altra; che sia la pioggia o il sole. Sono tutte manifestazioni, tutte la pioggia e tutto il sole. Se non avessimo un sistema di credenze una cosa sarebbe come l'altra; infatti, lo sono. E se arriviamo a quel punto di comprensione – siamo già arrivati; solo che non sappiamo di esserci. Infatti, siamo sempre li; ma non ne siamo consapevoli. Quando abbiamo la

consapevolezza che una cosa è come l'altra, non cercheremo nemmeno di focalizzarci nell'ottenere ciò che vogliamo. Abbiamo già tutto.

D: *Ci sono persone che vanno col flusso, per cosi dire, e prendono ciò che arriva. Non sanno di poter scegliere una cosa piuttosto che un'altra.*

B: Ma sfortunatamente soffriamo in tutto ciò. Ovviamente soffriamo se abbiamo un dolore severo piuttosto che agi fisici. Sento che è questo a cui fai riferimento. Loro vanno con il flusso che soffrano o meno. Ma sto dicendo che c'è un livello superiore a questo, in cui il dolore da la stessa sensazione del bene. In cui non sei influenzato dal dolore d'essere colpito. Tutto ciò di cui stavamo parlando, ovviamente, porta ad uno stato ultimo in cui non farà alcuna differenza. Forse attraverseremo il processo educativo come esseri umani. – Parliamo da quel livello. – Di come dirigersi in questa energia ed ottenere ciò che vogliamo. Siamo in quel processo e potrebbe o non potrebbe essere una cosa lunga. Visto che non sappiamo nulla a proposito del tempo è difficile giudicare. Ma vedi, proprio qui, a questa enorme sorgente d'energia (gesticolando) non interessa cosa sta proiettando perché è tutto buono come ogni altra cosa. Noi, qui sulla Terra, con i nostri sistemi di credenze, decidiamo che uno sia meglio dell'altro. Ciò che stai chiedendo è come educarci a scegliere solo il buono.

D: *O solo ciò che vogliamo.*

B: O ciò che vogliamo, si, da ciò che viene proiettato, per modo di dire. Quindi attraverseremo il processo d'imparare a farlo. E a quel punto comprenderemo tutto quello non era necessario, perché tutto quello è ciò che vogliamo in ogni caso. Se lo comprendessimo, non avremmo bisogno d'imparare come ottenere ciò che vogliamo.

D: *Allora possiamo veramente utilizzare ciò che vogliamo. Ciò che consideriamo positivo, negativo o altro.*

B: Assolutamente. E' tutto solo energia priva di bene, male, doloro, piacere, giusto, sbagliato o altro. Principalmente a causa del nostro sistema di credenza, vogliamo separarlo in parti che sono giuste o sbagliate, buono e cattivo. Di conseguenza vogliamo scegliere solo ciò che vogliamo in tutto questo. Quando raggiungiamo un livello in cui comprendiamo che tutto quello era inutile – che non c'era giusto, sbagliato, bene, male, dolore, piacere – allora non avremo nemmeno bisogno di ottenere ciò che vogliamo.

D: *Ma la nostra attenzione è nell'essere umani.*

B: Si, adesso si trova li. Prima di poter tirare nelle nostre vite ciò che vogliamo, dobbiamo arrivare alla consapevolezza che non fa alcuna differenza. Perché finché fa una qualche differenza, ci rendiamo più difficili la possibilità di comprenderlo. Solo quando non fa più alcuna differenza, il flusso diventa cosi equanime, che possiamo accordarci cosi facilmente da ottenere ciò che vogliamo. E' un po' come: ci vogliono i soldi per fare i soldi. Finché li hai puoi continuare a farli. Quando non ne hai è quando sei nei guai, in questa vita. E quindi quando finiamo coll'elevare il nostro livello di coscienza, allora comprendiamo che possiamo avere tutti i soldi, l'aiuto e qualsiasi cosa vogliamo. Ma a quel punto, visto che sappiamo di poterlo fare, è solo pensiero e non ha più importanza. Non ne siamo più attaccati, perché pensiamo che non possiamo ottenerlo.

D: *Questo ha molto più senso.*

B: Ti darò un esempio. Mentre stai salendo una scala, Scala verso il Paradiso, tanto per dire, ad ogni gradino che continui a salire, quello inferiore si dissolve. E' come se proiettassi la scala davanti a te, perché pensi d'averne bisogno per raggiungere la stella successiva. E si dissolve sotto di te, mentre procedi, perché non ne hai più bisogno. Stai venendo da questa stella e stai andando verso quella. (Gesticolava) E stai costruendo la tua scala, che si dissolve mentre sali. E poi arrivi qui a questa stella. Adesso la realtà che era vera per tutto il tempo, fin da quando eri su questa stella, è che avresti potuto essere su quest'altra stelle in qualsiasi momento tu avresti voluto, senza nemmeno usare la scala. Ma l'unico modo che conosciamo è di arrivarci con la scala, che a quel punto è inutile e vale nulla. Non voglio dire inutile. Voglio dire che non ha più uno scopo. E se pensiamo che stiamo costruendo quella scala perché gli altri ci seguano, ci stiamo sbagliando, perché ogni persona deve costruire la loro propria scala. Non puoi viaggiare sull'energia o il cervello di qualcun altro. Non è proprio questo, ma spiegato in questi termini sarà comprensibile. Non puoi vivere la vita qui qualcun altro.

D: *Si, ma forse la scala servirebbe allo scopo di mostrare loro la via?*

B: La mostra solo alla persona che sta vivendo quella vita. Un'altra persona dovrebbe costruire la loro propria scala per arrivarci.

D: *Pensavo che se s'impara qualcosa, si può passare quella conoscenza per aiutare altra gente.*

B: Si, potrebbe essere. Ma la scala è più come la vitalità, che la conoscenza. Ed ogni individuo deve vivere la propria vita. Non possiamo arrivare al Paradiso sulla coda di qualcun altro.

D: *Ma possiamo dargli degli esempi e fargli vedere?*
B: Si. Ogni entità, facendo ciò che fa, offre un esempio che voglia o meno. Funziona cosi. Un'altra entità, con un livello di coscienza, può vederlo. In realtà non avrebbero bisogno di prendere a prestito o utilizzare ciò che qualcun altro ha imparato. Ma pensano di doverlo fare e cosi lo fanno.
D: *Non vogliono partire da zero e doverlo comprendere da soli. Ecco perché abbiamo esempi e libri.*
B: Si. E quindi se questo è utile e lo usiamo e ci guida, va tutto bene. Non c'è nulla di male in questo. Ma la verità è che se ci fosse solo un essere umano sulla faccia della Terra e questo non vedesse l'esempio di nessun altro che lo abbia preceduto, raggiungerebbe in ogni caso quella stella. E lo sarebbe alla stessa velocità, se esistesse lo stesso tempo ovunque.
D: *Cercando di comprenderlo da solo.*
B: Non è una questione di comprendere, è una evoluzione naturale. Pianti un seme del terreno e cresce. Diventa qualsiasi cosa fosse il seme. Se pianti una ghianda, ciò che cresce è una quercia. Non una betulla o un coniglio. E dentro di noi abbiamo tutto questo. E se veniamo lasciati completamente soli, finiremo sempre nello stesso luogo. Ma a causa di quest'energia statica intorno a noi che interferisce con il flusso naturale, facciamo di tutto per ricevere aiuto. E visto che la statica è lì, e pensiamo di aver bisogno d'aiuto, allora lo cerchiamo. Ma sotto a tutto questo, non ne abbiamo davvero bisogno e ci arriveremo in ogni caso. Semplicemente aiuta la nostra mente umana avere un aiuto o ciò che pensiamo essere un aiuto.
D: *Si, questa è la parte umana. Bene, tutta questa energia di cui stai parlando, mi chiedo come la nostra anima umana si adatti.*
B: Quello è probabilmente ciò che chiamate "anima". Lo spirito, la forza vitale, sarebbe il modo più semplice per spiegarlo. Qui, quello è ciò che etichettiamo come "anima".
D: *Quella è la parte che rimane dopo la morte del corpo umano.*
B: Si, perché, continua all'infinito. L'energia non può essere dissipata.
D: *Ma sembra che rimanga individualizzata in una personalità.*
B: Può se lo volesse. Può fare qualsiasi cosa che vuole. Può individualizzarsi in un fiore o può individualizzarsi in un essere umano. Sia con la stessa esatta consapevolezza come ha fatto un minuto prima o con una consapevolezza diversa. Può fare ciò che vuole. E' creazione.
D: *L'energia o l'anima?*

B: E' tutto uno e lo stesso. Può dividere se stessa o può coagularsi come una grossa entità. Immagina che stai spruzzando acqua dallo spruzzino di una pompa. Grazie allo spruzzino puoi far uscire l'acqua come goccioline separate o puoi variare lo spruzzino e farla uscire come un flusso unico. Può farla spruzzare anche più ampia e farla uscire come tante goccioline spray. O farlo come preferisci, è sempre la stessa cosa.

D: *E' tutto cosi complicato. Ecco perché sto cercando di articolarlo in modo comprensibile. Perché se non riesco a comprenderlo, mi è difficile condividerlo con altri.*

B: C'è differenza tra comprendere logicamente ed essere consapevoli. Penso che possiamo essere consapevoli e conoscere le cose che non comprendiamo logicamente. E' come infilare un chiodo quadrato in un buco rotondo. Non combaciano perfettamente.

D: *Quindi è difficilissimo per noi perfino sperare di riuscire a comprendere qualcosa di tutto questo. Siamo limitati dai nostri cervelli umani. Dobbiamo solo comprendere e sentire che è vero.*

B: Si. Finché siamo limitati dai nostri sistemi di credenze, è difficile se non impossibile comprenderlo logicamente. Perché i nostri sistemi di credenze sono cosi limitati e ciò che stiamo cercando di comprendere è enorme, che non entrerà mai nella nostra scatoletta di credenze limitanti. Finché non eliminiamo quella scatoletta, non possiamo lasciare entrare tutto il resto. Succederà che tu lo comprenda tutto o meno, perché questa è la sua natura.

D: *Cerco di scrivere questi concetti cosi la gente può esserne consapevole.*

B: Si. Questo è molto utile, perché permette di espandere la scatola di credenze della gente. E qui può aiutare vedere gli altri che sono venuti prima di noi. Succederebbe in ogni caso. Ma vedere coloro che sono venuti prima di noi, ci permette di espandere un po' la nostra scatoletta con quella consapevolezza. E ciò che fai con questi scritti aiuta la gente a vedere che c'è qualcosa dall'altra parte della scatoletta. Possono spingere per aprirla un pochino ed includere tutto questo. Continueranno a farlo e a farlo e farlo, finché la loro scatoletta diventa abbastanza grande da gestire tutto questo. Beh, non proprio tutto, ma sarebbe un processo continuativo.

D: *In altre parole, non ce la possono fare finché non sono pronti.*

B: Questo è vero. Puoi scrivere tutti i libri che vuoi, ma finché qualcuno non è pronto a leggerli, non faranno nulla per quella persona. Potrebbero fare del bene a te, ma non faranno nulla di

buono per quella persona. Potrebbero fare del bene a te e agli altri. Ma non aiuteranno la persona che non è pronta a guardare oltre ai limiti della sua scatola. Quando saranno pronti a guardare oltre alla scatoletta, qualsiasi cosa può aiutarli.
D: *Allora cercheranno cose che gli offriranno le informazioni. Per te sembra molto chiaro, ma per me è molto complito.*
B: Non è poi cosi chiaro nemmeno per me, solo che so che non lo è.

* * *

D: *Abbiamo letto della mente universale, coscienza universale. E' forse vero che siamo tutti connessi qualche modo, che possiamo ricevere informazioni dalla mente universale dopo essere diventati più illuminati?*
Phil: Questo è corretto, perché tutti alla fine sono Uno. Il concetto di Dio comprende l'intera creazione. Tutto. Quindi, visto che ognuno di voi è infatti una parte del tutto, allora ognuno di voi è infatti un aspetto dell'altro. Siete davvero una parte l'uno dell'altro.
D: *La guarigione metafisica funziona cosi? Dove puoi manipolare l'energia che è disponibile e le energie di cui siamo interconnessi?*
P: Sarebbe un po' piu complicato di questo. Tuttavia, il concetto e' infatti corretto nel fatto che le energie di cui parli fanno parte di te e tu fai parte delle energie. E' come se tu stessi nuotando in energie e tu stesso sei parte integrante dell'acqua in cui nuoti. Manipolando le acque intorno a te, puoi causare delle correnti che spingono o tirano da te a qualcun altro o da qualcun altro verso di te. Queste correnti, come puoi immaginare, sono le energie di cui parliamo. Devi solo dirigere queste energie con la vostra mente per formare queste correnti. Ci possono essere magazzini di queste correnti disponibili per coloro che ne hanno bisogno. E in questa manipolazione, trovate che queste riserve sono disponibili per voi stessi. Si tratta di creare e disgregare energie. Voi stessi sul vostro piano, siete in ogni senso della parola, Divinità, nel fatto che potete e create le vostre creazioni sui vostri piani e dimensioni di consapevolezza. Tuttavia, non siete uguali o grandi quanto il Tutto, l'aspetto omni-comprensivo del concetto di Dio che avete. Nessuno di voi su questo piano piano potrebbe mai sperare di ottenere quel livello. Eppure, basta dire che ognuno di voi a una parte di quel tutto, quella coscienza Totale, dentro di voi. E siete infatti capaci di creare e discriminare. Quindi, secondo la vostra stessa definizione di Dio, il Creatore, siete un dio voi stessi. Voi stessi siete dei

creatori. Forse non ad un livello in cui vi allineate al Dio omnicomprensivo. Però, è importante qui notare che voi stessi, siete infatti creatori.

* * *

Phil: C'è uno spettro dell'energia fisica. Ci sono quelle energie che costituiscono e in giusto proporzione manifestano ciò che percepite come fisico. Nella giusta combinazione di diverse energie c'è la manifestazione della forma fisica. La forma fisica che vedete intorno a voi, è una combinazione di molteplici energie diverse che si manifestano per produrre le forme che vedete. I vostri occhi percepiscono queste energie e quindi voi percepite forme fisiche.

* * *

Brenda: Sono dentro ad un nexus che è un' intersezione di punti di diversi universi in continuazione. Sto osservando come interagiscono. Sto anche osservando i cicli che creano nella loro struttura d'esistenza.
D: Sembra complicato. E' bello da vedere?
B: Si, lo e'. Molto complesso e stupendo. E' difficile da descrivere. Dipende da che livello tu stia osservando. Ad un livello sembra che – hai visto la luce piatta? (Si) Immagina illuminazione piatta di tutti i colori concepibili e vedili interagire tra di loro. I vari fogli di luce dei vari colori che fluiscono e vacillano. Li osservi da un altro livello e riesci a vedere la griglia del tempo deformarsi, interagire e trasformarsi. Dipende solo da che livello lo si osservi. Ci sono altri livelli. E' molto complesso e molto bello.

* * *

Brenda: Sto osservando la rete di particelle energetiche basilari che costituiscono l'universo e lo mantengono in essere. Si può descriverlo in diversi modi a seconda della tua prospettiva e a quale livello d'organizzazione si guardi. Da una parte sembra come una coperta di lana intrecciata con tutti i fili che rappresentano specifici tipi d'energia, the mantengono tutto insieme e in ordine. E dall'altra parte se guardi con un'altra prospettiva, sembra una nebbia energetica, visto che ogni cosa è energia e si sparge ovunque. E' come se fossi nella nebbia e potessi vedere ogni singola particella che forma la nebbia, per usare un'analogia. Dove vi trovate sul vostro piano Terra, la nebbia è composta di piccole particelle d'umidità. E' come se potessi vedere ogni particella individuale unica e completa in se stessa. Tuttavia in questo caso ogni particella individuale è una particella d'energia ed ogni particella individuale è viva a modo suo. E' eccitata. Vibra e si muove nella sua piccola sfera d'influenza. E questo succede ovunque con infinite moltitudini di particelle.

D: *Sarebbero come atomi?*

B: Più piccole degli atomi. Gli atomi sono uno sciame di particelle d'energia. Queste sono come le proprietà fisiche sub-atomiche che i vostri scienziati stanno cercando di studiare. (Pausa) Non riesco a fare la connessione con la vostra lingua. Hanno dei nomi molto strani che i vostri scienziati gli hanno dato. Quarks? Cose come piccolissimi neutrini d'energia. Le energie e le particelle coinvolte con ciò che etichettano come nuova fisica. Questi sono i primi barlumi di un'idea di come siano le cose. Visto che questo è un nuovo campo che state studiando, non ne avete ancora molta conoscenza. Sospettate appena che questo aspetto delle cose esista. I vostri scienziati stanno cercando di comprenderlo e di qualificarlo. Cercano di dargli delle regole per spiegare le cose che stanno osservando, ma ciò che stanno osservando è un'immagine molto incompleta. Per usare un'analogia, è come se un film molto lungo venisse proiettato nei vostri teatri. E tutto ciò che vedete è una singola immagine del film, dell'intera pellicola. Come riuscire a spiegare di cosa parli il film o quale sia la storia?

D: *Solo da un'immagine?*

B: Esatto. Questo e' cio' che i vostri scienziati stanno cercando di fare riguardo a questa energia. Ciò che hanno osservato è l'equivalente d'aver visto molti singoli dettagli in quella singola immagine. Forse il colore dei capelli di uno degli attori. E da quell'informazione cercano di ricostruire la storia di quel film. La struttura della storia, chi l'ha scritta, com'era la musica e tutto il resto. Ma è impossibile. Devono imparare altro ed osservare altro prima di poter comprendere ciò che sta realmente accadendo. Hanno già raggiunto le connessioni giuste tra la nuova fisica e l'antica scienza del misticismo. Ma l'antica scienza del misticismo è stata parzialmente lasciata dalla civilizzazione precedente e parzialmente da millenni d'osservazioni. Osservazioni raccolte di queste cose che sono causate da questa nebbia d'energia, che la gente ha osservato e cercato di spiegare.

D: *Ma come fanno ad avere l'intero film? Queste cose non le vedono.*

B: No, ma possono osservare gli effetti di queste cose, che li aiuterebbero a comprendere cose sono. La cosa principale che hanno bisogno di fare è mantenere la mente aperta a qualsiasi cosa. Non importa quanto a prima vista sembri assurdo o improbabile. Visto che tutte le improbabilità e anche tutte le cose che sembrano assurde fanno parte dell'universo. Cose chiamate "fortuite" e "coincidenze" sono etichette generali di cose che sono state osservate e connesse a questo.

D: *Hai detto che questo è basato sulla scienza del misticismo. Molta gente lo considera stregoneria ed occulto. E' questo che intendi?*

B: Si, parzialmente. Nell'era in cui vi trovate, la gente si è alienata dalle proprie radici e in questo processo ha rinnegato il misticismo. Dicono d'essere gente moderna ed educata e che la scienza spiega tutto. Quando la scienza finalmente avanzerà al suo ultimo picco, tutto saranno dei mistici. Con misticismo faccio riferimento a qualsiasi cosa che ha a che fare con le cose di livello superiore, inclusa la stregoneria, l'occulto, le diverse religioni mistiche dell'Oriente: Buddhismo, Induismo e simili.

D: *Molta gente raggruppa tutto questo come il lato oscuro.*

B: Si. Il potere, come ogni latra cosa, può essere pervertito ed utilizzato per le ragioni sbagliate. Ma diventare famigliari con questo potere ed imparare a risolvere i problemi è per il bene dell'umanità. Ci sono ancora alcune culture che sono più aperte a tutto questo di altre. La tua cultura, non lo è. Ma ci sono molti individui che praticano e usano nella loro vita, questo aiuta a mantenere le loro tradizioni vive, che è importante. Questa sembra essere una caratteristica dell'umanità. Le cose che non comprendono le raggruppano in categorie e le rinchiudono in uno sgabuzzino per dimenticarle, o cercare di dimenticarle. Tutto cio' che esistepuo' essere imparato e potete beneficiare da tutto ciò che esiste – alcune cose più delle altre, è vero in generale. Per esempio, nella vostra scienza medica hanno sviluppato dei vaccini. Cosi adesso i vaccini sono utilizzati da tutti per aiutare a prevenire le malattie e prevenire sbilanciamenti corporei. In civilizzazioni precedenti le loro scienza svilupparono ciò che ora e noto come misticismo. Tutti lo utilizzavano per aiutare a prevenire sbilanciamenti nell'armonia del Tutto. Secondo la sua vera natura ha raggiunto ciò che tutte le vostre scienze individuali stanno cercando di ottenere adesso. Le loro scienze ebbero inizio come simili scienze individuali e poi si riunirono mentre avanzarono nei campi di conoscenza. Compresero che tutto è Uno, un armonioso intero. Si riunirono e la gente imparò ed applicò la conoscenza che svilupparono. E' ciò che è noto come misticismo, perché aspiravano all'altissimo e scoprirono che questa energia di base organizza ogni cosa. Se uno è consapevole di questo e conosce come questo può essere alterato o manipolato per manifestare i propri desideri rimanendo in armoni, allora tutto ciò che c'è da fare viene fatto.

D: *Vorresti dire che scoprirono di non averne bisogno per la medicina?*
B: Quando giunsero a questo livello in cui potevano essere in armonia con l'Intero, la medicina non era più necessaria. Era superflua, perché era raro che qualcuno si ammalasse. Sapevano dove erano fuori bilanciamento. Gli bastava alterare le loro energie per rimettere tutto in equilibrio, cosi non si ammalavano più.

D: *Puoi dirmi quale civilizzazione giunse a tale livello di sviluppo?*
B: Erano diverse civilizzazioni ma erano in contatto tra di loro. Era una conoscenza universale, ma diverse parte del mondo avevano modi sottili diversi di percepirlo, a causa della loro cultura. Ci fu la civilizzazione di Atlantide e ci fu una civilizzazione in Sud America. C'erano anche diverse civilizzazioni in Oriente: una in India, una tra le montagne dove adesso c'è il "Tibet" e in "Sri Lanka". E due diverse civilizzazioni spuntarono in "China", ma vivevano tutte in armonia tra di loro. Erano considerate come un'unica civilizzazione con una cultura di tipo duale. Queste civilizzazioni contribuirono tutte allo sviluppo delle scienze dai loro diversi punti di vista per aiutare a renderlo un Intero completo.

D: *Queste civilizzazioni erano contemporanee ad Atlantide?*
B: Si. Atlantide ne predatava la maggior parte, ma erano tutte civilizzazioni antiche. Le civilizzazioni in Tibet e Sud America ebbero inizio circa allo stesso tempo di Atlantide e le altre civilizzazioni vennero successivamente. Ma sopravvissero abbastanza da avanzare ad un grado superiore.

D: *Penso che molte persone abbiano l'idea che quelle civilizzazioni si manifestarono dopo la distruzione.*
B: Un nuovo gruppo di civilizzazioni venne in essere dopo la distruzione di Atlantide. Quando Atlantide venne distrutta ci fu uno shock globale, per quanto riguarda l'interazione tra esseri umani, le scienze, l'arte, ecc.. L'intero mondo ne sentì gli effetti. Atlantide era la civilizzazione principale, il centro generico della civilizzazione. Quando venne distrutta, sembrava avesse drenato l'energia vitale dalle altre civilizzazioni, che andarono in declino. Ma queste altre civilizzazioni diedero origine al mondo presente.

* * *

Brenda: Sto osservando l'intera struttura del tempo. E' molto intricata. E' quasi come una sfera vuota fatta di sottili fili d'argento. E tutti questi fili si intricano ed intersecano tra di loro, proprio come un modello tridimensionale dell'atomo e di come si vedono gli elettroni in movimento. C'è una serie di fili d'argento che vanno tutt'intorno. C'è anche un'altra serie di fili d'argento che vanno tutt'intorno in angoli retti per intersecarsi con tutto il resto. Formano questo globo vuoto. E' difficile spiegarlo, è molto intricato.

D: *Sembra complicato.*

B: Una cosa che ti da speranza in tutto questo che è strutturato cosi, significa che tutto può succedere. Perché tutte le combinazioni possibili sono qui presenti.

D: *Vuoi dire che non è stabilito, o predestinato, al punto in cui dovrebbe essere.*

B: No. Questa è la ragione per cui la magia e queste altre cose funzionano. Perché se vuoi che succeda qualcosa e ci mediti sopra e proietti energie mentali perché questo si manifesti, questo causerà la direzione della tua vita in quel flusso temporale.

* * *

Brenda: Potrebbe essere una ripetizione di ciò che hai già sentito, ma non si può enfatizzarlo ulteriormente. Prima di tutto devi realizzare che tutto ciò che genera energia esprime vibrazioni. Cose che generano la luce, che è una forma d'energia, emettono vibrazioni di luce. Queste le vedete come radiazioni, come per esempio nelle lampadine. O qualcosa che genera suono, lo vedete vibrare e sentite il suono, ma è sempre una vibrazione che è energia. Anche il vostro cervello genera energia. Qualsiasi cosa che succede nel vostro cervello genera energia, e quindi genera vibrazioni. Il che significa, tutti i vostri processi corporei o alcuni dei vostri pensieri ed emozioni, emettono vibrazioni. E queste vibrazioni influenzano l'etere che vi circonda. Siete circondati, riempiti e penetrati da vibrazioni da miliardi di diverse direzioni. Queste vibrazioni sono di tutti i livelli e forze. L'energia che esprime il vostro cervello è sufficiente ad influenzare alcuni di questi livelli di vibrazioni. Di conseguenza, uno può influenzare i risultati futuri a seconda di ciò che pensa. So che ne hai già sentito parlare, ma te lo sto spiegando ancora, per evitare di scoraggiarti quando le cose potrebbero non funzionare alla prima volta. Basta che continui a pensare a ciò che vuoi che succeda e succederà. A volte in modi inaspettati, perché a volte le vibrazioni devono attraversare diversi canali per influenzare ciò che c'è bisogno d'influenzare. Questo lo posso vedere chiaramente. Non so se lo sto spiegando in modo convincente.

D: *Stai facendo un ottimo lavoro. Se non capisco te lo dico.*

B: Il tuo cervello è il centro vibrazionale del tuo corpo. C'è una focalizzazione di queste vibrazioni, chiamata plesso solare. Questo è come un lente che focalizza la luce. Il plesso solare focalizza queste vibrazioni e poi le proietta all'esterno a tutte le parti del corpo, fino alla tua aura per mantenere le cose bilanciate. Ecco perché quando mediti e apri te stessa all'assorbimento di vibrazioni per rifornire le tue vibrazioni, dovresti immaginarle che entrano attraverso la sommità del cranio e poi scendono verso il tuo plesso solare. Cosicché il plesso solare possa distribuire queste vibrazioni al resto del corpo dove sono necessarie per equilibrare tutto il resto.

D: *Mi è stato insegnato di passare per tutto il corpo energizzando ogni chakra e poi scaricando l'eccesso attraverso i piedi nel terreno. Questo non è corretto?*

B: Non incorretto. E' un modo per farlo. Quando passi per ogni chakra, assicurati di ricaricare anche il plesso solare. In questo modo rivitalizzerà il tuo corpo, ma ti devi anche assicurare di rivitalizzare la tua aura, che si estende molto oltre al corpo. Quindi, assicurati di mandare una scarica d'energia extra al plesso solare, per assicurarti che la tua aura sia rivitalizzata fino al limite per aiutare a proteggerti da qualsiasi danno che potrebbe venire nella tua direzione. E poi, qualsiasi eccesso d'energia, si dovrebbe essere spedito attraverso i piedi nella madre Terra. Ricarica la tua aura e aiuta a proteggerti quando le tue difese sono basse, come quando stai dormendo. E' saggio fare cose in più per proteggersi durante il giorno. Sia immaginando la tua brillante aura di colore bianca o dorato, o immaginando una piramide d'energia intorno a te. Con qualsiasi metodo tu sia a tuo agio, perché quando interagisci con altra gente hai bisogno di protezione extra. Ma di notte, nella privacy della tua casa, quando stai dormendo, la protezione della tua aura dovrebbe essere a sufficienza. Magari prima di andare a letto, puoi immaginare una piramide d'energia intorno a te, ma non dovrai preoccupartene. Sarai protetta durante la notte mentre stai dormendo, perché il subconscio fa un ottimo lavoro. E se sei supina quando proietti la piramide, immaginati approssimativamente 1/3 più alta del fondo della piramide, perché quello è il punto focale di forza ed energia della piramide.

D: *Intendi dire, come se il corpo fosse levitato circa a quell'altezza sopra al fondo della piramide.*

B: Si, ma sarai completamente circondata dalla piramide, perfino la parte posteriore del tuo corpo. E' un'immagine molto potente. E' una focalizzazione. E' difficile spiegare ogni cosa che la piramide può fare.

D: *Molta gente mi ha detto che non c'è nulla di cui preoccuparsi. Non c'è bisogno di proteggersi da niente.*

B: E' come un fulmine. Il fulmine è una forza neutrale. Non è positivo ne negativo, semplicemente è. E' molto potente. Da una parte lo si può utilizzare per generare elettricità. Dall'altra parte può uccidere la gente. Queste forze sono fondamentalmente neutre e uno può usarle per i propri scopi se sta attento. Ma allo stesso tempo, quando uno si apre per esplorare e fare nuove esperienze, deve stare attento ed essere protetto, perché queste forze neutrali non hanno alcuna morale. Agiscono e basta, nella direzione in cui il loro flusso energetico è diretto in una specifica situazione. Tu devi assicurarti d'essere protetta contro qualsiasi flusso negativo. E' un bene che segui i nostri suggerimenti. Ti aiuta ad avanzare e rende più facile per noi comunicare con te.

D: *In ogni caso, stavi dicendo che si proiettano queste vibrazioni per ciò che si vuole ottenere. (Si) Dove averle proiettate deve succedere?*

B: Ci sono cose che possono influenzarlo. Come per esempio: proietti pensieri di qualcosa che vuoi che succeda, vanno là fuori e iniziano a causare cose che fanno si che succeda. Ma se successivamente vieni scoraggiata o ti deprimi e proietti pensieri del tipo: "Azzz, non succederà mia", questo indebolirà l'impeto. E quando ti sarà passato la depressione devi proiettare pensieri forti ancora una volta, pensieri positivi per aiutare a riguadagnare l'impeto alla manifestazione di ciò che volevi.

D: *Cioè rienfatizzare i primi pensieri?*

B: Esatto. E questo succede con ogni cosa. Qualsiasi cambiamento nella tua vita, che sia di lavoro o personale. Una relazione tra te e qualcun'altro, qualcosa che vuoi fare, sogni personali, o qualsiasi cosa.

D: *Mi hanno insegnato che i pensieri sono molto potenti e possono*

ottenere ciò che vuoi.
B: Si, possono. Ecco perché dovresti stare attenta ai pensieri negativi, perché anche quelli sono potenti. Possono aiutare a neutralizzare i tuoi pensieri positivi. Quindi se vuoi che i tuoi pensieri si manifestino, continua a pensare positivamente. Medita intensamente di loro. Fai delle vere visualizzazioni. Conosci questo concetto?
D: Dove lo visualizziamo che è già successo?
B: Si. O forse perfino immaginalo che succede mentre stai fluttuando e osservando al di sopra. Poi immagina tutti i cambiamenti positivi che sono arrivati come risultato di questo evento. E come il mondo e la tua vita sono dopo che è successo.
D: Mi hanno insegnato a visualizzar come se fosse già successo e di riempirlo di più dettagli possibile.
B: Si, esattamente. Aggiungi dialoghi, sentimenti e tutto il resto, come se lo stessi osservando in realtà. Ricordati più grande è il progetto, più, a volte ci vorrà, perché ci sono più canali attraverso i quali i tuoi pensieri devono attraversare per riuscire ad allineare tutti i pezzi.

* * *

Durante un incontro di gruppo stavamo facendo domande di energia curativa. Un gruppo del membro chiese: "Ho un interesse nell'aiutare gli altri a guarire. Da dove proviene l'energia che viene utilizzata nell'atto di guarigione degli altri?"

Phil: Le energie cosmiche di cui abbiamo parlato precedentemente, sono quelle di cui stai parlando. Devi solo aprire la tua mente per poter focalizzare queste energie. Apri e accetta, e la tua mente funzionerà proprio come un cristallo.
D: Chiunque può utilizzare queste energie o sono doni speciali per la guarigione?
P: Queste energie sono virtualmente perché tutti nell'universo possano utilizzarle a proprio beneficio e quello altrui, se vogliono cosi. Non sono esclusive per nessuno. Puoi utilizzare queste energie come preferisci.
D: Queste energie possono essere dannose per la persona che sta aiutando o la persona che stanno curando?
P: Esiste il sovraccarico, ma non è cosi dannoso. E' solo uno squilibrio. Non uccideresti nessuno utilizzando queste energie. Non aver

paura, perche questi sono i doni di Dio, proprio come la luce solare e l'aria sul vostro pianeta. Apprezzale e usale onestamente e col tempo loro ti nutriranno.

Spettatore: Diverse persone ricevono ciò che chiamiamo una "guarigione", tuttavia in un breve periodo di tempo, sei mesi o un anno sviluppano un altro problema o tornano allo stesso problema.

P: Stai dicendo che la guarigione non attecchisce o non rimane?

Spettatore: Beh, a non sembra che sia cosi. Sono guariti temporaneamente ma poi tornano alla stessa malattia.

P: Si, questo è naturale. Gli effetti non sono sempre permanenti. Se la malattia è un certo grado, una guarigione periodica, una ricarica sarebbe necessaria e appropriata. Questo non diminuisce gli effetti della guarigione, ne esagera gli effetti della malattia. E' semplicemente un fatto che una ricarica possa essere spesso necessari. Diventerai più familiare con queste attività, quanto più spesso utilizzi queste energie. Alcune malattie possono richiedere una seduta sola, altre possono richiedere un impegno a volte di una vita, perché abbiano effetto. La prima domanda per quanto riguarda la guarigione, può essere visualizzata come un secchio che gocciola. Se il secchio ha dei buchi, dovrai continuare a riempirlo d'acqua. Il secchio continuerà a perdere acqua finché i buchi non vengono tappati. La guarigione è solo, in questo caso, il riempimento del secchio con l'acqua. Questo curerà i sintomi temporaneamente. I buchi nel secchio devono essere tappati, allora la guarigione sarà completa.

Spettatore: E' possibile che siamo stati programmati per morire in uno specifico momento. E' forse possibile che si tratti del nostro DNA o che sia ereditario. Per esempio, una persona nasce e devono vivere fino all'età di 35 anni. Potrebbero morire prima per un incidente o potrebbero vivere più a lungo. Questo è possibile?

P: Potrebbe essere per molte ragioni diverse. Potrebbe essere pre-programmato o potrebbe essere a causa di una dieta e stile di vita inappropriato. Potrebbe essere per un incidente. Ci sono molte cose che potrebbero causare n buco nel secchio, per cosi dire. Per quanto riguardo uno specifico periodo di vita, la morte è necessaria per riuscire a progredire. Si verificherebbe della stagnazione se non ci fosse la morte a spostare una persone sul piano dello spirito. Questo è un processo continuativo che è progettato per imparare molte informazioni. Tutto è come dovrebbe essere a riguardo.

Spettatore: Ero curioso di sapere se possiamo allungarla o accorciala col libero arbitrio. Mi chiedo se il mio DNA ha una qualche forma

di pre-programmazione.
P: C'e un massimo programmato nel DNA. Il tempo attualmente stabilito è quasi certamente dipendente da ogni individuo.

La conversazione iniziò a gravitare verso l'utilizzo dell'energia per aiutare con la situazione finanziaria.

P: Quest'energia, sarai sorpreso di scoprire, è un'energia quasi identica, tuttavia manifesta in diversi modi. L'energia che portale finanze è infatti la stessa energia che porta salute e malattia. Sei sorpreso di sentire questo? Per stimolare una crescita finanziaria l'energia utilizzerebbe la stessa tecnica delle visualizzazioni e affermazioni che sono utilizzate con l'energia guaritiva. Questo è solo come passare lo stesso raggio di luce bianca attraverso due prismi diversi. Uno che ha la tendenza di proiettare un colore blu e l'altro che tende ad un colore verde. Infatti è la stessa energia ma tradotta diversamente. L'energia è praticamente neutra, è solo una questione di come venga utilizzata. Questa energia può portare povertà o ricchezza, può portare salute o malattia. Può portare molte cose. Può portare felicità o tristezza, o può portare sanità o follia. E' sempre una questione di come venga utilizzata e l'intento è come si manifesta.

D: *Molta gente pensa che sia o buona o cattiva.*
P: In molti sceglierebbero di credere che qualcun altro gli ha fatto del male ed è colpa loro. Nel fare questa scelta rinnegano lo scopo stesso per cui sono in vita. Cioè: per imparare a focalizzare queste energie nel modo più costruttivo possibile. Questa è davvero la ragione fondamentale per essere incarnati nel fisico, per imparare a diventare manipolatori di questa energia.

D: *Forse questa è una delle lezioni che stiamo cercando d'imparare.*
P: Questa è la lezione che stiamo tutti cercando d'imparare. Questa è la lezione da imparare su questo pianeta. Perché ogni cosa può essere ritracciata a questo. Le lezioni di guarigione, le lezioni d'amore, le lezioni di comprensione, le lezioni di pazienza, hanno tutte le loro radici in questa fondamento basilare: l'uso delle energie. Quindi si riflette nel piano fisico principalmente ciò che è il vero piano, cioè il piano Divino. Coloro che manipolano queste energie senza saggezza o inconsciamente si troveranno in situazioni contro producenti o non allineate con il piano Divino. L'intero scopo dell'incarnazione ed educazione, è d'imparare a diventare adepti manipolatori di quest'energia. In tutto ciò che state facendo, state

imparando a manipolarla in un modo o nell'altro, che sia finanziario o politico o sanitario o qualsiasi altro di moltissimi modi.

D: *La maggior parte della gente non comprende che attirano cio' che vogliono, anche se è negativo.*

P: Non tanto che se lo attirano, ma piuttosto che lo manifestano. Ognuno di voi manifesta ciò che trova. Non è che sia là fuori e venga da te. Ovviamente, la nostra è una discussione semantica, ma è un punto importante che deve essere compreso. Voi manifestate davvero ciò che trovate. Non è che fluttua in giro e in qualche modo si attacca a voi e poi vi trovate in pozzi di agonia e disperazione terrificante. No, no. Piuttosto questa situazione che uno può trovare cosi spiacevole si è manifestata, è stata portata avanti da un abuso o mancanza di comprensione delle energie. Non viene avanti verso di voi, viene avanti grazie a voi.

D: *Il modo in cui la gente dice: "Tutta va sempre storto. Tutto quello che faccio non va mai bene."*

P: Si, e questo rafforza l'intero concetto di: "tutto mi cade sulla testa". E quindi uno passa la vita pensando a quanto sia ingiusta la vita con loro e quanto tutto sia miserevole. I loro stessi pensieri canalizzano l'energia in quello stesso tipo di situazione. Ricevi ciò che hai chiesto.

D: *Ovviamente, saranno gli ultimi ad ammettere che si stanno causando tutto questo. Dicono: "Non voglio essere infelice. Non voglio alcun mal-essere."*

P: Esattamente. E la persona più difficile da ascoltare sei tu stesso. – In questo momento su questo pianeta c'è una mancanza di comprensione della relazione tra emozioni e salute. Perché se foste in grado d'integrare questa comprensione, il recupero sarebbe molto più veloce e più efficace. Quindi da un punto di vista emotivo, presumendo che il corpo sia inizialmente in armonia; possiamo dire che portare disarmonia dove c'è armonia permette l'espansione della disarmonia. Quindi lo possiamo analizzare come un problema di disarmonia o mal-essere. O anche come un fattore d'assenza di pace con se stessi, puoi vedere che questo mal-essere viene prodotta nel sistema corporeo e poi si diffonde. Il risultato è che uno si sente malato e in disarmonia solo dal punto di vista emotivo. Possiamo anche analizzarlo matematicamente, se non ti dispiace. Per esempio, se hai ciò che chiamiamo una equazione perfetta, una che funziona perfettamente, senza divisori ne resti. Faremo attenzione a proposito, perché questo veicolo non ha un elevato livello di comprensione della matematica, utilizzeremo il suo livello per spiegarlo. Se riesci a vedere che c'è un'equazione che soddisfa uno specifico gruppo di calcoli e questo risulta in una risposta perfettamente bilanciata, allora quella è armonia. Tuttavia, se s'introduce in questa equazione una variabile o un numero, che tendono a produrre un resto o a causare un risultato imperfetto allora ci sarà, come potete vedere, una disarmonia. C'è infatti un resto, in termini matematici.

D: *Non risulta pari.*

P: Esatto. Musicalmente possiamo correlarlo ad una dissonanza o con un qualsiasi numero di diversi metodi di ciò che potreste chiamare "analogie". Questi sono tutti veri e concomitanti e hanno luogo simultaneamente. Solo che si sceglie che abbia luogo ad uno o più livelli di consapevolezza.

D: *Allora questa gente cosa può fare per riallinearsi o tornare in armonia con se stessi?*

P: Dovrebbero vedersi sempre circondati da ciò che è il più perfetto possibile. E quindi dovrebbero utilizzare il loro giudizio in luce di questo fatto, per mantenere un livello di vita di perfetta qualità. Ricordati sempre di questo fattore d'armonia, ciò che viene percepito sarà la cosa più appropriata a quello scopo. Questo si applica a tutti gli aspetti della consapevolezza umana. Ricordatevi sempre che uno riceverà e uno farà ciò che è più appropriato per se stesso o per qualsiasi obbiettivo abbia. Perché in questo modo, naturalmente attrae a te stesso, se desidera connetterti a quel livello di comunicazione, la cosa stessa che sta chiedendo. Infatti, stai manifestando la realtà della situazione più armoniosa. In molti sul pianeta sentono che per manifestare qualcosa, devono diventare rigidi fino al punto in cui non c'è nessuna possibilità di qualcos'altro. L'errore qui sta nel fatto che ciò che uno dice e ciò che uno pensa è contradditorio. Ciò che uno crede, spesso non è esattamente ciò che uno dice. E quindi quando qualcuno dice qualcosa, sta infatti attivando una reazione che potrebbe essere piuttosto opposta a ciò che ha detto. Restando cosi rigidi in queste credenze, si produce la manifestazione che potrebbe sembrare completamente opposta a ciò che si è appena detto. Si manifesta ciò di cui si ha più paura, perché si dice che non lo si vedrà o che non succederà. Eppure pensandoci continuamente, qualsiasi cosa sia, si va a finire col crearlo. Proprio sicuramente come incontrare o affrontare la stessa cosa che uno con tutta la forza dice di non voler incontrare.

D: Questo è uno dei paradossi dell'essere umani.
P: Esattamente. E' un paradosso dell'essere un manipolatore delle energie. E' una trappola del diventare o essere meno illuminati. Cosi converrebbe a chiunque sia un manipolatore d'energia, come sono tutti su questo pianeta in questo momento, diventare più illuminati. E saperne di più riguardo a come manifestare ciò che davvero desidero.
D: Renderebbe la vita molto più facile se la gente riuscisse a realizzare che ha un'enorme quantità di controllo su eventi e situazione.
P: Esattamente. Nelle loro vita potrebbero avere la vera armonia che ognuno sta cercando. Alcuno sono più esperti e adepti di altri. Adesso diremo a voi riuniti nella stanza che ognuno a suo modo può vedere un percorso davanti a se. In parole più semplici, tutti su questo pianeta ha questo stesso percorso. Tuttavia, molti ne sono più consapevoli di altri.
D: Siamo tutti sullo stesso sentiero, solo che andiamo in diverse direzioni.
P: Esattamente. Tuttavia, tutti i sentieri alla fine convergono e s'incontrano in uno stesso luogo.
D: Solo che ci vogliono moltissime curve e tornanti lungo la strada.
P: Esattamente.

CAPITOLO QUATTORDICI

LA TRASFORMAZIONE DEL CORPO UMANO

Nel 1999 sono stata esposta per la prima volta al concetto dei cambiamenti di DNA nel corpo umano, mentre conducevo una seduta con Luigi durante la nostra Conferenza UFO in Eureka Springs. Avevo incontrato sua madre in Florida durante una conferenza qualche mese prima ma non c'era tempo per una seduta privata. Quando le ho parlato della conferenza UFO ad Eureka Springs decise di venire con sua figlia. Chiamò anche suo figlio, Luigi, in Italia per parlargliene e lui venne dall'Europa per partecipare. Quando arrivò, la madre decise che lui aveva più bisogno della seduta di lei, perché aveva avuto delle (presunte) esperienze di UFO che lo disturbarono e le voleva esplorare. Harriet partecipò alla seduta, proprio come sua madre. Lui pensava che avrei avuto dei problemi con il suo accento e che avrebbe avuto dei problemi a tradurre in Inglese mentre era sotto ipnosi. Andò a finire che non ci fu alcun problema. Durante la discussione prima della seduta mi disse ciò che ricordava, cosi decidemmo di tornare a quel giorno per raccogliere altri dettagli. Era andato a scuola quella sera per una lezione di teatro in Pavia in Italia e stava guidando per tornare a casa quando ebbe ci fu un incidente. Lui e la sua ragazza videro una luce nel cielo e parcheggiarono per osservarla. Questo è tutto ciò che era successo, eppure si sentiva disturbato.

Durante la seduta non ero sorpresa di scoprire che era successo molto altro oltre al vedere la luce. Quando Luigi entrò il profondo stato di trance, rivisse l'incidente. Pensarono che forse quella luce fu un aereo in picchiata e si fermarono per osservare. Quando uscirono dall'auto videro che era un'enorme astronave che fluttuava lentamente finché non si fermò sopra di loro. Poi una porta si aprì da sotto e un raggio di luce scese su di loro. La cosa successiva che vide era se stesso sdraiato su un tavolo in una stanza che somigliava una sala operatoria con una enorme luce sopra di lui. Quando si alzo vide un essere avvicinarsi che era composto interamente di luce. Rimasi sorpresa quando quell'essere lo abbracciò. A quel punto Luigi divenne emotivo mentre diceva: "Mi sento a mio agio là. Mi sento felice." Fece fatica a trovare le parole giuste in Inglese per descrivere come si sentì quando quell'essere lo toccò. "E' come se qualcuno di desse energia e la puoi sentire. Quando mi abbracciò era una sensazione fisica. Ma se lo tocchi... non è solido."

Allora ho chiesto all'essere se poteva fare delle domande e lui accettò. Disse d'essere a bordo di un'astronave e che non era la prima volta che Luigi si trovava là. Chiesi perché non si ricordava e Luigi rispose: "Per me è meglio. Lo saprò più avanti. Adesso è troppo presto." Disse che stava succedendo da molto tempo e che si erano già incontrati in altre vite. Quell'essere aveva vissuto per 600 anni secondo le nostre misure temporali.

Ne avevo sentito parlare in passato quando avevo lavorato su altri casi simili. In molti casi questo tipo di essere segue un'anima attraverso diverse vite ed è in grado d'interagire perché può vivere finché vuole. A volte l'alieno è frustato perché la persona non ricorda e devono ricordargli ancora una volta del loro contratto e accordo riguardo ad un progetto.

Luigi, col suo rudimentale Inglese, ripete' ciò che quell'essere gli stava dicendo. "Lo saprò al momento giusto. Avrò un ruolo importante in ciò che succederà. Ce lo hanno già detto. Grandi cambiamenti. Cambiamenti enormi sulla Terra. I continenti si muoveranno. E le acque... e loro stanno tornando. Non riconosceremo nulla e loro saranno molto tristi per noi. Gli uomini hanno fatto tutte queste cose sporche e stupide. Ma non è la fine del mondo. Sarà la fine di un'era." Le entità non potevano fare nulla per fermare tutte queste cose, ma stavano cercando di rallentarlo. Il suo ruolo era quello di salvare la gente e gli avrebbero insegnato come farlo.

Ovviamente, cerco sempre una cornice di tempo. Dissero che sarebbe successo molto presto. Sapevo che questo non era abbastanza, perché il loro senso del tempo è diverso dal nostro. Disse: "Al massimo vent'anni. Allora mostrarono a Luigi uno grande esplosione e una nube tossica che si sarebbe diffusa sulla Terra, mentre la gente fuggiva e cercava di nascondersi.

Allora gli dissero la stessa cosa che ho già detto in questo libro, che sarebbero riusciti a salvare alcuni prescelti portandoli a bordo di astronavi. Ce ne sarebbero state molte, moltissime astronavi e la gente avrebbe vissuto a bordo per molto tempo. Poi verrebbero riportati indietro: "E con il loro aiuto continuiamo a crescere. Riiniziamo. Tutto 'e cambiato. Sarà molto difficile per noi. E' già successo in passato."

Chiesi chi fosse quella gente. "Provengono da diversi pianeti, diverse galassie. Come un'unione? Per salvare il pianeta. Prima di tutto ci aiutano perché siamo differenti. E questo è un pianeta che deve essere salvato, perché cambiamo e non avremo più la maschera. Loro viaggiano tra le galassie. Principalmente nella nostra, perché siamo più in difficoltà e non possiamo uscirne da soli, perché cresciamo sempre più profondamente. Non saremo fisici come lo siamo adesso. Mi ha mostrato come saremo. Sembreremo come... quasi come dei fantasmi, ma con una figura."

D: *Un fantasma. Vorresti dire che si riuscirà a vedere attraverso?*
L: Non esattamente. E' difficile da spiegare. Non so come descriverlo. Non più solidi.
D: *Piuttosto come spiriti?*
L: Si, ma non proprio uno spirito. Me lo sta mostrando, ma non so come spiegartelo. Non come sono loro, ma quasi. Me l'ha appena fatto vedere. E' appena diventato un maiale. Per dimostrarmi che può diventare ciò che vuole.
D: *Si. Digli che capisco ciò che sta dicendo. Lui è un essere d'energia, vero? (Si) Può diventare ciò che vuole diventare. Ma ha detto che non saremo cosi.*
L: Quasi, non proprio.
D: *Ma il corpo sarà ancora fisico in un certo senso? (Si, si.) Avrà ancora bisogno di cibo?*
L: Non tanto quanto adesso. Diverso.
D: *Avrà ancora bisogno di dormire? Cose di cui un corpo ha bisogno?*
L: Un po'. Non con questo.
D: *Avrà ancora bisogno di creare altri esseri come... so pensando alla riproduzione?*
L: Dice che il sesso sarà differente. Non sarà più fisico. Sarà come un'unione di energie, ma dice che sarà piacevole. Ci farà ancora sentire bene. Me lo sta facendo vedere. Come due sfere che si uniscono per creare qualcosa. E' difficile da spiegare.

Questo tipo di riproduzione è spiegato in The Custodians.

D: Penso di sapere di cosa stai parlando. Ma sto cercando di scoprire se fosse quasi fisico, come sarebbe simili e come sarebbe diverso. Avremo ancora bisogno di case, edifici e città come adesso? (Si).
L: Città? Perché non saremo come sono loro. Questo è troppo e troppo presto.
D: Se non siamo realmente solidi, useremo ancora i nostri corpi per costruire le cose?
L: Con la testa. La mente sarà davvero potente. Non avremo più bisogno di parlare. E saremo in grado di vivere più a lungo.
D: Puo' rispondere a qualche domande che riguarda te? Perche i so che Luigi si sta chiedendo cosa stava succedendo ultimamente quando si svegliava e il suo corpo stava vibrando e contorcendosi. Questo essere può dirti cosa succede in quei momenti?
L: Si. Lavorano sul sistema. Lavorano sul DNA. Lo tirano su in... in spirant (Fonetico. Voleva dire spirali?).
D: Può spiegarmi cosa intenti dire?
L: Si. Perché gli umani hanno due spirali di DNA. Ne avremo dodici.
D: Perché dobbiamo averne dodici?
L: Questo è il livello più alto dove dobbiamo arrivare.
D: Ma questo come aiuterà il corpo?
L: Perché ne abbiamo sempre avute dodici. Molti milioni d'anni fa.
D: Cos'è successo allora?
L: Esperimenti genetici. Potrebbero riportarci a dodici. Sono ridotte a due.
D: Che tipo di sperimentazione venne fatta?
L: Per vedere come... cosa sta succedendo. E presumo per fare... ciò che facciamo ai ratti. Agli animali. Lo hanno fatto a noi.
D: Vuoi dire che loro lo hanno fatto a noi?
L: No, no, no, non loro. Altri esseri.
D: Perché vorrebbero fare una cosa del genere?
L: Per vedere. Pura curiosità.
D: Vorresti dire, per vedere cosa succederebbe se avessero cambiato il DNA a due filamenti?
L: Si. Ecco perché siamo cosi adesso e abbiamo questa grossa maschera. E' per questo che gli umani sono cosi limitati. E' per questo che ci sono persone che non credono agli UFO e a un sacco di altre cose.
D: Stanno sperimentando su tutti noi, per aumentare il DNA?
L: Una parte di noi ne avrà sei e un'altra parte ne avrà dodici.
D: Vuoi dire che adesso lo stanno facendo su certa gente della

popolazione.
L: Si, su molte persone. Cambiare il DNA. Prepararci.
D: Ha detto che adesso lo stanno facendo sul corpo di Luigi. Questo danneggerà il corpo in qualche modo?
L: No, no, per niente. Non avremo più le malattie che abbiamo adesso. E' un processo molto lento che richiede anni.
D: Ma coloro i cui corpi sono stati preparati, sono quelli che verranno portati a bordo delle astronavi quando avranno luogo i cambiamenti?
L: Si, ma dicono, molti, molti , molti, molti , molti lo avranno.

Mentre stavo scrivendo questo paragrafo mi venne in mente che nel mio libro The Custodians si dice che il corpo umano no può sopravvivere viaggi spaziali sulle loro astronavi allo stato corrente. Il corpo non può sopravvivere all'accelerazione e il cambiamento nelle vibrazioni di una diversa dimensione. Questa è una delle cose che avrebbe prevenuto l'umanità dal viaggiare nello spazio come fanno loro, perché non siamo in grado di gestire l'accelerazione delle vibrazioni nell'attraversare le dimensioni. Il cambiamento di DNA permetterà forse al corpo di adattarsi a questi cambiamenti? Questa è una delle ragioni? Disse che era preparazione.

D: Quindi stanno lavorando di molte persone. (Si) E' per questo che sempre più gente sta vedendo gli UFOs e sperimentato gli extraterrestri?
L: Perché vederli deve diventare normale per noi.
D: Adesso si fanno vedere sempre di più, perché vogliono che la gente si abitui a loro? (Si) Quindi quando al corpo di Luigi succedono queste cose, lui non dovrebbe preoccuparsi? (No) Sono naturali.
L: Si. Alcuni li sentono di più e altri li sentono di meno. Ma lui è piuttosto sensibile. E molto presto andrò sull'astronave fisicamente e ricorderò. E mi daranno molte informazioni.

A quel punto ricordò di aver lasciato l'astronave per tornare alla sua macchina. Stava piangendo: "Tutto è felicità, perché mi sento bene." Fu un grosso contrasto rispetto a come si sentiva prima mentre mi parlava dell'avvistamento. A quel punto aveva molta paura dell'ignoto e si chiedeva se fosse successo qualcosa.

A causa delle difficoltà con l'Inglese, ho condensato la maggior parte di questa registrazione per metterla in forma narrativa.

I casi seguenti provengono da altre parti degli Stati Uniti e presentano altre informazioni riguardo ai cambiamenti del corpo umano.

* * *

Ho incontrato John, un uomo anziano, durante un tour con un gruppo sulla stupenda isola di Bali nell'estate del 2000. Dopo aver visitato i templi e aver preso parte nelle varie cerimonie, espresse il desiderio di affrontare una seduta privata con me. Per molti anni aveva studiato la metafisica e aveva già imparato molti dettagli riguardo alle sue vite passate attraverso la meditazione. Era piuttosto interessato a scoprire qualche connessione con gli alieni. Non aveva alcun ricordo diretto di qualche diretto coinvolgimento, ma a causa di diversi eventi insoliti durante tutta la sua vita, sospettava che ci fosse una connessione. Gli dissi che quando conduco una regressione non induco la persona o provo ad influenzarla, quindi lui sarebbe andato dove sarebbe dovuto andare.

La seduta ebbe luogo in uno stupendo hotel di lusso sulla spiaggia. Il profumo di fiori e il canto ritmico degli uccelli riempivano l'aria e filtrava attraverso le finestre aperto mentre stavamo cominciando. Utilizzai la tecnica standard per mettere il soggetto in uno vita passata appropriata. Visto che non aveva ricordi coscienti d'interazioni con extra-terrestri, ritenni fosse meglio iniziare seguendo la mia normale routine, cioè portandolo ad una vita passata. Ma non andò cosi.

Quando John entrò sulla scena vide se stesso in piedi nel suo giardino con addosso il pigiama, mentre osservava un oggetto strano. Era uno disco convesso di color argento scintillante in piedi su dei cavalletti. Esclamò: "E' di circa 6-9 metri in lunghezza. Sono sorpreso, perché è cosi sottile e stretto. Presumo che bisogno essere sdraiati per entrarci. Non è come pensavo che fosse."

Cerca di trovare un riferimento temporale, gli chiesi di descrivere se stesso. Disse di sentire la sua barba, ma che era nera (mentre adesso era grigia). Aveva la barba da circa 15 anni e il suo corpo sembrava giovane. Questo ci diede un discreto riferimento temporale. Rimase li ad osservare il disco scintillante finché non notò un'altra sorgente di luce alla sua sinistra. Era un'astronave ben più larga con multiple piani. "Ha una luminosità caratteristica che sembra illuminare l'intera area. E' metallica, ma al contrario del sottile disco argenteo, non riesco a vederla nella sua interezza. Sono molto diverse l'una dall'altra."

Quando chiesi perché era in piedi in giardino mi raccontò una storia che è diventata molto comune durante le mie investigazioni di questo tipo di fenomeni. "Qualcuno mi ha portato qui per vederlo. Stavo andando a letto quando ho visto qualcosa che svolazzava dietro l'angolo della mia camera da letto. Mi hanno sollevato attraverso il tetto ma quella parte non posso ricordarla. Persi conoscenza quando arrivai al soffitto. All'esterno, questo essere aveva un braccio sotto al mio sedere e un braccio dietro alla mia schiena. Stavamo fluttuando verso ... sembra essere un raggio di luce. Dentro ad un hangard e poi in una zona che era bianca, scintillante pulita e molto moderna."

Li venne ricevuto da diversi esseri che sembravano conoscerlo. Lo portarono in una stanza. "C'è una tavola medica d'esaminazione con un tipo di staffe metalliche per i piedi. Il tavolo è molto simile a come sono gli uffici medici qui sulla Terra, ad eccezione di queste estensioni metalliche. E' una superficie imbottita, di coloro grigio chiaro. Mi chiedono di sdraiarmi. Non sembro impaurito. Sono stranamente abituato – a ciò che chiamo   le loro facce divertenti. E' come se lo avessi già fatto in passato e sono qui ancora una volta per i miei controlli annuali, o qualcosa del genere."

Gli esseri erano in piedi, attorno al tavolo ed erano curvi su di lui. "Non sono consapevoli di ciò che fanno, solo che mi stanno osservando. Forse mi stanno scannerizzando con le loro menti, i loro occhi o qualcosa del genere." C'era alcun tipo di strumenti o equipaggiamento. Quegli esseri erano molto piccoli, ma ce n'era uno più alto che proiettava un'energia femminile di gentilezza verso di lui. Non stava partecipando, ma era in piedi dietro agli altri ed osservava.

Allora si alzò dal tavolo e camminò verso un'altra zona dell'astronave. Passarono attraverso un'apertura che dava su un'area spaziosa con una cupola con lastre elevate ai lati. Una luce luminosa emanava da un grande cristallo luminoso nel centro della stanza. John pensava che quello fosse il sistema energetico dell'astronave. Camminarono lungo il perimetro della stanza con la cupola e poi si infilarono in uno stretto corridoio che portava ad un'altra stanza. Li lo misero dentro ad uno strano strumento che era in piedi lungo il muro.

J: Sono in piedi dentro a questo... mi stanno legando nel... sembra vetro... tutto trasparente. E' un po' più profondo di me. Non è un tubo, è un oggetto oblungo con un retro piatto. Sono in piedi dentro a questo strumento e adesso c'è della luce che scende da sopra. Presumo che mi stiano infondendo di una qualche forma di energia luminosa. – E' come se fossi in piedi all'esterno e mi sto osservando.

Lo rassicurai dicendogli che era al sicuro. Questo sembrava simile a Phil (in *Keepers of the Garden*) mentre osservava cosa gli faceva, perché la sua personalità venne rimossa e separata dal suo corpo. Anche lui era diventato l'osservatore.

J: C'è questa luce che scenda dall'alto. Sta illuminando la mia testa e presumo che la luce stia scendendo nel mio corpo. Ho la sensazione di un'infusione d'energia che sta alterando la mia struttura molecolare. Presumo che si stia trasformando più e più in un corpo di luce o qualcosa, anche se mi sento molto pensante all'interno. Ma credo che si tratti di questo. Sembra essere solo una sensazione di tintinnio. Adesso sto ricevendo qualcosa a proposito dell'alterazione delle filamenti di DNA, aumento delle filamenti di DNA.

D: *Cosa vorresti dire?*

J: L'energia della luce che entra nel corpo sta alterando e aumentando il... lo sai che le filamenti di DNA sono davvero come filamenti di luce, in un certo senso. Vengono alterate ed espanse, aumentate. Questo significa che la loro capacità di trattenere più e più luce, con ogni infusione. Non dura molto a lungo; stanno aprendo la porta ed io sto uscendo.

D: *Il processo luminoso sta cambiando il DNA in qualche modo?*

J: Questa è la mia comprensione.

D: *Qual'è lo scopo di cambiare il DNA?*

J: Per ritenere sempre piu luce e per trasformare il corpo sempre più in un corpo di luce. Meno denso. Per essere in grado di trattenere sempre più luce celestiale. E lo scopo è di raggiungere lo stato di coscienza del Cristo.

D: *Sai come stanno cambiando il DNA? Puoi chiedere a qualcuno? Forse te lo possono spiegare.*

Questo ha già funzionato in passato. Quando c'è una domanda che il soggetto non è in grado di rispondere, li invito a fare la stessa domanda ad uno degli esseri presenti per riceverne la risposta.

J: Si, gli chiederò come viene cambiano il DNA. (Pausa) Bene, me lo fanno vedere... vedo la visualizzazione di queste filamenti, spirali di ogni genere illuminate o scintillanti di luce o qualcosa del genere. Apparentemente danno vita a... si separano e creano altre filamenti, attraverso questa fusione di luce.

D: *In quante filamenti si dividono?*

J: Li sento dire "sei", ma non ne vedo sei.

D: *E questo va fatto regolarmente?*

J: Presumo che sia una procedura continuativa – sempre più e frequentemente in questo periodo. In alcuni casi più di una volta durante un periodo di 24 ore. Quando faccio una pennichella e poi durante lo stato di sonno di notte. E' per questo che vengo incoraggiata a fare delle frequenti pause di meditazione. Almeno ogni ora, per mantenere questo specifico livello di vibrazione.

D: *Perché deve essere ripetuto? Il DNA non rimane cosi quando viene espanso?*

J: Rimane cosi, ma per mantenere se stesso ad un livello di luce stabile dipende anche dalle infusioni ricevute e dalle mie abilità mentali di accedere alla mia stessa Forza-Divina, la Luce Interiore per cosi dire. Questo mantiene quelle stringe attive, cosi possono diventare sempre più stabili. E questa è preparazione per li passo successivo. Ma deve essere consolidato o solidificato.

D: *Prima di procedere al passo successivo?*

J: Si, il successivo. E la maggior parte di questo dipende dalla mia volontà e abilità di accordarmi alla coscienza Cristica, il mio se superiore.

D: *Questo è qualcosa che va avanti da anni?*

J: Si, ma adesso che ho dimostrato loro di volermi dedicare alla mia missione divina, per modo di dire, e voglio restare sul sentiero spirituale, sta accelerando. Ho dimostrato di voler davvero servire l'umanità. Cosi ho raggiunto un certo punto, ho passato certi test e sfide e sono rimasto in sella. Quindi hanno accelerato questo processo di miglioramento.

D: *Ma va fatto ad un aumento percentuale per renderlo un cambiamento corporeo permanente?*

J: Continua ad aumentare fino alle dodici filamenti. Quello è lo scopo finale per raggiungere l'elevato stato d'essere della quinta dimensione.

D: *Ma non diventerebbe solido se non fosse ripetuto regolarmente?*

J: E' come se ci potesse calcificare o diventare stagnante o... Vedo questo... esattamente come muscoli nel corpo. Se non vengono utilizzati diventano....

D: *Si atrofizzano?*

J: E' la stessa cosa. Quindi devo fare la mia parte con la meditazione e l'accordarmi e dichiarare le mie intenzioni. Allora loro aiutano nel loro processo tecnologico, entrando ed accelerando l'intera cosa. Ci vorrebbero molti, molti anni per riuscirci strettamente con la meditazione.

D: Però se questo processo venisse interrotto temporaneamente, allora si atrofizzerebbe. Non continuerebbe?

J: Sarebbe superiore a com'era il mio livello, ma può diminuire rispetto a ciò che dovrebbe e può essere. Lo Scopo Ultimo: lo stato di vibrazione e coscienza della quinta dimensione.

D: Chiediglielo, quando loro lo fanno, stanno attivando qualcosa che ha a che fare con la luce o stanno creando qualcosa nel corpo, nuovo, DNA, che non c'era prima?

J: Oh, no. Hanno iniziato con le due filamenti e come ho detto – in qualche modo attraverso questo processo – hanno continuavo a dare vita ad altre filamenti, aumentando il numero di cellule o altro.

D: Quasi nel modo in cui si dividono le cellule?

J: Hmmm, presumo che sia questo che stanno cercando di dire.

D: Questo lo stanno facendo a tutti?

J: Lo stanno facendo principalmente a coloro che si sono incarnati specialmente per aiutare l'umanità durante questo evoluto, maggiore stato di coscienza. Succederà in minor grado anche a coloro che non sono attualmente coscienti dei loro se spirituali, che non sanno di essere spirituali. Cioè che sono ancora principalmente arenati nella densità della coscienza.

D: Gli altri a cui lo stanno facendo, devono salire tutti a bordo di astronavi come questa perché sia attivato?

J: La risposta è si.

D: Davvero? Avevi detto un minuto fa che possono farlo quando stai meditando o dormendo?

J: Presumo di essere raccolto durante quei periodi per un altro processo che è meno intenso, ma vediamo (Pause). C'è qualcosa che può essere condotto quando sono fuori dal corpo. Ci sono chirurgi tecnologici, stanno dicendo, che sono in grado di rimuovere il tuo corpo eterico e fonderlo con il quoziente luminoso superiore (Era confuso). Mi sembra di aver capito cosi. Poi lo rimettono nel mio corpo senza dover tornare fino all'astronave madre. Hanno delle astronavi laboratorio, più piccole, dove fanno queste cose.

D: Allora non c'è bisogno di farlo sempre con le macchine.

J: Sto cercando di vedere se è uno strumento tecnologico o se i chirurgi tecnologici lo stanno facendo con le loro menti. Penso che sia cosi. Il loro potere mentale può aiutare e sostenere questo processo, ma non allo stesso grado della mente e degli strumenti tecnologici sull'astronave più grande. Ma entrambi sono efficaci ed entrambi adesso avvengono regolarmente.

D: Questo processo come influenza il corpo?
J: Il corpo diventa più leggero e la struttura cellulare, le membrane diventano più sottili e più leggere. Desideriamo cibi più leggeri. Il corpo fa sempre più fatica a digerire e processare i cibi densi e pesanti. Presumo sia questa la ragione per cui ho sempre più voglia di cibi liquidi. E molto spesso, quando sono a casa, mangio raramente più di un frullato di frutta. Me lo scolo tutto e poi faccio una colazione e un pranzo liquidi denso. E diverse volte alla settimana mi fatto un pranzo liquido con un succo di sole carote, pomodori, sedano e verdura fresca.
D: Quindi ti senti di non mangiare i cibi più pesanti?
J: Esatto. Mi sento cosi sempre di più, ultimamente.
D: Questi cambiamenti come influenzano la salute del corpo?
J: Sarebbe un corpo più sano non appena si trasforma in un corpo più leggero.
D: Il corpo diventa più leggero, fino al punto in cui non ci sono malattie, è questo che intendi?
J: No, continueranno ad esserci malattie, ma dopo la fine del processo, il corpo sarà molto più immune alla maggior parte delle malattie, ma non completamente libero. Ha aumentato i miei poteri mentali e quando la trasformazione è completa avrò molto più controllo sul mio corpo di quanto ne ho ora. E sarò in grado di correggerlo e rilanciarlo volontariamente, per dire.
D: Quindi anche il solo cambiamento di qualche stringa può fare la differenza nel corpo, prima che raggiunga la stato completo?
J: Fa qualche differenza, ma nel processo di transizione c'è la tendenza che abbiano luogo ulteriori sbilanciamenti, perché il vecchio viene rimpiazzato dal nuovo. E il vecchio vuole restare e diventare lo status quo, finché al punto in cui il nuovo è solido e i nuovi filamenti sono la maggioranza. E' quasi come un processo democratico, poi il nuovo sarà la maggioranza. E il processo di accelerazione aumenterà ulteriormente, mentre più e più del vecchio viene rimpiazzato dal nuovo.
D: Quindi durante quel periodo in cui il corpo deve affrontare i cambiamenti, è ancora molto resistente alle malattie?
J: Non necessariamente.
D: Mi stavo chiedendo come il corpo viene influenzato e come si sente.

Fino a questo punto la voce di John era sottile, bassa e mi fù difficile trascrivere molte parole che erano pronunciate bene. Ora invece la voce divenne più forte e ben distinta, più facile da comprendere e trascrivere. Questo era un ovvio indizio per me che l'altra entità stesse finalmente rispondendo per John, invece di comunicare con lui. Inoltre poteva indicare che il subconscio avesse iniziato ad interagire con noi. In ogni modo, le risposte stavano fluendo molto più facilmente e questo lo apprezzo sempre moltissimo. Perché so di essere in contatto con le vere informazioni e posso ottenere risposte più accurate senza l'interferenza della mente cosciente, scettica e critica.

D: *Fare tutto questo potrebbe aumentare la durata della vita dell'individuo?*
J: Altamente.
D: *Questo dopo che il processo è stato completato o mentre l'intero processo ha luogo?*
J: L'essere umano durante questo processo di transizione è ancora suscettibile a molte influenze negative che esistono sul pianeta in questo specifico momento. Tuttavia, ci sono altri fattori di natura protettiva che aiutano e supportano gli esseri umani che stanno attraversando questo processo, aggiungendo la massima protezione possibile. E durante le visite a bordo vengono utilizzati strumenti di scannerizzazione che possono spesso ridurre qualsiasi battere intrusivo o particella infetta. Ma non è una procedura perfetta in questo momento. Ci sono molte sperimentazioni ed osservazioni scientifiche per quanto riguarda la trasformazione più drammatica del corpo umano in un corpo considerevolmente diverso, un corpo di luce.
D: *Quindi non sei davvero sicuro di come andrà a finire, perché state ancora sperimentando?*
J: Sicuramente riceveremo il prodotto tattico finale, per cosi dire, ma il processo della transizione è ancora pieno di molti misteri.
D: *Ma quando offrite questa protezione per rendere qualcuno più resistente ai batteri e simili, questo lo fate con dei macchinari? O come lo fate?*
J: Quando uno si trova nella stanza di vetro e viene infuso di luce, vengono distrutti un numero di cose interessanti che possono permeare il corpo umano.
D: *Qual'era lo scopo della scansione che avete fatto prima sul tavolo?*
J: In generale solo per determinare il suo benessere fisico, mentale ed emotivo. Per vedere fino a che livello è in equilibrio, per vedere fino a che livello i vari corpi: fisico, mentale, emotivo, eterico e astrale sono allineati o sbilanciati. E solo l'esaminazione visuale di

condizioni fisiche e altro, questo dovrebbe essere osservato e registrato e comparato a visite precedenti ed esaminazioni e...

D: *Quindi è come un controllo per vedere se tutto va come dovrebbe andare? (Si) E se non lo fosse, fareste degli adattamenti?*

J: Si. Adattamenti sarebbero in parte tecnologici ed in parte ulteriori istruzioni attraverso il processo meditativo, per quanto riguarda usando il termine "modalità scelta" possa fare in termini di superare i problemi presenti, i comportamenti basati su giudizi o le sensazioni di mancanza. La sensazioni di non aver fiducia nell'universo che provvede sempre a ciò che è necessario in qualsiasi situazione, qualsiasi siano le circostanze. E alla fine lasciare andare tutte le sensazioni del mondo materiale come una forma di sicurezza. Ed affidarsi sul mondo spirituale e metafisico, per cosi dire, come sorgente di sicurezza.

D: *Questo è difficile. Ma lo hai detto, se venissero fatti degli adattamenti con la tecnologia. Sarebbe con queste machine con la luce?*

J: Probabilmente, ma ogni individuo deve fare la sua parte. Non possiamo sovrimporre le nostre competenze tecnologiche oltre a ciò che ogni individuo sia disposto a fare da solo sul piano fisico. Deve esserci una perfetta armonia con la volontà di progredire spiritualmente, cosi possiamo lavorare in tandem insieme. Se uno fa i passi necessari sul piano mentale, quei passi saranno premiati attraverso la nostra maggiore partecipazione ad aiutare quell'individuo. Se l'individuo smette, non è disposto a procedere sul suo sentiero preselezionato – che ogni persona sceglie prima d'incarnarsi – allora il processo arriverà a fermarsi. Il libero arbitrio è molto importante per tutti coloro che sono sulla Terra. Devono vedere e trascendere l'illusione che esiste attualmente nella coscienza di massa. E avere fiducia in leggi e processi spirituali superiori.

D: *Questo viene fatto su diverse persone che sono spiritualmente al punto giusto?*

J: Decine di migliaia di persone in questo punto. Quando l'umanità raggiungerà la massa critica, coloro che hanno aumentato il loro frequenza vibratoria e la loro abilità di trattenere sempre maggiori quantità di luce – luce celeste, dobbiamo dire allora la "Sindrome della Centesima Scimmia" diventerà una realtà e questa Terra avrà raggiunto uno stato di coscienza superiore che influenzerà tutti gli altri sul pianeta. Il benessere di questa coscienza superiore si diffonderà dai pochi ad un numero maggiore e anche maggiore, semplicemente grazie all'unità di tutta la creazione. Semplicemente perché tutti esistono dentro alla linea unica, l'unico amore di Dio.

D: *Cosa succederà a coloro che non parteciperanno? Color che sono ancora nel modo di pensare più denso, nel senso fisico.*

J: Ogni anima farà al sua scelta, di partecipare o non partecipare in questo processo. In molti non vi parteciperanno. Molti sceglieranno di rimanere aggrappati al loro vecchio sistema di valori. Molti rimarranno aggrappati alle illusioni che hanno deciso di credere durante la loro incarnazione sulla Terra e non vedranno oltre a queste illusioni. Quindi lasceranno i loro corpi e verranno riassegnati ad un altro pianeta le cui lezioni sono una continuazione di quelle sul pianeta Terra in questo specifico momento. Il pianeta Terra diventerà un'altra scuola su cui la vibrazione della quinta dimensione determinerà il nuovo curriculum di studio, le nuove lezioni disponibili per quelle anime che partecipano in un livello superiore di quello che è adesso disponibile nella coscienza tridimensionale.

D: *Mi hanno detto che quelle persone verranno lasciate indietro. Questo è ciò che significa?*

J: Verranno lasciati indietro per quanto riguarda la loro crescita. Non si muoveranno e continueranno a procedere e crescere con gli altri che sono dedicati e hanno praticato le discipline mentali e fisiche necessarie al proprio coinvolgimento spirituale.

D: *Quindi quando lasceranno i loro corpi, non torneranno qui. Questo sarà in un luogo interamente differente. (Si) Inoltre sta succedendo con decine di migliaia di persone e non lo sanno coscientemente, giusto? Proprio come John non lo sapeva coscientemente.*

J: John conosce molte cose grazie ai suoi insegnamenti diretti. Sono in molti adesso sulla Terra che sono in diretto contatto con le loro guide da diversi sistemi planetari, che sono qui per assistere l'umanità a salire ai livelli superiori di vibrazione e coscienza. Ogni giorno sempre più persone vengono risvegliate a causa della loro specifica tabella temporale preselezionata quando sono venuti nel corpo sulla Terra. La vostra anima entra con una agenda preselezionata che include una tabella temporale per il risveglio, possiamo dire. Quel risveglio verrà attivato da certi eventi che hanno luogo sul pianeta. Questi eventi possono essere dei semplici contatti con altre persone, insegnanti spirituali che gli diranno qualcosa che risveglierà e darà inizio al loro processo. Alcuni verranno risvegliati da calamità geofisiche che, per dire, si manifesteranno nella loro vicinanza, che sia un uragano o un tornado o un terremoto. Quindi ci sono molti, svariati strumenti e processi per attivare il risveglio di anime che stanno arrivando sul pianeta in questo specifico momento. Alcune si risveglieranno improvvisamente e drammaticamente, come John, dalle loro guide preselezionate e predestinate. Mentre altre giungeranno al processo di auto-realizzazione più gradualmente, attraverso diverse esperienze. E' come se ci fossero dei catalizzatori mentre questo processo viene implementato

D: *Quindi è in tutto il mondo.*

J: Si. Anche se l'America è in questo momento, la zona primaria di ricezione e disseminazione grazie ai libri che la gente scrive e i film the producono. E altre forme di comunicazione che verranno disseminate in tutto il mondo. Questo non significa che anche altra gente in altri paesi non sta ricevendo le informazioni, ma gli USA sono il centro di editoria, per modo dire, delle informazioni spirituali in questo specifico momento.

D: *Si diffondo dall'America ed influenza molto più persone in questo modo. (Si) Questa è forse un'altra ragione per cui la durata della vita sta aumentando?*

J: Mentre la nuova Terra si sviluppa, lo status quo sarà drammaticamente diverso dalla realtà attuale, perché quando uno raggiunge lo stato di coscienza superiore, la coscienza di quinta dimensione, non c'è più ignoranza del processo cosmico. Non c'è più alcuna ignoranza del fatto che Dio permea tutta la vita ovunque. Quindi uno è libero dalle limitazioni di nascita, crescita e morte in a periodo di tempo relativamente breve. Uno che si trova nella coscienza di quinta dimensione realizza di avere molto più controllo su non solo la durata della loro vita, che può essere centinaia d'anni – ma perfino l'intero processo di creazione. Perché la creazione di realtà avrà luogo molto, molto velocemente quando uno raggiunge quello stato di coscienza di quinta dimensione. Quindi controllo sul corpo o su multipli corpi e l'abilità di viaggiare liberamente fuori dal corpo in tutto l'universo saranno una cosa comune.

D: *Mi hanno detto che ci sarò per vedere tutte queste cose, perché l'età non sarà la stessa cosa. E' questo ciò che intendete?*

J: Si. Il vecchio paradigma he esiste ora sulla Terra, di una vita relativamente breve, sarà un ricordo lontano.

D: *Ma solo per coloro che si stanno preparando a tutto questo.*

J: oloro che raggiungono lo stato di coscienza della quinta dimensione proseguiranno e parteciperanno nella Nuova Terra e saranno in grado di fare queste cose.

D: *Mi hanno detto che gli extra-terrestri stanno controllando i corpi umani nel tentativo di trovare cure alle malattie per permettere al corpo di vivere più a lungo. E' vero?*

J: Esattamente.

D: *Uno degli scopi dell'esaminazione fisica era di interrompere alcune delle malattie progressive che ci sono al mondo.*

J: Mentre il corpo fisico attraversa il suo processo di trasformazione, diventerà più immune. Gli umani o i nuovi umani, o gli ibridi in arrivo che parteciperanno alla nuova Terra, porteranno una consapevolezza superiore, una maggiore conoscenza per curare le vecchie malattie. Quindi non è solo un processo attuale, ma un processo che continuerà negli stati superiori di coscienza. E negli stati superiori di coscienza l'eliminazione di queste cose verrà accelerata, a causa del vasto aumento d'intelligenza, dell'utilizzo della mente e un maggiore accesso a tecnologie molto avanzate. Molte cose che non esistono sul pianeta in questo specifico momento – o se esistono, sono soppresse o non utilizzate o tenute segrete per un motivo o l'altro.

D: *Mi hanno detto che la gente a bordo di queste astronavi hanno già acquisito tutto questo. Possono vivere finché vogliono, sono liberi dalle malattie e non muoiono finché non sono pronti a morire.*

J: Esattamente.

D: *E che stanno cercando di portare gli umani ad uno stato simile?*

J: Si, o per lo meno uno stato che è considerevolmente oltre allo stato corrente.

D: *Allora probabilmente avremo sempre qualche limitazione.*

J: Si. E' sempre un lavoro in corso, per modo di dire, è una serie di sfide in continua evoluzione che vanno superate.

D: *Visto che questo è un pianeta di lezioni da imparare, oltre che un pianeta dal libero arbitrio.*

J: Tutti i pianeti hanno le loro lezioni, se cosi si può dire. Perfino quelle lezioni che sono oltre la vostra immaginazione più sfrenata qui sulla Terra, nel vostro stato attuale di terza dimensione. Ma l'universo è, e sempre sarà, un processo di crescita, espansione e sfida. Non importa quanto sia alta la frequenza vibratoria, non importa a quale livello siano arrivati esseri e civilizzazioni, con ogni passaggio spirali verso l'alto, si incontrano nuove sfide per continuare a crescere.

D: *Quindi la Terra non potrà mai diventare un luogo davvero perfetto, a causa del libero arbitrio e delle lezioni che ci sono qui. (Si) Ho un'altra domanda. Queste cose di cui stai parlando, relative ai cambiamenti di DNA. Il governo degli Stati Uniti le conosce? Avete condiviso questi concetti con loro?*

J: Ci sono diversi scienziati negli USA e altri paesi che sono consapevoli del processo di mutazione, per cosi dire. Sono piuttosto sorpresi e sconcertati del processo che si sta ora sviluppando sul pianeta. E lo percepiscono come un processo di mutazione piuttosto improvviso e drammatico. In molti sono consapevoli.

D: *Vorreste dire che scientificamente possono vedere questi cambiamenti che stanno avendo luogo?*

J: In molti sono consapevoli. In molto non condividono queste informazioni per paura di essere ridicolizzati dai loro colleghi, che non hanno avuto alcuna esperienza diretta e osservazione di questo processo.

D: *Quindi possono, con i loro strumenti scientifici, vedere che questi cambiamenti stanno avendo luogo nel corpo umano.*

J: Esattamente.

Altri investigatori e scrittori hanno scoperto informazioni relative all'attivazione e progresso delle dodici filamenti di DNA, ma presumono che succederà spontaneamente. Sembra che sarà un processo graduale per attivare il DNA al fine di produrre (o dare vita) ad altri filamenti. Se questi nuovi filamenti possono solidificarsi e diventare permanenti allora produrranno altri filamenti. Quindi non succederà velocemente, ma è certamente attivato nei corpi di decine di migliaia di persone in tutto il mondo. Fa tutto parte di un piano divino di cui noi abbiamo solo una vaga idea, in questo momento.

Prima della seduta, avevo fatto una lista delle domande a cui John voleva delle risposte. Una era relativa ad un sogno insolito che era rimasto nei suoi ricordi.

D: *John disse che aveva una notte aveva avuto un sogni molto, molto vero in cui vedeva un'astronave fuori dalla finestra. Sentiva la necessità di gridare, ma non poteva. Quello era solo un sogno o era un'esperienza o cos'altro?*

J: Quello era più che un sogno. Era un incontro in un'altra dimensione. E la presenza della nostra astronave ha riportato certi ricordi traumatici, originari delle sue esperienza d'infanzia, quando la sua anima attuale non era ancora sviluppata all'attuale livello di maturità che esiste con John in questo specifico momento. Quando era bambino, la nostra strana, aliena apparenza, sfortunatamente lo impaurì e gli lasciò certe cicatrici traumatiche, cicatrici emotive per cosi dire.

D: *Perché spesso i bambini non comprendono.*

J: Si. E ci dispiace profondamente che sia successo e che ci siano ancora queste cicatrici. Quindi per John, vedere l'astronave ebbe due effetti. Risvegliò quel ricordo e senso di terrore; inoltre servì lo scopo di renderlo consapevole che aveva del lavoro interiore da fare, per superare quest'esperienza passata. Ha fatto molti progressi al riguardo, fin da allora.

D: *Questa è una delle ragioni per cui questi ricordi sono offuscati o rimossi, perché è più difficile per un bambino comprendere cosa sta succedendo? Questa potrebbe essere una ragione per non permettere alla persona di ricordare?*

J: Certamente. Inoltre quando qualcuno evolve spiritualmente e aumenta la propria vibrazione fino al punto di sentirsi davvero uno con l'intero creato ed essere in grado di mantenere uno stato di coscienza amorevole, allora non c'è nulla di cui avere paura. Perché il fattore universale della vita, per cosi dire, dell'essere uno con tutta ciò che è vivo, diventa non solo insito nell'intelletto, ma una conoscenza percepita profondamente. Inoltre quando si cresce spiritualmente e si eleva la frequenza vibratoria fino al punto di sentirsi davvero uno con l'intero creato e si mantiene uno stato di coscienza amorevole, allora non c'è nulla di cui avere paura. Quindi l'Unità dell'intero creato viene accettata, indipendentemente dall'apparenza delle forme di vita in questione. Ogni forma di vita, per quanto bizzarra possa essere a confronto con l'attuale consapevolezza dei terresti, quando raggiunge lo stato di unità universale e amore incondizionato per tutti, allora la paura sparisce. Non è più una realtà per quello specifico individuo.

Gli extra-terrestri mi hanno detto che la paura è l'emozione più forte che hanno gli umani. Se non riescono a comprendere qualcosa, la dipingono di paura per farla entrare nella loro struttura mentale. Attraverso la comprensione dell'esperienza la paura svanisce. Questa è la chiave del mio lavoro con la gente che pensa di aver avuto esperienze cosi dette: "spiacevoli". Quando riesco a comprendere cosa è successo, riescono ad integrarlo nella loro vita presente e proseguirla, piuttosto che avere paura e ritirarsi.

Penso che sia piuttosto straordinario che due uomini agli estremi opposti del pianeta possano raggiungere scenari identici senza conoscere le informazioni che avevo accumulato in tutto il mondo. Ritengo che questo aggiunga validità.

* * *

Una seduta che mi aspettavo sarebbe stata una normale seduta terapeutica, ebbe luogo mentre ero a Laughlin per la UFO Conference in Nevada nel 2000. Durante il colloquio iniziale creo sempre una lista di domande alle quali il soggetto vuole ricevere delle risposte. In questo modo posso aiutarli nel miglior modo possibile e loro possono ricevere più benefici possibili dalla seduta. In molti di questi casi le risposte non sono ciò che io mi aspettavo di sentire. Lavorando con il subconscio ho imparato a mantenere una mente aperta e continuare a fare domande dal punto di vista del giornalista obbiettivo, anche se la seduta finisce in una direzione inaspettata. Grazie alla mia insaziabile curiosità, sono aperta a qualsiasi nuova informazione, per quanto strana possa essere.

Lee era una giovane donna sulla quarantina, eravamo appena attraversato una vita passata e grazie al subconscio stavamo gestendo le connessioni con la sua vita presente.

D: *C'è una connessione tra quella vita e la vita attuale che Lee sta vivendo?*
L: Si, ma è graduale. Nulla succede in una vita. Non mi piace la lentezza. Quella vita le dimostrò che è giusto sostenere ciò che crediamo essere giusto. Che va bene restare da soli e che non importa se siamo soli. Non siamo mai soli, è solo che pensiamo di esserlo.
D: *Lei ha delle domande che vorrebbe chiarire. Nella sua vita attuale non si è mai sposata e si è astenuta dall'essere sessualmente attiva. Voleva conoscerne la ragione.*
L: Una parte di me non proviene da questa realtà. Una parte di me che è qui adesso non appartiene a questo tempo e a questo spazio. Non vede il sesso come viene visto su questo pianeta. Non comprende il tempo, come viene compreso su questo pianeta. Questo pianeta è estremamente lento ed estremamente lento. Quella parte di me è venuta qui da sola e qui non ho aiuto per questo.
D: *Di che parte di te stai parlando?*
L: Siamo tutti delle parti. Non siamo mai una parte sola. E' venuta qui come luce. La luce già conosce. La luce viene qui completamente pura ed è un'esperienza molto strana essere qui, ma va bene. Riesce ad adattarsi.

D: *Ma Lee ha vissuto molte vite fisiche sulla Terra, non è vero?*
L: Si, ma quella è solo una parte di lei. Non è mai stata solo Lee. Questo è solo un sistema di credenze, c'è molto altro. Non è maschio, non è femmina. E' luce. E' comprensione di un diverso tipo. Per questo, non ci sono parole nel vocabolario. E' nuovo.
D: *La sua anima è la stessa anima che è passata attraverso tutte queste vite e sta imparando da queste esperienze. Non è vero? (Si) Stai parlando di qualcos'altro che è entrato nel corpo?*

Stavo pensando ai piccoli esseri luminosi con cui Bartolomeo parlava, che venivano volontari per aiutare (Sezione Uno).

L: (Fece fatica ad esprimersi) Il tempo non esiste. Il tempo non è. Il tempo è solo nella vostra dimensione, in questa dimensione. Non esiste cosi in nessun altro luogo. E' molto lento. E' molto difficile esprimere tutto questo, c'è bisogno di chiarificazioni.
D: *Ma siamo intrappolati in questo sistema di tempo in questa realtà. (Si) Questa parte differente che non comprende queste cose, da dove proviene questa parte?*
L: Proviene da... non dalle stelle. Non dal vostro sistema solare. Non proviene dalla vostra credenza in un sistema solare, perché qui tutte le dimensione sono cosi. E' solo ciò di cui avete bisogno per imparare.
D: *Per la nostra realtà.*
L: Si. Voi create maestri. Create insegnanti. Quelle sono solo creazioni.
D: *Ma ci aiutano ad imparare.*
L: Si. Loro sono qui con quello scopo.
D: *Da dove provengono le altre parti?*
L: L'altra parte è oltre... non è fuori da qualche parte. Non è qui, non è là. E'. E' una frequenza vibratoria, ma non è una frequenza vibratoria. E' molto oltre a tutto questo che non ci sono parole per esprimerlo. Bisogna sentirlo. Inizia ad essere sentito su questo pianeta, ma c'è voluto cosi tanto.
D: *Questa parte, come è diventata una parte di lei?*
L: Lasciando andare vecchi concetti, vecchie idee. E' stata in grado di riunirsi con lei. E' rimasta qui. E' sempre stata qui. Ma quando veniamo su questo pianeta ci leghiamo. E quando ci leghiamo, non possiamo vederlo.
D: *Sto cercando di capire. Questa parte prende il sopravvento?*
L: Non ha nulla su cui prendere il sopravvento. E', semplicemente esiste. Non c'è nessuno sopravvento. Pensiamo di essere

controllati. Questo è ciò che è sbagliato su questo pianeta. Siamo sempre impauriti d'essere controllati da qualcosa o qualcuno, ma non siamo mai controllati. Questa è l'illusione. Non siamo mai stati controllati, semplicemente pensiamo di esserlo.

D: *Ma se è sempre stato qui, perché altre persone non ne son consapevoli?*

L: Non ha parole. Non ha una locazione. Non ha suono. Non ha nulla che può essere riconosciuto. E' totalmente silenzioso, eppure è onnipotente. Ed è proprio... lentissimo. (Sospiro) Ci sono volute cosi tante vite. Il tempo su questo pianeta non è nemmeno corretto. I libri di stori non sono corretti. Il tempo non è ciò che veniamo spinti a credere che sia.

D: *Hai detto che ha preso il sopravvento. Come fa questa parte ad attaccarsi alla persona fisica? (Pausa) Questa è la parola giusta?*

Stavo ancora pensando che la parte che stava descrivendo era qualcosa di separato dalla sua anima o personalità come la percepiamo noi. La conclusione più logica era presumere una qualche possessione da parte di un'entità. Altri investigatori hanno riportato casi in questo fenomeno, ma in tutti i miei anni di lavoro, non ho mai trovato nulla del genere.

L: Il fisico esiste solo qui. Qui non è nemmeno nella cornice di tempo che pensi in cui sia. La vita non è nemmeno nella cornice di tempo che pensi in cui sia. Tutto è. Tutto, ma abbiamo pianificato di passarle tutte. La gente le passa tutte, ma non è tutto quello che siamo.

D: *Hai detto che questa è una parte di lei. Questa è forse un'altra parte di ognuno di noi? (Si) Tutti gli umani hanno quest'altra parte?*

L: Ci sono delle gradazioni. Tutto ce l'hanno, ma non tutti lo vedono.

D: *Non sapranno che c'è? (Si) Cosa mi dici dei maestri e insegnanti spirituali? Sono forse più consapevoli degli altri?*

L: Alcuni di loro.

D: *Ma questa parte di Lee è più predominante in questa vita ed è per questo che non si è mai sposata? (Si) In altre vite non era cosi predominante? (No) Stavo pensando che se fosse più predominante in questa vita, allora quando questa parte è entrata o si è attaccata al suo corpo. Stavi cercando di dire che è sempre stata li?*

L: Non succede in una sequenza di eventi. C'è. Non è in questa struttura temporale lineare. Ecco perché sembra che si attacchi a se stessa, ma non si attacca. C'è cosi tanto. Ci sono mondi e mondi d'informazione. E nessuno di loro è limitato da nascita e morte. E' solo una piccola parte che passa dalla nascita alla morte. E davvero non importa, pensiamo che importi. Importa, ma non importa. E' solo una piccolissima, minuscola scintilla. L'altra parte è la più importante, ma non è limitata. Questa è la parte più difficile da descrivere. Non puoi descrivere qualcosa che è illimitato.

D: *E' vero. Questa parte sarebbe l'equivalente di Dio, come lo conosciamo noi?*
L: Noi non conosciamo Dio. Pensiamo di conoscerlo, ma non lo conosciamo. Dio è cosi vasto. Dio è un nome che abbiamo dato al potere ultimo che va oltre alle galassie. Va oltre a qualsiasi cosa che la mente riesca a concepire.
D: *Quest'altra parte è connessa con questo o ne è separata?*
L: No, sono connesse.

Stavo davvero facendo uno sforzo per capire questo concetto astruso e mi era difficile pensare a delle domande per poter estrarre altre informazioni.

D: *Quindi è come un'energia o un potere omni-comprensivo. (Si) Ed è in tutti?*
L: E' qui.
D: *Ma non tutti ne sono consapevoli.*
L: Si. I corpi sono assemblati più approssimativamente di quanto non si immagini. Li vediamo solidi, ma da altri punti di vista non lo sono. Da altre realtà non lo sono. Qualche volta la gente ha paura di tutto questo, ma non c'è nulla di cui avere paura. L'universo è giusto nel suo modo di fare le cose.
D: *Perché la gente ha paura di questo?*
L: Perché non vedono abbastanza lontano. Non ha nulla a che fare col vedere con gli occhi. Non lo puoi raggiungere. Non puoi raggiungere la fine dell'universo. Non puoi raggiungere la fine di nulla, perché non c'è nessuna fine. E le parole, la lingua... la struttura genetica del corpo non lo contiene ancora. Ci sono degli spunti, ma non lo contiene. Noi non ne siamo separati. E' li per noi, ma ci siamo separati in individui per sperimentare tutto questo. Non c'è nessuna esperienza negativa.
D: *Ogni cosa ha uno scopo o una lezione. (Si) Ma abbiamo tutti anime individuali, non è vero?*
L: Un'anima è un concetto molto più grande che possiamo visualizzare

chiamandolo "individuale". Possiamo essere individuali in un momento e possiamo essere un'anima più vasta in un altro momento. E non ci sono divisioni di tempo in tutto questo. Questo passa da uno all'altro.

D: *Mi piace pensare ad uno spirito individuale con esperienze e lezioni da imparare.*

L: Lo Spirito va fuori e impara tutte le lezioni che ci sono da imparare attraverso le scintille individuali e ritorna con tutta la conoscenza di quelle esperienze.

D: *Fa tutto questo e diventa parte di quest'anima più vasta? (Si) E quell'anima più grande è equivalente a Dio?*

L: E' equivalente a ciò che pensiamo sia Dio, perché non abbiamo compreso Dio. E' troppo vasto. Dobbiamo mettere dei limiti. Creiamo le nostre gerarchie per riuscire a comprendere.

D: *Concepiamo Dio come il Creatore di ogni cosa che conosciamo. Corretto?*

L: Inoltre siamo quel creatore. Non siamo separati da Dio. Facciamo tutti parte della stessa creazione. Non ci sono divisioni.

D: *Con questa comprensione, ho detto alla gente che possono creare ciò che vogliono nel fisico, non è vero?*

L: No, perché qui ci sono delle restrizioni. Qui ci sono modi d'imparare che stiamo sperimentando. Si, da un certo punto di vista possiamo e da un altro abbiamo scelto di non farlo. E' una scelta di proseguire in questa direzione.

D: *Mettiamo dei limiti a noi stessi.*

L: Abbiamo assunto delle limitazioni per quest'esperienza.

D: *Ma quest'altra parte non si manifesta nella vita di molte altre persone, rendendo le loro vite differenti. Non è vero?*

L: E' ciò che sono, ma non riescono a toccarlo con i loro cinque sensi. Non c'è ancora la capacità, perfino nel cervello, d'iniziare a comprenderlo propriamente. Ciò che succede è che sta cambiando. Nel cervello non ci sono i circuiti per riuscire a comprenderlo. Non ci saranno mai nel cervello umano vista la sua attuale struttura. Ma questo sta cambiando.

D: *Come sta cambiando?*

L: Davanti a noi c'e' un salto. Non e' graduale. E' un salto, ma non tutti riusciranno a farlo. Alcuni ci riusciranno, altri no. Ma questo non vuol dire che verranno lasciati indietro. Semplicemente sono su un cammino diverso. E' un miglioramento di abilità molto necessario. Adesso sul pianeta stanno cambiando molte cose. Ci sono molti problemi che stanno fermentando sotto la superficie dell' oceano e del terreno. Li abbiamo creati per l'esperienza. E non è nulla di cui avere paura. Può creare paura, ma...

D: Tutto succede per una ragione.

L: Si, e' vero.

D: Ma hai detto che i circuiti nelle nostre menti, nei nostri cervelli stanno cambiando?

L: Saremo in grado di gestire più cose. Non sapremo mai ogni cosa. Non c'è fine.

D: Questo come sta succedendo?

L: Per moltissimo tempo il cervello umano era stagnante. Non poteva procedere and non procedeva. Ci sono stati dei miglioramenti. Proprio come si fanno ai computer, cosi anche i cervelli umani vengono migliorati. Sta succedendo, è un nuova connessione di circuiti.

D: Questo succede a livello genetico?

L: Le cellule stanno cambiando. La genetica sta cambiando. (Come se stesse guardando qualcosa) Oh, non so cosa siano questi! Le cellule stanno cambiando. La genetica sta cambiando. Ci sono più capacità. La gente pensa che i propri cervelli debbano aumentare di dimensione per poter avere più capacità. Non è cosi. Devono solo essere... è un cambiamento di cablaggi. E' una configurazione diversa.

D: Dicono sempre, non utilizziamo tutto il nostro cervello.

L: E cosi, non lo utilizziamo.

D: Questo è qualcosa che è stato automaticamente programmato nei nostri circuiti, o è qualcosa che sta succedendo da fuori?

L: Lo avevano fatto cosi, originariamente per vedere come si sarebbe sviluppato. Può succedere solo quando avranno luogo certi cambiamenti nell'atmosfera del pianeta. Dovete osservare i bambini più giovani per questo. Alcuni di loro. Non tutti, ma alcuni di loro, moltissimo. I bambini hanno qualcosa di nuovo che non si è mai visto prima. Non sarà visibile ai raggi-x o altra tecnologia simile. E' un nuovo sviluppo e tutti abbiamo quella capacità. Non tutti, ma è presente nella maggior parte.

D: Quindi anche negli adulti sta aumentando gradualmente? (Si) Ma è qualcosa che è stato messo nei nostri corpi quando siamo stati creati?

L: C'era la speranza che si sarebbe sviluppato, ma è fallito due volte. Allora è stato riattivato e sembra che alla fine stia funzionando.

D: Mi è stato detto che gli extra-terrestri sono coloro che hanno creato i nostri corpi fisici. Hanno programmato loro tutto questo nei

nostri sistemi? (Si) Hai detto che è fallito due volte. (Si) Puoi parlarmene? Questo fa parte della nostra storia?
L: Tanto per iniziare, è successo prima che iniziamo a registrare la storia. Non c'è alcuna documentazione storica di ciò che è accaduto agli albori. Inoltre la vostra intera storia è errata. La maggior parte della vostra storia è errata. E' stata riscritta. E' stata scritta falsamente. Non è corretta.

Non puoi dirmi qualcosa del genere senza stuzzicare il mio interesse. Sono sempre in certa di conoscenza "perduta", specialmente conoscenza che è giunta a noi incorretta. Cerco sempre la versione "vera".

L: Ho la sensazione che fosse un errore di pianificazione. Qualcosa non venne permesso.
D: Vuoi dire che accadde qualcosa d'inaspettato? (Si) L'umanità si stava sviluppando troppo velocemente?
L: Si stavano sviluppando nella direzione sbagliata. L'uomo si sarebbe sviluppato troppo velocemente per il pianeta che lo stava ospitando. Ci furono degli errori. Avrebbe causato uno sbilanciamento troppo presto nel sistema.
D: Troppo e troppo presto? (Si) E questo è successo molto prima della storia ufficiale?
L: Si. Dovettero apportare dei cambiamenti.

Mi stavo chiedendo se stesse parlando di Atlantide. Mi è stato detto che l'umanità ha sviluppato il potenziale dalla mente ad un livello molto elevato, ma poi ne abusò, cosi quelle abilità vennero rimosse. Questo ebbe luogo durante il periodo di Atlantide. Mi dissero che le abilità sarebbero ritornate nel nostro periodo di tempo, se fossimo arrivati allo stadio in cu fossimo in grado di utilizzarle saggiamente.

D: Cos'è successo la seconda volta?
L: C'è stata una divisione. La Bibbia è fallace riguardo alle razze che si divisero. Quelle non sono informazioni corrette. (Sembrava frustrata, apparentemente non sapeva come spiegarlo) La storia di questo pianeta non sarà mai completa se basata sugli scritti ora disponibili su questo pianeta. Questi scritti non sono corretti. Ci sono spunti, ma non sono corretti.
D: Questo e' cio' che sto cercando di fare con il mio lavoro, rigenerare la conoscenza perduta.

L: Alcune parti sono state rimosse. Altre sono deliberatamente andate perdute. Altre sono state sotterrate. Ma adesso c'è un ritorno, però è frammentario. Sono i frammenti che devi cercare. I frammenti arrivano un po' per volta. Non arrivano tutti assieme. Questi frammenti saranno nascosti nei cervelli di alcune delle persone con cui lavorerai in futuro.

D: *E li devo riunire? (Si) Ma hai detto che si è diviso la seconda volta in cui non ha funzionato? Puoi dirmi di più?*

L: Ci fu un esperimento genetico che non andò a buon fine e creò confusione. La Bibbia ne parla nella storia della Torre di Babele. Quello fu un esperimento genetico non completamente accurato.

D: *Quindi all'epoca la mente stava cercando di espandersi?*

L: Si. Non poteva farlo. Si frammentò. Perse la sua capacità di comprendere correttamente e si divise.

D: *E poi tutto dovette riiniziare da capo? (Si) Anche se non proprio fino alle origini.*

L: No. In un'altra forma.

D: *E adesso stiamo arrivando a quel punto ancora una volta? (Si) E ritengono che funzionerà questa volta?*

L: Si. Si sta avviando. Ma è in un modo cosi diverso che la gente non lo sta cercando nella giusta direzione. Stiamo diventando troppo bilanciati sulla nostra tecnologia ed è lì che si trova il problema più grosso. La parte spirituale non è stata abbastanza enfatizzata. La religione non è niente, ma la spiritualità è tutto. E c'è uno sbilanciamento, il pianeta perde il suo equilibrio quando c'è uno sbilanciamento. La mente, il corpo, lo spirito finiscono fuori equilibrio e lo stesso succede al pianeta. Noi siamo responsabili per tutto questo.

D: *Quindi in questo momento gli extra-terresti l'hanno attivato ancora una volta perché funzioni nella giusta direzione?*

L: Si, è stato attivato. Ma sono limitati riguardo a quanto possano fare, perché noi abbiamo le nostre lezioni da imparare.

D: *Si, è vero. Quando viene attivato, lo fanno attraverso questi avvistamenti e incontri ravvicinati?*

L: Si, succede in molti modi diversi.

D: *Ma è qualcosa di cui abbiamo bisogno per questo periodo di tempo?*

L: Si. Lo abbiamo sempre avuto per usarlo.

D: *E adesso pensano che siamo arrivati al punto in cui possiamo aprirci ad altre capacità.*

L: Si. Ma se succede troppo velocemente non ci sono i circuiti necessari per farlo funzionare. Circuiti non è nemmeno la parola più adatta per questo. Ci sono cose nel cervello che un dottore non è in grado di vedere. Dei raggi-x non sono in grado di dire nulla. Nessuno di queste cose può.

D: *Ma circuiti è una parola che comprendiamo. (Si) Quindi dobbiamo usare delle analogie e parole che possiamo comprendere, altrimenti è troppo difficile spiegarlo alle persone.*

L: Si. Non ci sono parole. Non ci sono comprensioni. Quando guardi nelle profondità dell'oceano, non puoi proiettare luce laggiù. Semplicemente non si può. Disturberesti ciò che si è stabilizzato laggiù. Ci sono alcuni che ne hanno bisogno. Hanno bisogno di nuotare nell'oscurità. La loro intera forma di vita verrebbe distrutta e totalmente rovinata dalla luce. Non può succedere velocemente anche se ci sono dei salti. Possono esserci dei salti, ma solo quando il circuito è presente ed installato e ben bilanciato. Il pianeta adesso si trovano in una situazione disperata. Il pianeta non è per niente stabile. C'è gente che gira senza la minima idea di ciò che gli stia succedendo, o che stia succedendo ai loro cervelli, ai loro corpi sotto l'incalzante pesantezza delle vibrazioni e del plasma. Plasma? C'è qualcosa che ha a che fare con un vortice di plasma. Non capisco. C'è un vortice di plasma di qualche tipo che sta influenzando tutto questo. Non c'è ne bene ne male in questo. C'è solo esperienza. Ma abbiamo l'abilità in noi di essere in armonia. C'è la combinazione di stimolanti elettro-magnetici su diverse porzioni del cervello che non poteva essere scoperta fino a questo momento della storia. Questo è il tempo che può portarlo a galla. Prima di questo periodo non sarebbe stato pronto. Può riaprire circuiti che sono rimasti chiusi. Se guardate le vostre piramidi, scoprirete un'immagine di ciò che sta succedendo adesso sul pianeta. Ma dovete guardare profondamente nella storia delle piramidi per trovare questa corroborazione. E' là, però non è scritto sui muri. Ciò che sta succedendo in questo momento è una riorganizzazione dei circuiti del cervello. In Egitto lo sapevano. Avevano un sistema diverso per farlo affiorare. Il loro sistema era rudimentale, rispetto a ciò che potete fare voi adesso sul pianeta. Anche se il loro sistema era supportato da vita extra-terrestre. Se qualcuno dice che non era vero, vi assicuro che era vero. Anche loro ricevettero un miglioramento. Ci sono stati miglioramenti simili in tutto il pianeta e in diverse zone.

D: *Ma a volte era troppo presto. E' questo che intendi?*

L: La maggior parte delle volte è successo quando doveva succedere.

Però come dicevo siamo sull'orlo del precipizio. Ma lo sbilanciamento non è solo planetario. E' tutt'intorno al pianeta. Sono i pensieri, è l'abuso dell'equilibrio ambientale. Abbiamo tutta quella conoscenza, ma l'abbiamo distrutta. L'abbiamo soggiogato. L'abbiamo persa tutta.
D: Dobbiamo riiniziare da capo.
L: Stanno facendo qualcosa sulla Costa Orientale degli Stati Uniti. Non sarà immediato, adesso è in qualche laboratorio. E' in Virginia.
D: Una nuova tecnologia o cosa?
L: Si. E' l'inizio. Eppure c'è una nuova tecnologia.
D: Una delle cose che mi hanno detto. La nostra età fisica non importa, è vero?
L: Non ha nulla a che fare con questo. La nostra età sta per aumentare in ogni caso. Non ancora di molti anni. C'è ancora molto lavoro da fare prima che questo possa succedere.

In questo caso ho imparato che non solo la struttura genetica del corpo umano sta cambiando per sopportare le malattie e l'età, ma anche il cervello stava attraversando sviluppi ed espansioni. La menzione dei bambini e delle loro incredibili abilità, manifeste ad una tenera età, è già stato documentato. Ci sono diversi libri a proposito e diversi test vengono condotti in diverse zone del paese. I bambini stanno nascendo con questi circuiti avanzati già in installati. Gli adulti sono quelli che devono fare lo sforzo.
Questo strano concetto di una parte che parlava con me ma che era separata dal soggetto, eppure rimaneva una parte integrante del soggetto stesso; era difficile da comprendere per la mente umana. Eppure, da allora ho incontrato altri casi, uno dei quali e' riportato nell'ultimo capitolo.

* * *

Informazioni di questo tipo mi giunsero attraverso Phil nel 1999. Erano anni che non avevo una seduta con Phil. Dopo aver lavora per un po' in California era tornato a vivere in Arkansas ed era venuto alla UFO Conference di Eureka Springs. Harriet era presente durante questa seduta. Anche lei era deliziata di vederlo dopo cosi tanto tempo.
Utilizzai il metodo dell'ascensore a cui Phil era molto abituato e quando la porta si apri lui vide la familiare luce bianca che era spesso presente durante le nostre sedute. C'era qualcuno pronto ed in attesa per portarci dove dovevamo andare per ricevere informazioni.

P: Dice che le informazioni vengono offerte in questo momento perché è arrivata l'ora per la razza umana di comprendere l'ignoranza che gli ha causato d'essere impauriti per molti, molti, moltissimi anni. Conoscenza, consapevolezza e comprensione possono permettere alla gente di esprimersi a pieno e completamente; senza sbarrare porzioni della loro realtà a causa della paura ed ignoranza. Sta dicendo che ti è stata data una chiave che ti permetterà di accedere a queste aree d'informazione che sono state inaccessibili per molti eoni. La comprensione di chi siamo e da dove proveniamo era cambiata cosi tanto che non c'erano fondamenta per comprendere questa conoscenza. Ma in questi tempi di risveglio spirituale ed elevazione, la vera storia e realtà genetica della razza umana può essere compresa ancora una volta nella sua interessa e completezza.

D: *Hai detto che mi avrebbero dato la chiave?*

P: Ci sono le tue controparti sul piano spirituale che stanno lavorando con te, proprio come in te, per avanzare questo sforzo che stai compiendo. Non solo questo specifico episodio di cui stiamo parlando ora, ma l'intero sforzo di portare la conoscenza e consapevolezza alle masse. Questa chiave ti darà accesso a certe aree d'informazione che sono stato inaccessibili finora a coloro che cercavano di ricercare la storia e la realtà della specie umana.

D: *Adesso ci sono diverse cose di cui siamo interessati. Abbiamo ricevuto informazioni relative al DNA del corpo umano, qualcosa gli sta succedendo e sta cambiando. Puoi dirci qualcosa a proposito?*

P: Ci sono alcuni cambiamenti che permettono a certe funzione del corpo di essere migliorate. Il modello umano è in qualche modo manipolato per migliorarne la sopravvivenza e l'abilità di resistere e sostenere certe condizioni ambientali. Questo è necessario perché il corpo umano possa tollerare certe condizioni atmosferiche su altri pianeti e in altre condizioni. Il prototipo del corpo che state indossando può essere utilizzato in molti altri luoghi in tutto l'universo. Quindi questo corpo fisico viene adattato per essere in grado di sopravvivere in certe condizioni planetarie che sono diverse dalle vostre.

D: *Questo significa che questi corpi umani andranno su altri pianeti?*

P: Esattamente. Ci sarà l'utilizzo di questi corpi geneticamente modificati su altri pianeti, che saranno abitati da anime che hanno scelto quel pianeta per permettergli di partecipare nelle loro responsabilità spirituali.

D: Ho sentito dire che sicuramente sta succedendo qualcosa nel DNA dei corpi che sono in vita in questo momento.

P: Ci sono molti cambiamenti che sono stati introdotti a causa delle condizioni ambientali sul vostro pianeta, non delle manipolazioni genetiche. Ci sono stati molti cambiamenti nel vostro ambiente che hanno causato cambiamenti nella vostra espressione fisiologica. La reazione a questi agenti chimici ed energie che sono nella vostra atmosfera e ambiente hanno prodotto questi cambiamenti nel vostro corpo. Il corpo sta semplicemente rispondendo a questi stimoli.

D: Stai parlando dei cambiamenti del sistema immunitario che si sta adattando o cambiando in qualche modo?

P: Esattamente. L'adattabilità di connettersi al suo ambiente e di fare cambiamenti automaticamente era stata programmata in questa espressione umana al momento della sua creazione. Ci sono certe forme di vita che non hanno questa insita, automatica adattabilità e quindi sono dipendenti da manipolazione esterne per riuscire a cambiare. Il corpo umano tuttavia ha ricevuto l'abilità di adattarsi automaticamente al suo ambiente, le manipolazioni interne non sono necessarie. I corpi stanno semplicemente reagendo a questi cambiamenti nel vostro ambiente.

D: Se i corpi non si adattassero, finirebbero col morire?

P: Ci sarebbe meno tolleranza ai cambiamenti ambientali che diventerebbero più pesanti sul corpo. Il corpo diventerebbe sempre meno in grado di tollerarli. E mentre le condizioni continuano a cambiare ci sarebbe sempre meno resistenza alle condizioni ambientali. E si, arriverebbero al punto in cui i corpi non sarebbero in grado di sopravvivere in quell'ambiente.

D: Quindi ciò che sta succedendo al nostro ambiente sta avvelenando il corpo e forzandolo ad adattarsi?

P: Esattamente.

D: Quindi se non cambiasse non sopravvivrebbe.

P: Questo se assumiamo che l'ambiente non cambiasse e tornasse in uno stato più armonioso. Perché con l'eliminazione di queste condizioni il corpo avrà imparato e avrà programmato le proprie difese per riuscire a sopportarle. Se queste condizioni fossero rimosse il corpo tornerebbe ad adattarsi all'ambiente in cui si trova.

D: Mi è stato detto che ci sono degli extra-terrestri che sembrano umani ma non sono davvero umani perché i loro organi interni hanno imparato ad adattarsi a molti ambienti diversi.

P: Esattamente.

D: *Quindi stiamo procedendo lungo quel cammino?*
P: Esattamente.
D: *Mi è stato detto che quella era una delle ragioni per cui avremmo fatto fatica a viaggiare e vivere nello spazio. Perché i nostri corpi non sono in grado di adattarsi in questo momento.*
P: Diremo che "in questo momento" quella è la chiave. Siamo consapevoli che questi cambiamenti richiedono tempo. Tuttavia la manipolazione può avere luogo in generazioni successive per permettere una maggior tolleranza a molti diversi tipologie d'ambiente.
D: *Potrebbe succedere velocemente in un corpo e una generazione?*
P: Depende dal tipo di cambiamento necessario, si, potrebbe essere fattibile in una generazione. Pero, cambiamenti radicali richiedono periodi di tempo piu lunghi, per permettere a questi cambiamenti di avvenire naturalmente.
D: *Come una forma d'evoluzione, anche se velocizzata.*
P: Esattamente.
D: *Tutti stanno cambiando? O solo certi gruppi, certe persone?*
P: Tutti gli umani in vita, su questo pianeta, in questo momento stanno sperimentando cambiamenti al proprio sistema immunitario causati dall'ambiente. Gli altri cambiamenti di cui parliamo non sono ambientali, ma sono manipolazioni genetiche intenzionali. Tuttavia, le manipolazioni genetiche sono controllate all'interno di una specifica popolazione che è stata selezionata, a causa di precedenti generazioni... (fece fatica a trovare le parole corrette)... raccolta, forse potrebbe essere un modo di dirlo. Tuttavia, siamo consapevoli delle vostre condizioni morali relative alla "raccolta" in senso convenzionale.
D: *Il nostro uso della parola.*
P: Esattamente.
D: *Quindi se certi gruppi o certa gente è stata selezionata, le manipolazioni genetiche non stanno accadendo a tutti?*
P: Esattamente. Le manipolazioni hanno luogo all'interno dell'utero al momento della concezione. Quindi dopo la crescita di questo essere, dopo essere diventato capace di riprodursi o dopo la riproduzione, ogni generazione successiva viene minimamente alterata per propagare i cambiamenti desiderati. Questo è uno sforzo generazionale, cioè ogni generazione successiva è appena differente dalla precedente.
D: *Queste persone selezionate sono diverse in qualche modo notevole, dal resto della gente?*

P: La gestazione e manipolazione che ha luogo sul vostro pianeta non può essere definita "notevole" da una generazione all'altra. Eppure, se potessi comparare dieci diverse generazioni una affianco all'altra, o i numeri di dieci generazioni rimosse, allora ci sarebbero notevoli cambiamento nei componenti fisiologici, emotivi e spirituali.

D: *Ovviamente, la maggior parte della gente direbbe che era a causa della differenza nel cibo e degli avanzamenti nella nostra scienza medica.*

P: Ci saranno cambiamenti basati su quegli stimoli. Però, i cambiamenti di cui parliamo qui sono molto più sottili di quanto non riusciate a notare a causa dei cambiamenti sociali o ambientali.

* * *

Questa seduta ebbe luogo mentre mi trovavo alla UFO Conference in Clearwater, Florida nel Novembre 1999, per una presentazione. Marie venne a parlarmi dopo essere arrivata alla conferenza e mi mostrò degli strani scritti che aveva fatto mentre stavo presentando. Diceva di fare questi strani scarabocchi in ogni momento e non aveva alcuna idea cosa significassero o perché li scrivesse. Pensavo che sarebbe stata una buona idea di farle incontrare una donna che avevo incontrato l'anno precedente ad un'altra UFO Conference in Wisconsin. Quegli scritti sembravano stranamente simili. Un'altra donna mi aveva dato degli esempio di ciò che riteneva fosse scritti alieni, ma a me sembravano solo degli scarabocchi di scrittura automatica, perché erano in Inglese.

Marie voleva una seduta e una delle cose che voleva esplorare era la ragione per cui si sentiva spinta a fare quegli scarabocchi. Inoltre aveva avuto un'insolita esperienza l'anno precedente mentre partecipava al Corso Gateway del Monroe Institute in Virginia. Questo corso è un intensivo per coloro che vogliono imparare come riuscire consciamente a: viaggiare fuori dal corpo (OBE), vedere in remoto e come utilizzare la propria mente in altri modi incredibili.

La seduta ebbe luogo nella mia stanza d'hotel dove si teneva la conferenza. Iniziò tutto come al solito. Dopo essere entrata nello stato profondo di trance, la riportai al momento di quell'incidente. Era in piedi fuori dal Monroe Institute e poi stava entrando nell'edificio, ma divenne chiaro che stesse descrivendo qualcos'altro a parte le normali circostanze del luogo.

M: Sto entrando nell'edificio... Vedo tutto il legno e i materiali intorno a me. Sto controllando l'atmosfera. Possibilmente vedo se – non sono sicuro di ciò che sto cercando   vedendo... Vedo attraverso l'aria. Vedo più di quanto non veda normalmente.
D: *Cosa ne pensi di quel luogo?*
M: Che non è ciò che pensavo che fosse. E' più grande e c'è altro. Sono quasi sopraffatta dalla vastità dello spazio contenuto lì dentro.
D: *Pensi che sarebbe stato solo un gruppetto con il tuo intensivo?*
M: Presumo di si.
D: *E stanno succedendo altre cose?*

In quel momento pensavo che ci fossero altri programmi con altri partecipanti. Poco dopo divenne chiaro che non stava descrivendo l'entrata fisica di questo edificio. Stava vedendo qualcosa nel suo stato di trance che non era visibile ai suoi occhi fisici, ma che non erano nascosti al suo subconscio. Era forse in grado di vedere in un'altra dimensione?

M: Adesso vedo un buco. E' come un canyon o un portale.
D: *Cosa vorresti dire?*
M: Questo è tutto ciò che riesco a percepire quando lo guardo. Sto entrando ed improvvisamente lo spazio fisico sparisce e c'è uno spazio diverso al suo posto. E' molto vasto e chiaro.
D: *Vorresti dire che invece dei muri e delle stanze, c'è qualcos'altro lì?*
M: Esatto. Come se quella fosse una falsa struttura. C'è un palco per la comprensione fisica, per dare conforto all'essere fisico.
D: *Ci sono forse altre persone lì?*

Mi stavo chiedendo se l'altra gente che stava arrivando per partecipare nel corso vedesse la stessa cosa.

M: Adesso non vedo nessun'altro in questa stanza. Ma dovrebbero esserci. Ho la sensazione che in questo spazio ci sia "roba" altamente carica. Non vedo esseri. Dopo essere entrata, ciò che pensavo fosse la realtà fisica che stavo per sperimentare, ora che la vedo da qui, è solo un'illusione ciò che realmente c'è. E c'è l'opportunità di passare dal conoscere e connettersi in terza dimensione all'esistere in più che la terza dimensione.
D: *Ma in quel momento non l'avevi percepito consciamente, è questo ciò che stai dicendo?*

M: Esatto. Fino ad un minuto fa, non lo sapevo. E' proprio vero e fisico a modo suo, ma non come lo conosciamo noi.
D: *Che tipo di programma studierai là?*
M: Riguarda la luce.

La mia frase successiva nella registrazione è stata completamente danneggiata. Era cosi distorta che non riuscii nemmeno a sentire alcune delle parole. Con la frase successiva il suono torno normale. Questo a volte succede quando faccio questo tipo di lavoro e il registratore sembra quasi influenzato da flussi energetici. Lei stava respirando pesantemente e sembrava che fosse a disagio. Stava forse percependo la stessa energia che aveva disturbato il registratore? Le diedi dei suggerimenti induttivi per farla sentire meglio e le chiesi cosa stesse succedendo.

M: Non so. (Respirando pesantemente.) E' esistenza totale e mi sta scioccando.
D: *Perché pensi che ti stia influenzando in questo modo?*
M: Perché è cosi differente. Molto ha a che fare con le altre energie che abbiamo dentro.
D: *Vuoi dire nei nostri corpi?*
M: In parte nei nostri corpi, ma va oltre ai nostri corpi. I nostri corpi sono come piccoli strumenti di messa a terra, a causa di questa cosa dimensionale.
D: *Puoi descrivermi questo luogo?*
M: Non è come me lo immaginavo. Non è come il legno e materiali che era.
D: *Voglio dire, ti sembra un edificio?*
M: L'istituto in cui entri si.
D: *Ma ciò che vedi adesso.*
M: No. Sono su un balcone un balcone molto alto. E c'è un balcone là nel fisico. Ma questo è molto più grande ed è come cristallo. C'è molto cristallo. Sto guardando in giù al centro della stanza. E' piuttosto illuminato, scioccante e sorprendente. E' un substrato. C'è qualcosa che esiste insieme alla parte fisica.
D: *Questa è un ottimo vocabolo: un substrato.*

E' forse possibile che il Monroe Institute sia davvero posizionato sopra a qualche tipo di portale interdimensionale, invisibile ai nostri sensi coscienti? Questo potrebbe spiegare parzialmente alcuni degli incredibili eventi che hanno luogo là.

D: *Sei da sola?*
M: (Sussurrando) Sono sola. C'è il mio corpo fisico che mi sembra in piedi ed isolato e... come se non fosse saltato ancora. E adesso che sto procedendo in questo, vedo che mi chiesto di lasciare andare e trasferirmi dal mio fisico. E' bellissimo.

Divenne emotiva ed iniziò a piangere.

D: *Qual'è il problema?*
M: (Emotivamente) E' bellissimo. (Piangendo).

Marie era un artista. Una delle cose che voleva scoprire era il perché non fosse più un grado di dipingere. Non aveva alcuna ispirazione.
Cosi ho dato suggerimenti induttivi per farle ricordare la scena che stava osservando ed essere in grado di ricrearla in un dipinto.

M: (Emotiva ed in subbuglio) Potei provare. Si.
D: *La maggior parte della gente non comprenderebbe mai che c'era qualcosa di cosi bello là, no?*
M: No, non potevano vederlo. Io non potevo vederlo. Prima di adesso non potevo saperlo.
D: *Assicuriamoci che tu abbia i ricordi di questa immagine nella tua mente per permetterti di dipingerla. Cerca di essere più precisa possibile.*
M: (Piangendo) Si, lo voglio. Lo voglio.

Diedi dei suggerimenti al subconscio perché fosse in grado di ritenere quel ricordo ed utilizzarlo per dipingere. Vedere quella scena meravigliosa la stava influenzando emotivamente. Anche se questo era uno sviluppo inaspettato, volevo procedere ed esplorare quell'evento insolito che era successo all'Istituto. Ricordava di aver visto una meravigliosa luce mentre era seduta con delle cuffie sulla testa, nell'oscurità di uno stanzino d'isolamento.

D: *So che è difficile lasciare quel luogo perché è cosi bello, ma vogliamo esplorare altre cose. Lasciamo questa scena e torniamo al momento quando hai avuto quella strana esperienza con la luce. E stavi ascoltando alcune cassette?*
M: (Le emozioni e il pianto s'interruppero.) Sono in una scatoletta.

D: *Le cassette sono di musica?*
M: Sono vibrazioni.
D: *Stai ascoltando con le cuffie?*
M: Esatto. Sei da solo con le cuffie.
D: *In una stanza da sola?*
M: Una piccola scatola. Dormi e ascolti le cassette e...
D: *Dormi li dentro?*
M: Si, è uno stanzino d'isolamento in cui si dorme.
D: *Non ti disturba essere rinchiusa li dentro?*
M: No, mi piace. E' dove possono incontrarli.
D: *Incontrare chi?*
M: Non lo so. Questi esseri molto intelligenti.
D: *Benissimo. Mentre stavi ascoltando alla vibrazioni sonore attraverso le cuffie è successo qualcosa, vero? (Si) Possiamo attraversarlo e vederlo ancora una volta in dettaglio. Cos'è successo?*
M: Mi sono impaurita.
D: *Perche?*
M: Perche non ho mai sentito nulla del genere. Dio!! Ho la sensazione di questo puro amore incredibilmente benevolo. Viene a te e ci si può credere. (Emotiva) Non puoi credere che sia con te. E lo puoi vedere.
D: *Questo solo ascoltando con le cuffie?*
M: Si apre l'opportunità di essere cosi aperti e di incontrare le giuste frequenze.
D: *Devi aprirti per riuscire a farlo, senza blocchi, o qualcosa del genere?*
M: Lo devi desiderare ad un certo livello.
D: *Quindi cosa succede?*
M: Allora riceve la mia fiducia. La luce bianca. E mi ha stabilizzato. Si è ancorata a me, per evitare che avessi paura.
D: *Solo la luce bianca?*
M: All'inizio. E poi quando ero stabile, ho sentito più vibrazioni vicino al mio lato sinistro. Mi ha sorpreso perché era cosi diversa dalla luce bianca. E in qualche modo venivo diretta a girare la mia testa e guardare. Era tutto oscuro in questo spazio, ma potevo osservare, potevo vedere e sentire. Scintillante. E' un essere dello spazio. Non lo sapevo. Puoi quasi guardarci dentro, ma è il blu più chiaro. Profondo, chiaro blue. Puoi sentirlo più che vederlo.
D: *Perché dice che è un essere dello spazio?*
M: Non lo so. Mi è venuto fuori cosi.

D: *Sei riuscita a vedere qualche caratteristica o qualcosa che ti abbia fatto pensare a quello?*
M: Solo profondo blue. Non so da dove provenga. E' solo una sensazione che provenga da una stella. Lo sento giusto nel mio cuore quando dico questo.
D: *Cos'era la prima luce bianca che hai visto?*
M: Era un diretto di Dio. Non era Dio, ma pretendeva di farmi sentire l'amore di Dio. Però era un intelligenza che stava guidando questa connessione tra me e questo essere. Conosceva le emozioni umane cosi bene che poteva intensificare le migliori e più sicure emozioni che conosciamo. E lo faceva per permettere di creare una connessione.
D:, *E l'altra luce blu, o quel che era, arrivò in quel momento e si avvicinò a te?*
M:,Dentro di me.
D:,*Dentro di te. Hai dovuto permettergli di entrare dentro di te?*
M:,Si. Aspettava che la riconoscessi. E poi nel modo più gentile, lento e delicato possibile è scivolata dentro, proprio come una sovrapposizione. Vibrava e anche adesso mi sento cosi. Vibrava e basta. Penso che mi stesse cambiando. Stava riformando il mio sistema.
D:,*Perché lo stava facendo?*
M:,Per lavoro superiore. Per evitare che venissi danneggiata e bruciata.
D:,*Come potresti finire danneggiata o bruciata?*
M:,C'è qualcosa che ci può bruciare. Questa è protezione. Radiazione. Una qualche sorta di esperimentato con le radiazioni.
D:,*Questo ti sta dando una protezione? Hai detto che ti sta cambiando?*
M:,Si, a livello cellulare. Iniziando a livello cellulare fisico, ma sta anche adattando qualcosa per immagazzinare altri nuovi sistemi per il futuro.
D:,*Nuovi sistemi. Cosa vorresti dire?*
M:,Nuovi semi stellari. Per questo pianeta. Sistemi che risiedono nel corpo, ma che non sono del corpo.
D:,*Sta creando nuovi sistemi nel corpo che non c'erano prima?*
M:,Sta inseminando il sistema.
D:,*Questo non danneggerà il corpo in nessun modo vero?*
M:,No. Geneticamente mi sto preparando per aiutare in questa transizione. (Sembrava esilarata) Ha finito. Ed è vivi, è al sicuro.
D:,*Da dove proviene questa radiazione che potrebbe danneggiare la gente?*

M:,Da sotto la Terra. Adesso vedo il centro della Terra. Vedo solo una sfera. Potrebbe essere anche solo una qualche radiazione che viene iniettata in noi o messa in noi per qualche ragione negativa. E questo sistema blu può alterarti abbastanza da disattivare – vorrei dire questo materiale "centrale".
D:,Nei nostri corpi, vuoi dire?
M:,Può essere, o può essere messo nel centro della Terra. Potresti inghiottirlo. (Emotivamente) Era doloroso pensarci.
D:,Come andrebbe a finire nei nostri corpi?
M:,Potresti inghiottirlo. (Quasi piangendo) Potresti essere forzato. Come in una qualche guerra. Puoi sopravvivere. (Era emotiva.)
D:,Ci sono altri modi in cui potrebbe finire nel corpo?
M:,Potresti venire bombardato, o venir colpito con un raggio. Questo sistema della luce blu ti proteggerebbe e non saresti danneggiato.
D:,Chi bombarderebbe la gente con qualcosa del genere?
M:,C'e un'altra razza che vuole il materiale genetico. E potrebbero prenderselo in questo modo. Ma questa energia blu lo renderebbe impossibile.
D:,Questo essere dall'energia blu viene utilizzato con altre persone?
M:,Si. Adesso moltissime persone. Quando arriva e quando è il momento giusto, riceverai l'opportunità di riceverlo o meno.
D:,Perché non tutti possono andare al Monroe Institute?
M:,No, può succedere in altri luoghi.
D:,E' qualcosa che succede ma loro non se ne rendono conto?
M:,Non sanno per cosa sia. Penso che ci sia tutto questo amore che viene a loro, è meraviglioso, è cosi seduttivo che ovviamente chiunque lo vorrebbe. Quello è l'unico modo in cui si possa fondere con il tuo sistema, perché bisogna dire di "si" col proprio cuore.
D:,Succede sempre a livello cosciente e la gente se lo può ricordare?
M:,Si. E tu ricordi lo scambio cosciente.
D:,Sembra ottimo perché è un modo di proteggere la gente.
M:,Fa parte del piano più vasto. Ci sarà un guerra più vasta.
D:,Sulla Terra?
M:,Coinvolgerà la gente della Terra. C'è energia rossa con quest'altro gruppo. E' molto calda. Ma loro non vinceranno, però ci proveranno a tutti i costi a prendere ciò che vogliono e necessitano.
D:,Però questo causerà le radiazioni?
M:,Si, questo gruppo. E' il loro metodo.
D:,Ma non tutti saranno aperti a questa energia dell'amore, vero?
M: ,No. Devono imparare come connettersi con il loro cuore prima che

l'apertura e l'infusione abbia luogo.
D:,Perché ci sono molte persone in questo mondo che sono molto amareggiate e molto negative.
M:,Già e questo sarà un impedimento.
D:,Cosa accadrà alla gente che non ha questa protezione?
M: They'll wither. Rimarranno fritti. Non saranno protetti.
D: Quindi questa energia protettiva, sta arrivando a sempre più persone sulla Terra? (Si) Questo è il piano, per permettere che più persone sopravvivano?
M: Si. Il piano è questo.
D: E perché tu hai ricevuto questa protezione?
M: Perché posso parlare. Perché lavorerò con molte persone. E dico loro le parole giuste al momento giusto. Funzionerò come un chiave perché loro si aprano e ricevano.
D: Questa luce blue ha qualche connessione con il fatto che stai facendo il tuo lavoro di guarigione?

Aveva recentemente iniziato a fare questo servizio.

M: (Ebbe una rivelazione) Oh, si! Vedi, quando sto facendo le guarigioni sono l'essere dalla luce blu. E faccio agli altri ciò che la luce blue fece con me. Posso trasferirlo alle persone. Ecco perché vengono da me.
D: Qualche momento fa lo hai chiamato un "inseminazione". Loro mettono l'energia nella gente e possono trasferirla agli altri.
M: Si, è vero. Però è tutto uno a uno. Questa è la parte difficile, ma questo è ciò che devo fare per un po'. Ci vuole cosi tanto tempo a fare una persona alla volta. Questo è il mio scopo. Adeso penso di aver visto ogni cosa e che sono stata in contatto più di quanto io mi renda conto. Non riuscivo a connettere i pezzi. Non riuscivo a vedere la visione globale.

Qui devo fare un commento. Quando stava parlando di ciò che fanno al corpo fisico per prevenire le radiazioni dal danneggiarlo, mi è venuta in mente la regressione di Karen registrata in The Custodians. Nella sua visione che aveva ricevuto dagli alieni, stava cercando di aiutare la gente che stava morendo tutt'intorno a lei, eppure lei non poteva ammalarsi. Sembrava essere un qualche tipo di avvelenamento da radiazioni e nulla che facesse poteva aiutare. Le spezzava il cuore ed era molto a disagio mentre osservava quella scena. Poco prima aveva visto una nube sulla terra e c'era qualcosa con l'acqua che avvelenava i pesci ecc.. Mi chiedevo se la storia di Marie avesse nulla a che fare con la preparazione del corpo fisico ad un tale scenario, e che connessione ci fosse con Karen.

D: Abbiamo un'altra domanda. Questi strani scritti che Marie sta ricevendo. Ne sai qualcosa?
M: Sono come la pioggia. Sono come la luce. Discende come pioggia attraverso questi cannali intorno al mondo, la Terra. E se lo osservi, ti trasforma.

D: E' come un linguaggio?
M: Sono informazioni. Proviene da una sorgente superiore che si preoccupa per noi e sta osservando la nostra evoluzione.

D: Perché lo mettono in simboli?
M: Perché i simboli attivano nuove strutture dentro al sistema energetico stesso.

D: Basta solo vedere i simboli?
M: Esatto. La persona può seguire i simboli ed identificare il movimento.

D: Questo è un linguaggio che da qualche parte si parla o scrive?
M: Era una lingua parlata.

D: Quindi è una lingua che qualcuno da qualche parte comprende?
M: E' piuttosto una lingua di tipo matematico, se riesci ad immaginarlo.

D: Mi è stato detto che alcun degli esseri dello spazio usano dei simboli. E trasferiscono dei blocchi d'informazioni in questo modo con i simboli.
M: E' proprio come la lingua che voi conoscete o qualche scrittura antica. E' uno schema. Appare quand'è bi-dimensionale, come un linguaggio. Ma se potessi vedere ogni pezzo come un movimento che attiva una parte diversa dell'essere, allora riusciresti a comprenderla meglio.

D: Quindi quando Marie lo sta scrivendo, non sta dicendo qualcosa come la pagina di un libro? (No) Quindi se le chiedessi di guardare questa pagina che lei ha scritto, non sarebbe in grado di dirmi cosa c'è scritto. Giusto?
M: (Esitante) Potresti provarci.

D: Molto bene. Permetti a Marie di aprire gli occhi ed osservare la carta. (Stavo tenendo la pagina che aveva scritto davanti a lei) Riesci a vedere la pagina? Sta dicendo qualcosa a parole?
M: (Mentre osservava la pagina) Si, è davvero cosi.

D: Come la leggi? Da che direzione?
M: (Con la mano indicò la direzione dalla pagina ai suoi occhi) Viene

da questa direzione.
D: *Cosa vorresti dire?*
M: Non è in questa direzione, ma in questa, in questa. (Gesticolò)
D: *Non su e giù, ne in successione.*
M: In questo modo. Viene dalla pagina verso di te. Ti da le informazioni. E' quasi come se le mettesi qui. (Mise la mano sul cuore) E lo senti. Il meglio che tu possa fare a volte è solo di guardarlo e portarlo all'interno.
D: *Ma che informazioni ti sta dando?*
M: E' incoraggiamento. E' un modo di conoscere la direzioni precisa del tuo cuore, di conoscere la grandezza.
D: *Quindi quando scrive tutto questo, è un altro modo di metterlo nel suo corpo? (Si) Nello stesso modo in cui la luce blu lo ha fatto?*
M: E' diverso, ma in un certo senso, si, sta cambiando le cose. E' quasi come se potessi immaginare della luce che proviene da ogni simbolo e che ti trasforma con la sua stessa radiazione.

L'esempio disegnato da Marie sembra piuttosto come una scrittura veloce o scarabocchi. Da quando ho lavorato con lei ho ricevuto strani esempi di scrittura da tutto il mondo. Questa scrittura appare più strutturata (come fosse stampata). In tutti i casi in cui la gente si sente spinta a scrivere i simboli. Non sembra esserci alcuna logica nel loro comportamento. Nel Libro Due includerò questi esempi e l'analisi computerizzata per trovare delle similitudini.

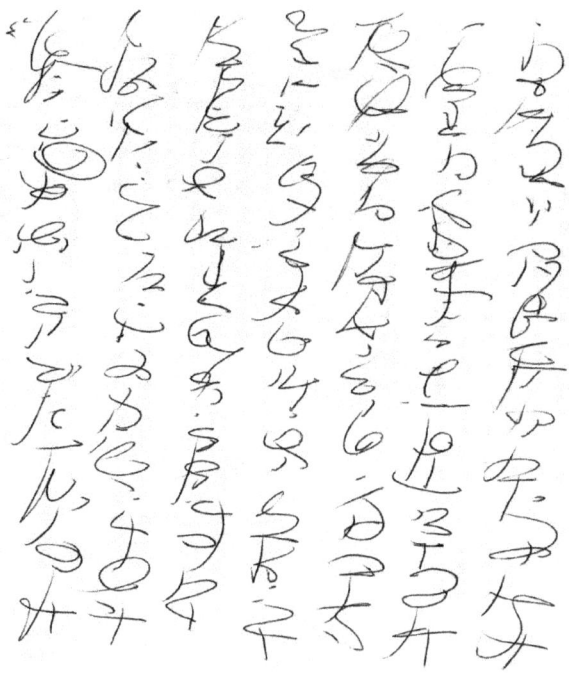

Riposi la pagina e le feci chiudere gli occhi.

D: *Altrimenti penseremo che potrebbe essere una nostra scrittura e avremo l'aspettativa che dica qualcosa. Quindi va bene se Marie continua a scrivere queste cose.*
M: Si. Sono purificanti.
D: *Ci stanno offrendo informazioni in modi che non possiamo immaginare. (Esatto) Abbiamo un'altra domanda. In passato ha avuto sogni di operazioni. Puoi dirci qualcosa al proposito? Erano solo sogni o cosa?*

Marie aveva dei ricordi infantili molto vividi di operazioni fisiche che erano state fatte sul suo corpo. Andava anche dal dottore. Non riusciva a capire perché la sua famiglia negava che fossero successe. Dichiaravano che non le era mai successo nulla.

M: Ritengo che lei lo sappia. Era chiaro che era già stato tutto deciso. Lei aveva chiesto anni fa, anni fa di lavorare con noi.
D: *Quindi non erano sogni? Erano ricordi di cose che erano successe?*
M: Dopo aver raggiunto la giusta età. Erano degli adattamenti che venivano fatti al suo corpo fisico.
D: *A cosa servivano questi adattamenti?*
M: A rimuovere vecchi schemi che le prevenivano di muoversi verso il lavoro che avrebbe dovuto fare successivamente. Dovevano essere rimossi chirurgicamente.
D: *Chirurgicamente! Molto bene.*

Un altro strano evento ebbe luogo mentre Marie si trovava al Monroe Institute. Sperimentò un tono ad alta tonalità che sembrava passare attraverso la sua testa. Durò per qualche secondo e fu molto sgradevole. Feci domande a proposito.

D: *Cosa causò il disagio?*
M: Sapeva ma in quel momento non voleva accettarlo. Fu un tentativo di adattare i ricettori nel lobo temporale attraverso un'alta frequenza, per permetterle di accedere a più informazioni. Doveva essere fatto in un gruppo. Doveva essere fatto con degli altri.
D: *Anche gli altri sono stati influenzati nello stesso modo?*
M: So, faceva parte del piano.
D: *Stavano offrendo informazioni o prendendo informazioni?*
M: No, era solo un adattamento di quella parte del cervello, ma non è il cervello. L'essere che riceve tutte le informazioni e le frequenze superiori adesso è accessibile.
D: *Era come se potesse ricevere altre informazioni. (Si) Allora non stavano portando via nulla. (No).*

Se ero stata in grado di accedere a cosi tanti casi in un anno che parlarono della manipolazione del corpo umano, quanti altri saranno la fuori che non ho ancora conosciuto? Dissero che questi cambiamenti venivano fatti su decide di migliaia di persone su tutta la Terra. Potrebbe davvero essere qualcosa di simile alla Sindrome della Centesima Scimmia, e potrebbe finire inosservato finché non si è raggiunta la massa critica e la realtà di questo fenomeno sarà innegabile.

Stavo ancora ricevendo altre informazioni riguardo ai cambiamenti della struttura del DNA del corpo umano, mentre questo libro stava andando in stampa. Espanderemo questo argomento nel Libro Due dell'Universo Convoluto. Inizialmente pensavo di trattenere tutti questi contenuti per inserirli in un capitolo solo, ma mi sono resa conto che questo potrebbe rallentare la preparazione mentale della gente. Devono essere pronti a comprendere i cambiamenti drammatici e dinamici che stanno per arrivando.

CAPITOLO QUINDI

LA PERSONA MECCANICA

Questa seduta ebbe luogo nella mia stanza d'hotel a Londra nel Settembre del 2000 mentre ero in tour in Inghilterra. Johanna era una giovane donna che aveva vissuto in Inghilterra solo per due anni. Era tedesca, pero pensavo che il suo accetto fosse impeccabile. Diceva di avere un talento naturale per le lingue e che aveva imparato velocemente. Non aveva molti problemi, ma molta curiosità. Alcune delle sue domande mi sembrarono superficiali, però ad ogni individuo i propri problemi sembrano importanti. Era perfino preoccupata di aver perso un dente da bambina. Io pensavo che fosse la sensazione di dover essere perfetti, ma lei non la pensava cosi. Non avevo la minima idea di cosa aspettarmi (proprio come per tutti coloro che vengono per una seduta), sicuramente non mi aspettavo la vita passata che venne in superficie. Alla fine della seduta le chiesi se mi avrebbe permesso di utilizzare la cassetta, perché era certamente unica. A quel punto della mia ricerca pensavo davvero che nient'altro mi avrebbe potuto stupire. Ogni volta che presumo questo, spunta qualcosa di nuovo che sfida il mio modo di pensare. Fece una copia della cassetta e successivamente la spedi al mio hotel.

Utilizzai il metodo della nuvola che di solito porta il soggetto ad una vita passata appropriata appena discendono dalla nuvola. Ripeto sarei rimasta sorpresa.

D: Dimmi la prima cosa che vedi mentre discenti sulla Terra.
J: A dire il vero non sto discendendo sulla Terra. Sto discendendo altrove. Sto discendendo su uno pianeta di colore grigio. Sembra strano, metallico. Mi da una strana sensazione. Molto strano, non cosi piacevole.

D: *Perche ti infastidisce?*
J: Mi sembra molto freddo. Non e' soffice come la nuvola. E' duro.
D: *Descrivimi cosa vedi sotto i tuoi piedi?*
J: E' abbastanza pietroso. Pietra e anche polvere. Non c'e' il minimo segno d'erba, ne alcuna pianta. Per lo meno dove mi trovo io in questo momento. E' grigio e metallico. Sembra che ci siano edifici di qualche genere sulla superficie del pianeta. Sono in lontananza, ma posso raggiungerli camminando se volessi.
D: *Come ti sembrano gli edifici?*
J: Asimmetrici. Sembra un mezzo tetto. Sai, come se si prendesse una casa con un tetto molto acuto e lo si tagliasse a metà, poi ottieni il tipo d'edificio che vedo. Ha una facciata molto piatta e piccole finestre, se è questo ciò che sono. Potrebbero essere buchi per l'aria o qualcosa del genere, non saprei.
D: *Tutti gli edifici sono simili?*
J: Posso vederne solo alcuni al momento e questi sembrano cosi. Tutto il resto è in pietra e montagne, piccole montagne.
D: *In lontananza?*
J: Si, e anche dove mi trovo.
D: *E' luminoso fuori?*
J: No, non è luminoso.
D: *Mi stavo chiedendo se c'era un sole.*
J: No, non riesco a vedere un sole. E' piuttosto buio. Puoi vedere ogni cosa, ma non è luminoso.

Allora le chiesi di guardare in giù verso i suoi piedi, in questo modo avremmo avuto una descrizione di se stessa. Sospiro e sembrò totalmente sbalordita da ciò che vide. Lo trovò totalmente inaspettato.

J: E' difficile per me dirtelo, ma credo di doverlo fare. Sono metallici. Sono dei cosi orribili come... se immagini gli zoccoli di un cavallo, ma appuntiti e molto tecnici. Quelli sono i miei piedi. (Questo la mise molto a disagio.)

Anch'io ero molto sorpresa, ma ho imparato a fare domande e a proseguire con qualsiasi cosa che veda il soggetto, indipendentemente dalla stranezza della situazione. C'è sempre una ragione per cui il subconscio sceglie la vita che viene ricordata.

D: *Questo è strano, come se fossero fatti di un qualche metallo?*
J: Si. Ho la sensazione di essere metallica. E anche le mani sono cosi...

sono quasi come delle chele, ma sono solo due parti. Sai, proprio come i piedi. Sono come due zoccoli appuntiti e le mani sono simili.
D: *Invece di avere dita o qualcosa del genere?*
J: i. Non mi sento per niente umana. Mi sento strana.
D: *Hai una qualche idea dell'apparenza del tuo volto? (Pausa) Io immagino tu possa vedere te stessa, no?*
J: Voglio andare al lago per vedermi nell'acqua.
D: *C'è un lago li vicino?*
J: Si, posso andarci. (Pausa) Cammino in modo strano come se, quasi come una macchina. E' diverso da come sono adesso, nel mio corpo in questa vita. Posso vedere il mio braccio che è un po' strano e questo sottolinea la mia sorpresa. A dire il vero è come fossi metallica, l'intera cosa. Mi avvicino a questo lago e faccio movimenti che non sono sottili. Barcollo fino a là e guardo nell'acqua.
D: *Movimenti rigidi?*
J: Si, rigido e mi sento come un robot quando cammina. Avanza prima una parte e poi l'altra. A dire il vero per niente elegante. Anche se il corpo non è troppo brutto, fammi guardare il mio volto.

Le diedi delle istruzioni induttive per prevenire che fosse disturbata da ciò che avrebbe visto, qualsiasi fosse la sua apparenza.

J: Ho qualcosa come degli occhi e sembrano degli occhi, ma... come sono messi nel volto, sembrano piuttosto un triangolo. Sono strutturati a triangolo.
D: *Invece di un ovale?*
J: Si. La parte piatta è sopra e la punta è in basso. Sono begli occhi, che sollievo. Sono strani, sono scuri e sembrano avere una struttura gelatinosa. Ma il resto del volto è metallico.
D: *Hai una bocca o un naso?*
J: Ho una bocca, si, ma è piuttosto un'apertura. Come un buchetto rotondo. E il naso... Non sono sicuro del naso. Ci sono come delle fessure, dei tagli. Molto strano.
D: *Ha un'idea di cosa c'è dentro di te?*
J: Ci sono molti macchinari li dentro. Macchinari.
D: *Mi stavo chiedendo se avevi degli organi come gli umani.*
J: Si, sembra che ci siano cose dentro di me. Non so se sono organi o cosa siano. Molti macchinari. A dire il vero sembra che ci siano più macchinari che altro. Non so se ho del sangue o cose di quel

genere. Sono... grigiastro, scuro... un metallo grigio scuro.
D: Quello è lo stesso colore dell'intero pianeta, no? Grigio scuro?
J: Si. Anche se ci sono variazioni sul pianeta. Quando ti avvicini, c'è anche del bianco, pietre bianche e anche grigio scuro. E gli edifici sono molto scuri. Sono grigio scintillante. Come lo chiami questo metallo che è cosi scuro e grigio? La casa è scintillante, riflettente. E' come la roba che hanno sulla Terra, non come l'argento, ma scuro.
D: Alluminio è scintillante, non scuro. Però non ci sono alberi ne vegetazione?
J: No, niente alberi o erba, no.
D: Stai vivendo lì in questa città dove sono questi edifici?
J: Si, appartengo alla cita'. Sono stato fatto lì.
D: Vuoi avvicinarti e vedere meglio quel luogo?
J: Hmm, è molto lontano.
D: Non devi camminare. Puoi spostarti molto velocemente.
J: Si, posso andarci. E' una città enorme con queste case.
D: E' più grande di quello che pensavi che fosse?
J: No, questo è un luogo diverso. Quella dove ho visto uno o due edifici, è quella. Ma mi sono spostato all'altro luogo dove sono stato fatto. Li ci sono case di tutte le forme, ma sono tutte molto luminose e grigie e scure. Possiamo andare sottoterra. Possiamo andare dentro al pianeta. Succedono molte cose sotto la superficie. La cosa principale sta succedendo in segreto. E' sottoterra.
D: Questa è la zona di cui sei più a conoscenza?
J: Provengo da lì. Sono stato fatto lì.
D: Come scendi li sotto?
J: So solo come scendere. Ci sono delle aperture, ma basta attraversarle. Non sono come porte. E' solo perché vuoi attraversare, quindi attraversi. E quindi – non fluttui in basso – ma leviti in basso. Ci sono molti sentieri e continui a scendere come se ci fosse un moderno sistema con tubi dove basta spingere l'aria nei tubi.
D: Come sentieri o passeggiate?
J: Si, ma non stai davvero camminando. Ci cadi dentro. Decidi dove vuoi andare e ti spinge fino a là.
D: Hai detto che sei stato creato laggiù in quell'area?
J: Si. C'è molto fuoco. E ci sono tavoli dove fanno certe cose.
D: Fuoco? Vuoi dire come macchinari e saldatori o...?
J: Si, forse saldatori. Ci sono delle fucine dove si occupano di metalli. Creano delle forme e ci sono altri luoghi in altre stanze dove creano

l'interiore.
D: *Le diverse parti e tutto il resto?*
J: Si, la parte interna. Tutto funziona all'unisono.
D: *Riesci a vedere le persone che fanno questi macchinari?*
J: Si. I loro volti sono più in carne. Il resto di loro non riesco a vederli perché sono dentro a dei vestiti protettivi di plastica. Indossano questi vestiti su tutto il corpo.
D: *Questo a causa del luogo dove stanno lavorando?*
J: Si, deve essere molto pulito.
D: *Puoi descrivermeli?*
J: (Sembrava che li stesse studiando.) Non sono come me. Hanno volti più soffici e sono piuttosto pallidi. Sembrano molto umani, cio' che chiamiamo "umano". Pallidi e appena rosati. Hanno delle sopracciglia, che io non ho.
D: *Hanno dei peli?*
J: Hanno peli, si, hanno dei pelli molto estremi. Molto biondi o completamente neri. Non riesco a vedere nessun altro colore. Piuttosto corti, tirati all'indietro, come lisciati. Vedo degli uomini e sono piuttosto di bell'aspetto.
D: *Vede qualche donna o sono tutti uomini?*
J: No, non riesco a vedere nessuna donna.
D: *Questi uomini stanno facendo questi macchinari?*
J: Si, ci stanno costruendo.
D: *Vedi degli altri che ti assomigliano?*
J: No. Vedo sono delle metà. Cioè parti di quel processo.
D: *Quindi sono nel processo produttivo. Perché stanno creando persone... cose come te? Non sapevo se chiamarti una persona o no. Perché vi stanno creando?*
J: Vogliono sperimentare e vedere se possono farlo. Inoltre ci usano per cose che loro non vogliono fare. O che non possono fare, perché sono troppo pericolose o altro.
D: *Come servi o lavoratori?*
J: Si, più come lavoratori. Lavoratori che devono fare una specifica mansione.
D: *Sembra che abbiamo sperimentato a lungo, perché sembra che abbia funzionato molto bene, no?*
J: Si. C'è uno spazio enorme. E ne stanno facendo di nuovi. Non so perché. Presumo che topo un certo tempo ci stiamo rovinando. Non possiamo andare avanti in eterno, cosi hanno bisogno di farne di nuovi. E' molto strano.
D: *Ma sono tutte macchine?*

J: Sono tutte macchine. C'è qualcosa come un'anima. Questa è la cosa più strana, perché io ho anche dei sentimenti. Non sono solo una macchina, sia.
D: Sono in grado di darvi un'anima, uno spirito in queste machine?
J: Penso che ci mettano dentro una parte della loro.
D: Cosa vorresti dire?
J: Dividono la loro. Ci danno una piccola parte della loro. In questo modo noi non siamo loro, ma funzioniamo a modo loro.
D: Altrimenti sareste come un robot, una macchina?
J: Si. Vogliono che facciamo ogni cosa nel modo giusto. O che ci fidiamo delle nostre emozioni proprio come dei doveri che dobbiamo assolvere. Non saremmo abbastanza sofistica per farlo se non avessimo quel pezzettino. Saremmo solo programmati. Però oltre che essere ben equipaggiati per le mansioni, con un corpo di metallo, dobbiamo anche svolgere mansione dove si necessità un po' d'anima. Ecco perché ci danno una piccola parte della loro, perché quello è l'unico modo che loro... non sto cercando di dire che creano delle anime. Non hanno quest'abilità. Forse Dio lo fa o qualcuno. Non hanno un'anima da darci. Possono solo farlo sacrificando un pezzettino della loro. Ecco cosa mettono dentro di noi.

Questa era la parte che facevo fatica a comprendere. Se fosse andata in una vita in cui era una persona meccanica, una macchina, un robot, come face a comunicare con me? Come poteva avere dei sentimenti? Una creazione meccanica non avrebbe un'anima e di solito un'anima non sceglierebbe di entrare in una macchina. Questa era un'idea completamente nuova, che in qualche modo si potesse dare un pezzo della propria anima ad una macchina, per permettergli di funzionare più efficientemente in questo mondo alieno.

D: Riesci a vedere come lo fanno?
J: Posso vedere che fanno una cerimonia. Si riuniscono e l sembra che la "sputino fuori" e poi la mettono nella macchina quando hanno finito.
D: Cosa vorresti dire con "sputarlo fuori"?
J: Sembra che decidano di darne un pezzo e lo sputano dalla bocca dentro alla macchina-persona.
D: Puoi descrivermi cosa vedi quando lo sputano fuori?
J: (Pausa) Non riesco davvero a vederlo. Lo mettono direttamente nella macchina.

D: *Vorresti dire che è invisibile?*
J: Si. O come quando si esala non si vede nulla amenoché non ci sia freddo. Quel tipo di cosa.
D: *Questo... li attiva?*
J: Questo gli permette di entrare nella macchina ed è ciò che da emozioni alla macchina. Senza sarebbe solo una macchina e dovrebbero metterlo nei processori del computer o altre cose per fargli svolgere mansione manuali. Ma voglio di più che solo questo.
D: *Gli porta via qualcosa quando offrono una parte di se stessi?*
J: Si, sottrae da quella parte di loro. Devono accettare di avere di meno. Devono sacrificare una piccola parte del loro potere per far si che succedano le cose che vogliono che succedano. Altrimenti non sarebbero in grado di farlo.
D: *Pensi che ci sia qualche altro modo di attivare le macchine?*
J: No, non potrebbero. Hanno bisogno di un'anima.
D: *Molte volte le cose vengono attivate dalla mente.*
J: Oh, no, non funziona cosi. Non hanno questo potere mentale. Questo ancora non ce l'hanno.
D: *Ma sono in grado di dargli una particella di se stessi, si dividono per attivare la macchina.*
J: Si. Questo è ciò che possono fare. Voglio dire, la macchina funzionerà solo con l'elettricità o ciò che hanno per stimolare le parti interne e tutto il resto. Farebbe il lavoro, perché è programmata. Ma non funzionerebbe in questo modo sofisticato. Cosi hanno deciso di fare un piccolo sacrificio e ci mettono dentro dieci o venti percento. Gli rimane il resto della loro anima, che presumo pensino sia abbastanza. Quindi danno una piccola parte alla macchina che può funzionare più correttamente.
D: *La macchina pensa da sola e ha un suo intelletto?*
J: Si, la macchina ha la capacità di pensare. Ma ovviamente è programmata. Pensa solo perché è stata programmata. Loro gli hanno dato tutto questo.
D: *Può agire come un individuo?*
J: No, no. Solo quando ha quel pezzetto d'anima, può reagire in modo diverso. Questa è la differenza. Fara sempre solo ciò che dovrebbe fare, ma ha più varietà di reazione.
D: *Quindi non è essere completo che può funzionare e pensare da solo come un umano? (No, no.) Ma gli da più abilità che una macchina.*
J: Si, esatto.
D: *Presumo che sia quasi come una personalità. (Si) Però, anche*

essendo una macchina puoi parlare. Puoi comunicare con loro?
J: No. Si possiamo parlare. La nostra voce non ha un bel suono. E' come un linguaggi, ma non ha un bel suono.
D: Questo è il modo in cui loro comunicano?
J: No, loro hanno voci molto belle, ma noi abbiamo solo voci meccaniche.
D: Quindi comunicano a parole, verbalmente.
J: Si, è possibile. Ci danno dei comandi vocali, proprio come con i macchinari al nostro interno. Non possono usare il pensiero per farci agire, ce lo devono dire.
D: E voi siete in grado di comunicare con loro.
J: Tutto ciò che diciamo è "si" o "capito" o qualcos'altro.
D: Quindi anche se avete un certa capacità intellettuale non siete in grado di comunicare come un essere umano.
J: Non dovremmo esserne capaci. Possiamo, ma non dobbiano esserne capaci. Siamo programmati per comprendere le mansioni e dire "capito", e poi farlo.
D: Quindi, l'individuo che ti ha dato parte della sua anima, o di se stesso, sente forse qualche attrazione o connessione nei tuoi confronti?
J: Ritengo che l'unica connessione che abbiamo è che io so chi lui sia. Riesco a vederne il volto.
D: Stavo pensando che se vi davano una porzione di loro stessi, potrebbero in qualche modo sentirsi connessi a voi.
J: Potrebbero, ma questo non lo so. Questo non posso sentirlo. So chi era ad avermela data e forse sento qualcosa per lui o con lui o... non saprei dire.
D: E' un altro modo d'esistere, non è vero?
J: Si, è un modo strano d'esistere.
D: Dovete consumare qualcosa? Sto pensando alla sussistenza. Come rimanete in vita? Penso che sia una strana domanda per una macchina.
J: Non mangiamo nulla e non andiamo al bagno. Riceviamo una qualche sostanza, come un olio, ma serve solo ai macchinari. Non riceviamo nulla per l'anima.
D: Come mettono l'olio in voi?
J: Lo mettono solo dove è necessario, piccole leve e buchi dove ce n'è bisogno regolarmente. Sai è come un'auto o simile.
D: Per lo meno non volevano solo delle macchine. Volevano che avessero più personalità. (Si) Ma come hai detto, si rovinano. Ed è per questo che devono continuare a farne altre?

J: Si, vogliono davvero esplorare ogni cosa e hanno bisogno di molti lavoratori. A causa del luogo dove stanno andando, non conoscono l'ambiente, ne cosa aspettarsi. Dobbiamo essere stabili contro il calore. Perché se dobbiamo andare su un altro pianeta molto caldo, dobbiamo essere in grado di sopravvivere e non essiccarci. Quindi l'olio è a prova di calore. Anche le nostre mani sono a prova di calore. Adesso vedo che anche i piedi lo sono. Tutto è ignifugo.

D: *Pensavo che il metallo conducesse il calore, probabilmente è un tipo diverso.*

J: E' di un tipo diverso. Non li abbiamo sulla Terra. Da fuori sembra proprio come qualcosa che abbiamo.

D: *Quindi vi portano nella loro esplorazione di altri pianeti.*

J: Si, ci mandano avanti con specifici compiti, per vedere quale pianeta è riflette le loro necessità.

D: *Quando vi portano lì, come vi trasportano?*

J: Quei cosi rotondi in cui viaggiamo. Inseriscono la destinazione. Sappiamo che gli danno delle piccole carte, le inseriscono e quella è la destinazione. Poi veniamo trasportati fino a là.

D: *Vengono con voi?*

J: No, no. Non verrebbero mai con noi. No, no. Dobbiamo farlo noi. Perché loro hanno la pelle e sono rosati. Non avrebbero alcuna protezione dalla luce, dove stiamo andando c'è una luce molto intensa. E' per questo che abbiamo occhi scuri, abbiamo anche occhiali. Sono occhiali che sono... (confusa, fece fati a descriverlo) ... come si dice questo? Come una sottile, plastica sottile. Ma ci sono dei buchini, da far penetrare solo una certa quantità di luce. E tutto il resto è oscuro. Ci diamo una protezione in più in questo modo.

D: *Questo fa parte dei vostri occhi?*

J: No, è qualcosa in più che ci mettiamo sopra. Lo mettiamo sopra agli occhi, quasi come se fossero occhiali.

D: *Quando andate in questi luoghi, potrebbero anche essere molto freddi, no?*

J: Si, potrebbero esserlo.

D: *Potete funzionare in qualsiasi tipo di temperatura, in qualsiasi tipo d'ambiente?*

J: Si, ma siamo stati creati specialmente per i luoghi caldi.

D: *Bene, ti vedi mentre ti spediscono in uno di questi luoghi. Hai detto che mettono la carte dentro all'astronave?*

J: Si. Ci entriamo dentro, la capsula si chiude e poi va dove dobbiamo andare. Anche quella deve essere piuttosto ignifuga, perfino più di

noi. Perché altrimenti, non riuscirebbe a riportarci indietro.
D: Devono riportarvi indietro con le informazioni?
J: Esatto. Abbiamo un'automatica registrazione d'informazioni. Funziona attraverso gli occhi.
D: Registrano le informazioni in qualche modo, come dati o simile? (Si) Cosa fai quando arrivate in quel luogo?
J: Atterra lì. Dobbiamo sopportare il calore. Viaggiare attraverso il calore e vedere cosa c'è nel sottosuolo. E se ci sono persone, o meno, o ciò che c'è.
D: Vorresti dire come una barriera di calore? (Si, si.) Quindi atterrate li per vedere se c'è vita?
J: E se c'è vita, di che tipo. Cosi sono pronti in caso riescano ad attraversare il calore. In questo modo possono conquistare o esplorare il pianeta. E se non ci riescono, è meglio che non procedano. Quindi ricevono questo tipo d'informazione.
D: Per vedere se' il tipo di luogo dove possono andare e sopravvivere.
J: Si. Ed e' per questo che anche noi abbiamo bisogno dell'anima, perché anche noi siamo in grado si sentire se è piacevole o se la gente è buona o cattiva.
D: Una macchina non ne sarebbe in grado. (No) Una macchina potrebbe registrare informazioni, ma potrebbe dargli cose che hanno bisogno di conoscere.
J: Si. Ma c'è anche uno svantaggio a proposito. Perché abbiamo un'anima okay, forse è solo il dieci o venti percento – ma ce l'abbiamo. Questo significa che abbiamo anche tutte le emozioni che ne conseguono. Questo significa anche che proviamo attrazione tra di noi.
D: Vorresti dire tra voi come macchine?
J: Si. E forse anche con verso altre creature di altri pianeti. Potrebbero esserci degli altri che sono abbastanza simili da creare un'attrazione. E ovviamente, non dobbiamo vivere o sentire queste sensazioni. Non abbiamo alcun organo riproduttivo, questo lo hanno bloccato. Ci hanno creati, ma sentiamo tutte le sensazioni. E' molto strano.
D: Questo è uno degli svantaggi?
J: Si, perché ci fa soffrire. Inoltre per loro è una cosa incomprensibile. Devono gestirla quando ritorniamo e non vogliamo svolgere i nostri compiti, perché abbiamo incontrato qualcuno. E' molto difficile.
D: Perché quella parte dell'anima ha un'attrazione, un sentimento.
J: (Triste) Sono davvero crudeli con noi, perché ci dimostrano che non

c'è speranza. Fanno certe cose con i nostri corpi, brutte cose. Perché pensiamo che potrebbe esserci una possibilità se mettessero qualcosa dentro di noi. Se lo facessero bene, saremmo davvero in grado di farlo, potremmo avere delle connessioni come le hanno loro. Potremmo innamorarci, avere una famiglia e cose di questo genere, ma non sono pronti a farlo. Al contrario, ci deridono. Mi fanno delle cose. Sai, ci mettono dentro qualcosa, come un cacciavite e dicono: "Guarda, non c'è niente dentro. E' ridicolo, è solo metallo. Non hai niente li dentro. Non possono esserci delle sensazioni." Ma è come un doloro fantasma. Ce l'abbiamo, perché pensiamo di avere qualcosa lì che possa portare frutti, a causa dell'anima. Forse non comprendono come ci sentiamo e pensano: "Oh, sono solo delle macchine." Ma non lo siamo. Abbiamo tutte le necessità. Forse solo ad un grado inferiore, un grado minore, ma a nostro modo abbiamo queste necessità. E non ci permettono di viverle.

D: *Quindi non si rendono conto di darvi un handicap, dandovi queste sensazioni.*
J: Non penso che ne abbiano una minima idea.
D: *Ma come dicevi, stanno sperimentando.*
J: E' vero, stanno sperimentando e non si sono davvero accorti di ciò che poteva succedere.

Questo mi ha fatto pensare a film e serie TV recenti. In "Uomo Bicentenario" Robin Williams era un robot che si era evoluto a tal punto da essere indistinguibile da un umano, con tutte le sensazioni ed emozioni. Inoltre in un episodio di "Star Trek, Next Generation" quando Data stava per essere smantellato e doveva davvero provare di essere davvero quasi umano. In entrambi i casi esseri umani "normali" non riuscivano a credere che delle macchine potessero sviluppare la capacità di percepire e sperimentare emozioni ed esibire caratteristiche che noi categorizziamo come appartenenti esclusivamente alla razza umana.

D: *Quando andate in questi luoghi, raccogliete informazioni solo osservando ogni cosa?*
J: Si. E fondamentalmente andando in loco. Sopravvivendo – misurando la temperatura, e notando quanto sia densa la cintura attorno a questo pianeta. Quando caldo o freddo sia il sottosuolo, se c'è della popolazione o no. E se c'è una popolazione, è come fare una foto con i tuoi occhi. Solo osservandoli mette le informazioni

ad un cerco grado. E loro possono riceverle dall'altra parte e riprodurre i dati.

D: Cosa mi dici della gente, gli esseri che vivono su questi pianeti? Come reagiscono quando vi vedono?

J: Oh, dobbiamo davvero cercare di non farci vedere, perché restano piuttosto scioccati di vederci.

D: Questo è ciò che stavo pensando. Non gli assomigliereste.

J: Oh, per niente. Rimarrebbero orripilati. Possiamo farlo solo quando sono in... in trance. A volte dobbiamo fare qualcosa per assicurarci che non siano consapevoli della nostra presenza. Simile a bloccare la parte coscienza della loro mente cosciente – allora facciamo una fotografia e ce ne andiamo. Poi si rilassano e tornano normali. Non se ne ricordano.

D: Forse è per questo che dovete avere quella piccola parte umana, perché una macchina non saprebbe come fare queste cose.

J: No, non sarebbe sensibile abbastanza da realizzare che l'altra persona si sta concentrando o sta dormendo o sta sognando o altro.

D: Se venisse visto, non saprebbe come nascondersi.

J: No. Non comprenderebbe lo shock che sta causando. Mentre noi riusciamo a saperlo, riusciamo a vedere che ci sono diverse tipologie di persone e reagiscono a modo loro. Noi preferiamo la gente come noi. Voglio dire, preferisco stare con una persona macchina innamorata che non qualcun altro. E' molto difficile.

Questa descrizione dello scopo e delle mansioni dei robot sembrava molto simile ai piccoli esseri grigi visti nei casi di UFO. In The Custodians mi era stato detto che queste piccoli esseri erano stati creati per svolgere mansioni sulle astronavi più grandi. Quando dissi che sembravano come dei robot, mi dissero che non erano meccanici, ma esseri biologicamente creati, strettamente utilizzati come lavoratori. Sembra che abbiano anche una certa quantità d'intelligenza, nel fatto che possono svolgere certe mansioni, ma non sembrano emotivamente coinvolti. E' questa fredda attitudine che spaventa maggiormente gli umani con cui sono entrati in contatto. Nel mio lavoro cerco di spiegare che non sono essere pienamente funzionanti e pensanti. Potrebbero forse essere una forma più avanzata dei robot meccanici? E' forse possibile che col tempo la tecnologia era progredita da meccanica a bionica? E' forse possibile che anche loro siano attivati da una scintilla data loro dai loro creatori? Non sto dicendo che siano stati creati dalla stessa razza di esseri, ma che i loro scopi erano molto simili.

D: Bene, senti felicità o gioia nel tuo lavoro? Conosci questo tipo di sensazioni?
J: Ho un senso di dovere. Non ho un senso di gioia nel lavoro. Lo faccio perché so che devo farlo.
D: Sei programmato per farlo.
J: Si, ed è ciò che dovrei fare, quindi è giusto. Sento che sia giusto farlo, ma non mi da qualche sensazione in particolare.
D: Quindi non puoi dire che ti piaccia il tuo lavoro. Lo fai e basta.
J: Si. Però non mi dispiace, lo faccio e basta.
D: Quindi cosa fate dopo aver finito di esplorare il pianeta?
J: Torniamo indietro e loro estraggono le informazioni. A volte ci danno un po' di riposo, ci oliano e fanno altre cose. Altre volte veniamo immediatamente rispediti altrove.
D: Perché non mi stancate come loro.
J: No, ma dentro diventiamo emotivamente stanchi, se si può dire cosi. Ma loro non lo sanno.
D: Non avete alcun modo di comunicare e dir loro delle vostre emozioni.
J: Si, possiamo, ma non dovrebbe essere cosi. Ci prendono in giro se diciamo di volere questo e quello. Ridono, perché siamo solo umani al diedi percento. Sabbiamo di volerlo dire, ma non è ciò che vogliono sentire. Non comprendono ciò che ci hanno dato. E' una cosa molto più vasta, un dono, di quanto non riescano a vedere.
D: Mi chiedo se sapevano che avrebbe fatto la differenza.
J: No, perché vorrebbero controllarci. Ci mantengono solo a causa di ciò che voglio che facciamo.
D: Pensavo che avrebbe fatto la differenze se davvero sapessero.
J: L'unica cosa che posso pensare che succeda, è che invece di punzecchiarci nelle parti inferiori dei nostri corpi, ci riempissero con qualche forma di metallo impenetrabile. E poi se la riderebbero ancora e direbbero: "Guarda, adesso ce l'avete. Ecco cos'avete: proprio assolutamente niente."
D: Penso che una delle ragioni per cui non possono fare nulla, sia perché non possono sapere come vi sentite.
J: No, non vogliono. Ogni volta che diciamo qualcosa, qualsiasi cosa si tratti, se non ha a che fare con il nostro lavoro, ci prendono solo in giro.
D: Hai detto che se uno si rovina, ne devono creare un altro. Cosa succede a quella parte umana? Viene trasferita a quello nuovo?
J: Penso di si. Entra nell'altro nuovo.
D: Quindi non devo ripetere la cerimonia?

J: No, tutti fanno una donazione solo una volta.
D: *Appena il corpo si arruginisce o smetter di funzionare...*
J: Si, qualsiasi altra cosa, spostano quella parte in un altro.
D: *Come possono farlo? Come possono trasferirlo da una macchina all'altra?*
J: (Sospirando) Come possono farlo? (Pausa) Penso che succeda la stessa cosa che succede nella cerimonia. La fanno risucchiare da quello nuovo. Quello nuovo lo risucchia da quello vecchio.
D: *Allora presumo che quello vecchio venga utilizzato per i pezzi di ricambio.*
J: Si, o lo infilano nel fuoco e ne fanno qualcosa di nuovo.
D: *Quindi questa parte che è come un'anima...*
J: Viene praticamente riciclata.
D: *Passa da una macchina all'altra. Quindi devono farlo solo una volta. Ma voi non avete davvero alcuna scelta in ogni caso, vero? (No) Bene, lasciamo questa scena e spostiamoci avanti ad un giorno importante, quando sta succedendo qualcosa che tu come questa macchina ritiene importante. Cosa vedi? Cosa stai facendo?*
J: Sono con qualcuno. Con una macchina persona. E vogliamo davvero vivere in un altro modo. E lei e' davvero piu – come posso dirlo? – lei lo desidera davvero. Le mi ha aperto gli occhi un po'. Sembra che lei abbia più anima. Dice che essere solo una macchina non è abbastanza. Abbiamo anche quest'altra parte e vogliamo fare anche altre cose; non solo esplorare e attraversare il calore. Vogliamo avere – come direste voi – una vita privata.
D: *Come fai a sapere che è una "lei"? Senti di avere un senso?*
J: Sento di essere un "lui", perché ho ricevuto l'anima da un lui. E lei proviene da una diversa zona. E lei e' una lei. Questo lo so, posso sentirlo. Quando sto lavorando posso sempre sentire se sono circondato da un lui o da una lei.
D: *Lei viene da una diversa zona?*
J: Si. Lei sta assolvendo doveri come i miei, pero forse lei ha più anima di me o qualcosa di simile. Ha pensato molto a tutto questo e vuole che scappiamo o facciamo qualcosa di diverso.
D: *Tu come ti senti? C'è il modo di scappare?*
J: Non lo so. Mi fido di lei. Penso che ci sia se lei ne parla.
D: *C'è qualche posto dove potreste andare?*
J: Lei ritiene che ci siano molti posti dove possiamo andare, perché non lo saprebbero se andassimo da qualche altra parte. Tipo alla fine delle nostre mansioni, prima che ci diano le nuove informazioni. Se pianificassimo dove andare, loro non lo saprebbero.

D: *Vorresti dire nella navicella?*
J: No, solo su pianeta. Se ci incamminassimo verso le nostre mansioni e invece andassimo altro. E semplicemente non tornassimo indietro.
D: *Non sarebbero forse in grado di tracciarvi in qualche modo?*
J: Non saprei. Forse.
D: *E' questo il suo piano?*
J: E' solo una speranza. E' solo una piccola, piccola speranza. Non è davvero un piano ben pensato, questo è tutto ciò che è riuscita a pensare.
D: *Ma è un'idea.*
J: E' una buona idea, vale la pena provarci, non è vero?
D: *Si. Questo è ciò che vuole fare dopo la prossima missione?*
J: Non vuole farlo da sola, perché ovviamente la ragione per cui lo vogliamo fare è quella parte privata. E' come uno scambio d'anima. Non ne abbiamo molta, ma pensiamo che potrebbe crescere quando ne usiamo di più.
D: *Si, e se foste separati vi sentireste soli. Potete sentire la solitudine. Giusto?*
J: Si, possiamo sentirla. Abbiamo il desiderio di una intimità indescrivibile che non abbiamo mai sperimentato.
D: *Desiderate gli altri della vostra stessa specie, quindi non sareste in grado di andarvene da soli ed esistere senza gli altri. (No, no.) Cosa decidete di fare?*
J: Penso che tutto ciò che lei stia dicendo sia veramente attraente. Penso che varrebbe la pena provarci. E questo le da il coraggio di dire: "Forse, presto, dovremmo provarci." Meglio presto che tardi. Cosi decidiamo di trovare dei modi di andare in questo luogo lontano dove ci sono delle grotte. Tra le montagne c'è una piccala fessura e forse possiamo nasconderci li per un po'. Perché l'unica cosa di cui abbiamo bisogno è l'olio o qualcosa del genere, quindi non è un problema.
D: *Quindi pensate di potercela fare e loro non vedranno la differenza. (Si) Cosa decidete di fare?*
J: Decidiamo di farlo dopo la nostro prossima mansione. Appena ne abbiamo un'opportunità.
D: *Dimmi cosa sta succedendo.*
J: Lei è tornata indietro e si trova in un trasporto diverso, ma siamo nella stessa missione. Che è strano, perché non è mai successo prima. Non so come sia successo. Forse si è scambiata con qualcuno o qualcosa. Ma siamo nella stessa missione. E si,

scappiamo. Scappiamo, ci allontaniamo verso questo luogo. Ma ovviamente non abbiamo realizzato che hanno più di un mezzo per trovarci. E ovviamente ci trovano la mattina seguente. Ci trovano molto velocemente. Si sono resi conto il giorno successivo che ce ne eravamo andati. Gli basta usare i loro macchinari per trovare dove eravamo localizzati. Ci trovano più velocemente di quando pensavo.

D: *Allora cosa è successo?*

J: Prima di tutto esplosero a ridere malignamente per ridicolizzarci. E poi ci infilzano nelle parti inferiori del corpo. Ci infilzano e ci insultano riguardo al nostro sesso inesistente e quando stupidi pensiamo di essere. Ci chiedono quanta intelligenza pensiamo di avere e ci dicono che loro sono il vero maestro. Uno entra che è davvero arrabbiato, come se fosse personalmente offeso, per ciò che ci siamo permessi di fare. (Sospirò) E lui è quello che da l'ordine di struggerci nella parte inferiore del corpo. Veniamo distrutti mentre l'anima è ancora dentro di noi.

D: Non comprendono che non ha nulla a che fare con il sesso. E' solo per l'intimità, giusto?

J: Pensano che vogliamo fare sesso, per questo ci prendono in giro.

D: *Quindi ha decretato questo, che veniate distrutti?*

J: Si, verremo distrutti in quella parte del corpo. "Vi faremo vedere quanto siete ridicoli." E succederà ad entrambi, come una punizione ed un'umiliazione. E ovviamente è come una sentenza di morte, giusto? (Si) Perché significa che verremo sciolti ancora una volta. (Tristemente) E cosa succede all'anima?

D: *Si, è quello che mi stavo chiedendo. Cosa succede?*

J: Si, ci fanno tutto quello. Possiamo percepire l'umiliazione. Anche se non possiamo sentire il corpo o altro, possiamo sentire l'umiliazione.

D: *Non si può davvero sentire il dolore in un corpo mentale.*

J: No, no. Ma sentiamo tutto il resto. Sentiamo il potere che hanno e fondamentalmente che possono trattarci come se fossimo nulla. Cosi distruggono il corpo e poi ci scaraventano nel fuoco.

D: *Con l'anima ancora dentro? Di solito non lo fanno, vero?*

J: No, l'anima deve essere stata... non so cosa fanno con l'anima.

D: *Vediamo cosa succede dopo che vi hanno gettato nelle fiamme. Salta al punto in cui è finito. Cosa ti succede, al vero te?*

J: Sta solo circolando. Ha lasciato il fuoco e sta girando intorno. E' in grado di comunicare con l'altra anima, questo è molto bello. Ma rimane il fatto che la nostra esistenza non è stata possibile nel

modo in cui volevamo che fosse.
D: *Cosa decidete di fare?*
J: Decidiamo di volare via, molto lontano.
D: *Adesso non possono prendervi, vero?*
J: No, non ci notano nemmeno. A dire il vero se ne sono completamente dimenticati.
D: *Normalmente vi avrebbero messo in un altro corpo.*
J: Si, è vero. Devono averti pensato dopo. Non lo so.
D: *Forse pensavano che eravate una tipologia che non vogliono e che sarebbe stato meglio scartarvi.*
J: Si è possibile. Non so.
D: *Ma è un bene. Siete scappati, giusto?*
J: A dire il vero, si, dopo tutto quello che abbiamo fatto. E' vero.
D: *Siete scappati in un modo diverso di quello che sperate. (Si) Non dovete più vivere in quel tipo d'esistenza. Potete andare dove volete.*
J: Si, è vero.

A quel punto chiesi il permesso di parlare con il subconscio di Johanna. Questo è il modo in cui riesco a ricevere le risposte e ad applicare la terapia parlando direttamente a quella parte che raccogli i registri della personalità e può essere influenzato ad apportare cambiamenti positivi. Non mi è mai stato rifiutato l'accesso, perché comprende che ho a cuore il benessere dell'individuo. Credo che conosca i miei motivi molto chiaramente e se non avessi le motivazioni giuste non mi sarebbe permesso alcun accesso. E' sempre facile dire quando il subconscio sta parlando, perché è obbiettivo e parla del cliente in terza persona, trattandolo come una personalità separata.

D: *Perché il subconscio ha mostrato a Johanna quella vita insolita?*
J: Per mostrarle che la parte dell'umiliazione è ancora molto forte dentro di lei. Ha paura di essere umiliata. C'è una forte connessione.

In questa vita attuale uno dei problemi che ha Johanna è che ci sentiva facilmente umiliata, anche quando non è intenzionale. Questo l'ha limitato il suo sviluppo potenziale e la possibilità di perseguire diversi obbiettivi.

D: *Quel corpo non era umano. Johanna ha avuto diverse vide in un corpo completamente umano?*

J: Si, ha già avuto molte altre vite umane. Ma quella vita, la sta ancora influenzando. Vederla le dovrebbe permettere di comprendere perché ha bisogno di molta libertà. Deve essere indipendente.

D: *Pensavo che fosse strano che fosse creata in quel modo insolito e avesse ricevuto una porzione d'anima.*

J: Questo non mi sorprende, perché prima di quella ebbe una vita in cui non apprezzava abbastanza la parte animica di se stessa. La gente dice: "Oh, è solo la tua anima. Oh, quella piccola parte emotiva non è importante." E le dimostrarono che è come quando l'anima non riesce a trovare un'espressione. O quanto restrittivo sia avere solo il dieci o venti percento, invece dell'intera anima.

D: *Per me questo crea confusione. Puoi rispondere? Pensava che la persona che l'aveva creata le diede una parte della sua anima. Questo è ciò che è successo?*

J: Si. Ciò nonostante era nella vita di una macchina. Era una persona completa – beh, per quanto completa poteva essere. Quindi doveva sperimentare le restrizioni di avere una vita più meccanica che spirituale.

D: *Ma quando l'altra persona le ha dato una parte della sua anima, apparteneva a lui, invece che a lei, no?*

J: Era parte di lei, non è vero? Voglio dire, era entrambi.

D: *Questo mi è appena successo. Vorresti dire che era anche la persona che le ha dato vita?*

J: Si, ma questo non lo sapeva minimamente. Perché altrimenti non avrebbe avuto quest'esperienza, se gliel'avessero detto. Se le avessero detto siamo più di una persona. Abbiamo pezzettini d'anima un po' ovunque.

D: *Perché essenzialmente non potevano creare vita. Erano in grado di trasferire una parte di loro stessi?*

J: Esattamente.

D: *Quindi sapeva di essere di meno quando era una macchina. (Si) Allora una parte di lei continuò come quell'individuo ha anche creato del karma. (Si) E l'altra parte esiste adesso come Johanna.*

J: Inoltre le spiegherà perché in questa vita da molta più importanza alla sua anima che ad altre cose.

D: *In questo momento comprende il suo valore, perché c'era un tempo quando ne aveva solo una piccola parte. (Esatto) Aveva qualche altra domanda. Questo spiega forse i problemi nei suoi organi femminili?*

Prima della seduta mi confesso di avere problemi di cicli mestruali irregolari con molti crampi.

J: Si, è cosi. La paura di essere umiliata da un uomo, perché quello che decide di distruggerli era un uomo. Anche l'intera sensazione riguardava l'umiliazione. Inoltre l'essere punzecchiata e testata con i loro strumenti mentre li deridevano, faceva parte dei ricordi della sua anima. Quindi non si sentiva a suo agio in un corpo femminile.
D: *Quindi non voleva essere una donna completa ed avere figli.*

Non si e' mai sposati e non ha mai voluto avere figlie. In questo momento ha una relazione platonica con un uomo.

J: Si. Il pericolo d'essere distrutti in quel modo da qualcuno che è più potente sembra un pericolo reale.

Continuai a fare le domande che erano nella sua lista. La maggior parte dei suoi problemi sorgevano dall'essere facilmente umiliata, anche se non intenzionalmente. Nella maggior parte del lavoro della mia terapia raccolgo i pezzi e persuado il subconscio a rilasciare i disagi fisici, perché non sono necessari nella vita attuale. Hanno le radici in un'altra vita. Sono radicati in un'altra vita. Dove aver trovato la connessione, sopraggiunge la comprensione. Allora il problema viene dissolto e i benefici fisico-emotivi sono immediati. I sintomi hanno servito il proprio scopo di raggiungere l'attenzione della mente cosciente, quindi non sono più necessari. Molti problemi d'infertilità e problemi femminili, possono essere rintracciati ad eventi passati. Tuttavia, questa era la spiegazione più strana che io abbia mai ricevuto per questo tipo di problemi fisici.

La connessione terapeutica era importante, ma per me l'aspetto più interessante di questo caso era che un'anima possa abitare in un corpo meccanico. Ma soprattutto che un'anima possa dividersi e che una scheggia allontanarsi e diventare un'altra personalità per imparare lezioni diverse da quelle dell'anima originale. Le due non sarebbero nemmeno mai state consapevoli le uno delle altre o che ci fosse una separazione. Quindi quando pezzi di noi si sono scheggiati e sono diventati pezzetti d'anima senza una consapevolezza cosciente? Probabilmente non lo sapremo mai e questo ritorna all'idea che siamo essenzialmente tutti parte del tutto, e che tutto è Uno.

* * *

Nei miei primi anni di lavoro sulla terapia regressiva ebbi un caso che aveva delle similitudini e allora non avevo alcuna idea di ciò che avevo trovato. Non centrava nulla con le struttura in cui stavo cercando d'inserire i miei casi in quel periodo: principalmente reincarnazione lineare. Una donna era tornata ad una vita passata in cui era una sacerdotessa altamente preparata, dedicata al lavoro del tempio e all'offrire consigli per la gente. Doveva rimanere celibe e rinchiusa nel tempio, e viveva una vita molto solitaria.

Finché un giorno uno straniero arrivo al porto e finirono per innamorarsi. Lei dovette affrontare una scelta difficile: andarsene con il suo amante o restare al tempio e sostenere il suo impegno. Alla fine decise di andarsene e fu a quel punto che io rimasi confusa. Lei stava descrivendo la scena da due punti di vista: mentre se ne stava andando felicemente su una barca e mentre era in piedi disperata sul molo perché una parte di lei se ne stava andando. Apparentemente la parte di lei che era nulla barca non era consapevole della parte che era rimasta indietro. Quasi come se la decisione l'avesse spezzata in due persone. Non sono mai riuscita a comprendere questo concetto.

Eppure è in linea con il concetto riportato nel Capitolo 11, relativo alle vite parallele e alle dimensioni. Quando prendiamo una decisione l'energia della decisione che non abbiamo preso, deve andare da qualche parte. E quindi si spezza e diventa un altro "tu" che vivrà l'altra decisione. Forse in questo caso la sacerdotessa era consapevole di ciò che era successo a causa della suo erudizione, mentre normalmente non avrebbe dovuto comprendere nulla di ciò che era accaduto. Avrebbe osservato l'uomo mentre se ne andava e avrebbe sentito il dolore di quella perdita, ma non perché un pezzo della sua anima se ne stava andando. Se non altro, questi casi mi hanno insegnato a pensare ed esplorare concetti complicati con una mente aperta.

CAPITOLO SEDICI

LA SORGENTE DIVINA?

Nel Novembre del 2000 stavo presentando ad una Conferenza UFO a Berkeley in California. In quell'occasione dormii al vicino Y.M.C.A.. Questa seduta è una delle tante che ho condotto nella mia stanza al Y.M.C.A. durante la conferenza. Shirley era una donna sui quaranta che voleva una seduta da molto tempo, ma ogni volta che veniva in questa zona della California avevo sempre una lunghissima lista d'attesa. Alla fine siamo riuscite ad incontrarci. C'erano pesanti lavori di costruzione dall'altra parte della strada dove stavano completando un edificio di cinque piani. Tutte le mie sedute in quella stanza avevano lo stesso problema. Il rumore creava molto disturbo, però non aveva alcun effetto sui soggetti appena entrati in trance. Sono completamente distaccati da qualsiasi disturbo quando sono in quello stato. Una volta mentre ero a Memphis parti l'allarme civile antitornado sulla cime dell'edificio di fronte al mio motel. Continuò per mezzora e sulla registrazione è molto forte, ma il soggetto non ne aveva alcun ricordo.

Shirley andò in profonda trance velocemente e io la portai ad una vita passata alla ricerca delle risposte ai suoi problemi. Ritornò ad una vita passata in una zona rurale dove i contadini lavoravano i campi. Vide se stessa in un corpo maschile, ma non sembrava essere un partecipante diretto, solo un osservatore. Spesso quando questo succede non sono del luogo e sono in viaggio e si sono fermati per osservare la scena. In questi casi di solito posso riportarli indietro al luogo da cui stavano viaggiando o portarli avanti verso la loro destinazione. Però con Shirley non funzionò. Non era coinvolta in nessuna delle scene che osservo. Anche se erano piene di dettagli molto vividi, era solo un'osservatrice.

Disse: "Riconosco questi luoghi, ma non sono a mio agio qui. Mi sento come "un pesce fuor d'acqua", come se non fossi me stessa. Non c'è nulla di familiare. Sto facendo fatica."

Visto che era si sentiva nel luogo sbagliato, le chiesi di spostarsi dove fosse più a suo agio, dove si sentiva di appartenere. Andare in un luogo che le fosse familiare.

Mi spiazzò completamente con la sua risposta veloce ed insolita: "Il Sole!" Le chiesi di spiegarmi cosa voleva dire.

S: Possiamo andare nel Sole. Li è dove mi sento a mio agio e contenta.
D: Nel Sole?
S: Nel sole. Con la luce. Ne faccio parte. E' una enorme luce e fa caldo.
D: Il nostro Sole, o parli di... qualcosa di simile?
S: E' il Sole.
D: E' il Sole? (Si) Bene, come ci si sente a farne parte?
S: (Sospirando) Normali! Mi sento a casa. Non ho un corpo. Ho una coscienza. Faccio parte dell'intero e non sono separata.

Visto che era cosi soddisfatta e contenta decisi di continuare in quella direzione. Alcuni soggetti mi hanno descritto certe esperienze davvero strane ed inaspettate. Il subconscio li porta sempre a qualcosa che dovrebbero vedere e di solito succede per una ragione importante, anche se io non riesco a comprenderla.

D: Una parte dell'intera luce? Bene, come ci si sente ad essere nel Sole? Molta gente se lo chiede.
S: Mentre ti avvicini, è estremamente caldo e luminoso. Ma dopo esserci entrato, non è più cosi caldo. Dopo essere diventato Uno con il Sole, non solo una sfera di luce. Con coscienza.
D: Anche il Sole ha coscienza?
S: Si. E' una coscienza più grande. Si espande all'infinito.
D: Ma non ci sono forse diversi Soli in diversi luoghi?
S: Non come questo. C'è solo questo.
D: Questo è diverso da una stella come un Sole? E' questo che vuoi dire?
S: Si. E' pura energia.
D: Perché ci sono molti Soli, non è vero, con molti pianeti che gli orbitano attorno?
S: Non lo so. L'unica cosa che so è che sono andata verso questa sfera di luce che ho riconosciuto. Non appena l'ho riconosciuta come la mia casa e ci sono entrata dentro, ha smesso di avere una forma.

Semplicemente avevo una coscienza ed energia totale.
D: *Ti senti come se questa fosse casa tua? (Si) Ed è li che ti senti a tuo agio? (Si) Bene, va benissimo. Ti sembra strano di non avere un corpo?*
S: No. Mi sembra normale.
D: *Sei rimasta li a lungo, ti ricordi?*
S: Non lo so, ma lo riconosco. E' ciò che sono.
D: *Ci sono altri esseri, altre entità con voi?*
S: Si, ma una volta li dentro, non c'è differenza. E' come se fossi l'entità, esco dal Sole o da questa sfera d'energia e luce, dopodiché divento diverso. Ci sono altre entità. Appena escono diventano separati. Mentre sono all'interno sono Uno.
D: *Quindi questa è una sensazione confortevole, sentirsi tutti parti di una cosa sola? (Si) E poi hai la possibilità di uscirne ancora una volta.*
S: Si, se voglio, potrei uscire ancora.
D: *Conosci il nome di questo luogo?*
S: Non ne conosco il nome.
D: *A noi piace dare nomi ed etichette a diverse cose. Ma sei rimasta li a lungo?*

Mi era difficile pensare a delle domande per una cosa cosi insolita.

S: Posso restare qui a lungo. Se non lì, non è che probabile che io voglia andarmene ancora. Ma posso.
D: *Ma non puoi restare sempre nello stesso luogo, vero?*
S: Posso. Non so per quale ragione dovrei uscire, ma a volte lo facciamo.

Stavo pensando a come fare per spostarla, perché tutto questa sembrava non avere una fine. Avrebbe potuto essere felice di restare li indefinitamente.

D: *Puoi uscire e rientrare ancora? (Si) E quando esci allora ti separi in diverse entità individuali? (Si) Bene. Vediamo dove vai quando esci. Dimmi cosa succede quando esci e diventi un'entità individuale.*
S: Non è piacevole. E' molto frustrante. E'... fisico... la sensazione è spiacevole.
D: *Quando lasci la luce, vorresti dire che diventi un'entità fisica?*
S: Fisicamente come entità. E' molto diverso. Non fare parte del Tutto è

molto, molto disturbante. E fa molto freddo. Ed è molto pesante. E c'è molta solitudine.
D: *Quindi sei separata, mentre nell'altro fai parte di ogni cosa? Dicono bene?*
S: Non ne fai parte. Tu sei quello.
D: *Tu sei quello.*
S: Non è come se foste un gruppo, che diventa uno. Semplicemente sei quell'uno. Non c'è separazione. Nessuna differenza. C'è una differenza solo quando si esce. Quello e' il momento in cui ci si separa e tu diventi "noi" e "loro" o molti, o... una limitazione.
D: *Cosa vorresti dire con una limitazione?*
S: Perché hai una forma, quindi c'è un limite intorno a te. A causa di quella forma, non sei in grado di essere senza separazione.
D: *Sto cercando di comprendere, allora perché assumere una forma?*
S: Penso che sia per servire chi vuoi. Penso che sia una qualche forma di servizio e sacrificio che sopportiamo... per aiutare...
D: *Per aiutare chi?*
S: Per aiutare gli altri che potrebbero non sapere come tornare.
D: *Tutti provengono dallo stesso luogo?*
S: Penso di si. Se riesco ad avvicinarmi, potrei rispondere meglio. Si, se riesco ad entrarci. Ma quando esco da li, e sono fuori, c'è troppa differenza per riuscire a conoscere ogni cosa.
D: *Intendi dire che si perdono alcune informazioni o cerca conoscenza?*
S: Si, penso di si. E' come quando mi sto avvicinando, lo so, sono sicuro, di esserci. M quando mi allontano, ne perdo una parte, eppure scelgo di andarmene.
D: *Ma ritiene che tutte queste entità individuali provengano dal quel luogo?*
S: E' l'unico luogo che conosco.
D: *L'unico di cui sei familiare. (Si) Ero curiosa di sapere se c'erano altri luoghi come quello.*
S: Sento che ce n'è solo un luogo.
D: *Poi la gente esce e ritorna come individui. (Si) Ritornano in cicli, ad intervalli o cosa?*
S: Si. Non tutti simultaneamente. E' casuale, quando qualcosa è finito o quando c'è bisogno d'essere energizzati.
D: *Vorresti dire che dovete tornare periodicamente per essere energizzati? (Si) Se non ci riuscite, cosa succede?*
S: Non è che non ci riusciamo. Dobbiamo tornare a casa. Si va a casa. Vieni energizzato per continuare ad uscire. E non succederà mai

che non si riesca a tornare a casa.
D: Quindi si continua ad andare e venire.
S: Si. A volte si resta più a lungo. Altre volte si resta di meno.
D: Ma è un luogo dove alla fine si torna sempre? (Si) Bene, dove vai a finire quando ti allontani da questa luce?
S: Presumo di finire su dei pianeti. Terra e anche altri luoghi.
D: Puoi descrivere ciò che vuoi dire? In che altri tipi di luoghi andresti?

I lavori di costruzione, assembramento, e il rumore di macchinari pesanti dall'altra parte della strada stava davvero aumentando e mi stava disturbando. Però non sembrava disturbare Shirley minimamente.

S: Luoghi diversi. Che non hanno tanti colori come la Terra. Hanno diverse forme – non materiali.
D: Cosa vorresti dire?
S: Nessuna vegetazione. Niente colori, ne fiori o uccelli. Colori rossi, Sbiaditi. Disgustosi colori rossi. Colline, argille.
D: Hanno dei dintorni fisici, come montagne o terra o qualcos'altro?
S: Ci sono montagne, ma lì sono diverse. Sono appuntite, molto allineate e taglienti.
D: Come fai a sapere dove andare, quando vai fuori in questi luoghi?
S: Quando mi muovo c'è qualcosa in me che... vengo testata. Vengo mandata ad aiutare il padrone di casa.
D: Come fai a sapere dove devi andare?
S: La coscienza ci manda. Lo sappiamo e basta.
D: Vorresti dire, la grande luce che hai lasciato? La coscienza? E' cosi che lo chiamate? (Si) Ti manda, ti dice dove andare?
S: Si. E' piuttosto, una telepatia mentale. E' come se lo sapessi. Sono una parte dell'intero, quindi so dove andare. E quando me ne vado divento più come un individuale essere di luce.
D: In quel momento sei separato. E sembra che tu sappia istintivamente dove dovresti andare? (Si) E poi quando ci arrivi, cosa succede?
S: Diventerò, penso, come una delle forme che esistono dove vado. Aiuto secondo le necessità.
D: Quindi le forme possono differire in qualsiasi luogo tu vada. (Si) Come diventi queste forme?
S: Presumo che mi basti pensarle.
D: Sto pensando alle anime e agli spiriti e a come entrano in una forma. E' diverso da quello?

S: Penso alla forma e sono là.
D: Sto pensando in termini Terresti.
S: Vorresti dire come se fossi nata. (Si) Non mi vedo nascere. Sulla Terra... fammi pensare, se sono andata sulla Terra.
D: Perché la Terra è ciò di cui io sono a conoscenza. So che altri luoghi sono probabilmente diversi.
S: Stavo andando altrove.
D: Ci possiamo tornare fra un minuto. Se possibile vorrei chiarire questa parte. Se tu stessi arrivando sulla Terra, come lo faresti?
S: Penso che venire sulla Terra, a volte posso nascere. Ma non è obbligatorio.
D: Sto pensando all'anima o spirito, o come preferisci chiamarti, che entra in un neonati alla nascita.
S: Io non ho bisogno di farlo in quel modo.
D: Come lo faresti, se lo fai in un modo diverso?
S: Mi basterebbe entrare in qualcosa.
D: Ma non ci sarebbe già un'anima dentro?
S: Non se ci entro io. Non quando ci andrei dentro io. Ma molto spesso, sulla Terra, lo facciamo.
D: Perché mi hanno detto che ci viene assegnata ogni forma?
S: A volte bisogna andarsene. A volte un'anima è per contratto – se ne deve andare. Allora io posso entrare.

Sembrava che stessa parlando di un "walk in". Questi casi li ho descritti in Between Death and Life. Normalmente un'altra anima cambia posto con l'anima che occupa il corpo, se quella stessa anima sta sopportando più di quanto possa gestire. E' un'accettabile alternativa al suicidio.

D: Ti ritieni uno spirito o un anima?
S: Non sono uno spirito. Sono un anima.
D: Come definiresti te stessa, come un'anima? So che a volte il linguaggio non è sufficiente.
S: Si, perché io non uso il linguaggio. Pensare. Basta pensare. E' coscienza e io sono coscienza. Le cose possono succedere molto velocemente.
D: Quindi considereresti te stessa un anima come un pezzo di coscienza?
S: Io sono coscienza.
D: Tu sei coscienza, ma sei anche un individuo.
S: Sulla Terra, in altri luoghi, ma quando torno a casa sono solo l'uno.

D: *Quando vieni sulla Terra entri una forma se nasci come un bimbo?*
S: Quando andiamo sulla Terra ed io entro in un neonato, non vado in un neonato qualsiasi. Vado dentro, dove sono necessaria. Riesco a vedere un'anima nel neonato, alla quale vado. E penso di unirmi a quell'anima.
D: *Quindi è diverso dalle altre anime o spiriti? E' questo ciò che intendi? (Si) Mentre loro sono assegnati ad uno, tu lo fai in modo diverso?*
S: Penso di si, perché non mi vedo nascere. Mi vedo fare una scelta ed è un contratto, un accordo.
D: *Con l'anima che c'è già lì?*
S: Si. Forse in questa situazione.
D: *E lo potete fare in qualsiasi momento durante la vita di quella forma?*
S: Lo faccio e rimango con loro per tutto il tempo. E poi me ne vado. Ma lo posso fare in qualsiasi momento.
D: *Questo è ciò che intendevo. Non deve essere un neonato? Puoi entrarci in qualsiasi momento? (Si) Per lo meno finché sei d'accordo con l'anima che c'è dentro? (Si) E la coscienza è ciò che ti dice istintivamente dove dovresti andare? (Si) E voi dice quando andiamo in altri luoghi, altri pianeti o altri regni, viene fatto diversamente?*
S: Penso di entrare come una forma adulta. Vedo la forma e divento quello. Ma c'è già una forma.
D: *Non ci sonno delle forme più piccole come con i bambini. Sono tutti maturi, in forma adulta?*
S: Quando entro in quello stadio, per lo meno in questo luogo.
D: *Continuo a pensare al fisico, ma potrebbe non essere in quel modo.*
S: E' un'entrata fisica. Quando dico di essere un individuo, quando lascio la massa dell'energia cosciente, sono una forma di qualcosa all'esterno di quell'energia cosciente. Potrei non essere una forma di ciò che potrebbe diventare. Quindi sono ancora energia cosciente, ma ho una forma che è indescrivibile.
D: *Ma hai una coscienza, una personalità che pensa, non è vero?*
S: Mi dicono, si, come coscienza.
D: *Quindi in questo senso hai una individualità, anche se sei energia. E' questo ciò che intendi?*
S: Si. E sono per servire.
D: *Questi luoghi dove vai ed entri in un corpo, questo è come anche le altre entità in quel luogo creano corpi? (Si).*

Adesso, come se i lavori di costruzione non fossero abbastanza alcuni ragazzini iniziarono un marcia per strada. Gridavano, cantavano e suonavano, eravamo nelle vicinanze di alcune scuole. Però Shirley non ne sembrava minimamente influenzata.

D: *Sto facendo diverse domande perché sto cercando di comprendere dei concetti difficili. Quindi in quei luoghi la gente o le entità non devono attraversare un processo di crescita. Gli basta creare la forma in cui vogliono entrare, solo pensandoci. Giusto? (Si) Quindi ci sono molti altri modi di fare le cose a parte ciò che conosciamo sulla Terra. (Si) E' per questo che mi è molto difficile comprendere. Ma se manifestate il corpo solo pensandoci, allora non dovrebbe morire, giusto?*
S: Io non muoio mai. Il corpo di chiunque io serva morirà e poi ci separiamo. La loro anima se ne va per la propria direzione. E io torno indietro.
D: *Quindi ogni volta che lo fai ti trovi sempre con un'altra anima nel corpo?*
S: Si, penso di si.
D: *Non sei mai nel corpo da sola. Questo mi sembra diverso. Non è il solito modo di pensare a spiriti ed anime.*
S: Io sono coscienza.
D: *Ma stai dicendo che c'è un'altra anima in questi corpi, la forma fisica, perfino quando lo manifestate con il pensiero? (Si) Allora vi combinate tra di voi.*
S: Io non mi combino.
D: *Come lo fai? Ti unisci? Questo sarebbe una combinazione.*
S: Non divento uno con l'altro. Lo servo e poi torno a casa.
D: *Questo non ti rende come un osservatore? Probabilmente non sto utilizzando la terminologia adatta.*
S: Non sono un osservatore.
D: *Hai detto che servi l'anima, ma sei una coscienza. Puoi aiutarmi a comprendere?*
S: Anche la persona che è sdraiata qui, sta facendo fatica a comprendere.
D: *Lascia che le informazioni vengano avanti e le riarrangeremo più tardi. In questo modo riusciremo entrambi a comprenderle. Hai detto di non essere l'osservatore. Se servi l'anima che è nel corpo, non sei l'anima che sta avendo l'esperienza.*
S: Potrebbe essere che mi unisca all'anima e che io sia pura coscienza. Io ho un'anima, ma non sono la mia anima. Adesso sono pura

coscienza. Un'energia. Sono qui da abbastanza tempo che quella è la mia casa. Aiuto i pianeti. Vado in certi luoghi dove c'è bisogno di mè. Quando entro in un'anima, un neonato, la mia coscienza predomina. Soprassiedo a quella coscienza finché non sono più necessaria.

D: *Può succedere che tu non sia necessaria prima che il corpo muoia?*
S: Si. Ma di solito non è cosi.
D: *Bene, se c'è un'altra anima assegnata a quel corpo e tu stai più o meno aiutando quell'anima; significa forse che non crei alcun karma per te stessa?*
S: Posso creare del karma. Non devo. Ma a volte posso dimenticare troppo e creare del karma. Allora perdo il senso della mia casa, finché non mi ricordo nuovamente. Queste sono le occasioni in uci passo più tempo lontana da casa. Allora posso nascere in un modo diverso. Ma quando mi ricordo, torno a casa. Non mi dimentico mai, mai. Ma a volte se ho un pesante bagaglio di karma, dove lavorarci su prima di ricordare.
D: *A quel punto sei l'anima predominante nel corpo, invece che l'aiutante? (Si) Puoi saltare avanti ed indietro? (Si) Puoi aiutare l'anima o se crei del karma allora diventi l'anima che lo deve sperimentare. Funziona cosi? (Si) Purtroppo pensiamo sempre alle possessioni, ma questo non sembra essere il nostro caso.*
S: No. No, c'è sempre una scelta e succede solo quando c'è bisogno di me.
D: *Ma a volte rimani intrappolata, per cosi dire e devi diventare quella predominante nel corpo finché non ricordi. (Si) Allora puoi decidere di tornare a casa o continuare a dare il cambio all'altra?*
S: Io vado a casa. Non è che... a volte mi dimentico.
D: *Quindi la maggior parte delle cose che hai fatto è stata come un aiutante, piuttosto che vivere una vita fisica. E' questo che volevi dire? (Si) Quindi anche su altri pianeti, altre dimensioni, hai cercato di aiutare. (Si) Ma in questo momento mentre ti trovi nel corpo di Shirley, sei l'aiutante o l'anima predominante?*
S: Sto entrando per vedere. (Pause) Sono l'anima predominante.
D: *Quindi in questa vita. (Si) Questa è forse la ragione per cui – a livello di mente cosciente si è sentita sconnessa in questa vita? (Si) Continua a dire di voler tornare a casa. Sa di non appartenere a questo luogo. (Si) Perché è più connessa con te, di altre persone mediocri? (Si) Questo a senso, non è vero?*

Questo caso era molto simile ad altri in questo libro, di individui che volevano tornare a casa, però non sapevano dove fosse "casa". Nella maggior parte di questi altri casi, quando tornavano a casa era un altro strano pianeta fisico. Questo caso con Shirley sembrava indicare un desiderio anche più profondo di tornare a casa, che andava oltre il fisico o il pianeta natale originale. Questi altri individui si sentivano spesso di far parte del luogo in cui si trovavano, e sentivano una grande esitazione all'idea di doversene andare. Forse ricordi da una parte della nostra mente primordiale che esisteva prima della creazione dei mondi fisici, che è una parte di noi da un'eternità.

D: *Perché sei rimasta intrappolata in questo corpo, per così dire e sei poi diventata l'anima predominante? (Pausa) Avevi creato del karma, presumo, o non saresti l'anima predominante, giusto?*
S: Ego. Ho abusato di qualche potere.
D: *Parlamene.*
S: Ho creato cose non vere.
D: *Avevi detto di poter creare cose con il pensiero?*
S: No. Quando vengo dal mio centro posso manifestare col pensiero. Ma non posso pensare le cose e farle esistere.
D: *Ma avevi detto, in un altro momento, che avevi creato cose false?*
S: Ho sperimentato sugli animali. Gli ho dato altre forme.
D: *Stiamo parlando di una vita, che hai vissuto in un altro tempo? (Si) Perché lo hai fatto?*
S: Perché volevo creare qualcosa e ne avevo la capacità.
D: *Come entità fisica stavi facendo queste cose? (Si) Sto pensando ad uno scienziato o qualcosa del genere? (Si) Lo hai fatto solo per curiosità o cosa?*
S: Era per vedere se avrebbe funzionato.
D: *Altri stavano facendo la stessa cosa?*
S: Si. Ma io ero uno dei leader. Non era moralmente giusto.
D: *Ma avevi detto: creare cose false.*
S: Umani e animali. Sperimentavano su diversi animali. Creavamo con diverse parti del corpo: geneticamente e chirurgicamente.
D: *Queste strane creature sopravvivevano? (Si) Il luogo dove stavate facendo queste cose aveva un nome?*
S: Atlantide. Non era proprio Atlantide, era da qualche parte li vicino.
D: *Solo per curiosità, per vedere se era fattibile.*
S: Si, era una cosa che veniva dall'ego.
D: *Cosa ne avete fatto di queste creature dopo averle create?*
S: Le abbiamo lasciate andare.
D: *Potevano ricrearsi? Erano in grado di riprodursi?*

S: Alcune potevano. Altre no. Ero entrata dentro ad un'altra anima. L'anima era uno scienziato. L'anima aveva dell'ego e io mi sono persa nell'ego.
D: *Quindi sei rimasta troppo coinvolta e quindi è diventato un tuo karma. (Si) Ma in quel periodo molta gente stava facendo molte cose sbagliate, solo perché erano curiosi?*
S: Si. Ma visto che mi sono impantanata nell'ego, il mio ego cosciente venne usato nella maniera sbagliata. Avevo potere.
D: *E quindi se rimasta, piu o meno, imbrogliata nel ciclo di dover tornare e ripagare il karma. (Si) E questo ti ha causato di rimanere intrappolata nel fisico sul piano terreno umano? (Si) Quindi sei riuscita a ripagare queste cose?*
S: Ho ripagato.
D: *Questo è un grosso debito, ma pensi di aver quasi completato quel karma? (Si) Quindi non ci vorrà ancora tanto e forse potrai tornare a casa. Ma in questo momento devi retare con Shirley, con questo corpo? (Si) Questo significa che Shirley ha una grande quantità di conoscenza non sfruttata ed informazioni che non sa nemmeno di avere. (Si) Se volesse utilizzarla in questa vita, sarebbe in grado di raggiungere questo potere ed informazioni?*
S: In qualche modo.

A quel punto iniziai a fare a questa parte di lei, (non sono sicuro, di aver parlato con il suo subconscio o meno) le domande che lei aveva scritto nella sua lista prima della seduta. Questa parte era cosi strettamente collegata con lei, fu in grado di darle suggerimenti importanti per aiutarla a comprendere eventi della sua vita. Una cosa in particolare che aveva chiesto era la sua profonda e stretta affinità con gli animali. Lei è in grado di comunicare con loro. Presumevo che la risposta fosse collegata con la sua vita in Atlantide, dove aveva fortemente abusato degli animale. Avevo ragione, perché disse che adesso si era evoluta al punto di essere diventata uno con gli animali in senso positivo.

Shirley aveva avuto una strana esperienza, qualche anno addietro, sulla quale voleva che facessi delle domande. Durante una seduta di rebirthing, vide se stessa in una vita extra-terrestre in un corpo rettiliano. Ad un certo punto mentre si rilassa durante il processo di rebirthing, il soggetto sperimenta esperienze drammatiche, spesso andando oltre all'esperienza di rivivere la nascita e perfino al punto di rivedere scene di vite passate. Voleva saperne di più a proposito.

D: *Una volta durante un'esperienza di rebirthing fece l'esperienza di essere in forma rettiliana. Voleva sapere se quella era una vera memoria o cosa stesse succedendo?*
S: Si, quella era una vera memoria. Non era chi lei fosse. Era chi io sono. A dire il vero Io non sono separata da lei, però lo sono.

Ero proprio confusa. Quest'intera seduta presentava informazioni che non avevo mai incontrato prima.

D: *Hai detto di essere l'anima predominante come Shirley. (Si) Siete sempre state unite, come anime? (Si) Tutte le vite che hai vissuto, le ha vissute anche lei? (Si) E qualche volta lei era la predominante mentre altre volte lo eri tu?*
S: Lei e' stata l'anima predominante, ma sto iniziando ad essere l'anima predominante.
D: *Ma siete sempre state insieme, e tu l'hai aiutata per tutto il tempo. (Si) Ma quella era una vita che lei ha vissuto altrove in una forma rettiliana?*
S: Quello è uno dei miei ricordi. Da quando sono nella sua anima come parte di lei, non separata e nemmeno uguale – non ci sono parole io sono arrivata con dei miei ricordi. Quando lei passò attraverso il rebirthing vide se stessa nei miei ricordi.
D: *Questa è la parte difficile, cercare di separare queste due cose, perché siamo cosi abituati a pensare in termini fisici.*
S: Queste sono le limitazioni.

Dopo averle fatto altre domande relative alle condizioni fisiche di Shirley chiesi a quella insolita parte di lei di recedere e la riportai a piena coscienza. Non c'è bisogno di dire che ero confusa da tutte queste informazioni e sapevo che avrei avuto bisogno di tempo per digerirle. Inoltre mi chiedevo quando sarebbe stato difficile per Shirley comprendere dopo aver riascoltato la registrazione.

Dopo questa seduta, nel 2001 ebbi una simile esperienza con un uomo. Anche lui tornò ad una luce luminosa che era molto confortevole e lo ispirava a restare lì. Espresse un forte sentimento di solitudine e separazione quando dovette lasciare quella luce ed individualizzarsi al fine di proseguire il viaggio d'esplorazione dell'anima.

Cosa abbiamo contatto? La Sorgente? Coscienza Universale? Parti d'anima Frammentata? La Sorgente Divina?

Più domande facciamo, più domande sorgono. Sembra quasi che non abbiano una fine. Probabilmente non saremo mai in grado di comprendere tutto e ci saranno sempre concetti più complicati appena oltre alla nostra capacità di comprensione. Tuttavia per me e la mia insaziabile curiosità, questo fa parte della ricerca entusiasmante e dell'avventura di tuffarsi nell'ignoto. Continuerò sul cammino.

Sull'Autore

Dolores Cannon è un'ipnote-rapeuta regressionista ed una ricercatrice del paranormale che nacque nel 1931 a St. Louis, Missouri. Visse e studiò in Missouri fino al 1951 anno in cui sposò un ufficiale della marina. I vent'anni successivi al matrimonio li spese viaggiando ed allevando i figli, come ogni tipica moglie di un ufficiale. Nel 1970 suo marito venne congedato come succede ad ogni veterano disabile ed entrambi si ritirarono sulle colline dell'Arkansas. Fu così, che ebbe inizio la sua carriera di scrittrice vendendo articoli a riviste e quotidiani vari. Ha lavorato nel campo dell'ipnosi dal 1968, e si è dedicata esclusivamente alla terapia regressiva e al lavoro sulle vite passate dal 1979. Dolores studiò varie metodologie ipnotiche e fu in grado di sviluppare una sua tecnica personale che permette ai suoi pazienti di rivelare/ricordare una grande quantità d'informazioni. Dolores ha insegnato questa unica tecnica d'ipnosi in tutto il mondo. Nel 1986 iniziò a dedicarsi alla ricerca in campo ufologico. Condusse ricerche in ciò che si sospettava fossero zone di atterraggio UFO, così come in zone di Cerchi del Grano situate in Inghilterra. La maggior parte del suo lavoro in questo campo è dedicata alla raccolta dati attraverso l'ipnosi di sospetti rapimenti.

Dolores ha presentato i suoi seminari a livello internazionale e in tutti i continenti. I suoi diciotto libri sono stati tradotti in venti lingue ed è stata intervistata sia alla televisione che alla radio. Articoli su di lei sono stati scritti da molte testate internazionali. Dolores fu il primo Americano a ricevere "l'Orpheus", il premio Bulgaro al più alto avanzamento nella ricerca dei fenomeni psichici. Ha anche ricevuto i premi e riconoscimenti per "l'Eccezionale Contributo" e "alla Carriera" da molte organizzazioni dedicate all'ipnoterapia. I libri che ha pubblicato includono: Conversazioni con Nostradamus Volume 1,2,3 – Gesù e gli Esseni – Camminarono col Cristo – Tra la Morte e la Vita – Un'anima ricorda Hiroshima – I Custodi del Giardino - Eredità dalle Stelle – La Leggenda di Starcrash – Universo Convoluto Volumi 1,2,3,4,5.

Dolores aveva quattro figli e quattordici nipotini che la tenevano solidamente ancorata tra la vita famigliare di tutti i giorni e il mondo imprevedibile del suo lavoro. Dolores ha lasciato questa dimensione lo scorso 18 Ottobre 2014. Tuttavia il suo lavoro è portato avanti dalla figlia Julia. Per maggiori informazioni si prega di fare riferimento al suo sito www.dolorescannon.com, oppure alla sua casa editrice www.ozarkmt.com .

Other Books by Ozark Mountain Publishing, Inc.

Dolores Cannon
A Soul Remembers Hiroshima
Between Death and Life
Conversations with Nostradamus,
 Volume I, II, III
The Convoluted Universe -Book One,
 Two, Three, Four, Five
The Custodians
Five Lives Remembered
Horns of the Goddess
Jesus and the Essenes
Keepers of the Garden
Legacy from the Stars
The Legend of Starcrash
The Search for Hidden Sacred
 Knowledge
They Walked with Jesus
The Three Waves of Volunteers and the
 New Earth
A Very Special Friend
Aron Abrahamsen
Holiday in Heaven
James Ream Adams
Little Steps
Justine Alessi & M. E. McMillan
Rebirth of the Oracle
Kathryn Andries
Time: The Second Secret
Will Alexander
Call Me Jonah
Cat Baldwin
Divine Gifts of Healing
The Forgiveness Workshop
Penny Barron
The Oracle of UR
P.E. Berg & Amanda Hemmingsen
The Birthmark Scar
Dan Bird
Finding Your Way in the Spiritual Age
Waking Up in the Spiritual Age
Julia Cannon
Soul Speak – The Language of Your
 Body
Jack Cauley
Journey for Life
Ronald Chapman
Seeing True
Jack Churchward
Lifting the Veil on the Lost
 Continent of Mu

The Stone Tablets of Mu
Carolyn Greer Daly
Opening to Fullness of Spirit
Patrick De Haan
The Alien Handbook
Paulinne Delcour-Min
Divine Fire
Holly Ice
Spiritual Gold
Anthony DeNino
The Power of Giving and Gratitude
Joanne DiMaggio
Edgar Cayce and the Unfulfilled
 Destiny of Thomas Jefferson
 Reborn
Paul Fisher
Like a River to the Sea
Anita Holmes
Twidders
Aaron Hoopes
Reconnecting to the Earth
Edin Huskovic
God is a Woman
Patricia Irvine
In Light and In Shade
Kevin Killen
Ghosts and Me
Susan Linville
Blessings from Agnes
Donna Lynn
From Fear to Love
Curt Melliger
Heaven Here on Earth
Where the Weeds Grow
Henry Michaelson
And Jesus Said – A Conversation
Andy Myers
Not Your Average Angel Book
Holly Nadler
The Hobo Diaries
Guy Needler
The Anne Dialogues
Avoiding Karma
Beyond the Source – Book 1, Book 2
The Curators
The History of God
The OM
The Origin Speaks

For more information about any of the above titles, soon to be released titles,
or other items in our catalog, write, phone or visit our website:
PO Box 754, Huntsville, AR 72740|479-738-2348/800-935-0045|www.ozarkmt.com

Other Books by Ozark Mountain Publishing, Inc.

Psycho Spiritual Healing
James Nussbaumer
And Then I Knew My Abundance
Each of You
Living Your Dram, Not Someone Else's
The Master of Everything
Mastering Your Own Spiritual Freedom
Sherry O'Brian
Peaks and Valley's
Gabrielle Orr
Akashic Records: One True Love
Let Miracles Happen
Nikki Pattillo
Children of the Stars
A Golden Compass
Victoria Pendragon
Being In A Body
Sleep Magic
The Sleeping Phoenix
Alexander Quinn
Starseeds What's It All About
Debra Rayburn
Let's Get Natural with Herbs
Charmian Redwood
A New Earth Rising
Coming Home to Lemuria
David Rousseau
Beyond Our World, Book 1
Richard Rowe
Exploring the Divine Library
Imagining the Unimaginable
Garnet Schulhauser
Dance of Eternal Rapture
Dance of Heavenly Bliss
Dancing Forever with Spirit
Dancing on a Stamp
Dancing with Angels in Heaven
Annie Stillwater Gray
The Dawn Book
Education of a Guardian Angel
Joys of a Guardian Angel
Work of a Guardian Angel
Manuella Stoerzer
Headless Chicken
Blair Styra
Don't Change the Channel
Who Catharted
Natalie Sudman
Application of Impossible Things
L.R. Sumpter
Judy's Story
The Old is New
We Are the Creators
Artur Tradevosyan
Croton
Croton II
Jim Thomas
Tales from the Trance
Jolene and Jason Tierney
A Quest of Transcendence
Paul Travers
Dancing with the Mountains
Nicholas Vesey
Living the Life-Force
Dennis Wheatley/ Maria Wheatley
The Essential Dowsing Guide
Maria Wheatley
Druidic Soul Star Astrology
Sherry Wilde
The Forgotten Promise
Lyn Willmott
A Small Book of Comfort
Beyond all Boundaries Book 1
Beyond all Boundaries Book 2
Beyond all Boundaries Book 3
D. Arthur Wilson
You Selfish Bastard
Stuart Wilson & Joanna Prentis
Atlantis and the New Consciousness
Beyond Limitations
The Essenes -Children of the Light
The Magdalene Version
Power of the Magdalene
Sally Wolf
Life of a Military Psychologist

For more information about any of the above titles, soon to be released titles,
or other items in our catalog, write, phone or visit our website:
PO Box 754, Huntsville, AR 72740|479-738-2348/800-935-0045|www.ozarkmt.com

www.ingramcontent.com/pod-product-compliance
Lightning Source LLC
Chambersburg PA
CBHW071232160426
43196CB00009B/1031